Ludwig Philippson

**Die israelitische Religionslehre**

Ludwig Philippson

**Die israelitische Religionslehre**

ISBN/EAN: 9783742870551

Hergestellt in Europa, USA, Kanada, Australien, Japan

Cover: Foto ©Lupo / pixelio.de

Manufactured and distributed by brebook publishing software (www.brebook.com)

Ludwig Philippson

**Die israelitische Religionslehre**

Die

# Israelitische Religionslehre.

Ausführlich dargestellt

von

Dr. Ludwig Philippson.

Erste Abtheilung:

## Die Einleitung.

Leipzig,
Baumgärtner's Buchhandlung.
1861.

# Der Zukunft

## der israelitischen Religion

gewidmet.

Die israelitische Religion ist vorzugsweise auf die Geschichte gebaut. Die israelitische Religion ist vorzugsweise auf die Zukunft gerichtet. Denn so sehr sie ihr Dasein aus der Geschichte gezogen, so ist ihr wesentlicher Inhalt weder ein geschichtlicher Vorgang, noch von der Geschichte abhängig. Sie ist in der Geschichte begründet, aber sie erwartet ihre Erfüllung von der Zukunft. Sie kennt keine Zeitalter, die in allmähliger Abstufung vom strahlenden Golde bis zum düstern Eisen herabsanken, wohl aber zeichnet sie die Zukunft des ganzen Menschengeschlechts als ein Reich der Erkenntniß und eine Herrschaft des Friedens, vom Rechte getragen, von der Liebe durchdrungen, ja sie begreift Gott, Welt und Mensch nur also.

Und darum hat sie eine Zukunft. Sie braucht nicht die vier Jahrtausende ihrer Vergangenheit anzurufen als eine Bürgschaft ihrer Zukunft — sondern was sie lehret von dieser, wie sie diese versteht, wohin sie die Menschheit führen will und schreiten sieht, das ist ihre eigene Zukunft.

Moscheh schon sah den großen Entwickelungsgang seines Volkes in der Gotteslehre voraus, aber auch wie nach allen erschütternden Wechselfällen der Sieg und der ewige Friede der Ausgang sein würde.

Die Propheten, welche den Abfall und die Entartung zu geißeln, die Gerichte Gottes in Zerstörung und Untergang zu verkünden hatten, sahen gerade hieraus immer und immer die Läuterung und Wiederherstellung erstehen, sahen dann die Völker zum „Berge des Ewigen" strömen, da werden sie „ihre Schwerter zu Sensen, ihre Speere zu Winzermessern umschmieden," „Jedweder unter seinem Weinstocke und seinem Weinberge wohnen, in der Anbetung des Einzigen, im ewigen Frieden."

Dieses Wesen der israelitischen Lehre konnte auch den späteren Zeiten des Judenthums nicht entfallen. Die Thalmudisten, wie sie alles Religiöse nur in der konkretesten Gestalt erfaßten, sahen die Zukunft in der persönlichsten Erscheinung, im „Gesalbten," dem Moschiach, an, dessen einstiges Kommen dienen werde, daß „Alle, die in die Welt kommen, erkennen, daß der Ewige Gott ist allein," daß „alle Erschaffenen Einen Bund schließen, den Willen Gottes zu thun mit vollkommenem Herzen."

Und diese hohe und heilige Erbschaft der Jahrtausende hat das Judenthum in seiner jüngsten Entwickelung freudig angenommen, sie zum ganzen Eckstein seines Bestandes und zum Endziel seines Strebens gemacht. Hiervon läßt es sich beeinflussen und gestalten, von hier aus begreift es sich selbst und wird Jedem verständlich.

Dieser Zukunft wollen wir fort und fort dienen in Aufrichtigkeit und Hingebung!

# Vorwort.

Wenn von dem Erscheinen dieses Werkes, dessen erster Theil hiermit der Oeffentlichkeit übergeben wird, schon vor längerer Zeit gesprochen worden, so fürchten wir, daß dadurch eine Erwartung angeregt ward, der ganz zu entsprechen wir nicht glauben dürfen. Seit einem Vierteljahrhundert gewohnt, unsere Pläne und Absichten vor dem Publikum zu besprechen, um die Meinungen darüber im Voraus zu vernehmen, unterließen wir dies auch betreffs des vorliegenden Werkes nicht, und da es sich nun fand, daß allerdings ein allgemeines Bedürfniß nach einem solchen vorhanden, mußten unsere Freunde und alle Diejenigen, welche uns mit einem günstigen Urtheil seit lange beehren, eine gute Ansicht darüber fassen, und nicht ganz geringe Hoffnungen daran knüpfen. Dennoch bangen wir nicht. Das Bewußtsein, unsere Kräfte aufrichtig angestrengt, unsere innersten Ueberzeugungen ausgesprochen und die praktischen Erfahrungen eines thätigen und bewegten Lebens benutzt zu haben, tröstet uns im Voraus, wenn, wie in allem Menschlichen, auch hier das vorgesteckte Ziel nicht erreicht worden, und mancherlei Schwächen und Lücken geblieben sind, ja, wenn für viele Momente eher die eigentliche Frage genauer präcisirt, als die wesentliche Lösung gefunden worden. Dies meinen wir nicht blos von diesem ersten Theile, sondern vom Ganzen, wie es nach und nach erscheinen wird.

Derjenige, welcher mit uns die Ueberzeugung einer fortschreitenden Entwickelung theilt, weiß hiermit, daß keine Zeit etwas Vollendetes hervorzubringen vermag, daß jede Zeit eigentlich nur ein Durch- und Uebergang aus einem Vergangenen zu einem Zukünftigen ist. Dennoch aber zeigt die geschichtliche Erfahrung, daß es Zeiten giebt, wo ein gewisser Abschluß eintritt für eine seit Jahrhunderten verfolgte Richtung, so daß darauf eine längere oder kürzere Periode des Beharrens oder Stillstandes folgt, bevor neue Tendenzen sich offenkundig machen, aus dem Bestehenden heraus und durch dasselbe hindurch sich Bahn brechen, und neue Gestaltungen hervorbringen; daß es andrerseits Zeiten giebt, wo Alles so in Gährung, Altes und Neues so in Kampf und gegenseitiger Beeinflussung ist, die alten Normen verfallen und zerbrechen, neue hingegen sich kaum schon bilden oder gar fixiren, kurz, Alles in Frage und Nichts in Gewißheit und konkreter Gestalt erscheint, daß man solche Epoche vorzugsweise als eine Uebergangszeit bezeichnen muß. All' Dies ganz besonders auch auf dem religiösen Gebiete Nachdem der Mosaismus die ewige Grundlage für alle positiv-religiöse Entwickelung, insonders für die israelitische gegeben, gingen vier Jahrhunderte bis zum Erstehen des Prophetismus dahin; nach dem Abschlusse dieses traten Jahrhunderte der Stagnation bis zum Erblühen des Thalmudismus ein; auch dieser fand seinen Abschluß, und erst später erhob sich auf seinem Fundamente der Rabbinismus, der seit zwei Jahrhunderten ungefähr nur noch vegetirte, bis eine neue Richtung mit einem gänzlichen Umschwung der äußeren, weltlichen Verhältnisse und des innern, geistigen Lebens der Juden sich eröffnete. Von diesem Gesichtspunkte aus können wir unsere Gegenwart nur als eine Uebergangsperiode betrachten. Wie allmählig der Geist in dem völlig stabil gewordenen rabbinischen Judenthume erwachte und von innen heraus aufthauend und ausdehnend wirkte, von außen das wirkliche Leben, dem die Bekenner des Judenthums sich immer unbedingter hingaben, auflösend und zersetzend eindrang: so entstand ein großer, lebensvoller Prozeß, in welchen immer mehre Theile der bisherigen konkreten Gestaltung hineingeriethen, immer mehr Fragen sich drängten, in welchem immer neue Bedürfnisse sich aufthaten, und sowohl reale als rationelle, sowohl historische als kritische Momente Geltung verlangten. Dieser Prozeß, dieser Kampf, diese Entwickelung hat schon lange gedauert, und innerlich und äußerlich tritt bereits das Verlangen nach einer bestimmten Lösung auf, und kann ohne große Gefahr nicht mehr ganz verschoben werden. Wenn von der einen Seite die Reform bis zur äußersten Beseitigung aller Realität ging, von der andern die Stabilität nicht bloß kein Jota aufgeben, sondern möglichst noch weit hinter die Bollwerke älterer Zeit zurückgehen will, von der dritten die an sich schöne, aber zu Zeiten gefährliche Pietät nur Nachgiebigkeit und den Schein des Friedens predigt, verwirft das Leben diese alle, geht seinen unabweisbaren Gang, der aber, so er sich ganz überlassen bleibt, nur zu vielfachem Verderben ausschlagen kann. Innerhalb dieses Wogens und Drängens wieder einen ersten festen Untergrund, einen Anhalts- und Kristallisationspunkt zu erlangen, ist das allgemeine Bedürfniß, und diesem entgegenzukommen, der Ausgangspunkt des vorliegenden Werkes. Wohl verstanden; vor anderthalb Dezennien standen viele wohlmeinende Männer auf dem Punkte, einen neuen Schulchan Aruch schaffen zu wollen, einen neuen Codex zu entwerfen, darin bestimmt sei, d i e s e Satzung beobachte, j e n e r bist du überhoben, d a s halte und jenes laß fallen. Die Erfahrung zeigte die Unhaltbarkeit dieses Unternehmens, denn es fand sich Niemand, der diesen neuen Codex entgegennehmen wollte; die Einen hielten die Gesammtheit des alten Codex fest oder gaben sich doch das Ansehen, die Andren verwarfen die Gesammtheit des alten Codex und kümmerten sich um eine Transaktion nicht im Geringsten. Also dies ist auch unsere Absicht nicht. Vielmehr geht unser Bestreben dahin, innerhalb der Lehre selbst die bestimmte Ueberzeugung wieder zu normiren oder als normal wieder hinzustellen, auf Grund derselben den Zusammenhang und die geschichtliche Entfaltung der konkreten religiösen Gestaltung zu zeigen, dadurch die verschiedenen Fragen zu beleuchten, die Gründe dafür und dawider zu erörtern und somit ein Urtheil anzubahnen.

Allerdings vermögen wir diesmal nur erst mit der Einleitung vor das Publikum zu treten, in welcher die allgemeinen Momente besprochen werden. Indem wir daher ein genaueres Urtheil erst nach dem Erscheinen des ganzen Werkes für möglich halten und daher billiger Weise erwarten, geben wir doch das vorliegende Heft so wie es ist der öffentlichen Meinung hin. Wir wissen im Voraus, daß sich auch Stimmen in geradezu feindlichem Sinne vernehmen lassen werden. Dies wird uns aber im rüstigsten Weiterschreiten nicht beirren; denn der Erfolg hat uns gelehrt, daß die große Mehrheit der urtheilsfähigen Menschen sich durchaus nicht beirren läßt, sondern aus den Werken, welche ihr ein redliches Streben darbietet, zu schöpfen sucht, was darin Gutes enthalten, und der Zeit überantwortet, das Unbrauchbare zu beseitigen.

Da die vorliegende Schrift die systematische Darstellung der israelitischen Religionslehre anstrebt, so ergab es sich, daß wir vielfach Ansichten und Momente vorbringen und erörtern mußten, welche wir in früheren Schriften und in den Leitartikeln der „Allgemeinen Zeitung des Judenthums" schon dargelegt haben, die aber an ihrer Stelle innerhalb des systematischen Ganzen nicht fehlen durften. Es ist das natürliche Schicksal des Publizisten, daß er, wenn seine Laufbahn keine flüchtige ist, eine Menge Gedanken wiederholt und dennoch immer in der Kürze aussprechen muß, die dadurch allgemeines Eigenthum werden, und deren erste Quelle dem Auge entschwindet.

Indeß hatten wir von vorn herein dieses Werk dazu bestimmt, gewissermaßen die Resultate unsrer bisherigen Laufbahn zu sammeln und zu vereinigen. Andrerseits glauben wir, daß Derjenige, welcher uns einige Aufmerksamkeit schenkt, gewahren wird, wie unsere Ansichten vom Beginne unsrer schriftstellerischen Arbeiten an, eine und dieselbe Richtung verfolgt haben, durchaus nicht den Schwankungen der Tagesmeinung sich anschmiegten, sondern immer einen bestimmten Charakter besaßen, wenn sie auch an Ausdehnung, Entschiedenheit und Bestimmtheit gewinnen mußten.

Ebenso war es natürlich, daß manche Punkte um der systematischen Einheit willen nur kurz erörtert und positiv hingestellt werden konnten, obschon sie ihrer Wichtigkeit wegen, und weil sie in unsrer Zeit besonders dem Zweifel unterliegen, sorgfältiger begründet werden sollten. Bei unsrer Absicht, in diesem Werke, soweit es in unsern Kräften steht, dem Suchenden zu einer bestimmten Ansicht und Ueberzeugung zu verhelfen, fanden wir es gerechtfertigt, dem systematischen Texte Beilagen hinzuzufügen, in welchen einzelne Fragen und Gegenstände ausführlicher untersucht werden. Da es nun seit längerer Zeit ein uns öfter ausgesprochener Wunsch ist, die wichtigeren Aufsätze der von uns herausgegebenen Zeitschriften gesammelt zu sehen, theils weil Zeitschriften, noch dazu, wenn sie Jahrzehnte hindurch erscheinen, nur von Wenigen gesammelt werden, theils weil die Abhandlungen in jenen allzusehr zerstreut sind: so standen wir nicht an, zu dem obigen Zwecke einzelne Artikel herauszuwählen und hier wiederzugeben, wobei wir uns streng von dem Motive leiten ließen, daß die Besprechung eines einzelnen Punktes auch sachgemäß nothwendig schien.

Wir haben seit langer Zeit die Ansicht gehegt, daß der Autor in der Anführung von Beweisstellen und in der Anschaffung des gelehrten Apparats, namentlich in Schriften, die nicht allein für Männer des Fachs, sondern für das allgemeine Publikum bestimmt sind, sich soviel wie möglich beschränken müsse, sowohl weil die Menge der Citate dem Leser wenig nützt, als auch weil sie viele Leser geradezu abschreckt. In jüngster Zeit ist diese Ansicht eine allgemeine geworden und droht sogar in das Gegentheil umzuschlagen. Wir haben uns daher auch diesmal auf das Nothwendigste beschränkt, wozu uns freilich auch der Zustand, in welchem sich die Augen des Schreibers Dieses befinden, nöthigte.

Die Fragen, welche gegenwärtig innerhalb des Judenthums schweben, haben in ihrer höhern Bedeutung auch einen allgemeinen Charakter. Gerade weil sie aus dem Zusammentreffen des Judenthums mit der menschengeschlechtlichen Kultur entsprungen sind, müssen sie in ihrer Tiefe Fragen des allgemeinen Geisteslebens sein. Andrerseits hat sich das Judenthum bereits so sehr aus der Dunkelheit, zu welcher es frühere Zeiten verurtheilt hatten, und in die freilich viele Gegnerischgesinnte es noch heute bannen möchten, herausgearbeitet, und es ist ihm gelungen, sich den Anspruch auf den Platz, den es als das Fundament aller positiven Religionen einzunehmen berechtigt ist, so weit wieder zu erobern, daß die Bestrebungen und Resultate innerhalb desselben nicht mehr allein für seine eignen Bekenner Interesse haben. Auch können es sich die neueren Lehrer des Judenthums nachsagen, daß sie das Licht der allgemeinsten Oeffentlichkeit durchaus nicht scheuen, und Jedem zugänglich sind, der nach ihren Meinungen und Arbeiten fragt.

Wenn dieses die Gesichtspunkte sind, von welchen wir ausgegangen, so ist es unser innigster Wunsch, daß es uns gelungen sein möge, Einiges zur Festigung der religiösen Ueberzeugung, zur Sicherung der religiösen Anschauung, zur Beruhigung gewissenhafter Geister, zur Klärung der Begriffe, zur Stärkung der Entschlüsse und zur Treue vor Gott, den wir in Demuth anbeten, beizutragen. Und so flehen wir um Seinen Segen!

Magdeburg, 3. Januar 1861.

# Inhalt.

## Erste Abtheilung: Einleitung.

| | | |
|---|---|---:|
| §. 1. | Was ist Religion? . . . . . . . . . . . . | 1 |
| §. 2. | Inhalt der Religion . . . . . . . . . . | 8 |
| §. 3. | Die israelitische Religion . . . . . . . . | 12 |
| §. 4. | Die unterscheidenden Merkmale der israelitischen Religion . . . | 25 |

### A. Von der Erkenntniß Gottes.

| | | |
|---|---|---:|
| §. 5. | Die Quellen der Erkenntniß Gottes. . . . . . . . | 39 |

#### I. Von der Offenbarung.

| | | |
|---|---|---:|
| §. 6. | Was heißt Offenbarung? . . . . . . . . . | 39 |
| §. 7. | Wie geschah die Offenbarung? . . . . . . . | 52 |

#### II. Von der Natur.

| | | |
|---|---|---:|
| §. 8. | Was heißt Natur? . . . . . . . . . . . | 95 |
| §. 9. | Die Erkenntniß Gottes durch die Natur . . . . . . | 95 |

#### III. Von der Geschichte.

| | | |
|---|---|---:|
| §. 10. | Die Erkenntniß Gottes durch die Geschichte . . . . . . . | 124 |

### B. Von der Verehrung Gottes.

| | | |
|---|---|---:|
| §. 11. | Die Verehrung Gottes . . . . . . . . . . | 143 |
| §. 12. | Die Mittel der Verehrung Gottes . . . . . . . . | 144 |

## C. Der Lebenswandel.

§. 13. Was will die Religion hinsichtlich des Lebenswandels bewirken? . 161
§. 14. Welche sind die Mittel hierzu? . . . . . . . . . . 164
§. 15. Was will die Religion hinsichtlich der Allgemeinheit? . . . 170

## Beilagen.

I. Die Aussprüche der griechischen Philosophen über Gott . . . 177
II. Die Nothwendigkeit der Offenbarung . . . . . . . . 203
III. Der rechte Begriff des Thalmudismus . . . . . . . . 213
IV. 1. Natur und Offenbarung . . . . . . . . . . 220
— 2. Natur und positive Religion . . . . . . . . . 225
— 3. Die Naturwissenschaften in ihrem Verhältniß zur Religion und zum Religionsunterrichte . . . . . . . . . 239
— 4. Die Naturwissenschaften und der Aberglaube . . . . . . 248
V. 1. Die fortschreitende Entwickelung . . . . . . . . . 254
— 2. Der Lehrbegriff der fortschreitenden Entwickelung ist nicht im Widerspruch mit der Offenbarung . . . . . . . 262
— 3. Geschichte und Vernunft . . . . . . . . . . 266

# Einleitung.

**1.**

**Was ist Religion?
Das Verhältniß des Menschen zu Gott.**

Aus drei Momenten erwächst im Menschen das Bewußtsein und der Begriff eines göttlichen Wesens. Zuerst aus dem Gefühle der Abhängigkeit von einer höheren Macht. Nicht allein die Schrecken der Natur, wie sie, plötzlich oder in Beängstigung erwartet, über den Menschen hereinbrechen, ihn zu beschädigen oder zu vernichten drohen, sondern auch die Segnungen, welche sie täglich uns darbietet und vor uns ausbreitet, das Gefühl des Wohlgefallens und der Freude, die ihr Anblick unserem Herzen gewährt, weckt in uns die Empfindung und das Bewußtsein der Abhängigkeit von einer Macht, die weit über unser Bereich und unsere Kräfte hinausreicht, und der gegenüber wir nichts vermögen. Wie sehr wir auch ringen, die schädlichen und vernichtenden Einflüsse der Elemente von uns und unseren Werken abzuwenden, und so Mannichfaches der Mensch darin auch schon erreicht hat; wie sehr wir streben, die Erzeugnisse und günstigen Einwirkungen der Natur uns zu sichern und ihre Kräfte und Prozesse zu unserem Vortheil zu verwenden; so ist doch alle äußere Macht des gewaltigsten Menschenherrschers und alle Geisteskraft nicht im Stande, an dem Gange der natürlichen Erscheinungen etwas Wesentliches zu ändern. Nicht minder sind es die Zustände unserer eigenen Persönlichkeit, sowie der Wechsel der Geschicke, welchem wir ausgesetzt sind, die unwiderstehlich dasselbe Gefühl der Abhängigkeit hervorrufen. Die Schwäche oder Stärke, die Gesundheit oder das Siechthum unseres Leibes und selbst die unmittelbaren Stimmungen unseres Gemüthes stehen wenig unter unserer Herrschaft. Wenn wir mit sorgfältigster Besonnenheit und scharfsinnigster Berechnung unsere Pläne im Großen und Kleinen entwerfen, so kommt es immer erst auf das Zusammentreffen der Umstände an, ob sie früher oder später scheitern oder zu einer glücklichen Ausführung gelangen werden. Je nach diesen Umständen und Verhältnissen verändern wir auch unsere Absichten und Entwürfe, knüpfen an das an, was außerhalb unserer Erwartung lag, und geben auf, selbst wo die Möglichkeit des Erfolges noch nicht ganz verloren war. Niemand, der auf seine Vergangenheit zurückblickt, kann behaupten, daß er sich selbst seinen bestimmten Absichten gemäß seine Lebensrichtung gegeben, die Fäden seiner Schicksale in Händen gehabt und seine Ziele in konsequentem Anstreben erreicht habe. Wer irgend einmal eine Stunde der Entscheidung durchlebt hat, kennt alle die Bangigkeit, die nichts Anderes als das Gefühl der Abhängigkeit ist, nicht selbstständig die Erfüllung seiner Wünsche herbeiführen zu können. So vereinigt sich Alles, um das Bewußtsein der Abhängigkeit von einer höheren Macht in dem Menschen zu erhalten, selbst den eisernsten Willen vor derselben zu beugen und das Bedürfniß zu wecken, die Gunst dieser höheren Gewalt zu erwerben, und ihre Ungunst abzuwenden. Schon das graueste Alterthum verurtheilte die Selbstüberhebung, welche, wenn auch nur auf Augenblicke, sich über die Herrschaft jener höheren Macht hinwegdünkte, und die Propheten nehmen die schärfsten Pfeile der Ironie aus der Verblendung asiatischer Herrscher, welche sich Gott gleich und „ihre Stühle über die Sterne stellen." [1])

Ist aber also das Gefühl der Abhängigkeit die erste Wurzel, aus welcher der Begriff eines göttlichen Wesens hervorsprießt, so liegt eine zweite in dem Verlangen des menschlichen Geistes nach Höherem, in seinem unwiderstehlichen Drange, in seiner Sehnsucht nach oben. Die leiblichen Bedürfnisse und ihre Befriedigung vermögen den Menschen nur so lange zu fesseln, wie sie unmittelbar auf ihn eindrängen. Die Beziehungen zu seinen Mit-

---

[1]) Jeschaj. 14, 12. ff. Vergl. Jech. 29, 3 u. öfter.

menschen oder die bürgerlichen und weltlichen Verhältnisse beschäftigen ihn länger, aber ermüden ihn auf die Dauer, insonders wenn sie eben nur in ihrer nackten Thatsächlichkeit gefaßt sind. In ihm erwacht das Bedürfniß nach Erkenntniß; er fühlt in seiner Seele, daß er noch einer höheren Welt angehöre, in die einzudringen, und zu deren lebendigem Glied sich zu machen, er das Bedürfniß empfindet. Von Geburt an ist der Mensch auf Entwickelung seines Wesens angewiesen; es giebt kein hülfloseres Geschöpf, als der Mensch in den ersten Zeiten seines Erdendaseins ist. So muß er nothwendig Stufe nach Stufe ersteigen, sein Wesen und seine Kräfte entfalten; er ist also durch seine ganze Natur auf immer Höheres hingewiesen, und da hierin kein Stillstand, so wird er über sich selbst hinausgehoben, und schon unbewußt in ihm das Verlangen nach einer höheren Welt geweckt, genährt und durch sein ganzes Dasein zum bedeutsamsten Inhalt seines Lebens gemacht. So tief auch ein Mensch sinkt, oder so sehr er die Kräfte und Triebe seines Geistes in der Gewohnheit und Beschäftigung des gewöhnlichen Lebens abstumpft: niemals erstickt und erlöscht das Verlangen nach Höherem in ihm ganz, der erste Klang aus einer höheren Geistesregion macht seine Seele erzittern und regt, selbst dunkel in ihm, seine schlummernden Fähigkeiten und Triebe auf. Jemehr er im Leben fortschreitet, je öfter die Täuschungen desselben über ihn kommen, jemehr sich ihm selbst Erwerb und Genuß als eitel erweisen, und die innerste Seele sich unbefriedigt davon abwendet, desto mehr greift sein suchender Geist nach einer höheren Welt, und richtet sich sein Blick nach oben. Es ist nur zu gewöhnlich, daß höher gebildete Menschen dies bei denen verkennen, welche sie unter sich erachten. Aber es ist dies ein schweres Vergehen an dem Menschengeiste. Es kommt hierbei gar nicht auf das Wissen und die Form an, sondern allein darauf, außerhalb des Augenblickes und des Materiellen ein Verlangen nach Besserem und Höherem in sich zu tragen, um Zeugniß abzulegen für die Anlage des Menschengeistes. Aber wenn auch eine große Masse der Menschen in Stumpfheit und Blödigkeit versunken wäre, selbst wenn es auch immer nur Einzelne gäbe, welche sich über die Sphäre des Materiellen und Irdischen erheben, so würde dennoch hiermit die Natur des Menschen erwiesen sein, daß in ihr das Verlangen nach einem höheren Dasein, das Streben, in dasselbe einzudringen und sich zu ihm zu erheben, vorhanden ist. Dieses höhere Dasein findet aber seinen Grund wiederum nur in dem Dasein eines höheren, eines göttlichen Wesens. Es gestaltet sich von selbst zu dem Begriff der Gottheit, und kann ohne diesen nicht bestehen. Wie sehr daher auch einzelne, verirrte Geister diese Neigung für eine höheree Welt als Idealismus, Einbildung oder gar Träumerei auszugeben sich bemühten, es ist gewiß, daß sie einen untrennbaren Theil des Menschengeistes ausmacht und so zur eigentlichsten Wirklichkeit gehört.

Endlich. Das Bewußtsein des Menschen besteht wesentlich in der Verbindung von Wirkung und Ursache. So lange wir eine Erscheinung, einen Einfluß, einen Vorgang nur als solchen fühlen und auf uns wirken lassen, sind wir uns desselben nicht bewußt geworden. Erst wenn wir ihn in seinem Zusammenhang mit anderen, vorhergegangenen und nachfolgenden Vorgängen und Erscheinungen begreifen, wenn wir ihn als Wirkung von Ursachen und als Ursache von Wirkungen verstehen, sind wir uns seiner bewußt. Es kommt dabei nicht darauf an, ob wir den richtigen Zusammenhang erfassen, die wahre Ursache und wahre Wirkung finden, sondern nur daß wir überhaupt jede Erscheinung als Wirkung einer vorangegangenen und als Ursache einer folgenden verstehen, und das Bewußtsein ist da, sobald wir nur nach der Ursache fragen; das Bewußtsein ist in dem Menschenkinde erwacht, sobald es über das Wie? und Wodurch? nachdenkt, sobald sich ihm bei einer Wirkung eine Ursache aufdrängt. Man sagt daher gewöhnlich, daß es eine „eingeborene Idee" des Menschen sei, daß jede Wirkung ihre Ursache haben müsse. Richtiger sagen wir, daß die ganze Konstruktion oder der ganze Organismus des menschlichen Geistes sich auf diesem Satze aufbaut, daß er die Basis alles Denkens ist, also das Wesen des menschlichen Bewußtseins und somit das Wesen des Menschengeistes selbst bezeichnet. Dieser kann nichts als ganz von selbst entstanden, ohne außer oder in dem Dinge gelegene, bewirkende Ursache entstanden begreifen, und selbst die Leugnung, daß wir die wahre Ursache nicht zu finden vermögen, schließt dieses Gesetz des menschlichen Denkens nicht aus, weil es eben das Denken

selbst ist. Dieses Prinzip nun, daß jede Erscheinung, jeder
Vorgang eine Wirkung ist, also eine Ursache hat, ist
die dritte Wurzel für den Begriff eines göttlichen Wesens. Wir
sehen einen Eichbaum und fragen, mag er auch ein Jahrtausend
schon seine starken Aeste in die Luft strecken, woher er entstanden
sei? Wir finden, daß er aus der Eichel gekommen, die eine längst
vermoderte Hand in den Erdboden gesteckt. Aber diese Eichel, wo=
her ist sie gekommen? Wiederum von einem Eichbaume, der sie als
seine Frucht getragen. So gelangen wir vom Eichbaum zur Eichel,
von der Eichel zum Eichbaume und so weiter, bis wir vor der
ersten Eichel stehen. Wir können nicht begreifen, daß diese erste
Eichel von selbst entstanden sei. Der Zufall kann sie nicht gebildet
haben, weil in der Bildung der Eichel Zweck und Mittel vorhanden
und in völligem Einklange sind; Zufall aber ist, was ohne Zweck
und Mittel ist. Die Eichel muß also ihr Entstehen einem Wesen
verdanken, das den Zweck gedacht, die Mittel erfunden und beide
mit einander in Einklang gebracht hat. Nun wissen wir jetzt auch,
daß es in der That eine erste Eichel gegeben hat; wir setzen es
nicht mehr voraus, sondern wissen es erfahrungsmäßig, denn wir
kennen die Pflanzenbildung, welche vor dem Vorhandensein einer
Eichel bestanden hat; wir kennen sie aus den im Schooße der Erde
verborgenen Ueberresten jener früheren Pflanzenwelt, und die Frage
nach dem Ursprung der ersten Eichel ist demnach keine müßige.
Vielmehr ist es durchaus gar nicht mehr abzuweisen, daß diese erste
Eichel ihren Ursprung aus dem bestimmten Gedanken und Willen
des schöpferischen Wesens, der Gottheit erhalten hat. Wie gesagt,
würde Jemand meinen, die Eichel sei durch das Zusammenwirken
gewisser Naturkräfte entstanden, so wollen wir vorläufig nicht mit
ihm rechten, denn er hat im Grunde doch nur einen andern Namen
für Dasselbe genannt. Denn „gewisse Naturkräfte" ist eben nur
ein anderes Wort für das höhere, schöpferische Wesen, welches den
Dingen ihren Ursprung gegeben. Denn woher sind jene „Natur=
kräfte" gekommen? wodurch und worin existiren sie? Oder würde
Jemand sagen, daß die erste Eichel nach einem bestimmten, in der
und der Materie, unter den und den Bedingungen enthaltenen Ge=
setze geworden: so wäre dies auch nichts Anderes, denn Gesetz ist

ja auch nur der Gedanke eines Zweckes und der mit diesem in Einklang stehenden Mittel, und es bleibt dieselbe Frage übrig: wie dieses Gesetz mit dieser Materie und ihren Bedingungen verbunden worden, da aus anderer Materie und anderen Bedingungen etwas ganz Anderes wird? Der Menschengeist kann also nicht anders denken als: **Alles ist Wirkung einer Ursache, und alle Ursachen sind Wirkungen einer ersten und höchsten Ursache, des göttlichen Wesens.**

So vereinigen sich diese drei Momente der Abhängigkeit von Natur und Geschick, des Verlangens nach Höherem, begründet in der Entwickelungsanlage des Menschen, und des wesentlichen Inhalts unseres Bewußtseins, daß Alles Wirkung einer Ursache ist, und darum alle Ursachen eine erste und höchste Ursache haben müssen, sie vereinigen sich, um in dem Menschen nothwendig den Begriff einer Gottheit hervorzubringen und von seinem ganzen geistigen Wesen untrennbar zu machen. Soweit wir daher in das graueste Alterthum und zu den Menschenstämmen auf der untersten Bildungsstufe zurückgehen, oder in das Leben der höchst kultivirten Nationen hineinblicken, finden wir den Begriff einer Gottheit vorhanden. Welchen Inhalt dieser Begriff habe, wie die Anschauung dieser Gottheit sich gestalte, von dem Fetisch des afrikanischen Wüstenbewohners bis zu dem rein geistigen, einzigen Gotte Moscheh's, immer und überall finden wir doch einen Gottheitsbegriff vorhanden, welcher die Unterlage des geistigen Lebens der Völkerschaften wie der Individuen bildet. Nur irriger Weise glaubte man hier und da irgend einen entarteten Stamm als atheistisch, d. h. ohne einen Gottesbegriff, oder einen solchen verleugnend, gefunden zu haben; bei näherem Eingehen war demselben nur eine besondere Form des Kultus verloren gegangen, aber der Glaube an eine höhere Geistermacht oder die Furcht vor einer solchen lebte dennoch vollständig in seinem Ideenkreise und beherrschte diesen. Nicht minder ist dies in den einzelnen Menschen der Fall, welche den Atheismus oder die Leugnung des Daseins Gottes als ihre Meinung aussprachen; es ist immer nur die Gewalt eines zersetzenden, zu einer Ueberzeugung nicht gelangen könnenden Verstandes, der die Anerkennung Gottes in ihnen unterdrückt, bis in irgend einem Momente auch in ihnen der Gottesbegriff in seiner ganzen Kraft wieder ersteht, die aufgezwungenen Fesseln zerschlägt und das künstliche Gebäude ihrer Sophismen zertrümmert.

Der Mensch ist demnach das religiöse Geschöpf; d. h. seine ganze Natur ist darauf angelegt und entwickelt sich dahin, zu Gott in einem besonderen Verhältniß zu stehen. Während die übrigen Wesen, die wir kennen, von Gott geschaffen, nur nach den Gesetzen der Natur, wie diese in ihnen wirken, leben, ist das Verhältniß des Menschen zu Gott ein unmittelbares, indem der Begriff der Gottheit im Menschen vorhanden ist und alle seine Beziehungen bestimmt und beherrscht.

Dieses Verhältniß des Menschen zu Gott benennt die h. Schrift Berith (ברית) d. h. „Bund Gottes mit den Menschen", der, je bestimmter sein Inhalt wird, immermehr als ein besonderer „geschlossen" wird. Als „Berith, Bund" wird es daher zuerst nach der Sündfluth bei Noach, dem Stammvater des neuen Menschengeschlechts, benannt und für dieses ganze und durch alle Zeiten errichtet (1 Mos. 9, 8 ff.), wird dann mit Abraham zu einem engeren „Bunde" (1 Mos. 15, 18), der sich später zu dem „Bunde" mit dem Volke Israel erweitert, um dereinst in seinem allgemeinen Inhalte über die ganze Menschheit sich zu erstrecken.[1] Der allgemeine Name für dieses Verhältniß des Menschen zu Gott ist: Religion.[2]

---

[1] Es ist dies die Verkündigung der Propheten (z. B. Sechariah 14, 16 ff.); wir führen nur die Worte Jeschajah's an 66, 18: „Kommen wird es sein, zu versammeln alle Völker und Zungen, daß sie kommen und schauen meine Herrlichkeit." Die Synagoge betet an ihren heiligsten Festtagen: „daß alle Menschen vor Dir anbeten, und Allesammt Einen Bund schließen, Deinen Willen zu thun mit ganzem Herzen." (Tephill. Rosch hasch כולם אגדה אחת). Täglich betet sie im Morgengebete: „auf daß Alle, die in die Welt kommen, erkennen und einsehen, daß Du Gott bist allein."

[2] Religion, lateinischen Ursprungs, religio, was Cicero von relegere „sorgfältig überlegen", ableitet, De nat. Deor. 2, 28: qui autem omnia, quae ad cultum Deorum pertinerent, diligenter retractarent et tanquam relegerent, sunt dicti religiosi ex relegendo. Hingegen Lactanz 4, 28, leitet religio von religare „verbinden", a vinculo pietatis, quod hominem sibi Deus religaverit et pietate constrinxerit. Stellen wie Lucr. I, 930. Tacitus Ann. 3, 26. be-

## 2.

**Welches ist der Inhalt dieses Verhältnisses?**

**1) Die Erkenntniß Gottes, 2) die Verehrung Gottes, 3) das von diesen durchdrungene und durch sie geordnete und bestimmte Leben des Menschen.**

1. Ist der Begriff einer Gottheit in jedem Menschen vorhanden und ein integrirender Theil seines geistigen Wesens, so bildet die bestimmte Gestaltung dieses Begriffes die Grundlage des ganzen Verhältnisses zu Gott, d. h. ist der erste und wichtigste Theil des religiösen Lebens. Die Erkenntniß Gottes ist die Entwickelung jenes Begriffes zu einer bestimmten Anschauung und Ueberzeugung von Gott. Diese Erkenntniß ist aber nicht allein als das Werk des Verstandes zu fassen. Gott wird von uns nicht allein gedacht, sondern auch gefühlt und mit der Einbildungskraft geschaut. Aus allen Tiefen unseres Geistes dringt der Gottesbegriff hervor, um sich zu einer gewissen Einheit für uns zu gestalten. Die Erkenntniß Gottes ist demnach das Resultat aller unserer geistigen Fähigkeiten und Bestrebungen, wie sie sich in dem Entwickelungsgange unseres Geistes immer wieder zu einer bestimmten Anschauung von Gott vereinigen.

„Auf, laßt uns erkennen, uns mühen, den Ewigen zu erkennen; wie Morgenröthe licht geht sein Begriff auf und kommt wie Regen uns, wie Spätregen, der das Land bewässert." (Hosch. 6, 3.)

Es sei die Aufgabe des Menschen während seines ganzen Lebens, in der Erkenntniß Gottes fortzuschreiten, und zwar, indem er nicht allein das Leben und seine Erfahrungen auf sich wirken läßt, sondern mit Bewußtsein und geradezu auf die Entfaltung und Berichtigung seiner Begriffe

---

günstigen die letztere Meinung, obschon andererseits religio von den besseren Schriftstellern bisweilen für die „höchste, skrupulöseste Sorgfalt" gebraucht wird. Für den Begriff der neueren Religionen und für **unsere** Erklärung paßt die zweite Ableitung besser.

von Gott hinstrebt, forscht, prüft und aus allen Quellen schöpft, aus welchen ihm die Erkenntniß lebendig entgegenströmt. Ein schweres Werk, um das er sich mit Bedacht zu mühen hat. Hierzu ruft uns der Prophet auf, daß wir uns nicht beruhigen bei dem, was einmal in unserem Geiste an Gottesbegriff vorhanden ist. Dann ist die Wirkung dieses eifrigen Strebens eine zwiefache. Die Erkenntniß Gottes gehet uns wie Morgenröthe nach dunkler Nacht auf und schaffet Licht in uns; sie verscheucht alle Finsternisse des Aber- und Unglaubens; unser Leben wird zum hellen Tage, dessen Werk nicht mehr in der Dämmerung unklaren Bewußtseins vollbracht wird; unsere Begriffe klären sich auf, unsere Bestimmung wird uns deutlich, unsere Pflichten klar und bestimmt. Dann aber kommt zweitens diese Erkenntniß Gottes wie Regen über uns in der Dürre des Lebens; wenn unser Herz schmachtet nach Trost, unsere gebeugte Seele nach Aufrichtung, unser zerrissenes Gemüth nach Heilung, wenn unser Leben um uns wie ein verdorrtes Gefilde erscheint, auf welchem die ganze Pflanzung unseres Lebens zu verkümmern droht oder zu Ende sich neigt, da kommt die Erkenntniß Gottes wie Regen auf uns und erquickt unseren lechzenden Geist; mehr noch, wie der Spätregen im Morgenlande zur Zeit des reifenden Getreides die Erde bewässert, um der treibenden Frucht die nöthige Feuchtigkeit zu ihrer Vollendung zuzuführen, so macht die Erkenntniß Gottes unser Leben erst wahrhaft fruchtbar, reift unsere That und unser Werk, daß sie zu unserem und Anderer Frommen und Segen werden. Nur durch die Erkenntniß Gottes erlangt der Mensch in seinem Wollen und Vollbringen eine gewisse Vollendung, eine höhere Reife, ein gesegnetes Schaffen.

2. Das Anschauen des Großen und Erhabenen erfüllt uns mit Bewunderung; alle unsere Gefühle werden davon erregt, gehoben, hingerissen. Aber diese Gefühle wollen auch Gestalt annehmen; je inniger und erfüllender sie sind, desto eher wollen sie in Wort und Form sich kund thun, und haben erst dann ihre ganze Stärke und ihre volle Befriedigung gefunden, wenn sie als konkrete Erscheinung hinausgetreten. Die Erkenntniß Gottes, sowohl wie sie aus unserer Gefühlswelt sich hervorhebt, als auch wie sie von unserm Verstande gefaßt und erweitert wird, macht es uns daher zum unabweislichen Bedürfniß, Gott zu verehren und zwar nicht bloß durch die Fülle der Empfindungen, die vor ihm unsere Seele durchströmen, sondern durch Anbetung in Wort und Brauch.

„Erkennet, daß der Ewige Gott ist, Er hat uns gemacht — nicht wir — sein Volk und die Heerde seiner Weide. Kommet in seine Thore mit Dank, in seine Höfe mit Lob, danket ihm, preiset seinen Namen." (Psalm 100, 3. 4.

Als Boden der Gottesverehrung wird hier vom Psalmisten die allgemeine Erkenntniß des göttlichen Wesens bezeichnet, dann die besondere, daß er uns geschaffen, daß er uns leitet, behütet und versorgt, woraus Dank, Preis, Jubel in unseren Herzen entspringen, wir ihm aber auch Tempel („seine Thore, Höfe") errichten, um ihn darin anzubeten. Als ein „unabweisliches Bedürfniß" bezeichnet die h. Schrift die Gottesverehrung dadurch, daß schon Kajin und Hebel Gott „ein Opfer darbringen" von „der Frucht des Bodens" und von „den Erstlingen der Heerde" (1 Mos. 4, 3. 4.), und daß zur Zeit der Geburt des Enoch (also im Jahre der Welt 235) „man anfing anzurufen den Namen des Ewigen" (das. B. 26. S. über diesen Vers unser Bibelwerk I. S. 24). Wie also am frühesten das religiöse Fühlen durch Ceremonie, so begann es schon in so früher Zeit im Worte ausgeprägt zu werden. Dasselbe Bedürfniß tritt nicht minder in den cultivirtesten Völkern und in den geistig begabtesten Menschen hervor, wenn es auch zu Zeiten einerseits durch eine Verbildung der Zeitrichtung, andererseits durch ein Veralten der gottesdienstlichen Formen abgeschwächt erscheint.

3. Ist aber die Erkenntniß Gottes eine wahrhaftige und die Verehrung Gottes eine lautere: so müssen beide zu den beherrschenden Triebfedern alles unseres Handelns und Schaffens werden. Auf dem Grunde der Gotteserkenntniß und der Gottesverehrung erlangt der Mensch ein ganz anderes Ziel, eine ganz andere Bestimmung, die hinausgehen über das bloße Dasein auf Erden und über das Leben in der Gesellschaft mit anderen Menschen in allen ihren Beziehungen zu einander; auf diesem Grunde wird der Mensch ein in die Höhe gerichtetes Wesen, wird zu einem bestimmt sittlichen Wesen. Ferner. Auf diesem Grunde muß jeder Zwiespalt in uns, jeder Zwiespalt zwischen unserm Denken und Thun, zwischen unserer Ueberzeugung und Handlungsweise, zwischen unserer Lehre und unserem Leben überwunden werden und aufhören. Es giebt viele Momente in uns, die dem entgegenstehen. Die Gewöhnung von Jugend an, daß die Richtungen, welche unser Geist in seinem Denken und unser Wandel im Leben nehmen, in bisweilen großer Verschiedenheit geduldet werden, neben einanderlaufen, und man bei so grellem Wiederspruch ruhig, oder doch ohne Anstrengung zu machen, beharrt; dann die

Leidenschaft, welche wir nicht bezwingen; endlich der Andrang der materiellen Bedürfnisse und selbst die blöde Scham vor der, wenn auch verkehrten oder gar falschen Meinung Anderer, alle diese behindern, daß unser ganzes Dasein zur Wahrhaftigkeit komme, daß Einklang errungen werde zwischen unserer Anschauung, unserem Bekennen und unserem Thun.[1])

„Vollkommen sollst du sein mit dem Ewigen, Deinem Gott." (5 Mos. 18, 13.)

„Dies ist das Gebot, die Satzungen und die Rechte, welche der Ewige, euer Gott, gebot, euch zu lehren, um sie zu thun; auf daß du fürchtest den Ewigen, deinen Gott, während alle seine Satzungen und seine Gebote." (5 Mos. 6, 1. 2.)

„Vollkommen mit Gott", d. h. ohne alle Abweichung von Gott, indem du sein Wesen und seinen Willen anders weißt, wie du in deinem Leben bethätigst. Nicht also daß der Mensch die Vollkommenheit an sich erreichen könne, sondern daß er die Idee Gottes als die Grundlage der Sittlichkeit und den Vorsatz, sie als den Willen Gottes in seinen Handlungen zu verwirklichen, mit aller Kraft festhalte, und so zwischen seiner Ueberzeugung und seinem Thun keinen Zwiespalt und Wiederspruch lasse. Die allgemeine Idee Gottes und der Sittlichkeit sind aber zu gewissen „Geboten, Satzungen und Rechten" konkret geworden, die erst kennen gelernt, dann ausgeübt sein wollen.

Wie verschieden sich nun aber auch in jedem einzelnen Menschen nach Anlage, Erziehung, Unterricht, Bildung und Erfahrung die religiöse Anschauung, sein Erkennen, Verehren und Handeln gestaltet: so giebt es doch zwischen Vielen eine Gemeinschaft, ein Gemeinsames, welches den Kern ihres religiösen Wesens und Lebens bildet, welches

---

[1]) Dies spricht auch Maimuni am Schlusse seines Moreh Nebuchim (III, 54) aus: „Der Inbegriff der Lehren ist, daß die Vollkommenheit des Menschen besteht in der höchst möglichen Erkenntniß Gottes, in der Erkenntniß der Beschaffenheit der göttlichen Vorsehung, vermöge derer er seine Geschöpfe ins Dasein ruft und für dieselben Sorge trägt, und in einem dieser Erkenntniß entsprechenden Lebenswandel, bei welchem der Mensch stets von dem Streben durchdrungen ist, Gnade, Gerechtigkeit und Wohlwollen zu üben und die Gottheit in ihren Handlungen nachzuahmen."

als durchgearbeitete Lehre, als festgestellte Form der Gottesverehrung und als bestimmt formulirtes Gebot von Geschlecht zu Geschlecht übergeben, fortgeführt und historisch weiter gebildet wird: aus dem allgemeinen Verhältniß des Menschen zu Gott wird so eine besondere „Religion".

### 3.

**Was heißt israelitische Religion?**

**Die Religion, in welche der Israelit durch seine Geburt eintritt, und die von Abraham bis zum heutigen Tage vom Stamme der Israeliten bekannt worden ist und wird.**

Während alle Religionen des Alterthums die Gottheit nur in den Kräften und Erscheinungen der Natur fanden, und, da sie diese in ihrer Einheit nicht begriffen, die Gottheit als ein vielfaches und vielfältiges Wesen anschauten, also Vielgötterei (Polytheismus) lehrten: trat in Abraham, dem Sohne Therach's, aus Ur-Casdim in Mesopotamien (Aram Naharajim), zuerst die Erkenntniß eines einzigen, allmächtigen Gottes (אל שדי), Schöpfers des Himmels und der Erde[1]), der also nicht mit der Natur identisch, sondern dessen Schöpfungswerk die Natur ist, auf. Wie Abraham hierzu gelangt sei, wird uns nicht mitgetheilt, wohl aber ist er von der h. Schrift von Beginn an als göttlicher Offenbarung gewürdigt, in einfachster Weise dargestellt.[2]) Um für sich und seine Familie diese Erkennt-

---

[1]) 1 Mos. 17, 1. 14, 22.

[2]) Dem Abraham sind nach der h. Schrift acht Offenbarungen geworden, von denen die erste 12, 1., dritte 13, 14., siebente 21, 12., achte 22, 2. einen Befehl enthalten und daher bloß mit ויאמר eingeleitet werden; wohingegen die zweite 12, 7., fünfte 17, 1., sechste 18, 1., das schon mysteriösere וירא אל אברם vor das ויאמר stellen und eine direkte Voraussagung enthalten; die vierte endlich 15, 1. am feierlichsten durch היה דבר ה' אל אברם במחזה ויאמר eingeleitet wird und eine großartige Vision und Offenbarung der Zukunft giebt. S. unser Bibelw. I. S. 54, über Jizchak S. 120, über Jakob S. 139.

niß und die Anbetung eines einzigen Gottes rein zu erhalten¹), zog er gen Westen über den großen Strom, den Euphrat ²,) bis zu jenem schmalen Küstenlande, welches ihm für seine Nachkommen zum Besitz verheißen wurde, Canaan. Hier, ein Fremdling unter den verschiedenen Völkerschaften, welche dieses Land bewohnten, erlangte er einen festen Wohnsitz und erwarb ein Erbbegräbniß als Eigenthum, die Höhle Machpelah bei der Stadt Chebron. Für seinen einzigen Sohn Jizchak ließ er ein Weib von seinen fernen Verwandten holen, damit nicht seine Nachkommen sich mit den Einwohnern des Landes vermischten, und dadurch die religiöse Lehre, welche in seiner Familie sich traditionell überliefern sollte, gefährdet würde. In gleicher Weise mußte darum sein Enkel Jakob, welcher von den beiden Söhnen Jizchak's den abrahamitischen Beruf fortpflanzen sollte, nach Charan auswandern, dort bei seinem Oheim Laban sich dessen Töchter zu Frauen erwerben, aber nach zwanzigjährigem Aufenthalte doch wieder sich von dort entfernen, indem er, des Knechtesdienstes überdrüssig, mit seiner zahlreichen Familie nach der väterlichen Heimath zurückkehrte. Die durch Jakob oder Israel begründete Familie wurde durch eine wundersame Fügung und Verkettung des Geschickes nach Aegypten verpflanzt, um dort in einer besonderen und minder bevölkerten Provinz (Goschen) durch vier Jahrhunderte aus einer Familie zu einem zahlreichen Volke, abgesondert und unvermischt, heranzuwachsen³), was in Canaan inmitten der dichten Bevölkerung nicht hätte geschehen können, während die Abneigung und Ausschließung der Aegypter gegen Fremde, welche eine Vermischung mit Fremden gar nicht zuließ, die volle Gelegenheit dazu gab. Als nun das Volk, in dessen Schooße die väterliche Lehre eines einzigen Gottes, obschon nicht selten theilweise

---

¹) S. Josch. 24, 2.

²) Von dem Uebergang über den Euphrat wird der Beiname עברי Hebräer, der Abraham schon 1 Mos. 14, 13 gegeben wird, hergeleitet, obschon ihn Andere von seinem Ahn Eber gekommen glauben. Beide Ansichten treffen in Abraham zusammen, da der Abkömmling Eber's zugleich „Wanderer" war, und gerade sein Charakter als Fremdländer, den Canaanitern gegenüber, öfters nachdrücklich hervorgehoben werden soll. S. hierüber unser Bibelw. 1. S. 64.

³) Am kürzesten charakterisirt 5 Mos. 26. 5.

ägyptischer Götzendienst getrieben wurde¹), sich von Geschlecht zu
Geschlecht erhalten hatte²), zu einer zahlreichen Menge angeschwollen,
wurde es von den Pharaonen zum Sklavendienste herabgewürdigt,
ja sogar zuletzt mit Ausrottung bedroht, wodurch in ihm das Verlangen nach Freiheit und die alte Ueberlieferung, daß ihm der
Besitz des Landes Canaan, aus dem es gekommen, zugesichert sei,
zur Sehnsucht nach Auswanderung dahin geweckt und gesteigert
werden mußte. Aber indem es jetzt als ein zahlreiches Volk nach
jenem Lande zu dauerndem Besitz desselben ziehen sollte, mußte es
zuvor auch innerlich als Volk organisirt, und zwar für den Zweck
und mit dem Inhalte, für welche es bestimmt war, ausgerüstet
werden. Darum ein vierzigjähriger Aufenthalt in den Wüsten,
welche sich östlich von Aegypten, südlich von Canaan und nördlich
von Arabien, unbewohnt, nur von flüchtigen Horden der ringsum
wohnenden Völkerstämme durchstreift, hinziehen. Hier war es, wo
ihm durch seinen Führer Moscheh, den Sohn Amrams, die von
Abraham her überlieferte Erkenntniß eines einzigen Gottes zu einer
vollkommenen Lehre vom ewig seienden, unkörperlichen, allheiligen,
einzig-einigen Gotte mit dem Gesetze der Heiligung, der allgemeinen
Menschenliebe und des sittlichen Rechts, auf den Grundsätzen der
Menschengleichheit und persönlichen Freiheit und im Prinzipe der
Gottebenbildlichkeit des Menschengeistes entwickelt, als göttliche Offenbarung zur Anerkennung und Wahrung für alle Zeiten übergeben
wurde. Diese Lehre mußte aber vor Allem in dem Volke Wurzel
fassen und es sich zu einem vollständigen Träger umschaffen. Nachdem daher das Volk in Canaan ansässig geworden, mußte in seinem
Schooße selbst ein großer Kampf der Gotteslehre und des Heiden-

---

¹) Josch. 24, 14. Es verräth sich dies insonders auch durch die Geneigtheit
des Volkes, am Fuße des Sinai selbst ein goldenes Kalb sich zu errichten und es
als Gott zu benennen und zu feiern, ein aus Aegypten entlehnter Götzendienst.
S. unser Bibelw. 1. S. 505.

²) Daß aber dennoch im Ganzen Israel auch in Aegypten die Familien-
tradition von einem einzigen Gotte, den die Urväter angebetet, dem daher deren
Abkömmlinge zur Anbetung verpflichtet sind, und der diese in das Land, woselbst
jene gewohnt, zurückführen würde, festgehalten, ersieht man aus der Art und
Weise, wie dem Moscheh der Auftrag an das Volk gegeben und von diesem
gläubig aufgenommen wird. S. 2 Mos. 3, 15. 16. 4, 30. 31.

thums auf lange Zeit hin entstehen, bis das Heidenthum in ihm
vollständig und auf immer überwunden war.

Zur Lösung dieser nächsten Aufgabe hatte das Volk Israel
einen zweimaligen Bestand als selbstständige Nation im Lande Israel.
Der erste Bestand, ungefähr ein Jahrtausend andauernd, war dem
Kampfe zwischen der Gotteslehre und dem Heidenthume im Innern
Israel's gewidmet. Denn sowohl von innen war die große Volks-
masse durchaus noch nicht geeignet, der sonstigen menschlichen Anschauung gegenüber, die Gotteslehre zu erfassen, zu begreifen und
in sich zum wirklichen Leben zu bringen, weshalb sie sich dem Heidenthume immer wieder hingab; als auch von außen drang, da weder
ihr Staat diejenigen natürlichen Grenzen gewann, welche ihm festgesetzt worden und durch die er ein abgeschlossenes Reich gebildet
hätte¹), noch alle heidnischen Völkerstämme aus der Mitte des Landes ausgerottet wurden, immer wieder das Heidenthum in Israel
ein. Hierzu kam, daß nach einigen Jahrhunderten das von seinen
Feinden bedrängte Volk die Nothwendigkeit einer staatlichen Eini-
gung, die dem losen Verband der Stämme gefehlt, fühlte, und daher
die bisher freie, republikanische Verfassung in das Königthum verwandelte, dieses aber sehr bald und immer von Neuem zur festen
Begründung der weltlichen Macht die diese letztere beschränkende
und bindende Gotteslehre zu verdrängen suchte. Gerade diese Umstände aber weckten andererseits, wenn auch in einem kleinen Häuf-
lein Treue und Anhänglichkeit für die Gotteslehre und ließ Männer
erstehen, welche, von göttlichem Geiste beseelt, mit feuriger Rede,
mit unerschrockenem Muthe und mit Aufopferung ihrer selbst die
Begeisterung für die überlieferte Gotteslehre immer wieder anfachten,
sie entwickelten und lehrten, Könige, Fürsten, Priester und Volk
auf's Bitterste vermahnten und bedrohten, die Propheten, welche,
trotz allen Nachtheilen, in die sie durch die größere Macht ihrer
Gegner gebracht waren, doch insofern den Sieg errangen, als sie

---

¹) S. 2 Mos. 23, 31. Hiernach sollte das israelitische Reich sich vom
rothen bis zum mittelländischen Meere, und von der Wüste bis zum Euphrat
erstrecken. Aber nur unter David besaßte es annähernd diese Grenzen und wurde
bald wieder eingeschränkt.

die Gotteslehre in Israel nicht untergehen ließen, vielmehr sie
innerlich zur höchsten und erhabensten Blüthe brachten.¹)

Dennoch aber erwies sich im Laufe dieses Kampfes, daß das
gesammte Volk zur Gotteslehre zu bringen nicht möglich sei, und daß
daher eine große Läuterung, eine Ausscheidung der ungeeigneten
Glieder stattfinden müsse. Sowie daher bereits früher die fast gänzlich abgefallenen zehn Stämme, welche das „Reich Israel" gebildet,
dem Schwerte der Assyrer verfallen, und in die assyrischen und medischen Landschaften versetzt worden waren, so sank auch anderthalb
Jahrhunderte später das „Reich Juda" mit Jeruschalajim und dem
Tempel vor den siegreichen Chaldäern in Trümmer und die beiden
letzten Stämme Juda und Benjamin sahen sich nach Babel verbannt.
Hatten sie hier ihren staatlichen Charakter verloren, waren ihre
Könige und Fürsten verschwunden, so lebte doch der Prophetismus
in ihrer Mitte fort und wußte nicht allein die treuen Theile der
Nation an sich zu fesseln, sondern drang auch in die höchsten Staats-
regionen des Chaldäerreiches ein, um zeitweise sogar eine Obherrschaft daselbst zu erlangen.²) Hier, in der babylonischen Gefangen-

---

¹) So bieten die Propheten in Israel selbst von der ganz äußerlichsten
Seite, abgesehen von ihrem erhabenen Lehrinhalt, ein Schauspiel dar, wie es
sich nirgends wiederfindet. Die Volksredner aller Nationen, wie es ihnen lediglich um politische Zwecke zu thun ist, suchen durch ihre Reden das Volk für sich
zu gewinnen, und alle Kunst ihrer Beredtsamkeit ist darauf angelegt, durch
Schmeichelei, Verheißungen, Schmähung ihrer Gegner, kurz Aufwiegelung der
heftigsten Leidenschaften die Masse auf ihre Seite zu bringen. Das Gegentheil
bei den Propheten Israel's. Ihnen ist der höchste Zweck, zur Gotteslehre und
damit zur reinsten Sittlichkeit zurückzuführen, und die Politik geht sie nur info-
fern an, als sie in großen Zügen mit dem Bestande der Gotteslehre und Sittlichkeit eins ist und diesen dient. Daher die Geißelung des Volkes wie der
Fürsten, des Laien wie des Priesters in ihrer Entartung, die unerbittliche Strafandrohung, die Bekämpfung der rohen Macht, sei sie in den Fürsten, sei sie im
Volke gelegen. Allerdings gereicht es auch dem Volke Israel zum Lobe, dies
ertragen zu haben. In Athen und Rom wäre ein solcher Redner von der Redner-
bühne herabgerissen, gesteinigt worden und hätte jedenfalls nicht zum zweiten
Male den Mund öffnen dürfen. Was den Propheten Leides geschah, ging selten
vom Volke aus, sondern von den Herrschern. Am härtesten erging es dem Propheten Irmejah, der Gefängniß, Stock, Geißel unerschüttert ertrug.

²) Wie wir in unserem Bibelw. III. S. 880 erwiesen haben, hat der erste
Theil des Buches Daniel (Kap. 1—6) die Tendenz, zu berichten, wie im

schaft, fand daher die Ausscheidung des der Gotteslehre getreuen Theiles der Nation von der übrigen Masse statt, und als durch den Fall Babels und die neue Herrschaft der Perser den Israeliten die Erlaubniß ward, wieder nach Palästina zurückzukehren und darin ein neues nationales Leben zu beginnen, sammelte sich auf die prophetische Aufforderung die gottgetreue Schaar[1]), und begründete Juda, Jeruschalajim und den Tempel von Neuem. War auch die zurückkehrende Volksschaar verhältnißmäßig nur klein, so war hingegen das Heidenthum gänzlich und auf immer aus ihr geschwunden, und sie gab den Mittelpunkt ab, welcher immer wieder Schaaren der in Innerasien verbliebenen Masse an sich zog, und auf diese selbst, als in der menschlichen Entwickelung die heidnische Anschauung immer mehr zu erbleichen begann, zur Umkehr zur Gotteslehre einwirkte.

Mit dem zweiten Bestande in Palästina, der sechs Jahrhunderte währte, war der Kampf zwischen Gotteslehre und Heidenthum im Schooße Israels beendet. Der Zweck und die Aufgabe dieses zweiten Bestandes lag daher anderswo. Das Alterthum mit seinem vollen und ganzen heidnischen Inhalte näherte sich in seiner Entwickelung mit starken Schritten seiner Erschöpfung, und es mußte daher die Zeit kommen, wo die Gotteslehre aus Israel heraustreten und in die allgemeine Menschheit eindringen sollte. Der in Israel entschiedene Kampf zwischen Gotteslehre und Heidenthum sollte auf das Gesammtgebiet der Menschheit verpflanzt und dort begonnen werden. Zu diesem Zwecke mußte das israelitische Volk aus den

---

chaldäischen und medischen Reiche, bei dem Kontakte der heidnischen weltbeherrschenden Völker mit der jüdischen Nation jene von dieser geistig überwunden wurde, wie daher dort zeitweise die jüdische Anschauung an sich und durch ihre Träger zur Anerkennung und Herrschaft kam.

[1]) Daß hierauf die im zweiten Theile des Buches Jeschajah (Kap. 40—66.) enthaltenen Reden den nachdrücklichsten Einfluß übten, ist anerkannt. In denselben werden aber auch die zum Zuge nach Jeruschalajim Bereitwilligen als die Getreuen bezeichnet, während die, welche aus eigennützigen Absichten zurückbleiben, als Abtrünnige gebrandmarkt werden. Allerdings blieb diese Ansicht später nicht in solcher Schärfe, und der erste Theil des Buches Daniel (Kap. 1—6) ist offenbar für die in Babel zurückgebliebenen Juden geschrieben, um ihrer Existenz in der heidnischen Welt Zweck und Berechtigung zu geben. S. unser Bibelw. III. S. 886.

engen Grenzen seines kleinen Landes heraus und durch die Menschheit zerstreut werden. Denn da, so wenig wie einst in Israel selbst, die Gotteslehre einen schnellen und allgemeinen Sieg in der Menschheit gewinnen konnte und sollte, vielmehr einen langen, viele Jahrtausende dauernden Entwickelungsprozeß durchzumachen hat, überhaupt außerhalb Israels nur Wurzel fassen konnte, indem sie zuerst und für lange Zeit mit heidnischen Elementen verschmolzen ward: so mußten die Reste der überall hin verstreuten israelitischen Nation an allen Orten sich vorfinden und bestehen, um die reine und totale Gotteslehre zu erhalten, zu wahren, zu bezeugen und zu lehren. Um aber dies zu vermögen, und der Bekämpfung einer großen, feindlichen Welt, sowie ihrer Einwirkung widerstehen zu können, mußte die Gotteslehre innerhalb der jüdischen Nation mit einer ausgearbeiteten, festen Lebensnorm umgeben und gesichert werden, einer Lebensnorm, welche sowohl, indem sie alle Lebensverhältnisse des Juden mit der religiösen Idee erfüllte, die Treue und Begeisterung, die Aufopferungsfähigkeit und Hingebung für die Gotteslehre in der ganzen Masse der Juden erhielt, als auch durch ihre absondernden Formen das Aufgehen der Juden in die Völker, in deren Mitte sie existirten, verhinderte. Der zweite Bestand Israel's in Palästina als selbstständiges, wenn auch nur kurze Zeit unabhängiges Volk hatte daher den Zweck, alle diejenigen Mittel vorzubereiten, durch welche die Erhaltung der israelitischen Nation auch in der Zerstreuung und die Erhaltung der reinen und totalen Gotteslehre in der israelitischen Nation während dieser Zerstreuung ermöglicht werden konnte. Diese Mittel bestanden in theils äußerlichen, theils innerlichen. Das Zurückbleiben großer israelitischer Volksmassen in den assyrischen, medischen und babylonischen Landschaften, die von Alexander d. Gr. bei Gründung Alexandriens vorgenommene und von späteren asiatischen Herrschern nachgeahmte Verpflanzung einer bedeutenden Anzahl Juden in die neuen, von jenen errichteten Städte, die vielen Drangsale, welche in den syrisch-ägyptischen Kriegen über Palästina kamen und andere Umstände erweckten und förderten den Auswanderungstrieb bei den Juden, so daß lange Zeit vor dem Falle Jerusalems eine zahlreiche jüdische Bevölkerung nicht allein in Innerasien und Syrien, sondern auch in Aegypten, Griechenland, auf den Inseln des Mittelmeeres, in Italien und Spanien, auf der nordafrikanischen Küste und selbst einzeln in Gallien und Germanien sich seßhaft gemacht und schnell zu Gemeinden gebildet hatten. Es bestand also bereits eine umfangreiche Judenheit außerhalb Judäa's, und als daher dieses durch das Schwert des Römers seiner Söhne beraubt ward, fanden diese überall schon kräftige Anpflanzungen, in welchen sie frische Wurzeln treiben konnten. In analoger Weise fanden solche Vorbereitungen für den Kultus statt. Vielleicht schon vor dem babylonischen Exil, sicher aber während desselben[1]) mußte sich die Gewohnheit der Gebetverrichtung außerhalb des Tempels bilden und mit der Zeit eine konkrete Gestalt annehmen. Während des zweiten Bestandes nun entwickelte sich dieses Bedürfniß zur Bildung von Synagogen neben dem Tempel, in welchen die Vorlesung der Thora und der Propheten, Erläuterung derselben und der Anfang bestimmter, normirter Gebete Platz griffen. Solche religiöse Versammlungsstätten des Volkes errichteten die außerpalästinensischen Gemeinden aller Orten, und nahmen diese Institute einen schnellen Entwickelungsgang, der dadurch unterstützt ward, daß der Opferdienst selbst mit dem Erlöschen seiner symbolischen Bedeutung im Bewußtsein des Volkes nur noch eine feststehende Form blieb. Während daher die Errichtung eines Tempels in Aegypten als ein bloßer Versuch bald wieder verschwand[2]), blühte die Synagoge auf's kräftigste auf, und so kam es, daß die kultuelle Uebung durch die Zerstörung des Tempels wesentlich nicht litt, und die Anschauung, daß die Opfer durch die Gebete ersetzt wären, leicht und allgemein angenommen ward. Hierzu kam nun, daß das mosaische Gesetz schon von Beginn an einer gewissen traditionellen Verarbeitung unterzogen ward und werden mußte, welche

---

[1]) Schon aus der vorexilischen Zeit finden sich Andeutungen von Lehr- und Gebetversammlungen außerhalb des Tempels, z. B. 2 Kön. 4, 23. Am bedeutsamsten aber tritt das Beispiel Daniels auf (Dan. 6, 11), der lieber der Todesgefahr sich aussetzte, als vom täglich dreimaligen Gebete, das er sich längst zur Pflicht gemacht, abzulassen.

[2]) Er hieß Oniastempel von seinem Gründer Onias IV. und wurde im Jahre 160 vor d. gew. Zeitr. errichtet. Er bestand 233 Jahre, indem er im Jahre 73 auf Befehl des Kaisers Vespasian auf immer geschlossen wurde.

sowohl die Einwirkung jenes auf die sich verändernden und entwickelnden Lebensverhältnisse, Sitten und Zustände zu sichern, als auch die Auffassung und Gestaltung desselben durch diese zu reguliren suchte. So lange das Prophetenthum den Kampf der religiösen Idee noch zu führen hatte, fand jene traditionelle Entwickelung des mosaischen Gesetzes in nur geringerem Maaße statt, und wir begegnen daher bei den Propheten nur hie und da einer Anstrengung, den Sabbath, ein Speiseverbot u. dgl. aufrecht zu erhalten. Mit dem Siege der religiösen Idee über das Heidenthum trat nun konsequent das Streben ein, das mosaische Gesetz auf das Leben einwirken zu lassen und hinwiederum dem Bedürfniß des Lebens und der Nothwendigkeit der Sitte durch Anknüpfung an das mosaische Gesetz und durch Ausdeutung desselben Sanktion und religiösen Inhalt zu geben. Auf der gewonnenen Grundlage setzte sich die immer weitere Verarbeitung des Gesetzes, die Ausdehnung desselben über alle Akte und Vorkommnisse des Lebens, eine Regulirung desselben in seiner ganzen Verzweigung nach gewissen Folgerungen und Methoden fort. Als daher Judäa der jüdischen Nation entrissen ward, war der Impuls, das Leben des Juden von religiöser Seite streng zu regeln und vorschriftsmäßig einzurichten so gegeben, daß jene traditionelle Verarbeitung sich nicht allein erhielt und in schnell wieder errichteten Schulen und autorisirten Instituten fortgesetzt ward, sondern auch die **unbedingte Herrschaft** über das Leben der jüdischen Masse gewann. So hatte der zweite Bestand in Palästina die oben bezeichnete Aufgabe vollständig gelöst. An die Stelle des selbstständigen Volkes waren die zahllosen außerpalästinensischen Gemeinden getreten, der Tempeldienst war durch die aller Orten errichtete Synagoge ersetzt, und an den prophetischen Sieg der religiösen Idee über das Heidenthum hatte sich die talmudische Normirung des Lebens geknüpft, drei Momente, welche die Erhaltung der jüdischen Nation und der Gotteslehre in ihr auch innerhalb der Zerstreuung energisch zu bewirken vermochten.

In dem nunmehr anbrechenden, bereits achtzehn Jahrhunderte währenden Zeitraume lebte die jüdische Nation in der Zerstreuung. In beispielloser Weise zersprengt, folgte sie der Verbreitung der Civilisation über das westliche und nördliche Europa, über

Amerika und Australien, einige Male auch nach Osten theilweise zurückströmend¹) und ihre Vorposten über Indien bis nach China drängend, zugleich in Innerafrika Eingang findend und in nicht unbedeutender Anzahl an der Westküste Afrikas herunterreichend. Ohne irgend einen äußeren Mittelpunkt, ohne selbst irgend eine Verbindung zwischen den einzelnen Gemeinden existirte sie als Nation fort, nachdem sie aufgehört hatte, ein Volk zu bilden. Denn als Nation müssen wir sie betrachten, da sie eine Vermischung mit andern Völkern durch Verheirathung theils freiwillig, theils gezwungen von sich fern hielt²). Diese Zerstreuung war aber gerade äußerlich das Mittel, welches ihre Erhaltung möglich machte, da sie dadurch, wenn sie an einem Theile der Erde verfolgt und ausgerottet wurde, in einem anderen blühete, während andererseits die furchtbaren fast ununterbrochenen Völkerkämpfe, die über Westasien hereinbrachen und in dem Anprall des Islam gegen die christlichen Völker und in den Kreuzzügen sich gipfelten, das kleine jüdische Volk in Palästina selbst nicht hätten bestehen lassen. Die jüdische Nation in ihrer Zerstreuung unter den Völkern nahm eine gleiche Stellung ein wie in Israel selbst, während des Kampfes der Gotteslehre mit dem Heidenthume in ihm, jene kleine Gott getreue Schaar mit den Propheten an der Spitze eingenommen hatte. Die Gotteslehre war im Christenthume über das Abendland, im Islam über das Morgenland ausgegangen. Es begann hiermit derselbe Kampf gegen das Heidenthum auf dem Gebiete der gesammten Menschheit, nur daß mit ihrem Austritt in diese die Gotteslehre innerhalb der beiden neuen Religionen sich mit heidnischen Elementen verschmelzen mußte, um überhaupt in den Völkern Wurzel fassen zu können. Hierdurch stand die jüdische Nation, festhaltend an der reinen und totalen Gotteslehre, in Opposition gegen die übrige Welt, in deren Mitte sie existirte. Diese Opposition wurde dadurch verstärkt, daß die aus dem Judenthume hervorgegangenen Religionen sich um so mehr von

---

¹) z. B. aus Spanien nach der Türkei.

²) Nation, von nasci „geboren werden", gründet sich wesentlich auf die Abstammung, durch welche ein gewisser genetischer Charakter in körperlicher wie geistiger Beziehung erhalten und fortgepflanzt wird, während das Volksthum auf staatlichen, gesellschaftlichen und sprachlichen Momenten beruht.

der Fortexistenz des Judenthums verletzt und bekämpft fühlen mußten, als die Dogmen der christlichen Kirche den Juden noch insbesondere den Tod ihres Stifters zur Last legten, und als andererseits die zur Erhaltung der Gotteslehre in der jüdischen Nation nothwendige, in ihrer konsequenten Entwickelung zu scharfer Absonderung führende talmudische, dann rabbinisch erweiterte Lebensnorm die Juden in vielfacher Weise abgetrennt hielt. Daher brach eine Zeit zuerst der Ausschließung, dann der Verfolgung und Bedrückung für die Juden an, wie sie die Geschichte noch niemals dem Umfange, der Dauer und Heftigkeit nach wiederholt hat. Aber durch die oben gezeichneten Momente waren die Juden widerstandsfähig gemacht gegen all' das traurige Geschick, das sie betraf. Nur selten wurde durch die bittersten Gewaltsmaßregeln eine größere Menge zum Abfall gebracht, und nur gering im Ganzen ist die Zahl derer, welche sich durch lockende Belohnung dazu verleiten ließen. So löste die jüdische Nation ihre Aufgabe auch während der Zerstreuung, die Erhaltung der reinen und totalen Gotteslehre innerhalb der talmudisch-rabbinischen Umhüllung, in vollständigster Weise.

Unterdeß ging die civilisirte Menschheit ihren Entwickelungsgang weiter und nahm besonders innerhalb der christlichen Welt einen immer entschiedenern Charakter an. In mehrfachen Pulsen wurde der **Kampf der Gotteslehre** mit dem Heidenthume zu einem Siege derselben, und es erfloß hieraus auf dem Boden geläuterter Rechtsanschauung das Prinzip der Religions- und Gewissensfreiheit, welches mit immer **größerem Nachdruck** sich innerhalb der staatlichen Gesetzgebung und des socialen Lebens Geltung verschaffte und verschafft. Daß es des Menschen heiligstes Recht ist, seiner religiösen Ueberzeugung frei zu leben, und daß, sofern diese der staatlichen Ordnung nicht geradezu feindlich entgegen träte, die Rechte des Bürgers in keiner Weise von dem Glaubensbekenntnisse abhängen, oder nur modifizirt werden dürfen, dieses Princip der Glaubens- und Gewissensfreiheit wurde zu einem Mittelpunkte des neueren gesellschaftlichen Lebens. Hiermit begann auch für die jüdische Nation eine neue Aera und eine neue Aufgabe. Es gilt, die abgesonderte Stellung innerhalb der Völker aufzugeben, in das soziale und Kulturleben der Menschheit sich einzugliedern und der reinen und totalen

Gotteslehre Anerkennung, Eingang und Verbreitung selbstthätig zu schaffen. Man sah und sieht daher hier das großartige Schauspiel, wie von der einen Seite die Völker entweder mit einem Male in unbedingter Annahme des großen Prinzips der Gewissensfreiheit alle staatlichen und sozialen Hindernisse vor den Juden hinwegräumen, oder nach und nach die Schranken, eine nach der anderen, niederreißen, von der anderen Seite die Juden in schnellem Aufschwung die Kultur der civilisirten Völker sich aneignen, in alle bürgerlichen Sphären eintreten, als Staatsdiener und Soldaten mit Treue und Hingebung ihre Pflicht erfüllen, in Wissenschaft und Kunst um Verdienst und Würde werben; wie ferner in den Juden das Bewußtsein ihrer weltgeschichtlichen Mission erwacht, ihre historische Aufgabe ihnen zur Erkenntniß kommt, und die Klärung ihrer religiösen Anschauung schnelle Fortschritte macht. Indem wir, sei es im Beginn, sei es inmitten dieser neuen Zeit und Richtung stehen, haben wir vorerst nur nach der ganzen Klarheit unserer Aufgabe, nach der Erkenntniß des erweiterten Zieles und der eigenthümlichen Verhältnisse, nach der richtigen Auffassung der großen Umwälzung, welche mit und in uns vor sich gegangen und vor sich geht, zu ringen. Es präcisirt sich diese Aufgabe in den Pflichten der Gesammtheit und jedes einzelnen Israeliten: 1) die reine und ganze Gotteslehre in ihrer Integrität zu erhalten, und ihre Segnungen für jeden Einzelnen wirksam zu machen; 2) diese Erhaltung nicht durch einseitige Verflüchtigung in ein paar einzelne, allgemeine Grundsätze, indem man die ganze konkrete Erscheinung des Judenthums in Haus, Leben und Synagoge aufgibt, zu gefährden, sondern die Gotteslehre in allen ihren Konsequenzen für das religiöse, sittliche, soziale und intellektuelle Leben zu sichern; 3) um so weniger die historische Entwickelung des Judenthums abzubrechen oder aufzuhalten, und darum 4) die talmudisch-rabbinische Lebensnorm, soweit sie, als einer früheren Richtung und einem anderen Ziele angehörig, jener Eingliederung und Einwirkung in das allgemeine Kulturleben widerspricht und damit völlig unvereinbar ist, aufzugeben, hingegen die Grundbedingungen des israelitisch-religiösen Lebens, auf welchen die Wirksamkeit der Gotteslehre für jeden einzelnen Israeliten und ihre unverletzte Erhaltung in der

Gesammtheit beruht, mit aller Kraft und Treue festzuhalten; endlich 5) die reine und ganze Gotteslehre durch That und Wort, durch Beispiel und Lehre zu verkündigen und zu immer größerer Anerkennung zu bringen.

War somit und ist, wie die fast viertausendjährige Geschichte erweist, die Gotteslehre an den Stamm der Israeliten gebunden, so tritt der Israelit schon durch seine Geburt in die Religion Israels ein. Es ist dies eine Bestimmung und eine Pflicht, welche die göttliche Vorsehung dem Israeliten so gut in die Wiege legt, und der er ebenso sich in keiner Weise erwehren und entziehen darf, wie die bestimmte Zeit, das bestimmte Vaterland, die bestimmte Familie, in welche jeder einzelne Mensch hineingeboren wird, und gegen die er die ihm auferlegten Pflichten getreulich zu erfüllen hat. War aber die Mission Israel's auf die Erhaltung und Uebertragung der ihm übergebenen Gotteslehre für die gesammte Menschheit gerichtet, so kam es und kommt es durchaus nicht darauf an, Einzelne aus andern Völkern seinem eigenthümlichen Leben und Gesetze einzuverleiben, weshalb die Proselytenmacherei niemals dem Geiste und Gebote des Judenthums entsprach. Wer da kam oder kommt, und zwar nicht aus äußeren, sondern aus innerlichen Beweggründen, um in die religiöse und nationale Gemeinschaft Israel's einzutreten, wer es mit Ernst verlangt, zu jedem Opfer dafür sich bereit erklärt, mit Ausdauer sich darauf vorbereitet — dem wird aufgethan, aber nur Diesem. Sonst hat Israel weder jemals sein Schwert gezogen, um Andere zu seinem Glauben zu bekehren, noch einen Druck zu solchem Zwecke geübt, noch Versprechungen und Belohnungen darauf gesetzt. Vielmehr war und ist es den Israeliten auferlegt, für die Erhaltung, Verkündigung und Anerkennung der reinen und ganzen Gotteslehre im Laufe der Zeiten und in der Gesammtheit des Menschengeschlechtes seinen Theil zu wirken, daß die Ideen und Vorschriften der reinen Gotteslehre nach und nach immer mehr in die ganze Menschheit eindringen und zur Verwirklichung kommen.

## 4.

Welche sind die unterscheidenden Merkmale der israelitischen Religion von allen anderen bestehenden Religionen?

**1) Die Ursprünglichkeit ihrer Lehre; 2) die ununterbrochene Ueberlieferung derselben; 3) daß in ihr Glaube, Vernunft und Gefühl in Uebereinstimmung sind.**

1. Die Religion Israels ist nicht nur die älteste der positiven Religionen, sondern diese haben auch ihren Ursprung aus ihr gezogen[1]) und einen wesentlichen Theil ihrer Lehren aus ihr entnommen[2]). Die Religion Israels ist aber auch an sich völlig ursprünglich. Sie trat als Gegensatz zu allen Religionen des Alterthums auf, und stützte sich so in keinerlei Weise auf eine der damals bestehenden religiösen Erscheinungen. Sie war bestimmt, das Heidenthum zu bekämpfen und zu verdrängen, und konnte demnach nichts Gemeinsames mit ihm haben. Sie schuldete von Beginn an keiner anderen Religion Etwas, und wenn im Laufe der Zeiten sich irgend eine Lehre oder ein Brauch aus einer anderen Religion sich ihr einmischte, so blieb es immerhin ein fremdartiges Element, das eine folgende Zeit wieder ausschied. Man hat öfter behauptet, daß Moscheh aus anderen Religionen, namentlich aus der ägyptischen, hin und wieder aus der indischen, aus der syrischen und phönizischen Religion entlehnt habe. Schon die Verschiedenartigkeit des Bodens, aus welchem er seine Schößlinge gezogen

---

[1]) Vom Christenthume kann dies nicht zweifelhaft sein, da dessen Stifter ein Jude und die heiligen Bücher der Christen gänzlich auf die heilige Schrift gebaut sind und überall auf diese hinweisen. Aber auch hinsichtlich des Islams ist dies unzweideutig. Die neueste hier einschlägliche Schrift, „Th. Nöldeke's Geschichte des Korans", eine sehr gründliche Forschung, kommt zu dem Resultate, daß „die Hauptquelle der Offenbarungen für Muhamed die Juden bildeten." Wurde zu seiner Zeit doch selbst Mekka von Juden besucht. „Die ganze Lehre Muhamed's trägt schon in den ältesten Suren die unverkennbaren Zeichen ihres Ursprungs an sich", die ganze Grundlehre des Islams, so wie viele Lehren und Gesetze sind wörtlich jüdischer Herkunft. (S. a. a. O. S. 5 f.)

[2]) S. hierüber ausführlich unsere Vorlesungen über „die Entwickelung der religiösen Idee im Judenthume, Christenthume und Islam," S. 99. 114.

haben soll, erweist die Unrichtigkeit dieser Behauptungen. Ein gelehrtes Sammelsurium zusammenzukneten, war erst späteren Zeiten vorbehalten. Man findet wohl in dem mosaischen Gesetze hie und da eine Aehnlichkeit mit irgend einem Brauche anderer Völker, z. B. in den Reinigkeitsgesetzen, in den Geräthen des Heiligthums u. a. m. Aber dies sind durchaus keine entscheidenden Momente, und die Uebereinstimmung kann ebenso gut eine zufällige sein. In mehreren Punkten, z. B. der Beschneidung, ist die Behauptung der Uebereinstimmung geradezu falsch¹). Wenn Moscheh aus irgend einer Religion des Alterthums zu entlehnen Veranlassung gehabt hätte, so wäre dies mit der ägyptischen der Fall gewesen; und gerade mit dieser steht die Lehre Moscheh's im entschiedensten Widerspruch und Gegensatz. Die Erkenntniß eines einzigen Gottes, der ägyptischen Vielgötterei gegenüber, die Anbetung Gottes ohne Bild und Zeichen gegen den Thierdienst und die groteske Symbolik der Aegypter gehalten, die allgemeine Nächstenliebe gegen den mizrischen Fremdenhaß, die Gleichheit aller Volksglieder gegen das Kastenwesen, die Wehrpflicht der gesammten Nation gegen die Kriegerkaste u. s. w., u. s. w. lassen eine Aehnlichkeit und daher eine Entlehnung vom ägyptischen Wesen auch nicht im Entferntesten aufkommen. So steht die Religion Israel's da in ihrer vollkräftigen Ursprünglichkeit, Mutter der reineren Gotteslehre und höheren Sittlichkeit. Wenn aber also die Religion Israels ursprünglich ist, so hat sie andererseits den Vorzug, daß die anderen positiven Religionen nicht allein ihre wesentlichen Momente von ihr entlehnt haben, sondern daß sie die Wahrheit der israelitischen Grundlehren anerkennen, während sie gegenseitig sich verleugnen. Christenthum und Islam gestehen jene zu, während das Christenthum den Islam, der Islam das Christenthum, das Judenthum beide verneint²). Die israelitische Religion enthält und lehrt also das, was

---

¹) S. unser Bibelwerk, Th. I. S. 76.
²) Allerdings legt der Koran auch dem Stifter der christlichen Religion und seinen Aposteln die Prophetie bei, aber nur ganz äußerlich, um Muhamed über alle Propheten hinauszuheben; sonst stellt der Islam sich der Dreieinigkeitslehre aufs schroffste gegenüber, verwirft die Lehre von der Göttlichkeit Christi aufs

alle drei als wahr anerkennen, während was hierüber hinaus die beiden anderen Religionen lehren, von den zwei anderen verneint wird.

„Dir ist es gezeigt worden, um zu erkennen, daß der Ewige Gott ist, Keiner mehr außer ihm. (5. Mos. 4, 35.)

2. Vier Jahrtausende sind über das Bestehen der Religion Israels hingegangen. Ununterbrochen fand ihre Ueberlieferung von Geschlecht zu Geschlecht statt. Keine Spaltung und Sektirerei trübte die Einheit ihrer Lehre und die Uebereinstimmung ihrer Bekenner. Den zahllosen Spaltungen, Sekten, Kirchen gegenüber, in welche das Christenthum fast von seinem Beginne an zerfiel, den ungeheuren, zu verschiedenen Zeiten wiederholt eintretenden Reformbewegungen in demselben, welche die einzelnen Theile und Glieder zu den erbittertsten Kämpfen einander gegenüberstellten, eine Erscheinung, die sich ebenfalls im Islam verwirklichte, der außer seiner Zerrissenheit in die sich bekämpfenden Schiiten und Sunniten zahlreiche einzelne Sekten umfaßt[1]), diesen gegenüber ist die durch alle Zeiten reichende Lehreinheit in der Religion Israels von ungeheurem Gewicht. Selbstverständlich haben auch im Judenthume in verschiedenen Zeitaltern verschiedene Auffassungen und Richtungen und bisweilen zu gleicher Zeit stattgefunden. Aber sie gestalteten sich niemals zur völligen Trennung, zu abgesonderten Genossenschaften, weil eben das Wesen der Religion Israels, ihre eigentliche Lehre und die Verpflichtung ihrer Bekenner zu ihr nicht davon berührt wurden[2]). In den letzten Jahrhunderten vor dem Falle

---

entschiedenste, und damit alle Dogmen, die für die christliche Kirche daraus fließen. S. Koran, z. B. Sura 19, V. 36., Sura 5, V. 77.

[1]) Es wird deren Zahl auf 73 angegeben. S. Tornauw, Moslem Recht, S. 13.

[2]) Ein glänzendes Beispiel der darum im Wesen des Judenthums begründeten Toleranz, weil das Gefühl der einheitlichen Lehre im Gegensatz zur Welt immer vorwaltet, gab das Verhältniß des Tempels zu Jerusalem, als in Aegypten vom Priester Onias ein Nebentempel errichtet ward (160 vor d. gew. Ztr.). Kein Bannstrahl wurde gegen ihn geschleudert, die im Oniastempel fungirenden Priester wurden weder ihrer Priesterwürde, noch der Priesterrechte verlustig erklärt, ja gesetzlich festgestellt, daß für den Oniastempel ausdrücklich gelobte Opfer auch

Jerusalems wurden vielfach drei jüdische „Sekten" genannt, die Pharisäer, Essäer und Sadducäer. Aber auch in seinem neuesten Geschichtswerke, das er doch „Geschichte des Judenthums und seiner Sekten" betitelt, sagt Dr. Jost über jene aus: „Allein ungeachtet der im Allgemeinen gleichmäßigen Fortentwickelung des Judenthums, gingen doch, sobald die Stürme von außen nachließen, wie überall nach eingetretener Ruhe, die Ansichten über die Art, wie das Judenthum im Leben sich darzustellen habe, auseinander. Es bildeten sich nicht, wie man zu sagen pflegt, Sekten, oder in der Art getheilte Gemeinden, daß sie einander abstießen oder verketzerten, noch viel weniger, daß sie stetige gesonderte gottesdienstliche Einrichtungen trafen, welche die gegnerischen für ungesetzlich erklärt hätten: der einheitliche Gedanke, daß das jüdische Gesetz walten müsse und jeder Jude demselben unterworfen sei, und daß, wer das Gesetz anerkannt, der Gemeinde angehöre, beherrschte allesammt. Nur über die Art, wie es am sorgfältigsten geübt werde, und unter den obwaltenden Umständen geübt werden solle — denn Vieles war zur Zeit der Syrerkönige und lange nachher noch in der Entwickelung begriffen — mußten die Meinungen sich theilen." (Th. I. S. 197.) In der That bestand das Pharisäerthum vorzugsweise in dem Streben, die Reinigkeitsgesetze in äußerster Strenge zu halten, und seine Anhänger hatten weder ein für sich bestehendes Bekenntniß und besondere Glaubensartikel, noch eigenthümlich ausgeprägte Lehren. Sie standen ganz und gar auf dem Boden des biblischen Judenthums, wie es nach der Ueberlieferung sich fortbildete. (Das. S. 206.) Einen noch höhern Grad der Reinheit suchten die Essäer zu erzielen, und aus diesem Streben nach einer höheren Weihe ging für sie die Schließung eines Bundes mit eigenen Ordenssatzungen hervor, ohne daß sie etwa einen anderen Glauben oder ein anderes Gesetz des Judenthums gehabt hätten (das. S. 208), ja im Betreff der Gebräuche unterschieden sich die Essäer nicht sehr

---

daselbst dargebracht werden könnten. S. Grätz, Gesch. d. Juden. III. S. 38. — Eben so wenig brachte die Existenz zweier in ihrer ganzen Richtung so sehr entgegengesetzten Schulen wie die Hillel's und die Schammai's (vom Jahre 30 an) irgend eine Störung des innern Friedens oder des freundlichen Verhältnisses zwischen den Anhängern beider Schulen hervor. S. ebendaselbst, S. 248.

von den übrigen Juden (das. S. 212). Einen natürlichen Gegensatz zu Pharisäern und Essäern bildeten allerdings die Sadducäer. Während jene das mündliche (traditionelle) Gesetz nicht nur zur Richtschnur nahmen, sondern auf dessen weitere Ausbildung allen Fleiß verwendeten, erklärten sich die Sadducäer dahin, daß das geschriebene Gesetz ganz nach seinem Wortsinn gelten müsse. Die Sadducäer bildeten aber dennoch keine gesonderte Gesellschaft und waren im Gottesdienste von den Pharisäern keineswegs geschieden, sondern sie waren nur gleichgesinnte Bekämpfer des mündlichen Gesetzes, soweit dessen Bestimmungen nicht im geschriebenen ihre klare Begründung hatten (das. S. 215). Man sieht leicht ein, daß diese Erscheinung verschiedener Richtungen eine sehr natürliche zu einer Zeit war, wo die Feststellung und Durcharbeitung des traditionellen Gesetzes noch im flüssigen Zustande war. Sobald daher jene sich fixirt hatte, sind auch diese Parteiungen verschwunden. — Als die einzige wirkliche Absonderung, die vom großen Körper der israelitischen Nation statt fand, kann man die Karäer betrachten, welche, um 750 entstanden[1]), die talmudische Entwickelung des Gesetzes gänzlich verwarfen, die Thorah allein in ihrer rein logischen und hermeneutischen Wortbedeutung verstanden wissen wollten, daran aber dennoch wieder eine andere Auslegung des Gesetzes, die bei ihnen, trotz ihrem Grundsatze der Nichtachtung der Autorität, seitdem traditionell geworden, knüpften. Der einmal von ihnen eingegangene Gegensatz veranlaßte sie vielfach, nur deshalb eine andere Satzung aufzustellen, weil sie den Rabbaniten widersprechen wollten[2]). Dennoch blieben die Karäer ein so kleiner Bruchtheil des israelitischen Stammes, sie hatten ein so abgeschlossenes und einflußloses Leben, daß ihre Abtrennung doch nur als ein vereitelter Versuch und als ein Beweis mehr für die Einheit des israelitischen Religionslebens ist, um so mehr, als der Grundtypus ihres kul-

---

[1]) Allerdings war das entscheidende, wenn auch noch nicht ganz entschiedene Auftreten Anan's, um 754, nur der Ausgangspunkt einer lange schon bestandenen, jedoch nur im Stillen gepflegten Bewegung; demungeachtet kann man den wirklichen Bestand der Sekte nicht früher datiren. S. Pinsker, לקוטי קדמוניות. Wien, 1860.

[2]) S. Zunz, Ritus.

tuellen Wesens völlig derselbe ist, wie im übrigen Judenthume, und ihre zehn Glaubensartikel von jedem Rabbaniten unterschrieben werden konnten (das. S. 338). — In der neuesten Zeit haben sich im Judenthume drei verschiedene Richtungen geltend gemacht: die orthodoxe oder stabile, die reformistische und die chassidische. Alle drei erkennen aber keine Verschiedenheit der Grundlehren des Judenthums an, ihre Grenzlinien laufen so vielfach in einander und sind so wenig scharf abgesteckt, das Stammes- und Gemeindeleben ist von ihnen nur so selten tangirt, daß wir sie nur als verschiedene Entwickelungen und Richtungen, nicht aber als Spaltung und Sektirerei ansehen können. Die israelitische Religion ist demnach einerseits ein ganz ursprüngliches Schaffniß, andererseits das einheitliche Ergebniß von hundertundzwanzig Menschenaltern, und dies bei einem an Geistesthätigkeit, Beweglichkeit und Schärfe ausgezeichneten Stamme, der in keinem Zeitalter der forschenden, scharfsinnigen und tiefdenkenden Männer entbehrte, dabei seit fast zwei Jahrtausenden in den verschiedensten Himmelsstrichen und unter den vielfachsten Völkerschaften lebte — ein Moment, das schwer ins Gewicht fällt, sobald erwogen wird, daß alles wahrhafte Kulturleben das Produkt niemals **einer**, sondern **aller** vorangegangenen Zeiten ist, und unter allem Menschlichen nur das Sicherheit und Festigkeit hat, was durch die lange Reihe der Geschlechter erworben worden ist.

Ich bin der Gott deines Vaters, der Gott Abrahams, der Gott Jizchaks, der Gott Jakobs — dies ist mein Name für ewig, und dies mein Andenken für Geschlecht auf Geschlecht. (2. Mos. 3, 6. 15.)

In dieser Bezeichnung, während **niemals** „der Gott Moscheh's" vorkommt, ist die Wichtigkeit der Ursprünglichkeit und der Ueberlieferung in der israelitischen Religion ausgeprägt. Sie bedeutet übrigens niemals irgend eine Ausschließlichkeit, sondern den von Abraham, Jizchak und Jakob erkannten, ihnen geoffenbarten, von ihnen angebeteten und ihren Nachkommen für alle Zeiten überlieferten Gott.

3. Glauben heißt: Etwas als wahr und richtig annehmen. Man kann aber Etwas als wahr annehmen, also glauben, ohne es geprüft zu haben, entweder weil wir individuell zur Prüfung

nicht befähigt, oder nicht aufgelegt sind, oder weil diejenigen, die es uns mittheilen, von uns für glaubwürdig, d. h. für solche gehalten werden, welche uns nur als wahr und richtig darstellen werden, was sie selbst als wahr und richtig erkannt haben; oder wir stellen zuvor eine Prüfung an. Die beiden Prüfungsmittel des menschlichen Geistes sind: die Vernunft und das Gefühl, gewöhnlich das „Herz" genannt. Die Vernunft vergleicht das Mitgetheilte mit den übrigen Erscheinungen der Welt, mit den vorhandenen Ursachen und nothwendigen Wirkungen, und folgert daraus eine Uebereinstimmung oder einen Widerspruch. Das Herz oder die Gesammtheit unserer Gefühle empfindet das Mitgetheilte in Uebereinstimmung oder in Widerspruch mit dem, was es unmittelbar als das Wahre und Rechte in sich trägt. Eine solche Prüfung geschieht theils wie von selbst, ohne bewußte Absicht, weil die Natur des Geistes dazu drängt, theils mit bewußter Absichtlichkeit und mehr oder weniger planmäßig. Nach Anstellung der Prüfung nehmen wir das Mitgetheilte als wahr und richtig an, also glauben es, entweder weil unsere Vernunft oder unser Herz oder beide zugleich sich in Uebereinstimmung damit befinden, oder trotz dem Widerspruch der Vernunft und des Herzens. Letzteres geschieht, entweder weil man der Vernunft und dem Herzen die Berechtigung zur Prüfung abspricht und ihr Ergebniß daher verwirft, oder weil man ihren Widerspruch gewaltsam in sich unterdrückt, so weit dies in unserm Vermögen steht. Etwas glauben ohne es selbst oder auch nur die Glaubwürdigkeit der Ueberliefernden geprüft zu haben, oder Etwas glauben, trotzdem es mit unserer Vernunft und unserem Herzen in Widerspruch steht, heißt: blinder Glaube. Etwas als unwahr und unrichtig erkennen und aussprechen, heißt: verneinen, leugnen. Etwas als unwahr erkennen und doch als wahr ausgeben, heißt: lügen, heucheln. Den Widerspruch mit der Vernunft und dem Herzen erkennen, aber über denselben, sei es zur Anerkennung oder zur Leugnung, nicht hinaus können, heißt: zweifeln. — Erläutern wir dies durch Beispiele; zuerst aus der Geschichte. Es wird uns von dem Siege der Griechen über die Perser bei Salamis erzählt. Wir nehmen diesen als wahr an, entweder weil wir gar nicht die Mittel und Befähigung besitzen zu prüfen, ob dieser Sieg und an diesem Orte und in dieser Zeit stattgefunden, oder weil diejenigen, die uns davon erzählen, glaubwürdig erscheinen, oder weil wir die Thatsache prüfen, indem wir die Quellen vergleichen, aus denen der Bericht geschöpft ist, die Ursachen, welche einen solchen Sieg herbeiführen konnten, die Wirkungen, die er haben mußte. Selbst hierbei wird unser Herz mit prüfen, denn es wird empfinden, ob die Griechen fähig waren, so begeistert zu kämpfen, um einen solchen Sieg zu erfechten. Das Ergebniß ist: wir nehmen den Sieg als wahr und richtig an, wir glauben ihn. Jedermann weiß, daß dies häufig nicht das Resultat genauer, umsichtiger und scharfsinniger geschichtlicher Prüfung ist, daß man bei vielem Berichteten nicht über den Widerspruch hinauskömmt, es also zweifelhaft bleibt, bei vielem zum entgegengesetzten Erfolge gelangt, es als falsch, als erlogen oder entstellt erkennt. — Oder aus dem gewöhnlichen Leben. Jemand erzählt mir, den und den gesehen zu haben, der weit entfernt seinen Wohnort hat. Ich glaube es, weil mir nichts daran liegt, ob es wahr oder unwahr ist, oder weil mir der Zeuge als glaubwürdig erscheint, oder ich prüfe es. Ich ziehe Erkundigung ein, ob Jener von seinem Wohnort abgereist ist, wohin er gereist und wann er zurückgekehrt sei, ich erforsche seine Motive zu einer solchen Reise und welche Wirkungen sein Hiersein gehabt, und komme dadurch entweder zu der Ueberzeugung, daß er wirklich und zur angegebenen Zeit hier gewesen, oder daß es erlogen sei, oder ich konnte die nöthigen Thatsachen nicht erfahren, und die Sache bleibt mir deshalb zweifelhaft. — So auch aus den exakten Wissenschaften. Es wird mir gelehrt, daß in einem gleichseitigen Dreieck auch die Winkel einander gleich sind. Ich suche die Beweise nach mathematischer Methode, und erkenne, so ich sie gefunden, den Lehrsatz als wahr und richtig an. Es wird mir gelehrt, daß die atmosphärische Luft aus Sauerstoff- und Stickstoffgas in bestimmtem Verhältniß zu einander besteht. Ich glaube es, weil ich nicht die Mittel und Befähigung besitze, es zu prüfen, aber zu viele bewährte Männer von Fach zu diesem Resultate gekommen sind, oder ich habe Kenntniß und Gelegenheit, die Luft zu analysiren, und erkenne dabei die Richtigkeit des Lehrsatzes. — Aber auf keinem Gebiete treten diese Gegensätze so scharf auf, als auf dem der Religion, auf dem der höheren Erkenntniß und Anschauung. Hier darf von keinem Menschen vorausgesetzt werden, daß er für die Lehren der Religion, an dem Glauben oder dem Unglauben daran, kein Interesse habe, denn sie betreffen die höchsten Interessen jedes Individuums, jeder menschlichen Gemeinschaft und der gesammten Menschheit; hier darf nicht vorausgesetzt werden, daß ein Theil, ja der größte Theil der Menschen keine Befähigung zu prüfen besitze; denn es ist die Bestimmung des Menschen, in geringerem oder größerem Maße die Befähigung dazu zu erlangen und auszubilden. Die verschiedenen **Religionen** nun als Ueberlieferinnen gewisser Lehr- und Glaubenssätze, auf denen sich ihr ganzes Gebäude erhebt, übergeben diese ihren Bekennern entweder mit der Forderung, sie unbedingt und ungeprüft, oder selbst im Widerspruch zu Vernunft und Herz, also in blindem Glauben, als wahr und richtig anzunehmen, oder sie gestatten und **verlangen**, daß die Uebereinstimmung der Vernunft und des Herzens gesucht werde. Die ersteren können nur solche sein, welche Lehren aufstellen, die von vornherein eine Prüfung der Vernunft und des Herzens nicht zu bestehen vermögen, die daher ihre Glaubenssätze als Geheimnisse (Mysterien) bezeichnen, welche die menschliche Vernunft nicht zu erkennen und zu durchschauen vermöge, zu deren Prüfung die menschliche Vernunft daher gar nicht berechtigt sei, so daß, wo diese Vernunft ihren Widerspruch gegen jene erhebt, sie das Individuum gewaltsam in sich unterdrücken müsse. Oder aber eine Religion erkennt die Befähigung und Berechtigung der Vernunft und des Herzens zur Prüfung **auch** ihrer Lehren an, sie sieht diese großen Vermögen **als** von Gott so wesentlich dem menschlichen Geiste eingepflanzt, so **ganz** mit dem Geiste identisch, ihre Entwickelung, die wiederum durch ihre Bethätigung allein möglich ist, **von Gott dem Menschen** so sehr als eigentliche **Lebensaufgabe** gestellt, die Lehren der Religion ohne diese Uebereinstimmung oder gar im vollen Widerspruch mit Vernunft und Herz als so todt und **tödtend** für den Geist, so wirkungslos auf die höhere Bestimmung des Menschen an, daß sie vielmehr die **Erlangung** dieser Uebereinstimmung des Glaubens mit Vernunft und Herz fordert und dazu aufruft. Es versteht sich von selbst, daß das Wesen und der Bestand des Menschen auf Glauben hingewiesen ist. Es ist jedes Individuum weder Alles selbst zu finden, noch Alles zu prüfen berufen und befähigt. Die Geschichte der ganzen Vergangenheit, das tägliche Leben, der Unterricht und selbst die höhere Erkenntniß beruhen zunächst auf Ueberlieferung, also Glauben. Aber nicht minder ist der Mensch in allen Zweigen und Richtungen seiner Existenz berufen und genöthigt, seine Vernunft thätig sein und sein Herz in Bewegung zu lassen. Das Glauben ist ihm überall die Unterlage, auf der aber Vernunft und Herz allein jedes größte oder kleinste Bauwerk aufrichten; ohne diese wäre seine Existenz noch weniger möglich, als mit einem unbedingten und allseitigen Nichtglauben, das auch die geringste Thatsache selbst finden und prüfen wollte. Wie also sollten die höchsten Erkenntnisse Vernunft und Herz verdammen, für unberechtigt erklären, ihnen widersprechen, ohne sie wirken können und dürfen? — Die Religion Israel's ist es, die hiergegen auftritt. Die israelitische Religion hat und kennt keine Geheimnisse (Mysterien), d. h. Lehren, die im Widerspruch mit Vernunft und Herz stehen, und doch wahr und richtig, von Gott ausgegangen sein sollen und vom Menschen unbedingt und ungeprüft geglaubt werden müßten.

„Das Verborgene ist des Ewigen, unseres Gottes, aber das Offenbare unser und unserer Kinder, um zu thun alle Worte dieser Lehre." (5. Mos. 29, 28.)

„Denn dieses Gebot, das ich Dir heute gebiete, nicht zu wunderbar ist es für Dich, und nicht fern ist es. Nicht im Himmel ist's, um zu sprechen: Wer steiget für uns in den Himmel hinauf, und holet es uns, und verkündigt es uns, daß wir es thun? Und nicht jenseits des Meeres ist es, um zu sprechen: Wer ziehet für uns jenseits des Meeres, und holet es uns, und verkündigt es uns, daß wir es thun? Sondern ganz nahe ist Dir das Wort, in Deinem Munde und in Deinem Herzen, um es zu thun." (5. Mos. 30, 11—14.)

Für den Menschen hat nur das eine Wesenheit, was er zu fassen und zu begreifen vermag; in die verborgenen Tiefen des Daseins, die nur dem

Auge Gottes erschlossen sind, blickt er nicht; darum sind sie nicht sein Theil, und sie haben keine Wirksamkeit auf ihn. Des Menschen Aufgabe und Ziel ist es nur, im Einzelnen und in der Gesammtheit seine Befähigung, sich immer Mehreres „offenbar" zu machen, immer Weiteres verstehen und begreifen zu lernen, immerfort zu entwickeln. —

„Nicht zu wunderbar für Dich" ist diese Lehre, daß Du sie nicht begreifen könntest, daß sie Dir ein Geheimniß bliebe, daß Deine Vernunft davor verstummen müßte; und „nicht zu fern", daß sie Deinem Herzen fern bliebe, in ihm keine Bewegung hervorrufen, keine Liebe, keinen Enthusiasmus erwecken könnte. „Nicht im Himmel", daß sie über des Menschen geistige Fassungskraft weit hinüberreiche, und er sie nicht ergreifen könnte, „nicht jenseits des Meeres", daß sie niemals heimisch würde in seinem Innersten — sondern ganz nahe, ganz verständlich für seine Vernunft und ihren Folgerungen entsprechend, ganz angemessen seinem Herzen und dessen Gefühlen, in Wort und That zu fassen und zu bethätigen. —

Die israelitische Religion fordert daher keinen blinden Glauben, weil sie ihn nicht zu fordern braucht, sie verlangt vielmehr für ihre Lehren die Prüfung durch Vernunft und Herz, damit die Vernunft sie als wahr und richtig erkenne, und das Herz sie zu liebevollem Erfassen und zu treuer Erfüllung in sich aufnehme.[1])

„So erkenne heute und nimm es Dir zu Herzen, daß der Ewige Gott ist im Himmel droben und auf Erden drunten, Keiner mehr." (5. Mos. 4, 39. Vgl. 2. Mos. 6, 7. 10, 2. 16, 12. 5. Mos. 7, 9. 8, 5. 9, 3. 11, 2. und zahllose Stellen, besonders im Jeschajah und Jecheskel, wo דעת „die Erkenntniß" als das höchste religiöse Ergebniß ausgesprochen wird.)

Erst als Israel „gesehen", was Gott an den Aegyptern gethan, „da glaubten sie an den Ewigen und an Moscheh, seinen Diener." (2. Mos. 14, 31.) [2])

―――――――

[1]) Vergl. hierüber Saadja, Emunoth we-Deoth Einleit. §. 17. Maim., Mor. Neb. I, 50. II, 40. Albo, Seph. Ikkar. Abschn. I. Aus diesen Stellen ergiebt es sich, daß wir in Uebereinstimmung sind mit den bedeutendsten Denkern in Israel. Weiteres, namentlich über die Ansichten Mendelssohn's, in dem Abschnitt über „die Grundlehren".

[2]) Die Stellen, in welchen das Wort אמן (im Hiph.) in der Schrift vorkommt, sind folgende. Zuerst in der Thorah. Wir treffen hier zunächst auf

Die israelitische Religion tritt also an ihren Bekenner mit
dem ganzen Schatze ihrer Lehren, wie sie ihn seit Jahrtausenden

die wichtige Stelle 1. Mos. 15, 16. Zweimal hatte Abram bereits die Zusicherung der Nachkommenschaft und des Besitzes des heiligen Landes erhalten; Jahre waren darüber hinweggegangen, ohne daß das geringste Anzeichen ihrer Verwirklichung sich eingestellt, und Abram und Sarai rückten in ein Alter, wo jede Aussicht schwand. Darüber klagt Abram, 15, 2. 3. Da sichert ihm Gott eine Nachkommenschaft, zahllos wie die Sterne des Himmels, zu, und die Schrift fährt fort: והאמן בה׳ „und er glaubete an den Ewigen". „Das rechnete ihm Dieser zur Gerechtigkeit (Frömmigkeit) an." — Genau genommen ist hiermit doch Nichts als der Glaube an eine einzelne Zusicherung Gottes, der die Wirklichkeit wenig zu entsprechen schien, ausgesprochen. Aber dieser Glaube setzt allerdings eine höhere Quelle voraus, aus der er floß. Diese Quelle bezeichnen die Worte der Schrift nicht, obgleich sie uns bei unserer Frage gerade am meisten interessiren würde — wir können sie allerdings als den Glauben an Gott überhaupt bezeichnen, welcher den Glauben an Dessen Wahrhaftigkeit einschließen muß. — Es ist dies aber in der Thorah die einzige Stelle ihrer Art. Abseitens derselben finden wir nur Stellen, wo vom „Glauben an Gott" nach voraufgegangenen, sichtbaren Erweisen gehandelt ist. Wenn es 2. Mos. 14, 31., nachdem die Israeliten am rothen Meere beim Anrücken der Aegypter gemurrt und geschrieen, dann aber trocknen Fußes hindurchgezogen und das ägyptische Heer umgekommen war, heißt: ויאמינו בה׳ ובמשה עבדו „da glaubten sie an den Ewigen und seinen Diener Moscheh" (vgl. Ps. 106, 12) — wenn das. 19, 9 Gott spricht: „Ich komme zu dir in der Dichte des Gewölks, damit das Volk höre, wenn ich mit dir spreche, וגם בך יאמינו לעולם und auch an dich glaube auf ewig" — wenn 5. Mos. 1, 32 Moscheh die Israeliten anklagt, 4. Mos. 14, 11 beklagt, daß trotz den vielen wahrgenommenen Zeichen dieser Glaube sehr schwach war, und darin selbst Moscheh und Ahron 4. Mos. 20, 12 sich schwach erwiesen — wenn 5. Mos. 9, 23 die Israeliten einem bestimmten göttlichen Befehle nicht nachkamen, sondern dawider murrten, ולא האמנתם לו und ihm nicht vertrauten, daß er es siegreich durchführen würde — — so ist es klar, daß von einem allgemeinen Glauben an Gott, wie die Modernen ihn verstehen, in der Thorah überall nicht die Rede ist, sondern nur von dem Glauben an einzelne Zusicherungen Gottes oder nach voraufgegangenen, wahrnehmbaren Erweisen. (Treffend hierfür die Stellen: 2. Mos. 4, 5. 8. 31. 4, 1. 1. Mos. 45, 26. vgl. noch 1. Kön. 10, 7.) — Gehen wir zu den übrigen Schriften über, so finden wir im ersten Jeschajah nur eine bemerkbare Stelle, 7, 9., die aber auch nur den Glauben an einen prophetischen Ausspruch, für den er ein Zeichen als Beweis zu geben sich erbietet, im Sinne hat. (Vgl. 28, 16.) — In dem Davidischen Ps. 27 (s. mein Bibelwerk III. S. 70) לולא האמנתי לראות בטוב ה׳ בארץ חיים „so nicht zu schauen ich geglaubt des Ewigen Gut' im Land des Lebens . . . ."

von Geschlecht zu Geschlecht überlieferte, der Vater sie dem Sohne, die Mutter sie der Tochter als ihr höchstes Gut vererbte; ihr Bekenner soll diese Lehren mit offenem Geiste, mit geneigtem Herzen empfangen; **dann soll er forschen darin „Tag und Nacht", sinnen**

---

Es ist also der Gegensatz, daß, während den Sänger Todesschrecken umgeben, er aus der Ueberzeugung, daß Gottes Güte sich bewähren müsse, dies aber nur im Leben geschehen könne, fest vertraute, leben zu bleiben. Ebenso wie bei der angeführten Stelle von Abram ist also nur eine einzelne Glaubensmeinung aus dem ganzen Komplex der religiösen Anschauung herausgehoben, die immer noch nicht das klare Licht auf diese Letztere selbst und ihren Ursprung wirft. Von geringerer Bedeutung ist die Stelle in dem Assaphischen Psalm aus der Schelomonischen Zeit (s. das. S. 204) Pf. 78, 22., wo den Israeliten in der Wüste der Glaube an Gott abgesprochen wird, wie ganz ebenso 2. Kön. 17, 14 den Israeliten im heil. Lande. — Je mehr aber in Folge der entstandenen Zweifelsucht der gegensätzliche Begriff eines Glaubens an Gott, trotz der Zweifel, sich klarer bilden mußte, je mehr im strikten Gegensatz zu dem Heidenthum der Völker der israelitische Glaube an Gott eine bestimmte Konsistenz erlangen mußte: desto leichter konzentrirte dieser sich in dem Worte אמן. Eine glänzende Stelle finden wir daher schon beim zweiten Jeschajah (kurz vor dem Ende des babylonischen Exils) 43, 10: „Ihr seid meine Zeugen, spricht der Ewige, und mein Knecht, den ich erkoren, למען תדעו ותאמינו damit ihr erkennet und mir glaubet, und einsehet, daß ich es bin: vor mir ward kein Gott gebildet, nach mir wird keiner sein." Hier wird also die Einsicht von einem einzigen Gotte zurückgeführt auf Erkenntniß und Glauben. Allein man darf sicher nicht übersehen, daß dem Glauben das Erkennen vorangeht, und daß beide doch wieder auf den geschichtlichen Erweis an Israel und dessen bevorstehender, durch die Siege des Kyros vorbereiteter Erlösung zurückgeführt werden. — Bei Weitem schärfer tritt die Phrase in allgemeiner Bedeutung in dem späten nachexilischen Volksbuche (s. das. S. 1549) Jonah 3, 5 auf, wo sofort auf die Verkündigung des Propheten vom nahen Untergang Nineve's es heißt: ויאמינו אנשי נינוה באלהים „die Leute von Nineve glaubten an Gott", in dessen Namen der Prophet sprach. Ebenso 2. Chron. 20, 20., wo der Chronist den König Jehoschaphat die Israeliten aufrufen läßt: האמינו ביי׳ אלהיכם „glaubet an den Ewigen, euren Gott." — Wir ziehen hieraus folgendes Resultat, daß die Schrift in dem Worte אמן allerdings die feste Ueberzeugung von Gott, gegenüber den Zweifel setzenden Ereignissen des Lebens und heidnischen Irrungen, das unbeirrte Vertrauen auf Gott konzentrirt, indeß — und dies ist die Hauptsache in unserer Untersuchung — **keineswegs** diesen Glauben als einen in sich selbst alleinigen Ursprung und Befestigung findenden aufstellt, also keineswegs als den unbedingten, sich selbst genügenden, ohne Prüfung und Erweis, welchen die Neueren „Glauben" nennen. —

darin und prüfen „alle Tage seines Lebens", ob keinen Widerspruch dagegen seine Vernunft erhebe, daß er ihn löse, ob sein Herz sich nicht im Gegensatz fühle, daß es ihnen nahe käme. Und dies ist die Herrlichkeit der Religion Israels, und dies ist der Schlüssel zu dem Räthsel, wie ihre Bekenner ihr treu geblieben in allen Zeiten und Zonen, und an Märtyrern für sie nach Millionen zählt — daß in ihr Glaube, Vernunft und Herz in Einklang sind und sich immer wieder zu befriedigender Uebereinstimmung finden. Es versteht sich, daß der Mensch auf Erden nicht zu völlig zweifelloser und Alles umfassender Erkenntniß kommen soll, es ist einsichtlich, daß die rein philosophische Methode, daß der haarspaltende Sophism in der Einseitigkeit der Vernünftelei dahin gelangen kann, die Wahrheiten der israelitischen Religion als nicht vollständig zu begründen und zu erweisen darzustellen; aber nicht hierauf kommt es an; denn das wenigstens muß auch der schärfste Logiker eingestehen, daß die Lehren der israelitischen Religion **nicht im Widerspruch** mit Vernunft und Herz stehen, daß also der, die überlieferten Lehren erfassende Glaube sich mit Vernunft und Herz in Uebereinstimmung befindet, wenn auch die höchsten und letzten philosophischen Erweise aufzustellen, dem Menschensohne nicht gegeben ist, also auch nicht der israelitischen Religionslehre obliegt. Den speziellen Nachweis übrigens von dieser Uebereinstimmung der Lehren der israelitischen Religion mit Vernunft und Herz wird jede folgende Seite dieses Buches führen, an dieser Stelle wäre er eine Vorausnahme.

Diese drei Momente: die Ursprünglichkeit, die ununterbrochene Ueberlieferung und die Uebereinstimmung von Glaube, Vernunft und Herz bilden die allgemeinen charakteristischen Merkmale der israelitischen Religion, durch die sie sich von allen übrigen bestehenden Religionen unterscheidet.

## A. Von der Erkenntniss Gottes.

### 5.

**Welches sind die Quellen der Erkenntniß Gottes?**
Die Offenbarung, die Natur und die Geschichte.

#### I. Von der Offenbarung.

### 6.

**Was heißt Offenbarung?**
Die Kundthuung des noch unbekannten, göttlichen Wesens und Willens durch unmittelbare Einwirkung Gottes.

> Gütiger und huldreicher Gott, lehre mich Dein Gesetz begreifen, öffne meine Augen, daß ich das Verborgene in Deiner Lehre schaue. (Psalm 119, 68. 18.)

Offenbaren heißt: Jemandem Etwas mittheilen, was ihm bis dahin unbekannt war, und was er durch sich selbst nicht erfahren und wissen konnte. Beides ist nothwendig, um den Begriff „offenbaren" auszufüllen. Für andere Umstände würde dieses Wort durchaus nicht geeignet sein. Um so schärfer sind aber die beiden Momente in dem Begriff einer göttlichen Offenbarung [1]) hervorzuheben.

---

[1]) Das für „Offenbarung", speciell die heilige Schrift, gebräuchliche מקרא kommt in diesem Sinne in der Schrift nicht vor; dagegen wird תעודה zweimal bei Jeschajah mit תורה parallel gebraucht (8, 16. 20.), offenbar mit der Bedeutung „göttliche Kundthuung". Das Wort kommt außerdem noch einmal (Ruth 4, 7) als „Zeugniß, feste Sitte des Bezeugens" vor.

Denn weder etwas Bekanntes, noch was der Mensch durch sich selbst hätte finden können, zu offenbaren, wäre Gottes¹). Bevor wir daher uns die Frage beantworten: wie wir uns die göttliche Offenbarung geschehen denken? haben wir uns zu erweisen, daß die wahre Erkenntniß Gottes, sowohl in Bezug auf sein Wesen als seinen Willen, ohne eine solche Offenbarung den Menschen unbekannt geblieben war und geblieben wäre. Die Naturforschung zeigt uns täglich, daß da, wo die Erklärung einer Naturerscheinung nicht möglich ist, wo wir das Wie? eines natürlichen Processes nicht zu erörtern vermögen — und dies ist bei den meisten und gewöhnlichsten Naturerscheinungen noch immer der Fall — nichts weiter als der Beweis für die Wirklichkeit ihres Daseins und für die Nothwendigkeit derselben aus Ursache und Wirkung geführt zu werden braucht, um von ihrer Wahrheit zu überzeugen.

Daß eine göttliche Offenbarung wirlich stattgefunden, erweist uns die Geschichte, indem sie folgende drei unbestreitbare Sätze resultirt:

1) Bevor die Offenbarung an Israel geschah, waren alle Völker dem Heidenthum und Götzendienst verfallen;
2) Alle Völker, zu denen die Offenbarung an Israel nicht gelangte, waren, und zu denen sie bis heute noch nicht gelangte, sind noch heute dem Heidenthum und Götzendienst verfallen;
3) Alle Völker, welche einen reinen Begriff von Gott haben, sind solche, zu denen die Offenbarung an Israel gelangt ist, und die diese als Grundlage ihrer religiösen, sittlichen und gesellschaftlichen Existenz anerkennen.

Erweisen wir uns Dieses. — Zum ersten Satze. — Die Völker des Alterthums, selbst die, welche in Wissenschaft und Kunst eine hohe Stufe erreichten, sowohl die, welche das Gebiet des menschlichen Denkens und Forschens zuerst angebaut, als auch welche durch Schifffahrt und Handel, durch die Entwickelung der Staatsverfassung

---

¹) R. Albo giebt in Seph. Ikkar. Abschn. III. Kap. 8 folgende Definition: „Die Prophetie besteht darin, daß ein göttlicher Geist der vernünftigen Seele des Menschen zuströmt, welcher Geist ihm Dinge kundthut, die er seiner Natur nach nicht von selbst erkennen kann, entweder um ihn selbst oder Andere zur Glückseligkeit zu leiten, damit die Menschen ihrem Endziel näher kommen".

und des bürgerlichen Rechts, durch die gewaltigsten Waffenthaten und männlichste Tapferkeit sich auszeichneten: sie alle lagen vor gegossenen und geschnitzten Bildern, vor Menschen- und Thiergestalten im Staube, sie vergötterten Naturgewalten, deren Produkte als Ausflüsse regelloser, durch Leidenschaften bewegter Individuen erschienen, oder abstrakte Begriffe, die sich widerstritten und ihre Ausprägung immer wieder in Gebilden der Einbildungskraft fanden Zwiefaches ist hierbei hervorzuheben. Auch die Religionen des Alterthums machten eine größere Entwicklung durch, und in den bedeutendsten derselben sind die verschiedenen Stufen der Ausbildung durch die neueren Forschungen erkennbar geworden. Sie gingen von der Erfassung und Verehrung irgend einer großen Naturerscheinung, zumeist des Lichtes als Sonnengott aus; auf diese älteste Stufe baute sich nachmals eine mehr philosophische Gestaltung auf, welche gewisse abstrakte Begriffe an die Spitze des religiösen Systems stellte, und welche dann in einem dritten Stadium sich popularisirte, indem sie den abstrakten Kern mit den Gebilden der Phantasie umgab, die in der Anschauung des Volkes wieder zu einer Fülle von konkreten Göttergestalten wurden. Was die Dichter ersannen, glaubte das Volk. So laufen alle Mythologien des Alterthums, auch wenn sie im Fortgang ihrer Entwicklung höhere Ideen in sich aufgenommen hatten, auf Vielgötterei und Götzenthum hinaus. Andererseits sind sie allesammt in ihrer Tiefe pantheistisch, indem ihre Gottheiten nur Personifikationen von Naturkräften sind, und Gott und Welt als identisch angeschaut werden.

Die ägyptische Religion[1]) ist ausgegangen vom Gegensatz des Lebens und des Todes. Die Aegypter verehrten die heilbringenden Kräfte und Erscheinungen der Natur als Götter. Sie stellten sich diese in menschlicher Gestalt vor, aber sie erblickten das Wesen der Gottheiten auch in gewissen Thiergattungen, und zwar so sehr, daß einige Gottheiten häufiger mit den Köpfen ihrer heiligen Thiere, als mit menschlichem Antlitz dargestellt wurden. In ganz Aegypten wurden die Ochsen, die Katzen, die Hunde, die Ibis, die Sperber,

---

[1]) Wir folgen hierin, um desto unparteiischer zu erscheinen, dem neuesten Geschichtsschreiber des Alterthums, Duncker, B. I. u. II., zweite Auflage.

die Störche und gewisse Schlangen verehrt, selbst die Krokodille in mehreren Bezirken, und besonders heilige Exemplare derselben in den Tempeln aufgestellt und angebetet. Die Verehrung des Sonnengottes war der älteste und weitverbreitetste Dienst, und dachte man sich ihn im Kampfe mit der Dunkelheit und Nacht. Neben diesem wurden auch weibliche Gottheiten und zahlreiche Götter untergeordneter Art, z. B. Chunsu, der Gott des Mondes, Toth, der Schreiber des Himmels u. s. w. angebetet. Alle schädlichen und bösen Wirkungen der Natur wurden in der Gestalt des Typhon zusammengefaßt, welche alle natürlichen und sittlichen Uebel repräsentirt und mit Horos und Osiris im ewigen Kampfe lebt. Zuletzt verarbeiteten die Priester alle Vorstellungen von Göttern zu einem gewissen System, in welchem die verschiedenen Klassen und Rangordnungen der Götter genau bestimmt waren. Und dieses priesterliche System lagerte hart auf dem Volke. Wurden doch die Leichen der heiligen Thiere in kostbarster Weise mumificirt und bestattet; wer irgend ein Thier von den heiligen Arten, selbst zufällig tödtete, war dem Tode verfallen; mußte sich doch die Mutter glücklich preisen, deren Kind von einem Krokodil verschlungen worden.

Bei den Indern nahm die religiöse Anschauung eine lange Entwicklung. In der ältesten Zeit wurden vornehmlich die Geister der hellen Luft, des Lichts, des blauen Himmels, der wehenden Winde angerufen. Indra hieß der höchste Gott, der Geist des hohen Himmels, dem gegenüber der böse Britra die Wasser des Himmels in schwarze Wolken einhüllt, Ahi im Sommer die strömenden Flüsse in den Höhlen der Berge verbirgt. Dem Indra und seinem Kampfe gegen diese kommt der Gott Bayu, der den Morgenhimmel aufhellt, und die Maruta, die den Himmel reinigen, zur Hülfe. Außer diesen verehrten die alten Inder insonders die Geister des Lichts in den verschiedensten Formen, als Sonnengott, Feuer u. s. w. Die Opfer, welche sie ihren Göttern spendeten, speisten diese und gaben ihnen Muth und Kraft, so daß man durch Opfer die Götter selbst zwingen könne, hilfreich zu sein, und so die Priester Gewalt über die Götter ausüben. Aus diesen Keimen entwickelten die Brahminen ihr älteres System, indem sie einen neuen Gott Brahma an die Spitze der Götterwelt stellten, in

welchem die Brahminen die höchste Kraft ihres Gebetes, ihrer Opfer
und Bußübungen personifizirten, und aus welchem sie die Welt,
alle Götter und alle Wesen entstehen lassen, und zwar in einer
Stufenleiter, die zum drückendsten Kastenwesen die Grundlage abgab.
Dieser Religion der absolutesten Aristokratie trat daher in der Entwicklung eine Religion der extremsten Demokratie, der **Buddhaismus**, entgegen, eine Religion der Verneinung, wie sie nur aus
den Zuständen des indischen Volkes erklärbar ist. Buddha ging
von der Ueberzeugung aus, daß die Welt ein Jammerthal, eine
„Masse von Schmerzen und Uebeln" sei; er leugnete die Existenz
der Götter oder einer Alles erfüllenden Weltseele; um dem Uebel
des Lebens zu entgehen, müsse jedes Verlangen erstickt werden, und
die Seele sich in eine völlige Leerheit und Ruhe versenken; das
Aufhören des Gedankens, da nichts übrig bleibt von dem, was die
Existenz konstituirt, ist der höchste Zustand. Mit dieser Theorie
verband Buddha die höchste Milde gegen Menschen und Thiere, die
Aufhebung aller Unterschiede unter den Menschen, das Verbot jeder
Schmähung und Kränkung Anderer, und als die wichtigsten Vorschriften die der Keuschheit, Geduld und Barmherzigkeit. So kam
es, daß der Buddhaismus in Indien und den angrenzenden Ländern
große Verbreitung bei dem Volke fand, welches seinerseits den
Buddha nach seinem Tode mit einer grenzenlosen Verehrung umgab
und zum höchsten Gotte erhob, dem es Tempel, Denkmäler und
Götzenbilder in zahlloser Menge widmete, wodurch aber wieder die
Brahminen zu einer neuen Entwicklung **ihrer** religiösen Anschauung
gezwungen wurden. Die Religion der Inder ward nun zur Lehre
einer Dreifaltigkeit der Gottheit, innerhalb welcher der Kreislauf des
Naturlebens sich personifizirte, Brahma als der Schöpfer der Welt,
Vischnu als Erhalter der Welt und Schiwa als Zerstörer stellen
das Werden, das Sein und das Vergehen der Wesen dar, durch
deren Abkreisen das Universum besteht. Unterhalb dieser obersten
Götter wurden aber die alten **Volksgötter**, die guten und bösen
Geister weiter verehrt und durch ein immer stärker entwickeltes Cere-
moniell die Fesseln des Volkes nur um so fester geschmiedet.

Der älteste Kultus bei den **Persern** war die Verehrung der
Gottheiten des Lichtes, insonders des Sonnengottes Mitra. Andere

Gottheiten, Veretraghna und Kraossa kämpften gegen die feindseligen Dämonen der Dürre und Unfruchtbarkeit, welche sie Daeva nannten. Der Glaube an den Kampf der guten und bösen Geister mit einander, wodurch das Dasein entsteht und vergeht, fand hier seine eigentliche Stätte. Der große Reformator der Religion der Perser, Zarathustra (Zoroaster) bildete diesen alten Glauben dadurch aus, indem er den guten und bösen Geisterschaaren Oberhäupter gab, den ersten nannte er Ahuramasta (Ormuzd), den andern Angramainjus (Ahriman), welche demnach ein Princip des Guten und des Bösen, beide in ewigem Kampfe begriffen, vorstellen. Schon bei der Entstehung der Erde und der Welt waren die guten und bösen Geister thätig, so daß alles dem Menschen Gute und Nützliche dem Ahuramasta, alles Ueble und Schädliche dagegen dem Angra-mainjus den Ursprung verdanke. Die guten Geister begünstigen immerfort die Arbeit und Mühe der Menschen, die bösen streben, sie um die Frucht ihrer Arbeit zu bringen und ihnen Schaden zuzufügen. Außer Thätigkeit und Reinheit wurden Beschwörungen, Verwünschungen, Zauberformeln u. s. w. als Schutzmittel gegen die bösen Geister allgemein verwendet. Diese Zurückführung der Göttergestalten auf zwei große Prinzipe mußte aber bald wieder dem volksthümlichen Spiel der Phantasie weichen, und die Welt der Perser von einer zahllosen Menge Götter und Geister bevölkert werden, die allesammt der eifrigsten Verehrung gewidmet wurden.

Gehen wir über die vorderasiatischen Mythologien, die zum scheußlichsten Molochs- und üppigsten Venusdienste entarteten, hinweg, so brauchen wir auch nicht hier näher in die griechische und römische Mythologie, als allbekannt, einzugehen. Es waren nicht die höheren Probleme des menschlichen Denkens, welche der griechischen Mythologie zu Grunde lagen. Der Hellene schaute die Dinge viel mehr an, wie sie waren und sich darstellten, als wie sie geworden. Er verließ daher die älteren religiösen Vorstellungen, welche sich in mehrfachen Kreisen von Urgöttern ausgeprägt, bald und hielt sich an die schöne und heitere Götterwelt, die ihm neben der unumgänglichen Personifikation der Naturerscheinungen, insonders die staatliche Gesellschaft und die Triebe und Leidenschaften der Menschen zur Anschauung brachte. Die glänzende Phantasie der Hellenen bevölkerte daher alle Regionen der Welt, Himmel und Erde, Meer und Unterwelt, mit Ober-, Unter-, Halbgöttern und Genien aller Art, mit mannichfaltigen Situationen und Ereignissen[1]). Um so mehr mußte sich mit dem Erwachen des logischen Bewußtseins das abstrakte Denken bei den Griechen von ihrer religiösen Anschauung trennen und einen eignen Entwicklungsgang beschreiten. Bei den Griechen entstand die Philosophie als selbstständiges Erzeugniß des Denkens, während bei allen übrigen Völkern des Alterthums sich alles Denken, alles Philosophiren in die mythologischen Anschauungen einhüllte. Gerade darum müssen wir hier, wo es sich um den geschichtlichen Nachweis handelt, daß die Völker des Alterthums niemals über das Heidenthum hinausgekommen, auch auf die Ergebnisse der griechischen und römischen Philosophie eingehen, und indem wir in der Beilage Nr. 1 die Lehren sämmtlicher griechischen Philosophen von Gott zu skizziren versuchen, wollen wir hier nur das allgemeine Resultat herausziehen. Die griechische Philosophie verlief in drei Cyclen, die, in ihrer Innerlichkeit sich immer weiter ausdehnend und entfaltend, doch immer wieder in derselben Weise abkreisten, indem sie ein jeder bei der Selbstauflösung, bei der Verneinung, beim Skepticismus anlangten. Die Griechen vermochten sich die Welt nur in deren gegenwärtiger Gestalt geschaffen zu denken, so daß daher alle ihre Denker eine Unerschaffenheit des Stoffes, eine Ewigkeit der Materie, des Raumes, der Bewegung, und daher entweder in der Materie zugleich die bewegende d. h. **bildende Kraft** annahmen, oder **ein Element als das bildende**,

---

[1]) Ueber die Religion der **Römer** citiren wir hier nur einige allgemeine Urtheile aus **Mommsens** Römischer Geschichte, Aufl. II, B. I, Kap. XII, S. 151 ff.: „Die römische Götterwelt ist hervorgegangen aus der Wiederspiegelung Roms und der Römer in einem höheren Anschauungsgebiete. **Der Staat und das Geschlecht,** das einzelne Naturereigniß, wie die einzelne geistige Thätigkeit, jeder Mensch, jeder Ort und Gegenstand, ja jede Handlung des römischen Rechtskreises kehrten in der römischen Götterwelt wieder. Doch können fremde Gottheiten, wie fremde Menschen durch Gemeindebeschluß in Rom eingebürgert werden. Auch dem Römer erscheint jede Gottheit als Person, daher die Auffassung der einzelnen als männlichen oder weiblichen Geschlechts. Dabei halten die römischen Glaubensbilder sich dauernd auf einer unglaublich niedrigen Stufe des Anschauens und des Begreifens" u. s. w.

auf die übrigen Elemente bildend einwirkende betrachteten, oder den bewegenden, bildenden Geist in alle Dinge vertheilt glaubten, also pantheistisch Gott und Welt identifizirten — oder, wenn sie Materie und Gott unterschieden, doch die Materie für eben so ewig hielten, und deßhalb nach einem dritten suchten, das diesem Gott die Schöpfung der Welt aus der vorhandenen Materie möglich machte. Hierüber hinaus kamen sie nicht, und da sie nun aus dieser Wurzel sich ihre Gottheit herauskonstruirten, so waren sie im Grunde versteckt oder offenbar gottesleugnerisch, oder die Gottheit ward ihnen zu einem leeren, spekulativen Begriff, oder sie mußten, um sich ihren Gott zu beleben, die Spekulation bei Seite legen und mit vollem Herzen und warmer Phantasie, wie Plato, ihren Gott mit ethischen und ästhetischen Gedanken füllen, ohne daß diese mit der Spekulation im Zusammenhange standen. Haben wir nun in der griechischen Philosophie die naturwüchsigste, auf welche weder die Naturwissenschaft noch die Offenbarungslehre einen Einfluß geübt hatte: so ersehen wir aus ihr um so mehr, daß das gesammte Alterthum allein im Heidenthum und in der Vielgötterei lebte.

Zum zweiten Satze. Aber nicht nur im Alterthum, auch bis auf den heutigen Tag pilgern und wohnen Hunderte von Millionen in Innerasien und Innerafrika als Fetischanbeter, welche nach kurzem Fasten den ersten Gegenstand, auf den sie treffen, sei es Holz, sei es Stein, zu ihrem Fetisch oder Götzen machen, ihm, so lange es ihnen gut geht, dienen und opfern, bei dem ersten Mißgeschick, das sie trifft, ihn züchtigen und endlich wegwerfen, um sich einen neuen zu suchen. Selbst eine hohe Kulturentwicklung schützt die Völker, zu denen die Offenbarung an Israel noch nicht gekommen, vor schnödem Heidenthume nicht. Die Chinesen und Japaner, welche Compaß, Schießpulver, Seidenbau, Porzellan und Lumpenpapier viele Jahrhunderte früher erfanden als die Europäer, die z. B. Kometenbahnen zu einer Zeit richtig beobachteten, als die Europäer noch in maßlose Schrecken vor diesen außergewöhnlichen Weltkörpern geriethen, sie beten Götzen in den groteskesten bizarrsten Gestalten an, räuchern ihnen Gold- und Silberpapier u. s. w., und sind dem dunkelsten Aberglauben ergeben. Durch

ganz China ist die Religion des Fo verbreitet, der in zahllosen
Pagoden, in mannichfaltigsten Bildern, namentlich als Drache und
Elephant dargestellt wird. Seine Lehre prägt sich in vielerlei
Göttergestalten aus, enthält aber als Geheimlehre, daß alle Dinge
aus Nichts entstanden und in Nichts wieder zurückkehren. Ihr
gegenüber hat sich, aber nur in geringerem Maße, die Lehre des
Kong-fu-tse ausgebreitet, welche die alte chinesische Götterlehre be=
stehen ließ, und ihr nur eine veredelte Sittenlehre anzuheften suchte.
Die streitenden Gegensätze in der Welt werden dadurch ausgeglichen,
daß alle Dinge nach bestimmten Maßen geordnet sind, so, daß
durch diese Ordnung die schädlichen Einflüsse immer wieder weichen
müssen. Sie erkennt daher eine Dreifaltigkeit an, San-Zai, und zwar
ist der erste Zai, der Himmel mit den Gestirnen, das Befruchtende,
der zweite Zai: die Erde mit Feuer, Luft und Wasser, das Be=
fruchtete; der dritte: der Mensch, der durch die Ordnung Beider
existirt. Der Mensch in seiner Gattung als gesellschaftliche Gesammt=
heit ist daher nicht minder eine göttliche Macht. In Tibet herrscht
die Religion des Dalai-Lama, die ihren obersten Gott in einem
Menschen, in den nach dem Tode des Vorgängers immer wieder die
Gottheit fährt, findet, dessen Excrementen selbst das Volk, zu gold=
verzierten Kugeln gedreht, wundersame, namentlich Heilkräfte zu=
schreibt und sie begierig verschluckt. — Ja, zu welchen Völkern der
Seefahrer oder der Pilger gelangt, ob auf dem einsamen Eiland
oder der wüstenumgürteten Oase, überall findet er Begriffe und Ver=
ehrungsweisen der Gottheit, aber überall heidnische und polytheistische.

      Zum dritten Satze. Um so sicherer tritt die Thatsache auf,
daß alle Völker, bei welchen sich ein reinerer **Gottesbegriff**, und in
Folge dessen Grundsätze und Anerkennung einer höhern Sittlich=
keit finden, solche sind, bei welchen die Offenbarung an Jsrael ver=
mittelst der heiligen Schriften, in denen dieselbe niedergelegt ist,
die Grundlage des religiösen, **sittlichen und** gesellschaftlichen Lebens
bildet. Durch das Christenthum für das Abendland und durch den
Jslam für das **Morgenland** wurden die Grundzüge und Elemente
der geoffenbarten Lehre in die übrige Menschheit verpflanzt, und,
wenn auch, um daselbst **Wurzel** zu fassen, mit heidnischen Elemen=
ten wieder vermischt, und ihrer Wirksamkeit durch die noch heidnisch

gestattete Gesellschaft zu einem großen Theile beraubt, hat daselbst doch die geoffenbarte Lehre ihre Herrschaft geübt, und gelangt vermittelst der Entwicklung der Menschenwelt extensiv und intensiv zu immer größerer Herrschaft. Der Stifter der christlichen Religion und seine Apostel waren Juden; zwischen letzteren schwankte sogar der Streit, ob das Judenthum pure in die heidnische Welt zu versetzen sei, oder man sich zu begnügen habe, die Hauptlehren desselben zu verkündigen. Das Christenthum erkennt daher überall die Offenbarung an Israel und die israelitische Bibel als seine unverrückbare Grundlage **an**; das „neue Testament" hat seine Hauptlehren dem Judenthume entnommen, **und** der größte Theil seines Inhalts, sowie seine **Ausdrucksweise**, Parabeln, Gleichnisse u. s. f. sind ganz das, was bei den Juden Midrasch genannt wird, und von ungefähr zwei Jahrhunderten vor der Zerstörung Jerusalems an eine an Inhalt und Umfang so ausgedehnte Entwicklung gewonnen hat. Durch die christliche Welt sind die heiligen Schriften Israels in alle irgend bekannten Sprachen übertragen und über die ganze Erde verbreitet worden; die Geschichte der Israeliten wird in allen Schulen gelehrt, daß die Helden Israels bekannter und gefeierter sind, als die Helden der Nationen diesen selbst; die Institution des Sabbaths ist allen gesellschaftlichen Einrichtungen zu Grunde gelegt; die zehn Gebote sind die Grundgesetze aller civilisirter Völker geworden; die israelitischen Feste, in ihrer Bedeutung modificirt, sind die religiösen Feste der Nationen geworden; die Psalmen wurden die Gebetsprache aller Menschen; die Sprüche und Sentenzen unserer Schrift ertönen als Texte von allen Kanzeln und Kathedern; und so drang die israelitische Anschauungsweise dem Leben dieser Völker in alle Adern, so daß selbst diejenigen, welche in ihrer Selbstüberschätzung, oder durch einseitiges Philosophiren verleitet, die Anerkennung der positiven Religionslehren verleugnen, dennoch unter der unbewußten Herrschaft dieser Ideenwelt stehen, und selbst in den Philosophemen die Ausstrahlungen dieses Geistes wahrnehmbar sind. Was demnach auch der hellenische und römische Geist seit der Wiedergeburt der Wissenschaft auf die abendländische Welt an tiefeingehendem Einfluß geübt hat, der wahrhafte Lebenspuls der abendländischen Welt ist in der Einwirkung der Offenbarungslehre an Israel gelegen. Gleiche

Erscheinungen auch im Gebiete des Islams, wenn auch daselbst, namentlich seit der Zurückdrängung des arabischen Elements durch mongolische Racen, die Entwicklung stillstand, oder nur einem langsam schleichenden Flusse gleicht. Mohammed pfropfte seine Lehre auf das Judenthum, viel weniger auf das Christenthum[1]); er erklärte die Bibel beider Religionen für göttlich, die Propheten und Lehrer beider für heilig; der Koran enthält in seinem größten Theile nur die Erzählungen aus der biblischen Geschichte Israels, wenn auch mit den wunderlichsten und abenteuerlichsten Fabeleien umgeben und entstellt; im Islam ist sogar die Fundamentallehre der israelitischen Religion treuer erhalten als im Christenthume, wenn auch von da ab von ächt heidnischen, sabbäischen Glaubenslehren verdrängt; viele Spezialgesetze des Judenthums sind in den Islam übergegangen, und so beruht auch dieses welthistorische Religionsgebäude auf der Grundlage der Offenbarung an Israel[2]).

Dies ist demnach eine unzweifelhafte Thatsache, daß aller wahrhaft religiöse und sittliche Erwerb der Menschheit sich an die Offenbarung an Israel knüpft, daß alle Religionen und Philosopheme, die nicht aus diesem Boden erwachsen sind, Heidenthum theils roherer, theils feinerer Art enthalten, daß, von dem Augenblicke an, wo die religiöse Idee Israels in die Menschenwelt hinübertrat, fortan von ihr alle religiösen Erscheinungen und alle philosophischen Systeme theils ausgestrahlt, theils beeinflußt wurden. Sobald sie und inwieweit sie sich von ihr entfernten, geriethen sie ins Heidenthum, vermischten das von ihr Davongetragene mit Heidnischem, oder kamen ganz und gar auf die vom alten Heidenthume, von der griechischen Philosophie eröffneten Bahnen, auf welchen dann die alten Cyklen in neuen Phasen mit demselben Ziele der immer wiederholten Selbstauflösung, der Verneinung, des Skepticismus, abkreiseten. Dies ist die von der Geschichte erwiesene Wirklichkeit der Offenbarung an Israel, aus welcher sich dann die Nothwendigkeit derselben hinwiederum ergiebt. Sie erweist sich näm-

---

[1]) S. Nöldeke, Gesch. des Koran's S. 6.
[2]) S. hierüber unsre Schrift: „Die Entwicklung der religiösen Idee im Judenthume, Christenthume und Islam" (Leipzig, 1847) 7. u. 8. Vorlesung.

lich nunmehr sowohl als nothwendig, als auch unter unmittelbarer göttlicher Einwirkung geschehen: weil der Menschengeist durch sich selbst, durch seine Spekulation zu einer wesentlichen Erkenntniß des göttlichen Wesens und Willens nicht kommen konnte. Wir sehen in der Menschenwelt Religion auf Religion erscheinen, sich gegenseitig verneinend und bekämpfend gegenüberstehen; wir sehen im unablässigen Ringen des Menschengeistes Philosophem auf Philosophem, Schule auf Schule ans Licht treten, den Nachfolger seinen Vorgänger überwinden und verneinen, bis man immer wieder an die Grenze, an den Markstein des menschlichen Denkens, ob der Mensch überhaupt bejahen und verneinen könne, gelangt; wir sehen ferner selbst in den konkreten Erscheinungen, über Recht und Unrecht, über Gut und Böse, über den Inhalt und die Aufgabe des menschlichen Lebens einen endlosen Streit, ein unaufhörliches Schwanken, bei den entwickeltsten Völkern vom einen verboten, was vom anderen gestattet [1]) — und allem Diesen gegenüber eine Lehre von einem Manne verkündet, von einem Volksstamm empfangen, dessen Geschlechtern ununterbrochen überliefert, einheitlich erhalten, durch die ganze Welt getragen und verbreitet, in die gesammte Menschenwelt eingedrungen, sie umgestaltend, sie immer weiter und tiefer durchlebend, die ihr gegenüberstehenden Elemente und die mit ihr vermischten feindlichen Elemente bekämpfend und in einer vieltausendjährigen Entwicklung überwindend, ohne daß ihre Lehre mit allen ihren Konsequenzen gestürzt, verändert, modifizirt wurde, die bestimmte unerschütterliche Wahrheit und das bestimmte unveränderte Recht proklamirend. Es ergiebt sich hieraus: daß es zwar des Menschengeistes ist, unaufhörlich mit sich selbst zu ringen, um zu irgend einem Begriff und einer Kenntniß des Uebersinnlichen zu kommen, und in diesem Ringen seine Entfaltung und seine Größe zu finden, — aber den wahren und lebendigen Begriff und die Erkenntniß des göttlichen Wesens konnte er nur durch

---

[1]) War z. B. doch selbst bei den Spartanern der Diebstahl nicht bloß gestattet, sondern sogar als rühmlich angesehen, wenn er mit besonderer List und Verwegenheit ausgeführt worden, während in anderen Gesetzgebungen gerade dieses das Verbrechen erhöben und darum die Strafe verschärfen.

eine unmittelbare Einwirkung der Gottheit, auf dem Wege faktischer Offenbarung erlangen.

Es ist dies endlich auch aus der Natur des menschlichen Geistes erklärlich, der jede Erscheinung nur durch dessen Gegensatz sich zur Erkenntniß bringen kann. Wir begreifen Licht nur durch seinen Gegensatz, Schatten durch Dunkelheit, Wärme durch Kälte, groß durch klein, schön durch häßlich, gut durch schlecht, wahr durch unwahr, Ueberzeugung durch Zweifel u. s. w., und umgekehrt. Es setzt sich für uns demnach Alles durch seinen Gegensatz, und nur durch das Dasein dieses begreifen wir das Dasein des andern. Auf diese Weise existirt für uns eine Erkenntniß, die wir durch uns selbst erlangt haben, lediglich durch die Erkenntniß auch des Gegensatzes, so daß ein rein positiver Begriff nicht ein von uns erlangter, sondern nur ein uns übergebener sein kann. Dies erweist sich denn auch faktisch am Gottesbegriffe. Alle alten Religionen und Philosopheme begriffen Gott nur durch seinen Gegensatz, als Prinzip des Guten durch das Prinzip des Bösen, als Licht durch Nacht, als Werden durch Vergehen, als Schaffen durch Zerstören, so daß nur der Unterschied stattfand, ob man die Gottheit nur in diesen beiden Gegensätzen verstand, wie bei den Persern, oder noch ein Vermittelndes annahm, wie bei den Indern und Chinesen. So beruht auch die ganze griechische Metaphysik in ihrem dogmatischen Theile wesentlich auf den beiden Begriffen der Bewegung und der Materie. Auch in die christliche Dogmatik drang diese Gegensätzlichkeit alsbald wieder ein, ganz abgesehen von der Trinitätslehre, durch die Lehre von der Existenz des Teufels als Princips des Bösen, eine Lehre, welche von der strengen Kirchenlehre nicht entbehrt werden kann, weil jene Gegensätzlichkeit bereits in der Lehre von der „Erbsünde" als Gegensatz zur „Gottebenbildlichkeit" aufgenommen war. Nur das Judenthum hat sich von dieser Gegensätzlichkeit frei erhalten, denn der „Satan" war in ihm stets nur poetische Figur (wie in dem Prolog des Buches Ijob) oder Volksgespenst. — Der reine und einfache Begriff von Gott konnte demnach kein Ergebniß des Menschengeistes für sich sein, sondern mußte ihm durch Offenbarung übergeben werden. (S. Beilage Nr. 2.)

## 7.

**Wie geschah die Offenbarung?**

Theils durch die unmittelbare Verkündigung der zehn Worte an das versammelte Volk Israel, damit die Verbindlichkeit der Israeliten an die Offenbarung durch Niemanden aufgehoben werden könne, theils durch gottbegeisterte Männer, die man Propheten nennt.

„Die Nation muß es hören, wenn ich mit Dir rede, damit sie auch an Dich ewiglich glaube." (2. Mos. 19, 9.)

„Propheten aus Deiner Mitte, aus Deinen Brüdern wird Dir erstehen lassen der Ewige, Dein Gott." (5. Mos. 18, 15.)

Die erste Frage, die uns hier aufstößt, ist: Warum geschah die Offenbarung nur an ein Volk, nicht an die gesammte Menschheit? — Wenn schon Moscheh, z. B. 1. Mos. 22, 18., 2. Mos. 7, 5. 9, 14. 29., noch ausdrücklicher und bestimmter die Propheten es aussprechen, daß die Israel übergebene Lehre für die gesammte Menschheit bestimmt sei, daß „sich immer mehr und mehr Völker dem Ewigen anschließen werden"[1], daß eine Zeit kommen werde, wo „alle Menschensöhne hinausgehen, den Ewigen anzubeten"[2], daß der Tag erscheinen werde, wo „wie der Ewige einig ist, sein Name einig sein werde auf der ganzen Erde"[3]; und wenn wir im Laufe der Jahrtausende dies der Verwirklichung immer näher rücken sehen, und die Wahrheit jener Weissagung sich bereits faktisch erweist: so wird die Beantwortung unserer Frage nicht schwierig sein. Die Offenbarung sollte einerseits der freien Entwickelung der Menschheit übergeben sein, andererseits aber in ihrer Integrität unangetastet und ungefährdet

---

[1] Jesch. 14, 1. 56, 3. Secharj. 2, 15.
[2] Jesch. 66, 23.
[3] Secharj. 14, 9.

bleiben. Die Offenbarung sollte auf die Entwickelung der Menschheit einwirken und das Ziel derselben sein, aber in keiner Weise die Freiheit jener beschränken und in irgend zwingender Weise an sie herantreten, vielmehr als ein reiner Sieg der Wahrheit und des Rechts aus der freien Entwicklung der Menschheit hervorgehen. Wahret doch Moscheh selbst für Israel der Offenbarung gegenüber die freie Wahl und Willensfreiheit, sowohl in der Gesammtheit als jedem Einzelnen, indem er die Offenbarung immer wiederholt als eine Bundesschließung des Volkes mit Gott behandelt, die er in feierlichen Akten vornimmt, und noch am Schlusse seiner Mahnreden mehrere Male ausruft: „**Siehe, ich legte Dir heute vor das Leben und das Gute, den Tod und das Böse, wähle das Leben.**" (5. Mos. 30, 15. 19.) So wurden beide Momente gewahrt. Die Offenbarung war zunächst an ein bestimmtes Volk gebunden, in welchem sie zu einer vollständigen Ueberwindung des Heidenthums kam, und das sie fortan als ein köstliches Erbe der Väter getreulich von Geschlecht zu Geschlecht überlieferte, bis die Völker heranreiften, nach und nach Ausströmungen der Offenbarung in sich aufzunehmen, dieselben in sich zu verarbeiten und immer weiter zu ihr sich zu entwickeln. Auch die Wahrheit und das Recht durften nicht von vornherein bei der Schöpfung des Menschen und für alle Menschen Gaben Gottes an die Menschheit sein, sie konnten nicht gleichsam eine oktroyirte Charte bilden, sondern der Mensch mußte in freier Entwickelung ihnen erst zureifen; darum mußte für sie nur ein Keimpunkt angelegt werden, von wo aus der Baum der Wahrheit und des Rechts allmählig durch den ganzen Raum des Menschengeschlechtes wachsen mußte, je nachdem dieses immer befähigter und reifer dafür wurde. Wäre doch dem Menschen in den ersten Stadien seiner Entwickelung bei der Unbedeutendheit seines innern und äußern Lebens noch gar kein Verständniß für die großen Lehren der Wahrheit und Gesetze des Rechts möglich gewesen. — Daß der israelitische Stamm zu diesem seinem Berufe vollkommen geeignet war, erweist sich daraus, daß er trotz allen Kämpfen in ihm, um und gegen ihn seiner Aufgabe bis heute in der That gedient hat. Aber auch sein Charakter und seine geschichtlichen Verhältnisse eigneten ihn ganz besonders dazu. Israel war nicht allein vorzugsweise das Religionsvolk, sondern auch bei unleugbaren ausgezeichneten Geistesanlagen nur allein Religionsvolk. Wissenschaft und Kunst hat es stets nur gepflegt, wenn es mit den anderen Kulturvölkern in besonders nahe Berührung kam. Das einzige Produkt seiner Kunst bestand in der Stiftshütte und den beiden Tempeln[1] auf Morijah. War es in seiner ersten Periode allein dem Ackerbau, in seiner zweiten, von den Völkern dazu genöthigt, vorzugsweise dem Handel ergeben, so hat es diesen industriellen Zweigen mit großer Betriebsamkeit, Fleiß und Gewandtheit obgelegen, dennoch aber Großartiges, Geniales und Weltumgestaltendes auch hierin nicht geleistet. Der israelitische Stamm war nie ein erobernder; nachdem er die canaanitischen Völker, jedoch nur mangelhaft[2], überwunden hatte, um sich Sitze zu verschaffen, hatte er nur eine vorübergehende Zeit, die David's, wo er nach Außen ging, um sein Land völlig von Fremden zu reinigen und sich natürliche Grenzen zu erwerben. Sonst hat er in seiner ganzen Geschichte das Schwert nur zu seiner und seiner Glaubensfreiheit Vertheidigung geführt; selbst dann, wenn ihm dies mit siegreichem Erfolge gelang, fühlte er niemals das Gelüste, andere Völker sich zu unterwerfen, und in seiner glaubensbegeistertsten Epoche ward in ihm das Verlangen nicht rege, seiner Gotteslehre durch das Schwert Eingang zu verschaffen und durch Zwang und Gewalt sie zu verbreiten. So erfüllte sich an ihm das Wort Jeschajah's: „Siehe, mein Knecht, den ich stütze, mein Erkorner, an dem Gefallen meine Seele hat: meinen Geist legt' ich auf ihn, das Recht soll er den Völkern bringen. Nicht schreiet er, nicht ruft er laut, läßt draußen seine Stimme nicht vernehmen. Geknicktes Rohr zerbricht er nicht, glimmenden Docht verlöscht er nicht: mit Wahrheit soll das Recht er bringen. Nicht müde wird er, nicht entkräftet, bis daß auf Erden er das Recht gegründet, und seiner Lehre die Länder harren." (Jesch. 42, 1—4.) So war der Menschheit bezüglich des providentiellen Werkzeuges

---

[1] Und auch bei diesen letzteren bedurfte es fremder Hülfe.

[2] Die größeren canaanitischen Völkerstämme gingen erst in dem großen Weltkampfe der Assyrer, Chaldäer und Aegypter unter.

für die Offenbarung die volle Freiheit gesichert, und wurde dies
nicht wenig durch die Stellung des israelitischen Stammes erhöht,
in welcher dieser ein glanzloses Dasein führte, und also weder durch
Macht, noch durch Ehre zu sich verlocken konnte. Aber auch schon
in den Uranfängen erweist sich dieser Stamm zu seinem Berufe geeignet. Ohne bestimmten Sitz, in die Fremde geschleudert, immer
nach Plätzen gebracht, wo es isolirt blieb, nichts weiter mit sich
führend, als die Traditionen seiner Väter, von diesen und von der
Idee einer großen Zukunft aufrecht erhalten, hatte dieses Geschlecht
Alles, wodurch es zur Entgegennahme und Erhaltung der Offenbarung geeignet war. Hierin liegt der Schlüssel zu der wundersamen Geschichte dieses Volkes. —

Die nächste Frage ist: Worin ist die Offenbarung enthalten und uns überliefert? In der heiligen Schrift (מקרא),
die man gewöhnlich zu 24 Büchern zählt, und in die drei Abtheilungen bringt: תורה „Lehre", נביאים „Propheten" (in „frühere"
ראשנים und „spätere" אחרונים getheilt), und כתובים „Schriften" [1]).
Ueberschauen wir die h. Schrift mit einem Blicke, so gewahren
wir, daß dieselbe in keinerlei Weise den Charakter eines systematischen Lehrbuchs an sich trägt, sondern daß sie nichts als die Geschichte der Offenbarung enthält und sein will. Sie beginnt
mit der Geschichte der Schöpfung sowie des Menschengeschlechts in
den ersten Entwickelungsperioden des letztern, um aus ihm das Geschlecht der Schemiten, und in diesem Abraham hervorzuheben, als
den ersten Träger der Erkenntniß eines einzigen, allmächtigen
Gottes. Sie verfolgt darauf die Geschichte Abrahams, Jizchaks,
Jakobs und Josephs, theils aus dem Gesichtspunkte des Verhaltens
dieser Männer zu den Anfängen und zur Zukunft der Offenbarung,

---

[1]) Die Zahl von 24 Büchern giebt der Thalmud an (B. Batra 14, 2), wel-
cher folgendermaßen zählt: 1—5 die fünf Bücher Moscheh; 6. Jehoschua; 7. die
Richter; 8. Schemuel (2 Bücher); 9. Könige (2 Bücher); 10. Jirmejah; 11. Je-
cheskel; 12. Jeschajah; 13. Thre Assar, die zwölf kleinen Propheten; 14. Ruth;
15. Psalmen, 16. Ijob; 17. Sprüche Schelomoh's; 18. Koheleth (Prediger); 19.
Hohes Lied; 20. Klagelieder Jirmejah's; 21. Daniel; 22. Esther; 23. Esra und
Nechemjah; 24. die Chronik (2 Bücher). Diese Aufzählung läßt allerdings viele
Fragen zu.

theils um die Vergrößerung der Familie und die Schicksale, durch welche sie zu ihrem Berufe vorbereitet wurde, zu schildern. Die Sklaverei in Aegypten, die Befreiung, der Zug zum Sinai bilden den nächsten Gegenstand des Berichtes. Die Verkündigung der zehn Worte und die Errichtung der Stiftshütte geben den Anknüpfungspunkt, um Lehre und Gesetz in größerem Maßstabe zu verkündigen und mitzutheilen. Dann wird der Faden der Geschichte wieder aufgenommen, es werden die Züge in der Wüste kurz skizzirt, und erst wieder vor dem Tode Moscheh's inne gehalten, um die großen Mahnreden, die Wiederholung der Lehre und des Gesetzes, den Gesang und den Segen Moscheh's, die dieser vor seinem Absterben an Israel richtete, mitzutheilen. Hieran schließt sich nun eine Reihe von Geschichtswerken, welche die Schicksale Israels unter Jehoschua bei der Eroberung und Vertheilung Canaans, in den drei Jahrhunderten der Richter, in den sechs Jahrhunderten der Könige, und endlich einzelne Züge, Thatsachen und Ereignisse aus der babylonischen Gefangenschaft und der Wiederherstellung Jerusalems, des Tempels und des jüdischen Volkes schildern. Betrachten wir diese Geschichtswerke genauer, so haben sie ebensowenig wie die Thorah die Tendenz, eine genaue, sorgfältige und ausführliche Geschichte des israelitischen Volkes selbst zu geben. Diese überlassen sie vielmehr den von ihnen oft angeführten, aber verloren gegangenen Chroniken. Sondern ihre wesentliche Aufgabe ist es, das Verhalten Israels zur Lehre und zum Gesetze der Offenbarung und die Wirkungen dieses wechselvollen Verhaltens zu zeichnen, und somit den großen Kampf zu schildern, welchen in Israel die Offenbarungslehre mit dem Heidenthume durchzukämpfen hatte. Mit der Beendigung dieses Kampfes, mit dem vollständigen Siege der Offenbarungslehre, hören auch diese Geschichtswerke[1] auf, so

---

[1] Bezeichnend hierfür ist es, daß selbst die aus späterer Zeit stammende Chronik (דברי הימים) doch nichts aus der späteren Zeit mittheilt, sondern mit der Rückkehr aus der babylonischen Gefangenschaft schließt, so daß die Bücher Esra und Nechemjah unmittelbar da anknüpfen, dennoch aber, mit Hintenansetzung aller sonstigen geschichtlichen Mittheilung, nur von den Kämpfen um die Wiederherstellung des Heiligthums und um die Befestigung des mosaischen Gesetzes in der neuen Kolonie zu berichten wissen.

daß Jahrhunderte eintreten, aus welchen wir nur die spärlichsten
Nachrichten übrig haben, bis mit den Makkabäischen Kämpfen die
eigentliche Profangeschichtschreibung für die Juden eintritt. Aus
dem großen Gemälde jenes Kampfes nun, treten die mächtigen Ge=
stalten der Propheten als der eigentlichen Träger und Kämpen
dieses tausendjährigen Streites heraus. Sie erheben sich gegen die
Könige, die Fürsten, die Priester und das Volk, um sie dem Hei=
denthume, dem religiösen und sittlichen Verfall zu entreißen, und,
da sie dies nicht vermögen, wenigstens eine gottgetreue Schaar aus
dem Volke um sich zu sammeln, und durch die Niederschreibung
ihrer mächtigen Reden auf die fernste Zukunft zu wirken. So er=
scheinen uns auch die Propheten vorzugsweise als geschichtliche Per=
sonen, deren Wirksamkeit und Reden, deren Lehren, Mahnungen,
Weissagungen, Straf= und Verheißungsreden sich an bestimmte ge=
schichtliche Vorgänge knüpfen, so daß die Kunde dieser zum richtigen
Verständniß jener durchaus nothwendig ist. Daß alsdann hohe
und unentbehrliche Offenbarungen, Lehren und Verkündigungen in
der geschichtlichen Hülle der prophetischen Reden enthalten sind,
welche sie an die Offenbarungen durch Moscheh sich anschließen
lassen, versteht sich von selbst. An sich aber gehören sowohl ihre
Persönlichkeiten, als ihre Schriften zur Geschichte der Offenbarung.
An diesen großen Geschichtskörper der h. Schrift schließen sich daher
nur einige wenige Bücher an, welche als selbstständige Ausstrahlun=
gen ohne geschichtliche Motivirung, als wirkliche Bearbeitung der
religiösen Lehre, und zwar vom subjektiven Standpunkte, das Ver=
hältniß des Einzelnmenschen zu Gott und zur Gotteslehre in den
Mannichfaltigkeiten des wirklichen und seelischen Lebens durchzu=
arbeiten, zu betrachten sind. Es sind dies: die Psalmen, die Sprüche
Schelomoh's, das Buch Ijob, das Hohe Lied und der Prediger
Schelomoh's. Indeß herrscht selbst bei den Psalmen das Streben
vor, denselben geschichtliche Motive beizulegen (in den Ueberschriften),
und die andern genannten Bücher werden auf geschichtliche Personen
zurückgeführt, auf Schelomoh und den als frommer Dulder im
Munde des Volkes lebenden Ijob[1]). Obgleich mehrere dieser Bücher

---

[1]) Jecheskel 14, 14.

in späterer Zeit abgefaßt sind, als die Beendigung jenes Kampfes
anzunehmen ist, so gehören sie doch inhaltlich sämmtlich in die Zeit
bis Maleachi, Esra und Nechemjah, oder wurden doch Verfassern
zugeschrieben, welche vor dem gelebt, und somit ist der Gedanke
klar, welcher bei dem Abschluß des Kanons der h. Schrift obge-
waltet, nämlich: nichts aufzunehmen, was nicht der Zeit vor Beendigung jenes Kampfes der Offenbarungslehre mit dem Heidenthume in Israel, somit vor dem Erlöschen des prophetischen Berufes
und Geistes zugeschrieben ward, und hiermit ist wiederum der in
der Gesammtheit der h. Schrift lebende Gedanke ausgeprägt: die
Geschichte der Offenbarung zu geben, so lange die Offenbarung
selbst stattfand, und dadurch nicht blos eine extensive Entwickelung
innerhalb Israels, sondern auch eine intensive Entwickelung an
sich hatte.

Die Grundlage dieser Entwickelung der Offenbarungslehre innerhalb der Offenbarung selbst geben die Lehre und das Gesetz,
wie sie in der Thorah enthalten sind. Hier herrscht vorzugsweise
der Gedanke: Lehre und Leben zu identifiziren, die Lehre im Leben
der Gesammtheit und des Einzelnen auszuprägen, und das Leben
von der Lehre durchdringen zu lassen. Es galt dem Mosaismus
nicht, einige allgemeine Lehren und Sittenvorschriften aufzustellen,
sondern diese in religiöser, sittlicher und sozialer Beziehung nach
allen ihren Konsequenzen im Leben zu verwirklichen, und dieses
von jenen bis in den kleinsten Verästelungen gestalten und beherrschen zu lassen. Es ist dies so sehr der Fall, daß sehr viele Vorschriften in allgemeiner Fassung gar nicht gegeben sind, sondern
ihren Ausdruck alsbald in Spezialgesetzen finden. So z. B. giebt
die Thorah keinen allgemeinen Lehrsatz über die Behandlung der
Thiere, während sie die Menschlichkeit und die Achtung vor dem
Schöpfer, welche in der Behandlung der Geschöpfe sich bethätigen
sollen, in einer langen Reihe von Spezialvorschriften aufs Nachdrücklichste zur That bringt. Wir müssen daher oft den Allgemein-
satz erst aus den Spezialvorschriften herausziehen. — Diese Einheit
der Lehre und des Lebens konnte aber nur dann ausgeführt und
erhalten werden, wenn das Werkzeug der Offenbarung, das israelitische Volk, völlig davon ergriffen, und sich ihr gänzlich hingegeben

hätte. Da aber in demselben die menschlich-heidnischen Elemente noch zu sehr vorhanden waren und noch einen tausendjährigen Kampf bedingten; so mußten die Propheten wesentlich erst die Erhaltung und den Sieg der Lehre im Auge haben, um überhaupt der Gotteslehre die Herrschaft zu erwerben. Hiermit war eine Trennung der Lehre und des Lebens von selbst geboten und bewerkstelligt, welche von den unabsehbarsten Folgen war und noch heute ist, aber in der Natur des Menschengeschlechtes nothwendig lag. Sehen wir doch schon Schemuel, den zweiten Mosheh Israels, die Lehre selbst vom Kultus unterscheiden, und den letztern ohne den Geist jener verwerfen¹). Der ganze Prophetismus enthält daher auf der Grundlage des Mosaismus die weitere Entwickelung der Lehre, während er das Leben, sowohl in kultueller, als in sittlicher und sozialer Beziehung nur von den allgemeinen Prinzipien verfolgt. Nur selten werden einzelne Detailspunkte des Gesetzes berührt, wie z. B. Sabbath, Fasten, Essen unreiner Thiere, Freilassung der Knechte im siebenten Jahre. Nur ein Versuch in Betreff des Gesetzes wird vom Propheten Jecheskel (K. 40 ff.) gemacht, ohne einen Einfluß auf das Leben wirklich gewonnen zu haben. — Ebenso befassen sich die Hagiographen nur mit der Besprechung allgemeiner, religiöser und sittlicher Fragen. Mit dem Siege der Offenbarungslehre tritt aber sofort das Streben ein, das Leben von der Lehre beherrschen zu lassen, mit einem Worte: das mosaische Gesetz zur Geltung zu bringen. Dies geschieht in dem Buche Esra-Nechemjah, und hiermit schließt die h. Schrift. — Alsbald beginnt die Auslegung des Gesetzes, indem sowohl dem letztern die vorhandene Sitte unterworfen, als auch das Gesetz der Sitte adaptirt wird, und für die letztere überall Anknüpfungspunkte im Wortlaut jenes gesucht werden. Es ist hier nicht der Ort, weiter auszuführen, wie von da ab die Gestaltung des Lebens zu einer ausgearbeiteten Norm für alle Verhältnisse desselben im thalmudisch-rabbinischen Judenthume kulminirte, gegen welche die Lehre zurücktrat, ja in vielen Punkten sich wieder verdunkelte; wie hingegen im Christenthume die im Prophetismus aus der Natur der Ver-

---

¹) 1 Schem. 15, 22.

hältnisse gegebene Trennung der Lehre und des Lebens zu einer völligen Spaltung derselben ward, in welcher die Lehre außer einigen allgemeinen Vorschriften sich vom Leben absichtlich zurückzog und die Einwirkung auf dasselbe mit Bewußtsein aufgab[1]); wie endlich in der Neuzeit im Judenthume die Lehre wieder in den Vordergrund trat, und in ihm gegenwärtig die eigentliche Frage ist: inwieweit die Lehre innerhalb eines gemeinsamen Kulturlebens mit den übrigen Völkern das Leben der Bekenner des Judenthums eigenthümlich zu gestalten habe? — wir kommen hierauf zurück und wollten den Fortgang der Entwickelung hier nur übersichtlich andeuten.

Man hat in der neuern Zeit vielfache Untersuchungen über die Abfasser und die Abfassungszeit der einzelnen Bücher der h. Schrift angestellt. Wenn man in den vorangegangenen Jahrhunderten jede derartige Kritik als eine Gotteslästerung verwarf — obgleich schon der Thalmud über verschiedene Meinungen in dieser Beziehung referirt[2]), so sprang man nunmehr in das gerade Gegentheil über, und es giebt nichts so Abenteuerliches, nichts so Ausschweifendes, was nicht in der biblischen Kritik seinen Spielraum fand. Hypothese auf Hypothese folgte, man zerriß die Bücher in die mannichfaltigsten Fetzen; aus irgend einer vermeintlichen Andeutung zog man die wunderlichsten Schlüsse über ganze Bücher, bis man endlich allen festen Boden unter den Füßen verlor, und von anderer Seite sich wieder der Tradition unbedingt in die Arme warf. Daß jeder nachfolgende Kritiker die Ansichten seines Vorgängers verneinte, daß hieraus eine vollständige Verwirrung hervorging, und daß nur über sehr wenige Punkte unzweifelhafte Resultate gefunden wurden, muß uns um so vorsichtiger und gewissenhafter in der Annahme jener machen. Auf dieser ganzen kritischen Bahn hat man drei Momente zumeist aus den Augen gesetzt, deren Beachtung aber von unumgänglicher Wichtigkeit ist, und in Zukunft zur Entscheidung dieser Fragen das Wesentlichste beitragen wird, nämlich: man vernachlässigte erstens den eigentlichen Gedankeninhalt,

---

[1]) S. unsere Vorlesungen über die Entwicklung der relig. Idee im Judenthume, Christenthume und Islam. S. 99 ff.
[2]) B. Bathra 14, 2. 15, 1.

den Geist und den innern Zusammenhang eines Buches und seiner
Theile; indem man sich nur mit dem Detail beschäftigte und die
Form nicht aus den Augen ließ, übersah man den Charakter eines
Ganzen, die Einheitlichkeit seiner Richtung und Tendenz. Sicher
aber ist dieses gerade das entscheidendste Kriterium. Zweitens stellte
man an diese aus dem höchsten Alterthume hervorgegangenen
Schriftwerke Forderungen der Genauigkeit, der sorgfältigsten Uebereinstimmung in den kleinsten Details der Chronologie, Geographie
und Geschichtserzählung, wie sie wohl bei einem neueren Autor berechtigt sind, bei einem Verfasser aber aus der Zeit der ältesten
Literatur ganz unzulässig erscheinen. Wie von den alten griechischen
Meistern der Bildhauerkunst ausgesagt wird, daß sie, mit ganzer
Seele beschäftigt den großen Gedanken in plastischen Formen auszuprägen, die Details nur mit wenigen Meißelstrichen andeuteten
und zu kleinlicher Ausführung sich nicht herbeiließen: so gilt dies um
so mehr von Abfassern, die einer noch um ein Jahrtausend früheren
Periode angehören. Endlich drittens erwägte man nicht genügend,
daß diese alten Schriftdenkmale im langen Laufe ihrer Existenz bis zu
der Zeit, wo sie bis auf den Buchstaben fixirt wurden, vielfachen
Einflüssen an Formveränderungen, Interpolationen, eingeschobenen
Daten u. s. w. ausgesetzt waren, und daß man daher diesen Details-
schwierigkeiten, dem Geiste, Gedankeninhalte und Zusammenhang
des Ganzen gegenüber, nicht allzuvielen Werth einräumen dürfe.
Man ließ sich nicht von den mehrfachen Beispielen, wo dasselbe
Stück zwei oder mehre Male in der h. Schrift vorkommt, und
mannichfaltige und auffällige Varianten in beiden Redaktionen zeigt [1]),
belehren und warnen, sondern zog frischweg die kühnsten Schlüsse
aus den einzelnsten Vorkommnissen, welche der zähen Konsequenzmacherei eines modernen Autors oder der äußersten Genauigkeit
eines neuern Chronologen oder Geschichtsschreibers nicht entsprachen.
Sicher ist es, daß eine von einer genialern Auffassung geleitete,
scharfsinnigere Beobachtung dieser drei Momente die Forschung über
die Bücher der h. Schrift wieder zu ganz andern Erfolgen führen
werde. Wir können von der Tradition viel weniger verlangen, daß

---

[1]) Vgl. 2 Schem. 22 mit Ps. 18.

sie ihre Angaben positiv beweise, als daß sie an uns das Verlangen zu stellen berechtigt ist, die wirklichen unlösbaren Widersprüche, die in einem betreffenden Buche mit ihren Angaben über Abfasser und Abfassungszeit sich finden, nachzuweisen. So ist es noch bis heute allen Anstrengungen der Kritiker nicht gelungen, die Abfassung der Thorah durch Moscheh selbst wahrhaft zu erschüttern, sobald man von der unserer Zeit so angenehmen Zweifelsucht abgeht und die reellen Gründe der Gegner ins Auge faßt. Vielmehr haben die neuesten Entdeckungen in Aegypten und Assyrien die nachdrücklichsten Beweise für die Autenthicität der Thorah, sowie für die Richtigkeit ihrer geschichtlichen Angaben herangebracht, und es haben so viele Gegengründe, welche noch vor Kurzem von größtem Belang erschienen, z. B. daß die Schreibekunst und das Schriftwesen in Moscheh's Zeit unmöglich schon so verbreitet und ausgebildet gewesen sei, ihren Werth so gänzlich verloren, daß auch andere, noch nicht völlig beseitigte Gegengründe in Schatten gestellt wurden. Dagegen sind neuerdings so viele Vertheidigungsmomente für die Abfassung durch Moscheh, sowohl aus dem Geiste und Charakter des Ganzen, wie aus einer Menge einzelner Bestimmungen, z. B. über die Verfassung des jüdischen Staates, über die Stellung und den Besitzstand der Priester u. s. w., herbeigeschafft worden, daß der völlige Sieg nicht mehr zweifelhaft erscheint. — An die Thorah lehnen sich, mit Ausnahme einiger Hagiographen, alle anderen Bücher der heiligen Schrift, sie alle setzen sie voraus, sowohl die geschichtlichen Bücher[1], als die Propheten, von denen mehrere die wörtlichen Anführungen aus der Thorah sogar lieben, z. B. Jirmejah und Jecheskel, als endlich viele Psalmen. Was die prophetischen Bücher betrifft, so wird die Autenthizität derselben, die Abfassung derselben durch die Propheten, deren Namen sie an der Stirn tragen, von Niemandem bezweifelt. Das sichere Ergebniß, daß das Buch Jeschajah vom vierzigsten Kapitel an einem Propheten, der gegen Ende des babylonischen Exils lebte, gehört, so wie daß das Buch Secharjah und das Buch Daniel aus zweien Theilen bestehen, die

---

[1] S. den ausführlichen Nachweis in unserer Einleitung zu den fünf Büchern Moscheh in unserem Bibelwerke Th. I. S. XV. (2. Aufl.)

verschiedenen Zeiten und Abfassern gehören, finden in der Anordnung innerhalb dieser Bücher selbst ihre Rechtfertigung¹). Der meiste Streit findet über die Abfassungszeit der einzelnen Psalmen, der geschichtlichen und anderen hagiographischen Bücher statt, ein Streit, der von literar-historischer Bedeutung ist, aber für den Offenbarungsbegriff, für die religiöse Erkenntniß, für die Theologie keine Wichtigkeit hat.

So ruht denn die Offenbarung in dieser ihrer geschichtlichen Hülle für alle Zeiten und Geschlechter, und hat die h. Schrift Israel's zum „Buch der Bücher", zum Buch der ganzen Menschheit gemacht, nicht bloß bestimmt für den Weisen und Gelehrten, sondern auch für den Einfältigen und Unwissenden, nicht bloß für den Gebildeten, sondern auch für den Unkundigen, Allen zur Erleuchtung, zur Stärkung, zur Aufrichtung, zu Gott sich zu erheben, und Erkenntniß und Liebe aus dem Geiste nicht zu verlieren. —

Kommen wir nun zu der besondern Frage: **wie geschah die Offenbarung?** so giebt uns die h. Schrift selbst einen zweifachen Modus an: eine unmittelbare Verkündigung an das um den Fuß des Sinai versammelte Volk Israel, die Verkündigung der Zehn-Worte, als des Grundgesetzes der geoffenbarten Lehre, und dann die Verkündigungen durch die Propheten. In der Stille der Wüste, fern vom Gewühle der Völker, in der Mitte der zwischen den beiden nördlichen Busen des arabischen Meeres gelegenen sinaitischen Halbinsel, führte Mosche das vor kaum zwei Monden aus Aegypten befreite Volk, nachdem es zwei Tage sich geheiligt, am Morgen des dritten Tages in die Thäler um den Berg Choreb hinaus, und da vernahm es, mitten aus dem Gewölk und dem Feuer, die auf dem Gipfel des Berges lagen, die Zehn-Worte, klar und deutlich — während die Stimme eines Menschen von kaum Zehntausend gehört werden kann — diese Zehn-Worte, die seitdem das Grundgesetz der ganzen Menschheit, das Fundament der menschlichen Gesellschaft geworden, jeglichem Menschenkinde von Jugend auf eingeschärft. Doch wird mahnend hervorgehoben: „Ihr habet keine Gestalt gesehen am Tage, da der Ewige zu Euch

---

¹) S. unser Bibelwerk Th. II. S. 840. 929. 1557. Th. III. S. 878.

redete am **Choreb mitten aus dem Feuer**" (5 Mos. 4, 15. 12).
Der Zweck und die Bedeutung dieser unmittelbaren Verkündigung
werden von der Schrift selbst in dem am Fuße unseres Paragraphen citirten Verse klar angegeben. Wie sie wiederholt berichtet,
**daß, nach dem jene vor sich gegangen, die Aeltesten des Volkes zu
Moscheh getreten und denselben gebeten, daß die Verkündigungen
nicht mehr unmittelbar,** sondern durch seinen Mund an sie gerichtet
werden mögen; so sollte diese unmittelbare Verkündigung ein Unterpfand für die wirkliche Göttlichkeit der Offenbarung sein, damit
sie nicht für ein Menschenwerk ausgegeben werden könne, hiermit
aber **auch** dem Volke Israel die Verpflichtung auferlegt, keine Veränderung dieser Lehre von Seiten irgend eines Menschen anzunehmen, da eine solche nur durch eine abermalige unmittelbare Verkündigung erfolgen dürfte. Es sollte auf diesem Grunde eine
Verpflichtung auf die ganze Lehre Moscheh's und eine ewige Verpflichtung gebaut, und jede menschliche Abänderung für immer abgewiesen sein.

Abseitens dessen geschahen die weiteren Verkündigungen durch
Moscheh und die folgenden Propheten. Der Begriff des israelitischen
Propheten (נביא) liegt durchaus nicht im „Weissagen" zukünftiger
Ereignisse oder „Wunder thun", sondern im Verkündigen der Gotteslehre aus Gottbegeisterter Seele[1]). Daher verwirft die Schrift
jeden Propheten als einen falschen Propheten, der der Gotteslehre
widersprechende Lehren und Gebote vorträgt, auch wenn seine Weissagungen einträfen und als „Wunderzeichen" erschienen (5 Mos. 13, 2 ff.)
Vielmehr ist der Prophet vom Geiste Gottes ergriffen, und aus
dieser unmittelbaren Einwirkung Gottes auf ihn verkündet er das
„Wort Gottes", die echte Gotteslehre. Allerdings weissagt auch
der israelitische Prophet. Aber es sind vorzugsweise Weissagungen
in's Große, Weissagungen über die Gestaltung der großen Geschicke
Israel's und aller Völker, die in der Gottesbegeisterung geschauten
nothwendigen Folgen der Gegenwart und Vergangenheit, die daher

---

[1]) Seph. Ikkar. III, 12: „Die Prophetengabe ist beim Menschengeschlecht
nicht vorhanden, um Zukünftiges zu verkünden und individuelle Angelegenheiten
zu ordnen, sondern um die Nation im Allgemeinen oder das ganze Menschengeschlecht zur menschlichen Vollkommenheit zu bringen."

auch allesammt wirklich eingetreten, wenn auch öfter in weiterer
Zeitferne, als der Prophet im Ergriffensein seines Gemüthes, in
der Anschwellung seiner Phantasie aussprach. Nein! der wahre
Beruf des israelitischen Propheten war: die höchsten und lautersten
Lehren von Gott auszusprechen, zu diesen Israel und die Menschheit
heranzurufen, von ihnen aus den religiösen und sittlichen Verfall
Israel's und der Völker zu rügen und zu verurtheilen, den wider-
strebenden das göttliche Strafgericht zu verkünden, dann aber die
durch dieses hervorgebrachte Läuterung und die aus dieser wiederum
nothwendig hervorgehende Wiederherstellung, welche zur Einheit der
ganzen Menschheit in Erkenntniß, Gerechtigkeit, Liebe und Frieden
führen werde, zu weissagen. Indem der israelitische Prophet Idee
und Wirklichkeit sich gegenüberstehen sieht, namentlich die Idee im
Berufe Israels und den Abfall desselben von jener, aber von dem
Siege der Idee über das Leben überzeugt und durchdrungen ist, erkennt er die Mittel dazu in dem Strafgericht Gottes, in der dadurch bewirkten Läuterung und der daraus hervorgehenden Wiederherstellung. Strafgericht, Läuterung und Wiederherstellung machen
daher die wesentlichen Momente der israelitischen Prophetie aus
und werden in den mannigfachsten Nüancen vorgetragen. Wie diese
sich konkret am Stamme Israel's darstellen, liegen darin ideal dieselben Momente für alle Völker und zuletzt für die gesammte
Menschheit. — Die Propheten Israels sind so überall von den
höchsten Ideen erfüllt, von den sittlichsten Gefühlen beherrscht, von
den erhabensten Zwecken geleitet. Es ist das Schwert des Wortes,
das sie führen; sie wollen nicht Macht, nicht Reichthum erwerben,
nicht Herrschaft üben und Fürsten und Völker zu ihren Füßen sehen;
sie wollen nicht Rache befriedigen, denn sie verkünden Gnade auf
den Zorn des Strafgerichts, sie rufen zur Umkehr auf, die selbst
schon das traurige Geschick aufhalten würde. Die israelitischen
Propheten sind daher, auch abgesehen von dem Lehrinhalt ihrer
Reden, eine nie sonst und wieder dagewesene Erscheinung. Mit
unbeschränktem Muthe und Feuereifer traten sie vor die Könige
und Fürsten, die Priester und das Volk, traten sie den siegreichen,
Alles zermalmenden Weltvölkern entgegen, warfen ihnen ihre Laster,
ihren Abfall, ihre Verworfenheit vor, verkünden ihnen ihren unaus-

bleiblichen, ihren nahenden Untergang, und feiern vor ihnen den sichern Sieg der Wahrheit und des Rechts, der aus ihren, der Völker und Reiche Trümmern und Gräbern unaufhaltsam erstehen werde. Nicht persönliche Liebe, nicht persönlicher Haß beirrt und bewegt sie in diesem ihrem Amte. Weinen sie doch selbst, ist doch ihr eigenes Herz zerrissen über das Weh, das über die kommt, denen sie Verderben zurufen, ihren eigenen Sturz empfinden sie im schrecklichen und schmachvollen Sturze aller Größe ihres Volkes. Aber sie fürchten darob auch keine Züchtigung, nicht Geißel, nicht Kerker, nicht Todesdrohen macht sie verstummen, macht sie nur zaghaft in der Erfüllung ihres Berufes. So erweisen sie ihren göttlichen Beruf auch durch die That, durch das Leben. —

Fragen wir nun: wie haben wir uns diese unmittelbare Gottesbegeisterung, diese unmittelbare Einwirkung des Gottgeistes auf den Menschengeist der Propheten zu denken? — so können wir eine vollständige Lösung nicht versprechen, dieweil diese nur von einem Propheten selbst, wenn überhaupt, gegeben werden könnte. Allein annähernde Zustände vermögen auch wir schon zu begreifen. Zuerst. Wenn wir den Hirten von Thekoa, den ungelehrten, hingehen und dem Könige und dem Baalspriester die flammende Rede ins Angesicht schleudern sehen, das Wort der Verdammniß und Verwerfung, erinnern wir uns nicht jenes Zustandes, den man Begeisterung, den man Enthusiasmus nennt? Was vermag nicht der hochbegabte, was nicht selbst der Mensch von gewöhnlichem Geiste, wenn solch' ein Zustand über ihn kommt! Man hat Menschen in Feuers- und Wassersgefahr Lasten aufheben und forttragen sehen, die sie sonst kaum von der Stelle zu rücken vermochten, man hat sie durch Feuer und Rauch unverletzt schreiten, Schwertern und Büchsen und großer Menschenmenge widerstehen sehen, selbst solche, die sonst wohl nicht zu den tapfersten gehörten. Und nun erst in geistiger Beziehung, wenn die Schleusen des Geistes geöffnet sind, wenn die Begeisterung wie eine Flamme die Seele durchzuckt: wie hoch erhebt sich der Geist, wie fließt die Rede aus dem sonst nicht beredten Munde, wie strömen die Daten und Zahlen aus allen Winkeln des Gedächtnisses zusammen, in denen sonst nichts verborgen und aufbewahrt schien. So werden alle Fähigkeiten und Kräfte des Geistes in einem solchen Zustande über alles gewöhnliche Maaß hinaus erweitert, daß man mit Recht frägt: „wie kömmt Schaul unter die Propheten?" (1 Schem. 10, 12), d. h. woher ist dieser Geist geflossen, der über diesen höherer Befähigung sonst nicht theilhaften Mann gekommen? daß man mit Recht ihn einer höhern Einwirkung zuschreibt, die wir zwar nicht definiren, aber ahnen können und die uns jedenfalls ein Analogon für die prophetische Begeisterung darbietet. — Zweitens. Aber selbst abgesehen von solchen Zuständen, erfahren wir häufig, wie in irgend einem Wirrsal unseres Geistes, in irgend einer Bedrängniß, oder selbst bei ruhigem Wesen, plötzlich ein Gedanke in uns aufblitzt, der mit einem Male uns über Alles, was uns drängt, aufklärt, den Pfad anzeigt und beleuchtet, den wir einzuschlagen, uns ein neues Werk unseres Lebens zeigt, das wir zu unternehmen haben — ein zündender Gedanke, nach dessen Ursprung in unserem Geiste wir vergebens forschen, aus welcher Ideenverbindung er entstanden, wodurch er sich so erkennbar gestaltet, wir uns nicht zu beantworten vermögen; wir können nicht finden, daß er aus dem Zusammentreffen gewisser Gedankenbestandtheile, gewisser Vorstellungen und Bilder hervorgegangen, es liegt uns gar keine Nothwendigkeit in seiner Folgerung nahe, wir wissen und begreifen nicht, woher er gekommen. Fließt uns doch oft solch ein lösender, rettender, erleuchtender Gedanken aus dem Munde eines Kindes, von den Lippen eines Einfältigen entgegen, denen wir Nachdenken, Tiefsinn, Erfindungsgabe nicht zusprechen können. — Drittens. Wir wollen uns hier nicht in das Reich der Ahnungen, die uns im wachen Zustande, in das Reich der Träume versenken, die uns im Schlafe durch die Seele gehen. So wenig wir aus ihnen ein System zu bilden vermögen, eben so wenig darf eine nackte Leugnung sie hinwegzuschaffen wagen. Aus dem Alterthume wie aus neuester Zeit stehen, als daß wir sie geradezu abzuweisen berechtigt wären, zu viele verbürgte Zeugnisse da, welche von Ahnungen besonderer Ereignisse über weite Fernen hinweg Kunde geben, welche erweisen, daß es einen gewissen Zusammenhang zwischen nahestehenden Geistern geben müsse, den wir zwar nicht definiren können, dessen Vorhandensein wir aber zugeben müssen, Ahnungen, die uns unvermerkt überkommen, wenn ein plötzlicher Wechsel des Geschickes eintreten will, wenn der Tod über einen uns eng Verbundenen kommt, wenn eine Gefahr droht, die entweder unabwendbar uns zum Verderben wird, oder nur durch rechtzeitiges Einschreiten noch behoben werden kann. Nicht minder ist dies mit Träumen der Fall. Der nüchternste Denker des Alterthums, Aristoteles, spricht den Träumen in besonderen Fällen nicht alle Bedeutung ab. Er meint, daß in der Traumwelt die Seele weniger von äußeren Umständen beeinflußt, aus Vergangenheit und Gegenwart bisweilen richtiger zu kombiniren befähigt sei, einfacher und sicherer zu folgern vermöge, so daß sie recht wohl das Zukünftige im Traume vorauszusehen im Stande sei, indem sie die Zukunft in einem klaren Spiegel der Vergangenheit und Gegenwart schaut[1]). Von besonderer Bedeutung tritt hier jene eigenthümliche Erscheinung auf, welche man mit dem Namen Somnambulismus belegt. Wir haben durch eigene Erfahrung aus unserm nächsten Kreise Seitens der unbefangensten Personen, welche von diesem Zustande, seinen Symptomen und seinem Verlaufe niemals Kenntniß gehabt, bevor er in ihrer Mitte aufgetreten, die Wahrhaftigkeit dieser merkwürdigen Erscheinung kennen gelernt, und bezeugen sie unsererseits vor Gott und Menschen. Wir vermögen dies um so unparteiischer, da wir uns niemals ein Geschäft daraus gemacht, sie aufzusuchen, oder mit unseren Erfahrungen öffentlich aufzutreten und dafür Partei zu nehmen. Wir sahen die betreffende Person über Fernen an Raum und Zeit Dinge verkünden, welche sich gleichzeitig oder später ereigneten, deren Richtigkeit sich aber durchaus bekundete; wir sahen sie Blicke in das geistige und leibliche Innere anderer Personen werfen, die weit über das Fassungsvermögen der noch so sehr ju-

---

[1]) Nach der biblischen Ansicht, abgesehen davon, daß der Traum eine Art der direkten Prophetie ist, läßt Gott den Menschen bisweilen die Zukunft in Traumbildern sehen, warnt ihn im Traume, um ihn von seinem bösen Thun abzuziehen, obschon die meisten Menschen nicht darauf merken und dadurch dem Untergang entgegengehen. Job 33, 15. Es versteht sich, daß dies nur von außerordentlichen Träumen gilt, während die h. Schrift die Nichtigkeit der gewöhnlichen Träume ausspricht (Kohel. 5, 2. 6.) und den Traum öfter als Gleichniß für die Eitelkeit des Wahns gebraucht (z. B. Ps. 73, 20. Job 20, 8.)

gendlichen Kranken hinausgingen. Das Grab deckt jetzt seit mehreren Dezennien die Ueberreste der Theuren, es wäre eine Entweihung, Anderes als die lauterste Wahrheit darüber zu sprechen. Wir bekennen unumwunden, daß dieses eigenthümliche Schauungsvermögen sich nur auf reale Dinge erstreckte, daß es zu übersinnlichen Fragen und Gegenständen nicht hinreichte, daß hierin die Kranke vielmehr an Beschränktheit, ja abergläubischen Phantasmagorieen litt; wir stellen uns auch auf die Seite derer, welche in dieser s. g. Clairvoyance nicht etwa eine Erhöhung des Geistes, als vielmehr ein Zurücktreten des Sensoriums hinter die instinktiven Elemente unserer Natur erblicken, die auf Kosten jenes sich wucherisch erweitert haben. Aber das ist sicher und das wollten wir durch alle diese angeführten Momente erweisen, daß die menschliche Seele noch Organe hat, die in unserm irdischen Leben nur in seltenen, außerordentlichen Augenblicken hervortreten, die unserem bewußten Erkennen darum entgehen, und logisch nach Ursache und Wirkung nicht definirt werden können. Wir wollten hiermit uns deutlich machen, daß unser Geist der Erweiterung und Erhöhung seiner Kräfte, weit über das gewöhnliche Maaß hinaus, gar sehr befähigt sei, wodurch er einer unmittelbaren Einwirkung des höchsten Geistes, Gottes, zugänglich ist, so daß die Prophetie durch diese Analoga uns annäherungsweise begreiflich wird. Erwägen wir dabei, daß die Zeit der Prophetie noch zu der Periode der frühesten Entwickelung des Geistes hinaufreicht, zu einer Periode, in welcher die Verstandesbildung noch weit hinter dem Gemüths- und Phantasieleben zurückstand, in der daher der entwickelte Verstand noch nicht seinen zersetzenden Einfluß auf Gemüth und Phantasie geübt, wo daher das ungeschwächte Gemüths- und Phantasieleben zu einer Höhe anschwellen konnte, welche der Unmittelbarkeit mit Gott nahe kam, und die von uns vermittelst des Verstandes nicht mehr begriffen werden kann.

Die h. Schrift selbst giebt uns in folgender Weise über die Prophetie Aufschluß. Die klassische Stelle hierüber ist 4 Mos. 12, 6—8.:

„Wenn ein Prophet euch ist — der Ewige, in der Erscheinung thu' ich mich ihm kund, im Traumbild red' ich ihm. Nicht so mein Diener Moscheh: in meinem ganzen Haus ist er vertraut. Von Mund zu Mund red' ich mit ihm, Sichtbarwerdung, doch nicht in Räthseln, Sinnbildlichung des Ewigen schauet er. —

Es werden also hier als Arten der Prophetie aufgestellt: 1) מַרְאָה, vorzugsweise die nächtliche Vision, in der, ohne eine Gestaltung, Worte in den Tiefen des Geistes vernommen werden[1]); 2) חוֹלֵם Traum, in welchem theils ein göttliches Gebot an die Träumenden ergeht[2]), theils eine Lehre durch eine Traumgestalt ausgesprochen wird[3]), theils die Zukunft in einem Traumbilde erscheint und warnend und mahnend einwirkt[4]); 3) מַרְאָה eine Erscheinung, Vision, die entweder a) sich nicht ausspricht, sondern deren Sinn selbst gefunden sein will (כחידות), wie viele Visionen Jecheskel's, die מַרְאָה genannt werden, oder b) תמונת ה' die reine Anschauung Gottes, das Wesen und die Eigenschaften Gottes in einer Versinnbildlichung verleiht[5]); 4) פה אל פה oder פנים אל פנים in klarer verständlicher Sprache vernehmbarer Töne[6]); wie diese Stimme zu denken, ersieht man aus 1 Schem. 3., wo der, der Prophetie noch unkundige Schemuel dreimal den Ruf des Ewigen hört und glaubt, Eli habe ihn gerufen, wogegen Eli nichts gehört hatte, also: eine Stimme im Geiste des Propheten als klares, vernehmbares Wort, eine visionaire Stimme, wie sonst visionäre Erscheinungen, die nur der Prophet, außer ihm Niemand, gewahrt, die also doch nur in seinem Geiste vor sich geht, in seinem Geiste nur existirt. Die Prophetie wird also von der h. Schrift durchaus nicht als ein bloßer Zustand unseres Geistes, etwa als eine in der Exaltation gewonnene höhere Auffassung verstanden, sondern: ein solcher Zustand ist allerdings nothwendig, um der Prophetie fähig zu sein,

---

[1]) Vgl. 1 Mof. 46, 2.
[2]) Mehrfach im ersten B. Mof., aber auch Richt. 7; 9—15. 1 Kön. 3, 5. 15.
[3]) Ijob 4, 12 ff.
[4]) Vgl. 1 Mof. 41, 25.
[5]) Vgl. 2 Mof. 3, 3. 24, 17. So erklärt auch Maimuni die Worte unserer Stelle: יבים והמונת ה׳ „er faßt Gott in seiner Wesenheit", indem er dem Worte המונה als dritte Bedeutung „die wahre Idee einer Sache, von der Intelligenz gefaßt," beilegt, und so werde das Wort von Gott gebraucht. Mor. Neb. I, 3.
[6]) Vgl. 2 Mof. 33, 11. 4 Mof. 7, 89. Vgl. Maimuni Mor. Neb. I, 37.

aber diese selbst wird als eine **Strömung des Gottesgeistes** auf den Geist des Propheten betrachtet, die als רוח ה׳ „Geist des Ewigen" bezeichnet wird. Wenn auch mit dem Worte „Geist Gottes" zuerst eine allgemeine Bezeichnung aller Intelligenz und Sittlichkeit im Menschen gegeben wird [1]), so wie der besondern, dem Heiligen zugewandten Kunstfertigkeit [2]), so wird er doch schon in der Thorah zum Geiste der Prophetie, der sowohl überhaupt im prophetisch begabten Menschen waltet, als auch besonders in den prophetischen Momenten den Zustand der prophetischen Begeisterung bewirkt, und mit dessen „Kommen" das „Prophezeien" beginnt [3]). In den geschichtlichen Büchern ist es dieser „Geist Gottes", der die dazu berufenen Männer zum prophetischen Handeln im Dienste Gottes „treibt" [4]); in den prophetischen Büchern, der auf den Propheten „ruht", sie „überfällt", um prophetisch zu sprechen [5]). Dem prophetischen Zustande Einzelner oder in einzelnen Momenten gegenüber, werden die großen, auserwählten Propheten durch besondere Vorgänge zum **Prophetenthum** berufen — so Moscheh, Jeschajah, Jirmejah und Jecheskel — worin der inspirirende Geist in dem zagenden Propheten zum Durchbruch kam. Während diese Berufung bei dem über alle klar schauenden Moscheh nach einem erweckenden Zeichen (dem brennenden Dornbusch) als eine einfache Unterredung dargestellt wird, welche die Beseitigung aller Einwände die in ihm einem so außerordentlichen Berufe gegenüber leben mußten, zum Inhalte hat, dennoch aber die große Verkündigung, daß Gott das ewige, unveränderliche Sein, umschließt; sieht Jeschajah in einer Vision Gott und die Seraphim, welche dessen Allheiligkeit preisen, vor welcher der unreine Mensch in Nichts verkehrt, dennoch aber durch Gottes Gnade geläutert und so würdig wird, das Gefäß des göttlichen Geistes, der Sendbote Gottes an die

---

[1]) S. 1 Mos. 6, 3.
[2]) S. 2 Mos. 28, 3. und öfter.
[3]) S. 4 Mos. 11, 17. 25.
[4]) S. Richt. 3, 10 und öfter, 1 Schem. 6, 10 und öfter, 1 Kön. 2, 16 und öfter.
[5]) S. Jesch. 61, 1. Zech. 11, 5.

Menschen zu werden¹). Hingegen wird dem Jirmejah in einfachen
Gleichnissen der Inhalt seiner Prophetie erschlossen; die Berührung
seines Mundes verleiht ihm das prophetische Wort, in einem Man-
delstabe zeigt sich ihm die nahe Erfüllung dessen, was er zu verkünden habe, in einem siedenden Topfe, daß dies der Untergang
des Staates und der Stadt sei²). Großartig, geheimnißvoll und
in Pausen durch seine ganze Prophetie sich flechtend, ist die Vision,
durch welche Jecheskel sich zum Prophetenamte berufen sieht; das
ganze Universum bildet sich ihm in einer erhabenen Erscheinung
ab, die Welt des Lebendigen und des Leblosen in ihrem Verhältniß
und ihrer Verbindung, wie in ihrer Gipfelung in Gott; die Entfernung dieser Erscheinung aus der Tempelstätte zu Jerusalem zeigt
ihm den nahen Untergang dieses Sitzes der Gottesanbetung und
die Folgen, die sich hieran knüpfen, als den wesentlichen Inhalt
seiner Prophetie³). Die übrigen Propheten werden nur durch „das
Wort des Ewigen, welches ward", eingeleitet, und sie sprechen entweder einfach das Wort der Mahnung, oder sie sehen Allegorien
und beschreiben und deuten diese, oder sie nehmen symbolische Handlungen vor dem Volke oder Könige vor, und legen diese aus. —
Außer den besonders berufenen Propheten, von welchen wir prophetische Schriften erhalten haben, gab es aber auch solche, welche nur
aktiv auf der Bühne des Lebens auftraten, und mit That und Wort
im Dienste der Gotteslehre wirkten, wie Schemuel, Nathan, Elijahu,
Elischa u. a. Ja, Schemuel gründete auch Prophetenschulen, in
welchen junge Männer („Prophetensöhne") im Gesetze, in der Kunst
des heiligen Gesanges und in dem Ausdruck der Begeisterung durch
die gehobene Rede unterrichtet wurden. Die Schüler lebten in
Gemeinschaft in Häusern, die sie selbst gebaut, mit einfachster Ge-
wandung und Nahrung, und an ihrer Spitze stand ein inspirirter
Prophet, dem sie den Namen „Vater" beilegten. Diese Jünger
waren oft sehr zahlreich, und den begabtesten von ihnen wählte der
Prophet zu seinem Nachfolger. Diese Ausdehnung des Begriffes

---

¹) Kap. 6.
²) Kap. 1.
³) Kap. 1—3. 10.

„Prophet" hatte aber auch zur Folge, daß zu aller Zeit „falsche Propheten" erstanden, welche, im Dienste der Könige und Priester, das Volk irre leiteten und selbst zum Götzendienste verlockten, woraus oft genug ein erbitterter Kampf gegen die wahren Propheten entstand.

Von allen Propheten Israels steht Moscheh, der Sohn Amram's als der erhabenste und erleuchtetste auf der Höhe. Bei ihm vereinigte sich die höchste Thatkraft mit der klarsten Anschauung, das vollkräftigste Leben mit der eingreifendsten Lehre. In seinem Herzen lebte von Jugend auf der feurigste Eifer, das innigste Mitgefühl für das Wohl seines Volkes. Die Erziehung am ägyptischen Hofe, der Glanz des ägyptischen Thrones, die Würden und Reichthümer, die er hier zu erwarten, hielten ihn nicht ab, zu den Stätten und Fluren zu wandern, auf welchen seine Brüder Sklavendienste thaten, die Schmach und das Elend seines Stammes zu schauen, denen er nicht abzuhelfen vermochte. Die Geißelhiebe, die auf den Rücken seiner Brüder fielen, regten ihn zur Tödtung eines ägyptischen Vogtes auf, in Folge derer er Alles, was ihm bis dahin theuer gewesen, verlassen, und in die Wüste fliehen mußte, wo er zum einfachen Hirten ward. Hier von Gott zu seinem großen Werke berufen, trat er unerschrocken vor Pharao, setzte diesem einen ausdauernden Widerstand entgegen, bis der König dem geknechteten Volke den freien Abzug gestatten mußte. Vierzig Jahre führte er das Volk durch die Wüsten; so oft es auch murrte, so oft es sich ihm widerspenstig zeigte, so oft er auch verzweifeln mußte, in diesem leidenschaftlichen und hartnäckigen Volke die Gotteslehre feste Wurzel schlagen zu sehen — nur selten ließ er das Gefühl der Ermüdung und der Verzagtheit über sich kommen, nur selten den Zorn über sich Herr werden. Alle innern und äußern Schwierigkeiten schreckten ihn nicht ab, seinem Werke bis zum letzten Athemzuge seines Lebens zu dienen. Ja, als er vor Augen hatte, daß es ihm nicht gegönnt sei, sein Leben durch den Einzug Israels in das verheißene Land zu krönen, und daß trotz seiner unermüdlichen Pflege das Herz des Volkes noch wenig an der Gotteslehre hänge, und nach seinem Tode bald wieder abtrünnig werden würde, raffte er in erhabenster Resignation in seinen letzten Lebenstagen all' seine Energie und

Kraft zusammen, um vermittelst der mächtigsten Mahnreden, des gewaltigsten Sanges und Segenspruches seinem Volke ein ewiges Zeugniß für die Lehre seines Gottes in den Geist zu senken. Alle persönlichen Rücksichten lagen ihm fern. Nicht allein, daß er weder für sich, noch für seine Söhne und Nachkommen eine Herrschaft erstrebte, daß er als Prophet die Priesterwürde nicht annahm — ein überaus wichtiges Moment für die Geschichte der Offenbarung — sondern auch in seiner Bedeutung als Prophet überhob er sich nicht, vielmehr es war sein innigster Wunsch, daß der prophetische Geist alle Glieder des israelitischen Volkes erfülle[1]). Darum benennt ihn die Schrift „sehr bescheiden"[2]), und er bewährte diese Tugend von seiner Berufung am Horeb bis an sein Grab, das den Augen und der Verherrlichung des Volkes entzogen blieb. Moscheh liebte keine geheimnißvolle Verhüllung seiner Lehre; er sprach nicht in Räthselsprüchen, kleidete seine Gedanken nicht in Allegorien und symbolische Handlungen, sondern, obschon sein Geist der dichterischen Erhebung fähig war und im Siegesliede am rothen Meere, im großen Sang vor seinem Tode und im 90sten Psalm Denkmäler der erhabensten Poesie hinterlassen hat, ist seine Lehre doch schlicht, einfach, klar. So war denn auch sein Geist nicht auf die allgemeinen Lehren allein gerichtet, sondern das ganze Leben zu bewältigen und daraus die Verwirklichung, die Verkörperung der Gotteslehre mit allen ihren Konsequenzen in der Sittlichkeit der Gesellschaft und des Individuums zu machen. Er hatte eine Menschenmasse vor sich, in welcher allein alte Traditionen der Väter lebten. An diese anknüpfend, sollte er aus der Masse ein festgegliedertes Volk bilden, das auf der unerschütterlichen Basis der Gotteslehre diese zum Inhalt seines ganzen Lebens und zum ewigen Zwecke seines Daseins haben sollte, das hiermit in den Gegensatz zur ganzen übrigen Menschenwelt treten und in sich die Kraft finden mußte, diesen Widerstand durch die Jahrtausende fortzusetzen. So war er es, der sein Volk vom Sklavenjoche befreite, aus einer wirren Masse zu einem organisirten Volke umschuf, diesem Volke

---

[1]) 4 Mos. 11, 26 ff.
[2]) 2 Mos. 34, 29. 4 Mos. 12, 3.

das höchste und dauerndste Leben einpflanzte, ihm die lauterste Lehre und das erhabenste Gesetz verkündete, dieses zur Bedingung seiner Existenz machte, und vermittelst dieses Volkes einen unermeßlichen Einfluß auf das ganze Menschengeschlecht ausübte. Fürwahr, ein Werk, zu welchem die ganze Energie und doch wieder die Milde des Charakters erforderlich waren, die Moscheh besaß, die Energie, mit welcher er das unterbrochene Werk immer wieder von Neuem beginnend[1]), die Abtrünnigen mit Kraft züchtigt und die Empörer niederhält[2]), die Milde, welche ihn den Hartnäckigen immer wieder Sanftmuth entgegensetzen läßt, und sobald sie reuig umgekehrt, ihn wieder mit Liebe für sie erfüllt und ihre Versöhnung erstreben macht[3]).

„Und es stand fortan nicht ein Prophet auf in Israel wie Moscheh, den der Ewige erkannte Angesicht zu Angesicht". (5 Mos. 34, 10.)

„Von Angesicht zu Angesicht" darf, was der Lehre Moscheh's völlig widerspräche, nicht mit Schauen irgend einer Gestaltung Gottes verstanden werden, vielmehr ist es figürliche Redeweise, um, wie wir einen Menschen am sichersten und bestimmtesten kennen lernen, wenn wir ihn von Angesicht zu sehen Gelegenheit haben, auszudrücken, daß Moscheh der unmittelbarsten Prophetie theilhaftig ward, daß er Gott, dessen Wesen und Willen, soweit es einem Menschen überhaupt möglich ist, am klarsten erkannte[4]). Die Talmudisten drücken dies so aus: „alle Propheten sahen in einen Spiegel, der nicht leuchtete (also dunkele Umrisse giebt), Moscheh aber in einen Spiegel, der leuchtete"[5]).

Das Prophetenthum im engern Sinne begann mit dem Augenblicke, wo Israel durch die Annahme der monarchischen Regierungsform

---

[1]) 2 Mos. 34, 1 ff.
[2]) 2 Mos. 32, 19 ff.
[3]) 2 Mos. 32, 30 ff. 4 Mos. 11, 2. 21, 7.
[4]) „So weit es einem Menschen möglich ist", denn 2 Mos. 34, 20 heißt es: „Du vermagst nicht mein Antlitz zu schauen, denn nicht schauet mich der Mensch und lebet"; und am Ende seines Lebens ruft Moscheh aus (5 Mos. 3, 24): „Herr! Ewiger! Du hast angefangen deinen Knecht sehen (erkennen) zu lassen deine Größe und deine Allgewalt!" — ein Ausruf, der Moscheh, den falschen Propheten der Völker gegenüber, tief charakterisirt.
[5]) Jebam. 49, 2.

sich zu einem koncentrirten National- und Staatsleben erhoben hatte, das Königthum aber sich sofort der Lehre und dem Gesetze gegenüberstellte; es erstarkte mit der Spaltung des Reiches, mit dem Abfalle der zehn Stämme von der Gotteslehre, mit dem Aufkommen götzendienerischer Könige auch in Juda. Seine Beschäftigung war die Pflege des religiösen Geistes, der Geschichtsschreibung und Musik, sein Beruf, bei jeder bedeutsamen faktischen Veranlassung durch Verwarnung, theils in Reden, theils in symbolischen Handlungen in die Ereignisse einzugreifen, oder durch energischen Protest den Gedanken und das Bewußtsein der Opposition lebendig zu erhalten. Diese thatsächlichen Veranlassungen waren aber so vorwiegend, und die Reden nur auf den Moment passend, daß diese höchstens in die Geschichtserzählung der Zeit aufgenommen wurden. Das schriftliche Prophetenthum, wie es uns vorliegt, begann erst, als zu dem Abfalle im Innern sich die Stürme von außen gesellten und Bürgerkriege die Nation zerrütteten. Die Reden der Propheten mußten jetzt über den Moment hinausgreifen, zu ausführlichen Ansprachen an König und Volk werden, ihrem Inhalte nach sich verallgemeinern; endlich, da das Volk in die Verbannung geführt war, sich zu Sendschreiben an das Volk umgestalten. Wir haben da innerhalb des schriftlichen Prophetenthums drei Sturmperioden zu unterscheiden. Die erste, als das Zehnstämmereich sich gegen Juda erhob, Syrien zu Hilfe rief und auf Juda stürzte, während dieses sich den Beistand Assyriens erkaufte, Assyrien das Zehnstämmereich zerstörte und sich dann gegen Juda wandte, um in seinem großen Kampfe mit Aegypten im Lande Israel eine feste Position zu haben. Dieser Periode gehören an: Joel, Amos, Hoschea, Jeschajah I., Michah und Nachum (870 bis zu 700 vor d. gew. Zeitr.). Als ein Jahrhundert später an die Stelle der Assyrer die Chaldäer von Babel getreten waren, hob die zweite Periode an; in dem gewaltigen Kampfe dieser mit den Aegyptern um die Weltherrschaft wird Juda zuerst der Aegypter, dann der Chaldäer Vasall, sucht sich mit Hülfe der erstern immer wieder von der Obmacht der letztern frei zu machen und sinkt in diesen Versuchen in Trümmer. In dieser Periode traten die Propheten Jirmejah, Zephanja, Obadjah, Secharjah I. (Kapp. 9—14), Chabakkuk und Jecheskel auf (626—568 vor der gew.

Zeitr.) Die Chaldäer fielen vor dem Schwerte der Perser; Juda sollte aus der Verbannung nach seinem Erblande zurückkehren, den Staat, Jerusalem, den Kultus, den Tempel wieder herstellen; Mangel an Begeisterung im Innern, tausendfache Hindernisse von Außen traten dem großen Werke entgegen; aber es galt, sie alle zu überwinden. Damals erhoben sich die Propheten, Jeschajah II. (Kapp. 40—66), Chaggai, Secharjah II. (Kapp. 1—8), und Maleachi (540—450 vor d. gew. Zeitr.) Aus diesen drei Gruppen heben sich als Hauptträger, aus der ersten Jeschajah I., aus der zweiten Jirmejah und Jecheskel, aus der dritten Jeschajah II. hervor. — Jeschajah, der im strengsittlichen Ernste, welcher das Rechte als das allein Göttliche unbedingt fordert, und das Böse, Selbstische und Sinnliche verdammt, in seinem Enthusiasmus für Gott und Gotteslehre, in seiner Gluth gegen den Abfall, den Hochmuth, die Bosheit, in der Kraft seiner Sprache, die sich wie ein gewaltiger Strom ergießt, voll kräftigster Bilder, schlagender Antithesen und treffender Paronomasien, über alle anderen Propheten hinausragt, trat zuerst dem götzendienerischen Könige Achas entgegen, als dieser die Hülfe Assyriens gegen Israel und Syrien erkaufen wollte, indem er Juda vor diesem Bündnisse warnte, die Bedrängniß des Reiches durch Assyrien, aber auch den Untergang des Letztern weissagte, während Juda in der Zuversicht auf den Beistand seines Gottes hierin die Kraft finden würde, alle seine Feinde zu überwinden. Unter dem frommen und kräftigen Könige Chiskijah begleitete Jeschajah's prophetische Wirksamkeit dessen Regierung Schritt vor Schritt, eiferte gegen ihn, als er sich mit Aegypten verbinden wollte, verkündete die Bedrängniß durch Assyrien, daß Gott aber dieses vor Jerusalem zerschmettern würde. Jeschajah wachte unaufhörlich über Volk und König, daß sie sich nicht aus Mangel an Zuversicht vor den Assyrern beugen. Er heilt den König von einer tödtlichen Krankheit. Auch nach überstandener Gefahr warnt er den König vor der Verbindung mit Babel, und da er diese nicht ganz zu verhindern vermag, verkündet er die einstige Wegführung Judas durch Babel, sowie den Fall dieses durch die Meder. Alle seine Kraft wandte der Prophet gegen den Fortschritt des religiösen und sittlichen Verfalls in Juda, verwarf mit Strenge die blos äußerlichen Kultusübungen und verlangte vor Allem die sittliche Heiligung, welche allein zur Anbetung des allheiligen Gottes würdig mache.

Als einer der bedeutendsten Charaktere in der Geschichte des israelitischen Stammes haben wir Jirmejah zu feiern. Er trat zuerst unter dem Könige Joschijah auf, der den bekannten Versuch zur Wiederherstellung und Befestigung der mosaischen Lehre und des Gesetzes in Israel machte, ein Versuch, der bei der Gesunkenheit des Volkes keinen dauernden Erfolg hatte. Jirmijah nahm daher nur von Zeit zu Zeit Gelegenheit, strenge Mahnreden an das Volk zu halten, und, wenn auch noch in dunklen Umrissen, das nahende Verderben zu verkünden. Unterdessen hatte sich der Kampf zwischen Aegypten und Babel angesponnen; der König versuchte den siegreichen Aegyptern entgegenzutreten und fiel in der Schlacht bei Megiddo; sein Sohn Joachas wurde vom Aegypterkönige entthront und Jojakim eingesetzt. Von dieser Zeit an standen sich zwei Parteien in Juda gegenüber, die, nachdem die Aegypter von Nebuchadnezzar besiegt worden, nur um so entschiedener sich bekämpften, die ägyptische, welche sich immer wieder von der babylonischen Obmacht frei machen wollte, in dem Bunde mit Aegypten das Heil suchte und dem schnödesten Götzendienst und der sittenlosesten Entartung anheimgefallen war; und die nationale Partei, welche in der babylonischen Oberherrschaft, die in das selbstständige Leben des Volkes keinen Eingriff machte, die Bürgschaft des Bestandes erkannte, und die Rückkehr zur Gotteslehre und die sittliche Läuterung als anzustrebendes Ziel und als alleiniges Mittel zur Erhaltung ansah. Wie der König Jojakim an der Spitze der ersteren, stand Jirmejah an der Spitze der andern Partei. Der Prophet tritt kühn auf und verkündet in einer symbolischen Handlung die Folgen des gegenwärtigen Zustandes. Der Oberaufseher des Tempels geißelt ihn dafür und legt ihn in den Stock. Tief von dieser Entwürdigung ergriffen, weissagt er zum ersten Male ausdrücklich den Untergang durch Babel, geht aber muthig in den Palast des Königs und fordert diesen zu einer gerechten und gottesfürchtigen Regierung auf, geht in den Tempel und donnert gegen die falschen Propheten. Diese und die Priester wollen ihn tödten, aber noch war seine Partei stark genug, um seine Freisprechung zu erlangen.

Während jetzt der Kampf zwischen den beiden Weltmächten hin und her schwankte, ließ der Prophet nicht ab, Aegypten dem Falle nahe zu zeigen. Die Priester schlossen ihn dafür vom Tempel aus. Er schrieb seine Reden nieder und ließ sie vor den König bringen. Dieser zerschnitt und verbrannte die Rolle, und Jirmejah wurde nur durch die Ankunft Nebuchadnezzar's gerettet. Auch Zidkijah, der Letzte auf dem Throne Davids, zettelte Verschwörungen gegen Babel an, bis er offen abfiel und die Hülfe Aegyptens nachsuchte. Unaufhörlich that Jirmejah Schritte hiergegen, selbst als das babylonische Heer schon nahe war, suchte er den König umzustimmen. Dieser schwache Fürst fragte Jirmejah wiederholt um Rath, that auch während der Belagerung einige Schritte zur Besserung, fiel aber, sobald sich die Umstände günstiger zeigten, wieder ab. Der Prophet wollte daher die Stadt verlassen, wurde aber am Thore ergriffen, und unter der Beschuldigung, zu den Chaldäern überlaufen zu wollen, in ein strenges Gefängniß geworfen. So saß Jirmejah, während ein Bollwerk der Stadt nach dem andern fiel, im Kerkerhofe. Hier erhob sich sein Geist, und wie vordem den Fall Juda's, so verkündete er jetzt, während die Feinde die Stadt umtosten, die dereinstige Wiederherstellung. Die Fürsten verlangten von dem Könige den Tod Jirmejah's und warfen ihn in eine tiefe Schlammgrube. Doch der König ließ ihn herausziehen, unterredete sich noch einmal mit ihm heimlich, folgte aber seinen Rathschlägen nicht. Als nun das Geschick des Königs sich erfüllt hatte, stellte der chaldäische Sieger es dem Propheten frei, wohin er sich wenden wolle. Jirmejah zog es vor, im Lande seiner Väter zu bleiben, saß auf den Trümmern Zions und dichtete seine unsterblichen Klagelieder, die in der Mitte des unermeßlichen Weh's das Vertrauen auf Gottes Barmherzigkeit hochtönen lassen. Der von Nebuchadnezzar eingesetzte Statthalter Gedaljah fiel unter der Hand des Meuchelmörders. Das Volk wandte sich an Jirmejah um Rath. Dieser mahnte es ab, nach Aegypten zu fliehen und verhieß ihm die Gnade des Königs. Aber auch hier stieß der Prophet auf Ungehorsam, das Volk floh nach Aegypten, und führte den Propheten gewalsam mit fort. Auch in Aegypten gab Jirmejah seinen Beruf nicht auf. Er verkündete den siegreichen Einfall Nebuchadnezzar's, mahnte das Volk vom Götzendienst ab, dem es sich überließ, und endlich in der Zurückgezogenheit schrieb er seinen Schwanengesang nieder, in welchem er den Fall Babels und die Wiederherstellung Israels aussprach. So bethätigte sich in erhebender Konsequenz die Charakterstärke, die unerschütterliche Festigkeit Jirmejah's durch sein ganzes, thatenreiches, langes Leben. Er hatte die Zurückführung Israels zur Gotteslehre, die Wiedergeburt zum Offenbarungsglauben nicht mehr, wie die früheren Propheten, anstreben, sondern nur Fürst und Volk und Priester mit dem Worte züchtigen, den Fall so lange wie möglich aufhalten und die dereinstige Wiederherstellung in das Bewußtsein der Gottgetreuen senken können. Jirmejah ist daher, wie Keiner, von der Idee des Bundes Gottes mit Israel durchdrungen, Keiner der Propheten steht so fest und unmittelbar auf dem Boden des Mosaismus in Wort und That. Je mehr er sich aber in die faktischen Zustände und Vorgänge seiner Zeit versenkte, desto bestimmter und einfacher mußte sein Wort sein, fern von poetischem Schwunge, ohne bedeutsame Bilder, aber klar und verständlich und voll Innigkeit der Gefühle. Nur seine Jugendperiode und die Zeit, wo er fern von äußeren Begebenheiten die Wiederherstellung des zertrümmerten Juda aussprach, hat größern Reichthum, größere Fülle des klar hinströmenden Redeflusses.

Als Nebuchadnezzar den König Jojachin, Zidkijah's Vorgänger, nach dreimonatlicher Regierung mit zehntausend Edlen, Schmieden, Schlossern und Volk nach Babel führte, da war unter diesen auch Jecheskel, 25 Jahre alt. Er fand seinen Aufenthaltsort am Strome Chebar, in der Stadt Thel Abib, woselbst sich eine zahlreiche Gemeinde Exulanten mit Vorstehern ansässig machte. Sieben Jahre vor der Zerstörung Jerusalem's begann er, theils in symbolischen Akten, theils in Reden den Fall der Stadt und des Heiligthums zu verkünden. Auch in den bereits durch Babylonien zerstreuten Juden regte sich die Hoffnung, durch falsche, dem Volke schmeichelnde Propheten genährt, daß Nebuchadnezzar's Macht, wie früher Sancherib's, vor Jerusalem brechen und Juda's Zepter erstarken werde. Diesem, dem Volke leicht gefährlichen, jedenfalls es vom ruhigen Verhalten und Arbeiten abhaltenden Wahne mußte der Prophet entgegentreten und darum die Ursachen, die Wirkungen und die Folgen des Falles Juda's und seiner Heiligthümer ausführlich auseinandersetzen. Zion war nicht mehr. Der Prophet begann nunmehr in seiner noch fünfzehn Jahre dauernden Wirksamkeit theils auf die innern Zustände der Exulanten seine Aufmerksamkeit zu lenken, und insonders gegen die Vorsteher, Reichen und Angesehenen zu donnern, welche ihre Stellung und Mittel benutzten, die Aermeren zu drücken, theils die Wiederherstellung nach allen ihren Momenten auszusprechen, theils durch einen Grundriß des zukünftigen Heiligthums und gesetzlichen Lebens die mosaischen Institutionen im Bewußtsein der vom babylonischen Götzendienst umgebenen, wohl auch theilweise davon ergriffenen Exulanten zu erhalten. Dies waren die Bestrebungen Jecheskels, der fern vom Schauplatze, nur von einem geringen Hörerkreise umgeben, nur einen idealen Zweck verfolgen konnte. Da nun aber gerade Jecheskel's Geist auf die Anschauung des Realen sich gedrängt fühlte, so fand in ihm ein geistiges Ringen zwischen dem realen Zwecke und der idealen Auffassung statt, aus welchem das großartige und geheimnißvolle Visionäre hervorging, welches die Eigenthümlichkeit Jecheskel's ausmacht. Wie daher der Fall des Tempels in die Geschichte der Offenbarung sich eingliedere, wie wiederum diese Offenbarung in die Allgemeinheit Gottes und seines Verhältnisses zur Welt und zum Menschen sich einpasse, und wie daraus die Nothwendigkeit des Fortbestandes des Offenbarungsvolkes erfließe, dies ist es, was Jecheskel theils in der Vision, theils in klarer, einfacher Rede zu erfassen strebte. Die Offenbarung, die Zerstörung und Wiederherstellung nicht als einzelne Begebenheiten, sondern in ihrem innern Zusammenhang, in ihrer Nothwendigkeit darzustellen, ist sein idealer Zweck. Gerade darum fehlt ihm der elegische Grundton und der dichterische Schwung der Sprache. Hingegen besitzt er eine Fülle sinnbildlicher Anschauung, einen Reichthum von Geheimnissen, eine unerschöpfliche Erfindungsgabe an allegorischer Einkleidung. Auch er zeugt vom genauesten Studium der Thorah, deren Ausdrücke und Wendungen ihm überall geläufig sind.

Wie die Zerstörung und das Exil, so ist auch die Rückkehr von einem großen prophetischen Geiste begleitet und getragen. Das babylonische Reich verfiel bald durch die Ueppigkeit seiner Fürsten und die Entartung des herrschenden Stammes. Von den Medo-Persern in immer engere Grenzen beschränkt, fiel endlich Babylon selbst in die Hände des siegreichen Kyros. Die exulirten Judäer hatten zum Theil ein günstiges Verhältniß im babylonischen Reiche erreicht. Sie machten große Länderstrecken urbar, und paßten sich den babylonischen Sitten an. Ein anderer Theil aber hielt an der Religion des Einigen fest, nährte in sich die Erinnerung an das frühere Vaterland, an die zerstörte Kultusstätte und die verlorene Selbstständigkeit. Auf diesen Theil der Exulanten mußte das babylonische Joch um so empfindlicher drücken. Hierzu kam, daß in den oberen Staatsregionen selbst zeitweise die israelitische Anschauung durchdrang, und die Spitzen des Reiches selbst von ihr ergriffen waren, dann aber wieder der Gegenpartei weichen mußte, worauf eine harte Verfolgung der echten Judäer eintrat. Dies war insonders gegen das Ende des babylonischen Reiches der Fall. Die Siege der Medo-Perser mußten in diesem Theile der Verbannten eine große Theilnahme erregen und neue Hoffnungen erwecken. Die Aussicht auf den Untergang Babels war zugleich die auf die Rückkehr nach dem heiligen Lande. Doch eben hierin zeigte sich die vorhandene Spaltung im Volke. Die Menge befand sich wohl und war dem israelitischen Berufe entfremdet. Babel war gefallen und Kyros geneigt, dem Wunsche der Judäer zu willfahren und sich so in dem fernen Westen eine Kolonie treuer Anhänger zu schaffen. Zwei Jahre nach der Einnahme von Babel gab er die Erlaubniß zur Rückkehr und sogar einen großen Theil der weggeführten Tempelgeräthe zurück. Dies waren die Verhältnisse, unter welchen der große Prophet auftrat und wirkte, den wir, weil seine Schrift an den geschichtlichen Anhang zum Buche Jeschajah's (Kapp. 36—39) angeschlossen ward (Kapp. 40—66), nicht anders als Jeschajah II. benennen können. Er erhob sich, als Kyros von Sieg zu Sieg eilte, seinen Stammesgenossen die bevorstehende Erlösung zu verkünden, daß sie deßhalb die Nichtigkeit der Götzen einsehen und sich zur Anbetung des Einigen zurückwenden sollen; dann, als Babel gefallen war, in dem Volke das Verlangen zur Rückkehr zu wecken, indem er ihnen die zukünftige Größe Israels, die Herrlichkeit Jerusalems, das Glück seiner Bewohner und die Bekehrung aller Na-

tionen verkündet; endlich als die Erlaubniß des Königs gegeben
war, das Volk sich wenig willig zeigte, und seine Häuptlinge wider-
strebten, den Eifer der Getreuen zu erhalten und durch züchtigende
Mahnung an die Gottesvergessenen den Uebertritt noch Vieler zu
erwirken. Dies ist der Zweck der in einem gewissen Fortschreiten
sich aneinanderschließenden Reden. Wie in der ganzen Geschichte
der Offenbarung gerade die geringe Geneigtheit und der oftmalige
Abfall Israels die bedeutsamsten Offenbarungen veranlaßte, so haben wir auch hier dem Mangel an Hingebung im Volke die erhabene Erscheinung dieses letzten der großen Propheten zu verdanken.
Obschon allein von dem Verlangen erfüllt, das Volk zur Rückkehr
zu bewegen, geht doch sein Blick weit darüber hinaus; er erkennt
mit voller Klarheit in Israel nur das Werkzeug der göttlichen
Verkündigungen an die gesammte Menschheit, er erkennt in Israel
den Träger der Offenbarung für das Menschengeschlecht, alle Schicksale desselben ordnen sich diesem höhern Zwecke ein, um, nicht
durch Waffengewalt und nicht durch aufgedrungene Ueberredung,
sondern durch die unüberwindliche Gewalt der Wahrheit, in der
freien Entwickelung der Menschheit alle Nationen zu dem Bunde
Gottes zu bringen [1]). Hierdurch ist dieser Prophet an das Ziel,
auf die Höhe der prophetischen Entwickelung gestellt, und die Fülle
seiner Anschauungen mußte sich in einer Menge der großartigsten
Aussprüche zum Ausdruck bringen. Demgemäß ist auch seine Sprache
fließend, belebt, kräftig, hinreißend, aber auch didaktisch ausführlich,
breit, die Bilder durcharbeitend. —

Neben dem Prophetenthum ging nun noch ein besonderes
Schriftthum einher, von welchem uns übrig geblieben [2]) außer der
Geschichtschreibung: die Psalmen, die Sprüche, Ijob, das hohe
Lied, der Prediger und das Buch Daniel. Hatte es das Prophe-
tenthum mit dem Verhältniß und Verhalten der Nation zu der gro-
ßen Idee, die sein Leben war, zu thun: so muß sich doch auch das
Individuum in einem bestimmten Verhältniß zu dieser religiösen

---

[1]) z. B. 42, 1—9.
[2]) Wie außerordentlich reich die alt-israelitische Literatur war, und wie viel
davon verloren gegangen, ersieht man z. B. aus der Notiz 1. Kön. 4, 32.

Idee fühlen, und in allen Lagen des Lebens nach dem Bewußtsein dieses Verhältnisses streben. Insonders die große Lehre von der göttlichen Weltregierung, wie sie bald im Widerspruch, bald im Einklang mit der Erfahrung des Individuums zu stehen scheint, wie sie sich ihm bald in drängender Gefahr, bald in wundersam gefügter Rettung bestätigt, wie sie ihm bald im scheinbaren Glücke des Frevlers und in den Nöthen des Gerechten Zweifel erregt, bald im Untergang des Sünders und in der Aufrichtung des Gottesfürchtigen diese Zweifel löst, mußte immer von Neuem auf den Einzelnen einwirken und ihn zur Durcharbeitung bestimmen. Dieses Schriftthum hat daher vorzugsweise die subjektive Verarbeitung der religiösen Idee zum Inhalt. Die vorzüglichste Stelle nimmt die Psalmendichtung ein, welche sich durch das ganze geschichtliche Dasein des alten Israels hindurchzieht. Denn schon mit Moscheh sehen wir sie in vollendeter Gestalt hervortreten, nicht bloß in seiner Siegeshymne am rothen Meere und dem großen Sang am Fuße des Nebo, den er seinem Volke als ewiges Zeugniß hinterließ, sondern auch in dem durch und durch markigen 90. Psalm, dem kein Kritiker den mosaischen Charakter abzusprechen gewagt, und welcher die Betrachtung des menschlichen Lebens und Schaffens im Lichte der religiösen Idee als eine Aufgabe der Psalmdichtung hinstellt. Hat nun diese in David ihren Höhepunkt und ihre Verallgemeinerung durch die Einführung in den Kultus erreicht, so gehören doch von den uns überkommenen Psalmen viele allen nachfolgenden Zeitaltern an, und nachweislich haben wir dergleichen von Schelomoh und seiner Zeit, aus der Periode Jeschajah's und Jirmejah's, aus der babylonischen Gefangenschaft und den beiden ersten Jahrhunderten des zweiten Tempels, so erst nach dem Prophetenthum erlöschend. — Mit der fortschreitenden Entwickelung des Geistes mußte aber aus dem Gebiete der Gefühle in das Gebiet der Reflexion gekommen werden, und die religiöse Lyrik zur religiösen Didaktik werden. Was in den Psalmen als Gefühl des Moments, als Empfindung der augenblicklichen Lage aufflammte, das mußte sich auch der Vernunft als Frage und Zweifel aufwerfen, diese zur Lösung drängen, um zu einer unerschütterlichen Ueberzeugung geführt zu werden. Zunächst tritt dies nicht bloß als suchende Reflexion, sondern als gewonnenes Resultat auf, wie es aus den Konflikten des Lebens sich ergiebt, ausgeprägt in Denksprüchen (משלים), welche das Verhalten des Einzelnen im wirklichen Leben, in all' dessen verschiedenen Situationen und Verhältnissen vom Standpunkte der Religion koncinn feststellen, von einem innersten Kern, der Gottesfurcht, die sich zur wahren Weisheit erweitert, durch alle Nuancen ausgestrahlt. Diese Spruchweise ist sehr alt, ward von Schelomoh zu einem Literaturzweige erhoben, und ist seitdem niemals wieder aus dem Leben des israelitischen Volkes gewichen. Darüber hinaus wird aber die religiöse Didaktik zur wirklichen Diskussion. In einem der großartigsten Meisterwerke wird die Lehre von der göttlichen Weltregierung einer genauen und strengen Debatte unterzogen. Die alte Lehre, daß alle Geschicke des Menschen Ausflüsse der göttlichen Gerechtigkeit seien, wird in ihrem Widerspruche mit der Wirklichkeit erwiesen und hierdurch vernichtet. Die Konsequenz jener Lehre wäre, daß jeder Unglückliche und Leidende zugleich als Sünder und Verbrecher gebrandmarkt, jeder Glückliche, Genießende, Geehrte zugleich als ein Tugendheld bezeichnet würde; die Schwäche des Menschen, seine Hinfälligkeit, den Mühsalen des Lebens gegenüber, mache die strenge Gerechtigkeit Gottes unmöglich. Dennoch wäre es unzutreffend, die Meinung aufzustellen, als ob der Mensch zu einer tiefern Einsicht in die göttlichen Wege gar nicht kommen solle — vielmehr trete jener alten Lehre die neue gegenüber, daß die Geschicke des Menschen von Gott zur höhern Erziehung desselben bestimmt seien, um ihn „zum Lichte des Lebens" zu führen. Die Schicksale seien also nicht als bloße Folgen der menschlichen Handlungen anzusehen, sondern hätten den Selbstzweck, den Menschen zu warnen, aufzuklären, und zu entwickeln. So schließe sich die göttliche Waltung in den menschlichen Geschicken dem Wirken Gottes in der Natur an, in welcher Alles von Gott mit bestimmten Zwecken in Anlage und Beschaffenheit gebildet worden. Diese große Idee in die dichterischeste Form gekleidet, und zwar sowohl was den poetischen Ausdruck der einzelnen Gedanken, als auch was das Ganze als Kunstgebilde betrifft, stellt sich uns in dem Buche Ijob dar, welches sicherlich jener schöpferischen Zeit des israelitischen Genius angehört, in welcher das entwickelte Leben noch mit der Energie des Geistes zusammentraf, und das

Verderben zwar geahnt, aber noch nicht geschaut wurde, der jeschajahnischen Zeit. — Doch diese erhabene Didaktik mußte im Fortgang des geschichtlichen Lebens auch zur Dialektik hinabsinken. Die traurigsten Erfahrungen im Leben der Nation, die Geringfügigkeit der Erfolge gegen das hoffnungsreiche Anstreben gehalten, die Erschlaffung des religiösen und sittlichen Geistes mußten die alten Fragen und Zweifel schärfer hervortreten lassen, ohne sie in der Kraft und Fülle des Genius, in der Erhabenheit der Anschauung überwinden zu können. Das Resultat jeder Dialektik ist: die Nichtigkeit alles Menschlichen, die Unfruchtbarkeit alles menschlichen Schaffens, die Werthlosigkeit alles menschlichen Genusses, die Leugnung der geschichtlichen Entwickelung. Auf dem religiösen Gebiete konnte hierbei nichts weiter übrig bleiben, als nachzuweisen, daß dieses Resultat durchaus noch nicht mit der Gottesleugnung identisch sei, sondern nur zur Erringung einer harmonischen Lösung in den Lehrsatz ausgehen müsse: in Gottesfurcht auf sittlichem Wege das Leben zu genießen. Dies ist es, was das (vielfach mißverstandene) Buch Koheleth zum Ausdruck bringt. Es ist dies zugleich, außer der Abfassung einiger kleinen Theile der geschichtlichen Bücher, das letzte Schriftwerk des biblischen Kanons [1]. —

---

[1] Zur Ergänzung dieser Uebersicht bemerken wir, daß das „Hohelied" aus der ersten Zeit des Zehnstämmereiches herrührend, ein Epithalamium (Hochzeitsgesang) in vollendetster Weise ist, das in Pf. 45 ein treffliches Vorbild hat, und welches den Lehrsatz durchführt: daß die Vereinigung des Mannes und Weibes in wahrhafter, unkäuflicher und unerschütterlicher Liebe ein Werk Gottes, eine „Gottesflamme" ist, eine Lehre, wohl würdig, in der heil. Schrift durch ein solches reiches Kunstwerk gefeiert zu werden. — Daß das Buch „Danijel" nicht dem eigentlichen Prophetenthume angehört, ist schon dadurch anerkannt, daß es den Hagiographen zugetheilt ist. Es besteht aus zwei, zu ganz verschiedenen Zeiten und Zwecken abgefaßten Theilen (Kapp. 1—6 und 7—12), von welchen der erste, ungefähr aus Esra's Zeit, vom Standpunkte der außerpalästinensischen Juden die weltbekehrende Mission des Judenthums darstellen will, ohne daß diese an die jüdische Masse gebunden sei; der zweite Theil wollte in die syro-makkabäischen Kämpfe auf die Weise der alten Propheten eingreifen und kleidete dies, da kein Prophet da war, in die Form alter, dem Danijel in den Mund gelegter Weissagungen. Vgl. übrigens zu allem Gesagten unsere „Allgemeine Einleitung zur heiligen Schrift" und die Einleitungen zu jedem einzel-

„Thut Nichts hinzu zu dem Worte, welches ich euch gebiete, und thut Nichts davon", (5 Mos. 4, 2. 13, 1) ist der Grundsatz, welcher von der h. Schrift selbst aufgestellt wird. Es sollte demnach nur ein geschriebenes und darum für immer fixirtes Gesetz (תורה שבכתב) geben, und kein anderes sollte seinen Ursprung auf

nen Buche in unserem Bibelwerke. — So umfaßt die heil. Schrift mehr als dreizehn Jahrhunderte. Den gesammten Umfang ihrer Bücher nennt man den Kanon. Den Abschluß desselben schreibt man der „großen Synagoge" (כנסת הגדולה) zu, welche vom Erlöschen des Prophetenthums bis zu „Simon dem Gerechten", dem ersten bedeutenden Hohenpriester unter syrischer Herrschaft, bestand, wenn auch noch einige Hagiographen später aufgenommen wurden. Aus einer vorurtheilslosen Prüfung geht hervor, daß die Bücher des Kanons sich im Ganzen in einer guten kritischen Beschaffenheit befinden, wenn auch die vielfachen Varianten, welche zwischen parallelen Stellen der Schrift, z. B. dem Psalm 18 und dem 22. Kap. des 2. B. Schemuel stattfinden, erweisen, daß vor der späteren Aufnahme des Textes in den Kanon schon mancherlei Texteswandelung vor sich gegangen. Im Laufe der Zeiten konnte es nicht ausbleiben, daß durch die Abschreiber mancherlei Verschiedenheiten und Fehler in den Text geriethen, weshalb schon im Tempel die Vergleichung dreier Handschriften vor sich gegangen (Taanith 68, 1) und schon aus ältester Zeit eine Variantensammlung besteht, wie Keri und Chethib u. dgl. Doch hatte schon Hieronymus (um 400 der gew. Zeitr.) fast ganz den massoretischen Text vor sich. Vom sechsten Jahrhundert an stellte die Massorah den Text den Konsonanten nach fest, und zählte die Verse, Wörter und Konsonanten. Die heutige Punktation und Accentuation wurde zwischen dem achten und zehnten Jahrhundert eingeführt. Die erste ganze Bibel erschien im Druck zu Soncino 1488, die einzelnen Theile früher, zuerst die Psalmen 1477. Frühzeitig wurde die heilige Schrift in andere Sprachen übertragen, zuerst ins Griechische, die Septuaginta, von der wenigstens die Thorah aus 280 v. d. gew. Zeitr. herrührt. Dann ins Aramäische, wahrscheinlich schon unter den Hasmonäern, vor Allem der schlichte Targum onkelos, ins Syrische, namentlich die Peschito, ins Arabische aus dem zehnten Jahrhundert von Saadja. Von Bedeutung ist die samaritanische Uebersetzung, welche, der Tendenz dieser Sekte gemäß, vielfach von dem Original der Thorah abweicht. Aus der Septuaginta entstand die lateinische Uebersetzung, die Vulgata, im zweiten Jahrhundert, die aber von der Uebersetzung des Hieronymus aus der Kirche verdrängt ward. Außerdem giebt es alte Versionen im Armenischen, Persischen, Aegyptischen Aethiopischen, welchen sich zahllose Uebertragungen in alle modernen Sprachen bis auf die einzelnen Dialekte uncultivirter Völkerstämme, anschließen, so daß in der That die heil. Schrift Israels das Eigenthum der gesammten Menschheit geworden.

die göttliche Offenbarung zurückführen, sich als göttlich geoffenbart bezeichnen dürfen. Es versteht sich aber von selbst und liegt in der Natur jeder schriftlichen Gesetzgebung, daß sie ihrem Wortlaute nach vielfacher weiterer Erklärung bedarf, und daß die sich verändernden und die sich entwickelnden Verhältnisse des Lebens dahin gelangen, einen Theil einer schriftlichen Gesetzgebung nicht mehr anwendbar, einen anderen Theil nicht mehr ausreichend zu machen. Hieraus entspringt frühzeitig die Nothwendigkeit: 1) das schriftliche Gesetz zu erläutern und seinen Inhalt zu specialisiren, da sehr häufig eine Vorschrift nur kurz gegeben ist, ohne daß hinzugefügt wird, wie die Satzung ausgeführt werden solle, 2) das Gesetz nach den Bedürfnissen des Lebens zu modificiren und 3) sowohl aus dem Geiste, als aus dem Wortlaute vielfache Vorschriften herzuleiten, durch welche neue und weiterreichende Lebensverhältnisse geordnet werden. Solches trat selbst schon zu Moscheh's Lebzeit ein und die Thorah selbst giebt uns einige Beispiele davon. So lange die Israeliten in der Wüste in Lagern lebten, sollte Niemand ein Rind, Schaf oder Ziege anders schlachten, denn als Friedensopfer, um auf diese Weise jedes Götzenopfer zu verhindern (3 Mos. 17, 3—7). Dies wäre nun, da nur im Heiligthume geopfert werden durfte, in Palästina unausführbar gewesen, wenn nicht allen vom Heiligthume entfernt Wohnenden der Fleischgenuß unmöglich sein sollte. Vor dem Eintritt in das h. Land wurde daher dies Gesetz ausdrücklich aufgehoben, so daß auch die Thiere, welche zu der Kategorie der Opferthiere gehörten, in allen Theilen des Landes geschlachtet und auch von levitisch Unreinen gegessen werden konnten (5 Mos. 12, 15. 20. 21). Nachdem die Bestimmnng getroffen worden, daß das h. Land unter die gemusterten Männer vertheilt werden sollte, beschwerten sich die Töchter Zelaphchad's, daß, da ihr Vater keine Söhne hinterlassen, sie erblos bleiben sollten, so daß ihr Vater „aus seinem Geschlechte verschwinden" müßte. Es wurde hierauf verordnet, daß, obgleich die Töchter, wenn Söhne vorhanden, nicht erbfähig seien, falls keine Söhne vorhanden, diese erben sollten (4 Mos. 27, 8). Hiergegen wandten die Stammfürsten später ein, daß, wenn solche Erbtöchter in einen anderen Stamm heirathen würden, ihr Erbgut auf einen anderen Stamm übergehen müßte, während doch jeder Stamm seinen geschlossenen Landestheil haben sollte. Es erging hierauf die Bestimmung, daß Erbtöchter außerhalb ihres Stammes nicht heirathen dürfen (4 Mos. 36, 6 [1]). — So nothwendig also ein geschriebenes Gesetz als Rechtsfundament ist, so schließt sich doch fast unmittelbar an dessen Abfassung das Bedürfniß der Erklärung und Auslegung (Interpretation), der Erweiterung, Kasuistik, Modificirung und selbst Aufhebung. Es kann demnach gar nicht zweifelhaft sein, daß Aehnliches sofort an die mosaische Gesetzgebung sich anknüpfte, **und von Geschlecht zu Geschlecht überliefert ward** (תורה שבעל פה). Allerdings finden wir in den Büchern der h. Schrift selbst kaum eine Spur davon, da überhaupt, wie wir oben gezeigt, während des Kampfes der Gotteslehre mit dem Heidenthume im Schooße Israels die Beobachtung des mosaischen Gesetzes zwar vorhanden, aber in seinen Details nicht sorgfältig, sondern nur im großen Ganzen und in sehr flüssiger Weise stattfand. Wir finden zwar in den geschichtlichen, wie in den prophetischen Büchern Hinweisungen und Andeutungen auf Sabbat-, Fest-, Opfer-, Speise-, Reinigungs-, Sklavengesetz ff., aber durchaus nicht als vollständig und bis ins Einzelne ausgeübt. Nachdem aber mit Esra und Nechemjah die Richtung des gesammten Volkslebens auf das mosaische Gesetz sich geltend machte, als überhaupt für die nahende Epoche des Austritts aus den Grenzen des heiligen Landes in die gesammte Menschenwelt eine große, das ganze Leben durchdringende Lebensnorm auf der Basis des mosaischen Gesetzes geschaffen werden sollte: **mußten die vorhandenen Ueberlieferungen hervorgeholt und zur Geltung gebracht, mußten ferner die mosaischen Vorschriften auf die theils veränderten,**

---

[1]) So führt die Tradition selbst an, daß 5 Mos. 16, 22 die Errichtung von Standsäulen verboten ward — im Gefilde Moab's — während nicht allein Jakob eine solche (vgl. 1 Mos. 31, 13), sondern auch Moscheh am Fuße des Sinai zwölf solche für die zwölf Stämme errichtet hat. Siphri Par. Schoftim — zu Jalk. Schimeon. führt zum Schluße der Sprüchw. Schelom. Bd. II. Fol. קמט, 2 aus der Pesikta an: Adam habe sechs Gebote erhalten, Noach noch das Verbot des Fleischessens von lebenden Thieren, Abraham die Beschneidung, Isaak diese zu acht Tagen, Jakob das Verbot der Spannader, Juda die Leviratsehe ff. — In Jalk. Schim. zum 146. Psalm קו, 3 wird die Erklärung zu מתיר אסורים ה' angeführt: מה שאסרתי לכם התרתי לכם, „was ich euch verboten, erlaube ich euch".

theils erweiterten Verhältnisse ausgedehnt, mußten endlich die seitdem entwickelten Sitten, Gebräuche und Einrichtungen durch Anknüpfung an irgend Worte der h. Schrift sanktionirt werden. Hierdurch, da von allen diesen Produkten des deutenden und auslegenden Geistes nichts niedergeschrieben werden sollte, mußte sich der Schatz der Ueberlieferungen von Geschlecht zu Geschlecht, von Jahrhundert zu Jahrhundert immer mehr häufen. Es erwuchs hieraus noch vor der Zerstörung des zweiten Tempels eine theologisch-juridische Gelehrsamkeit innerhalb des Judenthums, für welche sich Schulen bildeten, an deren Spitze Männer, welche eben sowohl die Ueberlieferungen kannten, als durch neue Folgerungen und Entscheidungen erweiterten, standen. Der Fall Jerusalems hatte daher keine weitere Folge, als die Verpflanzung dieser Schulen nach anderen Orten. Indeß konnte es nicht ausbleiben, daß die kolossale Masse dieser Ueberlieferungen endlich eine Sichtung und Ordnung, und dann mit Hintenansetzung des früheren Verbots eine schriftliche Fixirung verlangte. Jehudah, der Heilige, auch der Fürst oder nur Rabbi genannt, (165—220) machte es sich zur Aufgabe, die vollständige Sammlung des mündlichen Gesetzes und eine übersichtliche Ordnung desselben herzustellen. Zwar schrieb er selbst noch Nichts nieder, doch geschah dies bald nach ihm, und erhielt das Werk den Namen Mischnah. Die ganze Masse der Ueberlieferungen wurde in sechs Abtheilungen gebracht, welche wieder in Unterabtheilungen (מסכת, 62 oder 63 zusammen) zerfielen, nämlich: 1) Seraim, über die Saaten oder Erzeugnisse des Landes, womit die Satzungen über Segenssprüche (Berachoth) verbunden sind; 2) Moëd, über die Feier der Feste; 3) Naschim, über Frauen, Eheschließung, Scheidung u. dgl.; 4) Nesikin, über Schadenersatz, Mein und Dein, Gerichtspflege u. s. w.; 5) Kodaschim, über Heiligthümer, Opfer und Tempeldienst; 6) Taharoth, über Rein und Unrein. Die in diesen Abschnitten enthaltenen Ueberlieferungen unterschied man in 7 Kategorien: 1) die unbekannten Ursprungs als altes Herkommen bestanden und daher als mosaische bezeichnet wurden (הלכה למשה מסיני); 2) die aus früheren Schulen herrührten, ohne auf bestimmte Namen zurückgeführt zu werden (חכמים אומרים); 3) die auf Aussage bedeutender Männer angenommenen (העיד ר׳ שמעון); 4) die durch Mehrheit beschlossenen (מנו גמרו); 5) Verordnungen Einzelner oder ganzer Versammlungen gegen das Herkommen (הַתְּקָנוֹת, הַתַּקָנָה); 6) augenblicklich nöthig gewordene Beschlüsse (גְזֵרוֹת) und 7) streitig gebliebene Punkte (מַחֲלוֹקוֹת). — Sowie aber das mosaische Gesetz eine solche lebendige Durch- und Fortarbeitung erheischte, so erging es auch der Mischnah. Sobald dieses Ueberlieferungsgesetz niedergeschrieben war, genügte es nicht mehr, sondern erforderte immerfort Ergänzungen, Erweiterungen, neue Erörterungen und Auslegungen. Man nannte dies Thalmud (Erörterung, oder Gemara „Schluß der Verhandlungen"). Jemehr diese in den nächsten Jahrhunderten anwuchsen, desto nothwendiger wurde abermals eine schriftliche Abfassung, die, wie ein Kommentar um den Text, sich um die Mischnah legte, in dem Zeitalter des R. Asche (374—427) und R. Abina abgefaßt ward (bis gegen 500), und in zwei verschiedenen Gestalten, zuerst nach paläſtinenſiſcher Lehrweiſe (Th. Jeruschalmi), ein Jahrhundert ſpäter nach babyloniſcher (Th. Babli) einen gewiſſen Abſchluß fand [1]). Das ganze Weſen dieſes Ueberlieferungsgeſetzes wird uns aber dadurch um ſo einleuchtender, daß mit dem Abſchluß des Thalmuds die große Arbeit der weiteren Geſetzeskaſuiſtik, Durcharbeitung und Fortführung durchaus noch nicht geſchloſſen war, ſondern bis auf den heutigen Tag ſich fortſetzte, nur daß, da einmal das Firiren durch die Schrift die frühere Scheu überwunden hatte, nicht mehr eine mündliche Ueberlieferung von Lehrer auf Schüler, ſondern die ſchriftliche Abfaſſung ſtattfand. Wurden doch ſelbſt im Thalmud noch die Meinungen der Seburaim zur Vervollſtändigung eingezeichnet. Die Arbeit der nachfolgenden Geſchlechter war eine doppelte, theils in der Komplication der Verhältniſſe und Umſtände aus den thalmudiſchen Erörterungen und Entſcheidungen für beſondere Fälle neue Folgerungen zu ziehen, und auf dem Rechts- und Kultusgebiete neue Einrichtungen auf der Grundlage des Vorhandenen zu treffen, theils die im Thalmud doch nur an einem ſchwachen Faden aneinandergereihten, daher verworren aufgehäuften Satzungen zu einem ſyſtematiſchen und gegliederten Ganzen zu ordnen. Das Erſtere geſchah in einer großen

---

[1]) Vgl. Joſt, Geſch d. Judenth. Th. II. (S. Beilage No. 3.)

Fluth von Rechtsgutachten (שאלות ותשובות), von denen später eine Menge durch den Druck verbreitet wurden, eine größere Masse untergingen, manche noch handschriftlich vorhanden sind. Das ganze Ueberlieferungsgesetz aber zu systematisiren versuchte Alfaßi (st. 1103), dann mit bewunderungswürdigem Umfassen und Scharfsinn Maimuni in seiner משנה תורה oder יד החזקה (zwischen 1170 bis 1180 verfaßt), und endlich Jakob Sohn Ascher's (st. um 1350), der alle noch in der Anwendung üblichen rabbinischen Gesetze in vier Ordnungen (טורים „Reihen") zusammenstellte, nämlich a) אורח חיים, die Gesetze für den Lebenswandel, Gebete, Gottesdienst, Feste u. s. w.; b) יורה דעה über das Schlachten, Speisegesetze, das Verhalten der Frauen, Gelübde, Beschneidung, Armenwesen, Trauer u. s. w.; c) אבן העזר über alle die Ehe betreffenden Angelegenheiten und d) חשן משפט Rechtsangelegenheiten, besonders in Eigenthumssachen. An dieses Werk schließt sich eng das בית יוסף von Joseph Karo, eine sorgfältige Erläuterung der Turim, beendet 1542, aus welchem er einen Auszug שלחן ערוך lieferte, der zu allgemein anerkanntem Handbuche ward, nach dessen Bestimmungen man sich überall richtete. — Neben dieser Bereicherung, Durcharbeitung und kasuistischen Verästelung lief aber stets die Antiquirung großer Theile des Gesetzes nebenbei. Hauptsächlich geschah es durch die großen Geschicke der Nation, daß ein Theil des Gesetzes nach dem anderen unanwendbar wurde, und dies sowohl bezüglich des mosaischen als auch des thalmudischen und rabbinischen Gesetzes. Mit der Zerstörung des Tempels mußte das ganze Opfergesetz und ein großer Theil des Reinigkeitsgesetzes fallen; mit der Entfernung des Volkes aus dem h. Lande kam der größte Theil der Agrargesetze außer Uebung; als die Kriminaljustiz auf die römischen und anderen Gerichtshöfe überging, mußte das jüdische Kriminalrecht außer Kraft treten, und als endlich überall auch die Civilgerichtsbarkeit auf die Landesgerichte übertragen ward, war das ganze jüdische Rechtsgebiet nur noch von geschichtlicher Bedeutung. Hatte somit der Untergang des jüdischen Staates und des Tempels und der Uebertritt der Nation in die gesammte Menschenwelt eine völlige Veränderung des Rechts- und kultuellen Lebens zur Folge: so trat mit der Aufnahme der Juden in die bürgerliche und geistige Kulturwelt der Völker eine dritte Epoche ein, welche bei gänzlicher Veränderung der Lebensverhältnisse und Geistesrichtungen eine abermalige Umgestaltung bedingt, eine Umgestaltung, die eben so wenig von dem geschichtlichen Boden sich gänzlich entfernen darf, und eben so wenig auf einmal oder in einem kurzen Zeitraume sich vollendet und fixirt, wie dies mit der thalmudisch-rabbinischen Umgestaltung geschah. Außerdem kamen aber auch im Laufe der Zeiten wiederholt einzelne Fälle vor, in welchen mosaische und rabbinische Gesetze entweder geradezu aufgehoben, oder durch Umgehung abgeschwächt wurden. Wir erinnern hier nur als Beispiel an das „Prusbul", das noch von Hillel eingeführt ward[1]), und an das ganze Kapitel der Erubin.

Der Geist des gesammten Ueberlieferungsgesetzes ist daher, dem mosaischen oder geoffenbarten Gesetze gegenüber, ein höchst bedeutender. Es ist das große **geschichtliche** Leben der Nation durch alle seine Phasen, durch allen Wandel, alle Situationen und Ereignisse hindurch, aber **das geschichtliche Leben auf der unverrückbaren Basis des geoffenbarten Gesetzes**. Hier ist kein Abschluß und kein Rückschritt. Jede neue Zeit bringt eine neue Entwickelung, welche, konkret geworden, eine feste Gestalt gewinnt. In dieser neuen Gestalt ist das Alte einen Theils erweitert und bereichert, andern Theils antiquirt, das Alte so in das Neue ein- und aufgegangen; das Neue ist kein eigentlich und ganz Neues, das Alte nicht das allein Gültige und Bestehende. Wie die Mischnah die Erweiterung des mosaischen Gesetzes, nachdem die Gotteslehre das Heidenthum in Israel überwunden hatte, so war die Gemara die Erweiterung der Mischnah nach der Zerstörung des

---

[1]) Es wurde durch das Prusbul im Voraus die Einforderung einer Schuld auch im Erlaßjahre ermächtigt. — Ueberhaupt stellt die Tradition den Grundsatz auf: daß der Gerichtshof (בית דין) das Recht habe, ein Gesetz der Thorah zu suspendiren und etwas festzusetzen, wodurch ein mosaisches Gesetz suspendirt wird, שב ואל תעשה. Jebam. 89. 2. 90. 2. Vgl. die Kapp. 13—16 des III. Abschn. von R. Albo's Seph. Ikkar. Derselbe führt unter Anderm die, gegen die ausdrückliche Vorschrift (2 Mos. 12, 2.) beliebte Veränderung der Zählung der Monate von Nissan an.

Tempels und der Zerstreuung des Volkes[1]), so war der Rabbinis=
eine Erweiterung der Gemara nach der immer solidern Festsetzung
in fremden und fernen Ländern[2]), und so gestaltet sich gegenwär=
tig eine neue Erweiterung nach der Aufnahme der jüdischen Nation
in das bürgerliche und Kulturleben der Völker. — Hiermit ist aber
auch die Frage über die Berechtigung des Thalmuds gelöst. Sie
leugnen wollen, heißt die Geschichte, heißt eben so sehr das Dasein
von zweitausend Jahren wie den ganzen Gang der Entwickelung,
deren Bedürfnisse und Erzeugnisse leugnen. Hingegen die Berech=
tigung der talmudisch=rabbinischen Entwickelungsphase zu einer un=
antastbaren Verpflichtung auf ewige Zeiten machen wollen, heißt
das ganze Wesen und die wahre Tendenz des Thalmuds, die Art
seiner Entstehung und Fortführung leugnen und ihm gerade die
wahren Motive seiner Berechtigung nehmen. Die alten Herkommen,
die vor der Mischnah bestunden, nicht blos als הלכה למשה auf Mo=
scheh zurückführen, wofür kein, wogegen viele Beweise zu geben sind,
sondern als הלכה למשה מסיני als göttlich geoffenbarte Vorschriften und
Gesetze bezeichnen, heißt dem ausdrücklichen Worte der h. Schrift „thue
nichts dazu und thue nichts davon" entgegentreten. Hierauf, auf gött=
liche Offenbarung demnach die Autorität des Thalmuds gründen, und
diese für alle Zeiten unantastbare Autorität auch auf die Aussprüche
sowohl der unbenannten „Weisen" (חכמים), als auch auf alle be=
nannten Lehrer ausdehnen, heißt dem Gesetze der Entwickelung,
welchem allein der Thalmud seinen Ursprung und seine unzweideutige
Berechtigung verdankt, verneinend entgegengetreten. Dann gerade
wäre das Werk der Mischnah= und Gemaraweisen, dann die That
Jehudah's hakadosch, R. Asche's und R. Abina's unberechtigt und
dem ausdrücklichen Gesetz der Thorah entgegen gewesen. Die Be=
rechtigung des Thalmuds aber aus ihrem wahren Gesichtspunkte er=
kannt, ist zugleich die Verpflichtung der neuen Entwickelung, sich

---

[1]) Wenn auch die Mischnah ungefähr 130 Jahre nach der Zerstörung Jeru=
salems abgefaßt ward, so rührt doch ihr Inhalt und ihre Tendenz aus den
Jahrhunderten vor dem Falle des Tempels her.

[2]) Wir erinnern an die Veränderungen auf dem Gebiete des Cherechts und
an die große Durcharbeitung des Kultus in Synagoge und Haus durch den nach=
thalmudischen Rabbinismus.

auf dem Grunde der thalmudisch-rabbinischen Phase aufzubauen, nicht willkürlich, sondern nur aus dem innersten Geiste, aus der Nothwendigkeit des neuen Lebens daran zu modificiren, überhaupt einen organischen, lebendigen Uebergang herzustellen. —

## II. Von der Natur.

### 8.

**Was heißt Natur?**

Natur ist die Gesammtheit der körperlichen Schöpfung Gottes und die eigenthümliche Beschaffenheit jedes einzelnen Geschöpfes.

### 9.

**Wieso erkennt man Gott durch die Natur?**

Das göttliche Wesen und seine Eigenschaften werden uns offenbar 1) durch die Unendlichkeit, 2) durch die Einheit, 3) durch die Gesetzmäßigkeit, 4) durch die Zweckmäßigkeit und 5) durch die Herrlichkeit in der Natur und allen ihren Gebilden.

„Frage doch die Thiere, sie werden es dich lehren, den Vogel des Himmels, er wird es dir verkünden; oder rede zur Erde, sie wird es dich lehren und dir erzählen es die Fische des Meeres: Wer erkennt nicht an allen diesen, daß des Ewigen Hand dies geschaffen?" (Ijob 12, 7—9.)

„Fürder so lange die Erde steht, soll Saat und Ernte, Frost und Hitze, Sommer und Winter, Tag und Nacht nicht aufhören." (1. Mos. 8, 22.)

1. Die Schöpfung Gottes, die Natur, erscheint dem Menschen unendlich, sowohl a priori (dem Begriffe nach), als a posteriori (der Erfahrung nach). Denn wenn auch der Mensch die Unendlich-

keit sich zu keinem wirklichen Begriffe zu bringen vermag, weil er,
an die Wahrnehmungen der Sinne gebunden, nur für das Sinnliche, also das Endliche, Anschauungsvermögen hat, so kann er sich
doch das Universum nicht als endlich, nicht als begrenzt denken,
weil für ihn die Grenzen eines körperlichen Gegenstandes zugleich
die Grenzen eines andern voraussetzen; da, wo der eine aufhört,
muß der andere anfangen. Wir können daher die Welt uns nur
als unbegrenzt, unendlich denken, wenn wir auch den eigentlichen
Begriff der Unendlichkeit nicht haben.

Klarer ist uns die Unendlichkeit der Natur a posteriori; denn
je weiter unser Blick in die göttliche Schöpfung eindringt, desto
größere Kreise derselben erschließen sich uns; jeder Schritt vorwärts
eröffnet eine noch unabsehbarere Ferne. Machen wir uns dies
durch einige Vorstellungen klarer. Die Natur erscheint uns unendlich im Großen und ebenso im Kleinen. Wir erblicken mit dem
unbewaffneten Auge ungefähr 5800 Fixsterne; mit dem Herschel'schen
20 füßigen Spiegelteleskop mit 180maliger Vergrößerung zählt
man 20,347,000 Fixsterne; in dem 40 füßigen Spiegelteleskop hält
man jedoch in der sogenannten Milchstraße allein 18 Millionen
für sichtbar. Je weiter also unser Auge in die Ferne hinausdringt,
je größer durch immer ausgebildetere Sehbewaffnung unser Gesichtskreis wird, desto zahlreicher werden die Weltkörper, die sich unserm
Auge darstellen. Erinnern wir uns nun, daß jeder dieser Fixsterne eine Sonne ist, d. h. ein lichtgebender Mittelpunkt eines
Sonnensystems von Erden und Monden, von welchen Sonnen-
systemen in für uns unfaßbarer Ferne eines auf das andere folgt,
bedenken wir, daß jede der Erden und Monde (Planeten), die
von einer solchen Sonne Licht empfangen, der Schauplatz einer
eigenen Schöpfung zahlloser Wesen ist, so erscheint uns die Schöpfung Gottes in der That unbegrenzt. Zu gleichem Resultate
führt uns folgende Betrachtung. Die Schnelligkeit des Lichtes ist
41,549 geographische Meilen in einer Zeitsekunde, so daß das Licht
8 Min. 17 Sek. bedarf, um von der Sonne zu uns zu gelangen; dennoch braucht es z. B. um vom 61. Sterne des Schwans zu uns
zu kommen mehr als 10 Jahre; noch mehr: Sterne des großen
Ringes der Milchstraße sind so weit von uns entfernt, daß nach

sichern Berechnungen ihr erster Lichtstrahl 2000 Jahre unterwegs war, ehe er in unsere Augen fallen und uns von ihrem Dasein Kunde geben konnte. So ist für uns die Zahl und die Entfernung der großen Weltkörper gleich unermeßlich.

Aber eben so unendlich, so ohne Grenzen erweitert erscheint uns die göttliche Schöpfung nach dem Kleinen hin, und je schärfer unser Auge durch die immer mehr verbesserte künstliche Bewaffnung auch das immer Kleinere zu schauen befähigt wird, desto grenzenloser dehnt es sich vor uns aus. Es ist Jederman bekannt, wie durch das Hydro-Oxygen-Gas-Mikroskop jeder Tropfen Wassers zu einer Welt voll eigenthümlicher, vielgestaltiger Geschöpfe wird, wie jeder Tropfen verschiedenen Wassers eine Welt von Tausenden verschiedener Wesen zeigt, die sich bewegen und vermehren, also sorgfältig organisirt sind, die sich bekämpfen und verschlingen, also einander zur Nahrung dienen. Stellen wir uns nun die unermeßliche Wasserfülle des Oceans vor, so hat man noch aus einer Tiefe von 1620 Fuß wohlorganisirte, thierische Wesen (Polygastern und Phytolitharien) hervorgeholt. In gleicher Weise erkennen wir auch im Erdreiche unendlich kleine Geschöpfe. Die kleinsten Infusorien, die wir kennen, die Monadinen, erreichen nur einen Durchmesser von $1/3000$ Linie, und dennoch bilden die kieselschaligen Organismen unterirdische belebte Schichten von der Dicke mehrerer Lachter. Wenn von Gallionella ferruginea der Kubikzoll 1 Billion 750,000 Millionen Individuen enthält, welche Masse von Polythalmien gehört dazu, um selbst nur eine dünne Kreideschicht zu bilden. Nach den neuesten Untersuchungen nimmt man an, daß alle Organismen, Pflanze oder Thier, sich aus einer sphärischen Urzelle bilden mittelst eines millionenfachen Setzens derselben Urzelle. Welche Zahl solcher Zellenmonaden gehört dazu! Während die größten Zellen kaum $1/50$ Linie erreichen, fallen die kleinsten (die Blutzellen) noch weit unter $1/300$. Es gehen folglich 27 Millionen Blutzellen auf eine Kubiklinie Blut, und doch beträgt die Blutmasse eines erwachsenen Menschen einige 20 Pfund. Man berechnet die Hautfläche eines erwachsenen Menschen auf 14 Quadratfuß, es gehören hierzu 150,000 Millionen Zellen. Das rothe Muskelfleisch des Menschen besteht aus Fasern, deren Breite zwischen $1/500$ bis $1/60$ Linie schwankt. Jede von ihnen enthält eine Menge viel feinerer Fäden, die neben einander liegen und bei der Zusammenziehung harmonisch wirken. Viele dünne Röhren, von denen erst die stärkern $1/300$ Linie im Lichten haben, durchziehen die Fleischmasse, um ihr das zu ihrer Ernährung und ihrem Thätigkeitsumsatze nöthige Blut zuzuführen und auf möglichst viele Punkte zu vertheilen. Die in ihr sich verbreitenden Nervenfasern, welche sie dem Einflusse des Willens und der Instinkte unterwerfen, sind oft kaum $1/500$ Linie stark. So klein also der Kreis ist, welchen der Mensch übersieht, so schwach noch verhältnißmäßig die Werkzeuge sind, mit welchen er seine beschränkten Sinne verstärkt, so überwältigend tritt ihm doch die Unendlichkeit des Weltalls entgegen, eine Unendlichkeit an Raumgröße, an Wesenzahl und an Mannichfaltigkeit der Daseinsformen.

Das heilige Wort feiert die Unendlichkeit der göttlichen Schöpfung, hebt aber immer dabei hervor, **daß dennoch Alles von Gott an ein bestimmtes Maß und eine bestimmte Zahl gebunden ist**, so daß es eben nur das Begriffsvermögen des Menschen ist, das Alles in Unendlichkeit vor uns sich ausbreiten läßt, während es, wenn auch für uns unermeßlich, doch gezählt und gemessen ist. So heißt es Jeschajah 40, 12:

„**Wer maß mit seiner Handhöhle die Wasser ab; ermaß die Himmel mit der Spanne, schätzt' in dem Drittel den Staub der Erde ab und wog in der Wage Berge, Hügel in der Wagschale?**" und V. 26: „**Hebet zur Höhe eure Augen, und schaut, wer hat diese geschaffen? Der herausgeführt nach der Zahl ihr Heer, Alle ruft beim Namen: vor der Allmachtsfülle und dem Kraftgewaltigen bleibet Keiner aus.**" So Ijob, 38, 5. 37.

2. Dieses unendliche All mit seinem unendlichen Inhalt bildet eine einzige Einheit. Die großen Sonnen mit den von ihnen abhängenden Weltkörpern, und die kleinen Infusorien, welche für noch ungleich kleinere zum Wohnplatz dienen, sind mit einander zu einem Ganzen verbunden. Diese Einheit des Weltalls tritt schon einem Jeden in der ununterbrochenen Ordnung entgegen,

in welcher alles Natürliche verläuft. Wir erblicken stets nach bestimmter Zeit die Sonne wieder an derselben Stelle am Himmel; wir sehen niemals einen Herbst auf einen Winter folgen, das Alter sich unmittelbar an die Kindheit reihen. Wir gewahren überall ein sorgfältiges Ineinandergreifen aller Wesen; wie die einen Weltkörper das Licht mit allen seinen Wirkungen von den andern empfangen; wie auf unserer Erde die Pflanze auf den unorganischen Dingen wurzelt, und selbst der kahlste Felsen nicht blos Flechten, Moose und Schlingpflanzen, sondern auch die kühne Tanne zu tragen vermag; wie ein großer Theil der Thiere von der Pflanze sich nährt, ein andrer Theil Thiere verzehrt, der Mensch endlich sie sich alle zinsbar macht; wie die Pflanzen- und Thierwelt gegenseitig der Luftart bedarf, welche die andere ausathmet; wie in beständigem Wechsel der Erde die Feuchtigkeit entzogen wird, die ihr in tropfbar flüssiger Form wieder zurückgegeben wird, und welche zahllose Beispiele wir hierfür noch anführen könnten. Eine Wesengattung bedarf der andern, keine kann entbehrt werden.

Die beiden Mittel, durch welche, soweit wir es bis jetzt zu erforschen vermochten, die Einheit und Verbindung des ganzen Weltalls getragen wird, sind das Licht und die Gravitation oder allgemeine Schwere. Das Licht ist es, welches von den entferntesten Weltkörpern, aus den uns entlegensten Welträumen zu uns gelangt; das Licht, welches uns gestattet, die Entfernung dieser Weltkörper, ihren Standpunkt im All, ihre Größe, ihre Bahn, ihre Umlaufszeit zu berechnen. Allerdings gelangt das Licht nur abgeschwächt zu uns, da, wie man mit Wahrscheinlichkeit annimmt, der ganze Weltraum mit einem Fluidum, Weltäther genannt, erfüllt, dieses Fluidum zur Fortbewegung des Lichtes nothwendig ist, aber auch dasselbe alterirt; und mag nun das Licht ein wirklicher Körper, oder nur eine Undulation des Weltäthers sein, so ist doch das Licht der Bote, der von einem Weltkörper zum andern fliegt, sie mit einander verbindet und von einander abhängig macht. — Ebenso ist die ganze Körperwelt durch die allgemeine Schwere zu einer Einheit verbunden. Die Anziehungskraft, welche jede Materie zur andern zieht, und die nun von jedem Körper auf den andern ausgeübt wird, sie ist es, die alle Dinge der Erde an diese

fesselt und je nach der Menge und Dichtigkeit ihres Stoffes mit
größerer Gewalt nach dem Mittelpunkte der Erde zieht; sie ist es,
welche den Weltkörpern ihre bestimmte Stellung und Bahn im
Universum angewiesen hat und erhält, indem die Sonne ebenso
wie die andern Planeten auf jeden einzelnen von allen Seiten her
eine Anziehung nach dem Maße ihres Stoffumfanges und ihrer
Entfernung ausüben, so daß jedes Sonnensystem eine Einheit für
sich bildet; sie ist es endlich, welche die verschiedenen Sonnensysteme
gegen einander in ihrer bestimmten Lage und Bewegung erhält,
weshalb auch einige Astronomen eine Art von Centralsonne im
Weltall annehmen. Daß dies sich also verhalte, erfahren wir auch
aus einzelnen Fakten. Ein Perpendikel, nahe an eine kolossale
Bergmasse gebracht, weicht etwas von der senkrechten Linie ab, weil
die große Stoffmasse des Berges den Perpendikel seitwärts anzieht,
indem sie in einem kleinen Maße die Anziehungskraft des Erd-
körpers nach seinem Mittelpunkte überwindet. Zwei Perpendikel,
die nahe neben einander in die entgegengesetzte Bewegung gesetzt
werden, gehen nach einiger Zeit in gleicher Richtung. Ein Komet,
der in die Nähe eines Planeten geräth, wird von der Anziehungskraft
desselben in seiner Bahn alterirt, und solche „Abirrungen" der Kometen
machen die Umlaufsberechnung derselben besonders schwierig und die
genaue Bestimmung auf Minuten und Sekunden unmöglich.

Die Einheit der göttlichen Schöpfung zeigt sich aber auch noch
auf eine andere Weise. Alles körperlich Daseiende erleidet eine
ununterbrochene, beständige Veränderung. Nichts ist ruhend im
Weltall, nichts vom Bestehenden bleibend, sondern Alles in stetem
Wandel begriffen. An unsrem eignen Körper wird stets ausgeschieden und neu ersetzt, so daß binnen fünf Jahre ein vollständiger
Stoffwechsel unsres ganzen Körpers stattfindet. Unser Erdkörper
ist einer beständigen Veränderung unterworfen, und die Oberfläche
desselben insonders erleidet diese unaufhörlich; das härteste Fels-
gestein ist der Verwitterung, der Absprengung durch Gefrieren und
Schmelzen des in seine Poren und Spalten gedrungenen Wassers
ausgesetzt. Wie die Monde um die Erden, diese mit jenen um
die Sonne immerfort sich bewegen, so hat auch die Sonne ihren
Lauf, und verändern die Sonnensysteme ihre Stellung zu einander.

Es ist z. B. gewiß, daß der helle Stern im Ochsenhüter Arcturus in den 2100 Jahren, in denen er beobachtet wird, seinen Ort gegen die benachbarten, schwächern Sterne um drittehalb Vollmondbreiten verändert hat. Gleiches gilt auch von andern Sternen, so daß der Name Fixstern nur uneigentlich gebraucht wird. Welche Veränderungen finden nun aber erst in physikalischer und chemischer Weise von Licht, Wärme, Elektricität, Magnetismus, von Zersetzung und Zusammensetzung chemischer Stoffe u. s. w. statt! Dennoch sind alle diese Veränderungen im Weltall einheitlich geordnet, und Nichts von den vorhandenen Stoffen und Prozessen geht irgendwie verloren; die Summe des Vorhandenen wird nicht vergrößert und verringert, wenn es auch beständig im Uebergang von einer Daseinsform zur andern begriffen ist. Die Wärme, die von einem Gegenstande ausstrahlt, vertheilt sich zwar auf hundert andere, bleibt aber in dieser Vertheilung genau in derselben Summe vorhanden; die Feuchtigkeit, welche Erde und Meer exhaliren, bleibt in dieser Verdunstung genau dieselbe Massengröße, wie vorher im tropfbar flüssigen Zustande. So ist also das Weltall eine Einheit, in welcher Alles im beständigen Flusse ist, hierdurch den Bestand des Ganzen und der Daseinsformen sichert und durch den ewigen Wechsel der Individuen die Gesammtheit in ewig gleichem Bestande bewahrt.

3. Diese Einheit des Universums beruht aber auf der Gesetzlichkeit, welche durch die ganze Schöpfung geht, und nach welcher alle Vorgänge im Großen und Kleinen stattfinden. Wenn wir oben das Licht und die Gravitation als die beiden uns bekannten allgemeinen Verbindungsmittel im All bezeichneten, so bewährt sich gerade an diesen am offenbarsten die die Natur beherrschende Gesetzlichkeit. Ob das Licht von dem Feuer auf unserm Herde, oder von der Sonne, oder vom Sirius ausgeht, seine Geschwindigkeit, sein Reflex, seine Wirkung, z. B. seine chemische sind immer dieselben, gehen immer nach denselben Gesetzen vor sich und lassen sich nach ihnen von uns berechnen. Ebenso gehen die Bewegungen der größten und entferntesten Weltkörper genau nach denselben Gesetzen vor sich, nach welchen sich auf unserer Erde ein Stein bewegt, den wir von einer Höhe herabfallen lassen. Als in den Bewegungen des Uranus scheinbare Unordnungen beobachtet

wurden, so schloß man daraus, daß noch ein großer, entfernterer, bis jetzt unbekannter Planet vorhanden sein müsse, der vermöge der Attraktion seiner Masse auf den Uranus wirke und ihm eine verschiedene Bahn zuweise, als nach den von uns gekannten Faktoren zu berechnen sei. Der französische Astronom Leverrier berechnete nun nach den Gesetzen der Attraktion aus jenen scheinbaren Unordnungen des Uranus den Platz, die Größe und Umlaufszeit des noch nie gesehenen Planeten. Kurze Zeit darauf wurde er von Galle an dem von Leverrier berechneten Platze wirklich gefunden, und die Bestimmungen Leverrier's bestätigten sich bis auf ein Geringes. Der deutsche Astronom Gauß beobachtete nur einige Tage den Planeten Ceres, und berechnete daraus die Bahn desselben so genau, daß man ihn durch diese Vorausbestimmungen aufs leichteste am Himmel auffand. Alle derartige Berechnungen gründen sich aber auf die Gesetze der Bewegung, welche auf der Erde aufgefunden worden, und es geht daher daraus der Rückschluß hervor, daß dieselben Gesetze der Bewegung, der Anziehung, der Schwere, welche wir auf unserer Erde beobachten, auch in den entferntesten Räumen für die größten Weltkörper gelten, so daß wir daraus über ihre Gestalt, ihre Dichtigkeit, die Abwechselung der Tages- und Jahreszeiten auf ihnen, die außerordentlichsten Schlüsse zu ziehen vermögen. Auf unserm Erdkörper beobachten wir eine Fülle von Gesetzen, sowohl in den unorganischen, als in den organischen Dingen. Was die erstern betrifft, so weiß Jeder, der nur einen flüchtigen Blick in die jetzige Chemie geworfen, wie weit man schon gelangt ist, der Natur die Gesetze der Zusammensetzung und Auflösung abzulauschen, und die Dinge auf ihre einfachen Grundelemente zu zertheilen und zurückzuführen. Wir vermögen nicht nur das Wasser in die zwei Gasarten, aus denen es besteht, zu zersetzen und wieder zu Wasser zu vereinigen, ohne daß die Menge des Wassers dabei eine Veränderung erleidet, sondern auch die festen Körper z. B. Holz, Horn, Zucker zerlegen wir in ihre gasartigen Bestandtheile, so daß es mehr als wahrscheinlich ist, daß sich dereinst alle Körper als Zusammensetzungen aus gasartigen Grundstoffen zeigen werden. Was ist interessanter, als die Gesetze der Krystallisation kennen zu lernen, und durch Experimente sich immer wieder bewähren zu sehen, wie bei dem Uebergang der Körper aus dem flüssigen in den festen Zustand dieselben Stoffe immer dieselben, und doch so mannichfaltigen und vielseitigen Formen auf's Genaueste annehmen, bei jeder Aenderung der Bedingungen aber die Form nach den genauesten Verhältnissen sich modificirt.

Die belebten Organismen stehen aber wieder alle unter einem Gesetze: daß sie aus einem Keime, der von der vorhergehenden Generation gegeben ist, entstehen, sich entwickeln, zur Blüthe und höchsten Entfaltnng gelangen, dann wieder sich rückbilden und durch den Tod dem Zersetzungsprocesse anheimfallen. Auf diesem Grundtypus beruht die ganze Existenz alles Organischen, und ob die eine oder andere Stufe in dem einen oder dem andern Stadium ihrer Enkwickelung an eine kürzere oder längere Zeit gebunden ist: ihre Lebensperioden sind dieselben und werden in derselben Weise abgekreist. Ob eine Menge von Insekten gleich nach dem Momente der Fortpflanzung sterben, und die sogenannte Eintagsfliege kürzer als einen Tag besteht, oder ob manche Baumart den Proceß des Früchtetragens Jahrhunderte hindurch wiederholt, und einige Cedern des Libanons, wie nach der Zahl ihrer Jahresringe zu schätzen ist, bis in die Zeit des Königs Salomo, also bis zu einem dreitausendjährigen Alter hinaufreichen: so bewährt sich doch an ihnen allen ein und dasselbe Lebensgesetz. — Trotz allen Forschungen ist auf dem Gebiete der Naturwissenschaften noch immer Nichts so sehr in Dunkel gehüllt, als der Proceß des Werdens der belebten Wesen. Die Keimkraft der Pflanzen erhält sich bisweilen Tausende von Jahren, denn Getreidekörner und Ricinussaat aus den ägyptischen Gräbern bei Thebä, wo sie drittehalb Jahrtausende im Schooße der Erde verschlossen waren, blühten, regelmäßig in die Erde gebracht, in Fülle auf. Aber so viele Hypothesen über die Pflanzenerzeugung aufgestellt werden, das eigentliche Räthsel, wo und wie das organische Leben beginnt, bleibt ungelöst. In tausend verschiedenen Arten werden von der Thierwelt die Gattungen fortgepflanzt und die Keime der neuen Geschlechter so bewahrt, daß sie dem Leben nicht verloren gehen. Die Hand des Schöpfers hat sich aber hierin einer außerordentlichen Fülle bedient, denn wie aus Milliarden Blüthen nur eine kleine Anzahl bis zur Frucht gedeiht, so werden von Insekten, Fischen und Vögeln eine uner-

meßliche Zahl Lärvchen und Eier producirt, von denen die große
Mehrzahl andern Thieren zur Nahrung dient, wie denn selbst von
den Menschenkindern die Hälfte der Geborenen nicht das vierzehnte
Jahr erreicht. Dennoch waltet auch hierin eine strenge Gesetzlichkeit,
die sich z. B. in wunderbarer Weise in dem Verhältniß der beiden
Geschlechter zu einander bewährt. Der Schöpfer hat es durchaus
nicht dem Zufall überlassen, in welcher Zahl die Männer und Frauen
geboren werden sollen. So unbegreiflich es uns ist, wie das Gesetz
waltet, so ist doch das Resultat sicher, daß in einer bestimmten Zahl
Geburten in einer bestimmten Zeit sich das Verhältniß zwischen Knaben
und Mädchen immer wieder wie 26 zu 27, in heißen Zonen wie 21 zu 20
herstellt, und zwar in so genauem Maße, daß, wenn bei einer Million
Geburten das normale Verhältniß sich in einem Jahre, es sich bei hunderttausend in zehn Jahren wiederfindet. Dieses wunderbare Gesetz, dessen
Analogien sich gewiß in der Thierwelt ebenfalls vorfinden, waltet
also über hunderttausend von einander getrennten Individuen, und
wird uns freilich in seinem Kausalkonnex unerklärlich bleiben. —
Wie das Werden, so beruht auch das Bestehen alles belebten
Wesens auf den bestimmtesten Gesetzen. Nicht etwa wie eine Maschine, die, einmal zusammengesetzt, nur in Bewegung erhalten zu
werden braucht, und so der allmähligen Abnutzung entgegengeht,
besteht der Organismus, sondern indem immerfort konsumirt und
ausgeschieden und assimilirt wird, so daß das Bestehen jedes Organes innerhalb dieses Prozesses eine immer fortgesetzte Zerstörung
und Selbstschöpfung ist. Das organische Leben besteht nicht in dem
bloßen Nebeneinandersein der einmal zusammengesetzten Atome, bis
diese mechanisch oder chemisch wieder auseinandergebracht werden,
wie das Dasein der anorganischen Dinge, sondern in immerwährender Funktion und Thätigkeit, welche die vorhandenen Stoffe verzehren und daher eine immerwährende Assimilation nothwendig
machen. So geht in uns eine fortwährende Verbrennung unseres
Kohlenstoffes im Athmen vor sich. Ein gesunder Mann verbrennt
in einer Stunde in sich etwa zehn Grammen Kohlenstoff, so daß in
vierundzwanzig Stunden ein halbes Pfund Kohlensubstanz verbrannt
und in Form von Kohlensäure ausgestoßen wird. Die Hautausdünstung verdampft in vierundzwanzig Stunden zwei ein halb Pfund

Wasser, und rechnet man hierzu die andern flüssigen und festen
Ausscheidungen, so fällt in vierundzwanzig Stunden ein Viertel der
gesammten Blutmenge einer theilweisen Zersetzung und Zerstörung
anheim. Ebenso aber findet eine beständige Assimilation statt, zuerst durch das Einsaugen, das beständig an der ganzen äußern
Hautfläche stattfindet, wie z. B. ein Mensch durch längeres Baden
an Schwere gewinnt, dann durch das Einathmen, namentlich des
Sauerstoffs der Atmosphäre, endlich durch Aufnahme von Nahrungs-
stoff in fester und flüssiger Gestalt, zu welchem Behufe der merkwürdigste Apparat und die eigenthümlichsten Prozesse zur Erwir-
kung der völligen Assimilation, vermittelst der Zellenmonaden im
Körper angelegt sind. Eines der besondersten Gesetze, das hierin
die Pflanzen- und Thierwelt von einander scheidet, ist: daß die Pflanzen allein durch die Aufnahme elementarischer Stoffe leben, so daß
sie schon, blos mit Wasser befeuchtet, in atmosphärischer Luft nicht
bloß zu keimen, sondern auch Samen zu tragen vermögen; während die Thiere, vielleicht mit Ausnahme der Infusorien, nur Stoffe
aufnehmen können, die schon einmal durch eine organische Natur
gegangen. Die chemischen Bestandttheile als solche selbst darge-
reicht, wie Kohlenstoff, Wasser-, Sauer- und Stickstoff, Eisen, Kalk,
Schwefel und Phosphor würden den Tod erwirken, so daß geradezu
terrestrische Stoffe, wie Salz, nur zu momentaner Anregung aufgenommen werden. — Aber so weise auch die Verhältnisse dieses
stetigen Zerstörens und Schaffens im belebten Organismus angelegt sind, so muß doch ein solch komplicirtes Gebäude entweder durch
plötzlich eingetretene oder lang vorbereitete, feindliche Einwirkung
oder durch die langsam, aber sicher waltende Macht der Zeit überwunden und der Zerstörung geweiht werden. Dann aber ist die
Stelle des abtretenden Individuums längst wieder ausgefüllt, und
wenn unter den Menschen allein jeder Tag 80,000, jedes Jahr
dreißig Millionen zum Aufhören bringt, so fand doch bis jetzt auf
der Erde eine allmälige Vermehrung der Individuen statt, und es
trat in der geschichtlichen Zeit eine bedeutende Verminderung nur bei
einigen Thierarten ein, welche der Mensch, als ihm besonders feindlich,
bekämpfte, oder, als ihm besonders nützlich, besonders schnell konsumirte.

4. Ein unerschöpfliches Feld der Beobachtung bietet die Er-

wägung der **Zweckmäßigkeit** im ganzen All und in allen einzelnen Gebilden der göttlichen Schöpfung. Wohin da unser Auge fällt, gewahrt es einen bestimmten Zweck in jeglichem Dinge, in jeglicher Einrichtung, und diejenigen Mittel angewandt, um diesen bestimmten Zweck so vollständig zu erreichen, wie es in ihm lag, daß er erreicht werden sollte. Nichts in der Natur ist zwecklos und zweckwidrig. Wo uns der Zweck einer größern oder kleineren Gestaltung nicht einsichtlich ist, da liegt es an der Begrenzung unseres Wahrnehmungs- und Erkenntnißvermögens; denn, da der betreffende Gegenstand nicht fehlen dürfte, ohne empfindlichen Nachtheil zu bewirken, müssen wir auch bei ihm einen Zweck, eine tiefeingreifende Absicht voraussetzen. Es kommt hierbei nicht darauf an, wie eine Individualität auf die andere wirke, welchen vorübergehenden oder dauernden Nachtheil die eine Einrichtung auf die andere habe, da selbstverständlich der Sonderzweck immer dem Allgemeinzweck sich unter- und einordnen muß. Der Sturm, welcher die Fichte bricht und das Schiff an die Klippe schleudert, fördert den Stoffwechsel in der Atmosphäre, zerstreut die an einem Orte gehäuften Dünste, stellt das Gleichgewicht der Luft wieder her, wodurch die Existenz zahlloser Wesen bedingt ist. Der Blitz, der das Haus zünden kann, entladet die elektrische Batterie in der Atmosphäre und stellt die elektrische Strömung her zu einem für die Organismen nothwendigen, normalen Verhältniß. Das Erdbeben, welches die Städte zusammensinken läßt, spielt sicher eine wichtige Rolle in der Geschichte der Erde, in den innern Verhältnissen unseres Planeten, die wir freilich so gut wie gar nicht kennen. Die physikalischen sogenannten Uebel verschwinden daher ganz und gar, indem sie nur in dem Verhalten von Individualität auf Individualität bestehen, an sich aber zur großen Oekonomie der Schöpfung gehören, darin ihren weisen Zweck haben, und diesem Zwecke gemäß eingerichtet sind.

Es ist eine den Menschen adelnde und erhebende Betrachtung, den Zwecken des Schöpfers im Großen und Ganzen nachzuspüren, und deren Erkenntniß entfaltet nicht bloß unsere Denkkraft, sondern erfüllt auch unser Herz mit dem reinsten Enthusiasmus der Bewunderung. Wir erkennen zunächst die außerordentlichste Zweckmäßigkeit in der Vertheilung der Wesen über die Oberfläche des Erdballs. Wenden wir unsere Blicke in jene grausigen Polargegenden, die düster, nackt, schauervoll, von wüthenden Stürmen heimgesucht, einer übermäßigen Kälte ausgesetzt, nur die Stätte himmelanstrebender Eisberge zu sein scheinen, so setzen wir voraus, daß hier nur der Tod heimisch sei, und wie alles Pflanzenleben unmöglich, so auch die thierische Natur in sehr geringem Grade und in unvollkommenen Formen vorhanden sein könne. Und gerade jene nackten Felsen und eisgefüllten Gewässer sind mit einem unermeßlichen Reichthum an lebenden Wesen, wie ihn kaum wieder die tropische Sonne hervorbringt, angefüllt; gerade sie sind die Heimath aller größten lebenden Wesen, der Cetaceen, gegen welche der Elephant und das Flußpferd fast wie Zwerge erscheinen, und selbst die kleinen Gattungen, z. B. die Häringe, werden in den Tiefen der Polargewässer in unermeßlichen Haufen gefunden; die Luft wird dort verdunkelt durch unzählige Schwärme von Seevögeln, während sogar auf der gefrorenen Oberfläche des Landes Thiere von besonderer Bauart eine ihren Bedürfnissen angemessene Nahrung finden. Um dies zu bewirken, hat der Schöpfer eine unermeßliche Masse vom Geschlechte der Meduse, einer weichen, elastischen, gallertartigen Substanz, ohne anderes Lebenszeichen, als daß sie sich beim Berühren zusammenzieht, durch die Polargewässer verbreitet. Diese gallertartige Masse erfüllt die grönländischen Meere auf 20,000 Quadratmeilen. Von dieser Gallerte nähren sich zahllose kleinere Thiere, die dann den größeren zur Ernährung dienen, und so richtet sich auf dieser Grundlage der Subsistenz eine Stufenleiter, auf deren höchster Sprosse die umfangreichsten Geschöpfe volle Befriedigung finden, auf. Andererseits hat der Schöpfer alle dortigen Thiere, um sie gegen die furchtbare Kälte zu schützen, mit großen Lagen Fett und Oel umhüllt, die Landthiere, z. B. Eisbär, Renntbier, Polarfuchs, Hund, Kaninchen, mit dicken, dichtbehaarten Fellen, auf deren Grunde daunenartige Wolle sitzt, versehen.

Allerdings kann bei den anorganischen Dingen, da sie nur in der bestimmten Zusammensetzung von Stoffatomen bestehen, außer den Verhältnissen der zusammengesetzten Stoffe und der Grundform ihrer Krystallisation ein Zweck im Einzelnen nicht vorhanden sein.

Wenn wir unser Auge über ein Felsgebirge oder über einen klippenreichen Meeresstrand schweifen lassen, so kann uns in der Mannichfaltigkeit der Felsgestalten, der Kämme, Risse, Schluchten und Spalten ein Zweck nicht entgegentreten. Wir erkennen wohl, daß diese Steinwüste Wirkung bestimmter Gesetze ist, die hier in Hebung und Senkung, in Zersprengung und Zersplitterung ihre Kraft geübt haben; aber die Gestalt, welche jedes einzelne Gestein, jeder große oder kleine Block angenommen, ist völlig gleichgültig. Nicht so, wenn wir die Vertheilung der Mineralien und deren Anhäufung an verschiedenen Orten in's Auge fassen. Die Erdrinde, auf welcher wir leben, ist verhältnißmäßig sehr dünn und ruht auf einer Wasserfläche. Selbst in der Wüste springen durch die artesische Bohrung mächtige Wasserstrahlen aus verhältnißmäßig geringer Tiefe empor. Mit Recht sagt man daher, daß die kolossale Masse des Himalaya nur um ein Geringes hätte vermehrt werden dürfen, und die Erdrinde konnte unmöglich sie tragen. Die Zersprengung der Gebirgsmassen, die uns unzweifelhaft voraussetzen läßt, daß die Urgebirge von viel bedeutenderen Dimensionen gewesen, war also nothwendig, um der Erdrinde, sie zu tragen, die Möglichkeit zu lassen.

Desto reicher, ja unerschöpflich reich, bietet sich uns die Beobachtung von Zweck und Absicht dar, sobald wir die organische Welt betreten, und mit jeder höhern Stufe der Organisation ist der Schatz um so mannichfaltiger. Die Physiologie der Pflanzen und Thiere ist es, welche, selbst wenn sie die teleologische Betrachtung von sich weist, uns diese Welt von Wundern erschließt und uns die absichtsvollste, erfinderischeste Einrichtung und Anordnung selbst im kleinsten Organe und seinem Gewebe nachweist, die der menschliche Künstler trotz der scharfsinnigsten Nachahmung, der tiefsten Forschung und der äußersten Geschicklichkeit nur höchst unvollkommen nachzubilden und bei seinen technischen Kunstwerken anzuwenden vermag. Heben wir nur Einiges hervor. Auf welche sinnige und mannigfache Weise sind einzelne Pflanzenarten mit Werkzeugen der Vertheidigung versehen, um möglichst unberührt von vernichtender Hand zu bleiben. Die Brennnessel ist mit kleinen Spitzen besetzt, welche, inwendig hohl, auf kleinen Bläschen sitzen, so daß bei der leisesten Berührung die Spitzen auf die Bläschen drücken, und diese durch die Röhren der Spitzen eine ätzende Feuchtigkeit in die von den Spitzen bewirkten kleinen Hautwunden spritzen, wodurch das heftige Brennen entsteht, das uns nur behutsam dieser Pflanze zu nahe kommen läßt; eine Einrichtung, die den Giftzähnen der Schlange ähnlich ist, welche, von einer Röhre durchbohrt, beweglich auf einer Giftdrüse sitzen, so daß der Biß zugleich eine Wunde und einen Druck auf die Giftdrüse verursacht, durch welchen letztern das Gift der Drüse durch die Röhre des Zahnes in die Wunde gespritzt wird.

„Die verschiedenartigen Theile, sagt der Physiolog Valentin[1]), eines jeden organischen Lebens sind nicht zufällig zusammengehäuft, sondern bilden in ihrer gegenseitigen Verbindung ein wohlberechnetes Ganze. Ihre Form, Anordnung und Mischung wird durch einen Plan bestimmt, der ihre Einzelnheiten so sehr als möglich beherrscht und zu gewissen Absichten gebraucht." Die Lebenserscheinungen sind die Folge eines unendlich weisen Organisationsplanes. Alle einzelnen Apparate des menschlichen Körpers stehen auf eine genau berechnete Weise mit einander in Verbindung. Einer der Hauptvortheile, welche die Organismen darbieten, besteht in der geringen Größe ihrer wirksamen Stücke. Einer der dünnsten Muskeln des menschlichen Oberschenkels, z. B. die s. g. Schneidermuskel, führt bei einem mittleren Querschnitt von 3,66 Quadratcentimetern 100,000 Muskelfasern. Die Haut des ganzen menschlichen Körpers besitzt, wenn man selbst die Achselhöhlen ausnimmt, 2,381,248 Schweißdrüsen von einem Sechstel Linie Durchmesser. Dennoch bilden diese bedeutenden Werthe keineswegs den Kern des wundervollen organischen Gerüstes. Das Staunenswerthe liegt vielmehr darin, daß eine fast unendliche Reihe verschiedenartiger Werkzeuge zu einem harmonischen Zwecke verknüpft ist, und die Bildung und Wirkung jeder einzelnen von ihnen einen Ausfluß des der Organisation zum Grunde liegenden Planes darstellt. Ein zweiter Vorzug des Baues der lebenden Wesen ist darin begründet, daß alle ihre Theile eine gewisse Nachgiebigkeit und Elasticität besitzen, und daß diese wiederum durch die äußerst geschickte Verbindung von Fetten, Wasser und dichtern Substanzen eine große Festigkeit erlangen. Die Natur erreicht da-

---

[1]) Grundriß der Physiologie des Menschen. Braunschweig 1846.

her, wo es nöthig ist, stärkere Widerstandskräfte als alle unsere technischen Vorrichtungen besitzen. Die stärkste Sehne des Körpers, die Achillessehne, trägt achtmal so viel als der Mensch im Ganzen wiegt — Werfen wir einen raschen Blick auf einzelne Organe und Verrichtungen, so ist wohl das wunderbarste Gebilde des thierischen Körpers das Auge. Das Sehorgan bildet eine auf's Zweckmäßigste eingerichtete dunkle Kammer (Camera obscura), deren Bilder das Licht empfindende Werkzeug, die Netzhaut, treffen. Doch wir wollen hier nicht in die wundersamen Einrichtungen des eigentlichen Sehorgans, als hier zu weit führend, eingehen, nicht einmal von dem merkwürdigen Accomodationsvermögen sprechen, durch welches unser Auge die Fähigkeit hat, kleine Schrift in einer Entfernung von 4—5 Zoll zu lesen, aber auch hohe Berge, die meilenweit von uns liegen, in scharfen Umrissen zu sehen; wir wollen nicht einmal das bewunderungswürdige Muskelsystem beschreiben, durch welches die Augäpfel so blitzschnell und so unermüdlich nach allen Richtungen bewegt werden, so daß die Camera obscura des Auges den Bildern von den verschiedensten Seiten her ausgesetzt wird; nur ein ganz äußerliches Moment wollen wir in Betracht ziehen. Sehen wir nur, welche Vorrichtungen zum Schutze dieses Organs getroffen worden. Eine undurchsichtige, harte Haut begrenzt den größten Theil des Sehorgans und schließt die zarten Weichgebilde desselben ein. Nur vorn befindet sich ein heller Kreisabschnitt, die Hornhaut, welche durchsichtig und den Lichtstrahlen den freien Eintritt gestattet. Dieser Augapfel liegt in einer kegelförmigen Knochenhöhle, welche ihn wie eine steinerne Mauer von allen Seiten schützend umgiebt, so daß nur ein direkter Stoß von vorn ihn treffen kann. Innerhalb dieser Augenhöhle ist der Augapfel in ein weiches Fettpolster eingebettet. Vor ihm bilden die beiden Augenlider zwei gegeneinander bewegliche Deckel, sie können sich nach Bedürfniß schließen oder so weit öffnen, daß die Hornhaut frei zu Tage kömmt. Sie halten dadurch Staub ab, entziehen uns die störenden Bilder unserer Umgebung, wenn wir uns innerlich sammeln, oder schlafen, oder sonst beruhigen wollen. Das obere Augenlid besitzt einen eigenen Muskel, der dasselbe emporhebt; ein besonderer Kreismuskel versieht die Schließung der Augenlider. Noch mehr wird der Verschluß der Augenlidspalte durch die Augenwimpern, die wechselseitig ineinander greifen, gesichert. Sie können zu gleicher Zeit zu helles Licht abhalten oder dämpfen. Der obere Rand der Augenhöhle ist mit den Augenbrauen besetzt, welche das Auge vor dem von der Stirn herabrollenden Schweiß schützen und ebenfalls von oben herabfallendes zu grelles Licht abhalten und dämpfen. Nun aber mußte, da die Augenlider die Oberfläche des Augapfels immerfort berühren, eine Reibung auf's Leichteste stattfinden können. Um diese zu vermeiden, ist eine eigene Einrichtung getroffen. Die Thränen und die sogenannte Augenbutter dienen diesem Zweck. Die in dem äußern Theile der Augenhöhle befindliche Thränendrüse liefert eine Flüssigkeit, die von da nach der Oberfläche der Bindehaut des Auges abgeführt wird. Die letztere fügt ein eigenes Absonderungsprodukt hinzu, und macht das Ganze schleimiger. Besondere Reihen von Fettdrüsen, die im Innern der Augendeckel angebracht sind und sich nahe an den freien Rändern derselben öffnen, liefern die Augenbutter. Eine an dem innern Augenwinkel liegende Drüsenanhäufung vervollständigt endlich die Reihe von Absonderungswerkzeugen, die unser Sehorgan umgeben. Die Hand des Schöpfers hat auf diese Weise einen fortwährenden Strom von schleimiger und fetthaltiger Flüssigkeit längs der freien Oberfläche des Auges hingeleitet. Sie verhindert die Reibung, schützt das Auge vor dem Vertrocknen, erhält die Hornhaut frisch und durchsichtig und unterstützt die optischen Verhältnisse des Sehorgans. Aber auch noch gegen andere Einwirkungen ist das Sehorgan geschützt. Schon Aristoteles wirft die Frage auf, die uns auch die jetzige Wissenschaft noch nicht zu beantworten vermag: wodurch der Schöpfer es bewirkt habe, daß das Auge, während es das empfindlichste Organ des Körpers ist, und nicht ein Sandkörnchen ohne den größten Schmerz zu ertragen vermag, dennoch von der furchtbarsten Kälte nicht leidet? Während der Seefahrer am Nordpol jedes Glied seines Körpers sorgfältig verhüllen muß, hält er das Auge frei, ohne daß es dem Erfrieren ausgesetzt sei. Der Zweck des Schöpfers ist hierbei einsichtlich, nur das Mittel, durch welches er ihn erreicht hat, ist uns noch unbekannt. Ebenso bewundernswerth ist die ausdauernde Kraft des Sehorgans, dem an **ununter-**

brochener Beschäftigung und Thätigkeit kein anderes Organ gleich kömmt, und welches oft viele Jahre hindurch der äußersten Anstrengung ungeschwächten Widerstand leistet.

Wenn wir, um einige Beispiele aus dem unendlichen Schatze der göttlichen Schöpfung von der Zweckmäßigkeit in allen Anlagen und Einrichtungen vorzuführen, noch ein Gebiet betreten wollen, so gehört wohl zu dem Eigenthümlichsten und Interessantesten, die tausendfach verschiedene Art zu beobachten, wie die Insekten ihre Lärvchen und Eier in Wasser, Erde, Pflanzen oder Thiere legen und verwahren, damit sie vor Vernichtung geschützt seien und zur rechten Zeit und unter günstigen Verhältnissen ins Leben kämen. Das Eine bohrt Löcher und Gänge durch Gestein und Erde; das Andere baut für seine Eier ein Boot, das sie über das Wasser trägt. Die Ichneumonfliege hat zu diesem Zwecke ein eigenes Organ, den Eierleger, der aus einem Sägebohrer mit einer Doppelscheide besteht, um durch die härtesten Substanzen zu dringen, und die Eier durch die Oeffnung sicher in das Nest der Mauerwespe gleiten zu lassen, wo das Lärvchen sofort seine Nahrung findet. Die Mücke klammert sich mit den vier Vorderfüßen an ein schwimmendes Blättchen, während ihr Körper horizontal auf der Oberfläche des Wassers ruht, mit Ausnahme des letzten Schwanzringes, der ein wenig emporgehoben ist; sie kreuzt dann ihre beiden Hinterbeine in Gestalt eines X. Hierauf bringt sie den innern Winkel ihrer gekreuzten Beine dicht an den erhobenen Theil des Körpers und legt ein mit einer zähen Flüssigkeit bedecktes Eichen hinein. An jede Seite dieses Ei's legt sie ein anderes, die sämmtlich durch die leimartige Substanz fest zusammenhängen und eine dreieckige Figur bilden, welche das Hintertheil des Eierflosses ausmachen soll. Auf diese Weise fährt die Mücke fort, ein Ei neben dem andern in einer vertikalen Lage hinzuzufügen, wobei sie die Gestalt der Gruppe sorgfältig mit ihren gekreuzten Beinen regulirt; sowie das Floß an Größe zunimmt, stößt sie das Ganze in eine größere Entfernung fort; hat sie ihr Werk halb vollendet, so schlägt sie ihre Beine auseinander und streckt sie parallel aus, da der Winkel zur Gestaltung des Botes nicht mehr nöthig ist. Jedes Floß besteht aus 250 bis 350 Eiern, wird, sobald sie alle gelegt sind, von der Mutter von sich gestoßen und schwimmt nun auf dem Wasser. Nur in Form eines solchen Floßes können die Eier sich über dem Wasser erhalten, da sie schwer genug sind, um, wenn sie einzeln ins Wasser gelassen würden, zu Boden zu sinken. Die Bauart des Eierbootes ist so außerordentlich kunstgerecht und berechnet, daß selbst die heftigste Bewegung des Wassers ein solches Boot nicht sinken macht; vorn und hinten spitzig und hoch, unten bauchig, oben hohl, füllt es sich niemals mit Wasser. Die Maden gehen aus dem untern Ende hervor, und das Boot, jetzt aus den leeren Eierhülsen bestehend, treibt so lange auf dem Wasser umher, bis es vom Wetter zerstört wird. — Mögen diese wenigen Beispiele genügen, um uns klar zum Bewußtsein zu bringen, wie in den kleinsten Gebilden der Natur Absicht und Zweck liegen und sie für diese auf das Feinste und Tiefsinnigste berechnet sind [1]).

5. Zu allen diesen offenbaren Momenten der Natur tritt nun, sie krönend, die **Herrlichkeit**, welche über die ganze Schöpfung Gottes ausgebreitet ist. — Die Natur ist kein bloßer mechanischer Aufbau des Daseins in Wesen und Dingen, wie uns einige der zersetzenden und zerlegenden Naturforscher und Philosophen begriffsmäßig haben beibringen wollen; sondern überall sind auch in der Form der Dinge und in der Anordnung und Zusammenstellung derselben Gedanken und Empfindungen ausgeprägt. Jedes Hinaustreten in die freie Natur, jeder Einblick in die Mannichfaltigkeit der Wesen überzeugt uns hiervon, und regt in unserm Innern Gefühle der erhebendsten Art und Gedanken voll tiefen Inhalts auf. Der Schöpfer hat dies theils durch die Schönheit der Form, theils durch den Ausdruck, den er in die Gestaltung und in die Scenerien gelegt, bewirkt.

Die mannichfaltige Mischung von Licht und Schatten, die Nüancirung der Farben, die Vielfältigkeit der Formen selbst bereiten die Schönheit in tausendfachster Abwechslung für alle Wesen und Dinge, mag sich diese Schönheit theils durch fast mathematische Regelmäßigkeit, theils in der verschiedenartigsten Unregelmäßigkeit zur Erscheinung bringen. Diese Schönheit der Form drückt dem

---

[1]) S. unsere „Reden wider den Unglauben." Leipzig 1856.

Kleinen wie dem Großen den Siegel des göttlichen Ursprungs auf. Wir bewundern sie in der Regelmäßigkeit der Krystalle, wie in den tausendfachen, immer verschiedenen und doch immer bis in die letzten Spitzen regelmäßigen Schneekrystallen, in der Zierlichkeit der kleinsten Lineamente und Punkte, Blätter und Zacken der Blüthen und Blumen, in den ebenmäßigen Verhältnissen der Thierkörper; wir bewundern sie in der bald silbernen, bald tiefblauen, bald hellgrünen Wölbung des Meeres, in der Rosengluth der Morgenröthe, in dem Goldglanze, welchen die untergehende Sonne durch die Wolken gießt. Daß die Schönheit in allen Erscheinungen der Natur die Absicht des Schöpfers war, das erkennen wir theils daraus, daß diese Schönheit immer doch nur auf der Oberfläche der Wesen vorhanden ist, und daß sie verschwindet, sobald wir in die innern Gebilde der Dinge eindringen, so daß sie eben nur mit der wirklichen Gestalt, d. h. mit der Außenseite, verbunden ist, wie denn die goldburchschimmertste Wolke aufhört schön zu sein, sobald wir in sie gerathen, und mit der Entfernung der Oberhaut die Schönheit des edelsten Menschenkörpers in das gerade Gegentheil gewandelt wird; theils daraus, daß sie auch da in der Gestalt der Dinge vorhanden ist, wo diese dem Menschenauge verdeckt sind, wie der Pflanzenwald, welchen die Fluthen des Meeres bedecken, nicht minder voll der herrlichsten Formen ist, als die Vegetation, die fröhlich im Lichte der Sonne aufschießt.

Was aber der Natur noch mehr Herrlichkeit gewährt, als die bloße Schönheitsform, das ist der Ausdruck, den der Schöpfer in alle Erscheinungen hineingelegt und durch sie ausgeprägt hat, das ist der Ausdruck der mannichfaltigsten Gefühle und Gedanken, die wir in den einzelnen Gestalten und in den Scenerien wiederfinden. Welcher Empfindungen ist das Herz des Menschen befähigt, denen wir nicht in der Natur begegneten. Die erhabenste Majestät, wie die lieblichste Grazie, die tiefste Melancholie, wie die lächelndste Freude, der Friede und der Sturm, die wilde Leidenschaft, die traurigste Oede, und wieder Reize allüberall, wir finden sie ausgeprägt auf die verschiedenste Weise in den Gebilden und Vorgängen der Natur. Keiner, der den Saum einer Wüste überschritten und in die unabsehbare Einförmigkeit derselben sich versenkte, hat sich des Gefühls der Erhabenheit erwehren können, und die Reisenden versichern, daß sie nirgends die Größe Gottes tiefer empfunden haben und die Ahnung seiner Unendlichkeit ihnen näher gewesen, als bei dem Zuge durch die Wüste. Der Nordpolfahrer, der auf seinem Schiffe in die Einsamkeit der Eisberge und Schneefelder hineingeräth, fühlt sich durch die Erhabenheit der Umgebung selbst über Angst und Furcht erhoben. Diese hochaufstrebenden riesigen Eismassen unter dem tiefgrauen Himmel mit ihren glatten Seiten, tausendfachen Zacken und Spitzen, diese weiten Eisflächen nur hier und da vom blauen Meerwasser unterbrochen, diese Todesstille, nur von dem Krächzen einsam flatternder Seevögel unterbrochen, flößen die Schauer der erhabensten Majestät ein, und wenn dann die Sonne durch das Gewölk bricht und die Eisfelsen mit Silberglanz übergießt, so kleidet sich diese Majestät zugleich in das prächtigste Lichtgewand. Wenn der Nachthimmel sich über die Erde wölbt, und Millionen leuchtende Körper aus seinem dunklen Grunde hervortreten, und die weite Fläche des Meeres vom Gefunkel des elektrischen Lichtes erstrahlt, das bald auf dem Gipfel der Woge, bald in der Höhlung des Gewässers erscheint, in wessen Herz ergießt sich da nicht die Empfindung der lautersten Erhabenheit. Wenn wir in ein vom Frühling mit frischem Rasen, aufsprießenden Saaten, blüthenbedeckten Bäumen überzogenes Thal, das der blinkende, rauschende Bach durchfließt, oder wenn wir in eine Schlucht, wo nur ein schmaler Abschnitt des blauen Himmels über den kaum auseinander gerissenen Felswänden sichtbar ist, und der wilde Bergstrom von Klippe zu Klippe schäumt und rast, eintreten; wenn wir von einem sanft ansteigenden Hügel über die weite Ebene schauen, oder am Fuße der Jungfrau stehen, die, in das lichtweiße Schneegewand gehüllt, ihre Silberhörner hoch in den blauen Himmel erhebt, und ringsum die Riesen der Bergwelt aufsteigen, und jeder Blick durch einen Zwischenraum nur immer höher und höher sich thürmende Firnen zeigt; wenn wir am Abend durch die friedliche Flur heimwärts kehren, wo die scheidende Sonne ihren Purpurglanz ausstreut, und die Schatten immer länger und dichter über die Fläche fallen und die Zeit der Ruhe verkünden, oder wenn wir durch den wilden Sturm einer Novembernacht eilen — überall trägt die Natur einen entschiedenen Charakter und bringt die bestimmtesten Gedanken in vollkommenster Gegensätzlichkeit zum Ausdruck. Und nicht minder vermag der scharfe Beobachter nicht allein in jeder Thiergattung eine bestimmte Physiognomie, einen ausgeprägten Charakter, einen entschiedenen Gedanken zu entdecken, sondern selbst schon in der Pflanzenwelt bieten die verschiedenen Arten einen verschiedenen, aber sichern Ausdruck dar. Die durch den Staub schleichende, sich ringelnde Schlange und die flüchtige Gazelle, die Gewaltigkeit des mähnigen Löwen und die Unschuld des Lammes, der Blutdurst des Tigers, die Gefräßigkeit des Wolfes, die List des Fuchses, die kräftige Schnelligkeit des Rosses u. s. w., aber auch das Veilchen in seinem Blätterversteck bis zur hochragenden Palme und der vielästigen Eiche, überall treffen wir auf einen Gedanken, der in sicherster Weise vermittelst der Gestalt und der Erscheinung des Geschöpfes sich kundgiebt. — Ein Irrthum wäre es, wenn wir sagen wollten, daß der Mensch es sei, der diese Gedanken und Empfindungen aus sich heraus in die Gebilde der Natur übertrage. Die Natursymbolik ist keine gemachte, keine vom Menschen willkürlich in die Natur hineingelegte. Denn die Natur überwältigt den Menschen und giebt ihm erst die Stimmung, und zwar die besondere, die in ihrem jeweiligen Vorgang und der sich darbietenden Scene liegt. Sie übt denselben bestimmten Eindruck auf alle Geister, so daß nur die verschiedene Befähigung der einzelnen Menschen die tiefere oder oberflächlichere Empfindung, das tiefere oder oberflächlichere Verständniß bedingt. Aber selbst abgesehen hiervon beweist schon die Möglichkeit, daß die Natur gewisse Empfindungen und Gedanken in dem Menschen weckt, uns, daß diese Empfindungen und Gedanken wirklich in der Natur ausgeprägt sind. So gewahren wir überall in der Natur auch in den äußeren Formen Schönheit und Gedanken, die vom Schöpfer absichtlich und mit weiser Berechnung hervorgebracht worden, und vor denen der Begriff eines bloßen Mechanismus oder einer blinden Nothwendigkeit zusammenfällt und fast ins Lächerliche geräth. —

6. Durch diese Erkenntnisse giebt uns die Natur Aufschluß und Erweis über das Dasein Gottes und die Eigenschaften seines Wesens; daß diese Welt das Werk eines göttlichen Schöpfers und Erhalters

ein müsse, der, unendlich, diese für uns äußerlich und innerlich unendliche Welt, der, einzig und einig, sie in ihrer vollkommenen Einheit, der, allweise, sie nach seinen Gedanken, die er in die Dinge als Gesetz gelegt, und nach seinen Absichten, die er als Zweck im All wie in allen Einzelwesen und in all den Gebilden, aus denen diese bestehen, vorgesetzt und ausgeführt, wodurch er zugleich sich als die Allgüte und Liebe bethätigte, erschuf und erhält. Wir werden dies im ersten Abschnitt weiter auseinandersetzen. Indeß müssen wir schon hier den wahren Werth dieser Erkenntnisse aus der Natur bestimmen. **Die Natur bietet für unsere Vernunft die Erweise dessen dar, was die Religion uns lehrt, nicht aber diese Lehren selbst.** Die Naturbetrachtung an sich, ohne das Wissen der Offenbarungslehren, führte den Menschen zu der pantheistischen Anschauung, zu dem alten polytheistisch-, wie zu dem modernen rein-pantheistischen Heidenthume; die Griechen fanden ihre Götter, wie neuere Philosophen und deren Nachtreter ihre „Nothwendigkeit" oder ihre „Identität Gottes mit der Natur und den Dingen" in der Natur; auf dem Boden der Naturbetrachtung erwuchsen alle Gräuel der heidnischen Götzenaltäre, von der Weissagung aus den Eingeweiden der Thiere bis zu den Menschenopfern und dem Molochsdienste, und erwachsen alle Verirrungen der Philosophie, von der Gottesleugnung bis zu der Selbstvergötterung des Ichs und der Alleingeltung des Egoismus. Also nicht die eigentliche religiöse Lehre vermag die Natur uns aufzustellen, sondern unsere Vernunft prüft diese Lehre an den Erscheinungen, an den Gesetzen und Zwecken, die in der Natur zu Tage kommen, ob ein Widerspruch zwischen jener und diesen sich zeigt, oder ob sie sich mit dieser Lehre in völligem Einklang darthun, so daß wir die Natur und ihre Erscheinungen vom Standpunkte der religiösen Lehre aus völlig begreifen können und recht begreifen, oder ob diese vom Standpunkte jener unbegreiflich, also in vollem Widerspruch erscheint. Es ist demnach ganz und gar ein Irrthum in der sehr verbreiteten Meinung enthalten, daß es eine sogenannte Naturreligion, d. h. eine Gotteslehre gebe, die, ohne die positive Religion, aus der Natur allein vermittelst der menschlichen Vernunft geschöpft werde, der sogen. pure Deismus. Es beruht dies auf der Selbsttäuschung,

daß diese sogen. Naturreligion die Gotteslehre aus der positiven
Religion entlehnt, sie in der Natur bestätigt findet, und nun jene
Entlehnung leugnet, weil die Menschen, von Kindheit an aus der
positiven Religion unterrichtet, vergessen, daß sie sie von dieser allein
haben. Zu diesem Irrthum gelangten und gelangen aber die Men=
schen dadurch, daß die Gotteslehre innerhalb der positiven Religionen
durch den sogen. „Kirchenglauben" vielfach entstellt, und dennoch
dieser mit großer Starrheit festgehalten und aufgezwängt worden, so
daß man, indem man die Lehren der positiven Religion an den Er=
scheinungen der Natur prüfte und von ihnen ausschied, was mit
den letzteren in vollem Widerspruche, in unvereinbarem Gegensatz
stand, eine besondere, der Natur und Vernunft entsprungene Lehre
zu haben glaubte, die man Naturreligion nannte.

Ein Anderes ist es aber hinsichtlich der Sittenlehre. Hier ist
es, wo die Natur durchaus gar keinen Anhalt für die Lehren der
positiven Religion darbietet, sondern zumeist das gerade Gegentheil
zeigt. Es ist einzig die Elternliebe, welche in der Natur ihr Abbild
findet, und dennoch auch diese nur auf den nothdürftigsten Zeit=
raum, während der Unbehülflichkeit der Jungen, beschränkt. Sobald
das junge Thier selbstständig seine Nahrung zu gewinnen vermag,
hört das Verhältniß zwischen Erzeugern und Erzeugtem auf, und es
findet sich leicht, daß selbst die Begattung zwischen den Eltern und
Jungen vor sich geht. Gatten=, Geschwister= und Verwandten= und
gar Nächstenliebe sind in der Thierwelt fremd; Recht und Gerechtig=
keit sind Begriffe, die auf die Natur keine Anwendung finden, da
es sich in ihr nur darum handelt, ihrer großen Oekonomie gemäß,
die eine Gattung vermittelst der andern als ihrer Nahrung zu er=
halten, und hierbei Gewalt und List allein über das Schicksal des
Individuums entscheiden. Der Mensch tritt hier allerdings ganz
und gar aus der übrigen Natur heraus, und hat als sittliches
Wesen ganz andere Bedingungen des Daseins, als die übrigen
uns bekannten Geschöpfe, Bedingungen, welche ihm durch die Re=
ligion aus allem Schwanken, aus aller Verwirrung gehoben und
festgestellt worden. (S. Beilage No. 4.)

7. Dieses Verhältniß zwischen Religion und Natur, daß näm=
lich beide in ihrem richtigen Verhältniß in Einklang stehen, und

daß die Natur die Lehren der Religion bekräftigt und ihnen zum
Erweise dient, dieses Verhältniß ist es, welches gerade die h. Schrift
anerkennt, worauf sie immerfort hinweist, und so die Naturkennt-
niß zu einer zweiten Grundlage der religiösen Erkenntniß macht.
Die h. Schrift war es, welche zuerst die Einheit aller Wesenreihen
als ein Ganzes, als Weltall, und darum als das Werk Eines
Schöpfers begriff und lehrte. Sie stellt daher an ihre Spitze ein
Gemälde, wie dieses Weltall geworden; nicht indem sie metaphy-
sische Fragen aufwirft und erörtert, sondern das allmählige Werden
der Wesenreihen sowohl in den allgemeinen Bedingungen des realen
Daseins (Licht, Raum, Form), als auch in den Einzelgattungen
(Weltkörper, Pflanzen, Thiere, Mensch) nach dem Gedanken und
Willen Gottes schildert. Auch später folgen solche Darstellungen
der Einheit der Natur in ihrem Plane und dem zweckmäßigen Ineinandergreifen aller Wesen, immer mit dem Gedanken der Weisheit Gottes, die sich hierin realisirt hat, und der gänzlichen Abhängigkeit der Wesen vom Willen, d. i. der Liebe Gottes, wie der
Psalm 104, der diesem Zwecke ganz gewidmet ist. Von ganz gleicher
Tendenz ist die mystische Vision des Jecheskel (Kapp. 1. 10.), welche
die Einheit der organischen und anorganischen Lebenssphären zu
einer Welt, die die reale Erscheinung des göttlichen Wesens sei,
geheimnißvoll einkleidet. Bei Propheten und Hagiographen begegnen wir daher häufig das Lob Gottes als Schöpfers, Psalm 33, 6 ff.
95, 3. ff. 96.; die Größe und Herrlichkeit der Natur erweist die
Allmacht und Allweisheit Gottes, Jesch. 40, 12. 21. 22. 44, 24.
Psalm 135, 6. 7., insonders die Furchtbarkeit des Gewitters, Psalm
29 und die Pracht der Sternenheere Jesch. 40, 26.: „Hebet zur
Himmelshöhe eure Augen und schauet, wer hat diese
geschaffen? Der herausführt nach der Zahl ihr Heer,
Alle ruft beim Namen: vor der Allmachtsfülle und dem
Kraftgewaltigen bleibet Keiner aus"; und darum werden
alle Wesen zum Lobe Gottes aufgerufen, Psalm 148. Deshalb
deuten sie gern aus der Natur heraus auf die Nichtigkeit des
Menschen vor Gott hin: „Er schuf die Erde durch seine
Kraft, begründete die Welt durch seine Weisheit, und
durch seine Einsicht spannt' er den Himmel aus. Bei

dem Getöse, wenn er Fülle Wassers am Himmel giebt, und Wolken heraufbringt vom Saume der Erde, Blitze beim Regen wirft, und Wind aus seinen Schatzkammern schafft: steht als thöricht da jeder Mensch mit seinem Wissen" (Jirm. 10, 12—14.); „so ich deinen Himmel schaue, deiner Finger Werk, Mond und Sterne, die du schufest: was ist der Mensch, daß du sein denkest, der Menschensohn, daß du sein achtest?" (Psalm 8, 4. 5.) Wie daher immer Gott als Schöpfer, aber auch Herr und Meister der Natur hervorgehoben wird z. B. Ijob 9, 5 ff., so auch als Geber alles Guten, insonders als Urheber des Frühlings und seiner Wonnen, Psalm 65. Es kann uns daher auch nicht verwundern, wenn die h. Schrift ausführliche Naturschilderungen bringt, welche die religiösen Lehren in ihrer tiefen Weisheit, in ihrer ganzen Wahrhaftigkeit erweisen sollen, so: Ijob 26. 36. 37. 38—41.

Von entschiedener Bedeutung ist es daher, daß in der Schrift selbst die Natur und die Offenbarung als die beiden Erkenntnißquellen der Gotteslehre neben einander gestellt und verbunden werden. Es geschieht dies in dem Davidischen[1]) Psalm 19. Der Psalm besteht aus dreien Absätzen. In dem ersten wird die Natur als Verkünderin der Herrlichkeit Gottes dargestellt (V. 2—7). Die Himmel, Tag und Nacht und die ganze Erde sind dieses Rufes voll; insonders aber ist es die Pracht und Stärke der Sonne auf ihrer ganzen Bahn, welche von der Majestät ihres Schöpfers spricht. In dem zweiten Absatz wird die geoffenbarte Lehre und das Gesetz in ihrem Charakter und ihren Wirkungen gefeiert (8—11). Die Vollkommenheit, Wahrhaftigkeit, Geradheit und Lauterkeit derselben wird hervorgehoben, und wie sie erquickend, erfreuend, erleuchtend auf Geist und Gemüth Einfluß üben. Im dritten Absatz (12—15) geht der Sänger von dieser objektiven Betrachtung auf sich, als Repräsentanten der Individuen über, und bespricht das subjektive Verhältniß zu diesen beiden großen Erkenntnißquellen. Trotz der aus beiden gewonnenen Erleuchtung ist Verirrung ja bewußter Fehltritt für den Menschen so leicht, so daß er dennoch zur Gnade

---

[1]) Gegen den Davidischen Ursprung dieses Psalms hat noch kein Kritiker irgend stichhaltige Einwände erhoben.

und zum Beistand Gottes Zuflucht nehmen muß¹). — Ganz ähnlich wird in dem prächtigen kleinen Psalm 93 die Weltmacht Gottes, wie sie sich in der Natur offenbart, gefeiert und hervorgehoben, daß diese selbe göttliche Weltmacht in der Lehre und dem Gesetze sich kund gethan und in dem Heiligthume Israels eine zweite ewige Erscheinung, nämlich die der Wahrheit und Heiligung hervorgebracht hat. — Endlich wird in dem Psalm 136 der Dank gegen Gott ebenso für seine Wunder in der Schöpfung, wie in der Offenbarungsgeschichte auf's Engste mit einander verbunden und einheitlich ausgesprochen²). —

---

¹) Weil man den Kerngedanken des Psalms nicht erkannt hatte, glaubten einige neuere Kritiker aus dem Umstande, daß aus dem ersten zum zweiten Absatz unvermittelt übergegangen werde, schließen zu müssen, daß der Psalm aus zwei Fragmenten bestehe. Die Unrichtigkeit dieser Ansicht, ja den genauen Zusammenhang aller drei Theile, selbst durch ein zartes Spiel derselben Worte bekräftigt, haben wir in unserem Bibelwerk Th. III. S. 52 vollständig erwiesen.

²) Auch Alexander v. Humboldt versteht es in meisterhafter Weise (Kosmos B. II, S. 6 ff.) die Großartigkeit der Naturauffassung und Naturschilderung in der heil. Schrift hervorzuheben und zu charakterisiren. Nachdem er ausführlich erörtert hat, wie den Griechen zwar nicht die Empfindung für die Naturschönheit, wohl aber das Bedürfniß, dieser Empfindung Ausdruck zu geben, gefehlt, und in noch größerem Maße den Römern abzusprechen sei, welche z. B. trotz ihren unaufhörlichen Zügen über die Alpen und am Rheine nicht ein Wort für die Schönheiten dieser Landschaften hatten: spricht er sich über die heil. Schrift folgendermaßen aus, was wir hier ausführlich anführen, theils um das, was wir oben gesagt, durch das Urtheil eines so unparteiischen Meisters zu erhärten und zu ergänzen, theils weil die Modernen, namentlich unter den Juden, so selten auch den dichterischen Werth unserer heil. Bücher zu würdigen verstehen. Er sagt (S. 44): „Die semitischen oder aramäischen Nationen zeigen uns in den ältesten und ehrwürdigsten Denkmälern ihrer dichterischen Gemüthsart und schaffenden Phantasie Beweise eines tiefen Naturgefühls. Der Ausdruck desselben offenbart sich großartig und belebend in Hirtensagen, in Tempel- und Chorgesängen, in dem Glanz der lyrischen Poesie unter David, in der Seher- und Prophetenschule, deren hohe Begeisterung, der Vergangenheit fast entfremdet, ahndungsvoll auf die Zukunft gerichtet ist." — „Es ist ein charakteristisches Kennzeichen der Naturpoesie der Hebräer, daß, als Reflex des Monotheismus, sie stets das Ganze des Weltalls in seiner Einheit umfaßt, sowohl das Erdenleben als die leuchtenden Himmelsräume. Sie weilt seltener bei dem Einzelnen der Erscheinung, sondern erfreut sich der Anschauung großer Massen. Die Natur wird nicht geschildert als ein für sich Bestehendes, durch eigne Schönheit Ver-

Somit hat die h. Schrift Israel's als eines ihrer Axiome festgestellt: daß zwischen den Aussprüchen der Gotteslehre und dem was

herrliches; dem hebräischen Sänger erscheint sie immer in Beziehung auf eine höher waltende geistige Macht. Die Natur ist ihm ein Geschaffenes, Angeordnetes, der lebendige Ausdruck der Allgegenwart Gottes in den Werken der Sinnenwelt. Deshalb ist die lyrische Dichtung der Hebräer schon ihrem Inhalte nach großartig und von feierlichem Ernst, sie ist trübe und sehnsuchtsvoll, wenn sie die irdischen Zustände der Menschheit berührt. Bemerkenswerth ist auch noch, daß diese Poesie trotz ihrer Größe, selbst im Schwunge der höchsten, durch den Zauber der Musik hervorgerufenen Begeisterung fast nie maaßlos, wie die indische Dichtung wird. Der reinen Anschauung des Göttlichen hingegeben, sinnbildlich in der Sprache, aber klar und einfach in den Gedanken, gefällt sie sich in Gleichnissen, die fast rhythmisch, immer dieselben wiederkehren."

„Als Naturbeschreibungen sind die Schriften des alten Bundes eine treue Abspiegelung der Beschaffenheit des Landes, in welchem das Volk sich bewegte, der Abwechslung von Oede, Fruchtbarkeit und libanotischer Waldbedeckung, die der Boden von Palästina darbietet. Sie schildern die Verhältnisse des Klima's in geregelter Zeitfolge, die Sitten der Hirtenvölker und deren angestammte Abneigung gegen den Feldbau. Die epischen oder historischen Darstellungen sind von naiver Einfachheit, fast noch schmuckloser als Herodot, naturwahr, wie, bei so geringer Umwandlung der Sitten und aller Verhältnisse des Nomadenlebens die neueren Reisenden einstimmig es bezeugen. Geschmückter aber und ein reiches Naturleben entfaltend ist die Lyrik der Hebräer. Man möchte sagen, daß in dem einzigen 104ten Psalm das Bild des ganzen Kosmos dargelegt ist: „Der Herr, mit Licht umhüllet, hat den Himmel wie einen Teppich ausgespannt. Er hat den Erdball auf sich selbst gegründet, daß er in Ewigkeit nicht wanke. Die Gewässer quellen von den Bergen herab in die Thäler, zu den Orten, die ihnen beschieden, daß sie nie* überschreiten die ihnen gesetzten Grenzen, aber tränken alles Wild des Feldes. Der Lüfte Vögel singen unter dem Laube hervor. Saftvoll stehen des Ewigen Bäume, Libanons Cedern, die der Herr selbst gepflanzt, daß sich das Federwild dort niste, und auf Tannen sein Gehäus der Habicht baue." Es wird beschrieben „das Weltmeer, in dem es wimmelt von Leben ohne Zahl. Da wandeln die Schiffe, und es regt sich das Ungeheuer, das du schufest, darin zu scherzen." Es wird „die Saat der Felder, durch Menschenarbeit bestellt, der fröhliche Weinbau und die Pflege der Oelgärten" geschildert. Die Himmelskörper geben diesem Naturbilde seine Vollendung. „Der Herr schuf den Mond, die Zeiten einzutheilen, die Sonne, die das Ziel kennt ihrer Bahn. Es wird Nacht, da schwärmt Gewild umher. Nach Raube brüllen junge Löwen und verlangen Speise von Gott. Erscheint die Sonne, so heben sie sich davon und lagern sich in ihre Höhlen; dann geht der Mensch zu seiner Arbeit, zu seinem Tagewerk bis Abend." Man erstaunt, in einer lyrischen Dichtung von so geringem

unsere Vernunft aus den Erscheinungen der Natur schließt, kein
Widerspruch stattfindet, daß vielmehr jene in diesen ihren Erweis

Umfange, mit wenigen großen Zügen, das Universum, Himmel und Erde geschil=
dert zu sehen. Dem bewegten Elementarleben der Natur ist hier des Menschen
stilles, mühevolles Treiben vom Aufgang der Sonne bis zum Schluß des Tage=
werks am Abend entgegengestellt. Dieser Kontrast, diese Allgemeinheit der Auf=
fassung in der Wechselwirkung der Erscheinungen, dieser Rückblick auf die all=
gegenwärtige unsichtbare Macht, welche „die Erde verjüngen" oder in Staub zer=
trümmern kann, begründen das Feierliche einer minder lebenswarmen und ge=
müthlichen als erhaben poetischen Dichtung."

„Aehnliche Ansichten des Kosmos kehren mehrmals wieder (Psalm 65, 7—14
und 74, 15 - 17), am vollendetsten vielleicht in dem 37. Capitel des alten, wenn
auch nicht vormosaischen Buches Hiob. Die meteorologischen Processe, welche
in der Wolkendecke vorgehen, die Formbildung und Auflösung der Dünste
bei verschiedener Windrichtung, ihr Farbenspiel, die Erzeugung des Hagels
und des rollenden Donners werden mit individueller Anschaulichkeit beschrieben;
auch viele Fragen vorgelegt, die unsere heutige Physik in wissenschaftlicheren
Ausdrücken zu formuliren, aber nicht befriedigend zu lösen vermag. Das Buch
Hiob wird allgemein für die vollendetste Dichtung gehalten, welche die he=
bräische Poesie hervorgebracht hat. Es ist so malerisch in der Darstellung ein=
zelner Erscheinungen als kunstreich in der Anlage der ganzen didaktischen
Komposition. In allen modernen Sprachen, in welche das Buch Hiob
übertragen worden ist, lassen seine Naturbilder des Orients einen tiefen Ein=
druck. „Der Herr wandelt auf des Meeres Höhen, auf dem Rücken der vom
Sturm aufgethürmten Wellen. — Die Morgenröthe erfaßt der Erde Säume
und gestaltet mannigfach die Wolkenhülle, wie des Menschen Hand den bildsamen
Thon." Es werden die Sitten der Thiere geschildert, des Waldesels und der
Rosse, des Büffels, des Nilpferdes und der Crocodile, des Adlers und des
Straußen. Wir sehen „den reinen Aether in der Schwüle des Südwindes wie
einen gegossenen Spiegel über die dürstende Wüste hingedehnt." Wo die Natur
kärglich ihre Gaben spendet, schärft sie den Sinn des Menschen, daß er auf je=
den Wechsel im bewegten Luftkreise, wie in den Wolkenschichten lauscht, daß er
in der Einsamkeit der starren Wüste, wie in der des wellenschlagenden Oceans
jedem Wechsel der Erscheinungen bis zu seinen Vorboten nachspürt. Das Klima
ist besonders in dem dürren und felsigen Theile von Palästina geeignet solche
Beobachtungen anzuregen. Auch an Mannigfaltigkeit der Form fehlt es der dich=
terischen Litteratur der Hebräer nicht. Während von Josua bis Samuel die
Poesie eine kriegerische Begeisterung athmet, bietet das kleine Buch der ähren=
lesenden Ruth ein Naturgemälde dar von der naivsten Einfachheit und von un=
aussprechlichem Reize. Goethe in der Epoche seines Enthusiasmus für das
Morgenland nennt es „das lieblichste, was uns episch und idyllisch überliefert

und ihre Erhärtung haben. Aber nicht minder findet dieser Fundamentalsatz seine Ausprägung in den mosaischen Institutionen. Ins Besondere sind es die Feste, durch welche die Identität des geoffenbarten Gottes mit dem in der Natur, ihrer Ordnung und ihren Erzeugnissen waltenden Gotte in das Bewußtsein gerufen werden sollte; und an die Erinnerung an den Gott, der sich in der Geschichte Israels bethätigte, wird immer der Gedanke an den Gott, der seine Liebe durch die Wohlthaten und Spenden der Natur kund giebt, geknüpft. So im Pessach, Schabuoth und Sukkoth. Ebenso sollte eine Menge gesetzlicher Vorschriften der Israeliten mit der Hochachtung vor den Werken Gottes erfüllen und von jedem Mißbrauch derselben zurückhalten, wie an seiner Stelle auseinandergesetzt werden wird.

### III. Von der Geschichte.

#### 10.

**Wieso erkennt man Gott in der Geschichte?**

**Weil die Geschichte der Menschheit erweiset: 1) daß eine allwaltende Vorsehung die Menschheit nach weisestem Plane zu fortschreitender Entwickelung und Vervollkommnung führt; 2) daß eine gerechte Vergeltung durch die Weltgeschichte geht.**

> Gedenke der Tage der Vorzeit, erwäget die Jahre
> Geschlechts auf Geschlecht; Sitze gab der Höchste den
> Nationen, schied von einander die Menschensöhne.
> (5. Mose, 32, 7. 8.)

---

worden ist." — Wir fügen diesen schönen Worten Humboldts nur noch die Bemerkung hinzu, daß aus der Fülle dieser Naturempfindung eine Menge Vergleichungen und Gleichnisse, durch die ganze heilige Schrift zerstreut, floß. So stellten wir einmal alle Aussprüche zusammen, die von den Bergen entlehnt sind, s. A. Zeit. d. Jud. Jahrg. 1855, S. 303, 306, die dem Anblick des Meeres entnommen sind, s. das. Jahrg. 1856, S. 359.

Verschlossen ist es bei mir, versiegelt in meinen
Schätzen: mein ist Straf' und Vergeltung, zur Zeit,
wo wanket ihr Fuß. (5. Mose 32, 34. 35.)

1. Die Religion kann wie nicht in der Natur, ebenso wenig in der Geschichte der Menschheit einen Zufall zugeben. Indem sie aber den Menschen als sittlich freies Wesen hinstellt, ist es in der Natur das Gesetz, in der Geschichte der Menschheit die Leitung der Geschicke, wodurch sich der Gedanke Gottes verwirklicht. Wie aber vermittelst der Gesetze in der Natur diese zur Einheit des Weltalls sich gestaltet, so muß die göttliche Leitung der Geschicke, das ist die Vorsehung, einen Plan enthalten, nach welchem die Geschehnisse zu einem bestimmten Ziele geführt werden, und dieses kann der sittlich freien Natur des Menschen gemäß nur sein: die fortschreitende Entwickelung des Menschengeschlechts. — Wir haben uns nun zuvörderst diese als faktisch zu erweisen, nicht bloß um der Zweifler willen, sondern um über sie inhaltlich klar zu werden; alsdann die Normen dieser Entwickelung zu erörtern.

Die fortschreitende Entwicklung der Menschheit stellt sich zuerst als eine äußerliche dar. Wir erkennen sie hier in der unaufhörlich sich erweiternden Ausbreitung des Menschengeschlechts, namentlich in dem seiner bewußten Theile desselben über die ganze Erde. Ueberall, wo man hingekommen, hat man Ureinwohner getroffen, die mehr oder weniger dem Naturzustande noch angehörten und in der Regel nur von geringer Dichtigkeit waren. Die Zeit, wo diese Urbevölkerung in den verschiedenen Ländern sich angesiedelt, liegt vor der geschichtlichen Periode. Indeß läßt sich voraussetzen, daß das Gesetz, welches sich bis auf den heutigen Tag in der Wanderung der Völkerstämme bewährt hat, nämlich daß diese stets von Osten nach Westen gingen, auch in der frühesten Zeit gewaltet hat, und die Strömung aus dem östlichen Theile von Centralasien ausging. Wirft die Geschichte der Sprachen einige Streiflichter auf die frühesten Wanderungen der indo-germanischen Stämme, so zeigt die geschichtliche Zeit selbst, wie von Kleinasien aus theils durch die Phönizier Kolonien und Handelsposten in Nordafrika, Spanien, Gallien und Britanien angelegt wurden, theils überhaupt Griechenland bevölkert ward, von wo aus wieder-

um Sicilien und Unteritalien in Besitz genommen wurden. Wir
sehen dann die Römer ihre Legionen über Gallien in das Innere
Germaniens und bis an den Tweed in Britanien führen. Noch
gewaltiger aber ergoß sich der Strom der Völker in der sogenannten
Völkerwanderung und brachte zahllose Horden und Nationen aus
dem Herzen Asiens über alle Theile Europa's bis nach Nordafrika.
Andererseits wälzten sich die Heerhaufen der Araber und der dem
Halbmonde bald unterworfenen Asiaten über Vorderasien und
Afrika nach Griechenland und Spanien. Eine Zeit der Barbarei
folgte der Zertrümmerung der alten Civilisation. Kaum war aber
diese im Weichen begriffen, als die Seefahrer des westlichen Ufers
es unternahmen, um das Cap der guten Hoffnung den Weg nach
Indien zu finden und nach Westen zu neue Welttheile zu entdecken,
und nun sandten Portugal, Spanien, Holland, Frankreich und Eng-
land, denen sich später auch Deutschland anschloß, zahllose Auswan-
derer, welche Amerika, später Australien bevölkerten und immer fort
bevölkern; ja, schon schifft man sich im westlichen Amerika ein, um
in Adelaide und Neuholland neue Wohnsitze zu finden. Nicht minder hat die civilisirte Welt Afrika von Norden, Süden und den
Küstenstrichen aus angegriffen, um sich auch in dem Herzen dieses
verschlossensten Welttheils Kulturstätten zu erobern, sowie Engländer
und Franzosen die Pforten China's, Nordamerika und Rußland die
Thore Japans entriegeln. Diese sich immer vergrößernde Ausbreitung der Menschen findet in einem gewissen Wandertriebe ihr Gesetz, der von Zeit zu Zeit mit großer Intensität die Menschenstämme
ergreift, und in socialen, politischen und religiösen Momenten lose
Anknüpfungspunkte hat. — Diesem Ausdehnungstriebe liegt aber
eine scheinbar entgegengesetzte Tendenz in der Tiefe, nämlich die
sich immerfort erweiternde **Verbindung aller Theile des
Menschengeschlechtes untereinander.** Von der ältesten
Zeit her dienten alle Mittel dem großen Zwecke, aus allen Gliedern
des Menschengeschlechtes ein eng verbundenes Ganzes zu bilden,
und sie dadurch in allen materiellen und intellektuellen Beziehungen
zu Austausch und Wechselwirkung zu vereinigen. Die Bestrebungen in dieser Richtung sind unaufhörlich fortgesetzt worden, und
die Erfolge wuchsen von einem kleinen Anfang zu einem riesenhaf-

ten Umfange an. Herrschsucht und Religion, Bedürfniß und Gewinnsucht, Forschertrieb und Ruhmsucht bildeten abwechselnd und zugleich wirkend die Hebel für diese großartige Bewegung, die trotzdem für ihr Ziel noch weite Strecken zu erobern hat. Gewisse Kulturverbindungen zwischen weithin sich dehnenden Völkern, sowie uralte Handelsstraßen zwischen Egypten, Arabien und Indien führen auf die ältesten Zeiten zurück. Dann waren es die immer wiederholten Versuche, Weltreiche zu gründen, wie der Assyrer, Babylonier, Egypter, Meder, Perser und Macedonier, welche große Völkermassen zu vereinigen strebten. Aber wie die kühnen Phönizier durch das Band des Handels den fernen Westen an den Osten schlangen, so war es der siegreiche Arm des Römers, der auf eine Zeit lang einen großen Theil Europa's mit Asien zu Einem Reiche verband. Aber auch innerlich waren bereits durch die Schreibekunst, dann durch die Geisteskultur der Griechen und durch die Ausbreitung der griechischen und römischen Sprache Anknüpfungspunkte zu einer geistigen Verbindung der Völker gegeben. Da war es die Religion, welche eine mächtige Gewalt zur Verbindung der Nationen ausübte. Die Ausbreitung des Christenthums im Abendlande und des Islams im Morgenlande stellte zwei große Körperschaften her, welche durch die Kreuzzüge und die arabische Kultur aufeinander wirkten. Die vielfachen Erfindungen, namentlich des Kompasses, der Buchdruckerei und des Schießpulvers machten es möglich, nicht nur neue Welttheile und neue Weltwege zu entdecken, sondern auch dadurch die fernsten Welttheile für die Civilisation zu erobern und in den bereits verbundenen Theil des Menschengeschlechtes hineinzuziehen. Amerika, Australien, Südafrika, Ostindien und Nordasien wurden unmittelbar der europäischen Menschheit unterworfen; mit Vorderasien die lebhafteste, mit Ostasien eine erzwungene Verbindung hergestellt; und nachdem auch Nordafrika zum Theil mit den Waffen unterjocht, zum Theil durch politische Einflüsse herangezogen ist, sind es nur noch die freilich enormen Länderstriche von Innerafrika, Innerasien und Innerneuholland, welche der civilisirten Welt fern stehen. — Mehr aber noch als extensiv hat die Verbindung aller Glieder des Menschengeschlechtes untereinander und zu einem großen Ganzen intensiv gewonnen. Durch die Ausbildung der

Schiffs- und Straßenbaukunst, die Entwickelung des Postsystems, durch die Anwendung der Dampfkraft und durch den elektrischen Telegraphen, der jetzt bereits den Boden der Meere durchschneidend, zwischen den durch den Ocean getrennten Welttheilen kommunicirt, einerseits, sowie durch die Verbesserung der Buchdruckerei und Papierfabrikation andererseits sind die Verkehrsmittel auch der weitesten Fernen mit einander außerordentlich gesteigert und befähigt. Dadurch hat sich sowohl die industrielle, als die geistige Verbindung zu kolossalem Austausch und Wechselwirken entwickelt. Die Industrie ist zu einem großen Netze geworden, das über alle Erdtheile sich ausdehnt. Die Erzeugnisse der fernsten Ländergebiete werden unter einander bezogen; jedes Bedürfniß aus den Ländern befriedigt, von wo dies am zweckmäßigsten geschehen kann; ja, es ist so weit gediehen, daß wohl eine Theuerung, nirgends aber mehr eine Hungersnoth zu fürchten ist; und daß andererseits die industrielle Welt in allen Theilen eine gleiche Reizbarkeit besitzt, Steigen und Fallen an einem Theile von allen anderen empfunden werden, und dieselben Krisen und Gefahren alle bedrohen. — Ebenso in intellektueller Beziehung. Der Verkehr durch Schrift und Druck und die Erlernung der Sprachen ist soweit gediehen, daß die Erzeugnisse des Geistes zum Eigenthum Aller geworden. Die Schnelligkeit und Allgemeinheit der Verbreitung bewirkt, daß der Gedanke, der an einem Punkte der Erde entstanden, in kürzester Zeit die Reise um die Welt macht. Hier aber ist es, wo die Menschheit nicht blos die Raumfernen, sondern auch die Zeitfernen immer mehr überwindet. Ist die neuere Wissenschaft und Geisteskultur aus den Trümmern des Alterthums aufgesprossen, so hat sich seitdem die Forschung immer weiter nach rückwärts gewandt, die übrig gebliebenen Monumente immer älterer Perioden und Völker sich zu eigen gemacht, den Schooß der Erde durchwühlt, um aus den Monumenten und Schriftresten untergegangener Kulturvölker den Geist derselben zu begreifen, die Geschichte der Sprachentwickelung aufzufinden und selbst die Räthsel der Hieroglyphen und der Felseninschriften im Wady Mukkateb und im Orinoccothale zu lösen. So wird auch die Vergangenheit immer mehr zum Eigenthum der Menschheit und die Verbindung mit den vorübergegangenen Geschlechtern zu wesentlicher Einwirkung hergestellt. Daher entwickelt sich auch immer mehr ein allgemeines Leben der ganzen Menschheit, das in den wesentlichsten Interessen, sowohl materiellen, als intellektuellen, fest begründet ist. Die fortschreitende Entwickelung in all' diesen Momenten steht so fest, daß wohl Niemand sie bezweifeln kann.

Daß diese beiden großen Triebe und Richtungen, sich immer mehr **auszubreiten** und sich immer **inniger zu verbinden**, im Menschengeschlechte vorhanden sind, lehrt uns die h. Schrift schon in der Geschichte Babel's 1 Mos. 10, 8—10 und 11, 1—9. Babel war „der Anfang der Herrschaft Nimrod's", also der Verbindung der Menschen zu **einer** staatlichen Gesellschaft und der Vereinigung vieler Stämme zu **einem** Reiche, und zugleich „von dannen zerstreute sie der Ewige über die Fläche der ganzen Erde", daß die Völker auseinanderwichen und über Länder und Meere setzten, um alle Theile der Erde zu bewohnen. Die Verbindung, welche die Menschen mit der Erbauung Babel's untereinander beabsichtigten, sollte eine unauflösbare sein, und gerade sie wurde durch Gottes Fügung zum Hebel der Zerstreuung. Sehr tiefsinnig bezeichnet uns also die h. Schrift schon in der Urgeschichte diese beiden großen Strebungen als mächtige Hebel der Menschengeschichte überhaupt, der Entwickelung und Civilisation insonders.

Wie aber im Aeußeren, so erweist sich die fortschreitende Entwickelung des Menschengeschlechts auch nach allen **inneren** Beziehungen. Zuerst in **intellektueller** Hinsicht. Seitdem im Alterthume die Wissenschaften bis **Aristoteles** vorbereitet und von diesem umfassenden Geiste begründet wurden, nahmen sie bis zum Untergange des Alterthums, und dann seit dem Wiedererwachen nach der Eroberung von Konstantinopel einen ununterbrochenen, intensiv und extensiv sich immer weiter ausdehnenden Fortgang. Von dem ersten Ansammeln von Notizen und dem ersten Feststellen und Abgrenzen der Gebiete an, welche fast schon unübersehbare Fortschritte haben die Naturwissenschaften gemacht, und hier insonders bewährt es sich, daß mit jedem Schritte Vorwärts sich neue Felder eröffnen, die bei weiterem Anbau die herrlichsten Früchte reifen. Die Fortschritte sind hier so bedeutend, daß auch das gründlichste Lehrbuch der **Physik**, der **Chemie**, der **Anatomie** und **Physiologie** schon nach wenigen Jahren veraltet und unbrauchbar wird. Welche Fortschritte hat, seitdem Lavoisier die Luft in ihre Bestandtheile zu zerlegen vermochte, die Chemie in der Analyse gemacht.

Welch' einen Reichthum von Wissen und Kombination zeigt uns die Bearbeitung des kosmischen Theiles der Naturwissenschaften Alexander von Humboldt in seinem Meisterwerke, und doch blieb aus demselben die genauere Betrachtung des Organischen ausgeschlossen. Demungeachtet stehen wir in vielen Punkten erst noch in den Anfangsstadien der Entwickelung, welche durch die Vervollkommnung der Mikroskopie und Teleskopie noch einen außerordentlichen Aufschwung erwarten läßt. — Nicht minder zeigen die historischen Wissenschaften einen großartigen Fortschritt. Wenn uns das Alterthum schon Muster der Geschichtschreibung aufgestellt hat, so hat dagegen die Geschichtsforschung in der neueren Zeit einen wissenschaftlichen Charakter angenommen; sie erstreckt sich über alle Völker und alte Zeiten, sie durchsucht und sammelt die kleinsten Details, sichtet diese mit der schärfsten Kritik und strebt dann wieder, sie zu einem Gesammtbilde zusammenzufassen und die Vergangenheit in ihrem charakteristischen Wesen zu reproduciren. Ein Gleiches können wir von ihren Hülfswissenschaften, insonders den philologischen, sagen. Von den ersten Versuchen der Alexandriner in Grammatik, Etymologie und Lexikographie an hat die Sprachkenntniß namentlich seit der Mitte des vorigen Jahrhunderts außerordentliche Fortschritte gemacht. Sowohl die Ausdehnung des sprachlichen Materials, als auch das philosophische Verständniß jeder einzelnen Sprache an sich und aller Sprachen in der Vergleichung und dem Zusammenhang, sowohl die Durchforschung der fernliegendsten Literaturen, als auch deren tief eingehende Würdigung haben unendlich gewonnen und machen allmälig die Begründung einer wirklichen Weltgeschichte möglich. — Endlich die Philosophie selbst. Obschon diese die Grenzen ihrer Resultate schon klarer erkennt, als die Naturwissenschaft, obschon die bisherige Geschichte genugsam erwiesen hat, daß gerade die Philosophie sich immer wieder in gewissen Kreisläufen bewegt und abschließt, so läßt sich demungeachtet nicht verkennen, daß in jedem dieser Kreisläufe das philosophische Denken das Bewußtsein immer mehr vertieft, über immer mehr Objekte ausdehnt und zu größerer Konsequenz ausbildet. Vor Allem aber ist hier zu betonen, daß die Intelligenz nicht blos durch die wissenschaftliche Entwickelung an sich wächst, sondern durch Ausbreitung und Verallgemeinerung unter den Menschen ihre Kraft und Wirksamkeit fortdauernd steigert. Von jener Zeit an, die kaum zwei Jahrhunderte vorüber, in welcher ein Mörder straflos blieb, weil er der Einzige im Städtchen war, der lesen und schreiben konnte, bis zu unsren Tagen, wo die Kenntnisse unter allen Volksklassen so verbreitet, die Resultate der Wissenschaften so sehr popularisirt, die Aufklärung der Begriffe dadurch außerordentlich gefördert und das geistige Leben immer mehr das Gemeingut aller Menschen werden, welch' eine Entfernung!

Noch unleugbarer aber sind die Fortschritte, welche das Menschengeschlecht in Handwerk und Kunst gemacht hat. Vor dem Anfang der gewöhnlichen Zeitrechnung sang der römische Dichter Lukrez: Weiter als jetzt kann der Mensch es wohl nicht bringen; wir versetzen Berge ins Meer und Seen auf's Land und holen die Produkte ferner Zonen zur Zierde und zu Leckerbissen für unsere Tafel. Und allerdings hatte man bereits große Fortschritte in allen Künsten und Gewerken, in Mechanik und Manufaktur gemacht. Und doch kannte man damals noch nicht den Compaß, und die Schiffahrt beschränkte sich, den Küsten entlang über das Mittelmeer und an der Westküste Europa's bis nach Britanien, höchstens bis Preußen zu fahren; man hatte noch nicht die Buchdruckerkunst und das Lumpenpapier, noch nicht das Schießpulver und Porzellan erfunden; man besaß noch keine Art geschliffener Gläser, um die Sehkraft des Auges zu vervielfältigen; man kannte noch nicht die Dampfmaschine und den elektrischen Telegraphen; die Chemie war nur dem Namen nach vorhanden und selbst die Destillation war noch nicht gefunden. Die Benutzung der Bergwerke war noch sehr unbedeutend, und hiermit die Anwendung der Metalle zur Fertigung feiner Instrumente noch verhältnißmäßig gering. So fehlten noch die wesentlichsten Unterlagen immer neuer und mannichfaltigerer Erfindungen. Nichts ist daher interessanter, als die Geschichte der Erfindungen seit dem Mittelalter, wo der fruchtbare Zufall, die scharfsinnige Kombination und die glückliche Verbindung beider von Entdeckung zu Entdeckung führte. Bemerkenswerth ist, daß es oft Zeiten giebt, wo fast jeder Tag eine neue, wichtige Erfindung und Verbesserung mit sich bringt, während dann wieder der Genius des

Menschengeschlechtes sich eine lange Zeit hindurch gleichsam wieder ausruhet. Wer von der Hütte eines Autochthonen zum Wigwam des Indianers und von diesem zum Pallaste eines europäischen Reichen geht, der kann ungefähr mit einem Blicke die ungeheure Entwickelung überschauen, welche der Mensch in industrieller Beziehung bereits vollbracht hat.

Aber selbst da, wo man den Fortschritt immer am ehesten leugnet, auf dem sittlichen und demzufolge dem politisch-socialen Boden wird der Vorurtheilslose eine faktische Entwickelung nicht verkennen. Hier, wo es gilt, die ursprüngliche Natur des Menschen zu überwinden, und ihn aus einem freien zu einem sittlich-freien Menschen zu erheben, hier, wo der Egoismus des Menschen so viele Hindernisse und seine Leidenschaften so viele Schwierigkeiten schaffen, kann der Fortschritt nur ein überaus langsamer sein und mehr auf allgemeinen Momenten beruhen, als auf dem sittlichen Zustande der Individuen als solcher. Es kommt hier darauf an, ob die Principien der Menschenliebe, der Gerechtigkeit und der Freiheit eine immer bestimmtere und allgemeinere Anerkennung finden, so daß sie zu den das öffentliche Leben und die öffentliche Meinung beherrschenden Grundsätzen werden, sowie daß diese Principien in den Gesetzen und in allgemeinen Instituten immer mehr zur Verwirklichung kommen. Und hierin sind die Fortschritte allerdings durchaus erkenntlich. Im Alterthume war der Begriff von allgemeinen Menschenrechten gänzlich unbekannt. Recht und Freiheit waren im Sinne aller alten Völker nur auf den herrschenden Stamm beschränkt. So wie alle anderen Völker als „Barbaren" oder „Fremde" rechtslos erschienen, so mußten unterworfene Nationen doch Joch der Knechtschaft tragen. Die gerühmte griechische Freiheit bestand nur für die kleine Anzahl atheniensischer Bürger, für die noch kleinere der Spartiaten, der Thebaner u. s. w. Darum konnte der alte Staatsweise die menschliche Gesellschaft gar nicht ohne Sklaven denken, und ein Armenwesen, überhaupt Werke der Barmherzigkeit kannte das Alterthum nicht. Hier war es nun, wo das Gesetz Israels das Licht in die Völkernacht brachte. Hier wurde der Menschheit das allgemeine Menschenrecht und die allgemeine Menschenliebe geoffenbart. Ein Recht und Ein Gesetz wurde für Alle,

Einheimische und Fremde, festgestellt; Jeder, weß Stammes er auch war, konnte „in die Gemeinde des Ewigen" kommen, also das israelitische Bürgerrecht erwerben. Die Sklaverei wurde theils durch die Freilassung im 7ten Jahre und im Jobeljahre aufgehoben, theils durch strenge Gesetze eingeschränkt, und für Arme, Witwen, Waisen und Fremdlinge durch ein ausgedehntes Armengesetz vollständig gesorgt. Von hier gingen denn auch wesentliche Elemente in die Gesellschaft des Mittelalters durch das Christenthum und den Islam über. Allein in letzterem und zum Theil auch in ersterem blieb das Sklaventhum bis auf den heutigen Tag (z. B. in Nordamerika) und überdies trat in der Christenheit an die Stelle desselben die Leibeigenschaft mit äußersten Härten ein. Außerdem erwuchsen andere Uebel: die religiöse Ausschließung und Verfolgungssucht, die bis zu den Scheiterhaufen der Inquisition entartete, die Ungleichheit der Stände und Gliederung der Gesellschaft in lauter einzelne Körperschaften, das Faustrecht, die Gottesurtheile, die Folter, die Behme, die Hexenprocesse — die das Alterthum nicht gekannt und das Judenthum stets verworfen hat. Der bedeutsame Fortschritt der neueren Zeit besteht nun in der Bekämpfung, allmäligen Ueberwindung und gänzlichen Beseitigung aller dieser Mißstände, so daß die durch die Religion Israels in die Welt gebrachte allgemeine Menschenfreiheit, Menschenliebe und Menschenrecht immer mehr zur Herrschaft kommen. So wurde denn das Faustrecht durch einen geregelten gesellschaftlichen Zustand gänzlich beseitigt, einen letzten Ausläufer nur noch im Duell findend; die Gottesurtheile, Behme und Hexenprocesse verschwanden; die Folter und zuletzt das geheime inquisitorische Verfahren wurden aus der Kriminaljustiz entfernt; die Leibeigenschaft aufgehoben und durch einen freien Bauernstand und einen allerdings in seinen Verhältnissen noch vielfach zu verbessernden Arbeiterstand ersetzt; die Gebundenheit der industriellen Beschäftigungen durch die Aufhebung des Zunftzwanges verdrängt; die Gliederung in Körperschaften aufgelöst, die Ungleichheit der Stände in ihre natürlichen Schranken verwiesen und dafür Gewissens- und Religionsfreiheit und Gleichheit Aller vor dem Gesetze zu Grundsätzen des neueren Staates erhoben. Allerdings sind die Kämpfe hierum noch lange nicht zu Ende; der Sieg des Rechts und der Liebe ist noch in vielen Staaten und in vielen wichtigen Momenten nicht entschieden; ja, sicherlich giebt es noch große, tiefeingreifende Streitelemente, welche gerade durch die bisher erlangten Resultate in die Schlachtlinien rücken, z. B. die Verhältnisse des Proletariats; eben so sehen wir, daß die Entscheidung durch Waffengewalt, der Krieg, noch nicht aus dem Geist und der Sitte der Völker gewichen, daß noch immer Staatsveränderungen auf dem Wege der Revolution versucht werden — aber der Bekenner der fortschreitenden Entwickelung behauptet ja nicht, daß die Lösung aller Fragen bereits erreicht und das Ziel gefunden sei, im Gegentheil bekennt er, daß, je weiter die Menschheit auch in sittlicher und gesellschaftlicher Beziehung fortschreitet, desto größere Kreise sich ferneren Erstrebungen eröffnen. Aber auch in allen zuletzt angeführten Punkten ist mannichfache Besserung nicht zu verkennen. Die Tendenz, die Kriege immer seltener zu machen, liegt zu Tage; die unmenschlichen Scenen, das Morden aus Mordlust, das Plündern aus Raubsucht, werden seltener und immer mehr mit allgemeinem Fluche belegt; Wehrlose, Gefangene, Verwundete selbst im Kriege geachtet und human behandelt. So breiten sich auch die Bemühungen, die traurigen Folgen der Besitzungleichheit und den Wandel des Geschickes zu mildern, immer mehr aus; man schafft Assekuranzen gegen mannichfache Schäden, Lebensversicherungen, Witwenkassen, Waisen- und Alterversorgungsanstalten, Krankenkassen und -häuser aller Art, wie sie theils auf Gegenseitigkeit Vieler und auf Ersparnissen, theils auf Spenden der Wohlthätigkeit beruhen. Ja, die Leidenschaften sind geblieben, aber ihre Energie ist gebrochen; sie haben aufgehört, sociale Leidenschaften zu sein, und sind nur noch die Leidenschaften der Individuen.

Und so ist es endlich auch die religiöse Entwickelung, welche wir freudig in der Menschheit anerkennen. Der Pfad, den hier die Religion Israel's eröffnet und dem sie das Ziel festgesteckt hat, ist uns auch faktisch bereits klar und übersichtlich. Von der Vielgötterei zur Anerkennung und Anbetung des einzigen, einigen Gottes! Von dem Heidenthume, das sich Gott in der Materie vorstellt, entweder in bildlicher Darstellung oder als mit der Materie und materiellen Welt identisch, bis zur Anbetung Gottes als reingeistiges Wesen nur im Geiste! Von der noch mit tausendfachem Aberglauben umgebenen Lehre bis zu der reinen und ganzen Erkenntniß! Von der bloßen Kenntniß bis zur völligen Durchdringung des menschlichen Wesens durch diese Erkenntniß! Wie hier die weltgeschichtlichen Erscheinungen des Christenthums und des Islams bedeutsam eingetreten, wie innerhalb dieser die verschiedenen Kirchen und Sekten einen niederen und höheren Grad des Lichtes bezeichnen, wie ferner durch sie hindurch Aufklärung und Bildung zu der in der Religion Israel's gegebenen ganzen und reinen Wahrheit dringen, haben wir bereits oben angedeutet. Wenn es daher auch wahr ist, daß sowohl in sittlicher wie politischer und socialer, als auch in religiöser Beziehung die Menschheit noch sehr im Heidenthume steckt: so lassen sich doch auch die großen Fortschritte nicht verkennen, welche geschehen sind und die volle Bürgschaft für die ferneren Siege der Entwickelung geben [1]).

2 Haben wir uns demnach die Entwickelung des Menschengeschlechtes nach allen Richtungen hin faktisch erwiesen, so müssen wir noch einen Blick auf die Normen werfen, innerhalb welcher sie vor sich geht.

Man hat eingewendet, daß die Civilisation nur immer in einem kleinen Bruchtheile des Menschengeschlechtes ihren Sitz habe, während die große Mehrheit der Nationen keinen Theil daran nehme; daß alle Völker, selbst die civilisirtesten, nach einer gewissen Periode der Blüthe und Kraft, absterben, und somit das Streben und Erreichen in neuen Völkerstämmen wieder beginnen müsse; man hat daher gemeint, daß die Summe der Bildung und Gesittung im Ganzen nicht wesentlich wachse, sondern was an dem einen Punkte davon gewonnen werde, gehe an einem anderen wieder verloren; es sei also ein beständiges Steigen und Fallen vorhanden, so daß an ein entschiedenes Resultat zu glauben irrig sei.

In der That sehen wir den Mittelpunkt der Kultur von Ost nach West rücken, und hier wieder von Süd nach Nord verlegen. In der Mitte Asiens finden wir den ersten festen Sitz derselben,

―――――――
[1]) S. unsere Vorlesungen über „die Resultate in der Weltgeschichte." (Leipzig. 1860.)

indem es immer noch ungewiß ist, ob die indische Kultur die ursprüngliche oder von Norden her in die Halbinsel eingedrungen sei. Es sind sehr geraume Zeiten dahin gegangen, ehe die assyrische und babylonische Kultur, welche aber jedenfalls mit der ägyptischen in Verbindung stand, da sie gegen diese einen Fortschritt bezeichnet, mit der Asche der Verwüstung bedeckt ward, und sich westwärts über Persien und Kleinasien nach Griechenland verpflanzte. Wie groß auch die Entwickelung der hellenischen Kultur war, so besitzt sie doch jedenfalls nicht den Werth der vollen Originalität, sondern sie hatte die ganze asiatische und die ägyptische als ihre Grundlage angenommen, und so sehr hinwiederum die römische völlig in der griechischen wurzelte, hatte jene dennoch in ihrer männlichen Kraft und Entschiedenheit, in ihrem Realismus des Ursprünglichen und Verdienstvollen genug. Wir haben demnach in der Kultur des Alterthums einen stetigen Fortschritt, ein Produkt derselben lehnt sich an das andere, eines wächst aus dem anderen hervor; sie ist nicht eine unterbrochene, bald hier, bald dort erstehende und erlöschende, zu gleicher Zeit an den verschiedensten Punkten aufkommende, sondern erscheint uns als eine gegliederte Kette, als ein organisches Ganzes, in welchem jeder Theil nach Zeit und Ort seinen bestimmten Platz hat. Nachdem nun die Lebenskraft der alten Völker erschöpft war, wurde ein neues Völkergeschlecht auf die Bühne der Geschichte gebracht; die Völkerwanderung führte aus dem nördlichen Centralasien die wilde aber kräftige germanische Völkerfamilie über Europa, und ließ sie ihre Wohnsitze auf den Trümmern der alten Kultur und nordwärts gründen. Aber es ist hier wohl zu bemerken, daß die neue Kultur in den Ländern zuerst wieder erwachte, wo sich die alte noch in den bedeutendsten Trümmern und Völkerresten erhalten hatte. In Italien und Spanien begann das Kulturleben mit neuer Kraft seine Wurzeln zu schlagen, welche es tief in die Ruinen der alten Welt hineintrieb; aus Konstantinopel kam die beste Nahrung und überhaupt gaben die Monumente des Alterthums die eigentlichen Grundlagen der neuen Civilisation ab. Allerdings starben diese südeuropäischen Völker, nachdem sie ihre große Aufgabe gelöst, die Vermittler zwischen der alten und neuen Civilisation zu sein, und dies auch ganz realistisch in der Entdeckung und ersten Bevölkerung der neuen Welt ausgeführt hatten, nach und nach ab, und der eigentliche Heerd der modernen Kultur verpflanzte sich nach dem Norden Europa's und ging über den Ocean nach der westlichen Hemisphäre. Auch hier also stellt es sich erwiesener Maßen heraus, daß die moderne Kultur unmittelbar aus der alten herausgewachsen und örtlich und zeitlich in einem stetigen Zusammenhang geblieben. Mit diesem Erweise widerlegt sich der Einwand, als ob die Civilisation örtlich und zeitlich gleichsam zufällig erscheint und vergeht, immer von Neuem beginnt und verfällt. Als ein in Zeit und Raum organisches Ganzes, als eine Einheit, die über Raum- und Zeitfernen hinweg sich als eine stetige Entwickelung erweis't, ist sie eine in Plan und Gang absichtlich angelegte, in der Natur der Menschheit nothwendige. Es ist klar, daß ein jedes Volk, namentlich ein Kulturvolk, eine bestimmte Anlage an Charakter und Kraft besitzt, wodurch es unter den betreffenden örtlichen und zeitlichen Verhältnissen eine bestimmte Aufgabe zu lösen, einen bestimmten Zweck zu erfüllen hat, nach dessen Erreichung, so weit seine Lebenskraft und der Zusammenhang mit den übrigen Völkern ihm diese gestattete, es abstirbt, und nach längerem oder kürzerem Vegetiren vom Schauplatze abtritt. Solche bestimmteste Zwecke sehen wir die Aegypter, Assyrer, Perser und Phönizier, die Griechen und Römer des Alterthums, sehen wir insonders die Gothen, Franken und Sachsen des ersten Mittelalters, sehen wir die Italiener, Spanier und Portugiesen des späteren Mittelalters, sehen wir die Franzosen, Deutschen, Engländer 2c der modernen Zeit vollführen, und selbst minder bedeutende Völker in kleinerem Umfange und während geringerer Zeiträume, wie z. B. die Normannen des Mittelalters, die Holländer und Schweden der neuern Zeit. Die fortschreitende Entwickelung geht demnach dadurch vor sich, nicht daß sie den Völkern eine ewige Dauer sichere und so Volk nach Volk an sich ziehe, sondern indem sie Volk nach Volk seine ihm angemessene Aufgabe lösen, Eines aber seinen Gewinn, seine Resultate dem Anderen mittheilen und übertragen läßt, und so einen stetigen Fortgang erwirkt. So geschieht es denn auch, daß ganze Völkergeschlechter einen bestimmten Kulturcharakter, ein großes Kulturstadium auszufüllen haben, und nach dessen Ausfüllung in ihrem Lebensprinzip erschöpft sind, nichts mehr zu produziren vermögen, und daher untergehen müssen. Neue Völkergeschlechter treten auf; ohne furchtbare, Jahrhundertelange Kämpfe, ohne furchtbare Zertrümmerungen kann dies nicht vor sich gehen; eine Zeit der Barbarei tritt wieder ein — aber nur um einer neuen Entwickelung Platz zu machen, welche die Resultate der vorhergegangenen in sich aufnimmt und auf deren Unterlage eine ganz neue Kulturphase anhebt. So macht die Menschheit oft scheinbar einen langen Stillstand, ja einen ungeheuren Rückschritt, aber nur scheinbar, weil ein Neueres, Größeres, Weiteres sich entwickeln soll, das neuer, größerer, ausgedehnterer Werkzeuge und Träger bedarf. Nicht minder sehen wir dies in geringerem Maße nach zeitlichen großen Bewegungen und Erschütterungen; es treten Perioden des Stillstandes, des Rückschrittes, ja gewaltsamer Rückstöße ein, durch welche Extreme ausgeglichen und neue Momente in die Entwickelung hineingeworfen werden sollen.

Wird uns auf diese Weise der Gang der Entwickelung erklärlich, so ist es anderntheils auch sicher, daß in der That die Civilisation sich immer mehr über die Völker ausdehnt und auch extensiv an Ausbreitung gewinnt. Der Heerd derselben ist nicht mehr ein so beschränkter wie im Alterthum, und die ihr angeschlossenen, wenn auch nicht ganz überwundenen Völker machen bereits einen sehr großen Theil der Menschheit aus. Hierzu kommt, daß die christlich-europäischen Völker von ihrer Civilisation zu sehr eingenommen sind, und das Kulturleben anderer Völkerfamilien, z. B. der mohamedanischen, chinesischen, zu niedrig anschlagen, während diese doch einen sehr bedeutsamen Platz neben dem ihrigen einnehmen und noch oft genug der Unterschied nur auf ein größeres Raffinement hinausläuft. Als das eigentliche Kriterium gilt hier vielmehr: daß die wirkliche Unkultur stets der auf sie drängenden Kultur weichen und vor ihr untergehen muß. Wie die Raubthiere, Schlangen ff. vor der Verbreitung der Hausthiere zurückweichen und zum Theil gänzlich verschwinden, so vergehen die der Kultur ganz untheilhaftigen und unfähigen Menschenstämme vor den civilisirten, z. B. in Amerika und Afrika. Wo aber eine Völkerfamilie vor der civilisirten Stand hält, wie die mohamedanische, die indische, chinesische, da ist selbst ein bedeutendes Kulturleben vorhanden und eine weitere Entwickelung noch gewiß. Ein nachdrücklicher Beweis liegt endlich in dem besonderen Verhältniß des israelitischen Stammes zu der fortschreitenden Entwickelung. Wenn jeder bedeutenden Nation eine eigenthümliche Aufgabe, ihrer Natur und ihren Verhältnissen in Ort und Zeit gemäß, geworden, so ist die Aufgabe der israelitischen Nation die Religion gewesen. Sie war vorzugsweise das Religionsvolk. Wie sie bestimmt war, die Gotteslehre zu empfangen, durchzuarbeiten und für die gesammte Menschheit zu bewahren und zu bezeugen, bis diese zu ihr gänzlich herangereift sein würde, so füllte auch die Religion das ganze Leben dieser Nation aus. Mögen auch zu verschiedenen Zeiten einzelne und selbst zahlreiche Glieder dieses Stammes auf anderen Gebieten nicht geringe Auszeichnung und Verdienste erworben haben, so gingen sie hierin doch immer nur in die Bestrebungen anderer Völker auf. Der wirkliche Inhalt der Nation und das eigenthümliche Wirken und Schaffen derselben bestand zu allen Zeiten nur im religiösen Moment. Dies war auch der Angelpunkt ihrer Geschicke, die Ursachen und der Zweck aller ihrer Verhängnisse. Da aber die eben bezeichnete Aufgabe des israelitischen Stammes eine solche ist, die nicht in einem kürzeren oder längeren Zeitraum, in irgend einem energischen Aufschwung, oder in der Blüthezeit der Nation zu lösen war, da sie vielmehr zu jedem bedeutenden Fortschritt der Jahrtausende bedurfte, und im eigentlichen Sinne nur am Leben der gesammten Menschheit sich erfüllt: so mußte auch das Werkzeug dieser Aufgabe an deren unabsehbarer Dauer zu gleichem Bestande kommen, und so sehen wir denn in der That den jüdischen Stamm sowohl in einem begrenzten Lande, als auch inmitten aller Völker, sowohl in der Gunst als auch in der höchsten Ungunst des Geschickes, sowohl in der blutigsten Verfolgung und drückendsten Ausschließung, als auch in freundlicher und vollkommenster Aufnahme seitens der Völker durch die Jahrtausende bestehen, stets mehr oder weniger seiner Aufgabe hingegeben. Dieser Bestand des israelitischen Stammes, sowie sein ganzer Weltgang beruht lediglich auf der fortschreitenden Entwickelung des Menschengeschlechtes auch in religiöser Beziehung, findet hier allein seine Erklärung und bietet eben darum einen abermaligen Beweis für jene.

Die Lehre von der fortschreitenden Entwickelung liegt in dem ganzen Charakter, in der ganzen Tendenz der heiligen Schrift ausgeprägt. Schon die Erzählung von der Fluth beruht auf der Ansicht, daß Gott die sittliche Vervollkommnung des Menschengeschlechts will, daß diese für das Dasein desselben der eigentliche Behikel sei, und daß daher ein Geschlecht, welches so tief gesunken, daß es der Besserung nicht mehr fähig, aufhören müsse zu bestehen [1]). Die Offenbarung selbst tritt nicht als eine in Einem Momente vollständig gegebene ein, sondern vollendet sich in **einer weiten Entwickelung von Abraham an bis zu den letzten der Propheten**, durch anderthalb Jahrtausende. Die wachsende Heiligung Israels, bis diese ganz vollendet sein werde [2]), der steigende Anschluß der Nationen an die Gotteslehre, bis dereinst die Anbetung Gottes auf der ganzen Erde eine einzige und einheitliche, wie Gott selbst einzig, sein [3]) und Erkenntniß die Erde bedecken werde, wie die Wellen den Meeresgrund [4]), das ist das immer wiederholte Prophetenwort, **das demnach die Erfüllung allein in der fortschreitenden Entwickelung der Menschheit erschaut.** (S. Beilage No. 5.)

3. Die Geschichte im Großen und im Einzelnen bietet uns zahllose Beispiele und Thatsachen dar, welche erweisen, daß eine gerechte Vergeltung durch das Leben geht, eine Vergeltung, die sowohl darin besteht, daß an gute und böse Handlungen sich von selbst im natürlichen Zusammenhange lohnende und strafende Folgen reihen, als auch daß durch die, von Gott geleitete Fügung der Verhältnisse über den Thäter lohnende und strafende Geschicke kommen. Wie die Schrift selbst am Pharao zeigt, der die neugeborenen Knaben der Israeliten im Nil ertränken ließ und im rothen Meere vor den Augen der geretteten Hebräer umkam, so zeigt uns die Geschichte der Völker wie der Einzelnen, welche zu einer geschichtlichen Rolle berufen waren, zahllose Beispiele einer gerechten Vergeltung, die in den letzten Erfolgen und Ausgängen sich bethätigten. Cäsar, der am Fuße der Bildsäule des Pompejus unter den Mordstichen der letzten römischen Republikaner fiel, und Napoleon, der, nachdem er

---

[1]) S. unser Bibelwerk Th. I, S. 30.
[2]) Sechaŕj. 14, 20. 21. Jesch. 65, 25.
[3]) Sechaŕj. 14, 9. Jesch. 66, 18. 23.
[4]) Jeschaj. 11, 9.

Europa seinem Ehrgeize geopfert, auf einer fernen Insel des Oceans verkümmerte; das große persische Reich, welches vor einem kleinen Heere derselben Griechen zusammenstürzte, die es mit seinen Millionen hatte erdrücken wollen, und die Römer, die, nachdem sie ihr Schwert bis in die innersten Wälder Germaniens getragen, zuletzt nur noch von dem Winke der Teutonen existirten und untergingen, sind nur eklatante Beispiele, denen zahllose andere aus allen Zeiten und Völkern angereiht werden können. Nicht blos auf dem Sarge Ludwigs XV. spielten die Diener Karten; nicht blos der sterbende Herodes litt unsägliche Qualen an Seele und Leib; nicht blos Isabella, die Stifterin der spanischen Inquisition, sah alle ihre Kinder vor ihren Augen hinwelken; nicht blos an die Pallastwände von Babel wurde das: „Gewogen, und zu leicht gefunden!" geschrieben — sondern überall, wo wir in der Geschichte Gewaltthätigkeit und Ausschweifung, Unterdrückung und Falschheit, Bestechlichkeit und Entsittlichung gewahren, sehen wir auch alsbald das Strafgericht hereinbrechen und Staaten und Völker, Fürsten und ihre Enkel vom Erdboden hinwegfegen. Die Geschichte erweist uns, daß hiergegen weder Kunstbildung und wissenschaftliche Kultur, noch Schwertermacht schützt, da nur die sittliche Kraft, die in einer Nation lebt, die Macht verleiht, sich zu erhalten und die Stürme siegreich zu bestehen. Mögen auch Staatskünstler und Eroberer behaupten, daß Völker und ihre Herrscher nicht mit dem Maßstabe der Moral zu messen, nicht auf der Wagschale der Sittlichkeit zu wägen, sondern nach der Großartigkeit ihrer Entwürfe und nach der Fülle ihrer Erfolge zu beurtheilen seien — die Geschichte selbst lehrt uns ein Anderes, und zeigt uns, daß, was in Sünden geboren wird, in Elend untergeht, was mit Unrecht aufgebaut worden, bald zertrümmert wird, und daß die Schatten der Schuld über jedes Haupt Siechthum und Untergang bringen.

Ijob 8, 8—19: „Denn frage doch beim frühesten Geschlecht, ergründe die Forschung seiner Väter — fürwahr, sie werden lehren dich, sie werden zu dir sprechen, tief aus dem Herzen Worte bringen: Untergeht des Frevlers Hoffnung, sein Vertrauen reißt, seine Zuversicht ist Spinngewebe; siehe, er stützt

sich auf sein Haus, und bleibt nicht stehen, hält sich
dran, und bleibt nicht aufrecht. Strotzt voll Saft
im Sonnenstrahle, über seinen Garten ranket sein
Gesproß· doch um Felsblock schlingen seine Wurzeln
sich, und auf Steinschicht stößt er; reißt man ihn
aus seiner Stelle, leugnet sie ihn: niemals sah ich
dich. Anderes sprießet aus dem Boden auf!"

Dies ist also die Erfahrung, die schon zu Ijobs Zeit aus der Geschichte der früheren Geschlechter hervorging, und dieselbe Erfahrung ist es, welche nicht minder aus dem Laufe der Dinge, die seitdem verflossenen Jahrtausende hindurch, bei redlichem „Forschen" sich für uns ergiebt. In V. 16—18 wird der Gottlose mit einer üppig wuchernden Pflanze verglichen, die mächtig, voll Saft und im Sonnenstrahle aufsprießt, und sich weithin ausbreitet, aber plötzlich stößt ihre Wurzel auf Stein und geht aus und hinterläßt, weil auf steinigem Boden, keine Spur, wie dies Pflanzen in fruchtbarem Boden thun, welche, ausgerissen, Saamen oder Schößlinge hinterlassen. Der erfahrene Gärtner weiß, wie oft prächtig aufgeschossene Fruchtbäume, sobald ihre Wurzeln auf Steinschichten stoßen, verdorren und ausgehen. Hier aber geschieht noch mehr: der Boden, der dem Ungerechten Bestand und Nachwuchs verweigerte, läßt andere fröhlich und gedeihlich aufsprießen.

### B. Von der Verehrung Gottes.

**11.**

Worin besteht die Verehrung Gottes?

In den unsere Seele erfüllenden und unser Leben beherrschenden Empfindungen der Ehrfurcht und der Liebe, der Dankbarkeit und des Vertrauens, des Gehorsams und des Dienstes vor Gott.

Die Verehrung Gottes, wie sie eben sowohl aus der Erkenntniß Gottes hervorgeht, als auch unmittelbare Strömung unseres Herzens ist, befaßt das ganze tiefere Verhältniß des Menschen zu Gott, so weit es noch zu keiner auf andere Menschen und Wesen wirkenden That wird. Wie weit demnach der einzelne Mensch sich selbst, seine Denk- und Gefühlswelt vom Begriff und Gedanken Gottes durchdringen läßt, wie weit jene in diesen wurzelt, sich zu Gott erhebt und mit ihm in Verbindung bleibt, Alles auf ihn bezieht und von ihm erwartet, macht die Verehrung Gottes innerhalb des Individuums aus. Man sieht daher leicht ein, daß diese Verehrung ihren bestimmten Charakter von der Erkenntniß erhält, und je nach dem Grade einer reineren Erkenntniß lauter und Gottes würdig, je nach dem Vorherrschen des Aberglaubens eine unlautere werden muß, so daß sie unter dieser Einwirkung voller Irrthums und Wahnwitzes, voller verderblichsten Fanatismus und Verfolgungssucht werden kann, so daß sie das Kind in die Arme des glühenden Molochs und den „Ketzer" auf den brennenden Scheiterhaufen zu werfen, die scheußlichsten Wollustfeste zu Ehren der Gottheit zu feiern und mit dem Rufe „Gott will es!" das Schwert in das Blut schuldloser

Haufen zu stoßen vermag. Andrerseits wird die Verehrung Gottes von der Erkenntniß unabhängig sein, indem die Wärme und Innigkeit, die volle Hingebung und Wahrhaftigkeit nicht von jener bestimmt wird, sondern aus der Stärke der Gefühle und aus der Festigkeit der Ueberzeugung hervorfließt. Die Verehrung Gottes hat daher etwas **Unmittelbares**, das von Kindheit an gepflegt sein will und sich durch eine gewisse Kindlichkeit während des ganzen Lebens erhält, aber hinwiederum auch etwas Mittelbares, das erkannt und gestärkt, erleuchtet und gebildet werden muß; sie zieht ihre Nöthigung aus dem Wesen des Menschen selbst heraus, aber will zugleich als Pflicht eingesehen und geübt werden. Gerade innerhalb der Verehrung Gottes, d. h. in dem unmittelbaren Verhalten des Menschen zu Gott besteht der höhere Theil des menschlichen Individuums und lebt es sich durch, und von ihr hängt das niedere oder höhere Ziel ab, das der Mensch in seiner bloßen Individualität sich setzt und erreicht. So wie demnach hier ein Boden für das Seelenleben aller Menschen ist, und zwar sowohl für ihre Natürlichkeit als für ihre Höherbildung, hier die höchste Erhebung und Läuterung und der gröbste Irrthum möglich, hier das wahrhafte Fördern und Gedeihen des Seelenheils, so nimmt die Verehrung Gottes die höchste Aufmerksamkeit der Religionslehre um so mehr in Anspruch, je mehr das wirkliche Leben durch seine Mannichfaltigkeit, Verwirrung und scharfe Verstandesbildung den modernen Menschen davon entfernt.

### 12.

**Welche sind die Mittel der Verehrung Gottes?**

**Das Gebet, der Gottesdienst, die religiösen Feste und Ceremonien, welche aus jenen Empfindungen entspringen und davon erfüllt sind.**

„Schön ist's, dem Ewigen zu danken, deinem Namen zu singen, Höchster, des Morgens zu verkünden deine Gnade, des Abends deine Vatertreue." (Pf. 92. V. 2.)

„Ich will dich preisen in großer Gemeinde, in Volksversammlung dich loben." (Pf. 35. V. 18.)

„Ich freue mich, wenn sie zu mir sprechen: Zum Haus des Ewigen laßt uns gehen!" (Pf. 122. V. 1.)

„Beobachtet alle diese Gebote, welche ich Euch heute zu thun gebiete, daß ihr den Ewigen, euren Gott, liebet, in allen seinen Wegen wandelt und ihm anhanget." (5. Mos. 11, 22.)

1. Das Gebet ist der Ausdruck für alle Gefühle, die uns nach oben hin beseelen, die uns in unserem Zuge zu Gott, in unserem Aufblick zu Gott erfüllen. Es enthält daher: Preis Gottes aus unserer Bewunderung seiner Eigenschaften, seiner Werke und Thaten heraus; Dank für die von Gott empfangenen Wohlthaten, die Geschenke seiner Huld, die erfahrene Rettung und Hülfe; Bitte um Gnade, Schutz und Segen, um Vergebung unserer Sünden, um Kraft in allen Prüfungen, um Rettung in allen Gefahren und Nöthen, um Beistand zu günstiger Wendung in allen unseren Angelegenheiten; den Ausdruck der Gefühle unserer Schwäche, des Bewußtseins unserer Fehler, des Gelöbnisses unserer Besserung; endlich auch das bestimmt formulirte Bekenntniß unseres Glaubens und seiner Geschichte. Das Gebet ist demnach das unmittelbare Zwiegespräch unserer Seele mit Gott, ohne Zwischenkunft und Vermittelung; es jubelt unsere Freude, das glückliche Wogen unseres Herzens hinauf, es seufzt und stöhnt den Schmerz zur Höhe, der unsere Brust zerreißt; es stößt in scharfen, schrillenden Tönen, in kurzen Ausrufen das Entsetzen, den Schrecken aus, die uns ergreifen, und giebt der Angst, der niederdrückenden Sorge, ja selbst der Verzweiflung den Ausdruck, wie hinwiederum das behagliche Wohlgefühl nach gut vollbrachtem Werke und günstigem Erfolge sich gern in längeren und ausführlichen Gebetübungen ergeht. — Hieraus entspringen von selbst alle Bedingungen des Gebetes: vor Allem die höchste Wahrhaftigkeit in Ursprung, Inhalt und Verlauf, Uebereinstimmung des Wortes und Gedankens, ununterbrochene Aufmerksamkeit des Geistes, Innigkeit und Weihe, ja gänzliche Hingebung unserer Seele an das Gebet, so wie auch äußerlich angemessene Haltung während desselben [1]). Die Wirkungen solchen Gebetes

---
[1]) Auch die Ritualvorschriften laufen vielfach dahin aus. Noch Orach Chajim stellt den Satz an die Spitze: טוב מעט תחנונים בכונה מהרבות בלא כונה. „Besser

sind: die immer erneuete Verbindung mit Gott, daher Erhebung und Läuterung unseres Geistes, Erhaltung und Festigung im Guten, Abwehr des Gemeinen und Niedrigen, Bewahrung vor dem gänzlichen Versinken in das Materielle; noch mehr: Erleichterung unseres Herzens, Erstarkung in neuer Kraft, Rettung vor Verzagtheit und Verzweiflung, neugestärktes Vertrauen auf unsere Zukunft. Das Gebet ist demnach nicht als Etwas anzusehen, wodurch wir Gott einen Gefallen erweisen und durch dessen häufige Abhaltung wir das besondere Wohlgefallen Gottes erwerben, sondern der Zweck des Gebetes liegt in seiner unermeßlichen Wirkung auf den Menschen selbst und in dessen dadurch erzielter Annäherung an Gott. Ebensowenig ist dem Gebete die Kraft einer unmittelbaren und wörtlichen Erhörung seitens Gottes zuzuschreiben, obschon in ihm selbst vermittelst der Kraft, uns zu stärken, vor Schwäche und Ausschreitung zu wahren, Muth und Zuversicht zu verleihen, der Gefahr offen ins Auge zu sehen und unsern Geist aufzuhellen, die Erhörung oft genug liegt. Zuletzt verleiht das Gebet die rechte Ergebung in den Willen Gottes, welche die unvermeidlichen Uebel des Lebens überwindet. Diese Ueberzeugung, sich stützend auf die Lehre, daß Gottes Rathschlüsse nicht durch das Wort des Menschen geändert werden können, und auf die Erfahrung, daß das, um was wir aufs Heißeste flehen, oft zu unserem größten Nachtheile ausfallen würde, kann den unendlichen Werth des Gebetes nicht mindern, sondern stellt ihn erst recht über alle kleinliche Selbstsucht hinaus.

2. Um so mehr drängen sich uns die Fragen auf: wenn also das Gebet aus der lautersten Seelenstimmung entspringen und mit

---

ist es wenig zu beten mit Inbrunst, als viel ohne Inbrunst" (1. §. 4). Für die תפלה (d. i. die ש"ע) insonders werden die sorgfältigsten Vorschriften getroffen: המתפלל צריך שיכוון בלבו פירוש המלות שמוציא בשפתיו ויחשוב באלו שכינה כנגדו וכו' (a. a. O. 98. §. 1): „Der Betende muß die Bedeutung der Worte, die seine Lippen hervorbringen, mit seinem Herzen fassen und denken, daß er vor dem allgegenwärtigen Gotte stehe; alle störenden Gedanken muß er aus sich entfernen, bis nur der reine Gedanke und die reine Andacht übrig geblieben" ff. „Wenn ihm ein anderer Gedanke mitten im Gebete kommt, so halte er inne, bis jener vorüber, denn er muß nur Dinge, die sein Herz zum Vater im Himmel erheben, denken, nicht Dinge, in denen Leichtfertiges." §. 2: „Man bete nicht an einem Orte und in einer Stunde, wo die Andacht abgezogen wird." ff.

unseren innersten Gedanken und Gefühlen übereinstimmen soll, wenn ein Gebet ohne Andacht und Weihe kein Gebet, ja fast eine Verletzung der Würde Gottes[1]) und des Menschen ist: wie können formulirte Gebete vorgeschrieben, bestimmte Gebetzeiten eingesetzt und ein, in allen seinen Theilen und Formen festgestellter Gottesdienst angeordnet werden? — Zur Beantwortung dieser wichtigen Fragen müssen wir uns klar machen, daß das Gebet durchaus nicht blos der Ausdruck einer vorübergehenden Empfindung sein soll, sondern daß in Gebet und Gebetübung die wesentlichste Verbindung unserer Seele mit Gott enthalten ist, so daß diese ohne jene immer loser und loser wird. Die religiöse Forschung ist nur weniger Menschen öftere oder selbst nur seltenere Beschäftigung; in der That liegt der religiöse Gedanke zwar ausgeprägt, aber meist unbewußt; und so bleibet nur Gebet und Gebetübung übrig, um die menschliche Seele in dauernden Zusammenhang mit Gott zu setzen, das Ideal in ihr nicht untergehen zu lassen, sie auf der Höhe ihrer Bestimmung und Befähigung zu erhalten. Haben wir dies erkannt, so ergeben sich als Antworten auf obige Fragen leicht die folgenden: 1) nicht alle, ja sogar nur wenige Menschen haben genügende Geisteskraft, um das, was als Gedanke und Gefühl dunkel in ihrem Inneren lebt, zum Ausdruck zu bringen, und doch wird es erst dadurch lebendig, bewußt und wirksam in ihnen; die meisten Menschen würden daher, ohne daß ihnen ein formulirtes, vorgeschriebenes Gebet in die Hand gegeben wird, gar nicht zu beten vermögen, sondern sich mit dem unklaren und stummen Gefühle begnügen. 2) Der Mensch befindet sich nur durch außergewöhnliche Ereignisse so angeregt, daß die wahrhafte Gebetstimmung in ihm wach wird; jemehr daher das öftere Gebet, um die Verbindung mit Gott dem Menschen zu erhalten, Bedürfniß ist, Bedürfniß, selbst wenn der einzelne Mensch dies selbst nicht fühlt, desto

---

[1]) Dies deutet auch die Vorschrift an: „Der Betende bedenke, wenn er vor einem irdischen Könige spräche, würde er seine Worte ordnen, gespannt aufmerksam auf sie sein, daß er in keiner Weise anstoße, um wie viel mehr vor dem Allerheiligsten, der alle Gedanken prüft." Orach Chajim 98. §. 1.

nothwendiger ist das formulirte, vorgeschriebene Gebet, um in dem
Beter die rechte Gebetstimmung hervorzurufen, um, indem es ihm
Preis Gottes, Dank und Bitte, Bewußtsein und Bekenntniß nahe
bringt, seiner Seele die Schwingen zu lüften, sie über das Gewöhnliche emporzuheben und Gott zu nähern. Die Erfahrung
lehrt dies einem Jeden. Viele kommen zum Gebet, ohne Stimmung mitzubringen, und erheben sich in ihm und durch dasselbe
zu Gott; Viele bringen zum Gebete ihr Herz mit, aber es will
erst Klarheit und Ausdruck erhalten. — Aus demselben Grunde
sind die bestimmten **Gebetzeiten** eine sehr wirksame religiöse
Einrichtung. Sie mahnen den Menschen, sich aus seinen gewöhnlichen Beschäftigungen zu lösen, und sich zu Gott zu wenden; sie
erwirken in ihm ein geregeltes, religiöses Bedürfniß, so daß es
dem Zufall nicht überlassen bleibt, wann und wie der Mensch aus
dem Materiellen heraus zu einer Annäherung an Gott sich schicke
und rüste. Auch hierüber entscheidet daher die Erfahrung, da man
einerseits die Gott erfülltesten Menschen der bestimmten Gebetzeiten
bedürfen und sie lieben sieht, um der menschlichen Schwäche zu
Hülfe zu kommen, andererseits zahllose Menschen in unserer Zeit
aus dem Zusammenhange mit Gott kommen, weil sie die bestimmten Gebetzeiten verschmähen, und darum endlich gar nicht mehr
beten. Wir erkennen hieraus, daß die vorgeschriebenen Gebete und
die bestimmten Gebetzeiten zwar nicht nach dem gewöhnlichen Sinne
eine Verpflichtung enthalten, blos weil sie in früheren Zeiten vorgeschrieben sind, wohl aber aus höherem Gesichtspunkte, dem der
ganzen religiösen Haltung und des Bedürfnisses des Menschen. —
Dieselben Motive sprechen auch für den öffentlichen Gottesdienst,
der hinwiederum der Natur der Sache nach nur mit vorgeschriebenen Geberen und Gebetzeiten bestehen kann, welcher aber in sich
noch viele andere Momente trägt. Erstens bezüglich des Individuums, ist die dem öffentlichen Gottesdienste geweihete Räumlich-
keit wirksam. In der Regel von architektonischer Schönheit, ist sie
durch den alleinigen Gebrauch zu religiösen Zwecken an sich geheiligt, alles Profane und Weltliche von ihr fern, und in ihr
solches enthalten, was unmittelbar an religiöse Begriffe und Zwecke
erinnert. Der Eindruck beim Eintritt wie beim Verweilen kann

daher nur wohlthätig erhebend, dem Gewöhnlichen entrückend auf die Stimmung wirken¹). Hierzu kommt, daß die Vereinigung mit mehreren oder gar vielen Menschen zu einer Handlung, in einer und derselben Bewegung der Gedanken und Gefühle sympathetisch auf die Seele Einfluß übt. Eine Freude, die uns aus den Augen Vieler entgegenlächelt, ein Schmerz, der in den Thränen Vieler sich ausdrückt, eine Begeisterung, die uns vom Angesichte Anderer ebenfalls entgegenleuchtet, kurz Alles, worin wir uns mit vielen unserer Brüder persönlich in Uebereinstimmung fühlen und erheben, durchdringt uns in wahrhaft lebendiger Weise. Endlich stehen dem öffentlichen Gottesdienste eine Menge Mittel zu Gebote, die der häuslichen Andacht fehlen; der Gesang, sei er künstlerisch von geübten Chören oder vom musikalisch begabten und gebildeten Vorsänger, oder einfach von der gesammten Menge vorgetragen, die Belehrung, aus der Predigt fließend, die feierliche Uebung der Ceremonialien, alles dies verleihet dem öffentlichen Gottesdienste den Vorzug, der in anderer Weise nicht ersetzt werden kann. Hierzu gesellt sich aber noch zweitens die Bedeutung, ja die Nothwendigkeit, welche der öffentliche Gottesdienst für die Gesammtheit hat. Er ist einerseits die wesentlichste konkrete Erscheinung der Religion, welche ohne ihn wie ein Geist ohne Körper ist; als Abstraktum in ihrer Lehre bestehend, muß die Religion auch äußerlich repräsentirt werden, wahrnehmbar und fixirt sein, und dies kann sie nur durch ihren öffentlichen Kultus. Andererseits ist dieser die lebendigste Aeußerung und der eigentliche Mittelpunkt der religiösen Gesammtheit, welche sich als solche durch ihren öffentlichen Gottesdienst konstatirt. Der Besuch des öffentlichen Gottesdienstes ist darum auch ein immer erneuetes Bekenntniß der Religion und als Glied der religiösen Genossenschaft; wer sich ihm entzieht, erscheint mehr oder weniger als ein seinem Stamme ab-

---

¹) Die Pflicht, eine Synagoge zu bauen, wurde deßhalb dahin geschärft, daß die Glieder der Gemeinde einander dazu zwingen könnten (Orach Chajim 150 §. 1.) Die Synagoge sollte höher gebaut werden als alle übrigen Häuser der Stadt ff. Vergl. die vielen Vorschriften über die Heilighaltung der Synagoge. Orach Chajim 150—156.

gestorbener Zweig. Der öffentliche Kultus bringt in lebendigster Weise das Gefühl und das Bewußtsein der Zusammengehörigkeit hervor. Es ist daher auch keine überraschende Erfahrung, daß der, welcher sich einsamen ascetischen Uebungen überläßt, zu geistlichem Hochmuth, zu Ueberschätzung seiner Frömmigkeit gelangt, während die häufige Theilnahme am öffentlichen Gottesdienste die Befriedigung einer gemeinsamen religiösen Thätigkeit, und auch Anderen zu gutem Beispiele zu dienen, zugleich gewährt. Diese Nothwendigkeit des öffentlichen Gottesdienstes hat sich denn auch faktisch dadurch erwiesen, daß ein solcher in allen Religionen und zu allen Zeiten für unentbehrlich erachtet worden [1]). Siehe hierüber sowie das Ausführliche aller dieser Momente in unserer zweiten Abtheilung und in der dieser beigegebenen Geschichte des israelitischen Kultus.

Hier tritt nun auf unserem Gebiete noch die besondere Frage nach dem Werthe der hebräischen Sprache als Gebetsprache für den israelitischen Kultus herein. Allerdings ist dieselbe nach der Anschauung der Mischnahlehrer nur für den Priestersegen nothwendig, wogegen sogar das שמע und die תפלה, die beiden wesentlichsten Elemente unseres Gottesdienstes, und das Tischgebet in jeder Sprache gestattet sind [2]). Ebenso wenig ist es zu verkennen, daß in einer Zeit, wo die Kenntniß der hebräischen Sprache in der Masse immer mehr abnimmt, ein vielstündiger Gottesdienst in der hebräischen Sprache allein der Andacht und Wirksamkeit dessel-

---

[1]) Der früher öfter erwachten Lust, aus Hochmuth und Selbstüberschätzung für sich zu beten, trat daher die Vorschrift entgegen, eifrigst dem öffentlichen Gottesdienste beizuwohnen, womöglich zu den 10 ersten Anwesenden zu gehören Orach Chajim 90. §. 9. 14. Wer an einem Orte wohnt, wo eine Synagoge ist, und besucht sie nicht um daselbst zu beten, (sondern betet zu Hause,) wird ein „böser Nachbar" genannt, und mit der Auswanderung für sich und seine Söhne bedroht. (a. a. O. 11.) In unserer Zeit, wo zu Hause so wenig mehr gebetet wird, ist der Besuch des öffentlichen Gottesdienstes darum so wichtig, um zum Beten überhaupt zu bringen.

[2]) Sota VII. 1. 2. Die Gemara bestätigt es, indem sie diese Erlaubniß Sota 32. 2 für das שמע ישראל (5 Mos. 6, 4.) erklärt: שמע בכל לשון שאתה שומע Indeß wurde diese Freiheit im Gebrauch jeder Sprache (בל״ה ש״מ) auf den öffentlichen Gottesdienst (צבור) beschränkt, während der Einzelnbetende hebräisch beten müsse. S. Orach Chajim 104 §. 4.

ben vielen Abbruch thut, weshalb das Bedürfniß in andrängender Weise dafür spricht, der Landessprache den Eingang in den Gottesdienst nicht länger zu verwehren. Hingegen spricht für die hebräische Sprache als Gebetsprache: erstens, die uralte Ueberlieferung und Eingewöhnung von Jugend auf, so daß sie die selbstverständliche Basis unseres Kultus ist, der ohne dieselbe seine Bedeutung als von den Vätern überkommene Institution verliert. Zweitens, daß sie dem israelitischen Kultus die Gemeinsamkeit für alle Glieder des israelitischen Stammes, in welche Fernen der Erde sie auch zerstreut seien, verleiht. Nicht allein, daß durch sie jeder Israelit, welche auch seine Muttersprache sei, an dem Gottesdienste jedes Ortes einen lebendigen Antheil nehmen kann, so wird auch die Kenntniß der hebräischen Sprache als des einzigen Bandes, als des einzigen Mittels zur Verständigung für alle Israeliten und als Sprache der h. Schrift dadurch, daß sie Gebetsprache ist, in der Masse erhalten, und somit die tiefere Kenntniß der Religion und der h. Schrift nicht zum alleinigen Besitzthum der Gelehrten oder gar nur der geistlichen Lehrer gemacht. Ein Jeder hat wohl schon die sympathetische Einwirkung gefühlt, welche der Klang hebräischer Worte auf unsere Seele macht, wenn wir ihn, fern von der Heimath, oder unter Umständen der Bedrängniß und Aufregung vernehmen. Hierzu kommt drittens, daß die hebräische Sprache die Weihe des Alterthums und der Heiligkeit über das Gebetwort ausströmt. Die Religion ist niemals Sache des Verstandes allein, sondern beruht noch mehr auf den Empfindungen unseres Herzens, auf dem dunkeln, ahnungsvollen Untergrund unserer Seele; sie wird nicht allein durch die Erkenntnisse der Vernunft lebendig, sondern wenn in ihr alle die geheimnißvollen Quellen des menschlichen Wesens frisch und klar springen. Wie wir in dem blauen Nebel, der über fernen Höhen gelagert ist, eine Welt voll Schönheit und Majestät ahnen, so bekleidet die hebräische Sprache das Gebet mit dem ahnungsvollen Duft einer höheren und innigeren Weihe, und ihre grandiosen Klänge scheinen dem erregten Gemüthe noch viel Tieferes und Erhabeneres zu enthalten, als in den Worten der Landessprache uns zum Verständniß kommt. Insonders ist dies bei allen feststehenden Gebeten der Fall, wo die beständige

Wiederholung in der Landessprache noch viel eher die Gefahr des todten Mechanismus herbeiführt, als die geheiligten Laute der hebräischen Sprache zulassen. Alles dies vereinigt sich daher zu den Ansichten der einsichtsvollsten Männer unserer Zeit, daß der öffentliche Gottesdienst im Judenthume die hebräische Sprache in den überlieferten Grundtypen desselben für alle Zeit bewahren, aber durch Ausscheidung der vielfachen späteren Zusätze auch für die Einführung der Landessprache insonders bezüglich der beweglichen Theile desselben Raum gewinnen muß, um so in organischer Weise eine Vereinigung beider Elemente und eine Befriedigung beider Motive zu erzielen. —

3. Wenn der Mensch sowohl durch die Verhältnisse des wirklichen Lebens als auch um seine Kräfte zu entwickeln und zu verwerthen, bestimmt ist, die Werke des bürgerlichen Lebens unausgesetzt zu vollbringen, so führt dies doch die Gefahr mit sich, daß er sich lediglich in das materielle Leben versenke, und demselben ganz und gar anheimfalle. Wie er dadurch das höhere Ziel seines geistigen Daseins aus den Augen verlieren, das Aufstreben seines Geistes zur höheren geistigen Arbeit, das Bewußtsein, noch einem größeren Kreise anzugehören, den Aufblick zu Gott aus seiner Seele schwinden lassen würde, ist einsichtlich. Die Religion hat daher von ihrem Beginne an gewisse Zeiten bestimmt, welche in das materielle und bürgerliche Leben eintreten, diesem einen Stillstand, eine Unterbrechung auferlegen und dadurch dem religiös geistigen Leben einen lediglich ihm geweihten Raum gewähren sollen. Wir nennen diese Tage oder Zeiten mit dem Schriftworte מועדי ה'¹), religiöse Feste. Die Nothwendigkeit derselben, sowohl negativ aus den eben angegebenen Gründen, als auch positiv, um eine Erstarkung und Belebung des religiösen Bewußtseins und des geistigen Lebens überhaupt zu erwirken, braucht daher nicht erst erwiesen zu werden. Knüpfte sich doch darum auch von jeher in der

---

¹) מועד hat eine zwiefache Bedeutung, 1) eine „bestimmte festgesetzte Zeit" (s. z. B. 1 Mos. 18, 14.), aber auch „das Zusammenkommen Gottes mit Israel", wie in אהל מועד (s. unser Bibelwerk B. I. S. 467.) Daß aber unter מועדי ה' auch der Sabbath einbegriffen, erweist 3. M. 23, 2. 3.

Masse der Menschen alles echt gemüthliche Leben, alle freudige und erhebende Anregung und vielfach das innige Familienleben an die von der Religion eingesetzten Festzeiten. Dies war denn auch der Grund, warum alle positiven Religionen diese Festzeiten aus der israelitischen, wenn auch modificirt, entnahmen. Die inhaltlichen Momente dieser Festzeiten sind nun, 1) שבת das Ruhen, das Feiern von aller körperlichen Arbeit, das Aufhören aller gewerblichen Beschäftigung; 2) קדש das Heiligen, insonders durch gottesdienstliche Feier in der Gemeinde מקרא קדש [1]), „heilige Zusammenberufung", wozu allerdings auch äußerlich bessere Kleidung und Nahrung kommen; 3) das besondere religiöse Moment, welches jedem einzelnen Feste einwohnt. Hinsichtlich dieses letzteren ist hervorzuheben, daß im Allgemeinen die israelitischen Feste jene drei großen Basen der israelitischen Religion in sich tragen: Natur, Geschichte und Offenbarung, die sie einzeln in Nüancirung wiederspiegeln. Geben wir hiervon an diesem Orte nur ein übersichtliches Bild, die Specialitäten für die besondere Erörterung an ihrem Orte vorbehaltend, so ist das erste der Feste, der Sabbath, der besondere Träger des ersten und zweiten Moments, des Ruhens und Heiligens. Regelmäßig am siebenten Tage eintretend, ist er es vorzüglich, der das Bedürfniß, aus dem materiellen Leben herauszuschreiten, um sich dem religiös-geistigen Leben einen Tag lang zu widmen, nachdrücklich befriedigt, und darum zu einer strengen religiösen Pflicht wird. Daß es aber bei diesem bloß negativen Feiern von der täglichen Arbeit sich nicht bewende, ist für ihn nicht allein eine „heilige Zusammenberufung" und im Opferkultus ein zwiefaches Opfer instituirt, sondern ihm

---

[1]) Die Bedeutung des מקרא קדש, dieses steten Begleiters der Feste in der Schrift, wird allerdings verschieden angegeben. Der Thalmud Jerusch. Meg. 75. deutet es als Vorlesung der h. Schrift, Raschi zu 2 Mos. 12, 16 als „Ausrufung der Heiligkeit, daß der Tag geheiligt werde durch Essen, Trinken und Kleidung", sowie Andere es lediglich auf die kalendarische Bestimmung der Feste durch den Gerichtshof beziehen. Aus 4 Mos. 10, 2. מקרא העדה und das. V. 3. kann die Bedeutung nicht zweifelhaft sein: Zusammenberufung des Volkes zum Heiligthume, die als מ׳ קדש die Heiligung zum Gegenstande hat, s. unser Bibelwerk B. I. S. 644.

vorzüglich die Pflicht „der Heiligung" (לקדשו, קדוש לה',) auferlegt. Die Schrift erblickt daher in ihm ein so wesentliches Fundament der Religion, daß sie ihn als einen besonderen „ewigen Bund" bezeichnet (ברית עולם). Dennoch ist auch in den Sabbath der Begriff Gottes, sowohl des Schöpfers, als auch des Offenbarers, besonders hineingelegt, und wird von ihm getragen, weshalb der Sabbath zugleich als ein Symbol (אות) hierfür bezeichnet wird. Denn es soll an den Sabbath die Erinnerung an die Schöpfung der Welt und der Wesen durch Gott und an die Herausführung Israels aus Egypten (5 Mos. 5, 15.[1]) geknüpft werden. Von den übrigen Festen sind es das Peßach, Schabuoth und Sukkoth, welche Geschichte, Offenbarung und Natur in sich zum Charakter haben; das Peßach, indem es geschichtlich die Erinnerung an den Auszug aus Aegypten vor sich trägt, auf dem Boden der Offenbarung die immer wiederholte Weihe Israels zum Volke der geoffenbarten Religion, zum priesterlichen Stamme des Bekenntnisses des einzigen Gottes enthält, und zugleich als Eröffnung der Getreideernte im h. Lande Gott als den Spender der Naturgaben feiert; das Schabuoth, das sich als ein Schlußfest (עצרת) an das Peßach schließt, indem es den Schluß der Getreideernte als Erntedankfest, insonders durch Darbringung der Erstlinge zur gottesdienstlichen Verehrung bringt, geschichtlich aber die Erinnerung an die Verkündigung der Zehn-Worte auf Sinai enthält;[2] endlich das Sukkoth, welches das Dankfest der Obst-, Oel- und Weinernte zugleich aber auch die Erinnerung an die Züge Israels durch die Wüste und die unmittelbare Leitung der göttlichen Vorsehung befaßt.[3] Zwischen diese Feste treten nun das Drommetenfest und der Versöhnungstag, welche beide ein Ganzes für sich ausmachen, in-

---

[1] Ueber den Zusammenhang zwischen diesen beiden Vorstellungen s. unser Bibelwerk B. I. S. 416.

[2] Die Verbindung dieser Begriffe, Gottes als des Gebers der Naturspenden, und als Offenbarers in der Lehre und Geschichte Israels tritt an diesem Feste recht prägnant in dem Bekenntniß hervor, welches der Israelit bei Ueberreichung der Erstlinge sprechen sollte. 5 Mos. 26, 5.

[3] Verstärkt wird dies durch den, von der Synagoge dem Sukkothfeste hinzugefügten Tag der Gesetzesfreude (שמחת תורה).

dem das erstere wesentlich nur eine Vorbereitung zum zweiten¹) ist und beide, ohne ein geschichtliches Moment zu fassen²), die Heiligung des Menschen im höchsten Sinne zu ihrem Inhalte haben. Wenn der Versöhnungstag die Versöhnung des Menschen mit Gott, die Vergebung unserer Sünden, die Umkehr von Abwegen zu Gott, sicher das höchste Moment der Religion, zum Zwecke hat, so soll das Drommetenfest durch Selbstprüfung und Selbsterkenntniß hierzu befähigt machen und anleiten³). — Die religiösen Feste sollten also begrifflich das Bewußtsein schärfen, daß der Gott der Natur, der Geschichte und Offenbarung ein und derselbe Gott, daß der, Israel geoffenbarte Gott derselbe ist, der sich in Natur und Geschichte offenbart, und geben so auch ihrerseits die israelitische Religion als die, welche alle diese Momente in sich harmonisch vereinigt. — Zu diesen, in der Thorah eingesetzten Festen kamen nun noch die geschichtlichen Halbfeste und Fasten, worüber an ihrem Orte. —

4. Ceremonie⁴) heißt eine jede Handlung, welche einen religiösen Gedanken in einer bestimmten Form zum anschaulichen,

---

¹) באלו הוא הצעה ופתיחה ליום הצום Maim. Mor. Neb. III. 43.

²) Allerdings hat die Synagoge auch hier geschichtliche Anknüpfungen gegeben, nämlich die Geburt Isaak's, die Prüfung Abrahams, doch blieb dies immer nur sekundär.

³) Es ist bekannt, daß die Synagoge dem Drommetenfeste die Bedeutung des Neujahrs (ראש השנה) gegeben, und die Jahresrechnung mit ihm beginnt. Ebenso hat sie ihm besonders den Gedanken an das Gericht Gottes (יום הדין) und die Bestimmung unserer Schicksale durch Gott gesenkt (Mischn. Rosch. Hasch. I, 1. 2.) — In der richtigen Anschauung, daß die vom Drommetenfest bewirkte Vorbereitung zum Versöhnungstage eine andauernde sein müsse, hat die Synagoge die Tage zwischen beiden Festen zu Bußtagen bestimmt, und die Zeit vom ersten Tage von Rosch Haschanah bis Jom Kippur (einschließlich) die „zehn Tage der Buße" (עשרת ימי תשובה) genannt. Insonders legte sie diesen, von dem Grundsatz ausgehend, daß der Jom Kippur die gegen Nebenmenschen begangenen Sünden nicht vergebe, bevor wir nicht durch Bitte und Entschädigung die Verzeihung der Betroffenen erlangt haben, die Verpflichtung bei, vor dem Beginn des Jom Kippurs uns hierum nachdrücklich zu bemühen. S. Orach Chajim 606. §. 1.

⁴) Ceremonie vom lat. caerimonia (richtiger nach Inschriften als caeremonia), dessen Etymologie sehr zweifelhaft, am wahrscheinlichsten vom obsoleten cerus, heilig, gut, gewöhnlich (nach Augustin) von carere, weil „die, welche eine

wahrnehmbaren Ausdruck bringt. Das Gesetz, wie es als solches in der h. Schrift begründet, durch die Jahrtausende weiter gebildet worden, ist entweder von allgemein sittlichem oder speciell socialem, d. h. Rechts-Inhalte oder Ceremonie. In diese letztere Kategorie gehören demnach alle religiösen Akte, welche keinen direkten, sittlichen und socialen Zweck haben, sondern einen religiösen Gedanken in eine äußere Form kleiden, theils um eine religiöse Lehre dem Geiste näher und in seine tiefere, innere Bewegung unmittelbar zu bringen, theils um der Gottesverehrung durch Erregung der Einbildungskraft und Belebung der Gefühle zu dienen. Die Ceremonie ist daher zumeist symbolischer Natur. Symbol heißt: einen Gedanken statt durch Worte, durch ein äußeres Zeichen oder durch eine äußere Vornahme ausdrücken, welche Zeichen oder Vornahmen zwar mit dem Gedanken in keiner nothwendigen, folgerichtigen Verbindung stehen, so daß jene aus diesem unbedingt flössen, doch aber in der unmittelbaren Anschauung der Zeit, wo das Symbol entstand, wurzeln, so daß sie den Menschen dieser Zeit von selbst verständlich sind [1]). Bei der von uns mehrfach charakterisirten Richtung des Mosaismus, Lehre und Leben mit einander zu identifici-

---

Ceremonie beobachten, dessen entbehren, wessen sie sich enthalten", das aber unzweideutig überall eine, die Gottesverehrung bezweckende, formale Handlung bezeichnet, weshalb Cicero religio und caerimonia neben einander stellt, indem religio die innerliche Empfindung, caerimonia die Form und äußere That der Gottesverehrung sei; conficere sacra Cereris summa religione et caerimonia. Balb. 24., so daß caerimonia auch für religio selbst gesetzt ward, z. B. Plin. 6, 27, 31: Amnis est in magna caerimonia statt religione.

[1]) So hat der Mensch Symbole aus der Natur: die Lilie bedeutet ihm die Unschuld, die Rose die Anmuth, das Veilchen die Bescheidenheit, der Löwe die Großmuth, der Pfau die Eitelkeit u. s. f. Er hat conventionelle Symbole: wir ziehen den Hut ab beim Grüßen, die Art, wie wir uns vor andern Menschen verbeugen, giebt den Grad unserer Achtung an, die schwarze Farbe ist die der Trauer, während die Purpur die Herrscher bekleidet u. s. f. Diese Beispiele zeigen schon, daß in den Symbolen eine gewisse Willkür liegt — sind doch in verschiedenen Zeiten und bei verschiedenen Völkern ganz andere Dinge Symbol für ein und dieselbe Sache — und dennoch ein gewisser innerer Zusammenhang aus den Eigenschaften der Dinge heraus. Das Nähere da, wo wir in der Geschichte des Kultus über die Symbole sprechen werden.

ren und bei dem Streben des Thalmudismus, diese Richtung zu einer festen Lebensnorm über alle Verhältnisse und Momente des Individuums auszudehnen und durchzuarbeiten, ergab es sich von selbst, daß innerhalb des Judenthums eine Fülle religiöser Ceremonien erstand, welche zum Theil ihre erste Begründung schon in der Thorah haben, zum Theil aber in den späteren Phasen entstanden, oder doch eine andere und weitere Gestalt annahmen. Für die Existenz solcher Ceremonien sprachen zwei Momente aus der Natur des Menschen selbst. Zuerst die Neigung des Geistes zu symbolischen Darstellungen, eine Neigung, welche nicht blos auf dem religiösen Gebiete, sondern in allen Verhältnissen, z. B. in gesellschaftlichem Umgang, in allen Zeiten, selbst unter der Obherrschaft der Verstandesentwickelung, sich bekundet. Indem nämlich der Mensch mit dem abstrakten Ausdruck der Gedanken und Gefühle im Wort theils wegen Mangels an Verständniß, theils um die nackte Aussprache zu vermeiden, nicht viel anzufangen weiß, sucht er sie durch äußere Zeichen und Vornahmen darzustellen, die mehr oder weniger in nothwendiger oder gewählter Verbindung mit ihnen stehen. Zweitens machen solche symbolische Darstellungen, indem sie Phantasie und Gemüth anregen und beschäftigen, einen tieferen Eindruck, als das nackte Wort. Die religiöse Ceremonie ist es daher, welche der Religion ein mannichfaltiges und vielfarbiges Gewand verleiht, welche, wenn sie erhaben, den Geist ergreift und auf unbekannte, ahnungsvolle Höhen trägt, wenn sie gemüthlich, zum unerschöpflichen Quell von Gefühlen und Befriedigung wird. Selbstverständlich ist die symbolische Ceremonie um so natürlicher und beliebter, je näher der Mensch den einfachen Geisteszuständen steht; je mehr er aber an Verstandesbildung und Klarheit des Bewußtseins gewinnt, desto weniger findet er an denselben, als bloßen Umhüllungen der Begriffe, Gefallen — aber entbehren kann er sie niemals ganz. Ja, auch das Verständniß derselben, welches in den früheren Zeiten so sehr ein natürliches war, daß eine Erklärung Seitens der Anordner gar nicht nöthig war, verliert sich mit der Verstandesentwickelung immer mehr, so daß Ausdeutungen gefordert, und dann bis ins Erkünstelte und Groteske geboten werden. Hieraus folgt von selbst, daß zwar die religiöse Ceremonie niemals die

Religion selbst ist, daß aber keine Religion ohne Ceremonien sein kann; sie werden theils zu Trägern des religiösen Verbandes, theils nachdrückliche Mittel, die religiösen Gedanken und Gefühle zu wecken, zu erhalten und zu stärken. Ohne dieselben verflüchtigt sich die Religion allzusehr zu einigen allgemeinen Sätzen und Vorschriften, welche in der Mehrheit der Menschen zu keinem rechten Leben, zu keiner wirklichen Herrschaft kommen. Auf der anderen Seite ist es nicht zu verkennen, daß die Uebung der religiösen Ceremonien stets zu bloßem Formenwesen zu entarten in Gefahr steht, und, jemehr das unmittelbare Verständniß entflieht, absterben und zu einer auf das Leben drückenden Last werden muß. Dies zeigte sich schon in frühen Zeiten, und bereits die Propheten, Samuel an ihrer Spitze, ließen sich in harten Reden, mit scharfen Urtheilen gegen die bloße Formheiligkeit, ja Scheinheiligkeit aus [1]). Daher, insonders in den Zeiten regerer Entwickelung, ein bitterer Kampf zwischen der buchstäblichen Anhänglichkeit an den durch die Vergangenheit vorgeschriebenen Ceremonien und der Tendenz, die Religion allein verstandesmäßig zu erfassen und zu bethätigen. Dieser Kampf wird um so herber, wenn das wirkliche Leben in seinen Bedürfnissen und Forderungen sich mit der Fülle der ceremoniellen Bräuche nicht gut vereinigen läßt, und sie daher nicht dulden will. Dies die besondere Lage unserer Zeit. Von der einen Seite die Gefahr, daß die Religion durch die Zerstörung ihres ganzen ceremoniellen Aufbaues an Wirksamkeit, Zusammenhalt und Herrschaft unermeßlich verliere und eine Zersetzung erleide, für welche die Entwickelung der abstrakten Lehre und die Veredlung und Erstarkung des Bewußtseins doch nicht genügend zu entschädigen vermag; von der anderen Seite die unerbittliche Forderung des Geistes, was ihm nicht zum unmittelbaren Verständniß vorliegt, und ihn nicht von innen heraus als unumgängliche Verpflichtung nöthigt, fallen zu lassen, und des Lebens, das alle ihm gesetzten Hindernisse durchbricht. Der auf der

---

[1]) „Hat der Ewige Gefallen an Ganzopfern und Schlachtopfern, wie an Gehorsam auf die Stimme des Ewigen? Siehe! Gehorsam ist besser, denn Opfer, Aufmerken, denn der Widder Fett!" 1 Schem. 15, 22. Noch viel stärker Jeschaj. 1, 11—17 u. a. a. O.

Höhe der Religion stehende Denker kann weder das eine, noch das andere Moment außer Acht lassen und verurtheilen; er muß daher in die Geschichte seiner Religion zurückgehen, das mit dem Wesen derselben ursprünglich und dauernd Verwachsene, zur Selbstständigkeit und Integrität derselben Gehörende von dem zu scheiden suchen, was in gewissen Zeiten aus dem Geiste dieser entstanden und mit ihnen abgestorben ist, um Jenes mit aller Kraft zu erhalten, dieses ohne schädlichen Eingriff zu mildern oder ganz aufzugeben, und so in die neue Zeit, die unzweifelhaft eingetreten, und in ihre Neugestaltung hinüberzuführen.

Von den zu diesem Paragraphen citirten Bibelversen drückt der erste in gemüthlichster Weise den hohen Seelengenuß aus, welchen der Mensch selbst aus dem weihevollen, andächtigen Gebete zieht, und deutet zugleich an, wie es natürliche Gebetzeiten giebt, welche späterhin zu bestimmten, religiösen Verpflichtungen erwachsen. Unter „Namen" versteht die Schriftsprache das Wesen selbst, wie es dem Menschen durch das Wort zu bestimmter Erkenntniß geworden; weshalb „Name Gottes" oft für Gott selbst gebraucht wird, soweit dieser von uns erkannt worden und zwar in besonderen Eigenschaften erkannt worden. Indem Gott hier „Höchster" genannt wird, d. h. allerhöchstes Wesen, dem Menschen in unendlicher Höhe bestehend, und der Mensch dennoch ihm verbunden und nahe gebracht, wird der zum Preise Gottes angestimmte Gesang als das erhabenste, den Menschen adelndste Werk bezeichnet. Des Morgens die Gnade Gottes zu verkünden, liegt um so näher, als es diese Gnade ist, welche uns, im Zustande der Bewußtlosigkeit, darum hilflos auf unser Lager hingestreckt, während der Schatten der Nacht behütet und uns ungeschädigt den fröhlichen Strahl des Morgenlichtes wieder erschauen läßt; wogegen es die „Treue" Gottes ist, die uns durch den Kampf des Tages, durch die Mühen und Erlebnisse, welche am Tage über uns kommen, hindurchführt, und am Abend von uns mit dankbarem Gemüthe gefeiert wird.

Der zweite Vers deutet darauf hin, daß Gott in großer Versammlung, in der vereinigten Gemeinde zu preisen zugleich ein lautes Bekenntniß vor den Menschen ist, darum auch auf die anderen Menschen zur Festigung des Glaubens und als Beispiel zur Nachfolge wirkt; während der dritte Vers ausdrückt, welche höhere Befriedigung aus dem gemeinschaftlichen öffentlichen Gottesdienste, aus der Vollziehung des religiösen Dienstes im größeren Maßstabe gezogen wird.

Wenn der vierte Vers uns die sorgfältige Beobachtung der göttlichen Gebote anempfiehlt, also nicht blos der sittlichen und socialen, sondern auch der ceremoniellen, so giebt er doch zugleich unzweideutig den ganzen

Zweck und Inhalt aller dieser Gebote und damit den Maßstab an, nach welchem ihre Uebung einen wahrhaften und höheren Werth habe. Die Liebe zu Gott, die Nacheiferung Gottes und die treue Hingebung oder Anhänglichkeit an ihn müssen uns Motiv und Zweck, Ursache und Ziel dabei sein; nur durch sie erhält die Uebung dieser Gebote wahrhaftes Leben, die ohne jene oder bei anderer Anschauung und anderen Absichten, z. B. sich einen Lohn von Gott zu erwerben, oder um den Mitmenschen fromm zu erscheinen, oder aus Furcht vor Strafe, oder aus Gewohnheit u. s. w. entweder zu einem todten, oder gefährlichen Formalismus wird.

## C. Der Lebenswandel.

### 13.

Was will die Religion hinsichtlich des Lebenswandels bewirken?

Sie will 1) jeden Einzelnen zu einem sittlichen Lebenswandel, 2) die Allgemeinheit zu einer sittlichen Weltordnung führen.

Die Religion lehrt den Menschen sich selbst begreifen, sein Verhältniß zu Gott verstehen, hieraus seine Bestimmung erkennen, und dieser gemäß im Ganzen und Einzelnen sein Thun und Lassen regeln und bestimmen. Auch der Mensch geht von seiner thierischen Existenz aus, aber mit dem Augenblicke, in welchem er seiner selbst bewußt wird und sich als ein Ich versteht, hat er sich von ihr losgelöst, und betritt die Bahn der Sittlichkeit. Das Selbstbewußtsein setzt ihn nämlich in gewisse Verhältnisse zu allen mit ihm existirenden Wesen ein, in Verhältnisse, die er verschieden auffassen, aber auch selbst innerhalb der von ihm sich angeeigneten Auffassung verschieden ausfüllen kann. Das erste Objekt eines solchen Verhältnisses ist der Mensch für sich selbst, da der Mensch immerfort an Leib und Seele auf sich zu wirken, für sich zu streben und zu verwenden, sich selbst also zu beeinflussen hat. Um dieses erste Objekt ziehen sich dann wie konzentrische Kreise in immer weiterer Ausdehnung: die Familie, der Staat oder das Vaterland, die Glaubensgenossenschaft, die gesammte Menschheit, endlich die Wesen außer dem Menschen. Das Verhältniß zu allen und jedem einzelnen dieser Kreise gestaltet sich um, je nachdem der Mensch es auffaßt. Stellen wir uns den Standpunkt der unbedingten Selbstsucht, welche nur das Wohlbefinden seiner selbst als den alleinigen Zweck des Menschen und aller seiner Handlungen anerkennt, und den Standpunkt der unbedingten Unterordnung unter und Aufopferung für einen, mehrere oder alle die aufgeführten Kreise gegenüber, so haben wir die entschiedensten Gegensätze, zugleich aber all' die möglichen Stufen, Schattirungen und Komplikationen in der Mitte derselben. Wer weiß es aber endlich nicht, daß trotz einer bestimmten Auffassung jedweder Mensch oft wider diese handelt, und im Einzelnen bald dieser, bald jener Richtung folgt, wie in ihm gerade ein anderer bestimmender Faktor thätig ist. Das selbstsüchtigste Individuum vermag noch große Selbstaufopferung zu üben, und das hingebendste fällt nicht minder oft entschiedener Selbstsucht anheim. Ueberhaupt aber ist auch hier zu beachten, daß die Auffassung, wie jedes Individuum sie sich verschieden eignet, durchaus nicht von der Art abhängt, wie er sich selbst völlig und klar bewußt die Welt und die Dinge anschaut, sondern mehr noch wie sie sich, ihm unbewußt, von Kindheit an in seinem Geiste gestaltet hat. Giebt es ja im Gegentheil nur wenige **Prinzipienmenschen**, die sich bestimmteste Grundsätze gebildet, und nach diesen Grundsätzen genau handeln. Ihnen zur Seite stehen die **Charaktere**, d. h. in denen sich, ohne daß ihre Anschauungsweise sich zu bestimmten Grundsätzen formulirt hätte, jene aus Anlage, Bildung und Erfahrung **eine** feste Richtung entwickelt hat, der sie durch alle Lagen des Lebens hindurch treu bleiben. Die Mehrzahl der Menschen jedoch erkennen zwar im Allgemeinen eine gewisse Auffassung der menschlichen Verhältnisse und Beziehungen als richtig an, bleiben aber den augenblicklichen Einflüssen zugänglich. — In die Mitte dieser vielfachen und sehr verschiedenen Auffassungen, wie sie insonders auch in den verschiedenen Zeiten und bei den verschiedenen Völkern ihre Modifikationen erhielten, tritt die Religion, trat insonders die israelitische Religion, der hierin ganz besonders die anderen positiven Religionen folgten, und gab allen jenen Verhältnissen eine bestimmte Basis, indem sie das Verhältniß zu Gott zur unverrückbaren Grundlage aller Verhältnisse des Menschen macht und sie auf diese aufbaut. Indem sie Gott als unmittelbar zum Menschen (f. S. 7), diesen mit einem

Gottebenbildlichen Geiste, göttlicher Vorsehung und Vergeltung unterzogen lehrt, setzt sie seine Bestimmung in die Entwickelung zu immer größerer Annäherung an und Aehnlichkeit mit Gott, woraus für ihn die Heiligung, die Liebe und die Gerechtigkeit durch alles Thun und Lassen in bestimmtester Weise als unumgängliche Anforderung fließen. Mit je klarerem Bewußtsein und je größerer Anstrengung er diesen genügt, desto religiös-sittlicher ist sein Lebenswandel. Hierin bewährt sich der Mensch als in seiner wahrhaften Freiheit, indem er in freier Entschließung und mit nachhaltiger Kraft unterdrückt, was die thierische Existenz und die natürliche Selbstsucht ihm als beherrschendes Bedürfniß, als Begierde und Leidenschaft aufdrängen will, und dem Folge leistet, was ihm die Religion als seiner höhern Bestimmung entsprechend auferlegt — die wahrhafte Freiheit, da sie ihm ein freies Handeln in jedem einzelnen Momente gewährt und sichert, während das Bedürfniß und die Leidenschaft, sobald sie zur Herrschaft gelangten, für alle einzelnen Handlungen auf lange Zeit hin binden. — Die Anforderung, die an uns aus dem höhern Prinzip heraus im Einzelnen erfließt, nennt man „Pflicht", sowohl wie sie als allgemeine Vorschrift sich theoretisch formulirt, als auch wie sie in einer bestimmten Handlungsweise praktisch ausgeprägt werden soll¹). Nicht selten geschieht es dann auch, daß eine „Kollision der Pflichten" eintritt, d. h. daß in dem Zusammenstoß der Verhältnisse aus verschiedenen Prinzipien entgegengesetzte Anforderungen an uns herantreten, z. B. ich habe ein Versprechen gegeben, aber dessen Erfüllung zeigt sich mit großen Nachtheilen verbunden, ich soll die Wahrheit sagen, aber diese wird sehr verderblich wirken, ich soll mich dem Vaterlande opfern, stürze aber dadurch meine Familie in's Unglück u. dgl. Die Entscheidung in solchen Verwickelungen kann nur die gewissenhafteste Erwägung

---

¹) Das Judenthum hat zwei Ausdrücke für Pflicht: חובה und מצוה, jenes bedeutet mehr, dessen Unterlassung Schuldhaftigkeit bewirkt, letzteres, dessen Erfüllung Verdienst bereitet, weshalb מצוה auch eine verdienstliche Handlung bedeutet, die nicht gerade streng zur strikten Pflicht gehört. Daß gerade מצוה an sich das Pflichtgemäße bedeutet, bezeugt, wie im Judenthume der Begriff Pflicht ganz in den Begriff des religiös Gebotenen aufgegangen ist.

abgeben, welche der streitenden Pflichten die höhere, umfassendere ist, der die andere, minder bedeutsame weichen müsse. —

„**Verkündet hat er Dir, o Mensch, was gut, und was der Ewige von dir fordert: nur Recht zu üben, und Huld zu lieben, und demüthig zu wandeln mit deinem Gotte.**" (Michah 6, 8.)

Der Pr. deutet an, daß das sittlich „Gute" und die „Forderung" Gottes an den Menschen identisch und von der Religion ausgesprochen ist, daß also diese das „Gute" verkündet, indem sie es auf Gott zurückführt und als dessen Willen lehrt. Der wesentliche Inhalt desselben ist die Heiligung, („wandeln mit Gott in Demuth") die Liebe und das Recht.

## 14.

**Welche sind die Mittel hierzu?**

**1) Das Gewissen; 2) das geoffenbarte Gebot; 3) die Lebensschicksale.**

1. Wie mit unserem Ohre vom Schöpfer das Gefühl der Harmonie, des Ein- und Mißklangs der Töne unmittelbar verbunden worden: so auch mit unserer Seele das Gefühl des Guten und Bösen. Man nennt dies das Gewissen. Durch jede unserer Handlungen berühren wir dieses unmittelbare Gefühl, befriedigen oder verletzen es, und zwar sowohl wenn die That noch als Vorsatz uns in der Seele liegt, als wenn sie vollbracht zur Wirklichkeit geworden. Man sagt daher, das Gewissen ist ruhig oder zufrieden bei einer guten That, es ist beunruhigt und „warnt" uns **vor einer**, und straft oder „quält" uns **nach einer** bösen That. Das Vorhandensein des Gewissens im Allgemeinen ist ein Zeugniß, daß der Mensch zu einem sittlichen Wesen bestimmt ist, und steht so mit dem ursprünglichen Dasein eines Gottesbegriffs im Menschen auf gleicher Linie. Aber als ein unmittelbares Gefühl ist es, gleich jenem angeborenen Gefühl der Harmonie, der verschiedenartigsten Ausbildung fähig, und sein Inhalt variirt auf die mannichfaltigste Weise. Es bleibt in dem Einen roh und unentwickelt, während es im Andern zur zartesten und feinsten Empfindlichkeit wird. Es windet sich, wie eine Schlingpflanze um einen Stamm, um die

Volkssitte und Zeitanschauung, so daß es der Gräuelthat eines menschenfressenden Karaiben zulächelt, wie der Selbstaufopferung eines Menschenretters.

Warum verdrießt es dich, und warum senkt sich dein Antlitz? Nicht so? wenn du gütig bist, trägt es sich, und wenn du nicht gütig bist, lagert vor der Thüre die Sünde, nach dir ist ihr Begehren, du aber könntest herrschen über sie. (1 Mos. 4, 6. 7.)

Unstätt und flüchtig wirst du sein auf Erden. (1 Mos. 4, 12.)

Kein Frieden ist in meinem Gebein ob meiner Sünde. (Psalm 38, 4.)

Die beiden ersten Stellen schildern den Zustand vor und nach der Frevelthat, die Warnung und die Strafe durch das Gewissen. (Sprachliches s. unser Bibelwerk Bd. I, S. 21.) Das „Verdießen" deutet den leidenschaftlichen Zustand des Gemüthes an, so wie das „gesenkte Antlitz" das aus jenem fließende Brüten über böse Pläne. Bei solcher Gemüthsstimmung ist die böse That so nahe, wie wenn sie den empfinge, der aus der Thür seines Hauses schreitet. Es sagt dem kränkelnden, verbitterten Gemüthe zu, sich die Süßigkeit der Rache, der erhitzten Phantasie, sich die Befriedigung seiner Lüste vorzumalen, es ist wie ein Begehren nach der Sünde im Menschen — er aber kann dennoch Herr darüber werden, denn die Warnung fehlt nicht, und an Kraft soll es ihm nicht gebrechen. Vor Allem gilt es hier, die finsteren Gedanken zu bannen, „gütig zu sein", guter Gesinnung, zu verzeihen, Nachsicht zu üben, oder dem Gelüste, der Leidenschaft nicht nachzuhängen, dann „trägt" und überwindet es sich. — Nach dem Frevel Sturm in unserer Seele, „kein Frieden in unserem Gebeine", unsere Missethat jagt uns „unstätt und flüchtig" durch die Tage des Lebens!

2. Je schwankender also das Gewissen ist, und je unsicherer daher aus ihm Sitte und Gesetz bei der Menge der Völker und Stämme sich entwickelten, so daß unter dem Einfluß der Lokalitäten, der genetischen Anlagen und der Schicksale bei dem einen als recht und gut erkannt ward, was bei dem andern als verwerflich erschien, und je verschiedener, auseinandergehender, ja entgegengesetzter endlich die von den selbstständigen Sittenlehrern und Philosophen aufgestellten Prinzipien und deren Konsequenzen ausfielen: desto unumgänglicher und unentbehrlicher war das geoffenbarte

Gesetz für die Menschheit, um ein für allemal durch fest formulirte Vorschriften die Bahn der Sittlichkeit abzustecken. Daher auch die Erscheinung, daß im großen Ganzen das in der h. Schrift fundamentirte Sittengesetz unverändert und kaum erweitert, von den anderen positiven Religionen fast ganz in sich aufgenommen worden und von den heftigsten Gegnern unangefochten geblieben, wenn sie auch eine andere Motivirung verlangten [1]). Wenn auch die h. Schrift eben so wenig das Sittengesetz, wie die Lehre von Gott in systematischer Darstellung giebt, so hat sie doch jenes noch mehr als dieses in vielen allgemeinen Sätzen klar und bestimmt ausgesprochen, dann aber auch im Detail öfter nach Zeit und Ort geformte Spezialvorschriften aufgestellt, aus welchen jedoch jetzt der allgemeine Inhalt zu ziehen ist [2]).

Ebenso wie in der Lehre von Gott die Religion Israels dem gesammten Heidenthume gegenübertrat, und dessen innerstes Princip, wie alle Ausstrahlungen desselben verneinend, den einzigen, rein geistigen und mit der Welt nicht identischen Gott der Menschenwelt verkündete, so hat sie auch für das Sittengesetz, dem Heidenthum gegenüber, eine neue Grundlehre geoffenbart. Ob gröber oder feiner, das sittliche Wesen des Heidenthums gründet sich auf die Selbstsucht. So wenig es die Natur, so wenig vermochte es das Menschengeschlecht als eine Einheit zu fassen; ihm bestand nur das Individuum, und höchstens erhob es in seiner schönsten Blüthe dieses zum Gliede seines Volksstammes, der, wenn er der herrschende war, mit dem Staate identisch war, so daß als Bürger das Individuum sich mit dem, im herrschenden Volksstamm begriffenen Staate

---

[1]) Wir müssen hier allerdings von den irrigen Ansichten und falschen Behauptungen absehen, durch welche, Jahrhunderte hindurch, das Sittengesetz der h. Schrift ebenso wie ihre Gotteslehre verleumdet und entstellt wurde. Absichtlich und absichtslos suchten die Feinde des Judenthums, schon um seine Existenz für unnöthig, nur aus der Hartnäckigkeit des jüdischen Stammes zu erklären, die Herrlichkeit jener zu verdecken, sie als einseitig und mangelhaft zu bezeichnen, oder gar als schädlich und verderblich. Die Juden selbst, unterdrückt und ausgeschlossen, durften und konnten die Polemik nur in schwachen Maßen führen, bis die neuere Zeit auch hierin die Pforten aufschloß und den Weg frei machte.

[2]) Wir weisen hier als ein Beispiel für viele auf mehrere der Vorschriften über die Behandlung der Thiere hin.

identifizirte. Darum mußte für alle Beziehungen und Verhältnisse des Menschen der Vortheil und Nachtheil des Individuums als eigentlicher Mittelpunkt anerkannt sein. Von dem „Vergnügen" (ήδονή) des Epikuräers bis zur Bedürfnißlosigkeit des Cynikers, von dem Ayoum (in Nichts versenken) des Buddhaisten bis zur virtus des Römers ist das Befinden des Ichs das Grundelement, von welchem die sittlichen Strebungen ausgehen, und auf das sie sich zurückbeziehen. Die Religion Israels war es nun, welche den Menschen, statt auf sich selbst, auf Gott beruhend hinstellte, und darum für sein Verhältniß zu sich selbst die **Heiligung** d. h. die immer größere Annäherung an und Verähnlichung mit Gott, für sein Verhältniß zu den Menschen die **Menschenbrüderlichkeit** als die, das ganze menschliche Leben beherrschenden und alle Beziehungen des Menschen zum Menschen durchdringenden Principien proklamirte. Auf der ersten Seite der h. Schrift werden die Menschen als Brüder dargestellt, indem ihre Abstammung von Einem Menschenpaare abgeleitet wird und noch der letzte Prophet rufet die Menschen als Söhne eines Vaters an¹). Aus diesem Principe heraus wird der Egoismus vernichtet, indem dem Individuum die Uebung der Liebe gegen alle anderen menschlichen Individuen in völlig gleichem Maße wie gegen sich selbst auferlegt²), und das Recht für Alle als ein- und dasselbe erklärt wird. Es wird hierüber nirgends ein Zweifel gelassen und darum ausdrücklich hervorgehoben, daß dieselbe Liebe auch gegen den „Fremdling" auszuüben³), und Ein Recht für den „Einheimischen" wie für den „Fremdling" sei⁴). Von diesen Grund-

---

¹) Die physikalische Lösung des Problems, daß alle Menschen trotz ihren, einen somatischen Charakter vor sich tragenden Racen von Einem Menschenpaare abstammen sollen, beschäftigt uns hier nicht, obgleich es durchaus nicht unlösbar ist (s. unser Bibelw. I. S. 18). Hier gilt es, diese Lehre, wie sie von der h. Schrift wiederholt ausgesprochen wird, in ihrer ethischen Bedeutung zu fassen, indem sie die Menschenbrüderlichkeit zum Bewußtsein bringen soll. Diese Erb- schaft trat denn auch das thalmudische Judenthum vollständig an, wie Ben-Asai den B. 1 Mos. 5, 1 für einen der wichtigsten der ganzen h. Schrift (כלל גדול) erklärte. (Jalk. Schim. §. 40. Fol. 11. d.

²) „Liebe deinen Nächsten wie dich selbst". 3 Mos. 19, 18.

³) 3 Mos. 19, 34.

⁴) Schon 2 Mos. 12, 49. 3 Mos. 24, 22: „Ein Recht soll Euch sein,

sätzen aus werden die bestimmtesten praktischen Vorschriften ertheilt, das Wort zur That zu machen, den Gedanken ins Leben, das Ideal zur Wirklichkeit zu bringen. Von der anderen Seite wird aber diejenige Linie eingehalten, über welche hinaus selbst die Liebe zum Unrecht und zur Schwäche würde. So hat also auch von hier aus die israelitische Religion der Menschheit eine neue Bahn eröffnet, das Sittengesetz aus der Erkenntniß und Verehrung Gottes hervorgehen lassend, darum für sein inneres Leben die Heiligung, für das äußere Leben, der Individualität gegenüber, die Brüderlichkeit, dem Egoismus gegenüber die Liebe und das Recht zur Grundlage machend [1]).

**Weiser denn meine Feinde macht mich dein Gebot, denn ewig ist es bei mir. (Pf. 119, 98.)**

<small>Dem Gebote Gottes stehet die listige Klugheit und die wilde Leidenschaft gegenüber, jene, welche die augenblicklichen Erfolge, diese, welche die augenblickliche Befriedigung im Auge hat, während das Gebot Gottes, treu ausgeübt, das ganze Leben zu einem dauernden Erfolge und zu immer erneuter, wahrhafter Befriedigung macht.</small>

3. Eine tiefsittlichende Kraft üben, insonders auf ein von religiöser Ueberzeugung erfülltes Gemüth, auch die Lebensschicksale mit all den reichen Erfahrungen, die sie mit sich führen. Wenn das einzelne günstige oder ungünstige Erlebniß, dessen Wirkung und Zweck uns unklar ist, oft verwirrt, so wir nach einem Zeitraum auf die Vergangenheit zurück-, und ihren Inhalt, ihre Ausgangs- und Zielpunkte überschauen, dann stellt sich uns das Leben in seiner Verkettung, aber mit dem einfachen, rothen Faden dar, der sich hindurchschlingt, wir erfassen den Plan, der darin waltet. Immer fester und gediegener geht dann die Ueberzeugung hervor von der Waltung der göttlichen Vorsehung, von den guten Folgen, die an einen guten, von den üblen, die an einen bösen Lebenswandel sich

---

<small>der Fremdling sei wie der Eingeborne, denn ich bin der Ewige, Euer Gott".

1) Die im Pentateuch gegebenen Gebote werden im Thalmud (Maccoth) auf 613 (תריג) berechnet, von denen 248 Gebote (מצות עשה) und 365 Verbote (מצות לא תעשה). Maimuni brachte sie in der Jad hachs. unter 14 Titel in eine gewisse Ordnung, doch nicht, ohne in vieler Beziehung bestritten zu werden.</small>

knüpfen, daß das Gute besteht, trotz zeitlicher Niederlage, das Böse schwindet, trotz zeitlicher Siege, daß die wahre Klugheit einzig die Geradheit, die wahre Weisheit einzig die Sittlichkeit ist. In diesem Lichte gesehen, verlieren die Güter der Erde immer mehr an Glanz, und, woran sich auch das Herz hänge — denn es bedarf dessen, was es mit seiner ganzen Kraft umfasse — und so sehr auch das Bedürfniß desselben gekannt ist, im Ganzen kommt ihre Vergänglichkeit, ihre Unzulänglichkeit und objektive Leere immermehr zum Bewußtsein. Nicht der Reichthum, nicht die Ehre, auch das Leben selbst nicht behalten ihren ausschließlichen Werth in unseren Augen; wir mögen sie, wir erstreben sie, aber sie machen nicht mehr den Inhalt und das Ziel unseres Lebens aus, nachdem so vielfach Erfahrenes uns von ihrer Halt- und Kraftlosigkeit überzeugt hat. Aber neben der Festigung dieser Ueberzeugungen wirkt das wechselnde Lebensgeschick auch abschwächend auf die Leidenschaften, es beschwichtigt die Erregbarkeit unseres Gemüthes, es mildert die Lebhaftigkeit unseres Empfindens, wie es im Gegentheil die Kraft zu tragen stärkt, die Nachsicht, die wir gegen Andere üben, die Ruhe und Besonnenheit, die über all unser Thun sich breitet. Nein! wir verlassen da die Sünde nicht, weil die Sünde uns verläßt — sondern mit Bedacht unsere Veredelung erzielend, mit Ueberlegung unsere Fehle bessernd, wollen wir den Ueberrest unseres Lebens und unserer Kräfte uns und Anderen zum Heile verwenden. Nicht Täuschungen des Lebens nennen wir, wenn Hoffnungen sich nicht erfüllen, Vertrauen fehlgegriffen hat, erwarteter Gewinn sich in Verlust wandelt — sondern, vertraut mit dem Gange des Lebens sehen wird darin die unvermeidlichen Ergebnisse, welche sich immer wieder ausgleichen und zur Natur des Menschen und der Gesellschaft gehören. Dadurch erbittern sie uns nicht, sondern erheben uns über die Zufälligkeiten zur rechten Würdigung. Vor Allem prägt sich unserm Wesen durch die wechselvollen Schicksale tief das Bedürfniß ein: Maß halten in allen Dingen.

In der Folge der Tage werdet Ihr dessen die Einsicht erlangen. (Jirm. 23, 20.)

Beobachte den Schuldlosen, den Redlichen betrachte: denn eine Zukunft hat der Mann des Frie-

dens — der Frevler Zukunft wird getilgt (Pſ. 37,
37. 38.)

Der Gerechtigkeit Werk iſt Friede, der Gerechtigkeit Frucht ewige Ruhe und Sicherheit. (Jeſ.
32, 17.)

### 15.
**Was will die Religion hinſichtlich der Allgemeinheit?
Eine ſittliche Weltordnung herſtellen.**

1. Der Menſch iſt ein geſellſchaftliches Weſen. Weder vermag
er iſolirt zu beſtehen, noch erträgt er es. Darum wird der Menſch
in eine geſellſchaftliche Verbindung hineingeboren, kann im Laufe
des Lebens aus einer in die andere treten, immer aber muß er
einer ſolchen angehören, nicht blos durch die äußere Sachlage, ſondern auch von innen heraus genöthigt. Dieſe geſellſchaftliche Verbindung iſt von Natur die Familie, die Nation, das Volk, geſchicht-
lich der Staat. Der Staat als die Verbindung vieler Individuen zu Einem Zwecke und durch dieſelben Mittel iſt nicht minder
ein lebendiges, organiſches Weſen, das auf einem ſittlichen Grunde
ſich aufbauen muß, ſo daß alle ſeine Einrichtungen und Geſetze von
denſelben ſittlichen Grundſätzen durchdrungen ſind oder werden. Wie
aber der Einzelmenſch von der thieriſchen Exiſtenz ausgeht und ſich
in allmähliger Entwickelung zu einem ſittlichen Weſen heranbildet,
ſo geht auch der Staat aus dem Zuſammenfug der rohen Elemente
hervor, und hat den Weg der Entwickelung zur ſittlichen Durchdringung in mannichfachen Umgeſtaltungen zu wandeln. Es iſt
daher nicht minder eine unumgängliche Forderung an die Religion,
dem Staate die ſittliche Grundlage zu entwerfen und ihm ſo das
Ziel feſtzuſetzen, nach welchem er zu ſtreben [1]). Gerade der Moſaiſ-

---

[1]) Wir bitten dringend, von vorn herein den Unterſchied zwiſchen „Religion"
und „Kirche" zu beachten und feſtzuhalten, ein Unterſchied, durch deſſen Vernach-
läſſigung der Religion große Hinderniſſe geſchaffen worden. Wir ſprechen hier
nirgends von irgend einer „Kirche", irgend einer einzelnen Confeſſion, ſondern
von der Religion in ihrer Ganzheit und Integrität. Staat und Religion dürfen

mus, welcher, wie wir oben ausgeführt, Lehre und Leben identifizirte, und selbst geschichtlich die Aufgabe hatte, das Volk Israel zu einem Staate umzubilden, mußte für die staatliche Gesellschaft diese Grundgesetze feststellen, sie aber allerdings zum Theil in Spezialvorschriften, welche ihre konkrete Gestalt von Ort und Zeit entnahmen, ausprägen. Es handelte sich hierbei nicht um die Staatsform, gewöhnlich Verfassung genannt, die vielmehr, sei sie republikanisch oder monarchisch, dem geschichtlichen Lebensgange des Volkes überlassen blieb. (5 Mos. 17, 14 ff.) Jene allgemeinen Grundsätze des mosaischen Staates sind aber: 1) die persönliche Freiheit, 2) die Gleichheit Aller vor dem Gesetze, 3) die mögliche Annäherung an eine Ausgleichung der Besitzverhältnisse, und 4) die Sicherung des Rechtszustandes. Die erstere, die persönliche Freiheit, wurde nicht allein feierlich proflamirt (im ersten der Zehn-Worte, auch 3 Mos. 25, 54. 55), sondern auch das Sklaventhum in eine Miethlingsschaft umgewandelt durch die Begränzung auf eine Anzahl Jahre, und kannte das mosaische Strafrecht keine Beschränkung der persönlichen Freiheit durch Gefängnißstrafe [1]. Ebenso war jede Bevorzugung durch Geburt, alle Verschiedenheit der Stände ausgeschlossen [2], und selbst den Fremden, wie wir schon oben gezeigt, war die Rechtsgleichheit gesichert und sogar der Eintritt in das israelitische Bürger-

---

in ihren konkreten Gestalten nicht identisch sein; aber in der Abstraktion muß der Staat religiös sein, und so darf die Religion den Staat nicht unbeachtet lassen. Es war eine heidnische Wendung, die Erklärung, daß die Religion Gottes, der Staat lediglich des Kaisers sei.

[1] Für den absichtslosen Todtschläger fand eine Verbannung in eine der sechs Freistädte bis zum Tode des jeweiligen Hohenpriesters statt.

[2] Wenn der Priesterstand hiervon eine Ausnahme machte, so war er bekanntlich von vornherein nicht beabsichtigt, sondern die Erstgeborenen jeder Familie bestimmt, die priesterlichen Funktionen im Schooße derselben auszuüben. Die durch den Vorgang mit dem goldenen Kalbe erhärtete Nothwendigkeit, zum Kampfe gegen das Heidenthum einen Bruchtheil des Volkes zum sichern Träger der Gotteslehre zu haben, ließ eine Priesterfamilie einsetzen, welcher jedoch eine faktische Gewalt durch den Ausschluß vom Grundbesitze entzogen ward, indem sie so dem frommen Sinne des Volkes für ihre Existenz überlassen blieb. Die Geschichte Israels zeigt denn auch niemals den wirklichen Bestand einer Priesterherrschaft.

thum aller Zeit gestattet¹). Was endlich die Besitzverhältnisse betrifft, so wurde nicht allein jeder Familie ein erbliches Grundeigenthum gegeben, sondern auch durch den Rückfall im Jobeljahre, wenn es verkauft worden war, der Familie gesichert. Die Anhäufung des Reichthums, sowie die Dürftigkeit, sollten durch das Verbot des Zinses und das Erlaßjahr verhindert werden; und endlich wurde den Dürftigen, seien es Einheimische, seien es Fremde, ein Anrecht auf einen gewissen Unterhalt durch bestimmte Vorschriften, vermöge derer ihnen ein Antheil am Ertrage des Landes gewährt ward, gegeben²). Nichts lag aber dem Gesetzgeber mehr am Herzen, als den Rechtszustand im Staate zu sichern. Für die Unparteilichkeit der Richter werden immer wiederholt die eindringlichsten Vermahnungen und die bestimmtesten Vorschriften ertheilt, und die Ausübung des Rechts auf Gott, als die Quelle alles Rechtes, hingeführt. (5 Mos. 1, 17.) Oeffentlichkeit und Mündlichkeit, die Entfernung jedes „Gottesurtheils", jeder Folter und geheimen Inquisition, die Beschränkung des Strafmaßes waren die Sicherungsmittel des Rechtsschutzes. — Daß in allen diesen Momenten die von der israelitischen Religion verkündeten Grundsätze der staatlichen Gesellschaft denen des Heidenthums auf's schroffste gegenüberstehen, und der Menschheit den Weg zur höchsten Entwickelung eröffneten, brauchen wir hier nicht weiter auseinanderzusetzen. Im heidnischen Staate war der Sklavenstand als unentbehrlich anerkannt, waren Stände und Kasten mit der größten Verschiedenheit der Vorrechte oder Benachtheiligungen vorhanden, besaß ein Volksstamm oder eine Stadtgemeinde die Obherrschaft, die eigentlich staatliche Gewalt, der die übrigen, oft kolossalen Massen rechtslos unterworfen waren, war das Schuldenwesen und die Ungleichheit des Besitzes in drückendster Weise an-

---

¹) Aus den 5 Mos. 23, 2 ff. aufgestellten Ausnahmen ergiebt es sich, daß das israelitische Bürgerrecht durchaus nicht an die Abstammung von Israel geknüpft war. Lebten doch zu Schelomoh's Zeit 153,600 Fremde im heil. Lande (2 Chron. 2, 16), und Jecheskel befiehlt im wiedererlangten Lande den Fremdlingen Eigenthum zu geben (47, 22. 23). S. unser Bibelw. I. S. 935.

²) Wir erinnern an die Ecken der Felder, den Abfall bei der Erndte, die Nachlese, die Zehntes des dritten Jahres, welche für die „Armen, Wittwen, Waisen und Fremdlinge" bestimmt waren.

gewachsen und die Ursache der Zerrüttung, der Entartung und des Unterganges der staatlichen Gesellschaft, hatte man endlich keine Ahnung von Armenrecht und Armenpflege. In allen diesen Momenten ragen noch heute die heidnischen Sitten, Anschauungen und Grundsätze in die menschliche Gesellschaft hinein, verursachen die furchtbarsten Kämpfe und Umwälzungen, und werden erst nach und nach in der Entwickelung des Menschengeistes überwunden[1]).

2. Wenn die Religion Israels, wie wir oben gezeigt, die Menschenbrüderlichkeit proklamirte, so lag es in der Natur der Sache, daß sie das ganze Menschengeschlecht als eine große Familie betrachtete, die zwar in Volksstämme und Nationen, in kleine und große Staaten getheilt ist, dennoch aber auch eine große Einheit bildet. Nicht minder nun, wie das Individuum und der einzelne Staat, so beruht auch diese große Menschenfamilie auf einer sittlichen Grundlage, auf welcher sich eine allgemeine sittliche Weltordnung aufbauen soll. Diese Grundlage besteht in der Gleichheit aller Völker untereinander, in ihren Rechten als Nationen und Staaten und der gegenseitigen Anerkennung dieser Rechte, welche den allgemeinen Frieden bewirkt. Wenn das Heidenthum in seinem Prinzipe des Egoismus jedes Volk sich als das höchste, zur Herrschaft berufene ansehen, alle anderen als „Barbaren" verachten ließ, wenn es daher in dem Verhältniß der Völker zu einander nur die Gewalt der Waffen und der List entscheidend machte, wenn es darum den Krieg als den natürlichen Zustand und die Unterwerfung als das Loos der Schwächeren betrachtete: so erkannte und lehrte die geoffenbarte Religion, daß eine Vereinigung aller Völkerschaften in gegenseitiger Achtung, im Austausch der Erzeugnisse und in allgemeinem Frieden dereinst eintreten werde, und die Menschheit auf dem Wege zu diesem Ziele begriffen sei. Sie wußte wohl, daß der Kämpfe, der Erschütterungen und Umwälzungen noch viele stattfinden würden, daß auch nicht die Gewalt dieses hohe Ideal verwirklichen werde, aber sie sah voraus, daß die Erkenntniß immer mehr die Menschengeister durchdringen,

---

[1]) S. hierüber Ausführliches in unseren Vorlesungen über „die Religion der Gesellschaft."

und endlich die Gotteslehre den allgemeinen Sieg erringen müsse. Auf dieses große Ziel sei die Führung der Menschheit durch die göttliche Waltung gerichtet, und so gewiß in der Gotteslehre die Wahrheit enthalten sei, so gewiß trage sie auch die Bürgschaft in sich, daß dereinst die Menschengeschlechter den Krieg verlernen, die Gewalt verabscheuen und den Frieden über die ganze Erde verbreiten würden.

Gehen werden viele Völker und sprechen: Auf, laßt uns ziehen zum Berge des Ewigen, zum Hause des Gottes Jakobs, daß er uns lehre von seinen Wegen und wir wandeln in seinen Pfaden. Dann wird er richten zwischen den Nationen, schiedsrichten vielen Völkern, daß sie schmieden ihre Schwerter zu Sensen und ihre Speere zu Winzermessern: nicht hebt mehr Volk gen Volk das Schwert, und nicht lernen sie fürder Krieg. (Jesch. 2, 3. 4.)

Dann werden sie wohnen, ein Jeder unter seinem Weinstock und unter seinem Feigenbaum, und Niemand schrecket. (Michah 4, 4.)

Nicht böse, nicht verderblich werden sie mehr handeln auf meinem ganzen heiligen Berge, denn voll wird sein die Erde der Erkenntniß, wie die Wasser bedecken den Meeresgrund. (Jesch. 11, 9.)

# Beilagen.

# Beilage I.
(Zu §. 6. S. 45.)

## Die Aussprüche der griechischen Philosophen über Gott.

Um den Erweis für die oben aufgestellten drei Sätze recht treffend zu geben, erinnere man sich, daß die Krone seines Denkens und Forschens das gesammte Alterthum in den Philosophieen der Griechen gefunden, und gestatte uns der Leser, die Lehre sämmtlicher griechischen Philosophen von Gott zu skizziren. Es wird da klar erscheinen, daß, so außerordentlich reich hier an Gestaltung, Ausdehnung und Tiefe das menschliche Denken war, dennoch durch dasselbe nur immer wieder der innere Widerspruch zu Tage kam, und ein höherer und wahrhaftiger Begriff von Gott nicht erreicht werden konnte. Wie gesagt, müssen wir uns mit gedrängten Skizzen begnügen.

Wie Aristoteles bemerkt [1]), haben die älteren Philosophen nur nach den materiellen Ursachen alles Daseienden geforscht, und sich mit der Bestimmung dieser begnügt. So war dem Thales das Wasser der ursprüngliche Stoff, aus welchem Alles geworden.

Pherecydes nahm Zeus, die Zeit und die Erde als die drei Grundwesen an, die nie entstanden sind, aber aus denen und durch die Alles geworden [2]).

Anaximander sah das Unendliche (ἄπειρον) als das Prinzip

---

[1]) Arist. Metaphys. I, 3.
[2]) Diog. Laert. I, 119.

alles Vorhandenen an, aber dieses Unendliche ist ihm die den Raum erfüllende Materie, und zugleich das Göttliche [1]).

Ihm stimmte Anaximenes bei, bestimmte aber dieses Unendliche als die Luft, selbst die Seele war ihm Luft, und Gott die unendliche Luft [2]).

An die Seite dieser ionischen Philosophen traten die Pythagoräer, welche die Zahlen (ἀριθμοι) als die Prinzipien aller Dinge ansahen. Sie stellten sich die Welt als ein großes, durch die Zahlen gewordenes, harmonisches Ganzes vor, dem sie den Namen Kosmos beilegten; und mitten in dieser Welt, in ihrem Mittelpunkte, als der vorzüglichsten Stelle, dachten sie sich Gott wohnen, welcher das Vollkommenste ist, nämlich das Feuer, und als Centralfeuer die Sonne [3]). Unter ihnen erkannte nun Alkmäon schon wieder alle Sterne als Gottheiten an, weil sie sich unaufhörlich durch sich selbst bewegen [4]).

Höher und bestimmter war der Ideengang der Eleatiker. Unter ihnen behauptete Xenophanes, daß nur ein Gott möglich sei, weil das vollkommenste Wesen nicht mehrmals sein kann [5]), aber was ist ihm Gott? — die materielle Welt: nach ihm ist die Welt Gott und Gott die Welt, denn alles Seiende ist Eines, und dieses Eine zugleich Gott [6]). Daher dachte sich Xenophanes Gott kugelgestaltig, weil Gott überall sich gleich wäre. Der Schüler des Xenophanes, Parmenides, ging schon wieder auf das Realere ein; ihm ist dieses eine Seiende die Wärme, mit ihrer Entziehung, der Kälte, auch das Denken ist ihm nichts anderes, jede Veränderung in der Wärme des Körpers bringe daher auch eine andere Art des Vorstellens zu Wege. Ihm ist daher die Gottheit ebenfalls ein Centralfeuer in der Mitte des Weltalls, das Alles regiert [7]). Ihr Nachfolger

---

[1]) Arist. Physic. 3, 47.
[2]) Cicero Nat. Deor. I, 10.
[3]) Arist. de coel. II, 13.
[4]) Arist. de anim. I, 2.
[5]) Arist. de Xenoph. 3.
[6]) Arist. Metaph. I, 5: εἰς τὸν ὅλον οὐρανὸν ἀποβλέψας, τὸ ἓν εἶναί φησι τὸν θεόν.
[7]) Simplic. in Physic. Arist. p. 9.

Melissus hielt es von solchem Standpunkte aus für das Beste, über „die Götter" lieber zu schweigen, da man sie doch nicht erkennen könne [1]).

Heraklit erklärte das Feuer als das Grundwesen aller Dinge; das Feuer in seiner feineren Beschaffenheit, als Ausdünstung ($\dot{\alpha}\nu\alpha$-$\vartheta\nu\mu\dot{\iota}\alpha\sigma\iota\varsigma$) durchdringt die ganze Welt, bringt alle Veränderungen hervor, ist die Ursache aller Erscheinungen, die Weltseele, außer der es daher gar keinen Gott giebt [2]). Ihm war also das Feuer die Gottheit, denn es ist die Substanz und das Gesetz zugleich, nach welchem die in der Substanz vorhandene Kraft wirket. — Empedokles sah Alles auf ganz mechanischem Wege von Urelementartheilen der vier Elemente durch Anziehung und Abstoßung entstanden, und zwar ganz zufällig, weshalb aus dem Chaos erst unregelmäßige Zusammensetzungen (Köpfe ohne Hälse, Füße ohne Körper u. dergl.) vorangingen, ehe nach und nach daraus regelmäßige wurden. Konsequenter Weise hätte Empedokles deshalb gar nicht von der Gottheit sprechen dürfen. Er nannte aber die vier Elemente Götter [3]). Dann aber wieder war ihm die Freundschaft ($\varphi\iota\lambda\dot{\iota}\alpha$, d. i. die Anziehung) der Ursprung des Guten, die Feindschaft (d. i. die Abstoßung) der Ursprung des Bösen. Jene ist ihm daher die Gottheit. — Hieran schließt sich nun schon der ältere reine Materialismus, den zuerst Leucippus lehrte. Nach ihm existirt nur der leere Raum und das den Raum Erfüllende. Das Letztere besteht aus kleinen, untheilbaren Theilchen, Atomen. Aus diesen Atomen ist Alles zusammengesetzt, die Verschiedenheit besteht aber nur in der Figur der Zusammensetzung. Alles dies geschieht durch die Nothwendigkeit ($\dot{\alpha}\nu\dot{\alpha}\gamma\kappa\eta$), die er aber freilich nicht näher erklärte [4]). Er kann darunter nur einen rohen Naturmechanismus verstanden haben, von einer geistigen Kraft hat Leucipp keine Vorstellung, indem auch die

---

[1]) Diog. Laert. IX, 24: $\dot{\alpha}\lambda\lambda\dot{\alpha}$ $\kappa\alpha\dot{\iota}$ $\pi\varepsilon\rho\dot{\iota}$ $\vartheta\varepsilon\tilde{\omega}\nu$ $\ddot{\varepsilon}\lambda\varepsilon\gamma\varepsilon$, $\mu\dot{\eta}$ $\delta\varepsilon\tilde{\iota}\nu$ $\dot{\alpha}\pi o\varphi\alpha\dot{\iota}\nu\varepsilon\sigma\vartheta\alpha\iota$, $\mu\dot{\eta}$ $\gamma\dot{\alpha}\rho$ $\varepsilon\tilde{\iota}\nu\alpha\iota$ $\gamma\nu\tilde{\omega}\sigma\iota\nu$ $\alpha\dot{\upsilon}\tau\tilde{\omega}\nu$.

[2]) Arist. de anim. I, 2. § 13. Plut. Decret. Philos. I, 28.

[3]) Arist. de gener. et corr. II, 6: $\tau\dot{\alpha}$ $\sigma\tau o\iota\chi\varepsilon\tilde{\iota}\alpha$ $\vartheta\varepsilon o\dot{\iota}$ $\delta\dot{\varepsilon}$ $\kappa\alpha\dot{\iota}$ $\tau\alpha\tilde{\upsilon}\tau\alpha$.

[4]) Diog. Laert. IX, 33. $\varepsilon\tilde{\iota}\nu\alpha\dot{\iota}$ $\tau\varepsilon$, $\ddot{\omega}\sigma\pi\varepsilon\rho$ $\gamma\varepsilon\nu\dot{\varepsilon}\sigma\varepsilon\iota\varsigma$ $\kappa\dot{o}\sigma\mu o\upsilon$ $o\ddot{\upsilon}\tau\omega$ $\tau\alpha\dot{\iota}$ $\alpha\dot{\upsilon}\xi\dot{\eta}\sigma\varepsilon\iota\varsigma$ $\kappa\alpha\dot{\iota}$ $\varphi\vartheta\dot{\iota}\sigma\varepsilon\iota\varsigma$ $\kappa\alpha\dot{\iota}$ $\varphi\vartheta o\rho\dot{\alpha}\varsigma$ $\kappa\alpha\tau\dot{\alpha}$ $\tau\iota\nu\alpha$ $\dot{\alpha}\nu\dot{\alpha}\gamma\kappa\eta\nu$, $\ddot{\eta}\nu$ $\dot{o}\pi o\iota\dot{\alpha}$ $\dot{\varepsilon}\sigma\tau\iota\nu$ $o\dot{\upsilon}$ $\delta\iota\alpha\sigma\alpha\varphi\varepsilon\tilde{\iota}$.

Seele ein aus Atomen, und zwar runden, zusammengesetztes, materielles Wesen ist [1]).

Diese Atomisten-Lehre entwickelte Demokrit weiter. Auch ihm ist die Seele ein Aggregat von runden Feuer-Atomen. So wenig ihm also in seiner materiellen Welt ein Platz für Götter übrig war, so konnte er doch nicht los werden, daß mindestens die Vorstellungen von Göttern existiren; er dachte sich daher diese Vorstellungen als wirkliche Aggregate von Atomen, die im Weltall vorhanden sind, ganz wie die Träume. Die Götter sind ihm also „Bilder" (εἴδωλα), theils wohlthätig, theils unheilbringend, mit einer Art Scheinexistenz.

Von hier ab wurde aber Athen der Mittelpunkt der griechischen Philosophie. Wir sehen hier zuerst Anaxagoras auftreten und verbannt werden, der aber den größten Schritt that; indem er der erste war, welcher Stoff und Geist in ihrer Verschiedenheit erkannte. Anaxagoras führte alles Bestehende auf gleichartige Ur-Theile (Homoiomerien) zurück, die ewig waren und anfänglich im chaotischen Zustande, in todter Ruhe. Es mußte daher eine außerhalb des Stoffes vorhandene Kraft in diese todte Masse Bewegung hineinbringen, und diese Kraft nannte er νοῦς, Geist, die Ursache alles Schönen und Zweckmäßigen. Er legt diesem Nous sehr erhabene Eigenschaften bei, aber er kann ihn sich doch nur als eine Naturkraft denken, welche das Weltall durchdringt, also den Raum erfüllt [2]). Eben so bringt ihm der Nous nur den Anfang der Bewegung, durch welche Alles wurde, hervor, dagegen entstehen die einzelnen Wesen nur durch Mechanismus, ja sogar Zufall. So ist ihm die Sonne nur eine große Steinmasse, welche durch die Wirbelbewegung der Luft in die Höhe geschleudert und durch den Aether glühend geworden; die Pflanzen entstehen aus der Luft, welche die Keime aller Dinge enthält, wenn diese Keime in Wasser kommen. Der Nous dagegen ist überall Dasselbe und hat sich nur in alle lebende

---

[1]) Arist. de anim. I, 2. §. 2. τὰ ἄτομα-τούτων δὲ τὰ σφαιροειδῆ ψυχήν λέγει.

[2]) Plato Cratylus III. πάντα φησιν αὐτὸν (νοῦν) κοσμεῖν πράγματα διὰ πάντων ἰόντα.

Wesen vertheilt[1]). Deßhalb klagen Plato und Aristoteles den Anaxagoras an, sich seines Nous nur wie einer Maschine bedient zu haben, wenn er keinen andern Grund in der Weltbildung mehr finden kann, im Uebrigen aber Alles ohne seine Mitwirkung entstehen zu lassen[2]). Bald nach ihm fand Diogenes von Apollonia schon wieder in der Luft sowohl den Grundstoff als die Grundkraft aller Dinge, und identifizirte in ihr beide. Die Luft war ihm das, was die Erkenntniß enthalte, Alles regiere, Alles durchdringe, in Allem sei[3]). Dies sind die philosophischen Produkte der vorsokratischen Zeit. Wir sehen hier schon einen bedeutsamen Kreislauf durchwandern, in welchem alle Nüancen des Dogmatismus zum Vorschein kommen, bis nach dem reinen Materialismus der Skepticismus auftritt, der in den Sophisten seinen Ausdruck fand. Vor diesem rettete allein der einfache Rationalismus des Sokrates, mit welchem die griechische Philosophie ihre zweite Bahn begann.

Sokrates, der der Spekulation nur in unmittelbar praktischen Dingen ein Recht einräumte, erlaubte sich daher auch gar keine Spekulation über die Gottheit. Er fußte auf dem Volksglauben und sprach daher eben so oft von den „Göttern" wie vom „Göttlichen". Daß in seinem Geiste diese Götter sich zu Einem Wesen verschmolzen, dem er die höchsten Eigenschaften zudachte, dem er Allwissenheit und Allmacht zuschrieb, können wir voraussetzen, ohne daß es in dem über ihn Ueberlieferten klar ausgesprochen ist. Wir können zwar mit Meiners in dem Ausdruck ὁ ἐν παντὶ φρόνησις noch keinen eigentlichen Pantheismus finden, müssen aber bei unserer lückenhaften und unsichern Kunde über Sokrates' eigentliche Ansichten eben nur berücksichtigen, daß er nur das ethische Element in Betracht zog, also alles Sittliche, wie er es kannte, in der Gottheit vollendet setzte, ohne über das Wesen derselben und ihr Verhalten zum Menschen zu konstruiren. Dieser einfachen Voraussetzung, welche also Gott nur für den Menschen als Ideal hinstellt, traten

---

[1]) Er sagte selbst: ὅσα γε ψυχὴν ἔχει καὶ μείζω καὶ ἐλάττω, πάντων νοῦς κρατεῖ.

[2]) Arist. Metaph 1, 4.

[3]) Simplic. in Physic. Arist. p. 33.

auch alsbald mit gleicher Naivetät Andere mit der entgegengesetzten Voraussetzung entgegen, wie die Cyrenaiker, welche¹) das Vergnügen als das höchste Gut ansahen, daher der Tugend nur einen Werth beilegten, weil sie Vergnügen bewirkt — Ansichten — die für Gott und Unsterblichkeit keinen Platz übrig hatten, welche letztere denn auch vom Theodorus geradezu bestritten wurden. Im Gegensatz kehrten die Megariker zu dem Satze des Parmenides zurück, daß nur Eins sei, das sich immer gleich, unveränderlich, ewig ist, und welches sie das Gute, wie Parmenides das Reale, nennen, so daß also auch ihnen Gott und Welt Eins sind, das Seiende²).

An diese knüpften endlich die älteren Skeptiker an, Pyrrho und Timon, welche alle Erkenntniß für zweifelhaft hielten, so daß sie als höchste Bezeichnung hinstellten: οὐδὲν ὁρίζω ich entscheide nicht, weder dies, noch jenes (οὐδὲν μᾶλλον). Man sieht hieraus, wie jetzt die ältere griechische Philosophie im Stadium der Auflösung, der Selbstzersetzung war und einer neuen Begründung bedurfte.

Zu derselben Zeit traten aber die beiden größten Philosophen Griechenlands, die entscheidenden Tonangeber für Jahrtausende, nach einander auf, Plato und Aristoteles, und von diesen datirt der zweite große Cyclus des griechischen Denkens.

Es ist bekannt, daß wir in den Schriften des Plato nur seine exoterische Lehre besitzen, während die esoterische (höhere und wahre) Lehre nur mündlich seinen Schülern mitgetheilt ward. Auch ist in den Schriften Plato's das, was uns hier interessirt, gleichsam nur stoffweise gegeben, zerstreut, gelegentlich mit Ausnahme seiner Kosmogonie, die im „Timaios" durchgearbeitet ist, einer zum Theil sehr leicht verständlichen, zum Theil sehr dunkeln Schrift, die allerdings den Charakter des Esoterischen, wie keine andere Plato's an sich trägt. Gehen wir von hier aus.

Materie und Raum sind, nach Plato, ewig. Aber die Materie war ohne Form, sie hatte von den Elementen in sich, aber da ihr

---

¹) Omne bonum in voluptate posuerunt virtutemque censuerunt ob eam rem esse laudandam, quod efficiens esset voluptatis. Cic. de offic. III, 33.

²) Id bonum solum esse dicebant, quod esset unum et simile et idem et semper. Cicero Quaest. IV, 42.

die Form fehlte, so waren Feuer, Luft und dgl. noch nicht wirklich daraus[1]).

Die Materie ist nun ursprünglich in beständiger Bewegung, weil sie aus verschiedenen Stoffen besteht, und die verwandten Stoffe sich immerfort anziehen, die andern sich abstoßen[2]).

Eben so ewig sind aber die Formen, denn jede Form existirt als Idee. Gott verband nun mit dieser ewigen und an sich immerfort, aber ohne Ordnung bewegten Stoffmasse die als Idee bestehenden Formen und schuf so die Welt nach einem vollkommenen Ideal. Diese Verbindung der Form als Idee mit dem Stoffe konnte nur geschehen, indem Gott jedem Dinge eine die Form als Idee enthaltende Seele gab — denn die Form ist nicht etwa bloß die äußere Figur, sondern zugleich die Ordnung, das Gesetz, die vernünftige (äußere und innere) Bewegung — und dem Weltganzen eine demgemäße Weltseele. Das Universum (τὸ ὅλον) besteht also aus der ewigen, an sich immerfort, aber regellos bewegten Materie und der diese zu vernünftiger, gesetzmäßiger Bewegung bindenden Seele; das Universum ist aber Werk Gottes, indem dieser mit dieser Materie diese Seele verband. So vollkommen aber auch Gott die Welt zu machen suchte, so blieb auch in der Materie von ihrer ursprünglichen, regellosen Bewegung zurück, weil die Verbindung der Form mit der Materie nicht vollkommen möglich war. Die Materie fügt sich nicht ganz den Gesetzen der Seele. Daher so möglichst vollkommen die Welt anfangs war, so nimmt doch in der Zeit wachsend die Unvollkommenheit zu, woraus denn alle Uebel und alles Böse in der Welt entsteht. Daher endlich die großen Revolutionen in der Welt, bis Gott die Regelmäßigkeit wieder herstellt. Eben so sind die menschlichen Körper und alle Thiere nicht von Gott selbst gebildet, sondern von Untergöttern, damit sie nicht Gott gleich wären. Als solche Untergötter gelten ihm die großen Weltkörper, die Sterne, insbesondere die Planeten[3]). Es geht hieraus hervor, daß Plato die Welt durch das, was er Weltseele, d. h. die Totalität der

---

[1]) Timaeus p. 48 f. ed. Tauchn.
[2]) Siehe hierüber Ausführliches in unserer Ὕλη ἀνθρωπίνη. Berolin. 1833. p. 223.
[3]) Timaeus p. 32.

Gesetze und bewegenden Kräfte, nennt, fortexistiren läßt, ohne unmittelbare Einwirkung Gottes, die aber gerade dadurch, wie wir gesehen haben, von Zeit zu Zeit wieder nothwendig wird. Dadurch wird der Begriff der Unvollkommenheit von Gott entfernt, dafür aber die Macht, d. i. das Wesen Gottes, beschränkt.

Dies ist der Boden, auf dem sich die Lehre von Gott bei Plato erhebt. Wir sahen, Plato hat die von Anaxagoras angeregte Idee von der Außerweltlichkeit Gottes weiter entwickelt, er faßt Gott außerhalb der Welt, aber, sobald er sich Gott in Beziehung zur Welt denkt, steht ihm die Stoffwelt in Materie, Raum und Bewegung eben so ewig neben Gott, und Plato bedarf noch eines Dritten, eines Mediums, um Gott und materielle Welt in Verbindung zu bringen. Plato setzt daher eigentlich zwei Göttliches, Stoff und Geist, gleichmächtig nebeneinander, die so weit außer einander liegen, daß Gott als Geist weder den Stoff schaffen, noch des Stoffes unmittelbar Herr werden und ihn bilden kann. Das Dasein dieser höchsten Intelligenz erweist sich dem Plato aus der Zweckmäßigkeit in der Einrichtung der Welt, da das Zweckmäßige nur Wirkung der Intelligenz sein könne, das Regellose Wirkung der sich selbst überlassenen Materie ist. Die Anordnung und Regierung des Weltalls setzt demnach ein vernünftiges, vorstellendes Wesen voraus, von dem jene ausgeht, und dies ist Gott. Dieser Gott ist vollkommen und die Quelle alles Guten, er ist unveränderlich und sein Gesetz ist, die höchste Vollkommenheit zu verwirklichen. Gott ist daher für den Menschen das höchste Ideal der Sittlichkeit; er übt das Richteramt über den Menschen in dem irdischen und jenseitigen Leben aus, und zwar in gerechtester Weise, so daß der Mensch nur ihm möglichst nachzustreben hat [1]. Ist dies in Kurzem das System des Plato, so blieben seine nächsten Schüler, die älteren Akademiker, diesem treu, nur daß sie die Lehre von der Weltseele (ἡ ψυχὴ τοῦ κόσμου) weiter ausbildeten und so den Begriff von Gott wieder verdunkelten.

Unter allen griechischen Philosophen ist der mit dem reichsten

---

[1] Theaetet p. 280: Θεός, συνδαμῇ οὐδαμῶς ἄδικος, ἀλλ' ὡς οἷόν τε δικαιότατος, καὶ οὐκ ἔστιν αὐτῷ ὁμοιότερον οὐδὲν ἢ ὃς ἂν ἡμῶν αὖ γένηται ὅτι δικαιότατος.

Gemüth und der erhabensten Phantasie begabte Plato derjenige, welcher dem geoffenbarten Worte am nächsten kam. Allerdings erkennt er Gott in so fern beschränkt, als er ihn nicht als Schöpfer auch des Stoffes erkennt, und während er Gott als absolute Ursache setzt, den Stoff an und für sich ohne solche ansieht. Aber er erkennt doch in dem Geiste die Ursache des Daseins, er setzt den Geist als die Ursache des Daseienden, die Idee des Dinges ist ihm vor dem Dinge selbst, und indem Gott den Stoff nach der Idee bildet, ist Gott der Schöpfer alles Daseienden.

Abgesehen aber von dieser metaphysischen Konstruktion, sobald Plato Gott und Mensch von ethischer Seite ansieht, da erhebt sich sein Geist zu dem reinsten und edelsten Ideal, wobei es freilich zu bedauern, daß es an einer konsequenten Durchlebung der Gottesidee fehlen mußte, so daß es nur wie helle Fackeln in der Nacht des Heidenthums erscheint — während doch die Sonne im Osten jenem Völkchen schon aufgegangen, den Nationen der Erde noch verborgen.

Dem Rationalismus des Plato trat aber schon bei seinem eigenen Schüler der Empirismus des großen Stagiriten, Aristoteles, gegenüber. Aristoteles erhebt seine Philosophie auf dem Grunde der Erfahrung; diese ist ihm die einzige Quelle aller Erkenntniß; er geht vom sinnlich Wahrnehmbaren, von der Natur, aus, und indem er von hier aus mit einer außerordentlichen Geistesschärfe die Begriffe analysirt, macht er auch Gott zu einer nüchternen, dialektisch gefundenen Definition.

Was uns vor Allem auffällt, ist, daß Aristoteles Gott in gar keine Beziehung zur sittlichen Welt setzt, daß hier gar kein moralischer Endzweck besteht, daß bei Aristoteles weder von der göttlichen Vorsehung, von göttlichem Gericht, noch von Gott als Ideal der Sittlichkeit, als von dem das Sittengesetz, wie überhaupt das Sittliche im Menschen ausgeht, die Rede ist. Indem Aristoteles in der Natur gar kein Uebel sieht, indem er das Böse am Menschen nur als eine Beziehung zu sich selbst betrachtet, steht Gott völlig darüber hinaus, mit einem Worte: Gott ist nur eine Idee von spekulativem Interesse.

Aristoteles theilt die Dinge in veränderliche und unveränderliche; die veränderlichen sind wieder entweder vergänglich oder un-

vergänglich. Es giebt aber nur ein unveränderliches Wesen: Gott,
und ein veränderlich unvergängliches: der Himmel. Wie Plato Welt,
Weltseele, Gott, so setzte Aristoteles die Wesen, den Himmel und
das Urwesen (Gott). Nach Aristoteles giebt es außer der Welt
keinen Raum [1]), aber die Welt ist im Raume begrenzt, und zwar
durch die oberste Sphäre des Himmels, der sich im Kreise herum-
bewegt [2]); die Welt ist ferner ewig, sie hat keinen Anfang und kein
Ende [3]). Ebenso ist die Bewegung ewig, ohne Anfang und Ende [4]).
Jede Bewegung muß aber eine Ursache haben, etwas, das bewegt, und es muß daher etwas Bewegendes geben, das bewegt,
ohne bewegt zu werden [5]). Dieses erste Bewegende bewegt Etwas
zuerst, das dann die Bewegung weiter fortpflanzt. Dieses erste
Bewegte muß die vollkommenste Bewegung haben, die kreisförmige.
Das erste Bewegende ist Gott, das erste Bewegte der Himmel [6]).
Alle Kräfte der Körper auf Erden werden von dem Himmel regiert
und bestimmt, weil daselbst der Anfang der Bewegung ist [7]); so
das Entstehen und Vergehen, die Möglichkeit der Erzeugung. Gott
ist das vollkommenste Wesen; er bedarf keines Handelns, um einen
Zweck zu erreichen, da er Selbstzweck ist [8]). Er ist Geist (νοῦς),
aber sein Denken kann nur sich selbst zum Gegenstand haben, so
daß sein Denken das Denken des Denkens ist [9]), d. i. die Gottheit
ist sich selbst der einzige Gegenstand ihres Denkens. Gott ist unsichtbar, unbeweglich, von allem Sinnlichen getrennt, ohne Leiden-

---

[1]) Arist. de coelo I, 9. §. 10. φανερὸν ἄρα, ὅτι οὔτε τόπος, οὔτε κενόν, οὔτε χρόνος ἐστὶν ἔξω τοῦ οὐρανοῦ.

[2]) Ebendas. 1, 6 ff.

[3]) Ebendas. Kap. 10 ff. bis zu Ende des ersten Buches.

[4]) Arist. Ausc. phys. VIII. 1 ff.

[5]) Arist. Ausc. phys. VIII. 5. §. 2. 5.

[6]) Arist. de coelo II. 3. §. 1.

[7]) Arist. Meteorol. I. 2: ὥστε πᾶσαν αὐτοῦ τὴν δύναμιν κυβερνᾶσθαι ἐκεῖθεν· ὅθεν γὰρ ἡ τῆς κινήσεως, ἀρχὴ πᾶσιν, ἐκείνην αἰτίαν νομιστέον πρώτην.

[8]) Arist. de coel. II. 12. § 4: τῷ δ᾽ ὡς ἄριστα ἔχοντι οὐδὲν δεῖ πράξεως ἔστι γὰρ αὐτῷ τὸ οὗ ἕνεκα.

[9]) Arist. metaphys. IX. 9: αὐτὸν ἄρα νοεῖ, εἴπερ ἐστὶ τὸ κράτιστον. καὶ ἐστιν ἡ νόησις νοήσεως νόησις.

schaft, Bedürfniß und Veränderung [1]). Hiernach ist Gott nichts als der Urheber der Bewegung, (worunter nicht blos die örtliche Bewegung zu verstehen), er hat diese Bewegung zuerst im Himmel hervorgebracht, und dieser in allen sublunarischen Wesen, die sich bald bewegen, bald ruhen. Ob er nur den ersten Anstoß gegeben, oder ob die ewige Bewegung eine fortgesetzte Thätigkeit der Gottheit ist, darüber spricht sich Aristoteles nicht aus. Dabei läßt er Gott in dem letzten Kreise, dem Himmel, sich befinden, so daß Sextus Empirikus den Aristoteles sagen läßt: Gott sei die Grenze des Himmels [2]). Und mit Recht. Denn da Aristoteles um den sich ewig bewegenden Himmel noch etwas Aeußerstes, Unbewegliches als Grenze des Himmels annimmt [3]), so kann dies letztere nur Gott sein, der also dem Aristoteles als unkörperlicher, raumloser Raum des Universums, darin das Universum ist, erscheint.

Dies ist der Gott des Aristoteles, ein Produkt der nüchternsten Spekulation, ein aushelfender Begriff, wo die anderweitigen Begriffe nicht ausreichen wollen.

Mit Plato und Aristoteles hatte die griechische Philosophie ihren Höhenpunkt erreicht, und obschon wir auch im Weitern eine Durcharbeitung der schon im ersten Cyclus gegebenen Normen des Denkens oder Phasen des Philosophirens erhalten, so geht es doch nach jenen wieder abwärts und Alles individualisirt sich.

Schon die Nachfolger des Aristoteles, die Peripatetiker, vereinseitigten das System des Aristoteles. Strato aus Lampsakus z. B. hielt sich an den Satz des Aristoteles fest, daß es keine realen Objekte außer der Sinnenwelt gebe, und identifizirte deshalb die Natur und Gott, setzte jene, also die Gesammtheit der sinnlich wahrnehmbaren Dinge, an die Stelle dieses, so daß die Natur zugleich die

---

[1]) Ebendas. Kap. 7: ὅτι μὲν οὖν ἐστὶν οὐσία τις ἀίδιος, καὶ ἀκίνητος, καὶ κεχωρισμένη τῶν αἰσθητῶν φανερόν. — ἀλλὰ μὴν καὶ ὅτι ἀπαθὲς καὶ ἀναλλοίωτον.

[2]) Sext. Empir. Hypotyp. III. § 218: Ἀριστοτέλης ἀσώματον εἶπεν τὸν Θεὸν εἶναι καὶ πέρας τοῦ οὐρανοῦ.

[3]) Arist. phys. ausc. IV. 5. § 3: ἐστι δὲ ὁ τόπος οὐχ ὁ οὐρανός, ἀλλὰ τοῦ οὐρανοῦ τι τὸ ἔσχατον, καὶ ἁπτόμενον τοῦ κινητοῦ σώματος πέρας ἠρεμοῦν.

bildende Kraft sei, überhaupt nur physikalische Kräfte vorhanden seien, die Welt kein beseeltes Wesen¹). Zu derselben Zeit gründete Epikur eine neue Schule, die aber wesentlich den Materialismus des Demokrit zur Grundlage hatte. Der Eckstein seiner Philosophie war: das höchste Gut des Menschen ist das Vergnügen und die Entfernung des Schmerzes — ohne daß er dafür mehr als den Naturtrieb aller thierischen Wesen zum Beweise anführte²). Er verfeinerte freilich diesen Satz, indem er ein zwiefaches Vergnügen annahm, eines aus der Befriedigung des verlangenden Gemüthes (ἡδονή ἐν κινήσει) und eines des ruhigen, zufriedenen Gemüthes (ἡδονή καταστηματική) und dem zweiten den Vorzug gab.

Ihm hat daher die Tugend keinen Werth an sich ohne Rücksicht auf ihre Folgen, sondern, wie die Medicin, wegen der dadurch erlangten Gesundheit³). In der ganzen Richtung dieses Systems liegt es wie von selbst, daß Epikur Gott als Weltregierer und Unsterblichkeit bestreitet, weil ihm beide für die Erreichung der Schmerzlosigkeit und die Erlangung ungestörten Vergnügens nur hinderlich waren. Ihm ist das Weltall ein Körper. Dieser Körper bewegt sich im leeren Raume; außer diesen beiden giebt es nichts weiter. Die Körper bestehen aus Atomen, die unveränderlich und untheilbar sind⁴). Die Welt, sagt Epikur, und hier erkennt man die Einseitigkeit des Autodidakten so recht, kann gar nicht von Göttern geschaffen sein, weil diese als vollkommene Wesen nicht arbeiten können, weil keine Ursache denkbar ist, um derentwillen sie die Welt schaffen sollten, und weil die Welt undenklich im Umfang ist, also gar nicht gebildet und regiert werden kann. Auch ist die Welt zu sehr voll Mängel, als daß sie für das Werk einer vernünftigen Ursache gehalten werden könne⁵), sondern sie ist entstanden, weil

---

¹) Cic. de nat. deor. 1. 11. Strato, qui omnem vim divinam in natura sitam esse censet, quae causas gignendi, augendi, minuendi habeat, sed careat omni sensu ac figura.

²) Diog. Laert. V. § 137.

³) Das. § 138: διὰ δὲ τὴν ἡδονὴν καὶ τὰς ἀρετὰς δεῖν αἱρεῖσθαι, οὐ δι᾽ αὑτάς, ὥσπερ τὴν ἰατρικὴν διὰ τὴν ὑγίειαν.

⁴) Das. § 39—41.

⁵) Lucret. V. v. 157—181. 200—235.

sich die Atome von Ewigkeit in dem leeren Raume bewegen, und Epikur erklärte nun weitläufig und viel willkürlicher als irgend einer der Dogmatiker, die er bestreitet, wie durch eine zufällige Abweichung der Atome von der senkrechten Linie die Dinge geworden sind. Was bewirkte aber diese Abweichung? ¹) Es versteht sich von selbst, daß ihm die Seele auch aus Atomen besteht, und zwar den rundesten, feinsten (unter Anderem, weil nach dem Tode keine Abnahme an Gewicht zu spüren!) Indem nun Epikur die Furcht vor den Göttern bekämpfte, fühlte er doch, daß ihm das so wenig wie irgend einem Gottesleugner gelingen würde, und er ging daher auf dem Wege des Demokrit weiter, indem er, wie dieser, die Vorstellung von Göttern von Bildern herkommen ließ, welche Bilder ihm aber wirklich von Göttern herkamen, die da aus Atomen bestehende lebende Wesen von unermeßlicher Größe und menschlicher Gestalt, unsterblich und selig sind, sie haben einen Quasi-Körper, Quasi-Blut und was dergleichen Unsinn mehr, so daß man sich sobald schon fragen kann, wie dergleichen nach Anaxagoras, Sokrates, Plato, Aristoteles möglich war? (Eine Frage, die man sich so oft bald nach einer klassischen Zeit vorlegen kann.) Und doch fand es Eingang, ja bei seinen Schülern Bewunderung.

Den Epikuräern gegenüber entstand die Stoa, in der ein würdiger Ernst herrschte, indem sie die Philosophie als die Wissenschaft der Weisheit, welche das höchste Gut des Menschen ist, bezeichnet ²). Aber ihr Stifter Zeno ging von den Sätzen aus, daß Reales nur durch Reales erklärt werden dürfe; wir kennen aber nichts Reales mit Substanz und Causalität außer den Körpern; also taugt nur das Körperliche zur Erklärung des Realen. So gelangt er dahin, Gott und Seele für materielle Wesen zu halten ³). In der ursprünglichen Materie aller Dinge war das Feuer das thätige Princip, das

---

¹) Mit Recht sagte schon Cicer. de finib. 1, 6: itaque attulit rem commentitiam; — quae cum res tota ficta sit pueriliter, tum ne efficit quidem quod vult.

²) Senec. epist. 89: Sapientia perfectum bonum est mentis humanae. Philosophia sapientiae amor est et affectatio. Haec ostendit, quo illa pervenit.

³) Cicer. Academ. Quaest. I, 11.

die Dinge bildete, und in jedem Elemente etwas zurückblieb [1]). Dieses thätige Princip war ihm Gott, dem er nun, trotz seiner materiellen Natur, die höchste Vernünftigkeit zuschreibt, weil aus ihm vernünftige Wesen entstehen. Gott und Natur sind ihm Eins, und die Natur ein künstlerisches Feuer, welches nach den Gesetzen Alles erzeugt [2]). Das Wesen der Gottheit besteht aus Feuer, das als Wärme oder als Aether, welchen die Stoiker πνεῦμα nennen, alle Wesen durchdringt. Die Stoiker unterscheiden daher bald zweierlei Feuer, das gewöhnliche und ein feineres, wie solches Natur und Seele sei [3]). Als ursprüngliche Vernunftkraft ist die Gottheit auch die Urquelle alles Rechts und des Sittlichen, indem das höchste sittliche Princip ist: der Natur folgen [4]). Der Gottheit Zweck ist, daß die Welt geschickt sei zum Bestehen, daß sie nichts ermangle, und besonders, daß in ihr die höchste Schönheit und jeder Schmuck sei; indem die Gottheit dafür sorgt, ist sie die Vorsehung [5]). Indem aber die Gottheit als Feuer alle Theile der Welt durchdringt, sind auch diese göttlich, daher nach Zeno die Volksgötter Theile der Welt und der göttlichen Kraft bedeuten. — Auch die Seele war der Stoa ein Körper, und zwar ein feuriger, darum sterblich [6]). Wie Epikur den Demokrit, so hatte Zeno den Heraklit zum ersten Führer genommen.

Diesem ausschreitenden und ins Leere führenden Dogmatismus, der auf die allem Menschenverstande hohnsprechenden Gegensätze aus-

---

[1]) Diog. Laert. VII. § 142.

[2]) Cic. de nat. deor. II. 22: Zeno igitur ita naturam definit, ut eam dicat ignem esse artificiosum ad gignendum progredientem via,

[3]) Stobaeus, Eclog. phys. Vol. I. p. 538· δύο γὰρ γένη, πυρὸς κτλ. ὁ δὴ φύσις ἐστί καὶ ψυχή.

[4]) Cic. de nat. deor. 1, 14: Zeno autem naturalem legem divinam esse censet, eamque vim obtinere recta imperantem, prohibentemque contraria.

[5]) Daſ. II, 22: haec potissimum providet et in his maxime est occupata, primum ut mundus quum aptissimus sit ad permanendum, deinde ut nulla re egeat, maxime autem ut in eo eximia sit pulchritudo atque omnis ornatus.

[6]) Diog. Laert. VII. § 156: Ζήνων — πνεῦμα ἔνθερμον εἶναι τὴν ψυχήν, φθαρτὴν δὲ εἶναι.

lief, gegenüber, mußte der Skeptizismus wie von selbst wieder erstehen, und fand seinen Hauptsitz unter den sogenannten Akademikern, die, so verschieden sie auch in ihren Philosophemen sind, ihren gemeinsamen Namen von dem Orte ihrer Schule haben.

Der Vater des zweiten Skeptizismus war Arcesilaus aus Pitane (geb. 318 vor der gew. Zeitrechnung;) er stellte den merkwürdigen Satz auf, daß die speculativen Behauptungen sich immer wieder aufheben, indem für die entgegengesetzten gleich starke Gründe gesagt werden und sich sagen lassen, woraus er folgerte: es läßt sich nichts wissen, nichts mit Gewißheit behaupten. Es liegen also die Gegensätze im menschlichen Geiste selbst, und das menschliche Denken bewegt sich nur innerhalb der Gegensätze [1]). Der Mensch könne demnach nichts wissen, nicht einmal, was Sokrates meinte, daß er nichts wisse, sondern für den Menschen sei Alles in Dunkel gehüllt [2]).

Dennoch erkannte Arcesilaus an, daß der Mensch nach gewissen Regeln denke, und behauptete, daß er in seiner Vernunft eine Richtschnur für sein Handeln finde, und Recht sei, wofür man einen vernünftigen Grund angeben könne [3]). Man sieht, der Skeptizismus schlägt sich hiermit selbst ins Angesicht, indem er „einen vernünftigen Grund angeben zu können" vorgiebt, während er der Vernunft alle Objektivität abspricht und für jedes Gegentheil gleich starke vernünftige Gründe angeben zu können behauptet. Es versteht sich, daß dieses Philosophiren keinen Raum mehr für Gott läßt, wie wir auch noch vom Aristo von Chios wissen, daß er das Dasein Gottes bestritt [4]).

---

[1]) Cic. Acad. Quaest. II, 24: ut doceret, nullum tale esse visum a vero, ut non ejusdem modi etiam a falso posset esse.

[2]) Ebendas. 1, 12: Itaque Arcesilaus negabat esse quidquam, quod sciri posset, ne illud quidem ipsum, quod Socrates sibi reliquisset. Sic omnia latere censebat inocculta, neque esse quicquam, quod cerni aut intelligi possit.

[3]) Sextus Empir. adv. Mathem. VII. § 148: τὴν δὲ φρόνησιν κινεῖσθαι ἐν τοῖς κατορθώμασι· τὰ δὲ κατορθώματα εἶναι, ὅπερ πραχθὲν εὔλογον ἔχει τὴν ἀπολογίαν· ὁ προσεχόμενος οὖν τῷ εὐλόγῳ, κατορθώσει καὶ εὐδαιμονήσει.

[4]) Cic. de nat. deor. I, 14: qui neque formam dei intelligi posse censeat, neque in diis sensum esse dicat, dubitetque omnino, deus animans, necne sit.

Während demnach der Skeptizismus bis zur Gottesleugnung kam, gelangte die Stoa bald dahin, die Vielgötterei philosophisch zu deduciren, indem Kleanth das Feuer des Zeno in die Sonne verwandelte, von welcher die Vernunftkraft als Wärme sich durch die ganze Natur ausbreite ¹). Während ihm die Sonne der eigentliche Gott war (τὸ ἡγεμονικόν), waren die Sterne und Planeten Götter zweiten Ranges, die entstehen und vergehen, indem sie in die Sonne (Zeus) aufgehen ²). Dieser Gott ist das vollkommenste Wesen, weil, da unter den Wesen ein Gradunterschied vorhanden, so daß eins vollkommener als das andere ist, ein vollkommenstes sein muß ³).

Dieser philosophisch deducirte Polytheismus blieb denn auch Eigenthum der Stoa und wurde z. B. von Chrisipp noch verfeinert, indem er Gott als Naturkraft und als Vernunft unterschied, indem aber körperlich als Luft und Aether, die das Behikel des thätigen Princips oder der Gottheit seien ⁴). Es war daher dem größten Nachfolger des Arcesilaus, dem geistreichen und beredten Carneades (geb. 217) leicht, einer so schwachen Lehre die vollständigsten Widersprüche nachzuweisen und den Skeptizismus siegreich alle Beweise der Stoa über Gott vernichten zu lassen, indem er immer von den Voraussetzungen der Stoa selbst ausgeht. Daher bildete Carneades den Skeptizismus zur vollständigen Negation aus, so daß er nichts mehr behauptete (selbst nicht, daß er nichts behaupte) und dem Menschen nur noch die „Wahrscheinlichkeit" ließ. Indem er gegen den Anthropomorphismus der dogmatischen Schulen zu Felde zog und die Vielgötterei der Stoa lächerlich machte, bekämpfte Carneades den Aberglauben wirksam, wußte aber freilich — nichts an die Stelle zu setzen, indem er konsequent genug war, jedes Princip abzuweisen; auch das Handeln des Menschen stützt er daher nur auf Regeln der Wahrscheinlichkeit, indem das Gewöhnliche (das oft

---

1) Diog. Laert. VIII. § 139.

2) Plutarch adv. Stoic. p. 1075.

3) Sext. Empir. adv. Mathem. IX. § 88: εἰ φύσις φύσεώς ἐστι κρείττων, εἴη ἄν τις ἀρίστη φύσις· εἰ ψυχὴ ψυχῆς ἐστι κρείττων, εἴη ἄν τις ἀρίστη ψυχὴ κτλ. οὐ γὰρ εἰς ἄπειρον ἐκπίπτειν πέφυκε τὰ τοιαῦτα.

4) Stob. Eclog. Phys. I, p. 374.

Wahrgenommene) die Regel des Wahrscheinlichen sei.¹) So viel wirkte dies, daß wir bei den spätern Stoikern, z. B. Posidonius, die Vielgötterei wieder auf eine dreifache Gottheit reducirt sehen, welche Begriffen wieder nahe kommt, nämlich Gott, Natur und Schicksal²); indeß huldigte auch dieser sogar der Wahrsagerei, indem er behauptete, daß, da die in der ganzen Natur verbreitete Denkkraft auch bei dem Opfern der Thiere vorhanden sei, einige Veränderungen in den Eingeweiden der Opferthiere vorgehen können, weil Alles dem Willen Gottes unterworfen sei³).

Wir sind hier an dem Ende des zweiten Cyclus der griechischen Philosophie angekommen, das ungefähr mit der Zerstörung des zweiten Tempels zusammenfällt. Das griechische Alexandrien in Aegypten und die nach Rom verpflanzte griechische Wissenschaft haben der Entwickelung einen neuen Impuls gegeben. Mit diesem Impulse konnte aber keine neue Originalität geschaffen werden, und wir sehen die Philosophie nur noch einmal dieselbe Laufbahn, aber nur auf schon da gewesenen Pfaden und mit weit geringerer Kraft durchschreiten; die alten Schulen werden erneut: Epikuräer, Stoiker, Peripatetiker, ja Pythagoräer und Platoniker kreisen von Neuem, bis allein der Skeptizismus mit frischer Energie sich an der Zerstörung aller dieser verjüngt. Hierüber noch eine möglichst kurzgefaßte Uebersicht.

Unter den Römern war es Cicero, der die Philosophie schriftstellernd, namentlich im höhern Alter, als er von der Wirksamkeit im Staate ausgeschlossen worden, heimisch machte. Er huldigte dem Eklektizismus, indem er in der spekulativen Sphäre der neuern Akademie folgte, im Praktischen aber der Stoa. Das Ergebniß dieses Verfahrens war, daß er so deutlich, wie bis dahin noch nie geschehen, zeigte, wie dem unerschütterlich festen und allgemeinen Glauben an die Gottheit vermittelst des einfachen gesunden Menschenverstandes die Spekulation der Philosophie gegenüberstehe,

---

¹) Sext. Emp. adv. Mathem. VII. §. 171—175.
²) Stob. Eclog. Phys. 1. p. 178. πρῶτον μὲν γὰρ εἶναι τὸν Δία, δευτέραν δὲ τὴν φύσιν, τρίτην δὲ τὴν εἱμαρμένην.
³) Cic. de divinat. 11. 15.

welche noch zu keiner festen, jede Prüfung bestehenden Ueberzeugung habe gelangen können; es sei noch keine philosophische Lehre von Gott und Welt vorhanden, gegen welche der prüfende Verstand nicht siegreich streiten könne, und doch sei es möglich, daß von allen widerstreitenden Behauptungen keine einzige, aber unmöglich, daß mehr als eine wahr sei ¹).

Cicero ist hierbei nicht Skeptiker, denn er will damit den Forschungsgeist der Menschen nur noch mehr wecken, damit dieser Gegenstand von Neuem genauer untersucht werde, denn mit dem Wegfall der religiösen Ueberzeugung gerathe das ganze menschliche Leben in Verwirrung, und jede Tugend, jede Treue höre auch unter den Menschen auf ²). Daher gründet er auch seine ethischen Ansichten auf das Dasein der Gottheit, und erklärt sich das Recht durch die unmittelbare Unterweisung der Götter (das Gewissen) als die eine und gemeinsame Art des Lebens unter den Menschen und das natürliche Wohlwollen der Menschen unter sich ³). So schwankend diese Feststellung ist, so zeigt sie sich also denn auch weiterhin, indem er zwischen Nutzen und Uneigennützigkeit in der Tugend nicht konsequent zu unterscheiden vermag, und bald den Nutzen mit der Tugend zu identifiziren sucht, bald die Pflicht um ihrer selbst willen mit Hintenansetzung alles Vortheils erfüllt wissen will ⁴).

---

¹) Cicero de nat. deor. 1. 2. Res enim nulla est, de qua tantopere non solum indocti, sed etiam docti dissentiant, quorum opiniones cum tam variae sint, tamque inter se dissidentes: alterum fieri profecto potest, ut earum nulla, alterum certe non potest, ut plus una vera sit.

²) Daselbst. In specie autem fictae simulationi sicut reliquae virtutes ita pietas inesse non potest: cum qua simul et sanctitatem et religionem tolli necesse est, quibus sublatis, perturbatio vitae sequitur et magna confusio. Atque haud scio an pietate adversus deos sublata, fides etiam et societas generis humani et una excellentissima virtus, justitia, tollatur.

³) Cic. de legib. I. 13. primum quasi muneribus deorum nos esse instructos et ornatos; secundo autem loco unam esse hominum inter ipsos vivendi parem communemque rationem; deinde omnes inter se naturali quadam indulgentia et benevolentia, tum etiam societate juris contineri.

⁴) Cic. de offic. III. 6. non enim mihi est vita mea utilior, quam animi talis affectio, neminem ut violem commodi mei gratia — dann aber wieder c. 28. pervertunt homines ea, quae sunt fundamenta naturae, cum utili-

Indeß konnte es nur einem so gewiegten und feinen Geiste, wie Cicero möglich sein, sich in dieser freien, selbstständigen Weise zu erhalten. Vielmehr wurde es nach ihm um so mehr bei den Römern Sitte, sich einer bestimmten Schule zuzugesellen, und da in hergebrachter Weise die überkommenen Lehrsätze zu üben.

So blühete in Rom die epukärische Schule, welcher Lucretius die poetische Form zum Ausdruck lieh, den höchsten Preis der epikuräischen Philosophie darin findend, daß sie den Menschen vom Uebersinnlichen unabhängig mache und ihn von aller religiösen Furcht befreie. Indem er, beschränkt genug, Religion und heidnischen Kultus, wie er ihn vor sich sah, für Eines erachtete, setzte er das Verdienst Epikurs darein, daß er zuerst gezeigt habe, die Götter seien selige Wesen, die sich um die Welt und die Menschen nicht bekümmern, frei von allen Leidenschaften, unfähig zu lieben und zu hassen, von denen man also nichts zu hoffen und nichts zu fürchten habe.

Diesen gegenüber fanden insonders die Stoiker ihre Vertretung in Rom, aber auch hier mehr von praktischer Seite. Indem Seneca die Philosophie als die unveränderliche Wissenschaft des Guten und Bösen (!?) erklärt [1]), verurtheilte er alle anderweitigen Bestrebungen derselben [2]).

Dies rächt sich wiederum an ihm, indem er selbst in der Begründung seiner ethischen Begriffe immerfort in der Irre geht. Es ist ihm gut, was der Natur gemäß ist.

Da aber vieles Natürliche unbedeutend und zu verachten ist, so kommt es auf die Größe und Bedeutung an.

Das vollkommene Gute ist daher „das Ehrenhafte", was das Begehren der Seele der Natur gemäß auf sich lenkt [3]).

---

tatem ab honestate sejungunt. Omnes enim expedimus utilitatem ad camque rapimur, nec facere aliter ullo modo possumus.

[1]) Seneca epist. 88. scientia bonorum ac malorum immutabilis, quae soli philosophiae competit. Amstelod. 1619 p. 517.

[2]) S. über die freien Künste und Wissenschaften und deren Werth den 88. Brief ep. 106. p. 614. Sed nos ut cetera in supervacuum diffundimus, ita philosophiam ipsam. Quemadmodum omnium rerum, sic litterarum quoque intemperantia laboramus: non vitae, sed scholae discimus. Der Mann hätte jetzt leben sollen!

[3]) Senec. epist. 118. p. 619.

Ist es daher zu verwundern, wenn Seneca den Selbstmord aufs Eifrigste vertheidigt, obgleich dieser doch der Natur am meisten widerspricht? In ähnliche Widersprüche verfängt sich seine Lehre von Gott nach stoischen Grundsätzen. Bald ist ihm Gott und Welt Eines, wir sind „Glieder und Genossen Gottes [1]." Bald wieder ist Gott die durch die ganze Natur verbreitete Vernunft, die der Welt und deren Theilen eingesenkt ist, also die Natur selbst [2], ja was in dem Menschen gut ist, das ist Gott; bald aber verläuft er sich dennoch zu der Absurdität, den Weisen über Gott zu setzen [3]. Es würde uns zu weit führen, hier die vielen Widersprüche aufzuzählen, in die Seneca in seiner Schrift „über die Vorsehung" sich fängt, wo er bald die Existenz des Bösen läugnet, bald wieder zugiebt und aus der Materie erklärt, bald Gott Alles bestimmen, aber doch wieder selbst der Nothwendigkeit unterworfen sein läßt, also ein Fatum anerkennt, welches Menschliches und Göttliches in seinem Laufe dahinreißt (irrevocabilis humana pariter ac divina cursus vehit, de prov. c. 5.)

Am meisten waren aber lediglich mit der Lehre ihres Meisters beschäftigt, ohne sie lebendig weiter zu bilden, die Schüler des Aristoteles, die Peripatetiker, unter welchen allem Alexander Aphrodisiacus zu erwähnen, welcher den eben erwähnten Fatalismus der Stoiker siegreich bekämpfte. Damals war es auch, wo der Pythagoräismus wieder aufgeweckt und bis zu dem Satze des Apollonius von Thana geführt ward, daß nur ein Wesen, eine Substanz existirt, die nicht wird und vergeht, sondern die sich ausdehnt und zusammenzieht, verdichtet und verdünnt, und durch diese Bewegung die Dinge sichtbar und unsichtbar werden läßt [4]; wo dann der Pythagoräismus und Platonismus zu verschmelzen versucht ward; wo andrerseits der Platonismus und zwar namentlich von mystisch-

---

[1] Sen. ep. 92. p. 547. Totum hoc, quo continemur, et unum est et Deus: et socii ejus sumus, et membra.
[2] Sen. de benefic. II. 7. p. 83. quid enim aliud est natura, quam Deus et divina ratio, toti mundo et partibus inserta!
[3] Sen. epist. 53. p. 368. Est aliquid, quo sapiens antecedat Deum. Ille naturae beneficio, non suo sapiens est.
[4] Epist. Apollonii 58.

allegorischer Seite aufgefrischt wurde. Allein da wir hier an der Grenze stehen, auf welcher auf ursprünglich jüdischem, später auch christlichem Gebiete die geoffenbarte Religion und die Philosophie sich zu durchdringen versuchten, und von wo ab der Einfluß jener auf diese nicht mehr zu verkennen ist, da insonders gerade des jüngern Platonismus Urheber die beiden Juden Aristobul und Philo der Alexandriner waren, so können wir hier, wo es uns lediglich um die heidnische Philosophie galt, gerade auf jene Erscheinung nicht näher eingehen. Stellte doch Numenius, der Nachfolger Philo's, den Satz auf, daß Plato nichts anders als Moses in attischer Sprache sei, ein Ausspruch, von dem man mit Recht gesagt, daß er sich eher auf die Lektüre der Philonischen als der Mosaischen Schriften gründet [1]).

Das einzige und letzte Gebilde des heidnischen Alterthums war daher nur noch der Skeptizismus in seiner Vollendung, und auf diesen werfen wir noch einen Blick. Der zur Zeit des Cicero lebende Aenosidemus war es, der den Skeptizismus, wie er bei den älteren Akademikern im Schwunge war, wieder erneuerte und fester begründete. Die Akademiker waren inkonsequent, und indem sie behaupteten, daß nichts erkennbar sei, setzten sie doch wieder Tugend und Untugend, Gutes und Böses, Sein und Nichtsein als etwas Bestimmtes und Bestimmbares. Anders aber die echten Skeptiker (Pyrrhonier genannt), welche weder sagen, daß der menschliche Verstand etwas erkennen, noch daß er es nicht erkennen könne, sondern nur, daß er überhaupt nichts zu entscheiden vermöge, so daß dasselbe nicht mehr wahr als falsch, nicht mehr wahrscheinlich als unwahrscheinlich, nicht mehr seiend als nichtseiend sei [2]). Nach ihnen kann er nicht einmal darüber entscheiden, daß er nichts entscheiden kann. Nach Aenosidem ist Alles, was der menschliche Geist thun könne, vorurtheilslos über die Erscheinungen vergleichend zu reflektiren, und dann ist das Resultat: daß die größte Verwirrung und Gesetzlosigkeit in allen Dingen herrscht [3]).

---

[1]) Tennemann, Gesch. der Philos. Bd. 5. S. 243.
[2]) Photius Biblioth. ed. Rothom. p. 548.
[3]) Diogen. Laert. IX. § 78.

Dennoch hinderte ihn dies nicht, in die Inkonsequenz zu fallen, dem heraklitischen Systeme zu huldigen und sich hier ganz als Dogmatiker zu geriren. Ungefähr zwei Jahrhunderte später, gegen Ende des zweiten Jahrhunderts der gewöhnlichen Zeitrechnung, gab endlich Sextus Empirikus, ein Arzt, diesem Skeptizismus die Vollendung. Nach Sextus ist Skeptizismus die Denkweise, welche allem Dogmatismus, positivem wie negativem, entgegentritt, er behauptet nicht die wirkliche Erkenntniß der Dinge, wie der positive Dogmatismus, noch läugnet er die Möglichkeit derselben wie der negative, sondern er dringt auf die Zurückhaltung jedes entscheidenden Urtheils. Er ist ihm das Vermögen, die Erscheinungen und Vorstellungen auf jede mögliche Weise einander gegenüber zu stellen und durch das dadurch gewonnene Gleichgewicht der Gründe zuerst zur Zurückhaltung von jedem Urtheil, alsdann zur größten Gemüthsruhe zu kommen [1]), weil der Forscher durch die Gegenüberstellung und das endliche Gleichgewicht der Gründe das Interesse an den Objekten verliert [2]). (Welcher falsche Schluß!) Für den Skeptiker hat daher nur das Wirklichkeit, was wir unmittelbar (jeder Einzelne im Augenblicke) wahrnehmen, empfinden, denken, das Objekt dieser Wahrnehmungen und Empfindungen aber ist uns gänzlich verborgen.

Was den Skeptiker hierzu vermochte, das war lediglich die verschiedene Art, wie die einzelnen Menschen von den Dingen verschieden afficirt werden, ja der einzelne Mensch zu verschiedenen Zeiten, und selbst zu gleicher Zeit. Eine wirkliche Untersuchung des Erkenntnißvermögens stellte er aber noch nicht an. Es ist aber leicht einsichtlich, daß der Skeptizismus zu diesem Resultate nur durch die äußerste Sophisterei gelangen konnte, und daß er hiermit nicht bloß die dogmatische Philosophie, sondern auch sich selbst aufgelöst hatte, denn er muß, um dem Dogmatismus seine Falschheit zu erweisen, doch gewisse Sätze des logischen Denkens anerkennen,

---

[1]) Sext. Empir. Hypot. Pyrrh. 1. 4. ἔστι δὲ ἡ σκεπτικὴ δύναμις ἀντιθετικὴ φαινομένων καὶ νοουμένων καθ' οἱονδήποτε τρόπον ἀφ' ἧς ἐρχόμεθα διὰ τὴν ἐν τοῖς ἀντικειμένοις πράγμασι καὶ λόγοις ἰσοσθένειαν τὸ μὲν πρῶτον εἰς ἐποχήν, τὸ δὲ μετὰ τοῦτο εἰς ἀπραξίαν.

[2]) Derselbe §. 12.

und hiermit den Beweis zu gleicher Zeit gegen sich selbst führen. Wir wollen nur ein Beispiel anführen. Sextus bemüht sich, zu beweisen, daß es eigentlich keinen Gegenstand der Lehre giebt, keinen Lehrer, keinen Lernenden und keine Methode des Lernens, und zwar beweist er dies nur aus lauter Trugschlüssen — und doch will er selbst belehren. Der Inhalt seiner Untersuchungen ist daher namentlich, daß es kein Kriterium der Wahrheit giebt, und das letzte Resultat: alle Bildung und Wissenschaft zu vertilgen, nur den Trieben der Natur, den Gewohnheiten der Nation zu leben, zu sein, was der Zufall aus Einem macht, ohne einen höhern Zweck des Daseins sich vorzustellen, in der That die philosophische Brücke in — das Mittelalter.

Indem der freundliche Leser dieser Skizze bis hierher gefolgt ist, gestatte er uns nun noch die wie von selbst sich ergebenden Schlüsse zu folgern.

Wir sahen also die griechische Philosophie (mit ihrem Pendanten, der römischen) einen dreifachen Cyclus durchschreiten: der erste vom Erwachen des Philosophirens bei den **Joniern** an bis zu dem ältern Skeptizismus des Pyrrho und Timon (630—370 vor der gew. Zeitr.), der zweite von Plato bis zu dem mittlern Skeptizismus des Karneades (360—150 vor der gew. Zeitr.), der dritte von Cicero bis zu dem jüngern Skeptizismus des Sextus Empirikus (von 100 vor bis 200 nach der gew. Zeitr.) Wir sehen demnach die Philosophie hier überall zu denselben Zielen anlangen, zur Auflösung ihrer selbst, dem Skeptizismus, der nur in den Graden seiner Konsequenz und in der Gewandtheit seiner Anwendung sich unterscheidet, aber immer mit der letzten Folgerung endet, daß der Mensch weder zu bejahen, noch zu verneinen vermag, daß alle Sicherheit des Gedankens, weil jede Bestimmtheit der Wahrnehmung fehlt, daß der menschliche Geist sich nur zwischen Gegensätzen bewegt, die einander widersprechen und aufheben. Wir sahen endlich, daß innerhalb dieser Cyclen auch dieselben Phasen immer wieder zum Vorschein kamen, deren höchste, der **Dualismus** von Geist und Stoff, immer in der Vollkraft des Cyclus, als dessen Höhepunkt erscheint — Anaxagoras im ersten, Plato im zweiten, der Platonismus im dritten Cyclus — die sonst aber im gröbern und feinern

Materialismus, im einfachen Rationalismus und der vielgestaltigen Dialektik in der positiven und negativen Dogmatik verlaufen.

Blicken wir auf unsern eigentlichen Gegenstand, die Lehre von Gott, so ist es ersichtlich, daß die Griechen eigentlich sich die Welt nur in deren gegenwärtigen Gestalt geschaffen zu denken vermochten, daß sie daher allesammt eine Unerschaffenheit, eine Ewigkeit der Materie, des Raumes, der Bewegung annehmen und nun entweder — und dies sind die Meisten — Welt und Gott identifizirten, demnach pantheistisch in der Materie zugleich die bewegende, d. h. bildende Kraft annahmen, oder irgend ein Element als das bildende, das auf die übrigen Elemente bildend einwirkende betrachteten, oder den bewegenden, bildenden Geist in alle Dinge vertheilt hielten — oder wenn sie Materie und Gott unterschieden und Gott außerweltlich begriffen, doch die Materie ebenso ewig hielten wie Gott, und deshalb nach einem dritten, nach irgend einem Medium suchten, das diesem Gott die Schöpfung der Welt aus der vorhandenen Materie möglich machte, so Anaxagoras, Plato, Aristoteles. Hierüber hinaus kamen sie nicht, und da sie nun aus dieser Wurzel sich ihren Gott herauskonstruirten, so waren sie im Grunde entweder versteckt oder offenbar gottesläugnerisch, oder die Gottheit ward ihnen zu einem leeren spekulativen Begriff, oder sie mußten, um sich ihren Gott zu beleben, ihre Spekulation bei Seite lassen, und mit vollem Herzen und warmer Phantasie, wie Plato, die Gottheit mit ethischen und ästhetischen Gedanken füllen, wenn sie auch mit der Spekulation in gar keinem Zusammenhange standen.

Es kann dieses große Gemälde, welches wir nach so verjüngten Maßen unsern Lesern vorgeführt, nicht genug betrachtet werden. Vergessen wir nicht, daß wir hier die menschliche Spekulation in ihrer naturwüchsigsten Gestalt vor uns haben. Weder hatte die entwickelte Naturwissenschaft, die bis jetzt eben so viel Trübung wie Aufklärung der menschlichen Spekulation gebracht hat, noch die geoffenbarte Religion sie beeinflußt. Wir haben sie in ihrer unbedingtesten Entfaltung, denn die ganze wissenschaftliche Bildung, das ganze wissenschaftliche Interesse konzentrirte sich damals in ihr, und sie wurde dabei ebenso für das tiefste Moment des menschlichen Daseins, als zur nothwendigen Propädeutik des Staatsmannes, des

Redners geschätzt. Endlich daß ihr die beiden bedeutendsten Völker des Alterthums dienten, demnach ein sehr kräftiges und geistreiches Werkzeug.

Sind wir nun nicht so einseitig, daß wir in dem Mangel eines unveränderlich wahren Resultats, irgend einer bleibenden Befriedigung des menschlichen Geistes eine Demüthigung des letztern vermeinen, bewundern wir vielmehr in diesem unaufhörlichen, rastlosen, sich nie begnügenden, sondern immer wiederholt beginnenden Streben die Energie des Menschengeistes, welche nicht in zu erlangenden Erfolgen, sondern in der durch das Streben zu gewinnenden Entfaltung ihr gutes Ziel, ihre eigentliche Aufgabe erkennt: so werden wir es durchaus nicht auffällig finden, wenn wir in der gesammten Philosophie eben nur eine Arbeit, aber kein Endziel des Menschengeistes erkennen, wenn wir zu dem Schlusse gelangen, daß der Menschengeist durch sich, durch seine Spekulation zu einer wesentlichen Erkenntniß des göttlichen Wesens nicht kommen konnte. Wir haben vielmehr die zwiefache Befriedigung uns sagen zu müssen: des Menschengeistes ist es, unaufhörlich mit sich selbst zu ringen, um zu irgend einem Begriff und einer Kenntniß des Uebersinnlichen zu kommen, und in diesem Ringen seine Größe und Entfaltung zu finden — aber den wahren und lebendigen Begriff und die Erkenntniß des göttlichen Wesens konnte er nur durch eine unmittelbare Einwirkung der Gottheit erlangen, auf dem Wege göttlicher Verkündigung, faktischer Offenbarung.

Dies ist es, was uns jene drei großen geschichtlichen Sätze, die wir in §. 6 aufgestellt (S. 40.), erwiesen aus der Geschichte der Religionen und Philosopheme, lehren. Denn all den Religionen des Alterthums und den Philosophemen der griechischen Welt gegenüber, welche Gott nur aus der Natur abstrahirten, welche daher Gott mit der Natur identifizirten oder aus ihr spekulativ konstruirten, trat nun der Mosaismus mit der religiösen Idee in die Welt, lehrte Gott vor der Welt, als den alleinigen Grund alles Daseins, als den Schöpfer dieser Welt und all ihres Inhalts, der seinen Gedanken an der Welt und den Wesen zur Wirklichkeit brachte, und nun mit seinen Gedanken und seinem Willen in jedem individualisirten Sein ist, wodurch eben dies ein solches ist. Auf diesem Grunde lehrte diese religiöse Idee den

Dualismus des Stoffes und Geistes, aber nur im Geschaffenen, nicht in Gott selbst, und wie durch das Schaffen Gottes dieser Dualismus in dem Geschaffenen zu einer Einheit des Lebens wird, vorzugsweise im Menschen, in welchem der Geist durch Selbstbewußtsein und sittliche Freiheit zur Gottebenbildlichkeit geworden, durch die Liebe zur Gottähnlichkeit erhoben. Auf diesem Grunde lehrte diese religiöse Idee die Heiligung und die Liebe als die höchste Aufgabe des Menschen, als den Anspruch Gottes an den Menschen, darin Gott als Vorsehung und Vergeltung waltet. So vereinigt sich Speculation, Ethik und Aesthetik in der religiösen Idee zu einem enggegliederten Ganzen, in welchem alle Fragen eine der Vernunft, dem Herzen und der Geschichte gemäße Lösung finden.

Von dieser religiösen Idee aus wurden fortan alle religiösen Erscheinungen und alle philosophischen Systeme theils ausgestrahlt, theils von ihrem Entstehen an beeinflußt.

Sobald sie sich von ihr entfernten, geriethen sie in's Heidenthum, vermischten das von ihr Davongetragene mit Heidnischem, oder kamen ganz und gar auf die vom alten Heidenthume, von der griechischen Philosophie eröffneten Bahnen, auf welchen dann die alten Cyclen in neuen Phasen mit demselben Ziele der immer wiederholten Selbstauflösung abkreiseten.

## Beilage II.
(Zu §. 6. S. 51.)

### Die Nothwendigkeit der Offenbarung.

Obschon die Offenbarung nach gewöhnlicher Ansicht nur die Modalität oder den Ursprung der Lehre betrifft, so macht sie doch nach unserer Anschauung das Wesen der jüdischen Lehre aus. Nicht etwa darum, weil daraus über die Wahrheit der Lehre eine unerschütterliche Beweiskraft gebreitet würde — denn einerseits giebt es ja auch rein menschliche Wahrheiten, z. B. mathematische, die auch nirgend in ihrer Erweisung erschüttert werden können, und andererseits hat man ja die mosaischen Offenbarungslehren in anderen Religionen wieder verunstalten gesehen — sondern weil im Inhalte der jüdischen Lehre die Offenbarung so wesentlich mit der ganzen Lehre eins ist, daß beide nur gewaltsam, in Selbsttäuschung getrennt werden können. Warum? Weil, wenn das Geoffenbartsein von der Lehre des Judenthums getrennt wird, diese selbst ganz und gar schwindet, und nur ein sich selbst täuschendes Bewußtsein sie noch zu haben glaubt.

Was heißt Offenbarung? Lasset uns nicht mit Worten spielen, sondern ein wahrhaftes Zeugniß geben. Unter Offenbarung versteht die Schrift, verstanden die Alten, verstehen wir noch: eine unmittelbare Eingebung der Gottheit, ein Gegensatz zu dem, was der Mensch durch eigene Folgerung vermittelst Urtheile und Schlüsse erlangt. Sie ist eine **unmittelbare Mittheilung, Kundthuung des göttlichen Geistes an den Menschengeist.** — Alle anderen Erklärungen sind ein Spiel mit dem

Worte und seinem Begriff. Wir müssen hier Offenbarung in diesem
feststehenden Begriff von der Offenbarung Gottes in Natur und
Geschichte völlig trennen, denn letztere können wir nur vermittelst
Wahrnehmungen, Vorstellungen, Urtheile und Schlüsse uns zur
Erkenntniß bringen und bilden, während jene, wie man sie κατ'
ἐξοχήν nennt, göttliche Offenbarung die Lehren fertig dem Menschengeiste übergiebt. Nur um die Wahrheit zu umgehen, vermischt
man Beide, schiebt man eine der andern unter — aber was ist
damit geholfen?

Die Grundlehren des Judenthums nun, wie sie in der Schrift
enthalten sind, sollen durch unmittelbare Eingebung, Kundthuung
des göttlichen Geistes gegeben worden sein. Dies ist es, was
die Schrift auf jeder Seite ausspricht; dies, woran der jüdische
Stamm von jeher festhielt.

Es frägt sich nun: kann die Offenbarung innerhalb des Judenthums geleugnet werden? Ich sage: Nein! Und warum? Weil
es sonst reine Willkür der Individuen ist, die anderen Lehren
des Judenthums festzuhalten. Man hat nämlich die Lehren des
Judenthums von Gott, Welt, Mensch und Sittlichkeit trennen
wollen von der Lehre der Offenbarung, und jene als durch die
Vernunft so hinlänglich gestützt ausgegeben, daß man die Lehre der
Offenbarung der Naivetät des Glaubens oder Unglaubens hingeben
könne, man bedürfe ihrer weiter nicht. Aber dies ist völlige
Illusion. Mit Nichten sind jene von der Vernunft wahrhaft gestützt. Es ist dabei folgende Selbsttäuschung vorgegangen: weil
jene Lehren begreiflich sind, die Offenbarung aber in ihrem Aktum
unbegreiflich, hat man das Begreifliche festgehalten, das Unbegreifliche verworfen, ohne zu bedenken, daß dieses Begreifliche noch
gar nicht erwiesen ist, sondern erst in diesem Unbegreiflichen seinen
Erweis findet. Man hat das Begriffene für Erwiesenes ausgegeben,
und daher das Unbegreifliche fortgestoßen.

Um dies selbst zu erweisen, haben wir zwei Gesichtspunkte
festzuhalten.

Erstens. So weit wir in die Geschichte der Menschheit
zurückgehen, finden wir, daß der Begriff von der Gottheit und
seinen Konsequenzen von zweien verschiedenen Seiten aus angestrebt

und resp. erlangt worden ist. Einerseits von der Erkenntniß des Wahrnehmbaren, d. i. von der Natur aus; andererseits von der Annahme unmittelbar göttlicher Kundthuung, d. i. von der Offenbarung aus. So wie in der Menschheit ein Bewußtsein über die Gottheit erwacht, entsteht mit ihr eine Ahnung der göttlichen Offenbarung. In allen vorisraelitischen Völkern bleibt dies aber Alles ein Schwanken und Wanken; erst mit Israel und Hellas scheiden sich die Wege. Das erste hat die Offenbarung in der Wahrheit; Hellas hat das Anstreben der Erkenntniß aus der Natur in der Wesenheit. Aus der Natur aber muß sich die Erkenntniß zwiefach ergeben; entweder der menschliche Geist ist nicht befähigt, die Natur in ihrer Einheit zu fassen, und sie zerfällt ihm in Naturkräfte, was nichts anderes als den Polytheismus (die Vielgötterei) ergiebt, oder er ist befähigt, die Natur als eine Einheit zu fassen, und dann ergiebt sich ihm auch Gott als eine Einheit. Hier aber wird sich wieder der Zwiespalt aufthun, wie dieser Gott sich zur Natur verhält, ob er identisch mit ihr oder ein außer ihr Seiendes? Hierüber kann dann Niemand hinwegkommen, und **der erhabene Genius, welcher unter den alten Philosophen — und diese allein standen wahrhaft auf der geschilderten Stufe — am klarsten die Natur in ihrer Einheit begriff, Aristoteles, schwankt aller Orten innerhalb dieses Zwiespaltes, der natürlich zu gar keiner nähern und weitern Erkenntniß Gottes zuläßt.**

Heidenthum und Offenbarung standen sich also direkt gegenüber, indem jenes entweder in die breite Heerstraße der Vielgötterei, oder in die Sackgasse des absoluten Seins (οὐσία) auslief: diese aber, die Offenbarung, in den bestimmtesten Lehren die Einheit Gottes, die Außerweltlichkeit Gottes, die Ebenbildlichkeit des Menschen, die Unmittelbarkeit Gottes zum Menschen (während Gott zu den übrigen Geschöpfen mittelbar durch das Medium des Naturgesetzes ist), daher: Vorsehung, Leitung des Menschengeschlechtes zur Vervollkommnung, (eine Lehre, die die Schrift auf ihren ersten Blättern ausspricht und bis zur Messiasidee verfolgt), Leitung des einzelnen Menschen, Beachtung des menschlichen Thuns, Belohnung und Bestrafung, und deßhalb das Heiligungs- und Sittengesetz aufstellte.

Dieses erweist sich einfach durch die Sätze: 1) alle Völker, zu denen die Offenbarungsschriften Israel's nicht gelangten, waren im Heidenthum versunken; 2) alle Völker, zu denen die Offenbarungsschriften Israel's nicht gelangten, sind noch jetzt im Heidenthum versunken; 3) alle Völker, die einen antiheidnischen Begriff von Gott, die mehr oder weniger die oben aufgeführten Lehren haben, sind solche, welche die Offenbarungsschriften Israel's haben, und sie aus ihnen schöpften. Diese unumstößlichen geschichtlichen Sätze (s. §. 6 und Beilage I.) bezeugen, daß die Menschheit zu diesen Erkenntnissen nicht gelangt ist, also nicht gelangen konnte **ohne die Offenbarungsschriften Israel's**. Der menschliche Geist war an sich unbefähigt, sie durch sich selbst zu finden. — Hier nämlich sind zwei Erscheinungen wohl zu beachten: die erste, daß, als die Offenbarungsschriften Israel's wirklich zu einem großen Theile der Menschenvölker gelangten und die Vielgötterei verdrängten, sich **das Heidenthum nach innen warf**, und mitten in der **Einzigkeit** Gottes die **Einigkeit** Gottes aufhob; die zweite, daß, nachdem die israelitische Offenbarung die Menschen mit ihren Lehren so durchdrang, daß diese mit der ganzen Anschauungsweise der Menschen völlig verwuchsen, die Menschen den Ursprung jener oft genug vergessen, und aus sich selbst und der Natur erkannt zu haben glauben, was ihnen von Kindesbeinen an aus der israelitischen Offenbarung gegeben worden.

Man könnte nun zwar einwenden, daß, wenn auch allerdings die ganze Menschheit die Erkenntnisse von Gott ꝛc. aus der israelitischen Offenbarung geschöpft hat, und nirgends zu ihnen gelangt ist, und nirgends zu ihnen gelanget, wo jene noch nicht hingekommen ist: so sind diese Erkenntnisse doch in Israel ein Produkt des Menschengeistes selbst. Der Widerspruch hierin giebt sich bald von selbst. Sobald diese Erkenntnisse ein Produkt der menschlichen Reflexion sein könnten, so mußten sie unfehlbar **nicht allein** bei den Israeliten sich als solches ergeben, sondern bei der Tüchtigkeit, die so viele Geister außer Israel in der Reflexion hatten, vielfach zum Vorschein kommen. Dann müßten sich ferner die Wege der Reflexion, auf denen sie erlangt worden, sofort darlegen, wie dies überall geschieht und in der Natur des Menschengeistes liegt. Aber in den israelitischen Offenbarungsschriften geben sich durchweg jene Erkenntnisse nur als göttliche Offenbarung. Diese Letztere wäre dann aber ein Trug. Wahrheit und Trug widersprechen sich aber selbst so ganz und gar, daß sie sich in der ursprünglichen Hervorbringung nirgends vertragen. Wohl kann der Trug sich einer schon vorhandenen Wahrheit bemächtigen und sie verfälschen, nicht aber schon in der ursprünglichen vorhanden sein. Derselbe Menschengeist, der die ewigen Wahrheiten fand, hätte nicht auch eine ewige Lüge erfinden und aufstellen können.

Zweitens. Wie aber in der Geschichte sich die Nothwendigkeit der Offenbarung für die von ihr gegebenen Lehren erweiset, so auch in der Idee selbst. 1) Aus der Natur betrachtet, können wir Gott nur als den allmächtigen, allweisen und allgütigen Werkmeister erkennen, als Schöpfer; aber er bleibet dies auch nur für den Menschen; dieser ist eingereiht in die unabsehbare Kette der Wesen. Alle göttliche Ebenbildlichkeit im Menschen, alle Verbindung des Menschen mit Gott, alle Unmittelbarkeit Gottes zum Menschen bleibt durch die Natur unerwiesen, vielmehr widersprochen; alles dies ist eine in der Natur unbegründete Voraussetzung und Annahme. Erst durch das Aktum der Offenbarung treten wir aus der Reihe der Naturgeschöpfe heraus, werden wir Geist mit Gottes Geiste verbunden, wird Gott unmittelbar für uns. 2) Aus der Natur heraus ist der Mensch denselben unwandelbaren Gesetzen unterworfen; er wird, lebt und stirbt; bedarf der Nahrungsmittel, derselben Organe wie das Thier. Eine Erziehung des Menschengeschlechts durch Gott, eine Heranbildung und Vervollkommnung durch die Lenkung Gottes, eine Ueberordnung des menschlichen Lebens in der Gesellschaft durch die göttliche Vorsehung, alles dies wird durch die Natur nicht erwiesen, vielmehr widersprochen, es ist eine in der Natur unbegründete Voraussetzung und Annahme. Erst durch das Aktum der Offenbarung treten wir aus der Reihe der Naturgeschöpfe heraus, werden die höheren Zwecke Gottes mit dem Menschen begründet, wird er unser Erzieher, Leiter, Bildner, die Vorsehung. 3) Aus der Natur heraus ist der Mensch sterblich, wie alle Geschöpfe; er wird, erblühet, reist, stirbt ab; nur die Gattung erhält sich durch die Fortpflanzung. Die Unsterblichkeit des Menschen wird durch die

Natur nicht erwiesen, vielmehr widersprechen. Erst durch das Aktum der Offenbarung wird die Unsterblichkeit begründet, da für das kurze Erdenleben selbst eine göttliche Offenbarung unnöthig wäre, Gott sich nur einem unsterblichen Geiste offenbaren kann; durch die Offenbarung bringt Gott den Menschen zur Erkenntniß der Wahrheit und zur Uebung des Rechts, über deren Erfüllung oder Vernachlässigung Gott richtet, wessen Abschluß in einem nachirdischen Leben erst erreicht werden kann, und zu dessen Fortführung dem Menschen eine nachirdische Existenz nothwendig ist. — Auf diese Weise erlangen alle diese Erkenntnisse erst durch das Aktum der Offenbarung ihre Begründung und sind ohne dieses willkürliche Voraussetzungen.

Man sage nicht, daß wir in diesen Erweisen uns nur im Kreise herumbewegen: dies und dies lehrt die Offenbarung, und nur die Offenbarung ist ihre Begründung. Wir verhandeln hier nur mit denen, welche die Einigkeit Gottes, die Ebenbildlichkeit des Menschen, die göttliche Vorsehung, die Unsterblichkeit der Seele als Wahrheiten annehmen, und wollten diesen erweisen, daß sie diese israelitischen Lehren nicht ohne das Aktum göttlicher Offenbarung annehmen können. Wer jene nicht als Wahrheiten erkennt, ist im Heidenthume befangen, und mit diesem wollten wir nicht rechten.

Man sieht, wir sprechen in klaren, einfachen Worten, wir vermeiden absichtlich alle Schulweisheit, alles Mystische und Phantastische. Es bleiben hier aber allerdings noch mancherlei Fragen, die wir im Folgenden erörtern wollen.

Die nächste Frage wird immer sein: wenn eine göttliche Offenbarung stattgefunden, warum an Israel, warum nicht an alle Menschheit? warum nicht öfter? u. dgl.

Diese Fragen lassen sich aber sehr leicht dahin beantworten: **daß die Wahrheiten der Offenbarung von der Menschheit nur auf dem Wege freier Entwickelung angenommen werden sollten.** Alles Menschliche hat nur einen Werth, insofern es in freier Erkenntniß rezipirt und bethätigt wird. Alles, was dem Menschen und der Menschheit durch irgend einen äußern oder moralischen Zwang aufgedrungen wird, hat keinen Werth. Es mußte daher nur ein Gefäß vorhanden sein, in welchem der

Menschheit die Wahrheiten der Offenbarung dargeboten würden, um in der fortschreitenden Reifung der Völker und des gesammten Menschengeschlechts von diesem erst theilweise, dann ganz erkannt und angenommen zu werden. Nur auf diese Weise konnten Offenbarung und Freiheit des Menschengeschlechtes mit einander bestehen — und auf diese Weise ist es geschehen und geschieht immerfort.

Also Israel war nur das Gefäß der göttlichen Offenbarung. Es giebt kein Stück Weltgeschichte, welches sich so a priori konstruiren läßt, wie die Geschichte des israelitischen Volkes. Gehen wir von dem Gedanken aus, daß Israel der Träger der göttlichen Wahrheiten für die gesammte Menschheit sein sollte und sein soll: so können wir uns die Geschichte Israels fast ganz zusammensetzen, d. h. alle Forderungen, welche der Verstand von diesem Gedanken aus an die Geschichte dieses Volkes stellen kann, finden wir auf die überraschendste Weise verwirklicht. Auch daraus leuchtet uns überall die Wahrheit der göttlichen Offenbarung entgegen.

Die erste Bedingung mußte sein, daß dieses Volk als Träger der Offenbarung einen Bestand habe, bis daß der Inhalt der letztern in die gesammte Menschheit übergegangen. Das Gefäß darf nicht eher zerbrochen werden, als bis der Inhalt entnommen worden. Und so sehen wir auf eine an's Wunderbare grenzende Erhaltung des israelitischen Stammes unter allen Verhältnissen, in allen Zonen, in der Mitte aller Nationen. Während Volk nach Volk verschwunden, Alle, die um die Wiege und Jugend Israel's gestanden, vernichtet sind, reicht dieses allein aus dem grauesten Alterthume in die neueste Zeit hinein, immer kräftig, immer befähigt zum Fortbestande, immer verjüngt, regenerirt. Dabei aber von Anbeginn an das Bewußtsein dieses ewigen Bestandes, bei seiner Geburt schon die Gewißheit dieser Fortdauer, wie dies die Schrift bei Abraham, Moscheh, bis zum letzten Propheten ausspricht.

Die zweite Bedingung mußte sein, daß dieses Volk auch über die ganze Erde reiche, um aller Welt die Zeugenschaft seiner Wahrheiten zu geben, um durch sein Dasein schon die Existenz der höchsten Erkenntnisse, und daß diese in den Stürmen der Menschenwelt, unter großen und kleinen Verirrungen derselben, nicht untergegangen seien, zu beweisen. So sehen wir denn Israel so lange im umgrenzten Palästina, als die Menschheit noch nirgend reif geworden für die Wahrheiten der Offenbarung; dann aber erwacht theils der Trieb der Auswanderung, und wir bemerken schon Gemeinden bis tief nach Germanien verbreitet, während die Hauptmasse noch in Palästina weilt; theils Masse auf Masse durch den Stoß der Ereignisse losgelöst und in die Welt geschleudert, bis der Sturm des blutigsten Kampfes den ganzen Stamm zerzauset, und die Bruchstücke überall hin zerstreut. So wie aber dieser Stamm mitten unter den Völkern viele Jahrhunderte hin- und hergeworfen werden mußte durch Abstoßung und Verfolgung, so blieb auch in ihm der Wanderungstrieb immer lebendig. Wo nur erst für die Civilisation ein Fleck Erde abgewonnen worden, dahin setzt er alsbald seinen Fuß, und macht sich seßhaft; und so sehen wir ihn schon in Amerika bis in die Mitte der Urwälder in bedeutender Anzahl vorhanden, auch in Australien in starken Gemeinden mit Synagogen und Schulen erblühen.

Die dritte Bedingung mußte sein, daß dieser Stamm seinem Berufe ganz hingegeben sein mußte. Um der Träger der Religion zu sein, mußte das Religiöse das Hauptelement seines innern Lebens sein. Die Religion läßt wohl die Beschäftigungen des materiellen Lebens, läßt auch ein Erfassen anderer geistiger Richtungen zu: aber sie wacht eifersüchtig darauf, daß der Mensch, der ihr Organ, von ihr ganz erfüllt und eingenommen sei, so daß sie der eigentliche Zweck seines Lebens werde. Nichts aber findet sich offenbarer in der Geschichte Israel's, als dies. In seiner Ganzheit hat Israel nur in der Religion gelebt, und nichts als Religion producirt; es gab viele und lange Zeiten, wo Israel im strengsten Sinne allein Religion trieb und in allem Andern höchst unwissend war. Oeffnete es sich nun auch immer wieder den anderen Künsten und Wissenschaften, so kehrten doch immer die Heroen des Stammes zur Religion zurück, und zu seinen größten Lehrern gehörten ausgezeichnete Aerzte, Finanzmänner ꝛc. Daher ging das Licht des Denkens und Forschens in Israel niemals unter, und in Zeiten, wo die Welt mit Dunkel bedeckt war, leuchtete in Israel die Religion mit Energie.

So war es auch in Israel niemals ein einzelner Stand, der von der Theologie durchdrungen war, sondern Alle hatten gleichen Antheil nach dem Grade ihrer Befähigung. Hierbei ward aber stets der Standpunkt der Offenbarung festgehalten, und auch die, welche philosophirten, beharrten auf der Basis göttlicher Offenbarung.

War somit der innere Charakter für den Beruf Israels befähigt, so mußte auch äußerlich eine gewisse Isolirung bedingt sein, die nur, je nachdem die Wahrheiten der Offenbarung die Menschheit durchdringen, schwinden kann. Waren allerdings auch in der eigenthümlichen Verfassung Israel's Momente gegeben, welche Israel isoliren mußten, so lag nichts desto weniger in der Ausschließungssucht der mittelalterlichen Völker und Religionen, welche darin so sehr von den Nationen des Alterthums sich unterscheiden, eine Nothwendigkeit der Isolirung, die zwar den israelitischen Individuen zu schwerem Leide wurde, aber der Erfüllung des israelitischen Berufes sehr zu Hülfe kam. Hier ist es, wo eine augenfällige Tendenz der ganzen Geschichte Israel's einwohnt, daß man sie nirgends als eine zufällige betrachten kann. Die ganze Heranbildung des Volks zur Offenbarung bezeugt die Sorge für seine Isolirung, um nicht mit den anderen Nationen vermischt zu werden und es in die übrigen nicht aufgehen zu lassen. Abraham wird aus seinem Vaterlande gerissen, Jakob von den Kanaanitern getrennt, das Geschlecht nach Aegypten verpflanzt, um in der Mitte dieses ausschließenden Volkes zur Nation heranzuwachsen. Das Volk wird als feindlicher Eroberer nach Kanaan versetzt, um immerfort die Ureinwohner sich gegenüber zu haben. So bleibt es isolirt in seinem Lande, bis ein Theil seiner Wahrheiten in die westliche Welt eindringt, um, dahingeschleudert, von einer neuen Zeit noch sorgältiger isolirt zu werden. Die ganze israelitische Geschichte läßt sich daher in den drei Perioden fassen: die der Heranbildung bis zur Besitznahme Kanaans, die der Selbstständigkeit, um die Offenbarung in sich wurzeln zu lassen und sie zu wahren, die dritte der Zerstreuung, um seine Zeugenschaft zu bethätigen in aller Welt.

Nicht minder finden sich alle Momente in der Geschichte Israel's bewahrheitet, welche die freie Entwickelung der Menschheit, der Offenbarung gegenüber, nothwendig machte. Israel war kein eroberndes

Volk, das in die Versuchung gerathen konnte, mit dem Schwerte der göttlichen Wahrheit Bahn zu brechen. Israel war ein verachteter Stamm, um durch die Größe seines Namens moralische Gewalt nicht zu üben. Israel war kein Proselytenmacher, da es nur galt, auf die ganze Menschheit seine Wahrheiten überzutragen. Ja, in den meisten Staaten waren die Staatsgesetze gegen die israelitische Religion gerichtet, weil durch einzelne Uebertritte gar nichts gewonnen war, sondern die Wahrheit nur durch sich selbst den Sieg gewinnen sollte.

So konstruirt sich die Geschichte Israels wie von selbst; überall ist hier Zweck und Wahrheit zu erkennen; überall thut sich die leitende Vorsehung und ihr Gedanke kund; überall stimmen Bestimmung und Wirklichkeit mit einander überein. Ohne diesen Gedanken ist aber die Geschichte Israels ein Räthsel, dunkel, unentwirrbar, dem Empiriker ein unverdaulicher Stoff.

# Beilage III.
(Zu §. 7. S. 91.)

## Der rechte Begriff des Thalmudismus.

Es giebt kein Schriftwerk, welches einerseits mehr vergöttert, andererseits mehr verlästert, einerseits mehr studirt, andererseits weniger gekannt worden, als der Thalmud. Beide Behandlungsarten haben nicht dazu beigetragen, das rechte Verständniß des Thalmuds zu befördern, und doch ist dieses gemeinsame Monument so vieler Jahrhunderte und Geister von so entschieden bestimmtem Charakter und einheitlicher Richtung, so übereinstimmend in seinem Ziel und seiner Methode, daß es eben nur die Schuld der beiden entgegengesetzten Standpunkte ist, daß der Thalmudismus noch lange nicht zu Begriff und Anschauung geworden.

Ein neuerer jüdischer Theolog hat gesagt: das Wesen des Thalmuds sei nichts anderes als Reform, Umwandlungen des Vorhandenen nach den Bedürfnissen der Zeit. Man hat von diesem Ausspruch viel Lärmens gemacht, weil dadurch die Bestrebungen der jetzigen Reform unter den Schutz des Thalmuds gestellt worden. Es ist dies nichts als ein Parteiwort, darum einseitig, und darum falsch. Das Wesen der Reform, wie schon das Wort lehrt, ist Aufhebung bestehender Formen, weil sie dem Geiste der Zeit nicht mehr entsprechen, ihm hinderlich und zuwider sind. Es ist sogar dabei sehr fraglich, ob es in der Natur einer Reform liege, neue Formen zu erfinden, um sie an die Stelle der alten zu setzen, oder ob sie nicht vielmehr darin bestehe, aus den alten Formen einige, welche sie erträglich findet, auswählend beizubehalten und aufzuputzen. Wenigstens hat dies die Erfahrung bei der christlichen Reformation wie bei der jüdischen Reform erwiesen. Das wirklich neue Schaffen pflegt nicht als Reform aufzutreten, sondern neben dem Bestehenden als ein anderes Produciren des Lebens, wie die Psalmenmusik David's neben dem Opferkultus, wie die Synagoge neben dem Tempel in Jerusalem. Der Thalmudismus steht deshalb der Reform schnurstracks gegenüber, und heben wir nur die beiden Momente im Thalmudismus hervor, daß er einentheils einen „Zaun um das Gesetz" (סיג לתורה) zu ziehen strebt, anderntheils alle Theile des Gesetzes auch nach der Zerstörung des Tempels und der Verbannung aus dem heiligen Lande wenigstens traditionell zu erhalten, sowie das irgend Mögliche noch ausführen zu lassen sucht, selbst wo es zu den Verhältnissen nicht mehr paßt — um einzusehen, daß es sehr gewagt sei, Thalmud und Reform zu identifiziren.

Hegel hat den bedeutsamen Ausspruch gethan: daß Wesen und Form nicht von einander verschieden sind, und daß alle jene Unterscheidungen zwischen Wesen und Form oberflächlich und bequemlichkeitshalber gesucht sind. Es giebt kein Wesen ohne Form, und keine Form ohne Wesen. Die Form ist die Ausprägung des Wesens, mit dem Wesen geht die Form unter, und mit der Form wird das Wesen zerstört. Das Wesen zu erhalten, wenn man die Form zerschlägt, ist Wahn und Selbsttäuschung; und wenn das Wesen sich umwandelt, wandelt sich auch die Form. Diese Sätze müssen auch auf unserm Gebiete leitend sein, daß wir den Thalmudismus mit der Phrase „Umwandelungen nach den Bedürfnissen der Zeit" nicht verstanden oder gar erschöpft glauben. Der Thalmudismus ist ein großartiges Dasein mit eigenem Lebensmittelpunkte und voller geistiger Durchdringung. Ein solches Produkt ist nicht blos Geschöpf der Zeit, sondern schafft auch seine Zeit; es befriedigt nicht blos Bedürfnisse, sondern weckt und leitet Bedürfnisse. Der Thalmudismus ist ein **neuer, großer Gedankengang der religiösen Idee**, und muß als solcher verstanden und bestimmt werden.

Wir haben in der sechsten und zehnten Vorlesung in unserer „Entwickelung der religiösen Idee" (Baumgärtner 1847) den Ursprung und Inhalt des Thalmudismus darzustellen gesucht, und finden die dort ausgesprochenen Gedanken immer noch als die klarsten und bestimmtesten, welche über diesen Gegenstand in neuerer Zeit gegeben worden. Wir folgen hier dem Hauptgedanken, der dort niedergelegt ist, jedoch eine neue Seite desselben entwickelnd. Der Mosaismus ist die Einheit der Lehre und des Lebens, die erhabene Lehre von Gott und dem Menschen hat sich hier zugleich mit dem Ausspruch, welcher die Grenzen des Erreichbaren für den Menschen auf immer feststellt, ihre vollständige Ausprägung im Leben innerhalb des Volkes Israel geschaffen. Es werden sowohl die allgemeinen Sittengesetze aufgestellt, als auch deren konkrete Durchführung in allen Erscheinungen des Volkslebens. Lehre und Leben befinden sich daher im Mosaismus in vollkommener Harmonie. Es wird die Erkenntniß und die Liebe gelehrt, und es wird die Heiligung und die Liebe geboten, und die Lehre ist um des Lebens willen, und das Leben um der Lehre willen.

Das israelitische Volk hing aber noch wenig am Mosaismus fest. Ein Jahrtausend dauerte der Kampf in seinem Schoße. Es verrieth jenen immer wieder an das Heidenthum, und da es die Lehre nicht begriff, so war selbst das, was Mosaisches es im Leben ausführte, innerlich heidnisch. Die Propheten traten daher vor Allem im Dienste der Lehre auf, und so weit sich diese in den allgemeinen Sittengesetzen abspiegelte. Ja, sie griffen sogar den Opferkultus an, weil das Volk ihn durch bloße Formheiligkeit heidnisch machte. Der Bruch zwischen Lehre und Leben war einmal da, und der Prophetismus, um zunächst die Lehre zu retten, griff diese aus dem Mosaismus heraus und durcharbeitete sie. Er erfocht unter der Einwirkung der göttlichen Vorsehung innerhalb der Geschicke des Volkes, den glänzendsten Sieg, und nach der Rückkehr Juda's nach Palästina war im großen Ganzen das Heidenthum aus der Lehre Israel's geschwunden. Der Prophetismus ist also nichts anderes, als die Durcharbeitung der Lehre. Er vollbringt dies nach allen Richtungen und durch alle Mittel, verkündend, erweisend, mahnend und verspottend. Eine Durcharbeitung der Lehre allein ist aber nie möglich ohne deren Verallgemeinerung, und was im Mosaismus für das Volk Israel allein bestimmt war, das trägt der Prophetismus auf die gesammte Menschheit vermittelst Israel's über.

Je weniger aber es dem Mosaismus auf die Lehre allein ankam, je nothwendiger überhaupt auf den Sieg der Lehre das Bedürfniß, das Leben zu durchdringen, folgt, desto weniger konnte auch das Judenthum bei den Resultaten des Prophetismus stehen bleiben. Es eröffnet sich daher die dritte Phase des Judenthums: der Thalmudismus. Nachdem durch den Prophetismus der Lehre im Volke Israel der Sieg gewonnen war, nachdem die Erkenntniß und Anbetung des einig-einzigen Gottes, des Schöpfers der Welt, der den Menschen in seinem Ebenbilde geschaffen zur Heiligung, und das Volk Israel durch die Offenbarung der religiösen Idee erwählet hat, Herz und Geist des ganzen Volkes durchdrungen und überwunden hatte, da kam es darauf an, auch das ganze Leben in allen Richtungen und Momenten zu durchtränken und zu gestalten. Der Thalmudismus ist nichts anderes, als die Durcharbeitung des Lebens in allen Konsequenzen. Der Mosaismus hat bei der Ausprägung der religiösen Idee im Leben nur das Volk Israel als Volk im Auge. Wenn er die allgemeinen Sittengesetze für das Individuum aufgestellt hat, so bekümmert er sich um das letztere nicht mehr als in seinen Beziehungen zum Volke Israel. Er läßt das Individuum frei, mit Ausnahme aller seiner Verhältnisse als Glied des Volkes Israel. Selbst kultuelle Handlungen haben nur eine Beziehung zum einigen Nationalheiligthum. Der Mosaismus sagt: Alles im Leben des Volkes Israel soll religiös sein, Staatsverfassung und Rechtspflege, Abgabenwesen und Verkehrsbetrieb nicht minder wie der Kultus. Der Thalmudismus ging einen ungeheuern Schritt weiter, was der Mosaismus auf das Leben des Volkes als solches gelegt, das überträgt der Thalmudismus auf das Leben des Individuums, jedes jüdischen Individuums. So wie er damit begann, Alles, was sich im Volke sonst noch als Sitte, Brauch und Gesetz entwickelt hatte, religiös zu machen, in das Verhältniß des Volkes zu Gott hineinzuziehen, und als eine Tradition an den Buchstaben der Schrift zu knüpfen: also soll nun Alles im Leben des jüdischen Individuums in konsequenter Durchführung religiös werden. Wie im Mosaismus alles Thun des Volkes, so hatte nunmehr alles Thun jedes Einzelnen eine Beziehung zu Gott, den Charakter des Religiösen, eine religiöse Verpflichtung.

Von diesem Gesichtspunkte aus ist uns das ungeheuere Gebiet des Thalmudismus völlig klar und übersichtlich, er mußte nunmehr zu einer außerordentlichen Kasuistik werden; er mußte Alles in sein Bereich ziehen, und eine Frage, ob wichtig oder unwichtig, bedeutend oder unbedeutend, groß oder klein? konnte es in ihm nicht geben; er mußte das ganze Leben des Einzelnen, alle Möglichkeiten in ihm erwägen und bestimmen; er mußte aus Gesetz Gesetz, aus Vorschrift Vorschrift, aus Bestimmung Bestimmung herleiten. Da nun dieses Gebiet unerschöpflich ist, so konnte endlich der Rabbinismus nur die Erbschaft des Thalmudismus antreten, die Fäden des großen Gewebes immer weiterspinnen; jede an einen Rabbinen gestellte Frage (שאלה) und dessen Antwort (תשובה) ist nur eine weitere Fortsetzung dieses Werkes, und noch jetzt haben wir, wenn auch in anderer Richtung und Färbung, dasselbe zu thun. Dies ist der große Gedanke des Thalmudismus: **die Durcharbeitung des religiös-israelitischen Lebens durch das Leben jedes jüdischen Individuums über alle Momente des individuellen Lebens hin.** So wie aber die Lehre nicht durchgearbeitet werden kann ohne ihre Verallgemeinerung, so kann hinwiederum das Leben nicht durchgearbeitet werden ohne dessen Verengerung, ohne es immer mehr zu individualisiren, zu spezialisiren. Der Thalmudismus kennt das Volk Israel nicht mehr, sondern den Juden; jeder Jude vertritt das ganze Volk, und der Begriff der Gesammtheit, da er doch noch in Etwas vorhanden sein mußte, beschränkte sich auf die dürftige Zahl von zehn Männern; aber auch diese war nicht einmal bei den großen Akten des Lebens (Beschneidung, Trauung) unbedingt nothwendig; ein einziges Individuum, geschleudert tausende Meilen von jeder Gemeinde, hat ganz dieselben Verpflichtungen zu erfüllen, wie Tausende, die sich zusammengeschaart. Während der Mosaismus, weil er nur das Volk Israel kennt, das Individuum als solches freiließ: kennt der Thalmudismus nur das Individuum und beherrscht es durch das religiöse Gesetz bis in die geringfügigste Handlung, bis in die kleinste Bewegung.

Je gewaltiger in dieser Richtung die Energie des Thalmudismus ist, je mehr seine außerordentliche Konsequenz, seine unbeugsame Beharrlichkeit, sein unermüdlicher Scharfsinn, sein haarspaltendes Genie zu bewundern ist¹) — desto geringer ist in nothwendiger Folge sein produktives Talent, seine schaffende Kraft. Der Thalmudismus hat keine einzige neue Gesetzesrichtung erfunden. Selbst das Gebetgesetz ist in ihm nur eine Entwickelung aus den wenigen Formeln, die in der Thorah für kultuelle Handlungen gegeben sind²). Es versteht sich von selbst, daß der Thalmudismus die Lehre als bereits gegeben voraussetzt, und daher an eine Ausarbeitung derselben nicht denkt. Wir finden daher in ihm auch keine einzige neue Lehre, sondern er begnügt sich, auch die Lehre zu spezialisiren, und sie kasuistisch in Sprüchen, Gleichnissen und grotesken Allegorien zu verästeln.

Vor diesem großartigen Gedanken und dessen denkwürdiger Ausführung, fast zwei Jahrtausende des Judenthums beherrschend, schwindet natürlich jene Phrase von „Umwandlungen nach den Bedürfnissen der Zeit" in Nichts zusammen. Der Thalmudismus als die dritte Phase des Judenthums, war eine Nothwendigkeit der geschichtlichen Entwickelung des Mosaismus, daß sie mit Grund logisch genannt werden kann. Nun versteht es sich von selbst, daß auch faktische, äußere Momente der Anknüpfung und des Fortganges für den Thalmudismus vorhanden waren. Wenn wir in seinem Gedankeninhalt eine logische, so erkennen wir in seiner äußeren Stellung eine providentielle Nothwendigkeit. So wie Jahrhunderte vor der Zerstreuung des Volkes zahllose Kolonien von Juden durch die damalige Welt gegangen, um überall den Flüchtlingen eine neue Heimat bereit zu halten: so entstand die Synagoge Jahrhunderte

---

[1] Hervorheben müssen wir jedoch hierbei, daß es sich im Thalmudismus nicht um gesetzgeberische Thätigkeit zu Gunsten der Gesetzgeber, zur Beherrschung eines Staates handelt, sondern daß die thalmudistischen Gesetzeslehrer immer die ersten Individuen waren, welche den Opfern der Gesetzgebung sich unterzogen, und ihr Leben dem Dienste weiheten, welchen sie als Gesetzgeber den Bekennern ihrer Religion auflegten.

[2] Dies erweist sich schon dadurch, daß die Mischnah gerade diese Formeln allein, unbedingt in hebräischer Sprache zu sagen vorschreibt, während sie die übrigen Gebete, selbst שמע קראת, תפלה (die sogenannte Schemone-Esre), das Tischgebet in jeder Sprache zu recitiren erlaubt. Sota 7, 1. 2.

vor der Zerstörung des Tempels, so spezialisirte und so individualisirte der Thalmudismus schon einige Jahrhunderte vor der Vernichtung des **Volkes** das jüdische Leben, um es in der Zerstreuung vor den auflösenden Einflüssen der Völker zu schützen und es zu befähigen, durch das ganze Mittelalter hindurch, für eine kommende neue Zeit, die religiöse Idee in ihrer Totalität zu erhalten. Dies war der geschichtliche Beruf des Thalmudismus, und dies wirkte er, maßgebend, in der jüdischen Nation. Der e r s t e Anknüpfungspunkt für den Thalmudismus war historisch mit dem Umstande gegeben, daß das **Volk** seine Selbstständigkeit nicht wieder erlangte, und Esra und Nechemjah daher dem Einflusse der herrschenden Völker entgegentreten mußten.

# Beilage IV.
(Zu §. 9. S. 118.)

## 1.
### Natur und Offenbarung.

Es ist schon oft, und mit schönen Worten gesagt worden: laut spricht die Natur von Gott und seiner Herrlichkeit; wohin auch das gläubige Auge durch die Hallen der Schöpfung schaut, es bringt die Gewißheit des unendlichen Werkmeisters zurück. — Und dennoch! ich fühle meine Brust erhoben vom Hauche des Frühlings, ich athme mit Lust den süßen Duft, den die frisch geöffneten Kelche in die Lüfte streuen, ich schaue mit Entzücken in den gestirnten Himmel — und welchen Andrang von Gefühlen wecktest du einst in mir, schwellendes Meer, und deine hüpfenden Wellen, wie sie fort und fort sich drängten in die unabsehbare Ferne, zur Nimmerwiederkehr — und als ich auf dem Gipfel jener Gebirgskette stand, die wie die Wälle einer wohlgeordneten Veste ihre absteigenden Höhen in die große, ruhige Ebene gerückt, hoch über dem Wimmeln der Menschen und ihrer Genossen — oder wie ein schwerer Alpdruck sich über meine Seele legt, wenn ich sie in die pfadlose Wüste sende, die, auch eine Unermeßlichkeit, eine trostlose Todtenstätte, hin= und wieder ein nackter Fels, als ein Grabstein des Lebens, mit dem Feuerbrande am schwarzdunkeln Himmel — — und dennoch! — weß Herz wäre offener für deine Wunder, Schöpfung, schlüge freudiger deinen Gestalten und Bewegungen zu — und dennoch! wie wenig befriedigst du mich!

Ich muß dich erst zum wüsten Chaos machen, so ich die ordnende Hand hinter dir erblicken und bewundern will; das Leben muß ich tödten, um das schaffende Werde zu vernehmen; die

Blume muß ich zerlegen, will ich die Kraft, die sie gewoben, erkennen; die Sterne auslöschen, will ich den recht begreifen, der sie angezündet. Und wie hoch bist du über mir, der über den Sternen wohnet, wie riesig, der dem Meere die Grenze gesetzt, wie gewaltig, der die Berge aufgeworfen — ach, wie weit bin ich von dir, und du von mir!

Und dann, wie abhängig ist dein Reiz, Natur, von den Schlägen meines eigenen Herzens. Eine große Bürde auf diesem, ein Gram in ihm, und du kannst dich schmücken, wie du willst, ich gewahre dich nicht, ich gehe unbeachtend vor dir vorüber. Und wie oft fand ich dich grausam, schalt ich dich treulos und falsch. Als ich glücklich war, da jubeltest du und jauchztest mit mir, und benutztest meine Freude, mit mir fröhlich und voll Entzückens zu sein. Aber da mir das Theuerste genommen worden, breitetest du den klarsten Himmel darüber; als ich trauerte, blühten deine Kelche am lustigsten, als ich in Sack und Asche ging, hattest du das prangendste Festkleid angezogen, und so zog ich hinter der schwarzen Sargdecke, unter der die Freude meines Lebens erkaltet lag, durch eine höhnisch neckende Blüthenflur. Was geht mich dein Schmerz an! rief es aus jedem Strauche mir zu. Was kümmern mich deine Wunden! schlug die jubelnde Lerche auf. Nein, du birgst keinen Trost für ein leidend menschliches Herz, Natur — vom Armen wendest du dich spröde ab, wie ein rechter Reicher.

Und wie zürne ich dir erst, wenn ich das Buch der Geschichte aufschlage. Wie bist du umgegangen mit der leicht bethörten Menschheit, du, die sich so gern Lehrmeisterin des Menschen nennen, und als solcher huldigen läßt, die ihren Jüngern eine Fülle von Weisheit, einen Schatz von Erkenntniß verspricht. Wo war ein Irrthum, den du nicht gut hießest, Natur? Wo eine Lüge, ein Phantom, denen du nicht Beweise ließest? Wie gabst du dich als Buhlerin hin Jedem, der mit den Gebilden und Dichtungen seines Hirns dich bevölkern wollte, strecktest dich nach der Decke jedes Systems, jeder Theorie! — Und hast du etwa dich gescheut, den Saum deines Meisters zu betasten, zu beschmutzen, Undankbare? hast du gezittert, deinen Herrn selbst, deinen Vater, Gott — zu verkleinern, wenn du es vermochtest, ihn hinabzuziehen in deine untersten Kreise? Da ist kein Glied deiner großen Wesenkette, das du nicht dem Menschen hingabst, einen Abgott daraus zu machen. Du ließest ihn vor deinen großen und kleinen, vor deinen schönen und häßlichen Gebilden niederknieen, und rissest ihn nicht empor voll Schamröthe; dich selbst ließest du vergöttern, und warntest nicht; wenn der Mensch gottschänderische Irrthümer dir zurief, so antwortetest du ihm mit denselben, bestärktest ihn darin, anstatt ihn eines Bessern zu belehren; jedem Wahne des Menschen schmeicheltest du. Wenn die Bacchantinnen ihre Orgien feierten, liehest du ihnen deine Mondesnächte, wenn dem Moloch die Kindlein auf die glühenden Arme gelegt wurden, umfächeltest du ihn mit deinem Hainessäuseln. Ja selbst dein eigen Dasein giebst du hin, und wenn ein thörichter Grübler dich für einen todten Mechanismus, für einen leblosen Stoffhaufen ausgiebt, klatschest du ihm Beifall zu, als hätte er dich recht begriffen. — —

Ja, Herr, deine Werke hast du vor mir ausgebreitet, mit erkennendem Sinne sie zu durchforschen. Aber sie lehren mich nur, was ich schon weiß, und was ich nicht weiß, verschweigen auch sie mir. Viel näher fühle ich dich in meinem eigenen Herzen, und alle Stimmen der Natur sind nur das Echo dieses. Aber wenn nun das Leben mit seinen Wirren, mit seinen Räthseln und Fragen auf mich stürmt, wenn die auf- und absteigenden Wogen des Lebens mein Bewußtsein überfluthen, wenn die Aengste und Verlüste die Saiten meines Geistes verstimmen und ihren Akkord in Unordnung bringen, daß alle seine Töne in wildem Wirbel zusammenstürzen — was habe ich dann?

Ja, mehr als die Geschichte, mehr als der lebende Stamm Israels, spricht die Nothwendigkeit meines Herzens für deine Offenbarung. In der Natur ist Gott in unabsehbarer Höhe über uns, in unserm Geiste ist er in ewigem Wechsel, und den Stimmungen und den ab- oder zunehmenden Kräften unterworfen. Wie hätte Er uns so allein lassen sollen? Nein, so wahr in uns der ewige Zug der Seele zu Gott geht, so wahr keine rechte Minute unseres Daseins ohne den Aufblick zu Gott sein kann: so wahr hat Gott dem Menschen sich offenbaren müssen!

Gott kann keine Sehnsucht anzünden, ohne den Thau des

Lebens zu reichen, der sie löschen könne. Gott kann keinen Irrthum entstehen lassen, ohne die Wahrheit zu spenden, durch die jener schwinden könne. Hat uns Gott so geschaffen, daß wir ewig uns lehnen müssen an ihn, daß wir ewig seiner Hand bedürfen, um aufrecht zu gehen: wie sollte er uns den Stab und die Hand versagen können!

In der Tiefe meines Herzens fühle ich, daß Gott zu mir hat sprechen, unmittelbar sprechen müssen. Die Schöpfung ist so weit ab und stumm, des Menschen Verstand so trügerisch, sein Herz so wankelmüthig. Einen andern Unterricht mußte er mir geben, ein rechtes Erziehhaus mir schaffen, da er mich dessen bedürftig geschaffen. Sein Wort war meiner Seele so nothwendig, wie die Speise meinem Leibe. Hat er diesen nicht geschaffen, ohne für die Speise zu sorgen, wie sollte er dort anders verfahren?

Und nun? was ist denn da so unbegreiflich? — Warum soll denn der Vater zu seinem Kinde nicht sprechen? warum soll er dem, der immer nach ihm hinstrebt, sich hinwiederum nicht nähern, und sein eigenstes Wesen ihm nicht eröffnen? Soll Er das Vögelein und die Blume, soll Er den Sonnenstrahl und das Sternenlicht zu mir senden als Boten, warum nicht noch eher den Menschen zum Menschen, Seinen Geist zu einem Geiste?

In den heiligsten, erhabensten Momenten meines Lebens fühlte jeder Pulsschlag meines Daseins, daß der Herr mir nahe war und ist, und daß Er Sein Wort an die Fühlfäden meines Geistes gelegt hat. Wie? sollte ich diesen nicht glauben? soll ich lieber der nüchternen Einfalt glauben, wenn der Andrang der materiellen Bedürfnisse und Sorgen jedes höhere Bewußtsein verdrängten und auflösten? Soll ich betrogen sein, wenn ich ganz bin, was ich nur sein kann, oder wenn ich nur bin, was das Außen noch etwa an mir läßt?

Das Wort Gottes, ja, es lieget vor mir. Der Vater hat gesprochen. Ob hie und da eine Menschenhand darüber gefahren, ob hie und da ein Menschenwort zum Wort Gottes sich gelegt? was kümmert mich das. Die volle Wahrheit soll ja der Mensch nicht erfahren, aber jedenfalls Wahrheit. Und hast du mich je im Stiche gelassen, Wort Gottes? du richtetest mich auf, wenn ich trauerte, und winktest mir, wenn ich jubelte. An meinen Freudentagen standst du neben mir, und hinter meinen Särgen zogst du mit mir. Im Gefängniß machtest du mich frei, und schrecktest mich auf den Märkten. Nie habe ich dich befragt, ohne Antwort zu erhalten, und deine Antwort machte meine Frage zu Schanden, aber ohne mich zu demüthigen. Alle Wolken hast du mir zerstreut durch dein helles Licht, und den Nebel, der mich umrang, ließest du in leisen Bällchen vor mir aufsteigen, bis eine sonnige Flur mich umgab. Wie könnt' ich da noch zweifeln!

So gehet nur. Ihr seid armen Herzens, die nicht fühlen im Herzen, daß der Vater zu uns sprechen mußte. Ich will euch nicht schmähen, aber bedauern. Täuschet euch mit den Götzen der Natur, mit den Schlüssen des Verstandes — alle diese antworten euch, was ihr wollt — nur das Wort Gottes sagt uns, was wir nicht wissen, und was wir oft nicht wissen mögen.

## 2.

## Natur und positive Religion.
### Ein Gespräch.

A. Kommen Sie von einem Gang in die freie Natur zurück?

B. Ja. Erquickt, beglückt und entzückt; der frische Duft, das herrliche Grün, die zahllosen Blüten an Baum und Strauch, der blaue Himmel, die goldne Sonne, sie haben mich über mich selbst erhoben. Ich habe zu **meinem** Gotte gebetet.

A. Eine würdige, herrliche Betstätte. Aber Sie sagen zu **Ihrem** Gotte . . . wäre das nicht auch mein, unser Aller Gott?

B. Sicher. Aber Sie kennen ja Ihren Gott aus Büchern, ich ihn allein aus dem großen und ewigen Buche der Natur; Sie bauen ihm Tempel aus Stein und Holz, und beten darin, mir ist mein Tempel schon aufgebaut, und mein Gebet ist ein Lobgesang, den ich Pflanz' und Thier nachjubele.

A. Von Gotteshäusern, von der Andacht, vom Gebet, von der Lehre in denselben wollen Sie also gar Nichts wissen?

B. Nein. Sie beengen mich; sie ziehen mir den Gott des unermeßlichen Weltalls in's Kleine; sie machen mir einen Menschen daraus, der ein Haus bewohnt.

A. Da sind wir dann jedenfalls reicher als Sie; denn wir beten Gott in der Natur **und** den Gotteshäusern an. Sie werden doch zugeben, daß diese jene nicht ausschließen, und daß wer hier betet, auch dort seinen Schöpfer zu finden vermag?

B. Ich gebe dies zu, damit ist aber mein Grund nicht beseitigt; und dann: wie viel leeres Wortgebet wird in den Gotteshäusern betrieben; und was Sie von der Lehre sagen, erinnern

Sie sich, wie viele unsinnige Lehren schon in Gotteshäusern gelehrt, wie viel Aberglauben aus ihnen in die Menschenwelt verpflanzt worden!

A. Nun, ich hoffe, daß Sie nicht blos aus Vorurtheilen urtheilen, und daß Sie mir zugeben, daß der Mißbrauch, der von Menschen mit Etwas getrieben wird, noch nicht über den Gebrauch entscheidet, über den Nutzen und die Herrlichkeit einer Sache, der abusus nicht über den usus. Womit wird nicht Alles Mißbrauch getrieben, was doch nothwendig, unentbehrlich und gut ist! Aber damit ich Ihnen schärfer auf den Leib gehe: wie viele, unzählig viele Menschen wandeln in der Natur umher und — beten auch nicht, so gut wie in den Gotteshäusern; und was den Aberglauben betrifft, so kennen Sie die Geschichte zu gut, als daß Sie nicht zugestehen müßten: der Aberglaube, welchen Menschen aus der Natur herübergeholt, möchte kirchlich entstandenem nicht nachgeben. All die heidnischen Götterlehren hat sich der Mensch aus der Natur gemodelt, und dann erst Tempel für sie errichtet.

B. Ja, damals kannte man die Natur noch nicht; man begriff und verstand sie nicht. Sobald man aber erst klare Vorstellungen von der Natur, von ihrer Einheit, von dem tiefinnerlichen Zusammenhang aller ihrer Kräfte und Erscheinungen erlangt hatte, war diesem Aberglauben mit Einem Male ein Ende gemacht.

A. Dann muß aber doch die Natur nicht eine so verständliche Sprache sprechen, daß sie sofort Jedem, der in sie hineintritt, unzweifelhaft ihre Lehre zuruft?

B. Das gebe ich zu; es ist ein tieferes Eindringen erforderlich.

A. Noch mehr, es bedurfte erst der Aufklärung über die Natur durch die Wissenschaft, um vor den krassesten Irrthümern aus ihr zu schützen?

B. Allerdings; die alten Griechen und Römer, Inder und Aegypter besaßen diese nicht, und hielten daher an ihren Fiktionen. Wir sind durch die Wissenschaft davon befreit, und seitdem bedürfen wir der Kirchenlehre nicht mehr.

A. Denken wir uns also diese einmal ganz hinweg. Besitzt

nun Jeder, wir wollen nicht sagen, jeder Mensch, sondern Jeder aus der civilisirten Welt so viel Kenntniß der Naturwissenschaft, um vor irrthümlicher Auffassung der Naturerscheinungen, wir wollen z. B. nur an Wasser- und Berggeister, an den dunkeln Wald und die Schluchten der Gebirge denken, geschützt zu sein?

B. Das freilich nicht; dafür muß der Unterricht sorgen; wenn aber ein guter Unterricht in der Kenntniß der Natur von Kindesbeinen allen Menschen ertheilt würde, so könnte es auch nicht fehlen, daß sie den rechten Begriff von Gott erlangen würden, und es bedürfte der Religionslehre gar nicht.

A. Bitte, sagen Sie mir, was würde denn nun der naturwissenschaftliche Unterricht Ihren Zöglingen lehren?

B. Zuerst daß es Einen Gott giebt, der die Ursache aller Ursachen und Wirkungen ist; da Alles, was ist, stets nur als die Wirkung einer Ursache erscheint, so müssen alle diese Ursachen wieder eine erste Ursache haben, da sie nicht Wirkung ihrer selbst sein konnten, das ist Gott. Zweitens, daß dies nur Ein Gott sein könne, weil sonst verschiedene Ursachen anzunehmen, die dennoch wieder Eine Ursache haben müßten, und das wäre erst Gott. Drittens, daß dies ein Gott der Weisheit, Allmacht und Güte sein muß, wie mir die Ordnung, die Zweckmäßigkeit und das Dasein der Natur und aller ihrer Gebilde im Großen und Kleinen erweisen. Erwägen Sie dabei, wie befruchtend für Geist und Gemüth jeder Blick in die Natur wirkt, wie läuternd und erfrischend, und — ich bin fertig, ich habe Alles, was ich brauche.

A. Nun, ich erkläre gern, daß, mit Ausnahme der Schlußworte, ich Alles acceptire, was Sie gesagt haben. Es ist dies Wort für Wort meine Ueberzeugung ebenfalls; ich habe Ihnen schon bemerkt, daß ich weiter gehe als Sie, daß ich Ihre Lehre aus der Natur annehme, aber nur noch Weiteres haben will. Denn zuerst möchte ich Sie fragen, ob die Naturwissenschaft als solche Ihnen alles dies wirklich lehrt? Als Wissenschaft müßte dies entweder ihre Prämisse (Voraussetzung), die sie dann erweist, oder ihre Konsequenz (Folgerung), auf die sie endschlüßlich gelangt, sein. Sie müßte dies wirklich zergliedern und erweisen. Thut dies die Naturwissenschaft?

B. Das thut sie, wie sie so gewöhnlich beschaffen ist, nicht, aber die Metaphysik thut es, und was hindert mich, die gewöhnliche Physik mit der Metaphysik zu verschmelzen und zu vereinbaren?

A. Ich nicht, Freund; wohl aber möchte sie daran die Lage der Sache hindern. Denn die Physik beschäftigt sich allein mit den wirklichen, wahrnehmbaren Erscheinungen, und kennt Nichts weiter als diese. Die Metaphysik hat wieder mit diesen Nichts zu thun, und ist reine Spekulation. Sie trügen daher offenbar in die Physik hinein, was nicht hinein gehört, und pfropfen ihr ein Reis auf, das nicht auf ihr gewachsen. Doch das sollte nicht einmal stören; aber vergessen Sie nur nicht, wie höchst verschieden die Resultate der metaphysischen Forschungen sind, und wie die Sätze, die Sie soeben aufgestellt, durchaus nicht die Schlüsse aller, ja nur der meisten Metaphysiker sind. Sie begeben sich daher auf ein doppelt dorniges Gebiet, erstens, indem Sie der Betrachtung der wirklichen Erscheinungen unterschieben, was in denselben nicht liegt, und zweitens, indem Sie sich in den Streit mit den Metaphysikern, einer sehr gefährlichen Sorte von Streitern, einlassen müssen.

B. Nun gut; so lasse ich die Schulworte, und lehre es mir selbst aus der Betrachtung der Natur.

A. Dies ist recht; aber Sie müssen sich, da Sie aller Hilfe entbehren und innerhalb der Natur ganz auf eigenen Füßen stehen wollen, wenn Sie es redlich meinen, und Nichts verhindert mich, dies anzunehmen, doch klar machen, auf welchem Wege Sie hierzu gelangen? Treten Sie nun o h n e das Wissen dieser Sätze an die Natur, und empfangen sie alsbald von derselben? Dann müßten diese Lehrsätze aber so unzweideutig in ihr ausgedrückt sein, daß a l l e Menschen und o h n e Hilfe irgend einer Wissenschaft sie von der Natur empfingen — oder treten Sie m i t dem Wissen dieser Sätze an die Natur, und finden nur deren vollen Erweis in der Natur? Dann haben Sie aber Ihre Sätze anderswoher empfangen.

B. Ich sehe, das Letztere muß ich zugeben.

A. Und woher haben Sie sie dann, wenn nicht aus der Religionslehre? aus der Lehre der positiven Religionen, welche allesammt sie wieder aus der Lehre Moscheh's und Israel's haben? Erinnern Sie sich nur deutlich, lieber B.! Sie haben diese Sätze von Ihren Lehrern, von Ihren Eltern, aus Büchern in Ihrer frühesten Kindheit empfangen; und diese Geber haben sie selbst wieder aus derselben Quelle, und das ist die positive Religionslehre. Die Natur bestätigt sie Ihnen nur. Würden Sie mit anderen Lehrsätzen an die Natur treten, so käme es ganz auf Ihre Verstandesoperation an, ob Sie dieselben auch in der Natur bestätigt fänden oder nicht, wofür Beweise genug vorhanden sind. Nur wenn Sie mit den wahrhaften Lehrsätzen und mit der richtigen Auffassung der Natur zugleich an die Letztere treten, werden Beide, Lehre und Natur, sich decken.

B. Ich erkenne dies an; aber ich glaube kaum, daß ich damit von meiner Richtung und von meinen Resultaten viel verliere. Lassen Sie es mich zusammenfassen. Ich gebe also zu, daß ich meine Ueberzeugung ursprünglich aus der Religionslehre geschöpft. Aber während diese getrübt und mit sehr fremd- und verschiedenartigen Stoffen versetzt ist, mußte ich, wollte ich sie mit der Natur in Uebereinstimmung bringen, sie reinigen und läutern, und bin nun durch die Betrachtung der Natur erstens auf eine feste Basis gestellt, die mir in der Religionslehre allein fehlt, zweitens vor weiterer Trübung und Mischung geschützt. Wozu soll ich also zur Religionslehre zurückkehren, wo ich dies Beides nicht habe?

A. Ich würde Ihnen völlig Recht geben, wenn ich Sie nicht auf Zwiefaches aufmerksam zu machen hätte: erstens daß Sie immer noch Natur und Religionslehre gegenüberstellen, als ob Beide sich ausschlössen. Ich bemerke Ihnen aber, daß die Religionslehre in den Sätzen, die Sie von ihr entlehnt haben, durchaus den Erweis durch die Natur nicht allein nicht verschmäht, sondern begierig ergreift. Sie stellt sich also ganz auf die Basis, die Sie für sich in Anspruch nehmen, und hat sie also nicht minder als Sie.

B. Nun, so stimmen wir ja wieder in Etwas überein, und ich frage Sie, wozu brauchen wir nun noch die Religionslehre?

A. Ich könnte Ihre Frage in Ihrer Weise beantworten, wenn

es mir nicht schon sonderbar vorkäme, die Quelle abschneiden zu wollen, weil der Strom jetzt klar dahinfließt; als ob dieser nicht immerfort der Quelle bedarf; als ob die Menschen nicht immerfort aus dieser Quelle schöpfen müßten, damit nur ihre Ueberzeugung sich zum Strome klären könnte. Aber das ist nicht einmal die Hauptsache, sondern das Zweite, was ich Ihnen bemerken wollte, nämlich daß die religiösen Lehren, die Sie aus der Natur, wenn auch nicht schöpfen, doch erweisen und verfestigen können, nur einen sehr geringen Theil ihrer religiösen Ueberzeugung, wenn ich **anders** diese kenne, ausmachen —

B. Das möcht' ich sehen —

A. Ja, noch mehr, daß die Natur Ihnen für sehr viele Ihrer Meinungen **eher den Gegen**beweis als den Beweis dafür liefert.

B. Ich wäre versucht dies eine leichtsinnige Behauptung zu nennen, wenn ich nicht wüßte, daß Sie so ernst sprechen.

A. Gut; ich will den Beweis liefern. Ich bemerke Ihnen auch unverhohlen, daß dies der Hauptpunkt ist, um dessentwillen ich mich in unser freundliches Gespräch eingelassen habe. So wie wir gesehen haben, daß die Natur an sich uns Nichts lehrt, sondern daß sie nur dazu befähigt ist, uns zu erweisen und zu erhärten, was wir zu ihr mitbringen, so jedoch, daß, je mehr wir sie recht begreifen, sie auch nur das Richtige in unseren Ansichten erweisen wird — so möcht' ich uns zum Bewußtsein bringen, **daß die Natur für die Hauptmomente der religiösen Ueberzeugung keinen Beweis liefert, sondern eher den Gegensatz**.

B. Ich bin begierig. Ich höre.

A. Sie erkennen doch mit mir an, daß das Gesetz, unter welchem die menschliche Gesellschaft stehen muß, das der sittlichen Ordnung sein muß?

B. Allerdings.

A. Die beiden Grundprinzipien der sittlichen Ordnung sind aber?

B. Die Gerechtigkeit und die Liebe.

A. Wir sind ganz einverstanden. Nun frage ich Sie aber einfach: finden Sie in der Natur Etwas von Gerechtigkeit und Liebe?

**B.** Und wie nicht? Ist nicht für jedes Wesen nach seiner Art gesorgt? Ist nicht jedes Wesen seinem Zwecke gemäß eingerichtet und lebt danach?

**A.** Es scheint so, aber es ist nicht so. Wir sind gutmüthig genug, es so anzunehmen. Aber sehen wir näher zu. In der Natur ist Alles so geordnet, daß das Leben des Einen nur durch den Tod des Andern erhalten wird. Eins geht auf in das Andere. Eins wird geopfert für das Andere. Nicht etwa, daß das Belebte allein durch das Leblose existire, ja selbst daß das Thier allein durch die Pflanze bestehe, sondern auch die Höchstorganisirten existiren nur durch die gegenseitige Vernichtung. Wie viel Leben verschlingt jeder einzelne Mensch für seine eigene Person, wie viel der Löwe bis zum Ameisenbär und das zarte Vögelchen, das sich Fliegen zum Mittagbrode fängt. Auf dieses Gesetz ist die ganze Natur, so weit sie unserer näheren Beobachtung offen steht — und von dieser können wir doch auch nur sprechen — zusammengebaut, und so finden wir allerdings die **Gerechtigkeit**, welche jedem Geschöpfe das **volle Seinige** zutheilen würde, nicht in der Natur bewährt, und die sittliche Ordnung der menschlichen Gesellschaft käme schlecht weg, wenn sie sich nach dem Beispiele der Natur gestalten wollte.

**B.** Sehen wir aber Solches nicht auch oft genug in der Gesellschaft?

**A.** Ja, wir sehen es, aber das ist eben wider die sittliche Ordnung der Gesellschaft. Vergessen wir nicht, daß die Gesellschaft von der Naturstufe ausgegangen und nach einer vollkommneren sittlichen Ordnung hinstrebt, für welche wir aber keinen Beleg in der Natur finden.

**B.** Aber die **Liebe**? Sehen Sie, wie der Adler selbst seine Jungen äßt, wie der blut- und beutegierige Tiger seine Jungen versorgt, wie das schwächste Böglein sich kühn, um sie zu vertheidigen, dem stärksten Raubvogel entgegenstellt. Wollen Sie mehr Beweis für die Liebe, als diese, die durch die höheren Schichten der Thierwelt gebreitet ist?

**A.** Allerdings, Freund, will ich mehr. Ich räume ein, daß diese Elternliebe in der Thierwelt, aber auch da, wie Sie richtig bemerken, nur in den höheren Klassen vorhanden. Aber damit hört es auch auf. Sie können fürwahr die Gattenliebe nicht hierherziehen, denn sie ist bei den Thieren eben nur die Sinnlichkeit. Die Kindesliebe ist nirgends verspürbar; die Geschwisterliebe gar nicht vorhanden, und von einer Liebe, die über ein verwandtschaftliches Verhältniß hinausgeht, nicht eine Ahnung. Es bleibt Nichts übrig, als jene Liebe der Eltern für ihre Jungen, deren freilich die Natur nicht entbehren konnte, sollte sie ihr eigenes Werk nicht preisgeben. Und wie ist auch diese so kärglich zugeschnitten? Sobald das Junge für sich besteht, trennen sich Eltern und Junge, und kennen sich nach kürzester Zeit nicht mehr, ja sie kreuzen sich geschlechtlich vielleicht bald mit einander. Gerade die Elternliebe ist aber auch die mindest hochstehende, da die Jungen, insonders in dieser ersten Zeit, noch wie Theile der Eltern selbst zu betrachten sind. Nein, Freund, der Schöpfer hat nicht die Liebe zum Gesetz seiner Schöpfung gemacht, sondern zum alleinigen Motiv: die Selbsterhaltung jedes Individuums, und zum alleinigen Mittel: die Gewalt, das Vermögen. Was Jeder vermag, das überwältigt er und gebraucht es zu seiner Selbsterhaltung, wenn es dieser dienen kann. Liebe, das ist Aufopferung des Eigenen zur Erhaltung des Andern, Liebe hat er allein für den Menschen bewahrt, der aber für diese als Prinzip der sittlichen Ordnung sich vergebens in der Natur nach einem Beispiele, nach einem Erweise umsieht.

B. Ich gestehe, daß ich die Dinge nicht also anzusehen pflegte; doch könnte ich mir hierin helfen, indem ich sagte, daß Gerechtigkeit und Liebe zur Natur des Menschen so gehören, daß sie sich natürlich selbst bewiesen.

A. Das wäre freilich schon ein salto mortale von Ihrem ursprünglichen Standpunkte. Sie werden es selbst als eine kleine Spiegelfechterei erkennen. Aber lassen Sie uns lieber weiter gehen. Glauben Sie an die Unsterblichkeit des Menschengeistes?

B. Ganz und gar. Ich müßte diesen weisen und gütigen Gott in der Natur nicht begreifen, um nicht einzusehen, daß er im Menschen das unvollendetste Wesen, ein Bruchstück sonder Gleichen geschaffen hätte, ohne die Fortdauer und Vollendung nach dem Tode.

A. Gut; das ist aber eine Folgerung aus Gott, nicht aus der Natur. Es handelt sich ja in unserer Untersuchung darum, was uns die Natur in ihren vor uns liegenden Erscheinungen lehrt. Was hätten Sie aber aus dieser selbst für einen Beweis heranzubringen? Ich dächte, Alles was die Unsterblichkeit zurückwiese.

B. Wie so?

A. Weil Sie in der Natur alles **Individuelle** vergehen, und nur die **Gattung** durch die Fortpflanzung der Individuen fortdauern sehen. Die Natur sagt zu Allem: stirb, doch bringe vorher wieder so ein Individuum, wie du bist, hervor, damit diese Art nicht aufhört.

B. Indeß können wir ja von der Natur auch keinen Erweis für die Unsterblichkeit des **Menschengeistes** fordern, da sie ja nur mit der **Körperwelt** zu thun hat.

A. Sehr richtig. Allein dann müssen Sie auch zugeben, daß die Natur darüber schweigt, und daß Sie, können Sie dieser Ueberzeugung nicht entbehren, sie wo anders her schöpfen und annehmen müssen, aus der Religionslehre, und das ist es ja, was wir uns klar machen wollten. Allein wir sind noch lange nicht zu Ende, und Sie müssen mich einmal noch eine Strecke dieses Weges begleiten. Ich muß Sie in der That nach ihrer Ansicht von mancherlei Dingen fragen, um in unserer Unterhaltung nicht über die Folgerungen zu streiten, während wir über die ersten Sätze noch zweifelhaft sind.

B. Bitte, fragen Sie nur.

A. Sie erkennen an, daß weder in der Natur, noch in der Menschenwelt die Dinge nach dem **Zufalle** vor sich gehen?

B. Sicher.

A. Dann nehmen Sie aber das Gegentheil an, nämlich daß die Dinge in bestimmter **Ordnung** zu einem bestimmten **Zwecke** vor sich gehen?

B. Das versteht sich.

A. Und darüber sind wir Beide nicht zweifelhaft: diese Ordnung geht von **Gott** aus, und diesen Zweck stellte dieser auf?

B. Wir stimmen ganz mit einander überein.

A. Den Zweck, den Gott in der Natur vor Augen hat, können wir leicht erkennnen.

B. Es ist der, die Wesen in ihrer Totalität zu erhalten.

A. Und darum hat er auch eine unveränderliche Ordnung festgesetzt, indem er Allem ein bestimmtes Naturgesetz, die Nothwendigkeit seiner Natur, einsenkte. Gerade darum findet auch in der Natur keine Veränderung statt, außer wie diese sich von selbst ergiebt, also keine Entwickelung.

B. Ganz richtig.

A. Mit diesen letzten Worten sind wir aber schon in die Menschenwelt hinübergetreten; wir haben für die Natur negirt, was wir in der Menschenwelt vorhanden finden.

B. Wie so?

A. In der Menschenwelt findet allerdings Entwickelung, d. h. Veränderung, die sich nicht aus der Naturanlage von selbst ergiebt, sondern die absichtlich herbeigeführt wird, die ihre Nothwendigkeit im Gedanken, nicht etwa in dem materiellen Bestande hat, statt.

B. Sehr wahr, und dieser Gedanke oder Zweck ist der der Vervollkommnung, in und zu welcher die Menschheit strebt, wie die Geschichte uns hinlänglich erweist.

A. Sie kommen mir zuvor. Diese Entwickelung kann aber nur in sittlich freien Wesen vor sich gehen, in Wesen mit Freiheit des Willens begabt, in den Menschen.

B. Nun ihre Folgerung hieraus?

A. Diese ergiebt sich bald. Die göttliche Leitung in der Natur ist demnach der in der Menschenwelt diametral entgegengesetzt. In der Natur herrscht das Gesetz der Nothwendigkeit, dem die Wesen willenlos unterworfen sind, zu dem alleinigen Zwecke der Erhaltung der Totalität; die Leitung Gottes besteht also da lediglich in der Aufrechterhaltung dieses Gesetzes durch seinen allmächtigen Willen. In der Menschenwelt hingegen besteht der Zweck der Entwickelung zur sittlichen Vervollkommnung, und die göttliche Leitung, die wir daher hier Vorsehung nennen, hat diesen allgemeinen Zweck vermittelst des freien Willens der Menschen in ihrer Individualität durchzuführen, was nur durch eine beständige Ein- und Anordnung aller einzelnen Fakten geschehen kann.

B. Wir sind einig.

A. Stehen sich aber so Natur und Menschenwelt hierin vollständig gegenüber, könnte uns da die Natur die Anschauung von der göttlichen Vorsehung geben, und kann jene für diese irgend einen Beweis liefern? oder haben wir uns diese Ueberzeugung nicht **trotz** der Natur und **wider** die Anschauung, welche die Natur uns giebt, zu verschaffen und zu erhalten?

B. Ich kann es nicht leugnen.

A. Hier haben wir vielmehr für die Lehre, welche die Religion uns giebt, ein anderes Erweismittel als die Natur, nämlich die Geschichte. So wie wir den Erweis der Religionslehre über das Dasein Gottes, dessen Allmacht und Allweisheit in der Natur suchten und fanden — so suchen und finden wir den Erweis der göttlichen Vorsehung in der Geschichte.

B. Ganz recht.

A. Je wichtiger aber die Lehre von der göttlichen Vorsehung für unser und der ganzen Menschheit Leben ist, je höher sie uns erhebt und sichert, desto mehr müssen Sie mir nun eingestehen, daß wir mit dem Leben in der Natur und der Lehre aus der Natur **nicht** auskommen, und daselbst nur eine sehr beschränkte Ueberzeugung gewinnen können.

B. Ich fürchte, daß ich allerdings werde nachgeben müssen. Doch gehen wir in dieses Thema noch Etwas näher ein, um es ganz überschauen zu können.

A. Sehr gern. Sobald wir den Handlungen des Menschen einen sittlichen Werth beilegen, und Gott in einem bestimmten Verhältniß zu diesen Handlungen und ihrem sittlichen Werthe erkennen, nämlich in **dem** Verhältniß, daß der freie Wille des Menschen dem höhern Zwecke der sittlichen Vervollkommnung dienen soll — so müssen wir auch annehmen, daß Gott die Handlungen des Individuums nach ihrem sittlichen Werthe nicht ohne bestimmte auf das Individuum selbst zurückgehende Folge lassen kann.

B. Sicher, und darum sagen wir: Gott richtet der Menschen Thun, und läßt den Menschen Lohn und Strafe treffen nach dessen sittlichem Verhalten, wenn wir auch natürlich diesen Lohn und diese Strafe nicht mit diesem gewöhnlichen Maße des so genannten „Glücks" und „Unglücks" bemessen.

A. Nun werden wir aber auch für dieses Richten Gottes und für seine Gerechtigkeit gar kein Analogon in der Natur finden.

Hier, wo Alles nach dem Gesetze der Nothwendigkeit vor sich gehet, und diesem Alles willenlos unterworfen ist, giebt es keinen sittlichen Werth der Handlung, giebt es keine Verpflichtung, keine Verantwortlichkeit, also auch kein Gericht und keine Gerechtigkeit.

B. Dies ergiebt sich von selbst. Der Wolf, der das Lamm zerreißt, trabt befriedigt von dannen, und es ist nicht eine Sache der Gerechtigkeit, daß vielleicht denselben Wolf der Schäfer erschlägt, sondern nur ein Akt der Selbsterhaltung von Seiten des Schäfers, der sein Eigenthum schützen will. Der Mensch tödtet den Sperling, weil er ihm seine Kirschen schädigt, läßt ihn aber leben, weil er die Raupen und Fliegen tilgt.

A. Sie werden mir aber zugeben, daß ohne die Ueberzeugung vom Gerichte Gottes unser ganzes Sittlichkeitssystem zusammenfällt, und was auch für dieses die Philosophen als anderweitige Stütze aufzustellen suchen, ist haltungslos.

B. Sicher; ich habe auch stets der Philosophen gelacht, welche in diesem Verhältniß des Menschen eine Erniedrigung desselben sahen; als ob es eine Erniedrigung des Menschen wäre, wenn er sich nur erhalten kann, indem er der Natur die Mittel dazu entlehnt; als ob es überhaupt eine Erniedrigung wäre, seinen persönlichen Willen mit dem Willen der Allgemeinheit in Streit zu wissen und ihn deshalb dem Willen der Allgemeinheit in freier Entschließung zu opfern und hinzugeben. Die Tugend, die Enthaltsamkeit ist die höchste Bekundung der Freiheit des Menschen, während das Laster, das Verbrechen eine Unterordnung unter die blinde Gewalt der Leidenschaft, eine wahre Knechtschaft ist.

A. Sie sprechen mir aus der Seele. Die Natur aber giebt Ihnen blos die Beweise für die Letztere, und bleibt jeden Beweis für den Werth der Tugend schuldig. In der Natur wird nur der sinnliche Trieb, den sie selbst in das Individuum hineingelegt, befriedigt, weshalb sie auch diesem Triebe ein bestimmtes Maß eingesenkt hat, um nicht durch das Uebermaß das Individuum zu gefährden, ein Maß, das bei dem freier gestalteten Menschen viel schwankender und unsicherer ist. — Doch erheben wir uns nun noch höher, erkennen wir das Gericht und die Gerechtigkeit gewissermaßen als eine sittliche Nothwendigkeit: so tritt uns auch die Religionslehre mit der sittlichen Freiheit in Gott entgegen, mit der Barmherzigkeit, mit der Sündenvergebung, mit der Läuterung der Menschenseele ganz unabhängig von der Lage der Dinge in der menschlich-irdischen Wirklichkeit. Die Religion erkennt die Selbstständigkeit des menschlichen Individuums in seinem geistigen Wesen an, löst es aus der Gesammtheit heraus, läßt es nach der Entfaltung des Ichs ringen, und erkennt seine Erhebung in der durch die göttliche Sündenvergebung bewirkten Läuterung, über sein Verhältniß zur Gesammtheit hinaus an, wodurch eben seine Fortdauer nach dem Tode den bestimmten Boden gewonnen hat. Ich brauche kaum hinzuzufügen, daß dies das Gegentheil aller Erscheinungen in der Natur ist. Diese hält auf immer alle ihre Individuen in der Gesammtheit fest, ein Heraustreten derselben aus dieser widerspricht ihr ganz und gar, und ein Verhältniß anders als zur Gesammtheit ist in ihr nicht einen Augenblick denkbar. Wir müssen hier verzichten, auch die entfernteste Aehnlichkeit aufzufinden.

B. Ich bekenne gern, daß meine Ansicht durch Ihre Auseinandersetzung sehr modifizirt worden.

A. Lassen Sie mich daher die Resultate, die uns geworden sind, zusammenfassen. Es begegnen aus auf unserem Gebiete zwei Extreme; von der einen Seite Männer, welche die Religionslehre von aller Betrachtung der Natur, von aller Prüfung durch die Natur fern halten wollen, womit eben das Recht der Vernunft und der vernunftgemäßen Kritik in der Religionslehre geleugnet wird. Wir stehen Beide dem so fern, daß wir uns nicht dabei aufzuhalten brauchen. Das andere Extrem ist die Ansicht, welche wir einer nähern Prüfung unterzogen haben, welche von der positiven Religionslehre gar Nichts wissen, und sich ihre Ueberzeugung selbstständig, gestützt auf die Natur, schaffen will. Wir haben aber erkannt, welche Schwächen diese so weit verbreitete und so gern und oft von den Menschen vorgetragene Ansicht besitzt. Sie entlehnt der Religionslehre Alles, was sie weiß, und stößt dann verachtend ihre eigene Schatzkammer von sich; sie vermag aber aus der Natur nur einen sehr geringen Theil ihres Inhalts zu erweisen, und hilft sich für den andern Theil mit schönen, wohlklingenden Phrasen, die eine redliche Forschung leicht des Glanzes entkleidet. Entschuldigen

Sie das harte Wort, aber wir sind ja eben zu einem Andern hingelangt. Nein! die Menschenwelt ist von ganz anderm Inhalte als die Natur, und so kann die Lehre für jene gar nicht der Natur entnommen werden. Wer also die positive Religionslehre von sich stößt, ohne dem als Meinung zu entsagen, was sie gegeben hat und giebt, begeht ein doppeltes Falsum, das aber ein dreifaches wird, indem es sich noch mit dem Purpur der Aufklärung und Selbstständigkeit bekleidet. Nein! ewig Dank und Preis, daß die Natur uns für das Dasein Gottes, für seine Unendlichkeit, Allmacht und Allweisheit den unerschütterlichen Erweis bringt, daß die richtige Betrachtung derselben daher der bleibende Regulator der Religionslehre ist, sobald diese mit fremdartigen Elementen, mit Ausgeburten des Mystizismus sich verunstalten will — aber weiter nicht; die eigentliche Mutter aller religiösen Ideen ist die positive Religionslehre, und sie allein giebt das Ganze. Möchten recht Viele, die leichtsinnig der Religionslehre Lebewohl sagen, weil sie in ihrem geschichtlichen Verlaufe oft und viel enstellt worden ist, die Sache redlich in's Auge fassen. Das Resultat kann dann kaum zweifelhaft sein: Läuterung der positiven Religionslehre und um so festeres Anschließen an dieselbe, weil sie, und nicht die Natur, Quelle der Lehre und Ueberzeugung ist.

## 3.

## Die Naturwissenschaften, in ihrem Verhältniß zur Religion und zum Religionsunterrichte.

### I.

Es weiß ein Jeder, von welcher außerordentlichen Bedeutung die Naturwissenschaft für Lehre und Leben geworden ist. Das verflossene halbe Jahrhundert hat sie aus dem verschmähten Winkel, in welchem sie — meist nur als Dienerin der Heilkunde — schmachtete, hervorgehoben und ihr einen Thron aufgeschlagen. Und nicht blos als Wissenschaft, sondern überall, selbst in die gewöhnlichsten Gewerbe, ist sie eingetreten, und hat den alten Schlendrian verdrängt, und hat neue Mittel angegeben, wohlfeiler und zweckmäßiger die Technik zu handhaben, und überall sucht sie ihr Licht leuchten zu lassen, die Begriffe aufzuklären, richtigere Vorstellungen zu verbreiten. Man hat die Naturwissenschaft angefangen populär zu machen, man hat wieder und wieder populäre Berichte über alte und neue Entdeckungen und Auffindungen aus dem Bereiche der Natur gegeben, man stellt „die Wunder der Natur" in interessantester Weise dar, und betheiligt hieran nicht nur die höher gebildete Welt, sondern schon die Welt der minder gebildeten Stände. Allerdings ist hierin unsere Zeit zu einer Höhe gelangt, welche der ärgste Pessimist anerkennen muß. Es ist aber hiermit eine Macht geschaffen, die, gerade wegen ihres materiellen Nutzens und wegen ihrer materiellen Unentbehrlichkeit, eine ungeheure Selbstständigkeit, Unabhängigkeit und Widerstandskraft hat. Die außerordentliche, täglich wachsende Entwickelung der Naturwissenschaft in historischer und physiologischer Hinsicht, ihre Geltung und Unentbehrlichkeit in technischer Beziehung, und dadurch die populäre Gestalt, die sie anzunehmen verstanden — waren noch nie dagewesen, und sind ebenso viele Garantien, daß sie nicht wieder zu verdrängen, nicht wieder zu beseitigen, ja daß sie nicht einmal wieder in den Hintergrund zu schieben ist.

Gerade weil aber die Naturwissenschaft in dieser Mächtigkeit ein Neues ist, begegnet auch bei ihr, was bei den Menschen Betreffs alles Neuen oder Neuscheinenden oder von Neuem Erscheinenden schon etwas Altes ist — die Menschen lassen sich blenden und verblenden. Der eine Theil will Nichts mehr gelten lassen — als die Naturwissenschaft; — Geschichte, Sprachkunde, Philosophie u. s. f. sind ihm veraltet, Hirngespinnste u. dergl.; nur was durch das Mikroskop — die Zelle — oder durch das Teleskop — ein neuer Weltkörper — gesehen wird, hat Werth; interessirt doch selbst der Mensch nur noch als ein Naturgegenstand, und steht so dicht neben einem Käfer, einem Krystall, einer Petrefakte! ... Der andere Theil will überhaupt jede Vorstellung, jede Ansicht, jede Ueberzeugung verwerfen, die nicht auf eine bestimmte Anschauung in der Natur sich stützt; ein Reich außer der wahrnehmbaren, unter das Skalpell oder Mikroskop oder in die Retorte zu bringenden Natur, eine Welt außer dieser sinnlichen giebt es ihm nicht ... was Wunder! daß da ein Materialismus herauskommt, der in der That noch viel gröber ist, als der alte heidnische, weil Letzterer sich doch nur aus Begriffen aufbaute, aus Mangel an Kenntniß des Materials. Hier ist in der That die Wirksamkeit der Naturwissenschaft gerade in der Masse eine traurige, verwüstende, denn eben in der rohen Masse bleibt die nähere Anschauung der Natur rein materialistisch und verdrängt so Religion und Sittlichkeit, sie hält bald mit dem, was sie gesehen, alles Dasein zu Ende, und der ihr erklärte Mechanismus erklärt ihr Alles. Es versteht sich von selbst, daß die Masse hierbei nicht im Geringsten mehr aus der Abhängigkeit von Führern und Lehrern herauskommt, als sie es früher gewesen, sie muß diesen ebenso sehr auf ihr Wort glauben, wie sie es auf anderen Gebieten gethan, sie hat nur diese Führer und Lehrer gewechselt. Und doch muß Jeder zugeben, daß gerade in der Naturwissenschaft die Ansichten sehr schnell wechseln und sich korrigiren, und daß oft in einem Zeitraume von fünf Jahren schon die bedeutendsten Leistungen veraltet sind. Wie viel oder wie wenig ein solcher Lehrer der Masse verschweigt, auf welche Weise er die Fakta gruppirt, das hat den wesentlichsten Einfluß auf die Folgerung, die der Masse so leicht zu eskamotiren ist.

Aus allen diesen Erscheinungen wird es einleuchten, daß bereits aus diesem Drange nach Popularisirung der Naturwissenschaft eine ziemliche Reaktion hervorzugehen beginnt, daß man von gewissem Standpunkte aus die Naturwissenschaft verdammt und das Laboratorium als „moderne Hexenküche" bezeichnet, daß man sie wieder aus der Volksschule, ja aus dem Jugendunterricht verdrängen will und wird.... Grund genug, um vom Standpunkte des Judenthums aus die Sache etwas näher zu betrachten.

In der That, wenn Naturwissenschaft identisch wäre mit Materialismus, wenn die Naturwissenschaft nur und allein den Begriff des Pantheismus zuließe, wenn also das moderne Heidenthum unausbleibliches Resultat der Kenntniß und Forschung in der Natur wäre — so hätte die Bekämpfung der Naturwissenschaft volle Berechtigung, so müßte auch das Judenthum, diese Mutter der religiösen Idee, sie bekämpfen, und in ihr eine Feindin auf Tod und Leben erblicken. So ist es aber in der That nicht. Derselbe Kampf zwischen Materialismus und Spiritualismus, der vom Beginn an auf dem Gebiete der Philosophie stattfand, und in welchem der Spiritualismus stets so lange die Oberhand hatte, als die Völker in ihrem Vigor, in Kraft und Gedeihen, standen, immer aber der Materialismus seinen Verheerungszug begann, wenn die Völker abzusterben und zu verdorren anfingen — dieser selbe Kampf findet auf dem Gebiete der Naturwissenschaft statt, und ist durch sie noch nicht um ein Haar breit anders entschieden, als er es von jeher in der Philosophie war — Argument wird gegen Argument aufgeführt ... und, daß wir es nur sagen, wenn dies nicht mehr ausreicht, greifen die Leute gelegentlich zum — Schimpfen.... Hierbei läßt sich aber das Eine nicht übersehen, daß gerade die wahren Heroen der Naturwissenschaft, die echten und wahrhaft wissenschaftlichen Naturforscher auf Seiten des Spiritualismus, also auf Seiten der religiösen Idee stehen — und daß es zumeist die Popularisirer der Naturkunde, die Halbforscher und Lärmmacher sind, welche den Materialismus predigen. In der That, wer aufrichtig und vorurtheilslos, namentlich den physiologischen Entdeckungen nachgeht, der wird zugestehen, daß auch die tiefst eingehenden Beobachtungen den Forscher an eine Grenze führen, wo Geist und Stoff sich trennen, wo das ursächliche Moment nicht mehr nachweisbar ist, wo der Beobachter dem Denker Platz machen muß. Alle Entdeckungen, die gemacht werden, führen einen Schritt dieser Grenzlinie, diesem bestimmten Scheidepunkte näher, stellen diesen schärfer, in genaueren Umrissen dar — aber die Frage lösen sie nicht. In der Regel ist der Verlauf so: irgend eine Entdeckung führt einen Schritt in der physiologischen Kenntniß weiter, diese Entdeckung ist materiellen Inhalts, und hat nun den Anstrich, auf sehr klare Weise Alles zu erklären, was wir erklärt wünschen; der Oberflächliche ist nun fertig, der Materialismus siegt. Da wird nun die Sache näher geprüft — und siehe da! — die tiefere Ergründung bringt — das pure Gegentheil zu Tage. Wie Viele z. B. wollten die ganze geistige, oder doch wenigstens die ganze Nerventhätigkeit auf die Elektrizität führen, und die materialistischen Führer glaubten die Sache hiermit ganz in der Hand zu haben — und siehe! neuere Forschungen zeigten, daß gerade in den Nerven die elektrische Strömung eine ganz außerordentlich langsame ist, sie, die über 60,000 Meilen in der Sekunde läuft, läuft in den Nerven in der Sekunde kaum 20 Fuß. Es ist also wieder Nichts. Vielmehr der echte Physiolog schließt: weil ich hier immer auf etwas Unfaßbares, auf etwas Nichtdarstellbares treffe, weil ich überall ein Kausalmoment treffe, das ich aber nicht nachweisen kann, weil ich überall den physiologischen Prozeß nur so weit darlegen und erklären kann, bis es auf den eigentlichen Impuls ankommt — muß es ein Immaterielles geben.

## II.

Ist also die Naturwissenschaft eine nicht zu verkennende Macht in dem allgemeinen Geistesleben der civilisirten Menschheit geworden, hat sie aber auf dem Gebiete der allgemeinen Fragen keine entscheidende Stimme, sondern kommt es da immer auf die Prämissen an, von denen der Denker ausgeht, und zu denen er auf anderem Wege gekommen, sind ferner das Menschenthum und die menschliche Gesellschaft so ganz verschiedene Welten von der Natur, daß sie ganz andere Basen — die religiöse Erkenntniß und Sittlichkeit — als die Natur haben: so sehen wir nicht ab, warum das Judenthum die Naturwissenschaft von sich weisen, warum es diese nicht in Harmonie mit sich setzen, warum es dieselbe nicht Behufs seines religiösen Unterrichts, seiner religiösen Belehrung benutzen sollte. Die Hauptsache ist hier: das Judenthum giebt als Prämisse die religiöse Idee her, also die Lehre von Gott, dem außerweltlichen Schöpfer der Welt; von dieser Prämisse aus begegnen wir nun in der Natur Nichts, was den Lehren des Judenthums widerspräche. Die Natur erscheint als eine Einheit, in der jede Wirkung ihre Ursache hat, wie das Judenthum sie als das Werk eines einzigen, einigen Gottes lehrt. Sie erscheint in unaufhörlicher Bewegung und Veränderung, so daß die Dinge in keinem Momente dieselben sind, aber diese Bewegung und Veränderung selbst geschieht nach ewigen, unveränderlichen Gesetzen: ganz wie das Werk eines, diese Gesetze in Allweisheit feststellenden Wesens. Der Mensch wird vom Judenthume als höchstes Erdengeschöpf mit unsterblichem Geiste gelehrt — mögen die Materialisten sagen was sie wollen — die Naturwissenschaft vermag kein einziges stichhaltiges Argument hiegegen, wohl aber viele dafür anzuführen... So weit und nicht weiter geht überhaupt der Weg, auf welchem Religion und Naturwissenschaft mit einander zusammentreffen; denn das sittliche Wesen der Menschen geht über die Natur hinaus, und die menschliche Industrie beruht auf einem ganz andern Grunde, wie die Natur, auf dem Tausch der Produkte.

Ob eine solche Uebereinstimmung dessen, was die Natur lehrt, mit dem, was das Judenthum lehrt, sobald man von der religiösen Idee als Prämisse ausgeht, auch innerhalb anderer Religionen stattfindet oder nicht, ist nicht Gegenstand unserer Betrachtung. Wir wiederholen: die Naturwissenschaft, soll sie in den allgemeinen Fragen eine Beweiskraft haben, muß von einer bestimmten Prämisse ausgehen, über die Prämisse selbst entscheidet sie nicht; diese Prämisse in der religiösen Idee zugegeben, findet sich die Naturwissenschaft in völliger Harmonie mit dem Judenthume. Und so sieht es denn die Schrift selbst an. Sie, welche von ihrem ersten Worte an die Natur als eine Einheit, als einen Kosmos proklamirt, weist immer wiederholt auf die Natur hin, um in dieser Gott in seinen Werken wie in einem Spiegel zu erkennen, fordert immer wiederholt auf, bei Himmel und Erde, bei Stern und Fels, bei Thier und Pflanze zu forschen, um diesen Gott in seinem Wesen und Willen zu fassen, sie, die selbst in ihrem Gesetz den losgelösten Menschen immer wieder zur Natur zurückführen will. Allerdings hält sie überall Gott und Natur wie Schöpfer und Geschöpf auseinander, allerdings erkennt sie Geist und Körper als substantiell verschieden an — aber wo hat denn die Naturwissenschaft Dem irgend entschieden widersprochen? Und dies ist ja die Krone des Judenthums, daß so Geschichte, Menschenthum und Naturwissenschaft in ihm zur vollen Harmonie kommen, völlig mit einander harmoniren.

Also anstatt sie von sich zu weisen, ist es das höchste Vorrecht des Judenthums, wie von Moscheh an, die Naturwissenschaft als unmittelbar in den Ring seiner Erkenntnisse gehörig zu betrachten, zu pflegen und zu hegen. Die religiöse Idee verzichtet auf diese göttliche Stütze nicht, denn darin zeigt sich ihre Wahrheit am glänzendsten, daß alle Entdeckungen der Naturwissenschaft zusammengenommen ihre Dogmen nur bekräftigen, und es auf Seiten ihrer Gegner nur eine Willkür ist, aus der Naturwissenschaft Widersprüche gegen die religiöse Idee, wie diese ganz und unangetastet im Schooße des Judenthums ruht, zu deduziren.

## III.

Bis hieher haben wir die Stellung der Naturwissenschaft zur Religionslehre, d. h. zur Lehre des Judenthums zu zeichnen gesucht. Wir haben sie in ihrer Objektivität die höchsten Fragen ebenso wenig zur Entscheidung bringen sehen, wie die Philosophie; wir haben in subjektiver Stellung, sobald die höchsten Sätze des Judenthums als Prämisse gesetzt waren, die Naturwissenschaft dem Judenthume nirgends widersprechen sehen — ein Vorzug, den das Judenthum wohl wahrnehmen muß.

Um so mehr muß die Naturwissenschaft vom jüdischen Religionslehrer studirt und beim Unterrichte benutzt werden; und zwar aus zwei Gründen. Zuerst weil es von der höchsten Wichtigkeit ist, die Harmonie des Judenthums und der Naturwissenschaft von früh auf dem Bekenner unserer Religion zum Bewußtsein zu bringen; ihm klar zu machen, daß zwischen Judenthum und Naturwissenschaft nur dann Zwiespalt und Widerspruch stattfindet, wenn die letztere zur Unterstützung des traurigsten Materialismus gemißbraucht wird; ihm die Lehre der Religion und ihre Erweisung in den großen und kleinen Gestalten der Natur überall als eines und ineinander greifend zu zeigen; ihm so Schrift und Natur als in ihren wesentlichsten Aussprüchen sich deckend nachzuweisen. Je früher die Kinderseele dahin geführt, je immer wiederholter dies zu Verstand und Gemüth gebracht wird — desto mehr senkt sich diese Anschauung in den Geist ein, daß sie ein unzerstörbares Eigenthum des Zöglings bleibt. Der zweite Vortheil ist aber, daß dadurch der Religionsunterricht ein so reichhaltiger, abwechselnder, belehrender und ergreifender wird, daß die Schüler um so eher Geschmack ihm abgewinnen. Von den Wundern der göttlichen Schöpfung hört ja der Mensch so gern, von den Wundern im Großen und Kleinen, in den Höhen und Tiefen. Vereinigen sich so die Schrift, die Geschichte (insonders Israels) und die Naturwissenschaft als die drei Elemente des jüdischen Religionsunterrichtes, so können Stoff und Form niemals ausgehen, niemals mangelhaft werden. Der Lehrer selbst erscheint auf dieser Basis durchaus nicht in jener Trennung von den übrigen Kulturrichtungen der Menschheit, nicht in jener Entfremdung und Isolirtheit von Allem, was sonst in der Welt der Menschen gilt, welche der Religion, welche der Theologie bei dem neuern Menschen schon so vielen Abbruch gethan. Die Religion erscheint so als das, was sie in Wahrheit ist, als die Krone des Menschenthums, die ohne Anmaßung alle Erwerbnisse der Menschheit als Edelsteine in ihren goldenen Reif einsetzt.

Allerdings muß auch hier nicht aus irgend einer Vorliebe der Wahrheit zu nahe getreten werden. Die Naturwissenschaft muß zu nichts Anderem gebraucht werden, als wozu sie der Wahrheit gemäß gebraucht werden kann. Die Naturwissenschaft kann nichts weiter

— aber hierin ist sie unerschöpflich — als: Gott in seinem Verhältniß zur Welt, als Schöpfer und Erhalter des Weltalls und aller Dinge zum Bewußtsein bringen, und dem Menschen das unermeßliche Beispiel der Zweckmäßigkeit und Ordnung geben. Aber weiter nichts. Die wahre Tiefe des göttlichen Wesens thut sich uns erst offenbar, wenn wir auf Grund der Schriftlehre Gott in seinem Verhältniß zum Menschen betrachten, und von da ab die Grundlage der Sittenlehre finden. Es kann nicht scharf genug betont werden, daß die Natur für die Ethik kein Fundament und keinen Anhalt bietet, daß der Mensch gerade da anfängt, ein ethisches Wesen zu sein, wo er aus der Natur heraustritt; daß nur für die Elternliebe die Natur und selbst da ein kümmerliches Analogon während der kurzen ersten Zeit des Lebens enthält, darüber hinaus weder für Liebe, noch für Recht, noch für Pflicht irgend eine Spur. Hierin muß alle Illusion vermieden werden, damit der Zögling wohl erkennt, daß er sein ethisches Wesen nicht dem Blick in die Natur, sondern der religiösen Idee des Judenthums verdankt. Ebensowenig darf zur rechten Zeit dem Schüler erspart werden zu erkennen, daß die bloße Naturbetrachtung dem Menschen immer nur eine sehr schlüpfrige Bahn zur Erkenntniß gegeben hat, auf der er den vielfältigsten und verschiedenartigsten, ja den blödesten Irrthümern ausgesetzt war, daß erst dann eine richtigere Anschauung der Natur entstand, als die religiöse Idee des Judenthums in die Welt getreten, daß selbst die Anschauung der Natur als einer Einheit in Wirklichkeit erst durch diese religiöse Idee dem Menschen gegeben worden. Dies muß der Zögling scharf erkennen, damit der sonst so sehr verbreitete Irrthum, als bilde der Mensch die religiöse Idee vermittelst der Natur sich selbst, sich immer mehr zerstreue.

Dies sind die allgemeinen Gesichtspunkte, die im Religionsunterrichte hinsichtlich der Naturwissenschaft zu beachten sind, und die sich in die beiden Sätze formuliren lassen:

1) die Naturwissenschaft muß zu einem integrirenden Elemente des Religionsunterrichts werden, und so die Religionslehre sowohl inhaltsreicher gemacht, als aus jeder Isolirung vom

übrigen Wissen und Forschen des Menschen herausgezogen werden;
2) es muß dann der Naturwissenschaft innerhalb der Religionslehre sowohl ihrem wahren Inhalte als der Geschichte gemäß ihre rechte Stellung angewiesen werden, insofern sie nur theilweise den Gottesbegriff zu fundiren vermag, und für das ethische Wesen des Menschen keine Unterlage darbietet.

## 4.
### Die Naturwissenschaften und der Aberglaube.

Daß die Naturwissenschaften eine der wirksamsten Waffen gegen den Aberglauben sind, wer weiß es nicht, und wie oft ist dies schon besprochen und erwiesen worden. Man erinnere sich z. B. nur der Kometen, welche so oft die Welt in namenlosen Schrecken versetzten und zu den verkehrtesten Begriffen von Gott veranlaßten. Hat uns die Wissenschaft doch die Furcht selbst vor einem Zusammenstoß unserer Erde mit einem Kometen genommen; da zwar ein solcher Zusammenstoß wohl möglich ist, aber ohne alle üblen Folgen für unsern Wohnplatz sein würde, weil die Materie, aus welcher der Komet besteht, mindestens 20,000 Mal dünner ist, als unsere Luft, und nicht einmal aus Gas besteht, indem Gas den Lichtstrahl bricht und gleichzeitig schwächt, was die Kometenmaterie nicht thut. Und in der That befand sich unsere Erde am 26. Juni 1819 einige Stunden lang von kometarischer Masse umhüllt, nämlich in den äußersten Theilen des Schweifes eines Kometen, ohne daß dieser Tag oder dieses Jahr in meteorologischer oder irgend welcher Beziehung etwas Außergewöhnliches gezeigt hat[1]). Man denke ferner nur an Astrologie, Alchymie, an den ganzen Apparat der Zaubereien und Hexereien, die sich vor dem Lichte der Naturwissenschaften in eine „natürliche Magie" gewandelt haben, zur Ergötzung von Laien und Kindern.

Aber „les extrêmes se touchent" — die Gegensätze be-

---

[1]) S. „Die Kometen," von Hind, bearb. von Mädler. S. 205. 207.

rühren sich, die Naturwissenschaften führen auch leicht zum Aberglauben, oder doch Afterglauben hin.

Jüngst war in einer sächsischen Zeitung, deren Ansichten sonst wohl schwerlich die unsrigen sind, der Naturforscher (denn ein besonnener Naturforscher thut es nicht), welcher die ganze Thätigkeit und das Wesen der Seele zu einem elektro-magnetischen Prozeß macht, und jener Bauer, der die Güte Gottes bewunderte, weil er vor jeder großen Stadt einen großen Fluß vorübergeführt, zusammengestellt. Und wir müssen gestehen, daß, so überraschend diese Zusammenstellung ist, wir sie dennoch nicht ganz verwerfen können. Dieser Bauer läßt Gott Alles machen, und die Flüsse hinter die Städte herlaufen; jener Naturforscher läßt die Materie Alles machen, und den Gedanken und den Willen hinter dem elektro-magnetischen Prozeß herlaufen. Zuletzt kommt dies auf Eines heraus, und wir lachen nur über den Erstern allein, weil Jedermann ihn übersieht.

So wie die Naturwissenschaften die Geister- und Gespensterfurcht beseitigt haben, so führen sie leicht auf den Abweg: auch die Gottesfurcht zu beseitigen, und die Allmacht der Materie zu verkünden. Die Pincette und das Secirmesser erheben sich allzuleicht über Bibel und Vernunft, und die Retorte verflüchtigt und vergast gar zu gern mit den festen Körpern auch die ganze Geschichte der Menschheit. Es kann uns dies gar nicht wundern, es ist dies die Wiederholung des alten Spiels, daß das Individuum das Spezielle, was es treibt, über die ganze Gattung zu setzen bereit, und der Mensch stets in den Gegensatz zu verfallen geneigt ist.

Du kannst in jedem physikalischen Kabinete leicht den Versuch anstellen, daß Du irgend ein größeres Stück Eisen mit einem durch Ueberzug gehörig isolirten Kupferdraht spiralförmig umwindest, so daß nur die Enden des Eisenblocks frei hervorragen, daß Du ferner den starken Strom einer galvanischen Batterie durch diesen Draht leitest, und wirst nun unmittelbar gewahr, daß mit einem Male dieses Eisen zu einem Magnet geworden ist, der mit Leichtigkeit ein Gewicht von vielleicht mehr als hundert Pfund aufhebt und festhält; es wird jedoch genügen, den Draht an der Batterie auszuhängen und den galvanischen Strom dadurch zu unterbrechen, und das Gewicht fällt sogleich wieder ab, das Eisen hat aufgehört, ein Magnet zu sein, kann aber gleich wieder dazu gemacht werden, indem man die Strömung erneuert. — Diesem Prozesse hat man nun den Akt an die Seite gesetzt, durch welchen in denjenigen Nerven, welche mit ihren zartesten Endfasern gewisse Muskelfasern umschlingen (immer ohne in dieselben direkt überzugehen — motorische Nerven —), durch das Strömen der Nervenkraft ein Anziehen der Endpunkte dieser Fasern gegen einander, d. h. eine Muskel-Zusammenziehung unmittelbar bewirkt wird. Das Strömen der Nervenkraft hat man daher mit dem Strömen der galvanischen Elektrizität identifizirt, oder doch in der Zusammenziehung der Muskeln ein magnetisches Moment erkannt und um so mehr den ganzen Akt dem Magnetisiren des Eisens durch Elektrizität an die Seite gesetzt[1]). Dabei erinnere man sich, wie ungeheuer groß die Kraft ist, welche die Muskeln durch ihre Zusammenziehung auszuüben vermögen, daß z. B. nach Ed. Weber die beiderseitigen Wadenmuskeln eines Erwachsenen im Stande sind, durch ihre Zusammenziehung ein Gewicht von 320 Kilogrammen, d. i. ungefähr das Fünffache von der Schwere eines erwachsenen Menschen zu heben[2]).

Wir wollen nun diese Theorie als völlig konstatirt, all die Fragen, die sich dabei erheben, als völlig gelöst voraussetzen, wir wollen absehen, wie oft schon die Physiologie auf physikalische Erfahrungen, so wie sie zu Tage kamen, ihre Theorien aufbaute, die sich später als illusorisch erwiesen — so würden wir wohl dabei zugeben, daß hiermit der physikalische Theil der Muskelbewegung beleuchtet worden ist — aber ist damit auch das geringste Licht darauf geworfen, wie der Wille diese Nervenströmung hervorbringt? wie der Wille dieser Nervenströmung und durch diese der Muskelbewegung die Richtung vorschreibt, daß sie Gehen und Laufen in dem verschiedensten Tempo, die Bewegung der Fingerglieder, Hände und Arme in der mannichfaltigsten Weise u. s. w. bewirken? ist

---

[1]) S. Carus, „Das Maschinenwesen und der große Meister".
[2]) S. Valentin, „Lehrbuch der Physiologie". 2. Ausgabe. Th. 2. S. 230.

damit der Wille selbst auch nur im Geringsten erklärt? denn, wenn auch der ganze elektro-magnetische Apparat in den Muskeln und Nerven vorhanden ist, so wie Einer da sein muß, der den Draht ein- und aushängt und Magnet (magnetisirtes Eisen) und Eisen zusammenbringt, um letzteres durch den ersteren heben und tragen zu lassen, so noch mehr muß noch ein Anderes vorhanden sein, welches die Strömung der elektro-magnetischen Kraft durch die Nerven bewirkt und die Richtung der Muskelthätigkeit bestimmt. Mit einem Worte, wenn der Naturforscher das physikalische Moment der Muskelmotion erklärt oder der Erklärung nahe gebracht zu haben glaubt, so wollen wir dies zugestehen; wenn aber der Naturforscher nunmehr auch das psychologische, das seelische Moment mit Elektro-Magnetismus identifiziren, und den Akt des freien Willens so wie des Gedankens, aus dem dieser entspringt, zu einem elektro-magnetischen Prozeß machen will, so ist er dem Aberglauben anheimgefallen — gegenwärtig müssen wir ihn bekämpfen, wie früher den Glauben an Hexerei, dereinst wird man darüber lachen.

Es ist eine ganz falsche Lehre, daß in der Natur Alles nothwendig so sei, wie es ist. Im Gegentheil, überall stoßen wir auf Wahl, Willkür, welche einen Gedanken voraussetzt. Allerdings, nachdem einmal die Wahl getroffen war, nachdem ein bestimmter Gedanke verwirklicht werden sollte: konnte es füglich nicht anders sein, wie es ist, ohne mangelhaft zu sein, ist die beste, klügste Weise der Ausführung getroffen. Mit einem Worte: die Bedingungen waren frei und Voraussetzungen; nachdem diese gestellt, beginnt erst die Nothwendigkeit. Z. B. geht die Pflanzenwelt durch, welche unendliche Mannichfaltigkeit der Zahl, der Stellung, der Größe und dergleichen, der Staubfäden, des Stempels u. s. w. Erinnern wir uns jener Aufgabe, die vor vielen Jahren zuerst Jean Jacques Rousseau in seinen Briefen über die Botanik an die Mad. Delessert stellte, wodurch in den Kreuzblüthlern (Cruciferen), namentlich in der Levkoie, zwei von den sechs Staubfäden eine Biegung machen, ehe sie sich in die Höhlung des Kelchblattes hineinlegen, und dadurch verkürzt erscheinen, ohne es zu sein? Solcher Fragen lassen sich hunderttausende stellen. Wo ist da eine Nothwendigkeit? Keine, sondern eine Fülle von Gedanken, von Entwürfen, um die mannichfaltigsten Gebilde hervorzubringen. Erst wenn der Gedanke gewählt ist, der Entwurf angenommen, also die **Voraussetzungen** oder die Bedingungen des zu Schaffenden, dann tritt die **Nothwendigkeit** ein, um die Mittel der Ausführung als unerläßliche zu bestimmen. — Wenn die Nothwendigkeit wirklich das herrschende Prinzip in der Natur wäre, **warum** sind wir so selten vollkommen im Stande, den Zweck anzugeben, den die einzelnen Gebilde der Natur haben? warum sind wir über höchst wichtige Organe noch so sehr im Dunkel? . . . Kannst Du z. B. sagen, wozu diese Blumenkrone ist? welche ihre Bestimmung? Was wäre unsere Erde ohne den Farbenschmuck, ohne den Duft, ohne die zierliche Gestalt der Blumen und Blüthen? Und welche unendliche Mannichfaltigkeit! welche Mannichfaltigkeit in den Arten! Denket z. B. an die Hunderte von Rosaceen. Und wisset ihr es in der That, wozu diese Blumenkrone da ist? Die Naturforscher antworten: die Blumenkrone ist bestimmt, durch ihre Formen, Farben und ihren Geruch den Insekten das Behälter des Honigs anzuzeigen, damit die Insekten die Gelangung des Blumenstaubes auf die Narbe, also die Befruchtung befördern[1]). In einzelnen Fällen: ja. Bei der ungeheuren Mehrzahl der Blumen und Blüthen aber spielen die Insekten gar keine Rolle, also **wozu dann die Blumenkrone?** Zum Schutz der Befruchtungswerkzeuge. Aber zu welchem Schutz?

Nein. Weder ist die Nothwendigkeit anders, als in der Ausführung des frei gewählten Schöpfungsgedankens in der Natur obwaltend, noch reicht alle physiologische Erklärung der Vorgänge im menschlichen Körper dahin, auch nur im Geringsten den kleinsten Akt des bewußten freien Willens und des Gedankens und seiner Associationen zu beleuchten! . . . **Hütet euch** also vor dem Aberglauben.

Vor einiger Zeit schrieb mir ein junger Naturforscher aus Jena über die damals dort gehaltene Generalversammlung der sächsischen

---

[1]) S. Lemaout, Jardin des plantes.

und thüringischen Naturforscher. Er schreibt: „Volkmann hielt einen Vortrag über die Idee des Weltschöpfers vom Standpunkte der Naturwissenschaften aus, kam aber auch nicht weiter, als der erste Bibelvers, trotzdem daß er Wärmeausstrahlung und latente Wärme und, Gott weiß, was noch herbeischleppte." In der That, liebe Naturforscher, bleibet bei und auf diesem Verse stehen, und welche erhabene Gebiete habet Ihr von da aus zu durchwandern und zu durchpflügen!

# Beilage V.

(Zu §. 10. S. 140.)

## 1.

### Die fortschreitende Entwickelung.

In der Sprache unsrer Väter ist der gewöhnliche Ausdruck für Monat nicht, wie im Deutschen, im Zusammenhange mit dem Monde, nach dessen Lauf der Monat bestimmt ist, sondern חֹדֶשׁ von חָדַשׁ, „neu sein"; denn wenn das Wort יֶרַח auch Monat heißt, und mit יָרֵחַ, der Mond, eine Wurzel hat, so ist es doch selten, und die eigentliche Bezeichnung חודש, also das Neue. Im Gegensatz heißet das Jahr שָׁנָה, vom Stamme שָׁנָה wiederholen, also die Wiederholung, das sich Wiederholende. Die eine große Zeitbestimmung bezeichnet also das Neue, während die andere das sich Wiederholende; es wurden demnach von dem ursprünglichen Geiste der Sprache in der Tiefe schon im Begriffe der Zeit die beiden Gegensätze gefunden und niedergelegt: das Immerneue und das Immerwiederkehrende, Immersichwiederholende — und damit die große Frage angedeutet, welche den Geist des Menschen bewegt: ist in dieser Welt Alles nur eine ewige Wiederholung derselben Erscheinungen, ein nach ewigen Gesetzen immerfort sich abschwingender Kreislauf? Oder giebt es eine fortschreitende Entwickelung, wo Neues sich an Neues legt, und selbst das sich Erneuernde ein Anderes mit sich bringt, das vordem noch nicht gewesen? — Ihr werdet die Autorität des weisen Predigers anrufen: „was da war, das wird sein, und was geschehen, wird geschehen". וְאֵין כָּל חָדָשׁ תַּחַת

אֵין כָּל חָדָשׁ "es giebt nichts Neues unter der Sonne" (Koh. 1, 9.). Aber, kann man entgegnen, „unter der Sonne!" d. h. innerhalb der körperlichen, der natürlichen Dinge auf dieser Erde, wie sie unter der und um die Sonne sich bewegt — aber steht der Geist des Menschen, der ebenbildlich dem Gottgeiste, nicht über der Sonne, und kann er unter die Dinge dieses in der Zeit sich immer Wiederholenden gezählt werden? steigt nicht ein hoher Gedanke, ein edles Gefühl, eine That voll selbstverläugnender Aufopferung über alle Sonnen und Sterne hinaus, die doch nur dem ihnen von Gott eingesenkten Gesetze folgen? Verkündet nicht Jeschajah, daß Gott selbst einen neuen Himmel und eine neue Erde schaffen werde? (65, 17. 66; 22.), ruft er nicht aus: הִנְנִי עֹשֶׂה חֲדָשָׁה עַתָּה תִצְמָח „siehe, Neues bereit' ich, jetzt sprießt es empor!" (43, 19.) nicht eben so Jirmejah: כִּי בָרָא ה׳ חֲדָשָׁה בָּאָרֶץ „Neues schaffet der Ewige auf Erden" (31, 22.). Ja, auch einen neuen Bund mit Israel werde der Herr schließen (31, 31.) und einen neuen Geist in das Innere seiner Söhne legen!?

Untersuchen wir daher diese Frage genauer.

Ja, diese großen Weltkörper, die leuchtenden und erleuchteten, gehen ewig ihre Bahnen, und wiederholen denselben Kreislauf Zeit um Zeit, so sehr, daß, so weit das menschliche Auge dringt, wir alle diese Bewegungen im Voraus zu berechnen vermögen, auf die Stunde, auf die Minute, auf die Sekunde. Und auf diesen Weltkörpern darum lebt Alles ein sich wiederholendes Leben. Der Kreislauf der Jahreszeiten, mögen diese bald stärker, bald milder auftreten, ist immer derselbe; der Kreislauf des Schaffens und Verzehrens derselbe, und weiterhin die Geschlechter in ihrem Werden und Vergehen, sie folgen ununterbrochen auf einander, immer in derselben Weise mit Geburt, Blüthe, Reife und Tod. Und nicht minder gewahren wir dies in der Geschichte der Menschheit. Sind doch die Völker gleich einzelnen Persönlichkeiten. Sie kommen, erblühen, sterben ab in ihrer Kraft, in der Erfüllung ihrer Aufgabe, in dem Verzehren ihres Wesens, noch kurze Zeit, und sie „werden zermalmt und geworfelt, und verfliegen wie Spreu im Winde" (Jesch.) So sind sie alle erstanden, die Nationen, die Staaten und ihre Herrscherfamilien, und Alle verfallen und verstäuben, und die

Geschichte ist nur die Tafel, auf welche vergangene Herrlichkeiten verzeichnet sind. Und innerhalb dieser Völker, Staaten und Herrscher sehen wir nicht immer dieselben Leidenschaften wüthen und sie zum Zusammenstoß bringen? Ist etwa der Krieg aus ihnen geschwunden und die Intrigue und die Eifersucht und die Begierde, über einander zu herrschen und immer größer zu werden, ja das größte, alleingebietende zu sein: haben die Staatserschütterungen aufgehört? giebt es keine blutigen Aufstände mehr, wo der Eine die Freiheit durch scheußliche Unthaten erringen, der Andere die Herrschaft durch Blutgewalt besiegeln zu können wähnt? Sehen wir daher nicht jeden Tag die Gestalt der Staaten und Völker sich verändern, wie sie sich von jeher veränderten? und selbst in den Staaten, in der menschlichen Gesellschaft kommen uns nicht immer wieder die alten Erscheinungen entgegen, die sich seit Anbeginn wiederholen? Immer das Ringen der verschiedenen Stände unter einander, vorwiegende Geltung zu haben im Staate, die anderen unter sich zu halten und die Früchte ihres Fleißes zu genießen; immer dasselbe Schwanken zwischen Recht und Unrecht, zwischen Weisheit und Thorheit; heute Wuchergesetze, morgen keine; heute Schutzzölle, morgen keine; heute Schwurgerichte, morgen keine und so fort! Und im Handel und Wandel? haben es nicht unsere Tage erst aufgedeckt, wie wenig Treue und Redlichkeit da vorhanden, wie wenig Achtung vor dem Eigenthum Anderer, wie blind die Wuth, Einer dem Anderen die Habe abzulisten, Reichthümer, nicht zu sammeln, sondern zu erraffen, von wannen es auch sei. Ja das ganze wunderbare Gebäude der menschlichen Industrie, hätte es Gott nicht auf die ewig sich wiederholenden Bedürfnisse aufgerichtet, würde vor den ewig sich wiederholenden Leidenschaften der Menschen längst zusammengebrochen sein, hätte Gott dem Menschen nicht eine sich immer wieder erneuende Kraft, welche ersetzt und von Neuem schafft, eingesenkt, würde es längst zerfallen und in den Urzustand zurückgesunken sein. So aber findet in den Völkern und Staaten wie in der gewerblichen Welt immerfort eine Hebung und Senkung statt in immer wiederholten Maßen. Und blicken wir nun auf die Einzelnen. Ist eine der glühenden Begierden erloschen, welche im Kain und Lemech und Ruben, in den Einwohnern von Sedom und zor wach waren, ist eine der Sünden ausgestorben, welche die Menschen verüben, seitdem die Pforten Edens sich hinter ihnen geschlossen? Ist Mord und Diebstahl nicht noch immer an der Tagesordnung? verschwendet die Jugend ihre Kraft nicht heute mehr denn je in Ausschweifung und Unsittlichkeit? die Habgier, hat sie sich vermindert? die Eitelkeit, ist sie weiser geworden? vergällt der Neid weniger das Herz der Menschen, und haben diese die Selbstsucht als ihren Führer im Leben aufgegeben? Lasset mich all' Dies nur andeuten; aber ist es doch so weit, daß man selbst die Selbstmorde, die im Jahre geschehen, gezählt hat, und ziemlich immer dieselbe Zahl gefunden, als ob auch hier ein Gesetz der Nothwendigkeit herrsche, und die Menschen treibe, in immer wiederholter Bahn das Leben zu durchkreisen. Und selbst in der Religion, auf diesem höchsten und heiligsten Gebiete des Menschen, ringen da nicht immer noch dieselben finstern Gewalten mit dem Lichte, das aufgegangen vor uralter Zeit? ringen nicht noch heute Unglauben mit Erkenntniß, Aberglauben mit Aufklärung, Lehre mit Leben, Gesetz mit Erfüllung? ist die Lüge besiegt, der Wahn überwunden? und wenn eine Zeit glaubensärmer, die andere glaubenswärmer ist, hat dies nicht oft genug schon gewechselt? machen sich aber nicht auch hier noch Frömmelei, Fanatismus, Verdummung, Ketzerriecherei, Glaubenszwang geltend und wirksam? Es ist der alte Kampf, der sich immer erneut. Jahrtausende sind vorübergegangen, aber würde der weise Prediger nicht noch heute ausrufen: „Was gewesen, wird sein, was geschehen, wird geschehen, es giebt nichts Neues unter der Sonne!" daß man sagen würde: mit Recht heißt das Jahr שנה, denn es ist nichts als eine Wiederholung des Gewesenen, es nimmt, wie sie Alle genommen, die Jahre, die vergangen, es giebt, wie sie Alle gegeben. — —

In der Erwägung des Gegentheils knüpfen wir an das Letzte an. Wie? sollten die Weissagungen der Propheten lügen, daß es anders und anders um die Menschheit werden, daß das Alte verdrängt und ein Neues geboren würde, daß da kommen werde die Zeit, wie der Prophet uns zuruft: „und es geschieht, von Mond zu Mond, und von Schabbath zu Schabbath wird kommen alles Fleisch, anzubeten vor mir, spricht der Ewige" (Jeschaj. 66, 23.), daß kommen werde der Tag, wo „die Anerkennung des Ewigen auf der Erde einig sein werde, wie sein Name einig ist"!? Nein, blicken wir zurück, wie sich auch die Erscheinungen im Einzelnen machen, wie sie auftauchen und verschwinden, die Gotteslehre kämpft nicht umsonst mit dem Heidenthume in den Jahrtausenden, sie verdrängt, sie besiegt es immer mehr in der freien Entwickelung der Menschheit, das gröbere Heidenthum schwindet immer mehr, das feinere Heidenthum wird immer mehr durchschaut, ob es sich wehret, ob es immer von Neuem seine Kraft sammelt, bald in Religionen, bald in philosophischen Schulen, die Geister durchzuckt der Strahl, der von oben kommt, immer heller und schneller; Lüge, Wahn, Heuchelei verlieren immer mehr ihre Macht; gerade auf dem Gebiete der Religion zeigt sich der Fortschritt der Menschheit immer deutlicher, und innerhalb der sich stets erneuenden Senkung und Hebung gewahrt man dennoch die Bewegung nach oben klar und zweifellos. — Und ja, was man auch sage, auch auf dem Gebiete der Sittlichkeit ist der Fortschritt sicher. Wollet Ihr denn darum, weil wir noch lange nicht am Ziele sind, läugnen, daß es überhaupt ein Ziel giebt? weil wir noch weit von der Ruhe fern sind, läugnen, daß es überhaupt eine Bewegung giebt? Lasset uns doch, Israeliten, die alten Zeugen des Herrn, zeugen! Wer vergleicht, wie wir unter den Völkern standen, und wie wir jetzt stehen, welches Joch wir trugen, und wie weit es zerbrochen worden, wie wir verfolgt wurden, und jetzt mindestens geduldet werden, kann Der läugnen, daß Gewissensfreiheit, Menschenrecht, Gerechtigkeit und Duldung unter den Menschen zugenommen? Ja, mögen in Völkern und Einzelnen dieselben Leidenschaften noch vorhanden sein, weil sie von Gott in die Natur des Menschen eingesenkt sind, die allgemeinen Grundsätze des Rechts und der Liebe haben eine allgemeinere Geltung, Anerkennung und Verwirklichung gefunden. Wo irgend ein Unrecht geschieht, erheben sich nicht hundert Stimmen dagegen? wo irgend Gewaltthat, protestiren nicht Tausende? ist der allgemeine Ruf nicht mächtig genug, Kerker zu öffnen, und das Henkerbeil aufzuhalten? Ja, es werden noch Ketten geschmiedet, aber wird nicht mehr noch daran gefeilt, daß sie brechen? Sclaven verhandelt, aber ist der Kampf dagegen nicht jeden Tag stärker? Wir sehen täglich die Anstalten der Liebe, die Einrichtungen der Barmherzigkeit unter den Völkern wachsen, für Krankheit und Alter, für Wittwen und Waisen; wo irgend ein Unglück im Süden geschieht, im Norden steuert man zu seiner Abhülfe, und der Osten reichet dem Westen die hülfreiche Hand. Und die Pflege der Gerechtigkeit wächst von Tage zu Tage; sie hat all' die schrecklichen Werkzeuge von sich gethan, durch die sie verunstaltet war, die Folter und Marter, die Heimlichkeit und die Geißel, und ihr Strafmaß bemißt sie immer mehr nicht nach Wirkung und Anschein, sondern nach Motiv und Absicht. Fürwahr, welche auch die Schwankungen sind, die der Gang der Ereignisse mit sich bringt, die persönliche Freiheit, die Glaubensfreiheit, das Menschenrecht, die Gerechtigkeit, die Humanität und die Liebe haben große Stufen erstiegen und mächtige Herrschaft erlangt, der Fortschritt ist gewiß, es ist nicht hier geben, dort nehmen, hier steigen, dort fallen, es ist Wachsthum, dauerndes, wachsendes Wachsthum — יש תקוה לאחריתם und die Hoffnung der Nachwelt ist sicher! — So im Allgemeinen, und dies ist die Hauptsache. Aber auch in den einzelnen Menschen. Ja, dieselben Begierden und Lüste, Leidenschaften und Sünden sind noch da, denn sie sind mit der Natur des Menschen von Gottes Hand verbunden; und manche derselben sind jetzt verbreiteter als früher — aber ihre Gluth ist schwächer, ihr Feuer schneller verglommen, die Flammen schlagen nicht mit solcher Furchtbarkeit auf, wie ehedem, der Geist des Guten erwacht leichter, und führet schneller zurück, als in den früheren Geschlechtern, die Besserung ist möglicher, öfter, dauernder; die Leidenschaften haben sich ins Kleinlichere gewandt, und ihre Folgen sind weniger traurig, verzehrend, zerstörend. — Und soll ich erst hinweisen auf die außerordentliche Entwickelung des Geistes? wie nicht blos die Wissenschaft täglich neue große Entdeckungen macht und immer großartiger durchgearbeitet wird, sondern wie sie sich immer weiter durch die Menschen verbreitet und in alle Klassen derselben dringt? Ja, es giebt keinen menschlichen Gewinn, der nicht auch seinen Verlust mit sich bringt, und die Klarheit des Denkens und der Reichthum des Wissens bewirkt auch oft Mangel an Innigkeit und Schwäche der Gefühle, aber, je klarer der Mensch denkt, desto mehr zerstreut sich der Irrthum, desto näher kömmt der Sieg der Wahrheit. Und brauche ich hinzudeuten auf den ungeheuren Fortschritt, den das praktische Leben durch immer mächtigere Erfindungen macht, und sich fort und fort umgestaltet, wie die Verbindung unter den Menschen wächst, und bald aus der ganzen Erde eine große Familie machen wird.... Wenn der Psalmist ausruft: ותחדש את פני האדמה „Du machst neu das Ansehen der Erde" (104.), wenn der Prophet ausruft: „siehe ich schaffe Neues, jetzt sprießt es empor" — sie haben fürwahr! Recht, die Menschheit ist in fortschreitender Entwickelung begriffen, innerhalb aller Wiederholung des Lebens bereitet sich Neues nach Neuem; wie sich Ring an Ring legt, wird die Kette immer größer und weiter; mit Recht heißt der Monat חדש, die neue Zeit, der neue Kreislauf; denn wie der Mond um die Erde läuft, aber seine Bahnen nicht dieselben sind, sondern sich nur in einander schlingen, daß er mit der Erde vorwärts um die Sonne geht, so auch in der Menschheit!....

Ist aber so die große Frage auf dem Boden der Geschichte und Erfahrung für uns entschieden, wissen wir, daß zwar das Leben, wie der Begriff שנה andeutet, sich immer wiederholt, aber in diesen Wiederholungen sich fort und fort bewegt, wie חדש bezeichnet, so werden wir ihrer um so gewisser, als diese Lehre die ächt israelitische ist. Gott ist die waltende Vorsehung, spricht die Gotteslehre Israel's, ruft uns die heilige Schrift aus jedem Worte zu. Was hätte aber die Vorsehung zu schaffen, wenn in der Menschenwelt Alles bliebe, wie es seit jeher gewesen? Diese Vorsehung führt die Menschheit zu immer größerer Vervollkommnung, lehrt die heil. Schrift schon in der Geschichte der Sündfluth, predigt uns jedes Wort der Propheten; wie könnte also der Mensch auf demselben Punkte stehen bleiben? Nein, gerade Israel ist eines der wesentlichsten Werkzeuge Gottes in diesem großen Werke, und darum ist es dem Schicksal der Völker nicht unterworfen, und ob es sich äußerlich und innerlich bald hebt, bald senkt, bald wieder hebt, besteht es immer und immer, weil das Ziel noch weit entfernt ist. Wohl, so ergeht der Ruf an uns um so mehr, nicht müßig zu sein, und unsere Aufgabe nicht aus den Augen zu verlieren, und in jedem Einzelnen mit den gewöhnlichen Lebenszwecken den höhern und höchsten Zweck des Lebens zu verbinden. Wir müssen es uns

selbst sagen, wie sich für uns Sabbath an Sabbath, Mond an
Mond, Jahr an Jahr reiht, wir bleiben Jeder nicht dieselben, nicht
äußerlich, nicht innerlich, wir schreiten fort im Leben, wir werden
reicher an Erfahrung, weiter an Entwickelung — sei es eine Erfahrung in Weisheit, eine Entwickelung in Tugend und Frömmigkeit! Ein Jeder schaffe des Guten für sich und Andere, was er
vermag — und die Zeit wird nicht ausbleiben, die der Prophet
verkündet:

„es wird geschehen, je Sabbath nach Sabbath, je Mond
nach Mond kommt alles Fleisch anzubeten vor dem Ewigen."

## 2.

**Der Lehrbegriff der fortschreitenden Entwickelung ist nicht im Widerspruche mit der Offenbarung.**

Man hat die Lehre von der Entwickelung des Göttlichen in der Menschheit — rationalistisch genannt. Es geht dem Worte „rationalistisch", wie es dem Worte „orthodox" erging. Die eigentliche Wurzel des Wortes ist gesund und herrlich; nur unter dem Wühlen der Parteien verlor es das schöne Gepräge, und zum Parteizeichen geworden, ist ihm der ursprüngliche Charakter erloschen. Wir wollen uns daher um das Wort nicht im Geringsten kümmern, sondern allein auf die Sache eingehen. — — Was heißt das: Entwickelung des Göttlichen in der Menschheit? Wir nennen „Göttlich" im Menschen Alles, was dem Menschen Gottähnliches einwohnt, was er Gottgleiches besitzt. Indem die heil. Schrift den Menschen für das Ebenbild Gottes erklärt, Gott selbst Odem in des Menschen Nase hauchen läßt, hat sie zugleich gelehrt, daß in dem Menschen Göttliches vorhanden ist. Was anders kann nun das Göttliche im Menschen sein, als die Wahrheit, die er erwirbt, die Tugend, die er erlangt, das Rechte, das er übt. Betrachten wir nun die Menschheit als Ganzes, so wird das Göttliche in ihr je nach dem Maße vorhanden sein, wie Wahrheit, Tugend, Recht sowohl intensiv als Erkenntniß, als extensiv als praktische Bethätigung in ihr existiren. Der erste Blick in die Geschichte lehrt uns aber, daß nach diesem Grundsatze das Göttliche in der Menschheit in sehr schwachen Rudimenten zu leben begann, und in dem Laufe der Zeiten, wenn auch langsam, fortschritt und anwuchs. Dies nennt man die Entwickelung des Göttlichen in der Menschheit. Je mehr von der Wahrheit zur Erkenntniß, zur allgemeineren Erkenntniß bei den Menschen kommt, je mehr Tugend und Recht sich die allgemeinere Anerkenntniß als solche unter den Menschen erwerben, je siegreicher sie Irrthum, Bosheit und Laster im öffentlichen Bewußtsein unterdrücken: desto mehr entwickelt sich das Göttliche in der Menschheit. Hier ist nicht von der Entwickelung eines Lehrbegriffes, hier ist nur von der faktischen, reellen Verwirklichung die Rede. Vor Allem muß man in dieser Sache nur nicht nach Jahren und Jahrzehnden, sondern nach Jahrhunderten, ja Jahrtausenden und deren Resultaten rechnen. Hier muß man auch nicht verlangen, daß die Menschheit eine gerade Eisenbahnlinie verfolge, man muß auf zeitweise Rückschritte zählen, durch die sich das Göttliche mit erneuerter Kraft Bahn bricht, nachdem es neue Hindernisse hinweggeräumt hat. Hier muß man nicht schon am Ziele zu sein glauben. Dann aber wird kein Unbefangener zögern, die Entwickelung des Göttlichen in der Menschheit anzuerkennen, und der Misanthrop muß die Augen mit Gewalt schließen. Führen wir nur Einiges an. Daß der grobe Götzendienst auf Erden immer mehr verschwindet, daß der Aber- und Afterglaube immer mehr zusammenschmilzt, daß das Sklaventhum immer mehr beseitigt wird, daß die Wohlthätigkeit unzählige Anstalten schafft, um die Ungleichheit des Geschicks etwas zu ebnen, daß Tyrannei und Willkür in der Gesellschaft, Unterdrückung gewisser Klassen im Staate immer mehr der Anerkenntniß des natürlichen Rechts weichen müssen, daß die Völker sich immer brüderlicher vereinen, und ihre wahren Interessen unter einander immer mehr die Oberhand behalten, daß der rohe materielle Kampf zwischen den zivilisirten Nationen immer weniger Chancen für sich behält — sind dies keine Entwickelungen des Göttlichen in der Menschheit, sind dies keine Resultate dieser Entwickelung? Haben sie sich nicht aus den Jahrtausenden der Vergangenheit Bahn gebrochen, Raum geschafft, und dringen immer mehr durch? Es gehört mehr als Kurzsichtigkeit, es gehört Blindheit dazu, dies ableugnen zu wollen.

Und nun? streitet die Lehre von der göttlichen Offenbarung hiegegen? Nicht im Geringsten, im Gegentheil, sie wird dadurch noch mehr bekräftigt; die Lehre von der Offenbarung sagt: weil in der Menschheit Irrthum, Bosheit und Unrecht die Oberhand hatten, so daß der Mensch durch sich selbst nicht zur Erkenntniß der Wahrheit, der Tugend und des Rechts kommen konnte, darum offenbarte das göttliche Wesen sich und seinen Willen dem Menschen. Wenn wir nun im festen Glauben an die göttliche Offenbarung weiter sagen: in der Offenbarung ist die ganze Wahrheit, die ganze Tugend, das ganze Recht schon enthalten — so kommt es doch erst darauf an, wie weit die Offenbarung von der Menschheit verwirklicht wird. Die h. Schrift lehrt uns, daß die göttliche Offenbarung an Israel geschah, zugleich belehren uns schon das zweite, dritte und vierte Buch Moscheh hinlänglich, daß selbst innerhalb Israels nur wenige Männer von der Offenbarung durchdrungen waren; die Bücher der Richter, Schemuel und Könige geben uns weitere Belege, daß auch in Israel die Offenbarung sehr gering noch zur Verwirklichung kam, und die Propheten drücken es oft genug aus, daß deshalb Israel verbannt, Jeruschalajim zerstört werden sollte. Von der anderen Seite lehren unzählige Stellen der Propheten, daß die Offenbarung einst über alle Völker Herrschaft erhalten, die in ihr enthaltene Wahrheit von allen Völkern der Menschheit erkannt, das von ihr vorgeschriebene Recht von allen Nationen geübt, daß allgemeiner Friede, einträchtiges Bekenntniß des einigen Gottes daraus entspringen werde. Welch ein Weg! Von der in Israel selbst ursprünglich noch geringen Verwirklichung der Offenbarung bis zur allgemeinen Herrschaft derselben über die ganze Menschheit! Setzt nicht dieser Weg selbst eine allmählige Erreichung, also einen allmähligen Fortschritt, also eine allmählige Entwickelung voraus? Ob wir also sagen „eine Entwickelung des Göttlichen in der Menschheit" oder „eine Entwickelung der Verwirklichung der Offenbarung in der Menschheit", ist dies nach dem Lehrbegriff der Offenbarung in der Menschheit nicht ganz gleich, nicht ein und dasselbe?

Und die Geschichte beweist uns auch dies. Wenn wir ganz speziell nachsehen: die zehn Gebote, die Nächstenliebe, die göttlichen Attribute, wie sie von der h. Schrift gelehrt werden — dehnen sie ihre Herrschaft nicht immer weiter in der Menschheit aus? Auf welchen Wegen, durch welche Hände dies der Lenker der Menschheit erreicht und verfolgt, ist hierbei ganz gleichgültig, das ist Gottes eigene Sache. Daß die Offenbarung in ihrer ganzen Echtheit und Reinheit schon verwirklicht sei, wer darf dies fordern! Genug: die Offenbarung ward von Gott als ein Mittel hingegeben, das Göttliche in der Menschheit zu verwirklichen. Das Mittel an sich ist vollkommen, aber seine Anwendung muß aus kleinem Maße heraus immer weiter sich ausdehnen, und so ward die Offenbarung, nicht an sich, aber in ihrer Verwirklichung, der menschlichen Entwickelung preisgegeben. Und warum? weil die menschliche Freiheit bewahrt bleiben sollte. Wenn Gott die Offenbarung der Menschheit mit einem Male und vollständig hätte imputiren wollen, er hätte die Mittel dazu wohl gehabt — aber der Mensch wäre nicht mehr Mensch, er wäre ein unfreies Wesen geworden. Darum war ja nicht einmal Israel, an das die Offenbarung speziell ergangen, gezwungen, dieselbe zu verwirklichen, sondern es war dem eigenen Willen Israel's überlassen, nur daß der Abfall sich hinterdrein in seiner Geschichte rächte, und als die Israeliten gesagt: wir wollen thun die Worte des Herrn, da lautete der göttliche Ausspruch: möchten sie doch immer dieses Sinnes sein!

Wir glauben hiermit erwiesen zu haben, daß der strengste Lehrbegriff der göttlichen Offenbarung sich mit dem Begriff der Entwickelung des Göttlichen in der Menschheit nicht allein verträgt, sondern sogar daß beide wesentlich einander tragen.

## 3.

## Geschichte und Vernunft.

### Ein Gespräch.

A. In der Unterhaltung, welche wir jüngst über das Verhältniß der Natur zur positiven Religion gepflogen, sind wir allerdings von gewissen religiösen Ueberzeugungen ausgegangen, die wir Beide als von uns angenommen voraussetzten, und es war uns nur darum zu thun, die Quelle klar zu erkennen, aus der uns diese Ueberzeugungen zufließen, und ich konnte allerdings nicht leugnen, daß dieselben aus der Betrachtung der Natur nicht hervorgehen, daß die Letztere nur Beweis zu liefern vermag, und zwar eben nur für einen geringern Theil jener religiösen Anschauung; wogegen man anerkennen muß, daß die eigentliche Quelle jener Lehren die positive Religion ist, die ihr Fundament in der Religion Israels hat. Es hat mich dieses Gespräch vielfach angeregt, um nachzudenken, welche Giltigkeit dieses, demnach geschichtlich Gegebene den unabhängigen, selbstständigen Forschungen der menschlichen Vernunft gegenüber besitzt? Denn wenn wir uns von Voraussetzungen einmal frei machen wollten, und nun auf diesem freien Gange zum entgegengesetzten von dem kämen, was die positive Religion lehrt, wie denn die neueste Philosophie sich ihr geradezu entgegen ausgesprochen hat: was können dann jene Lehren der positiven Religion noch für Werth und Haltbarkeit für uns haben? Ich wünschte daher, daß Sie diese Frage einmal mit mir zu beleuchten versuchten.

B. Ich bin sehr gern bereit, liebster A., wenn Sie wenigstens die Voraussetzung noch gelten lassen, daß wir uns hier auf einen sehr dornigen Pfad begeben, den wir eben nur überwinden werden, so weit unsere Kräfte reichen. Sie wissen, wir streifen hier an die Streitfrage, die bis jetzt noch im Herzen der Konfessionen die schmerzlichsten Krämpfe hervorgerufen hat, nämlich die zwischen der einen Seite, welche der menschlichen Vernunft alle Geltung abspricht, und eine völlige Hingabe an die Satzungen der Kirche verlangt, und der andern Seite, welche eine völlige Freiheit der Vernunft fordert, und sie zur alleinigen Schiedsrichterin über die Kirche und ihre Satzungen setzt. Es versteht sich von selbst, daß man, so lange man über diese Frage, welche jetzt wieder in der protestantischen Kirche so große Verheerungen anrichtet, keinen bestimmteren Aufschluß erlangt hat, auch zu gar keiner Beruhigung kommen kann.

A. Ich dächte aber, diese Frage interessirte uns gar nicht, da bekanntlich unsere Religion ein Gefangengeben der Vernunft nicht verlangt, sondern vielmehr, daß wir nach Erkenntniß streben sollen. Es ist also eine Streitfrage der Kirchen, die selbst damit fertig zu werden suchen mögen.

B. Ich muß Ihnen offen gestehen, das scheint mir nicht so ausgemacht, ja vielmehr ich habe es stets für einen der vielen glänzenden Aussprüche gehalten, welche in der neuern Zeit für die israelitische Religion zum beliebigen Gebrauche zurecht gemacht worden sind, und womit man sich aushilft, wenn man über die schwierigsten Fragen recht leicht hinwegschlüpfen will.

A. Wieso dies?

B. Ich sagte „in der neuern Zeit", allein das muß ich doch modifiziren. Der Ausspruch ist allerdings von Mendelssohn ausgegangen, allein genauer genommen ist er schon älter, und Maimonides, der wiederholt die Erkenntniß als die höchste Stufe des Menschen anerkennt, stellt ihn ebenfalls hin. Aber gerade in diesen beiden Männern zeigt sich die Unhaltbarkeit dieses Satzes am Klarsten. Beide, welche die Verbindlichkeit der Tradition für die Israeliten um dessentwillen annahmen, weil sie sie ununterbrochen von Moses herleiteten, Moses sie aber von Gott geoffenbart erhalten habe, können dies doch nur als Glauben beanspruchen, und der Vernunft nicht das Recht einräumen, diese Tradition zu untersuchen, weil es Keinem fraglich sein kann, daß die

Vernunft sowohl die ununterbrochene Ueberlieferung als auch den größten Theil des Inhalts der Tradition sofort beseitigen wird. Der Dualismus, der unvermittelte Dualismus, der in beiden Männern lebt, ist ja daher auch längst anerkannt, und wir haben nur das psychologische Räthsel, wie in einer und derselben Person der Philosoph Maimonides und der Philosoph Mendelssohn neben dem gläubigen Bearbeiter der Tradition Maimonides und Mendelssohn existiren konnten. Es waren eben die zwei alten Parteien in Einer Person, Beide in ihrer ganzen Schärfe, wie sie sich sonst, kämpfend auf Tod und Leben, gegenüberstehen, und hier doch in Einer Person.

A. Ich gebe das zu, aber finden wir nicht in denselben beiden Männern noch ein drittes Gebiet, wo sie nämlich um die Tradition sich gar nicht kümmerten, sondern nur die Bibellehre mit der vernünftigen Erkenntniß in Uebereinstimmung zu bringen suchten? Wohl, unsere Religion kann ja auch ohne die Tradition gefaßt werden, und dann wird der Ausspruch, daß dieselbe Erkenntniß verlangt, und eine blinde Hingabe an die festgestellte Lehre von sich weiset, gerechtfertigt erscheinen.

B. Auch das kann ich nicht zugeben. Es ist ein täuschend Spiel, wenn man die Tradition verwerfen, die heilige Schrift aber in ihrer Ganzheit annehmen will, und dann behauptet, vollständig mit der Freiheit der Vernunft bestehen zu können. Die heilige Schrift enthält nicht minder tausend Dinge, welche der Vernunft unserer Zeit widersprechen, und die die Vernunft an sich nicht gelten lassen will. Daher läßt man sich wieder auf ein Sichten und Sondern ein, bis man allen festen Boden unter den Füßen verloren hat, und sich fragen muß, was denn von der Schrift übrig bleibt? Ich will nur Eines anführen; die ganze Schrift geht aus der Lehre von der göttlichen Offenbarung wie aus ihrer Wurzel hervor. Geben wir diese Lehre auf, so geben wir die ganze Schrift hin, denn wir verleugnen dann den hauptsächlichsten Inhalt der Schrift und den ganzen Charakter, den sie selbst sich giebt. Kann also die israelitische Religion diese Lehre der Kritik der Vernunft überlassen? Nimmermehr. Unsere Religion befaßt also die gedachte Streitfrage ebenso, wie irgend eine Kirche. Wir sehen es denn auch in der That so. Das orthoxe Judenthum fordert ebenso sehr die blinde Hingabe, wie irgend die katholische und die protestantische Kirche, und das rationalistische Judenthum stellt die Vernunft als höchste Instanz und Schiedsrichterin über die Lehren der Religion ebenso sehr hin, wie die Rationalisten im Christenthume. Die Stellen in der Schrift, auf die man sich öfter beruft, die Stellen mit ידעו, דעו u. dgl., sprechen wenig dafür, da sie nicht eine Operation der Erkenntniß, wie wir sie verstehen, meinen, sondern vielmehr „anerkennen" bedeuten. Beruft sich doch die Schrift nicht minder schon auf die geschichtliche Ueberlieferung, wenn sie sagt: „Frage doch die Alten", „von dem Tage an, wo der Mensch geschaffen wurde" u. dgl.

A. Was wird demnach die Hauptfrage, oder der Kern unsers Gegenstandes sein?

B. Einfach die Frage: über die Bedeutung der Geschichte oder vielmehr der geschichtlichen Entwickelung für den Menschen überhaupt.

A. Sehr richtig; wo aber da beginnen?

B. Ich glaube, wir kommen zu keinem Ziele, wenn wir nicht einen Blick in den Menschen selbst werfen, um zu sehen, wie er sich in seiner Individualität zur Geschichte verhält.

A. Wie verstehen Sie dies?

B. Die ganze Frage steht ja auf der Linie: welche Unabhängigkeit und Selbstständigkeit besitzt das Individuum, um gegenüber der Geschichte seine Freiheit geltend zu machen?

A. Müßten wir nicht da erst den Menschen von dem Gesichtspunkte betrachten, wie er überhaupt ein Individuum ist?

B. Ich stimme Ihnen völlig bei.

A. Ich muß Ihnen gestehen, daß ich stets in der Individualität des Menschen seine ganze Bedeutung gefunden habe.

B. Wie meinen Sie dies?

A. Die Individualität allein ist es, welche den Menschen von allen übrigen Geschöpfen, die wir kennen, unterscheidet.

B. Wie so dies?

A. Nehmen wir irgend ein Thier, ein Pferd, einen Löwen, einen Schmetterling, eine Mücke, so haben wir mit sehr unbedeutenden äußerlichen Verschiedenheiten die ganze Gattung, mindestens die ganze Species in einem Exemplar. Ein Löwe, eine Mücke befaßt den Inhalt der ganzen Art. Gerade entgegengesetzt beim Menschen. Hier Verschiedenheit jedes Einzelnen vom Andern, völlige Verschiedenheit, wo niemals und nirgends absolute Gleichheit zwischen zwei Exemplaren einer und derselben Art stattfindet.

B. Was schließen Sie aber hieraus?

A. Wenn die Individualität das charakteristische Wesen des Menschen ausmacht, was, beiläufig gesagt, auch der beste Beweis für seine Unsterblichkeit ist, so kann man auch nicht leugnen, daß diese Individualität voll berechtigt und für den Menschen selbst, ich möchte sagen, Gesetzgeber, ja einziger Maßstab, wenn nicht Richtschnur ist.

B. Halt, da haben Sie ja die Meinung unserer Gegner ein ganz gerüttelt volles Maß ausgesprochen. Ich möchte aber dieser Ansicht, die zu unabsehbaren Konsequenzen führt, doch ein Etwas entgegnen.

A. Nun, ich höre.

B. Zuerst scheinen Sie mir Wesen und Zeichen zu verwechseln. Daß jeder Mensch seine Individualität besitzt, während die anderen Geschöpfe in allen Exemplaren der Gattung oder Art einander gleich sind, könnte nur ein charakteristisches Zeichen sein, das Wesen muß jedenfalls in dem Inhalte dieser Individualität liegen.

A. Ich sehe darin keinen Unterschied.

B. Ich einen himmelweiten. Lassen Sie uns näher zusehen. Worin liegt es denn, daß jeder Mensch Individualität besitzt? Fragen Sie einmal Jemanden, der viel mit Pferden umgeht, und er wird Ihnen sagen, daß zwischen Pferd und Pferd ein himmelweiter Unterschied ist, und zwar zwischen Pferd und Pferd derselben Race; nicht blos die Farbe und Gestalt, ja nicht bloß die Kraft und Schnelligkeit der Pferde bilden eine unendliche Reihe von Verschiedenheiten, sondern auch das Temperament; das eine ist feurig, das andere träge, das eine furchtsam, das andere muthig, das eine tückisch, das andere zuthulich, sanft, verläßlich. Fragen Sie einen Hirten, einen Landmann, und er wird Ihnen bei all' seinem Vieh dieselbe Antwort geben. Sagen Sie nicht, das sei blos bei zahmen Thieren der Fall; so wenig wie wir Beide ein Auge für die individuellen Verschiedenheiten eines Pferdes und Rindes haben, und diese dennoch vorhanden sind: so wenig haben ungleich Mehrere ein Auge für die der anderen Thiere; ein Jäger wird sie schon bei dem Wild unserer Gegenden eher kennen; warum nicht also auch bei den übrigen Thieren?

A. So leugnen Sie überhaupt meinen Grundsatz?

B. Durchaus nicht, Sie werden gleich sehen, worauf ich hinaus will. Sie sagten von Anfang an, daß die **Thiere**, selbst der **höchsten Arten**, nur unbedeutende äußerliche Verschiedenheiten haben, der Mensch aber tief innerliche. Nehmen Sie den Menschen von seiner thierischen Seite, d. h. von seiner körperlichen, so haben Sie auch nur Verschiedenheiten der gedachten Art. Der Mensch steht also hier ganz auf derselben Stufe, wie die übrigen Thiere. Die wahre Individualität aber liegt beim Menschen in seinem **Geiste**; da ist es, wo er eine unendliche Stufenfolge von wesentlichen Verschiedenheiten entfaltet; da ist es, wo **Moses und der Indianer, Newton und der Zigeuner, Fenelon und ein Bewohner des Bagno** sich wie zwei Pole gegenüberstehen, mit ebenso unendlich vielen Graden dazwischen. Wir kommen daher zu dem Schlusse, daß die wahre Verschiedenheit des Menschen von den Thieren in seinem Geiste liegt, daß also der Geist das **charakteristische Wesen des Menschen ist**, welcher die Individualität als ein charakteristisches Zeichen des Menschen in seinem Gefolge hat, weil die sonst schon vorhandene Individualität erst im Geiste ihre Bedeutung gewinnt.

A. Was ist aber damit gegen die Vollgiltigkeit der Individualität gewonnen?

B. Sehr viel. Denn wenn die Individualität nur eine Eigenschaft ist, die am Geiste haftet, so kommen wir zur Frage, welche Bedeutung sie habe für diesen, und wie sie entsteht an diesem; während, wenn sie das Wesen selbst wäre, Ihre Behauptung von der Vollgiltigkeit der Individualität schon im Voraus viel für sich hätte.

A. Welche Frage wollen wir nun zunächst in Betracht ziehen?

doch wol die über das Entstehen einer bestimmten Individualität im Menschen?

B. Sicher diese; und da scheint mir sehr wichtig zu bestimmen, wann sie im Menschen entsteht?

A. Warum dieses?

B. Weil daraus zunächst hervorgehen wird, ob die Individualität, die im Allgemeinen absolut, d. h. unvermeidlich, ja durchaus Bedingung des menschlichen Geisteslebens ist, auch im Besondern absolut, d. h. in ihrer bestimmten Besonderheit durchaus so sein muß, wie sie ist, also gar nicht vom Menschen abhängt.

A. Und was würde uns dies nützen?

B. Weil, wenn sie auch im Besondern absolut wäre, sie allerdings die unumschränkte Herrscherin des Menschen sein müßte.

A. Und wann denken Sie, entsteht die Individualität?

B. Entsteht sie im Manne, oder im Kinde?

A. Im Manne wohl! nicht, denn der Mann hat ja schon die Individualität, und zwar in ihrer bedeutendsten Ausbildung.

B. Aber auch im Kinde kann man nicht geradezu sagen, denn das hat sie noch nicht ausgebildet.

A. Dennoch muß in diesem Falle das Kind schon Etwas davon haben.

B. Was verstehen wir aber hier unter Kind?

A. Wissen wir das nicht, so müssen wir auf das früheste Kindesalter zurückgehen, und sehen, ob da schon gewisse Zeichen der Individualität sich kund geben.

B. Das möchte ich auch behaupten. Sobald nur das Kind den geringsten Grad von Willenskraft und Selbstständigkeit erreicht hat, äußert und verhält es sich zu den Dingen auf ganz verschiedene Weise wie andere Kinder.

A. Aus allem diesem ergäbe sich, daß die Individualität eine **Entwickelung** hat, aber auch besondere **Anlagen** in Geist und Körper dazu vorfindet.

B. Ganz richtig; dann aber frägt es sich, ob diese Anlagen das Wesentlichste bei der Individualität ausmachen, oder die Entwickelung? Wäre das Erstere der Fall, so wäre die Individualität absolut, denn die Anlagen sind eben vom Menschen als Solche nicht abhängig.

A. Wie entscheiden wir aber diese schwierige Frage?

B. Dadurch, daß wir zusehen, was die Anlagen an sich überhaupt für eine Bedeutung haben. Sind sie für den Menschen entscheidend?

A. Nein, denn einerseits können sie unentwickelt bleiben, andererseits kann die Entwickelung sie vielfach ersetzen, drittens kann diese sie völlig umgestalten. Eine schlechte Gedächtnißanlage kann zu großer Kraft ausgebildet, eine gute vernachlässigt werden; ein hitziger Mensch kann sich selbst beherrschen lernen, ein phlegmatischer leidenschaftlich werden.

B. Dann ist die Entwickelung jedenfalls die überwiegende Schöpferin der Individualität. Merken wir uns dies, wir müssen darauf noch einmal zurückkommen. Welche sind aber die hauptsächlichsten Faktoren der Entwickelnng?

A. Zuerst möchte ich das **Beispiel** nennen.

B. Auch ich, doch glaube ich, daß wir da dieses Wort im weitesten Sinne nehmen müssen; Beispiel durch That und Wort, also auch durch Schrift. Die Belehrung durch Eltern, Lehrer und Andere ist nur in Wort gekleidetes Beispiel.

A. Dann die **Verhältnisse** und **Verhängnisse** des Menschen.

B. Sicherlich, denn durch diese wird die Einwirkung des Beispiels vielfach bedingt.

A. Und endlich der **Mensch** selbst, indem er von innen heraus auf sich wirkt, theils unbewußt im Kampfe der verschiedenen Triebe und Leidenschaften, theils bewußt durch den Verstand.

B. Welchem dieser drei Momente werden Sie nun in der Entwickelung die Hauptbedeutung zuerkennen?

A. Doch wol dem ersten, weil das dritte erst am Spätesten, das zweite später, das erste am Frühesten, und da am Nachhaltigsten wirkt.

B. Wenn wir also von den Menschen, mit denen der Mensch in Berührung kömmt, (und zwar in That, Wort und Schrift) die wesentlichste Einwirkung erwarten, so müssen wir in Erwägung ziehen, daß die Menschen im Augenblicke ihres Einwirkens eben das schon sind und haben, wodurch sie einwirken; es ist schon eine erreichte früher dagewesene Stufe, weil sie sonst auf die sich erst entwickelnde nicht wirken könnte, die wir darum als geschichtlich bezeichnen können, wenn auch im weitern Sinne dieses Wortes, geschichtlich d. h. geschehen.

A. Das können wir um so mehr, als sich die Individualität der, auf den sich entwickelnden Menschen einwirkenden Personen doch wieder auf dieselbe Weise, also durch frühere und andere Menschen entwickelt hatte.

B. Sehr gut. Wir erkennen hieraus überhaupt, daß die Entwickelung des einzelnen Menschen wie eine Abzweigung der Entwickelung aller Menschen ist, weil jene hauptsächlich durch Andere gefördert wird, die durch Andere, Frühere wieder dahin gekommen waren. Wir müssen also die Individualität als ein Produkt hauptsächlich der geschichtlichen Einwirkung ansehen, aber ganz allein dieser doch nicht.

A. Das haben wir ja schon ausgesprochen, indem wir die Einwirkung der Verhältnisse und Schicksale und des Menschen auf sich immer noch als bedeutend ansahen.

B. Die Verhältnisse des Menschen, soweit sie eben Einwirkung haben, machen seine Gegenwart aus, und stehen so dem Beispiel gegenüber als dem geschichtlichen Momente. Die Schicksale werden uns nur die bedeutenderen Veränderungen, welche in jenen Verhältnissen vorgehen, bezeichnen.

A. Ganz recht.

B. Andrerseits wirken die Verhältnisse doch auch nur von außen her, und werden so, mit dem Beispiel, der Wirkung des Menschen auf sich selbst, also der von innen her, gegenüberstehen.

A. Ist diese letztere Unterscheidung von Wichtigkeit?

B. Allerdings, wie es mir scheint. Denn je mehr die Individualität Produkt des Außens ist, desto fraglicher wird ihre Autorität sein. Machen wir uns aber deutlich, worin die Selbstwirkung des Menschen auf sich besteht.

A. Ich denke sie mir als eine unbewußte und eine bewußte.

B. Entwickeln wir uns dies ein Wenig weiter.

A. Die unbewußte Selbstentwickelung scheint mir wieder eine zwiefache; zuerst die Entwickelung der geistigen Kräfte an sich, welche durch ihre Thätigkeit an Kraft gewinnen. Während eine Maschine durch ihre Thätigkeit abläuft und sich verbraucht, gewinnt die geistige Kraft durch Thätigkeit an Mächtigkeit. Es ist dies ebenso mit der Denkkraft und den mit dieser im Zusammenhange stehenden Kräften, wie mit den Gefühlen der Fall, die durch Thätigkeit theils leidenschaftlicher, theils feiner, zarter werden, je nach ihrer Richtung. Zweitens die Entwickelung, welche der Geist in sich auf jeden Anstoß von außen her nimmt. Was dem Geiste geboten wird, was gewissermaßen in ihn hineinfällt, er verarbeitet es weiter; wie und wie weit, das ist nun natürlich überhaupt und selbst bei jedem einzelnen Gegenstande verschieden. Aber so, wie es ihm gegeben worden, läßt der Geist Nichts.

B. Und was wäre nun die bewußte Selbstwirkung?

A. Die, welche wir mit Absicht unternehmen. Wenn ich z. B. irgend eine Leidenschaft an mir wahrgenommen, und sie zu überwinden mir vorsetze, wenn ich einem Gegenstande mit Absicht meine Aufmerksamkeit zuwende, wenn ich über einen Gedanken weiter nachzudenken mir vornehme — so ist dies Alles bewußte Selbsteinwirkung des Geistes auf sich selbst.

B. Können wir nun ein Maß für die Einwirkung von außen, d. h. des Beispiels und der Verhältnisse, der Selbsteinwirkung gegenüber, oder umgekehrt finden?

A. Ich glaube schwerlich, weil alles dies etwas Unmeßbares ist; wir können nicht wissen, wie weit etwas auf uns einwirkt; wir können nicht wissen, was Alles auf uns eingewirkt.

B. Richtig. Doch ungefähr und im Allgemeinen vermögen wir es dennoch. Versuchen wir es.

A. Auf den Menschen wirken von außen zuerst die Menschen, mit denen er fortwährend in Berührung kommt; wir haben Eltern, Geschwister, Hausgenossen, Lehrer, Mitschüler, Lehrherren, Standesgenossen, Freunde, Umgang zu nennen, wie später Gatte oder Gattin u. s. w. Ein Supplement wären die Zeitereignisse in ihren Kundgebungen durch die Zeitblätter, Tagesschriften. Innerhalb aller

Berührungen liegt wieder eine Allgemeinheit, die Sitte der Zeit und des Volkes als Totalität aller Einzelrichtungen, Schattirungen, Nüancirungen.

B. Gut. Und zweitens.

A. Die Vergangenheit, theils indem diese wieder die Unterlage des Zeit- und Volksgeistes ist, theils indem sie in ihren Monumenten, namentlich Schriften, zum Menschen spricht und auf ihn einwirkt.

B. Worin wird nun diesen gegenüber die Individualität bestehen?

A. In der unter diesen Wirkungen geschehenden Entwickelung der angeborenen Anlagen, und in der eigenthümlichen Aufnahme und Verarbeitung dieser Wirkungen.

B. Wir sehen also klar, daß die Individualität, selbst in ihren innersten Tiefen, ohne jene Einwirkungen gar nicht gedacht werden kann, daß die wesentlichsten Elemente derselben aus jenen bestehen, und gerade der Umstand, daß zuletzt Einwirkung und Selbstschöpfung in der Psyche gar nicht getrennt und herauserkannt werden können, liegt der Beweis für die tief eingreifende Wichtigkeit jener. Wir sind zu dem nicht mehr hinwegzuräumenden Resultate gekommen: daß die Individualität im Menschen eine von den äußeren Influenzen und von dem von außen in den Geist Hineingekommenen völlig abhängige und stets durchtränkte ist. Es wird nun aber ferner darauf ankommen, ob wir jenen Einwirkungen ebenso eine bestimmte Existenz zusprechen müssen, wie der Individualität.

A. Wie verstehen Sie dies?

B. Ob wir in allen diesen einzelnen Einwirkungen nur vage, vereinzelte und zufällige Erscheinungen erachten müssen, oder ob sie sämmtlich einen Zusammenhang haben, so daß sie ebenfalls ein Ganzes, dann natürlich ein fortschreitendes Ganzes bilden.

A. Ich wünsche, Sie sagen mir, was sie hierüber denken.

B. Nicht darauf käme es an, sondern was wir hierüber denken müssen. Wenn wir den gegenwärtigen Menschen in seiner Abhängigkeit von den Einwirkungen, gewissermaßen als Produkt derselben erkannt haben, so setzt dies voraus, daß die auf den gegenwärtigen Menschen Einwirkenden ebenso aus den Einwirkungen der

Früheren hervorgegangen sind, und verfolgen wir dies rückwärtsschreitend, so haben wir ein fortwährendes Hervorgehen der jedesmaligen Gegenwart aus der frühern Zeit, und es stellt sich also eine fortlaufende Einwirkung innerhalb der ganzen Zeit der Menschheit als unleugbar hin. Die zweite Frage ist dann aber, ob diese fortlaufende Einwirkung auch eine fortschreitende, also nicht blos eine Einwirkung, sondern auch eine Entwickelung ist. Hierzu wäre aber auch ein Zwiefaches nothwendig, erstens, daß die jedesmalige Gegenwart das, was von der vorhergegangenen Zeit auf sie eingewirkt worden, weiter bearbeite, zweitens, daß dies eben durch eine ganze Zeit nicht blos Vereinzeltes, sondern ein Allgemeines, Zusammengehöriges, Ganzes ist. Das Erstere werden wir sofort zugeben müssen, da wir ja in der Individualität ein Verarbeiten des Aufgenommenen von vorn herein erkannt haben. Das Zweite wird sich aber auch ergeben müssen, da wir ja überall in dem Vergangenen einen und denselben Faktor haben, der einen zweiten Faktor in dem unleugbaren Volks- und Zeitcharakter hat. Wo also die Faktoren dieselben sind, müssen wir auch eine allgemeine Aehnlichkeit der Produkte haben. Aus allen Einzelheiten verbunden wird sich demnach immer ein Allgemeines abstrahiren, und da dieses Allgemeine einer Zeit auch Produkt aus der Einwirkung der ganzen Vergangenheit ist: so erscheint die Gesammtheit der Menschheit in einer fortschreitenden Entwickelung.

A. Was hätten wir nun hieraus weiter zu folgern?

B. Wir werden zunächst erkennen, daß es gewisse Produkte der gesammten Geschichte der Menschheit giebt, die eben dadurch ihre Begründung für die Menschheit haben, und welchen gegenüber das Individuum wohl das Recht weiterer Verarbeitung und immer weiterer Entwickelung, nicht aber das Recht der Bestreitung und Leugnung hat.

A. Und welches wäre daher das Verhältniß des Individuums zu diesen Produkten der gesammten Geschichte?

B. Daß das Individuum diese Produkte zur Grundlage seiner Forschung und Verarbeitung zu machen hat, und in der Entfernung von ihnen stets ein Kriterium seiner eigenen Forschung findet.

A. Und wenn das Individuum nun das Gegentheil will und thut?

B. So hat es eben seiner Individualität ein übergroßes Maß von Berechtigung vindicirt, das ihr nicht zukömmt.

A. Machen wir uns dies an einem Beispiel klarer.

B. Gern. Nehmen wir die Lehre von Gott. Die Existenz Gottes, als des Wesens, das nicht die Welt selbst ist, sondern dessen Produkt die Welt ist, ist eine Lehre, welche als ein Produkt der gesammten Geschichte der Menschheit feststeht. Aus der frühesten Zeit bis heute haben diese Lehre alle Geschlechter der Menschheit gehabt und ausgesprochen. Und wenn die verschiedenen Religionen diese Lehre auf's Mannichfaltigste gestalteten, so blieb doch die Existenz Gottes selbst als ein allgemeiner Kern, als die Uebereinstimmung Aller vorhanden. Diese Lehre immerfort zu verarbeiten, auszubilden, zu entwickeln, ist das Recht jedes Menschen. Sobald er aber so weit gelangt, die Existenz Gottes selbst zu leugnen, hat er sich dem Produkt der gesammten Geschichte gegenübergestellt, wozu er schon in sich keine Berechtigung hat, da seine Individualität aus der Geschichte hervorgegangen ist. Er müßte vielmehr an die richtige Entwickelung seiner Individualität zweifeln, da so in ihm Grundlage und Produkt seiner Individualität im Widerspruch sind.

A. Geben Sie mir noch ein Beispiel.

B. Nehmen wir die Lehre vom persönlichen Eigenthum. Die gesammte Geschichte erkennt die Berechtigung des Individuums auf gesonderten Besitz von Dingen, über die ihm daher allein der Verbrauch, die Verwendung zusteht, an, und das Gesetz „du sollst nicht stehlen" sichert das Eigenthum. Nun haben diese Berechtigung die verschiedenen Völker und Zeiten in der Verästelung und Detaillirung verschiedentlich verarbeitet und entwickelt, durch alle hindurch aber geht die Anerkennung, daß das Eigenthumsrecht vom Individuum nicht zu trennen ist. Es ist dies also ein Produkt der gesammten Geschichte, und es steht zwar jeder Zeit und jedem Individuum zu, die Lehre vom Eigenthum weiter zu verarbeiten und zu entwickeln; sobald aber eine Leugnung des Eigenthumsrechts, eine Vernichtung dieses Rechtes daraus hervorgeht, hat sich die

Individualität eine Berechtigung zugeeignet, die ihr vom Standpunkt der gesammten Menschheit abgesprochen werden muß.

A. Sind wir hierüber einverstanden, so wird das Wichtigste sein, festzustellen, woran wir ein solches allgemeines Produkt der Geschichte erkennen, damit wir nicht derselben aufbürden, was in ihr nicht liegt.

B. Ganz richtig. Versuchen wir dies. Zuerst werden wir Alles davon scheiden müssen, was nur auf Beobachtung, auf äußerer Wahrnehmung beruht. Wir können keiner naturhistorischen Behauptung eine Unumstößlichkeit zuschreiben, weil sie eben nur auf äußerer Beobachtung und Wahrnehmung beruht. Alsdann wird es darauf ankommen, was das Uebereinstimmende in allen den Lehren und Einrichtungen der verschiedensten Völker und Zeiten ist; denn indem jede Zeit und jedes Volk dem Gemeinsamen eine besondere Einzelentwickelung zukommen läßt, kann nicht diese, sondern nur jenes als ein Produkt der gesammten Geschichte angesehen werden. Wir werden da entweder auf ein **Ursprüngliches** in der Menschheit geführt, das in seinen Keimen gar nicht mehr aufzufinden, oder auch was zu einer Zeit in einer bestimmten Lokalität erstanden, von da ab aber siegreich durch alle Folgezeit und alle Völker sich gebreitet hat. Es wird uns bald mehr oder weniger degenerirt erscheinen, immer aber zuletzt in der Entwickelung fortschreitend.

A. Wir haben einen weiten Weg zurückgelegt, machen wir uns dessen Erfolge klar.

B. Ganz recht. Wir haben von vorn herein die beiden Momente als oft mit einander im Widerspruch erkannt: die **Geschichte** und die **Individualität**. Wir suchten deshalb uns die Bedeutung Beider klar zu machen. Wir sahen da, daß die **Individualität** die Eigenthümlichkeit der Person sei, hervorgegangen aus der, durch die wesentlichsten, in Beispiel und Ereigniß beruhenden **äußeren** Einflüsse bewirkten Entwickelung der **inneren** Anlagen des Menschen. Es entging uns bei näherer Prüfung nicht, daß so die Individualität außerordentlich abhängig von diesen äußeren Einflüssen sei, daß diese der wesenhafte Faktor der Individualität sei, die sich demselben auch während ihrer ganzen Existenz nicht entziehen kann. Die Geschichte aber ward uns als die fortlaufende, und dann fortschreitende Entwickelung immer aus der Vergangenheit heraus klar, so daß die Gegenwart stets als das Produkt jener angesehen werden muß. Es zeigte sich demnach, daß es gewisse Produkte der Geschichte der Menschheit giebt, welche durch die ganze Entwickelung der Menschheit in ihrem innersten Kerne dieselben sind, und nur immer weiter durch- und ausgearbeitet werden. Hieraus ergab sich, daß die Individualität als Erzeugniß der äußeren Einflüsse, die aber nur zeitlich, örtlich und zufällig sind, den allgemeinen Produkten der Geschichte gegenüber, als eben allgemeinen, durch alle Zeiten, Geschlechter, Völker fortschreitend reichenden, nur das Recht weiterer Bearbeitung, nicht aber der Leugnung und Vernichtung haben kann. Es versteht sich von selbst, daß hiermit nicht das Recht freier Aussprache dem Individuum abgesprochen werden soll, sondern nur, daß seine Aussprache nicht irgend eine Autorität und Dauerhaftigkeit wird beanspruchen können, sobald sie einem allgemeinen Produkt der Geschichte die Wahrheit abspricht. Die Geschichte selbst hat die Richtigkeit dieses unseres Resultates auch hinlänglich erwiesen, wenn wir auf das endliche Schicksal aller der Versuche der Individuen, die allgemeinen Produkte der Geschichte, die Geschichte in ihrer Grundlage zu vernichten, hinblicken. Sie haben auf den Gang der Dinge in der Menschheit und die Geschichte des menschlichen Geistes stets nur einen sehr vorübergehenden Einfluß geübt, und sind dann als die Denkzeichen des individuellen Geistes, nicht aber des menschengeschlechtlichen stehen geblieben.

A. Ich muß gestehen, daß mir durch unsere Besprechung der Boden unter den Füßen meiner Ueberzeugung wieder fester geworden ist. Wollen wir aber nicht noch zum Schlusse gerade auf die Stellung des Judenthums bei diesen Ansichten einige Blicke werfen?

B. Ich bin es zufrieden.

A. Müßte man am Ende nicht das Judenthum als so etwas Individuelles ansehen, da es in einer bestimmten Zeit, Lokalität und Nation entstanden, noch heute an eine einzige Nation gebunden ist?

B. Sie hätten vollkommen Recht, wenn in der That der Inhalt des Judenthums sich hierauf beschränkt hätte. Ist aber nicht dieser Inhalt sowohl im Allgemeinen, als im Besondern in die Menschenwelt eingedrungen, hat da allerdings in den verschiedenen Zeiten und Völkern sehr verschiedene Bearbeitung gefunden, ohne aber je seine Herrschaft zu verlieren?

A. Sie meinen durch das Christenthum und den Islam?

B. Allerdings. Vergegenwärtigen wir uns dies. Die Religion Israel's brachte der rohen Naturanschauung im Heidenthume gegenüber zwei Grundprinzipien zur Geltung: den Monotheismus, dem Polytheismus, Materialismus und Symbolismus gegenüber, die allgemeine Nächstenliebe, dem Egoismus gegenüber, der ebenso im Volkspartikularismus (alle anderen Völker βαρβαροί), in der Ständeverschiedenheit und in der Besitzverschiedenheit seinen Boden hatte und hat. Es versteht sich von selbst, daß, indem die Religion Israel's diese zur Geltung brachte, nicht gesagt ist, daß Israel selbst vollkommen und lauterst in diesen Grundprinzipien lebte. Die Religion Israel's hatte und hat in Israel selbst immerfort zu kämpfen, und die Menschen zu überwinden. Beide Grundprinzipien gingen durch Christenthum und Islam in die Menschenwelt über. Wie sie da in den verschiedensten Zeiten und verschiedensten Völkern verarbeitet wurden, wollen wir hier nicht untersuchen. Genug, jene beiden Grundprinzipien sind anerkannt, und die fortschreitende Entwickelung in der Verarbeitung derselben läßt sich dennoch bis auf den heutigen Tag nicht verkennen. Gerade aber indem diese beiden Grundprinzipien in die Menschenwelt übertragen, und damit der mannigfaltigsten Gestaltung, der verschiedenartigsten Behandlung ihrer Konsequenzen unterworfen wurden, indem bei dieser Uebertragung ein öfteres Rückwärtsbehandeln, eine Alterirung durch Verschmelzung mit anderen, mit Elementen der frühern Anschauung gar nicht zu vermeiden war, mußten sie in Israel gesondert bestehen bleiben, um da in ihrer Ursprünglichkeit verwahrt zu werden, selbst wenn Israel selbst von Zeit zu Zeit in der speziellen Gestaltung einen Schritt abwärts that.

A. Wir können daher, wenn wir nach den allgemeinen Produkten der Geschichte suchen, gerade Israels am Wenigsten entbehren?

B. Sicher nicht, sondern die Forscher aller Zeiten und Völker werden immer wieder darauf zurückgehen müssen. Auch dies erweist die Geschichte selbst, nicht nur als Voraussetzung, sondern als Thatsache. Darum hat auch die Exegese der Bibel nicht blos einen philologischen Werth, sondern eine menschengeschlechtliche Bedeutung. Hat doch erst jüngst Ewald die Behauptung aufgestellt, daß mit dem vollständig richtigen Verständniß der Bibel aller Streit auf dem religiösen Gebiete aufhören würde. Man kann so speciell gefaßter Ansicht nicht beipflichten, aber allgemein verstanden liegt die Wahrheit darin. Doch das würde zu weit führen. Ich glaube, wir können heute enden. Wir wissen nun, welche Bedeutung die allgemeinen Produkte der Geschichte den Aussprüchen der Individuen gegenüber haben, und daß auf religiösem und socialem Gebiete diese in ihrer Ursprünglichkeit im Judenthume enthalten sind.

# Beilage VI.

## Zeittafel für die biblischen Schriften.

Wir entnehmen diese Zeittafel unsrem Bibelwerke. Auch der neueste Geschichtsschreiber des Judenthums stimmt derselben bei, wenn auch im Einzelnen die Ansichten der Kritiker sehr auseinander gehen. (Th. I. S. 90.)

| Vor der gewöhnl. Zeitrechnung. | Zeitbestimmung. | Verfasser. | Schriften. | Verlorene Schriften. |
|---|---|---|---|---|
| 1500 | Zu Mosche's Zeit. | Moscheh. Bileam. | Die Thorah. Psalm 90. Prophetische Reden, 4 M. 22—24. | |
| 1465—1250 | Zu der Richter Zeit. | Deborah. Jotham. Schimschon. Channah. | Siegesgesang, Richter 5. Erste Parabel, Richt. 9. Erstes Räthsel, Richt. 14. Psalm 1 Schem. 2. | Das B. der Kriege des Ewigen. Die Moschlim 4 Mos. 21, 14ff. Das B. der Redlichen ספר הישר (Josch. 13,13). |
| 1100 | Zu Schemuel's Zeit. | | Das Buch der Richter. Anhang zum Buch der Richter (Kapp. 17—21.). | |
| 1060 | Zu Schaul's Zeit. | | | |
| 1030 | Zu David's Zeit. | David. | Das Buch Joschua. Das Buch Ruth. Psalm 2—32. 34—41. 43. 51. 65. 68—70. 86. 101. 103. 108—110. 122. 124. 131. 133. 138—145. | Von da bis gegen 400 d. gr. Reichsannalen, דברי הימים genannt. |
| 1000 | Zu Schelomoh's Zeit. | Heman. Korachide. Assaphide. Schelomoh. Assaphide. | Psalm 88. Psalm 84. Psalm 73. 82. Psalm 72. 127. Sprüche 10, 1—22, 16. und einige in Kapp. 25—29. Psalm 50. 78. Psalm 132. | Nathan's u. Gad's, der Seher, Geschichtsbücher. Schelomoh's 3000 Sprüche und 1005 Lieder. |
| 950 | Zu Jarobeam's Zeit. | | | Schemajah, Achijah und Jedo als Propheten und Geschichtschreiber. Jehu als Geschichtschreiber. |
| 940 | Zu Baescha's Zeit. | | Das Hohelied. | |
| 900 | Zu Jehoschaphat's Zeit. | Korachide. Assaphide. Joel. | Die 2 BB. Schemuel. Psalm 45. 48. Psalm 83. Das Buch Joel. Sprüche 22, 17—23, 14. | |
| 870 | Zu Joasch' Zeit. | | | |
| 796 | Zu Jarobeam's II. Zeit. | Amos. Hoschea. Assaphide. Korachide. | Das Buch Amos. Das Buch Hoschea. Psalm 80. Psalm 49. | |
| 791—767 | Zu Desselben Zeit. | | | |
| 786 | Nach dessen Tode. | | | |

## Zeittafel für die biblischen Schriften.

| Vor der gewöhnl. Zeitrechnung. | Zeitbestimmung. | Verfasser. | Schriften. | Verlorene Schriften. |
|---|---|---|---|---|
| 760—700 | Zu Ussijahs, Jothams, Achas, Chiskijah's Zeit. | Jeschaja I. | Das Buch Jeschajah Kapp. 1—39. | Derselbe als Geschichtschreiber über Ussijahu und Chiskijah. |
| 750 | Zu Jotham's Zeit. | | Sprüche Kapp. 1—9, —23, 15—24, 22. —Kapp. 25—27. Kapp. 28, 29. | |
| 740 | Zu Achas' Zeit. | Michah. | Das Buch Michah. | |
| 713 | Vor der Assyrer Vernichtung. | Assaphide. | Psalm 75. | |
| 711 | Zu Chiskijah's Zeit. | Assaphide. Nachum. | Psalm 76. Das Buch Nachum. Sprüche 24, 23—34. | |
| | | Korachide. | Psalm 46 | |
| 626—568 | Vom 13ten J. Joschijah's bis 20 J. n. d. Zerstörung. | Jirmejah. | Das Buch Jirmejah. | |
| 620 | Zu Joschijah's Zeit. | Zephanjah. Korachide. | Das Buch Zephanjah. Psalm 87. | |
| | | | Sprüche 30, 1—9. K. 31. | Chosai der Geschichtschreiber. |
| 608 | Jojakim's erstes Jahr. | Obadjah. | Das Buch Obadjah. | |
| 608—606 | Jojakim's 1stes bis 3tes Jahr. | Secharjah I. | Das Buch Secharjah Kapp. 9—14. | |
| 600 | Jojakim's letzte Jahre. | Chabakkuk. | Das Buch Chabakkuk. | |
| 593—573 | Zidkijah's 5tes Jahr bis 15 J. nach der Zerstörung. | Jecheskel. | Das Buch Jecheskel. | |
| 590 | Zidkijah's letzte Jahre. | | Psalm 66. | |
| | | Korachide. | Psalm 89. | |
| 587 | Nach der Zerstörung und vor der Wegführung. | Jirmejah. | Die Klagelieder. | |
| | | Assaphide. | Psalm 74. 79. | |
| 570 | Während des Exils. | | Die 2 BB. der Könige. Psalm 94. 102. | |
| | | Assaphide. | Psalm 77. | |
| | | Korachide. | Psalm 42. Psalm 126. | |
| 540 | Letzte Zeit des Exils. | Jeschajah II. | Das Buch Jeschajah Kapp. 40—66. | |
| 535 | Nach der Rückkehr. | | Psalm 137. | |
| | | Korachide. | Psalm 44. Psalm 105—107. | |
| 520 | 2tes Jahr Darius'. | Chaggai. | Das Buch Chaggai. Psalm 120. 123. 67. 104. | |
| 520—518 | 2tes — 4tes Jahr Darius'. | Secharjah II. | Das Buch Secharjah Kapp. 1—8. | |
| 457 | Artaxerxes Makrochir's Zeit. | Esra. | Das Fragment im Buch Esra 7, 12. bis Ende des B. | |
| 450 | Zu Desselben Zeit. | Maleachi. | Das Buch Maleachi. Das Buch Danijel Kapp. 1—6. Das Buch Jonah. Sprüche 30, 11—33. und der Bearbeiter des letzten Stücks. | |
| 440 | Zu Desselben Zeit. | Nechemjah. | Das Fragment im B. Nechemjah Kapp. 1—7, Kap. 11. 12, 27—42. | |
| 425 | Zu Desselben Zeit. | Derselbe. | Das letzte Fragment im Buche Nechemjah Kap. 13, 4. bis Ende des Buches. | |
| 420 | Zu Darius Nothos' Zeit. | | Die 2 BB. der Chronik. Psalm 119. 146—150. | |
| 360 | Zu Artaxerxes Ochos' Zeit. | | Das Buch Koheleth. | |
| 336 | Zu Alexander des Großen Zeit. | | Der Bearbeiter der BB. Esra und Nechemjah. | |
| 250 | Zu Antiochus Theos' Zeit. | | Das Buch Esther. | |
| 164 | Kurz vor dem Tode des Antiochus Epiphanes. | | Das B. Danijel Kapp. 7—12. | |

Nies'sche Buchdruckerei (Carl B. Lorck) in Leipzig.

# Die
# Israelitische Religionslehre.

Ausführlich dargestellt

von

Dr. Ludwig Philippson.

Zweite und dritte Abtheilung:

Die Lehre von Gott. — Die Gottesverehrung.

---

Leipzig,
Baumgärtner's Buchhandlung.
1862.

# Inhalt.

## Zweite Abtheilung: Die Lehre von Gott.

|   |   |   |
|---|---|---|
| §. 1. | Welches ist der höchste Ausspruch der h. Schrift über das Wesen Gottes? | 1 |
| §. 2. | Welches ist der das Wesen Gottes bezeichnendste Name Gottes in der h. Schrift? | 4 |
| §. 3. | Was ist Gott? | 5 |
| §. 4. | Auf welche Weise können wir das Wesen Gottes näher kennen lernen? | 24 |

### I. Die Eigenschaften des göttlichen Wesens an sich.

|   |   |   |
|---|---|---|
| §. 5. | Die Einheit Gottes | 26 |
| §. 6. | Die Ewigkeit Gottes | 30 |
| §. 7. | Die Allgegenwart Gottes | 32 |

### II. Die Eigenschaften des göttlichen Wesens in seinem Verhältniß zur Welt.

|   |   |   |
|---|---|---|
| §. 8. | Was ist die Welt? | 36 |
| §. 9. | Welches ist das Verhältniß Gottes zur Welt? | 37 |
| §. 10. | Die Allweisheit Gottes | 45 |
| §. 11. | Die Allliebe Gottes | 52 |
| §. 12. | Die Allmacht Gottes | 56 |

### III. Die Eigenschaften Gottes in seinem Verhältniß zum Menschen.

|   |   |   |
|---|---|---|
| §. 13. | Was ist der Mensch? | 58 |
| §. 14. | Welches ist das Verhältniß Gottes zum Menschen? | 91 |
| §. 15. | Wie bezeichnet die h. Schrift das unmittelbare Verhältniß Gottes zum Menschen? | 93 |
| §. 16. | Die Allwissenheit Gottes | 95 |

|  |  | Seite |
|---|---|---|
| §. 17. | Gott ist die Vorsehung | 98 |
| §. 18. | Gott ist die Vergeltung (Allgerechtigkeit und Allbarmherzigkeit) | 111 |
| §. 19. | Gott ist der Offenbarer der Wahrheit und des Rechts | 132 |
| §. 20. | Die Heiligkeit Gottes | 141 |

## Dritte Abtheilung: Die Gottesverehrung.

| §. 21. | Die Gottesverehrung nach der h. Schrift | 147 |
|---|---|---|
| §. 22. | Die Ehrfurcht vor Gott | 151 |
| §. 23. | Die Demuth vor Gott | 155 |
| §. 24. | Sünden gegen die Ehrfurcht vor Gott | 157 |
| §. 25. | In den Wegen Gottes wandeln | 167 |
| §. 26. | Die Liebe zu Gott | 171 |
| §. 27. | Die Dankbarkeit gegen Gott | 175 |
| §. 28. | Die Freude an Gott | 177 |
| §. 29. | Das Gottvertrauen und die Ergebung | 172 |
| §. 30. | Sünden gegen das Gottvertrauen | 183 |
| §. 31. | Der Gottesdienst | 186 |
| §. 32. | Worin besteht der Gottesdienst? | 186 |

## Beilagen zur zweiten Abtheilung.

| I. | Die göttliche Fügung in der Natur | 197 |
|---|---|---|
| II. | Skizzen über Atheismus, Pantheismus, Dogmatismus und Deismus | 208 |
| III. | Die Unsterblichkeitslehre im Judenthume | 231 |

# Zweite Abtheilung.

## Die Lehre von Gott.

## 1.

**Welches ist der höchste Ausspruch der heiligen Schrift über das Wesen Gottes?**

אהיה אשר אהיה „**Ich bin das ewige, unveränderliche Sein.**" (2 Mos. 3, 14.)

Vor uns lieget die unermeßliche Fülle des Daseienden ausgebreitet; in den Nähen und Fernen, in den Höhen und Tiefen drängt es sich in unübersehbarem Reichthum; in Größtem und Kleinstem hat es seine Erscheinung gewonnen. Was gewahren wir da? Es sind allesammt Einzelwesen, die unaufhörlich werden, stets sich verändern, immerfort wechseln und vergehen. Wir sehen ununterbrochen neue entstehen, in kurzer Zeit sind sie das nicht mehr, was sie waren, und bald wieder machen sie anderen Platz. So treten Individuen an Stelle von Individuen, Geschlechter folgen auf Geschlechter, ganze Wesenreihen gehen unter und neue, anders gestaltete Schöpfungen entstehen, selbst die Planeten und Sonnen verändern ununterbrochen nicht blos ihre Stellen im Weltall, sondern auch ihre innere und äußere Beschaffenheit, die für uns unfaßbaren Stoffatome ziehen sich im Weltenraume zusammen, bilden ungeheure noch durchsichtige Weltkörper mit doch schon umschriebenen und Licht reflektirenden Umgrenzungen (Kometen), die sich in Millionen von Jahren zu Erdkörpern verdichten werden. Nicht minder aber unterliegt es unserer Beobachtung, daß alle diese Veränderungen, dieser ganze unermeßliche Strom des Werdens, Wechselns und Vergehens nach bestimmten, denselbigen, unveränderlichen Gesetzen vor sich gehen, weshalb wir im Stande sind, diese Gesetze mit unserem Verstande zu denken, und nach ihnen, soweit sie uns bekannt geworden, die eintretenden Veränderungen im Voraus zu berechnen. Unsere ganze Naturwissenschaft, sowie unser ganzes praktisches Leben, soweit dies die Natur berührt, beruhet darauf, daß alle diese Veränderungen, all' dies Werden und Vergehen nach unveränderlichen Normen vor sich gehen. Hieraus folgt, daß, da diese Normen oder Gesetze nicht als bloße Gedanken geistig existiren können, sondern den Daseienden, den Einzelwesen wesenhaft einwohnen müssen, in diesen dennoch ein unveränderliches Sein einwohnen muß. Wir erkennen Solches aber nicht blos in der körperlichen Welt, sondern Aehnliches auch in der geistigen. Sowohl der einzelne Menschengeist, als auch die gesammte Menschheit ist in einer steten Veränderung begriffen; Gedanke folgt auf Gedanke, Gefühl auf Gefühl, Wille auf Wille, Entwicklung auf Entwicklung. Dennoch geschieht auch dieser immerfortige Wechsel nach gewissen Gesetzen, sowohl im einzelnen Geiste wie in der Gesammtheit. Hier aber bleibt es nicht blos eine Folgerung, daß das Dasein dieser Gesetze auf ein stetiges, dauerndes Sein innerhalb der wechselnden Erscheinungen nothwendig hinweist, sondern es kommt uns schon zum Gefühl und Bewußtsein, daß in unserem Geiste und in der gesammten Menschheit ein Wesenhaftes existirt, an welchem die Veränderungen vor sich gehen, und das im menschlichen Individuum als das Bewußtsein des Ichs durch alle Zeiten und Phasen des Individuums stetig hindurchreicht, in der gesammten Menschheit aber auch substantiell vorhanden sein muß. Wir erkennen hieraus: daß alle Einzelwesen, von welcher Beschaffenheit, von welcher Größe und Zeitdauer sie auch sein mögen, als sich stets veränderndes, sich wandelndes, werdendes und vergehendes Sein aus einem ewigen, unveränderlichen Sein, als Einzelsein aus einem allgemeinen Sein hervorgegangen sind und immerfort hervorgehen. Nach dem obigen Ausspruche der heiligen Schrift ist das ewige, unveränderliche Sein das unmittelbare Sein Gottes, während das werdende und vergehende, das sich stets verändernde Sein das Sein des Einzelwesens ist, das durch den Willen Gottes aus seinem Sein zum Einzelsein geworden. Um so schärfer muß das Einzelwesen vom göttlichen unterschieden, und das sich Wandelnde vom Unwandelbaren als verschieden erkannt werden.

Die Septuag. überträgt die obigen Schriftworte: ἐγώ εἰμι ὁ ὤν „Ich bin der Seiende." Targ. Jon.: אנא הוא דהוינא ועתיד למיהוי „Ich bin, der ich bin und sein werde." Maimuni erklärt diese Worte: „Das Sein, welches ist das Sein, d. h. das nothwendige Sein, denn das nothwendige Sein muß stets existirt haben." (המציאות המוחלט שיהיה חמיר Mor. Neb. I, 63.) Albo (Ikkar. II, 27): „Ich bin die Ursache meiner selbst und die erste Ursache alles Seienden, während alles Andere nicht ist, weil es ist, sondern weil ich bin." — Der Streit, ob die Worte übersetzt werden müssen: „Ich werde sein, der ich sein werde," oder: „Ich bin der ich bin" — wobei der Zusatz אשר אהיה gar nichts aussagt — oder: „Ich bin, der ich sein werde", oder: „Ich werde sein, der ich bin" — wo wieder die verschiedene Auffassung der beiden אהיה neben einander störend ist — ist darum unzulässig, weil im Hebräischen die Bedeutung der Formen, welche man grammatikalisch als Zukunft und Vergangenheit festgestellt hat, in Wirklichkeit durchaus nicht so scharf gesondert sind, wie man nach dem Beispiele anderer Sprachen gewöhnlich anzunehmen pflegt. Sie laufen vielmehr in ihrer Bedeutung überall durcheinander [1]). Es ist daher in dem אהיה der Stamm היה das „Sein" mit dem Personalpräfix א, das schon „ich bin" bedeutet, einfach aufzufassen: „Ich bin das Sein", welches nun durch den Relativsatz אשר אהיה als das „Immerfort so Seiende" bezeichnet wird [2]).

---

[1]) Es wird dies sowohl durch den Wechsel der Bedeutung bei dem sonst ganz räthselhaften ו conversivum, als auch durch die verschiedenartigste Aufeinanderfolge dieser Temporalformen in einem und demselben Satze und zusammenhängender Rede erwiesen.

[2]) Wenn der Talmud dem angeführten Schriftworte eine völlig beschränkende, auf den besondern Fall allein passende Auffassung giebt: „Ich war mit Euch in dieser Knechtschaft, und werde mit Euch sein in der zukünftigen Knechtschaft" (Berach. 9, 2.), welcher sich Kusari ungefähr anschließt: „Ich bin der Seiende, der für sie da sein wird, wenn sie mich suchen werden" (IV, 3.) — so liegt die Widerlegung schon in dem Umstande, daß in der h. Schrift sofort (V. 15.) der Begriff אהיה אשר אהיה in den Gottesnamen יהוה konzentrirt wird. Vgl. besonders 2 Mos. 6, 2. 3. Ausführliches s. noch in unserem Bibelw. Th. I. S. 311.

## 2.

Welcher ist daher der das Wesen Gottes bezeichnendste Name Gottes in der heiligen Schrift?

יהוה „Der Ewigseiende, der Ewige."

Daß dieser Name von הוה (= היה) „Sein" kommt und durch das Präfix im Zustande der Dauer bezeichnet wird, steht fest, so daß es nichts anderes als der Ewigseiende bedeutet, wie er auch später שֵׁם הֲוָיָה genannt, und הוא היה, הוא הוה והוא יהיה „er war, er ist, er wird sein" erklärt ward [1]).

Und Gott redete zu Moscheh, und sprach zu ihm: Ich bin der Ewige. Ich bin aber erschienen dem Abraham, dem Jizchak und dem Jakob als אל שדי Gott der Allmächtige, doch in meinem Namen יהוה Ewiger bin ich ihnen nicht bekannt geworden. (2 Mos. 6. 3.)

Es wird hiermit ausgesagt, daß den Erzvätern nur die Erkenntniß Gottes als Einheit aller vorhandenen Kräfte (Allmacht) eingewohnt, während durch Moscheh die Erkenntniß Gottes als des ewigen, unveränderlichen Seins Israel geoffenbart ward. Denn allerdings schließt diese erste Erkenntniß die zweite noch nicht mit ein, da die Summe aller vorhandenen Kräfte, welche nur in stets sich verändernden Wesen zur Er-

---

[1]) Später nannte man ihn auch שם המפרש und Tetragrammaton (der vierbuchstabige). Es ist bekannt, daß durch die Scheu, diesen heiligsten Namen durch oftmalige Nennung zu entweihen, die genaue Kunde von der richtigen Aussprache desselben verloren gegangen, da sie selbst in früheren Zeiten nur in der Priesterfamilie von Vater auf Sohn vererbt ward. Man spricht daher gegenwärtig denselben אֲדֹנָי (Herr) (Kiddusch. 71. 1.) aus, ein Gebrauch, der sehr alt sein muß, da schon die Septuaginta für יהוה ὁ κύριος (der Herr) stellen, und erhält daher, wenn ein Präfix vor יהוה tritt, jenes den Vokal, wie wenn אֲדֹנָי (nicht לְ, sondern לַ) stände, und wenn אדני mit יהוה zusammentrifft, wird letzteres יֱהֹוִה vokalisirt und אלהים ausgesprochen. Demungeachtet kann die jetzige Vokalisation die ursprüngliche sein, indem gerade אדני gewählt ward, weil dies der ursprünglichen Aussprache des יהוה am nächsten gewesen, (nur ־ֲ statt ־ֲ wegen des א in אדני), denn daß יהוה der Aussprache gemäß vokalisirt sei, scheint aus den Zusammensetzungen in Eigennamen zu erhellen (z. B. יְהוֹנָתָן). Außerbalb der h. Schrift schreibt man nur 'ה oder ' oder '''.

scheinung kommen, den Begriff der Unwandelbarkeit und Ewigkeit noch nicht durchaus in sich schließt, während vielmehr erst mit letzterem Begriff die klare und scharfe Trennung des Ewigen, Unveränderlichen vom Sichverändernden, des Schöpfers vom Geschaffenen eintritt. Die alten Religionen haben daher auch sämmtlich ihren Göttern durchaus die Ewigkeit nicht zugeschrieben, sondern sie in einer Zukunft untergebend geglaubt, so namentlich auch die alten Germanen ihr Asenreich. Wenn daher יהוה auch schon im ersten Buche Mosche̊h vorkommt, so ist dies nur als eine Vorausnahme des Verfassers, nämlich Mosche̊h's anzusehen, wie denn allerdings an allen wirklich bedeutungsvollen Stellen und wo die Nennung Gottes von Gewicht ist im ersten Buche Mosche̊h אל שדי konstant vorkommt (17, 1. 35, 11. 28, 3. 43, 14. 48, 3. 49, 25), während es in den übrigen Büchern Mosche̊h sehr bezeichnend allein noch in der Rede Bileams (4 Mos. 24, 4. 16) vorkömmt. So ist es auch charakteristisch, daß der Verfasser des Buches Ijob, der diesen und seine Freunde vor Mosche̊h leben lassen will, die Redenden Gott stets שדי (mit weniger Ausnahme, wo der Affekt hinreißt) nennen läßt, während in dem erzählenden Theile Gott יהוה genannt wird. Mit dem Begriff des Ewigseienden beginnt also die eigentlich geoffenbarte Gotteslehre (S. unser Bibelw. Th. I. S. 312. 326. Unsere Reden wider den Unglauben 2. Aufl. Zweites Wort). — Der allgemein gebräuchliche Name für Gott in der heiligen Schrift ist: אל, אלוה, אלהים. Daß אלהים nur als Einheit, als Majestätsplural verstanden ist, erweisen nicht bloß die dazu gebrauchten Zeitwörter im Singular, sondern daß es bisweilen auch ein Eigenschaftswort bei sich hat, und zwar im Singular, z. B. אלהים צדיק, אלהים חי. Sehr alt ist die traditionelle Unterscheidung, daß אל Gott in seiner Eigenschaft der Allgerechtigkeit מדת הדין, dagegen ה' in seiner Eigenschaft der Allbarmherzigkeit מדת הרחמים gebraucht werde. Ueber andere Namen Gottes an anderen Stellen.

### 3.

**Was ist daher Gott?**
**Gott ist der vollkommene Geist.**

Wir stehen demnach an der höchsten, bedeutungsvollsten und folgereichsten Frage auf dem geistigen Gebiete des Menschen: an der Frage: **was ist Gott?** Wenn wir Gott durch das heilige Wort als das ewige, unveränderliche Sein kennen, wie und als was haben wir dieses zu begreifen? Diese Frage muß beantwortet werden in der einfachsten, unzweideutigsten Weise, mit dem geringsten Aufwande von Worten. Die Antwort auf sie schallt uns aus allen Zeiten der Menschheit, aus allen Völkern und Stämmen, von allen großen Geistern unseres Geschlechtes verschieden entgegen. Aber durch sie Alle dringt das Wort, das vom Horeb-Sinai zuerst ertönte, von dem ganzen Leben Israels getragen ward, und sich aus diesem fortpflanzte und übertrug seitdem durch die ganze Erde: **Gott ist der vollkommene Geist.**

1. **Gott ist.** — Gott selbst in sinnlicher Weise wahrnehmen wollen, wäre widersinnig. Denn jede sinnliche Wahrnehmung kann nur von Körperlichem und Begrenztem geschehen. Aber wir schauen Gott allerdings mit und in unserem Geiste. Mit unserem Geiste, indem wir sein Dasein und sein Thun aus allen Erscheinungen der Welt und des Lebens erkennen, und diese ohne jene gar nicht begreifen; in unserem Geiste, indem wir in allen Tiefen unseres eigenen Wesens Gott empfinden und gewahren, und unseres Daseins Inhalt nur aus Gott erfassen und verstehen. Setzt nun die Offenbarung das Dasein Gottes als Postulat unbedingt voraus, weshalb das erste Wort der heiligen Schrift nicht vom Dasein, sondern von der Thätigkeit Gottes spricht, so ist das Dasein Gottes erwiesen:

a. **Aus dem Dasein der Welt**, und zwar:

α) **daß sie ist.** — Daß die Welt und die Wesen sind, setzt nothwendig voraus, daß Gott ist. Sie können nur als Wirkungen von Ursachen, die wiederum nur Wirkungen einer höchsten und ersten Ursache, begriffen werden. Alles Daseiende muß einen Urquell des Seins haben, sonst könnte es nicht geworden sein, nicht sein (S. Th. I. S. 4). Alles, was wir gewahren, ist geworden. Die organischen, belebten Dinge sehen wir täglich vor unsern Augen werden und vergehen. Wie die anorganischen Dinge der Erde geworden, darüber erfließen mancherlei Hypothesen, gehen die Ansichten auseinander, aber daß auch sie geworden und in beständiger Veränderung begriffen sind, dies unterliegt keinem Zweifel. Die Geognosie lehrt, daß die Stein- und Gebirgsarten in sehr verschiedenen Zeiträumen nach einander geworden. Daß die organischen Wesen, Thiere und Pflanzen, nur erst seit einem Zeitraume so sind, wie sie sind, wissen wir aus den Ueberresten ganz anderer, vormaliger Beschaffenheiten. Auch für das Werden der Weltkörper haben wir das faktische Beispiel in den Kometen, deren ungeheuer ausgedehnte Stoffmasse zur Verdichtung fortschreitet. Alles ist demnach geworden. Es kann aber erstens nicht durch sich selbst geworden sein, denn sonst hätte es da sein müssen, ehe es war. Es muß eine Ursache haben, weil, um diese in sich selbst zu haben, es hätte da sein müssen, ehe es war. Es beruht aber zweitens alles Daseiende als werdende, sich wandelnde vergehende Einzelwesen auf einem ewigen unveränderlichen Sein, aus dem es als individuelle Daseinsformen geworden, und an dem die Gesetze sind, nach welchen es wird, sich wandelt und vergeht.

β) **Wie sie ist.** Das Universum ist unendlich im Großen und Kleinen, und bildet dennoch eine Einheit, eine fest und genau gegliederte Einheit, die durch bestimmte Media auch durch die weitesten Fernen als Einheit existirt und sich bethätigt (S. Th. I. S. 95. 98). Alles, was da ist, das ward, ist und vergeht nach bestimmten Gesetzen, die durch das ganze Weltall reichen, die jede Wesenreihe bestimmen, in jeder Gattung, jeder Species und jedem Individuum walten, Gesetze, welche als Gedanke gefaßt, mit dem Geiste theils durch Beobachtung, theils durch Folgerung aus dieser gefunden und erkannt werden (S. Th. I. S. 101). Im Weltall, in jedem Wesen und in jedem Gebilde jedes Wesens erkennen wir einen **Zweck**, der als Absicht der Einrichtung und Gestaltung erscheint, zu dessen Erreichung bestimmte Mittel angelegt und verwandt worden, und der durch diese wirklich erfüllt wird (S. Th. I. S. 106). Einheit, Gesetz und Zweck, schließen aber im Werden und Sein der Dinge sowohl den Zufall als eine in den Dingen seiende Nothwendigkeit gänzlich aus. Zufall ist, was ohne Absicht und Zweck und nicht nach irgend einem Gedanken und Gesetze geschieht. Ich verabrede mit Jemandem, zur bestimmten Zeit an einem bestimmten Orte zu sein, so ist das Begegniß absichtlich. Wir treffen uns zu irgend einer Zeit an irgend einem Orte, ohne uns verabredet zu haben, so ist das Begegniß zufällig. Zu sagen, daß die Einheit des unendlichen Universums mit ihrem unendlichen Inhalt sich zufällig so gemacht, ist nicht widersinniger, als daß die Stoffatome sich zufällig zur einfachsten Blume mit dieser Wurzel, diesem Stengel, diesem **Blüthenkelch**, dieser Pistille, diesen Staubfäden, diesen Farben u. s. f. zusammengefunden. Ebenso schließen Zweck und Gesetz die

Nothwendigkeit aus. Nothwendig ist was nach einem Gesetze und diesem zufolge geschieht. Das Gesetz muß also schon vorhanden sein, nach welchem etwas wird, ehe das Ding ihm zufolge wird, ihm zufolge gestaltet wird. Daß also die Dinge nach dem in ihnen seienden Gesetze geworden seien, ist widersinnig, weil dann die Dinge mit dem in sie gelegten Gesetze schon gewesen sein müßten. Zweck, Gesetz und Einheit setzen vielmehr ein Wesen voraus, das diesen Zweck gedacht und ausgeführt, dieses Gesetz gedacht und verwirklicht, diese Einheit gedacht und hergestellt hat [1]) (S. Beilage 1).

b. Aus dem Dasein des Menschen und zwar:

α) Aus seiner Denkkraft, die gänzlich auf dem Zusammenhange zwischen Wirkung und Ursache beruht (S. Th. I. S. 4 ff.). Das Denken der Gottheit ist daher von dem Denken des Menschen gar nicht zu trennen, und diese Konstruktion des Menschengeistes setzt daher nothwendig die Gottheit voraus, weil jene ohne diese unmöglich so werden konnte. Der bekannte Satz: „Ich denke, darum bin ich,“ ist ebenso anwendbar in der Weise: „Ich denke Gott, darum ist Gott, darum muß Gott sein.“

β) Aus der Gefühlswelt des Menschen nicht blos, weil dem Herzen des Menschen der Glaube an das höchste Wesen ein unentbehrliches Bedürfniß, der Hinaufblick zu Gott und das Anschließen an Gott ein immer wiederkehrendes Verlangen, sondern auch positiv, weil der Mensch in seiner Seele einen unbegrenzten Quell der Liebe trägt. Wir haben gesehen (S. Th. I. S. 231), daß die Liebe nur in einem sehr unbedeutenden Rudimente in der Natur vorhanden ist, daß vielmehr mit der Liebe der Mensch über den der Natur gezogenen Kreis hinaustritt. Die Liebe ist ihrem Wesen nach der Gegensatz von der Selbsterhaltung, welche in der Natur als Gesetz waltet. Die Liebe ist zugleich ihrem Umfange nach unergründlich und unerschöpflich. Sie ist daher vorzugsweise das Göttliche in der Menschenseele und setzt somit die Allliebe als ihren Quell voraus. Ihrem Inhalte nach ist aber zugleich die Liebe ein Erheben über sich selbst, die Sehnsucht nach einer höheren Befriedigung, das Gefühl des Zusammenhangs mit dem höchsten Wesen,

---

[1]) Vgl. meine Reden wider den Unglauben, 2. Aufl.

und somit das unmittelbarste Band zwischen den Menschen und Gott, so daß sie ohne diesen nicht existiren könnte, ihr Dasein nicht zu begreifen wäre.

γ) Aus der **Sittlichkeit** des Menschen. Recht und Pflicht haben in ihrem höheren Sinne ihre Wurzel allein in Gott; ihre Begründung und ihr Zweck ist allein aus Gott herzuleiten. Man könnte sagen, daß Recht und Pflicht aus dem gesellschaftlichen Bedürfnisse des Menschen entspringen, weil ohne gegenseitige Abwägung von Recht und Pflicht die Gesellschaft nicht bestehen könne. Dies ist in der materiellen Fassung von Recht und Pflicht allerdings wahr. Sobald aber Recht und Pflicht über die von dem gesellschaftlichen Gesetze festgestellten Grenzen hinausgehen, sobald sie den Charakter einer freien Sittlichkeit, der Selbstbestimmung aus sittlichen Motiven annehmen, und dies müssen sie, zeigt sich jene Definition durchaus ungenügend. Die Gesellschaft hat z. B. das Recht der Besteuerung auf mein Eigenthum und ich die Pflicht, dieselbe zu leisten; daß ich außerdem aber von meinem Eigenthum für allgemeine und Wohlthätigkeitszwecke verwende, ist kein Recht der Gesellschaft, sondern eine Pflicht aus höheren sittlichen Motiven, aus der höheren Bestimmung des Menschen heraus. Noch weniger kann angenommen werden, daß Recht und Pflicht als Befriedigung meiner selbst, **meines Selbstbewußtseins** hinreichend motivirt seien. Denn dann käme es erst darauf an, wie weit mein Selbstbewußtsein ausgebildet wäre, wie weit ich nicht meiner ganzen Individualität nach meine Befriedigung in Anderem, selbst im Unsittlichen fände. Sondern Recht und Pflicht, wie sie unabhängig von Zeit, Ort und Individuum sind, finden ihre Begründung allein in der **von Gott uns auferlegten Bestimmung**, in den höheren Zwecken unseres Lebens, die von Gott uns eingesetzt sind. Nur aus der göttlichen Gerechtigkeit fließt die menschliche hervor; nur aus dem Willen Gottes ist die menschliche Tugend eine Pflicht für uns; und wenn **nun die Leugnung** dieser Tugend und Gerechtigkeit **als Pflichten des Menschen die Natur** desselben in den Staub drücken, und sein Leben alles höheren und lauteren Inhalts berauben hieße, ja wenn wir zugestehen müssen, daß das ganze Wesen des Menschen über alle Hindernisse der Selbstsucht und der Leidenschaft hinweg zur Tugend und Gerechtigkeit drängt, und selbst in den entartetsten Zeitaltern diese als das Bessere und zu Erzielende zur Anerkennung bringt: so setzt auch dieses Moment des Menschen das Dasein Gottes unzweideutig voraus.

δ) **Aus der Entwicklungsfähigkeit des Menschen.** Die einfachste Beobachtung und Erfahrung zeigt, daß der Mensch auf eine stetige Entwicklung angelegt ist. Ihre Nöthigung und ihre Verwirklichung geht von innen heraus und ist vom Menschen selbst unabhängig. Sie ist zugleich eine unbegrenzte, nicht bloß in ihrer individuellen Verschiedenheit, sondern auch in ihren Zielen. Sie leitet immerfort vom niederen zum höheren Standpunkte, und setzt so immer höhere und zuletzt eine höchste Stufe voraus. Ohne eine solche kann eine Entwicklung überhaupt gar nicht begriffen werden, weil ohne die Existenz der höchsten und der höheren Stufen die Entwicklung aus niederen nicht gedacht werden kann.

ε) **Aus dem Leben des Menschen und der Geschichte der Menschheit.** Durch die Geschichte geht einerseits der planmäßige Fortschritt des Menschengeschlechts zu immer höherer Vervollkommnung, andererseits die gerechte Vergeltung. (S. Th. I. S. 125 u. ff.) Beide Momente setzen aber die göttliche Vorsehung unbedingt voraus. Absicht und Leitung müssen zu ihrer Verwirklichung vorhanden sein. Je weniger also jene mit Fug und Grund zu verkennen und zu leugnen sind, desto zweifelloser muß die Existenz des höchsten leitenden und vergeltenden Wesens erscheinen. —

Die Gotteslehre tritt hiermit ihrem ersten und rohesten Gegensatze, dem **Atheismus**, gegenüber. Der Atheismus im strengeren Sinne des Wortes ist die als eine Weltanschauung sich verkündende Leugnung des Daseins irgend eines Gottes, die Verneinung der Wahrheit irgend einer Idee von Gott. Er leugnet, daß es ein Wesen giebt, welches die Ursache und Vorsehung der Welt ist und mit Absicht die Einheit, die Gesetzlichkeit und die Schönheit der Welt im Ganzen und in allen ihren Erscheinungen hervorbringe. Da aber, wenn überhaupt eine Einheit und Gesetzlichkeit in der Welt vorhanden sein solle, diese nothwendig eine Ursache haben müssen, so muß der eigentliche und strenge Atheismus das Vorhandensein der Einheit, Gesetzlichkeit und Schönheit in der Welt leugnen. Der wirkliche Atheismus muß daher das Ganze des Weltalls für unvollkommen, jeden einzelnen Theil für unvollständig, das Ganze wie jeden einzelnen Theil für ohne Plan, ohne Zweck, ohne einheitlichem Zusammenhang erklären. Er muß daher der Materie die Ewigkeit zusprechen aber jeden Gedanken und Willen absprechen. Alle Formen des Daseins müssen ihm durch den zufälligen Zusammenstoß der Materie entstanden sein. Daß dieser Auffassung die Thatsache, daß eine genaue Weltordnung besteht, die Thatsache, daß wir mehrere der in der Welt waltenden Gesetze kennen und nach ihnen den Verlauf großer und kleiner Daseinsformen im Voraus berechnen, vernichtend entgegen tritt, braucht nicht mehr von uns auseinander gesetzt zu werden. Hierzu tritt die Oede und Trostlosigkeit, welche der Atheismus für das praktische Leben in nothwendiger Konsequenz mit sich führt, und die unbedingte Herrschaft der Selbstsucht, welche er auf den Thron des wirklichen Lebens setzt, um ihn gänzlich zu verurtheilen. In der That wird es daher auf dem eigentlich philosophischen Gebiete wenig Atheisten im strengeren Sinne des Wortes mehr geben, vielmehr wird dieser Atheismus seine Anhänger in der allerdings zahlreichen Masse der im Leben und im Geist wüsten Menschen finden, welche der Gotteslehre verlustig, ihre Schwäche und Feigheit mit dem scheinbaren Trotz der Negation zu decken suchen. —

„Der Ewige ist Gott im Himmel droben und auf Erden drunten." (5 Mos. 4, 49.)

„Himmel und Erde" werden in der Thorah für die ganze Welt gebraucht, da ein besonderer Ausdruck für diese, wie etwa תבל, in ihr noch nicht vorkömmt, עולם erst im spätern Hebräisch die Bedeutung „Welt" erhielt.

„In seinem Herzen spricht der Thor: Es ist kein Gott!" (Ps. 14, 1.)

„Hochnäsig denkt der Frevler: Er ahndet nicht; es ist kein Gott, füllt alle seine Pläne." (Ps. 10, 4.)

Die angeführten Psalmen schildern nachdrücklich die verderbliche Sittenlosigkeit, welche im Gefolge des Atheismus unvermeidbar ist.

2. **Gott ist Geist. Alles Körperliche ist von Gott fern zu denken.** — Wenn das Wesen sowohl des Körpers als des Geistes

zu fassen, uns nicht gegönnt ist, so erkennen und unterscheiden wir beide an ihren gegensätzlichen Eigenschaften und Thätigkeiten. Körper ist was einen begrenzten Raum einnimmt, theilbar ist, undurchdringlich und allgemeine Schwere besitzt [1]. Der begrenzte Raum eines Körpers ist, den er mit seiner Stoffmasse ausfüllt. Jeder Körper ist immerfort theilbar, wenn auch unsre Werkzeuge ihn nicht oder nicht mehr zu theilen vermögen [2]. Da, wo der Stoff eines Körpers sich befindet, kann der eines anderen Körpers sich nicht befinden, und dies nennt man undurchdringlich. Wir theilen mit der Hand die Luft, wir theilen das Holz mit der Axt, Flüssigkeiten füllen die Poren des Schwammes, aber wo die Stofftheile des Eisens, sind nicht die des Holzes, wo die Stofftheile des Schwammes, sind nicht die des Wassers. Die allgemeine Schwere besteht in der Anziehung, welche eine größere Stoffmasse auf die kleinere, die dichtere auf die dünnere ausübt, so daß sich die kleinere zur größeren, die dünnere zur dichteren hinbewegt und an ihr bleibt. Auf der Erde bewirkt daher die Schwere stets die Bewegung nach dem Mittelpunkte der Erde zu, die man „senkrecht" nennt. [3] Nur scheinbar steigt das Holz im Wasser in die Höhe, der Rauch in der Luft, indem hier nur das schwere Wasser das leichtere Holz, die

---

[1] „Die uns so geläufigen Vorstellungen der Ausdehnung, des Raumes sind in unserm Geiste lediglich durch Anschauung entstanden, und der mathematische Begriff des Raumes ist nur eine Abstraction. Deßhalb läßt sich auch der Raum nicht a priori definiren. Körper nennen wir einen allseitig begrenzten materiell erfüllten Theil des an und für sich unendlichen Weltraums". Poulliet's Lehrbuch der Physik, bearbeitet von Dr. J. Müller. B. I. S. 2.

[2] „Alle Körper, die wir bis jetzt zu beobachten Gelegenheit hatten, sind ohne Ausnahme theilbar, und zwar bis zu einem solchen Grade von Kleinheit, daß die Theilchen endlich der sinnlichen Wahrnehmung entschwinden." Das. S. 6. „Wie weit aber geht die Theilbarkeit der Materie? Nach allen bis jetzt gemachten Erfahrungen müssen wir annehmen, daß die Materie nicht bis in's Unendliche theilbar sei, daß es Theilchen von bestimmter Größe gebe, welche absolut untheilbar, also „Atome" sind. Diese Ansicht ist gegenwärtig ausschließlich von allen Physikern und Chemikern angenommen". Das. S. 3.

[3] Dennoch wird z. B. das Senkblei von einer ungeheuren, steil aufsteigenden Bergmasse vermöge der dieser einwohnenden Anziehungskraft etwas seitwärts, von der senkrechten Linie ab angezogen.

schwerere Luft, den leichteren Rauch in die Höhe hebt²). — Alle diese allgemeinen Eigenschaften des Körpers gehen dem Geiste ab, und sind ihm die gegentheiligen eigen. Der Geist, wie wir ihn am Menschen beobachten, nimmt keinen Raum ein und ist an einen solchen nicht gebunden, er ist nicht theilbar, sondern eine Einheit, er ist nicht undurchdringlich und besitzt keine Schwere. Unzählbare Geister können sich zu gleicher Zeit mit einem und demselben örtlichen Gegenstande beschäftigen, also an einem und demselben Gegenstande haften, oder sich mit ihrem Bewußtsein und ihrer Thätigkeit in ihm befinden, ohne sich zu berühren, selbst ohne von einander zu wissen. Der Geist hat weder Theile noch Glieder, er ist eine Einheit, und was wir verschiedene Kräfte des Geistes nennen, sind nur seine besonderen Thätigkeiten, die aber auch in der Wirklichkeit niemals so von einander getrennt sind, wie sie logisch definirt werden. Der Geist ist niemals zusammengesetzt, und so kann er weder getheilt, noch zersetzt werden. Fassen wir so den Geist als Gegensatz des Körperlichen, negativ als stofflos, unräumlich, untheilbar, positiv als Einheit, so treten hierzu, um den Gegensatz zu vollenden, seine Thätigkeiten. Der Geist denkt, fühlt und will, Thätigkeiten, die dem Körper ebenso abzusprechen sind, wie dem Geiste die körperlichen Eigenschaften. Denken heißt: die Wahrnehmungen unserer Sinne zu Vorstellungen bilden — die sinnlichen Wahrnehmungen müssen von den geistigen Vorstellungen wohl unterschieden werden, da jene ohne zu diesen zu werden, vorhanden sein können z. B. bei okkupirtem Geiste — aus der Verbindung mehrerer Vorstellungen Urtheile bilden und durch die Verbindung mehrerer Urtheile Schlüsse ziehen. Z. B.: Aus sinnlichen Wahrnehmungen bildet der Geist die Vorstellungen Blume und verwelken, und durch ihre Verbindung das Urtheil: die Blume verwelkt; ferner aus Rose und Blume das Urtheil: Die Rose ist eine Blume; beide Urtheile werden zu einem Schlusse verbunden: Folglich verwelkt die Rose. Hieraus bestehen alle Denkprozesse, und treten in der Rede hervor, nur daß wir da oft den Schluß aus-

---

¹) Andere allgemeine Eigenschaften der Körper, wie Porosität, Zusammendrückbarkeit übergehen wir hier, als zu unserm Zwecke nicht beitragend.

sprechen, ohne die voraufgegangenen Urtheile kund zu geben, die
wir als bekannt voraussetzen, oder indem wir nur ein Urtheil
aussprechen, das andere voraussetzend; auch tritt oft ein Schluß
wieder als ein Urtheil auf, um mit anderen Urtheilen zu einem
neuen Schlusse verbunden zu werden. — Fühlen heißt die unmittelbare Bewegung unsres Geistes, die durch den Eindruck der
Dinge auf ihn bewirkt wird, und ist entweder eine angenehme oder
unangenehme in verschiedener Steigerung, je nachdem die Dinge
zu der Stimmung unsres Geistes mehr oder weniger sich anpassend
oder widerstrebend verhalten. Das Gefühl ist also eine geistige Bewegung von Außen nach Innen, wenn auch der Gegenstand, der
diesen Eindruck und durch diesen die Bewegung hervorbringt, darum
noch nicht eine außerhalb unsres Geistes sich befindlicher zu sein
braucht, nur daß er bis dahin die Gefühlsbewegung noch nicht hervorgebracht hatte. — Wollen heißt die Bewegung unsres Geistes
auf die Dinge einzuwirken, entweder um sie uns anzueignen, oder
uns ihrer zu entäußern. Der Wille ist also eine geistige Bewegung von Innen nach Außen, wobei der Gegenstand, auf den wir
einwirken wollen, darum nicht immer außerhalb unsres Geistes zu
sein braucht, nur daß er bis jetzt das Objekt dieser Bewegung noch
nicht gewesen. — Trotz der großen Verschiedenheit dieser drei Thätigkeiten des Geistes sind sie dennoch im Geiste niemals getrennt
vorhanden, denn kein Denken geht vor sich, ohne mit irgend einem
Gefühl und irgend einem Wollen, wie denken wollen verbunden zu
sein, so wenig wie ein Fühlen ohne Denken und Wollen, und ein
Wollen ohne Denken und Fühlen. — Die höchste Befähigung des
Geistes ist das Bewußtsein, das Wissen seiner selbst, seiner geistigen
Thätigkeiten, die dadurch mit Absicht und Selbstbestimmung geschehen und geleitet werden. Der Geist vollbringt aber seine Thätigkeiten theils unbewußt, theils mit Bewußtsein. Ersteres ist im
Schlafe der Fall, bei Kunstfertigkeiten, die zu großer Uebung geworden, überhaupt bei solchen körperlichen Verrichtungen, welche
eigentlich von dem Willen des Menschen abhängen, also bewußt geschehen sollten, z. B. Gehen, Kommen u. s. w. Es findet nun im
Geiste ein beständiger Uebergang aus dem Bewußten in das Unbewußte und aus dem Unbewußten in das Bewußte statt, und zwar

entweder ganz und gar, wie beim Schlafe, bei der Ohnmacht, theils mit den einzelnen Objekten die, bewußt gedacht, dann unbewußt im Geiste bleiben, vorkommenden Falles abermals durch das Bewußtsein gehen (Erinnerung), oder wenn der Wille bei jenen Kunstfertigkeiten und körperlichen Verrichtungen den ersten Anstoß gegeben hat und den Fortgang der Bewegung der erlangten Uebung überläßt. Z. B. ich will gehen, und mein Wille bestimmt bewußt die Art des Gehens und das Ziel, unbewußt aber die einzelnen Bewegungen des Gehens. So auch beim Nähen, Schreiben, Musiciren u. dgl. m.

Der Gegensatz des Geistes und des Körpers, die besondere Existenz des Geistes, dem Körper gegenüber, ist ein Axiom der Gotteslehre, welches durch die ganze heilige Schrift geht, von der Schöpfung des Menschen an bis zu den letzten Schlußsätzen Kobeleth's. Man nennt dies **Dualismus** des Geistes und Körpers. Die Gotteslehre trat hiermit von Beginn an ihrem zweiten Gegensatze, dem **Materialismus** entgegen, der die geistigen Operationen auch für Verrichtungen gewisser körperlicher Organe ausgiebt. Den Beweis hierfür konnten die Materialisten nicht liefern, da sie naturwissenschaftlich einen Unterschied zwischen dem Gehirn und Nervensystem der Menschen und der Thiere, weder im Stoffe noch in Form und Größe, nachweisen konnten, der doch durchaus ein wesentlicher sein mußte, noch pathologisch die völlige Abhängigkeit der geistigen Thätigkeiten von den Zuständen und Beschaffenheiten des Körpers, namentlich des Gehirnes, sich nirgends so bethätigte, daß ihre Ansicht als gerechtfertigt erschien. Die heilige Schrift sieht es auch ihrerseits als das höchste Schöpfungswerk Gottes an, daß er die beiden, an sich völlig verschiedenen Existenzen, Körper und Geist, im Menschen zu einer höheren Einheit zu verbinden gewußt, wie wir dies an seinem Orte näher auseinander setzen werden. Aber die vollständige Verschiedenheit, ja Gegensätzlichkeit der körperlichen und geistigen Thätigkeiten, die vollständige Verneinung der Eigenschaften des Einen durch die des Andern, eine Gegensätzlichkeit und Verneinung, welche selbst die entschiedensten Materialisten **nicht** ableugnen können, lassen eine Identificirung ihres Substrats nicht zu. Ebenso ist die Unabhängigkeit des

Geistes vom Körper eine gleich große, wie die des Körpers vom Geiste, und wenn es Verrichtungen des Körpers giebt, die der Willkür des Geistes gänzlich entzogen sind, so zeigen sich doch andererseits die geistigen Verrichtungen in zahllosen Fällen von körperlichen Zufällen und Zuständen gänzlich unabhängig. Wenn daher der Einfluß, den Geist und Körper gegenseitig auf einander üben, die Innigkeit ihrer natürlichen Verbindung erweist, so ist hingegen ihre doch stattfindende Unabhängigkeit von einander ein Zeugniß mehr für die Verschiedenheit ihrer Existenz. Wenn der Materialist verlangt, Nichts als existirend annehmen zu müssen, als was er der sinnlichen Wahrnehmung darstellen könne, so ist er einfach darauf zu verweisen, daß er vieler physikalischen Existenzen und Wesen z. B. der elektromagnetischen Strömung ebenso nur durch ihre Wirkungen erweisen könne. Der Dualismus ist daher die einzig natürliche und rationelle Lehre, welcher gegenüber der Materialismus als eine willkürliche Ansicht erscheint. —

Die Gotteslehre erkennt Gott als Geist, und nur als Geist. Alles Körperliche ist als ihm fremd zu denken. Alles Körperliche ist begrenzt, beständigem Wechsel unterworfen, wird und vergeht. Der Begriff Gott steht also dem Körperlichen an sich völlig gegenüber, und jede Auffassung des göttlichen Wesens als eines Körpers, jede Beilegung einer körperlichen Eigenschaft hebt den Begriff Gott auf. Ebenso gestattet die Erkenntniß Gottes als Geist eine Vor- und Darstellung als Körper in keinerlei Weise. Die Gotteslehre tritt hierdurch ihrem **dritten Gegensatze, dem Götzenthume,** so wie jeder vermeintlichen Erscheinung Gottes in Menschengestalt oder in irgend einer körperlichen Form, jeder „Menschwerdung Gottes" und jeder Verkörperung Gottes als einer Irrlehre, einem Wahne, ja einer Entheiligung Gottes auf das Entschiedenste entgegen. Kein Verbot daher wird in der Thorah häufiger und nachdrücklicher ausgesprochen, als irgend ein Götzenbild zu verfertigen und gottesdienstlich anzubeten; gegen keinen Unfug donnern die Propheten ununterbrochener und mit allen geistigen Mitteln mehr, als gegen Götzenbilder und Götzendienst. Nicht minder wird die Entfernung des idealen Götzenthums durch die Verwerfung jeder göttlichen Erscheinung in sichtbarer Gestalt eingeschärft.

Als Geist stellt Gott die h. Schrift schon im zweiten Verse beim Beginne des Schöpfungswerkes dar, und versteht ihn niemals anders. Durch den Geist vollbringt er Alles (Sachar. 4, 6), und der Prophet ruft aus: „Wer ermaß den Geist Gottes?" (Jes. 40, 13.) Gott ist daher „Gott der Geister in allem Fleische" (4 Mos. 16, 22,). Von seinem Geiste, der „der Geist der Weisheit und der Einsicht, der Geist des Rathes und der Kraft, der Geist der Erkenntniß" ist (Jes. 11, 2.) läßt er auf dem Menschen ruhen", und „gießt ihn über ihn aus."

Wenn daher in der h. Schrift Ausdrücke gebraucht werden, wie von körperlichen Gliedern und Sinneswerkzeugen, wenn vom Auge, Ohre, der Hand, dem Finger und Fuße 2c. Gottes gesprochen wird, so ist dies anthropomorphistisch, d. h. in menschlicher Redeweise zu fassen, deren die menschliche Sprache selbst in der entwickeltsten Verstandesepoche nicht zu entbehren, deren sie sich nicht zu entkleiden vermag, und die daher in der Zeit der Kindlichkeit und im Schwunge der Phantasie um so weniger auffallen kann.

„So wahret Eure Seelen wohl: denn Ihr habet keine Gestalt gesehen, am Tage da der Ewige redete zu Euch am Horeb." (5 Mos. 4, 15).

„Du vermagst nicht mein Antlitz zu schauen, denn nicht schauet mich der Mensch und lebet" (2 Mos. 33, 2,), d. h. so lange er lebet. „Mein Antlitz schauen", d. h. mich ganz zu erkennen, vollständig zu begreifen (Vgl. Th. I. S. 75).

„Du sollst Dir nicht ein Götzenbild machen, noch irgend ein Abbild deß, was im Himmel droben, und was auf Erden drunten und was im Wasser unter der Erde. Du sollst Dich nicht vor ihnen niederwerfen, und ihnen nicht dienen." (2 Mos. 20, 4. 5.)

Bei dem Kampfe, den die Gotteslehre gegen das Götzenthum zu bestehen hat, war die Verfertigung, Aufstellung und Anbetung von Götzenbildern als das wirksamste Förderungsmittel des Heidenthums anzusehen. Darum wurde nicht allein die Anfertigung der Bilder, Astarten und Säulen, die als göttlich verehrt wurden, auf's Strengste untersagt, sondern deren Vernichtung überall, wo sie vorgefunden würden, anbefohlen, und die Zertrümmerung und Verbrennung der Stoffe, aus denen sie gemacht worden, vorgeschrieben; es wurde verboten, den Namen der Götzen auch nur zu nennen, irgend einem heidnischen Opfer beizuwohnen, insonders an den Menschenopfern des Molochs Theil zu nehmen, es wurde der Fluch über jeden Israeliten, der ein Götzenbild verfertige, ausgesprochen, und der Götzendienst überhaupt seitens eines Israeliten als ein Todesverbrechen bezeichnet und bestraft.¹)

3. **Gott ist der vollkommene Geist.** — Gott als Geist ist vollkommen, d. h. in allen Thätigkeiten, Kräften und Eigenschaften des Geistes ist er das höchste, vollkommenste, unendliche Wesen. — Wenn das Denken des Menschen von der sinnlichen Wahrnehmung bis zur Schlußfolgerung den Weg zurückzulegen hat, so ist er dabei unzähligen Irrthümern ausgesetzt. Die sinnliche Wahrnehmung kann eine ganz oder theilweise falsche sein und dadurch eine falsche Vorstellung bewirken; oder an sich richtige Vorstellungen werden in falscher Weise mit einander zu einem Urtheile verbunden, das darum falsch sein muß; oder an sich richtige Urtheile werden in falscher Weise zu einem Schlusse verbunden, der darum von der Wahrheit abweichen muß. Das Denken Gottes aber ist vollkommen, einerseits weil er in allen diesen Instanzen des Denkens nicht irren kann und andrerseits weil sein Denken alle diese Instanzen nicht durchmacht, sondern ein Erkanntsein ist, da alle Schöpfungen, Zustände, Verhältnisse und Complicationen aus seinen Gedanken erst hervorgehen. — Des Menschen Fühlen beruht

---

¹) Die Hauptstellen hierüber sind: 2 Mos. 23, 24. 33. 5 Mos. 6, 14. 12, 29—31. 29, 15 ff. — 2 Mos. 20, 20. 34, 17. 3 Mos. 19, 4. 26, 1. 5 Mos. 4, 15—19. 23. 25. 16, 21. 22. — 2 Mos. 23, 13. — 2 Mos. 23, 24. 34, 13. 4 Mos. 33, 52. 5 Mos. 7, 5. 25. 12, 2. 3. — 2 Mos. 22, 19. 34, 15. 3 Mos. 17, 7. 18, 21. 20, 2. 5 Mos. 12, 31. — 3 Mos. 20, 2—5. 5 Mos. 17, 2—7. 13, 2. 20, 15. (S. unser Bibelwerk Th. 1. S. 413.) — Das traditionelle Gesetz hat dies noch weiter durchgearbeitet und verbietet z. B. Menschengestalten in erhabener Arbeit (בולטת צורה) zu machen, gestattet dagegen solche in eingegrabener Arbeit (שוקעת); verbietet sogar in den Büchern der Götzendiener zu lesen, von ihren Worten zu reden, ihre Bilder anzuschauen; Bilder von Sonne, Mond, Sternen, Engeln jeder Art zu fertigen, verbietet es, erlaubt dagegen solche von Thieren und Pflanzen jeder Art; vgl. Maimon. Mischn. Thor. Hilch. עכום III. § 9—11. II. § 2.

wesentlich auf dem Verhalten der Dinge zu uns, der Berührung und Beeinflussung unsres Geistes in seiner Besonderheit durch die Dinge, ja sogar in seiner augenblicklichen Stimmung. Darum sind die Gefühle des Menschen stets subjektiv, ja momentan, da er sich der Besonderheit und der Stimmung niemals entschlagen kann. Deshalb sind auch diese Gefühle, abgesehen von ihrem Inhalte, stets angenehm oder unangenehm, und dies in der verschiedenartigsten Steigerung. Das Fühlen Gottes ist aber vollkommen, weil es in seiner Universalität aller Besonderheit und Zeitlichkeit ermangelt, lediglich auf dem wirklichen Verhalten der Dinge zur Allgemeinheit beruht, daher nur inhaltlich ist, und deshalb weder die Wirkung des Angenehmen noch des Unangenehmen hat. — Der Wille des Menschen ist nach zwiefacher Seite hin beschränkt. Denn er ist einerseits an seinen Körper gebunden, dessen begrenzte Mittel dann noch der äußeren Werkzeuge bedürfen, um zur Ausführung zu kommen. Wenn ich meinen Willen von Innen heraus noch so sehr kräftige, so vermag er allein Nichts, sondern nur vermittelst des mit ihm verbundenen Körpers, seiner Organe und Glieder; nicht eine Feder, nicht einen Stuhl kann ich durch meinen Willen allein, und wäre er der intensivste, wenn nicht durch die Hand vom Platze bewegen; wie wenig aber die Glieder des menschlichen Körpers, ohne mit künstlichen Werkzeugen bewaffnet zu sein, zu thun vermögen, weiß Jedermann. Andrerseits beruht der wahre Werth eines Willens auf der Absicht, die ihm zu Grunde liegt. Je mehr diese Absicht nun darauf ausgeht, sich selbst einen Vortheil oder Genuß zu verschaffen, einen Schaden oder Schmerz von sich abzuwenden, desto geringer ist der Werth des Willens. Je mehr aber die Absicht darauf ausgeht, Anderer Schaden oder Schmerz zu vermeiden, oder Anderen Vortheil und Genuß zu bereiten, und jemehr dies mit Aufopferung eigenen Vortheils oder Genusses oder mit Uebernahme eigenen Nachtheils oder Schmerzes verbunden ist, desto lauterer und erhabener ist der Wille. Der menschliche Wille wird daher in dieser Beziehung ein dreifacher sein, entweder auf den Nachtheil eines Anderen gerichtet, oder auf seinen eigenen Vortheil ohne Benachtheiligung eines Andern, oder auf den Vortheil eines Andern mit mehr oder weniger Selbstaufopferung. Je mehr aber die Selbstsucht ein natürliches, erst zu überwindendes Moment des menschlichen Wesens ist, desto beschränkter und schwankender ist der Wille des Menschen auch in diesem Bezuge. Der Wille Gottes aber ist vollkommen, weil er erstens die Allmacht ist, indem ihm Alles unterworfen, die Welt, auf die er wirkt, seine eigene Schöpfung ist, er also der Mittel und Werkzeuge nicht bedarf und somit sein Wille ein unbegrenzter ist, weil er zweitens lediglich und ganz und gar nur auf den Nutzen und das Heil Anderer, d. h. seiner Geschöpfe, und zwar aller zu gleicher Zeit gerichtet, also der lauterste und erhabenste ist. — Ebenso ist Gott der vollkommene Geist, weil er nur Bewußtsein ist, ein Unbewußtes weder zeitlich noch überhaupt in ihm vorhanden ist, und sein Bewußtsein alles Vorhandene mit Einem Male umfaßt, da ohne sein Bewußtsein und außerhalb seines Bewußtseins Nichts existiren kann. —

„Der Fels, vollkommen ist sein Thun, denn alle seine Wege sind Recht, der Gott der Treue und sonder Fehl, gerecht und gerade ist er." (5. Mos. 32, 4.)

„Fels," Bezeichnung Gottes, soll die ewige Dauer Gottes und zugleich den Schutz, den er verleiht, ausdrücken.

„Nicht meine Gedanken sind Eure Gedanken, und nicht Eure Wege sind meine Wege, spricht der Ewige. Sondern wie höher sind die Himmel als die Erde, so sind meine Wege höher als Eure Wege und meine Gedanken höher als Eure Gedanken. Also mein Wort, das aus meinem Munde geht, nicht kehrt es leer zu mir zurück, sondern thuet, was ich gewollt, vollbringt, wozu ich es entsandt." (Jes. 55, 8. 9. 11.)

Wie Vers 8 und 9 die Vollkommenheit des göttlichen Denkens, so spricht Vers 11 die Vollkommenheit des göttlichen Willens aus, der, an sich unbeschränkt, auch in seiner Vollführung unbeschränkt ist. Der Wille Gottes wird hier, wie oft in der Schrift als dessen „Wort" bezeichnet.

„Des Ewigen Beschluß bestehet ewig, seines Herzens Gedanken Geschlecht auf Geschlecht." (Psalm 33, 11. vgl. Sprüche Sal. 19, 21.

„Erkanntest du es nicht, hörtest du es nicht? Gott der Ewigkeit ist der Ewige, Schöpfer der Enden der Erde, ermattet nicht, ermüdet nicht, unergründlich ist seine Einsicht." (Jes. 40, 28.)

Das ewige, ununterbrochene und Alles umfassende Bewußtsein Gottes kommt in diesen Worten zum lebhaften Ausdruck.

Wi: nach unserer obigen Bemerkung in der h. Schrift anthropomorphistische Ausdrücke von Gott gebraucht werden, die nur auf Körper passen, wie Hand, Auge ff., so kommen auch dergleichen über Seelenbewegungen vor, die in dem vollkommnen Geiste Gottes nicht stattfinden können, wie Zorn, Rache, Reue und dergl. Auch diese so oft verkannten und bisweilen absichtlich mißdeuteten Stellen müssen anthropopathisch theils in figürlichem Sinne, theils als rhetorische Emphase, theils aus der Unvollkommenheit der Sprache erklärt werden. Ueberall, wo die Lehre in objektiver Weise auftritt, ist solche Ausdrucksweise nicht anzutreffen, und an gewichtigen Stellen wird jede Leidenschaft als dem Begriffe Gottes zuwiderlaufend verneint. Z. B.: „Nicht lüget die Herrlichkeit Israels (Gott) und er bereuet nicht, denn er ist kein Mensch um zu bereuen." (1. Schem. 15, 29.) Sehr oft wird ein solcher Ausdruck wie נחם (bereuen) gebraucht, um anzudeuten, daß ein höherer Zweck Gottes die eigentlich zu erwartenden Straffolgen böser Handlungen nicht eintreten lasse, ebenso wie הרה אף ה׳ wenn die Strafe auf frevelhafte That eintreten soll. Charakteristisch hierfür ist die Stelle 2. Mos. 32, 9—14, wo in der Rede Gottes und der Gegenrede Moscheh's die Motive angegeben werden sollen, aus welchen die eigentlich verdiente Beseitigung des Volkes Israel nicht eintreten, sondern es seinem höhern Berufe erhalten bleiben soll, (s. unser Bibelw. Th. I. S. 505 ff. vgl. das. S. 30.) Maimuni macht die Bemerkung, daß „Zorn, Rache, Eifersucht" an allen Stellen der Schrift nur in Bezug auf Götzendiener gesagt werde, weil diese den Glauben an Gott fälschen (Mor. Neb. I, 36.)

Wenn in der Betrachtung des Geistes nur Gott und der Mensch in Erwägung gezogen werden können: so liegt die Frage nach der Existenz noch anderer Geister nahe. Der Vernunftgrund ist einfach der: von dem rohesten anorganischen Dinge an sehen wir die Wesen in den mannichfaltigsten Stufen der Gestaltung und Entwicklung bis zum Menschen ansteigen, vom Sandkorn bis zum feinsten und regelmäßigsten Krystall, von der Koralle bis zur Eiche und Palme, vom Polyp bis zum ausgebildeten Säugethiere zu immer höherer, edlerer und vielfältigerer Organisation, jede Gattung mit der anderen wieder durch Zwischenbildungen vermittelt — wie sollte die weite, weite Entfernung vom Menschen bis zu Gott hinauf, von dem in der Einheit des Körpers und Geistes bestehenden

Menschen bis zum vollkommenen Geist Gottes nicht ausgefüllt sein durch Wesen höherer Art, die sich wiederum in ihren Eigenschaften und Kräften übereinander gipfeln? Wir können daher kaum bloß voraussetzen, sondern müssen folgerichtig annehmen, daß es außer dem Menschen Wesen giebt, deren Geisteskräfte, weniger oder gar nicht an Körperlichkeit gebunden, immer höher entfaltet sind, immer weitere Reiche beherrschen. Wie diese beschaffen seien, wo sie, soweit sie noch eine Körperlichkeit besitzen, sich befinden? Das sind Fragen, die wir nicht zu lösen vermögen. Das ist aber, der menschlichen Beobachtung gemäß, sicher, daß sie mit dem Menschen in keiner Verbindung stehen, und auf ihn einen unmittelbaren Einfluß nicht üben, indem sie theils dem Bereiche des Menschen entrückt sind, theils dem Menschen die Organe fehlen, durch welche er reingeistige Naturen wahrnehmen, und von ihnen beeinflußt werden kann. Anderentheils würde die Freiheit des Menschen durch Gewalten, die gar nicht im Bereiche seiner Wahrnehmung und Erkenntniß liegen, völlig beschränkt, wenn nicht gar aufgehoben werden. — Es ist ein alter Glaube, der an die Existenz von Engeln. Das Wort kommt von ἄγγελος "Bote", welches ebenfalls die Bedeutung des hebräischen Ausdrucks מלאך ist, so daß unter Engel ein "Bote Gottes", d. h. ein höherer Geist, der irgend ein besonderes, außerordentliches Werk Gottes zu verrichten habe, und dabei den Schein einer Körperlichkeit annehme, zu verstehen ist. Während der hebräische Ausdruck beide Bedeutungen, Bote und Engel, beibehält, so sehr, daß Chagg. 1, 13. — also noch in der nachbabylonischen Zeit — der Prophet sich einen מלאך ה׳ "Boten des Ewigen", Mal. 2, 7. den Priester einen "Boten des Ewigen der Heerschaaren" nennt, behielt das deutsche Wort jenen besonderen Begriff allein bei. Ueberblicken wir nun, was die h. Schrift über die Existenz solcher Engel ausspricht, so erkennen wir leicht, daß der Glaube an diese nirgends als zur positiven Lehre gehörend dargestellt wird, daß er vielmehr überall da zurückweicht, wo die eigentliche Lehre zum Ausdruck kommt. So verschwinden die Engel durch die ganze Thorah vom 2 B. Mosch. an, ausgenommen in der Geschichte von Bileam, denn wo im 2 B. Mos. eines Engels erwähnt wird, gehört es vielmehr zur emphatischen Redeweise, als daß ihm eine wirkliche Rolle zugetheilt wäre. Ebenso bemerkenswerth ist es, daß sämmtliche Propheten von der wirklichen Existenz von Engeln schweigen, mit Ausnahme Secharjah's 11., denn die "Seraphim" des Jeschajah und die "Cherubim" des Jecheskel sind nur Symbole, in der prophetischen Vision geschaut. Vorzugsweise treten daher die Engel nur im 1. B. Mos. auf, wo sie häufig die Vermittelung zwischen Gott und Menschen übernehmen; überall, wo ein Außerordentliches in die Erscheinung treten, eine ungewöhnliche, unmittelbare Einwirkung von Seiten Gottes geschehen soll, geschieht dies durch einen Engel, wobei jedoch an die eigentliche Bedeutung des מלאך nicht vergessen werden darf, und wo in der That der Engel gar nicht festgehalten wird, sondern im Laufe des Berichtes immer mit Gott selbst abwechselt. Sehr häufig wird denn auch, wo ein besonderer Schutz Gottes, eine schützende Führung Gottes ausgesprochen werden soll, dies durch ein „Senden eines Engels vor dem Schützling her" oder als ein „Führen durch einen Engel" oder „Erlösen durch einen Engel" ausgedrückt. In allen diesen Fällen bedeutet daher der „Engel" nichts als die Personifikation der göttlichen Einwirkung, der unmittelbaren göttlichen Führung. Eine gewisse Realität erhält der Engel nur bei Jakob, als er mit einem göttlichen Wesen ringt, oder eine Schaar Engel sieht, wie ebenfalls bei Joschua und Bileam, Gideon und Schimschon, und in der Geschichte des Propheten Elijah. In den Chetubim ist es allein Pf. 103, 20, wo die Existenz der Engel vorausgesetzt wird, und ebenso Jjob 4, 18. — Man sieht also, daß die Engellehre der h. Schrift nur eine sehr allgemeine, des näheren Inhalts entbehrende ist, welche theils nur Ausdrucksweise (modus narrandi) ist, theils der Vorgeschichte der Offenbarung angehört, theils nur als Volksglaube angedeutet ist. Eine wesentliche Gestalt nimmt sie erst in dem Buche des zweiten Secharjah (Kapp. 1—9), der unter Darius von Persien (520 vor d. gew. Zeitr.) und im zweiten Buche des Daniel (Kapp. 7—12), dem letzten Autor der h. Schrift, in der Makkabäischen Periode (164 vor d. gew. Zeitr.) lebend, wo die verschiedenen Länder und Völker von verschiedenen Engeln geschützt und geleitet werden, die einander für ihre Völker bekämpfen und besiegen, sie werden subjektive Persönlichkeiten, die ihre besonderen Namen haben. Nachdrücklich heben wir aber hervor, daß im ersten Buche Daniel (Kapp. 1—6) von allem Diesem keine Spur sich findet, obschon die Veranlassung dazu nicht gefehlt hätte. Daß dem zweiten Theile Daniel aber kein reeller Einfluß auf die Gestaltung des jüdischen Religionsdogmas eingeräumt werden könne, ja dürfe, brauchen wir hier nicht zu begründen. Hebt doch auch Maimuni (Mor. Neb. II., 45) nachdrücklich hervor, daß dem Buche Daniel keine Stelle unter den Propheten, sondern unter den Chethubim angewiesen worden, und dies unter den letzten, geschichtlichen. Vgl. über die Engellehre Ausführliches unser Bibelw. III. S. 882.

## 4.

Auf welche Weise können wir nun das Wesen Gottes näher kennen lernen?

Indem wir einzelne Eigenschaften seines Wesens und Thuns, wie sie sich unserer Betrachtung darstellen, erfassen und zu immer klarerem Bewußtsein bringen.

Aus allen Tiefen unseres Geistes steigt die Vorstellung von Gott für uns herauf, durch die geoffenbarte Lehre wird sie uns klar und sicher gegeben, durch unsere Wahrnehmungen in Natur und Menschenwelt gefestigt, durch die Forschungen und Folgerungen unserer Vernunft erhellt und begründet. Dennoch aber, da unsere Geisteskräfte begrenzt und zugleich an die Wahrnehmung durch die Sinne gebunden und durch sie beschränkt sind, vermögen wir Gott weder vollständig zu begreifen, noch vollständig zu erkennen. Wie es daher einerseits des Menschen Aufgabe ist, alle falschen und irrigen Vorstellungen von Gott zu vermeiden und aus sich zu entfernen, so andererseits einer richtigeren, klareren, bestimmteren und tieferen Vorstellung sich immer mehr anzunähern. Wie wir aber schon in der Sinneswelt, wenn wir z. B. vor einem großen Gebäude stehen, das seinen Hauptkörper und seine Flügel weithin dehnt, nur dadurch eine nähere und richtigere Vorstellung von ihm gewinnen, wenn wir von Seite zu Seite gehen, von außen und innen uns alle Theile betrachten, und im Geiste die Vorstellungen aller dieser Theile und Seiten zu einer einzigen von der Gesammtheit des Gebäudes vereinigen — so vermögen wir auch eine richtigere und nähere Vorstellung von Gott nur zu erlangen, wenn wir die einzelnen Eigenschaften seines Wesens und Thuns, die sich in Ihm zur Vollkommenheit und Einheit vereinigen, erforschen, sie zu ergründen und tiefer zu fassen suchen, um so endlich zu einem höhern Begriff zu gelangen. Hierbei werden diese Eigenschaften theils als solche erscheinen, welche am Wesen Gottes selbst uns zum Bewußtsein kommen, theils als solche, die an seinem Verhältniß zur Welt, theils als solche, die an seinem Verhältniß zum Menschen sich ergeben. Allerdings zeigt es sich uns bei tieferem Eingehen, daß viele dieser Eigenschaften nur einen negativen Inhalt haben, indem sie vielmehr beschränkende Ansichten und unvollkommene Vorstellungen von Gott uns nehmen sollen. Aber da auch diese jedenfalls das Verhältniß Gottes zur Welt und dem Menschen uns deutlicher und faßlicher machen, ist ihre Betrachtung von hoher Wichtigkeit.

„Der Allmächtige, nicht dringen wir zu ihm — ihn gewahren die Menschen, doch schaut ihn nicht der Geistesweiseste." (Ijob 37, 24.)

„Der Ewige sprach: Ich werde vorüberführen meine Allgüte vor dir, und bei Namen ausrufen den Ewigen vor dir, und wie ich begnadige, wen ich begnadige, und wie ich mich erbarme, deß ich mich erbarme. Und er sprach: Du vermagst nicht mein Antlitz zu schauen, denn nicht schauet mich der Mensch und lebet. Und es geschehe, wenn vorübergeht meine Herlichkeit, schauest du mich von rückwärts, aber mein Antlitz wird nicht geschaut." (2. Mos. 33, 19. 20. und aus 22. und 23.)

Der Sinn dieser Worte ist: Der Mensch vermag das Wesen Gottes in seiner Wirklichkeit (פנים) nicht zu begreifen, sondern nur sich Vorstellungen von den Eigenschaften Gottes, wie sie sich in seiner Schöpfung und in seiner Waltung innerhalb der Menschenwelt (אחור) darstellen, zu bilden. פנים „Antlitz" und כבוד „Herrlichkeit" heißen das Wesen Gottes, das erstere an sich, das andere in der Gesammtheit der realen Erscheinungen, in beiden dem Menschen unfaßbar. Die „Allgüte" hingegen, wie Gott sich erkennbar macht in allen seinen Thätigkeiten, und „bei Namen ausrufen", wie er sich nach seinen einzelnen Eigenschaften geoffenbart hat, und wie diese speziell dann 34, 6. 7. ausgesprochen werden. Moscheh vertritt hier den in seiner Sehnsucht nach dem Schauen Gottes unbegrenzten Menschen, die aber nur innerhalb gewisser Schranken ausgefüllt werden kann. (S. unser Bibelwerk Th. I. S. 510 ff. und Maimuni Mor. Neb. Th. I. Kap. 21. 37. 54.)

## I. Eigenschaften des göttlichen Wesens an sich.

........

**5.**

**Welche ist die Grundeigenschaft des göttlichen Wesens?**
**Gott ist einzig und einig.**

Gott ist einzig, denn es giebt kein göttliches Wesen außer ihm, und er ist einig, denn es findet in ihm keine Mehrheit statt, er ist immerfort Dasselbige und in ihm die vollkommenste Einheit, Uebereinstimmung und Harmonie.

„Höre Israel, der Ewige, unser Gott, der Ewige ist einzig und einig." (5 Mos. 6, 4.)

Dieser Ausspruch ist zum eigentlichen Bekenntnißsatze der israelitischen Religion geworden, seine Recitirung täglich wenigstens zweimal ist jedem Israeliten zur Pflicht gemacht, und in dem Momente, wo die Seele des Israeliten aus seinem Körper scheidet, wird ihm dieser Satz in das Jenseits nachgerufen. Er ist im eigentlichsten Sinne das Losungswort Israels durch alle Jahrtausende geworden, dem zahllose Märtyrer willig ihr Leben opferten. So lange der Israelit an ihm unverbrüchlich festhält, soll er nach talmudischem Ausspruch, als Israelit angesehen und behandelt werden. Der Begriff dieses Satzes wurde in vollster Strenge fest und aufrecht erhalten, und keine Modifikation zugelassen. Jeder Versuch, sowohl von außen, die Einigkeit Gottes zu alteriren, als auch von innen durch mystische Schwärmer (wie die s. g. Kabbalisten) Verschiedenartiges hineinzutragen, wurde mit der äußersten Konsequenz zurückgewiesen. — Der Satz selbst besteht zuerst in einem Aufruf an Israel, der nicht als bloße Emphase anzusehen ist, auch nicht das bloße Anhören bezweckt, sondern diese Lehre tief in Geist und Herz einschreiben, zum Grundstein des Glaubens und Erkennens machen, und eine Bethätigung in allen Lagen und Verhältnissen von Israel fordern

## Die Einheit Gottes.

soll. Hierauf wird durch 'ה „der Ewige", der höchste Begriff vom göttlichen Wesen, wie er von der mosaischen Lehre gegeben worden, hingestellt, der durch אלהינו „unser Gott" sowohl im אלהים als in seiner allgemeinen Anerkennung als auch im ט— als der von Israel anerkannte erläutert wird. Um aber hierdurch keine Trübung in der Auffassung möglich zu machen, indem etwa das folgende wesentliche Wort des Satzes אחד nur zu אלהינו bezogen werden könnte, wird 'ה noch einmal wiederholt und damit אחד verbunden. Es ist ersichtlich, daß zugleich mit dem „Höre, Israel" angedeutet wird, daß die Lehre dieses Ausspruches auf der Offenbarung beruht und durch „unser Gott" das geschichtliche Verhältniß Israels als des Werkzeuges dieser Erkenntniß berührt ist. — Das Wort אחד bezeichnet sowohl einzig, also mit Ausschluß irgend eines gleichartigen Wesens, als auch einig, so daß im Innern keine Theilung und Gliederung stattfindet. (Vgl. für die letztere Bedeutung z. B. Jech. 11, 19. Josch. 9, 2. 2 Mos. 26, 6.) Wenn nun allerdings ursprünglich in unserem Satze blos die Einzigkeit, der heidnischen Vielgötterei gegenüber ausgesprochen wurde, so mußte doch, seitdem ein religiöses Dogma außerhalb Israels zwar die Einzigkeit Gottes anerkannte, aber innerhalb derselben eine Mehrheit göttlicher Persönlichkeiten aufstellte, auch der Begriff der Einigkeit, der zugleich in אחד liegt, hervorgehoben werden.

Die Einzigkeit Gottes wird von der h. Schrift von ihrem ersten Worte an in zahllosen Aussprüchen der Thorah, der Propheten und h. Skribenten gelehrt. Daß das Wort אלהים keinen Plural bedeute, erweist der erste Vers der Schrift, wo der Singular des Verbums ברא daneben steht. Alle Versuche der Missionäre, die Dreifaltigkeit aus Ausdrücken der Schrift zu demonstriren, laufen ebenso gegen die Wortbedeutung wie gegen jede vernünftige Exegese, so daß alle derartigen Spielereien von den wirklichen Exegeten auch der christlichen Confession verneint worden sind.

Die Einzigkeit und Einigkeit Gottes ist die mit der Vernunft allein übereinstimmende Lehre. Gott als das vollkommenste Wesen kann nur einzig sein; jedes göttliche Wesen neben ihm würde sein Wesen, seine Macht und Eigenschaften beschränken, nur theilweise zulassen, und damit ist der Begriff Gott selbst aufgehoben. Ebenso muß er in sich einig, immerfort dasselbige, ohne Verschiedenheit und Mehrheit in sich sein, weil das Gegentheil ihn als unvollkommen, als der Ergänzung bedürftig, mit Theilen und Persönlichkeiten, die sich gegenseitig ausschließen und ausfüllen, zeigen und wiederum den Begriff Gott aufheben würde. Die Einzigkeit und Einigkeit Gottes spiegelt sich aber auch in der Einheit des ganzen Weltalls, in der

Uebereinstimmung aller einzelnen Wesen zur Gesammtheit des Alls ab. Diese kann ohne jene nicht begriffen werden. Das ewige, unveränderliche Sein kann nur ein einziges und einiges sein, weil es, mehr- oder vielfach, zum individuellen, sich verändernden Sein wird. Jede Lehre, die das Gegentheil aufstellt, muß sich daher für ein „Mysterium", für ein Geheimniß ausgeben, das zu begreifen die menschliche Vernunft nicht befähigt, zu prüfen nicht berufen, zu verneinen nicht berechtigt sei, womit aber auch die ganze menschliche Vernunft aufgehoben wird, während doch der Mensch ihrer niemals entrathen kann.

Die Gotteslehre, die darum Monotheismus genannt wird, tritt hiermit ihrem **vierten** Gegensatz, dem **Polytheismus**, d. i. der Vielgötterei gegenüber. Wir brauchen hier nicht noch einmal auszuführen[1]), wie die Religion Israels als Lehre von einem einzigen Gotte der altheidnischen Vielgötterei als voller Gegensatz von Anfang an entgegentrat, und darum im vollen Widerspruch mit der gesammten Welt des Alterthums stand, ob diese die Gottheit begriffsmäßig als eine dreifache, wie die Inder, als eine zweifache, wie die Perser, faßte, und unterhalb dieser unzählige Göttergestalten konkret bildete, oder ob sie, wie Griechen, Römer, Germanen u. s. w. sofort die Gottheit als Affekte und Naturkräfte in tausendfachen Götterbildern reflektirte. Aber auch nachdem die israelitische Gotteslehre in einem Theile ihrer selbst in die allgemeine Menschenwelt eingedrungen, hörte sie nicht auf, überall den Gegensatz zu bilden, wo die von ihr abgeleiteten Religionen von der Einzigkeit und Einigkeit Gottes abwichen, und Dogmen aufstellten, welche jener widersprechen. Darum verneint sie noch heute mit aller Entschiedenheit das christliche Dogma der **Dreifaltigkeit**, sowohl in der bestimmten kirchlichen Fassung, als auch in den Versuchen, dieselbe allegorisch zu deuten. Sie erblickt keinen Unterschied darin, ob **neben** Gott auch andere göttliche Wesen hingestellt, oder ob diese **in** dem einzigen Gotte bestehend verstanden werden; sie kann die wirkliche Annahme eines einzigen Gottes nicht da als vorhanden zugeben, wo innerhalb des göttlichen Wesens

---

[1]) S. Th. I. S. 12, 41 ff.

mehrfache göttliche Persönlichkeiten gelehrt und als Grundlage des ganzen Dogmengebäudes festgehalten werden. Hat die israelitische Gotteslehre daher schon gegen die Vorstellung protestirt (s. oben §. 3), daß Gott Mensch geworden und in Menschengestalt auf Erden gewandelt, um als Mensch zu sterben, und durch seinen Tod die Welt zu erlösen: so thut sie es um so energischer, wenn dieser Mensch gewordene und gewesene Gott fort und fort in der Gottheit persönlich existiren, und außer dem eigentlichen Gott-Schöpfer noch eine dritte göttliche Persönlichkeit „der h. Geist" neben sich haben soll[1]).

Mit gleicher Entschiedenheit verneint die israelitische Gotteslehre jenen Dualismus der Gottheit, der neben Gott als dem vollkommnen Geiste ein „Prinzip des Bösen" — gleich dem Parsismus — annimmt, und dieses als eine vollständige, Gott opponirende, und theils schon überwundene, theils noch zu überwindende Persönlichkeit aufstellt und mit dem Namen „Satan", Teufel belegt, als einen „abgefallenen Engel" betrachtet, ihm auch wohl noch andere Gesellen unterordnet, wie „Belzebub", „Mephistopheles" und dergl., und so, wie, ganz nach dem Muster des heidnischen Götterstaates, Gott ein Engelreich, dem Satan ein ganzes Reich böser Geister, wie Gott den Himmel, so dem Satan die „Hölle" zuweist. Alles dies ist der Gotteslehre von Grund aus zuwiderlaufend, welche Gott als die einig-einzige Gottheit, die Welt als vollkommen und das Böse nur innerhalb der sittlichen Individualität des Menschen anerkennt. In der heil. Schrift kommt שטן als Subst. und Verb. in der Bedeutung „hindern, anklagen, beschuldigen, Gegner sein", vor (4 Mos. 22, 22. 32. 1 Schem. 29, 4. 2 Schem. 19, 23. 1 Kön. 5, 4. 11, 14. 23. 25. Ps. 38, 21. 71, 13. 108, 4. 6. 20. 29.) Außerdem kommt nur שטן oder השטן als Personifikation der menschlichen Schuldhaftigkeit, der niedern Natur im Menschen, und darum der Anklage und Beschuldigung jedoch nur visionair oder in der Dichtung vor bei dem zweiten Sacharjah (520 vor der gew. Zeitr.) 1 Chron. 21, 1. und in der poetischen Szenerie im Prolog des

---

[1]) Vgl. z. B. Böhmer, die Lehrunterschiede der katholischen und evangelischen Kirchen, Th. I. S. 53 ff.

Buches Ijob. Aber auch hier erscheint er nur als einer „der Söhne Gottes", eher als ein von Gott gesetzter Aufseher der Menschen, denn als ein Prinzip des Bösen, als ein substantielles, selbstständiges Wesen, dem irgend eine Macht Gott gegenüber einwohne. Er ist lediglich eine dichterische oder visionaire Figur. (S. unser Bibelwerk Th. III. S. 283. 481. 1037.) Im Gegentheil verbietet das Gesetz auf das Strengste irgend einem Aberglauben zu fröhnen, Feldgöttern und Dämonen (שדים), Wahrsagerei, Zauberei, Todtenbeschwörern, heimlichen Künsten aller Art nachzuhangen, oder sich mit denen zu befassen, die solche Dinge treiben.

„Es werde nicht unter dir gefunden: wer seinen Sohn oder seine Tochter durch's Feuer führt, Wahrsagerei, verdeckte Künste und Zeichendeuterei und Zauberei treibt, und wer Bann spricht und Beschwörung befragt, und Zauberkundiger und Todtenbeschwörer. Denn ein Gräuel des Ewigen ist Jeder, der Solches thut. (5. Mos. 18, 10—12. S. unser Bibelwerk Th. I. S. 434) ¹).

### 6.

## Welche ist die zweite Eigenschaft des göttlichen Wesens? Gott ist ewig.

Ewig heißt: unerschaffen und unvergänglich, ohne Anfang und ohne Ende; weder Gottes Entstehen ist denkbar, noch sein Aufhören, überhaupt sein Nichtsein. Wäre Gott einmal nicht gewesen, so konnte er gar nicht werden, da er sonst seine Ursache in einem

---

¹) Allerdings begegnen wir im Talmud, Midrasch und bei den Rabbinen des Mittelalters bis zu denen des vorigen Jahrhunderts (wir erinnern z. B. an den Streit zwischen R. Jonathan Eibenschütz und Jakob Emden) eine erstaunliche Fülle Aberglaubens hinsichtlich guter und böser Geister, der Talismane (Kamaien) ff., die, aus der Fremde in die jüdische Masse eingeschwärzt, aus dieser auch in etwas höhere Regionen sich mischte, dennoch niemals über den Volksglauben hinauskam, niemals, auch in den dunkelsten Zeiten nicht, zu einem eigentlichen Lehrbegriff der Synagoge wurde. Vielmehr war dies ein Tribut,

außer ihm seienden höhern Wesen haben mußte, so konnte überhaupt Nichts werden.

Zeit ist an sich nichts, sondern nur die Veränderung der Dinge und ihrer Zustände nach einander. Wie ein Ding wird, sich verändert und vergeht, hat es eine Zeit. Durch die regelmäßige Bewegung der Weltkörper, namentlich unserer Erde um sich selbst und um die Sonne, haben wir ein Maß für das Nacheinander der an uns und an den Dingen vorgehenden Veränderungen, ein Zeitmaß. Da aber Gott sich niemals verändert, sich niemals verändern kann, weil er sonst nicht vollkommen wäre, sondern aus einem unvollkommenen Zustande in einen andern unvollkommenen übergehen müßte, weil vollkommen nur immer ein und dasselbige immerfort ist, so hat Gott keine Zeit. Die Begriffe ewig und unveränderlich decken sich.

Die Zeit wird dreifach gedacht, Vergangenheit, Gegenwart und Zukunft. Vergangenheit ist die Zeit von dem Entstehen eines Dinges bis zu seiner Gegenwart; Zukunft die Zeit von der Gegenwart bis zu seinem Aufhören; Gegenwart der Moment, d. i. der Zustand, in welchem es eben ist. Da nun Gott nicht entstanden, so hat er keine Vergangenheit, da er nicht aufhört, keine Zukunft, sondern ihm ist die Zeit nur Eine, nur Gegenwart. — Denn Vergangenheit ist eigentlich die Reihe der Veränderungen oder der sich verändernden Zustände, die ein Ding seit seinem Entstehen bis zu dem Zustande, in welchem es sich eben befindet, nach und nach durchgewandelt; die Zukunft die Reihe der Veränderungen oder der sich verändernden Zustände, die es bis zu seinem Aufhören von dem Zustande aus, in welchem es sich eben befindet, durchwandeln wird. Da nun Gott sich nicht verändert, da er immerfort Dasselbige, so hat er keine Verschiedenheit der Zeit, er hat nur Gegenwart. Bei und vor ihm ist also Alles gegenwärtig, nichts vergangen und nichts zukünftig. Die Ewigkeit ist

---

der der geschichtlichen Periode auch vom Judenthume gebracht, und eben so von ihm wieder ausgeschieden ward, eben so wie seiner Zeit die Astrologie, der Glaube an die Macht und Waltung oder Deutung der Sterne, selbst unter sehr angesehenen jüdischen Gelehrten im Schwange war, welche sogar sie mit den Lehren der Religion in Einklang zu bringen versuchten, wie z. B. noch R. Albo.

also an sich nur eine zweite Manifestation der Einheit — die Einheit in dem Nacheinander des Seins.

Ueber die Bezeichnung Gottes als יהוה „der Ewigseiende" s. oben § 2. — Schon 1 Mos. 21, 33. wird Gott „der Ewige, der Gott der Ewigkeit" genannt. Und ebenso Jes. 40, 28.: „Gott der Ewigkeit ist der Ewige, Schöpfer der Enden der Erde. — 1 Chron. 29, 10.: „Unser Vater von Ewigkeit zu Ewigkeit." — Ps. 102, 13.: „Du aber, Ewiger, thronest in Ewigkeit." — Ps. 104, 31.: „Auf ewig ist des Ew'gen Herrlichkeit." — Ps. 93, 2.: „Fest stehet dein Thron von je, von ewig bist du Gott." — „Ich bin der Erste und ich bin der Letzte und außer mir ist kein Gott." (Jes. 44, 6.) —

Im Texte heißt es ראשון und אחרון, die ihrem Stamme nach eigentlich bedeuten „vor Allem und nach Allem sein", so daß der Vers ausspricht Gott war vor allem Geschaffenen und wird nach allem Geschaffenen sein, wie es heißt: „Ehe denn Berge geboren wurden, und Erd' und Land du erzeugtest, und von Ewigkeit zu Ewigkeit bist du Gott." [1]

### 7.

**Die dritte?**
**Gott ist allgegenwärtig.**

Gott ist überall, so auch in allen Höhen und Tiefen, in allen Nähen und Fernen des Weltalls, in allen Wesen.

Hier frägt es sich nun, wie ist Gott in allen Dingen, ohne diese selbst zu sein? wie ist das Wesen Gottes in ihnen, ohne daß sein Wesen zu ihrem Wesen geworden? Die Antwort lautet: sein Gedanke und sein Wille sind in jeglichem Dinge, dadurch werden die Dinge und sind sie. — Wenn ein menschlicher Künstler oder Werkmeister etwas fertigt, z. B. ein Uhrmacher eine Uhr, so legt auch er seinen Gedanken und seinen Willen in das Werk, denn

---

[1] So heißt es auch in dem schönen Gebete Adon olam: „Zur Zeit, wo Alles durch seinen Willen ward, war er längst; und nachdem das All geendet haben wird, wird er allein sein; ohne Anfang und ohne Ende."

nach jenem und durch diesen fertigt er es, und die Einrichtungen des Werkes werden und sind vermittelst jener. Aber der Mensch kann doch nur den von Gott geschaffenen Stoff nach den von Gott in diesen gelegten Gesetzen verwenden, und es sind nur ganz äußerliche Einrichtungen, Verhältnisse und Formen, die gar nicht zum Wesen des Dinges an sich gehören, die der Mensch hervorbringt, weshalb der Gedanke und Wille des Menschen auch nur ganz äußerlich an dem Dinge haften, das Wesen des Dinges nicht berühren, und somit auch vom Wesen des Menschen selbst nichts in das Ding hineinbringen. Ganz anders mit der Schöpfung Gottes. Hier ist das Wesen des Dinges nur Ausfluß des Gedankens und Willens Gottes, nur die Verkörperung, die reale Erscheinung dieser, so daß diese wesenhaft im Wesen jedwedes Dinges bestehen, das eben nur so wird, ist und vergeht, wie der Gedanke und Wille Gottes in ihm sind. Wenn daher ein menschliches Werk aufhört, dies zu sein, z. B. wenn ich die Uhr zertrümmere, so bleibt noch immer der Stoff, woraus sie zusammengesetzt war, und dessen ganze Art, und könnte zu einem ähnlichen oder andern Werke wieder verwendet werden, während ohne den Willen und Gedanken Gottes das Bestehen des Dinges gar nicht denkbar ist. Auf dem Gedanken und Willen Gottes beruht daher das ganze Wesen des Dinges, ohne daß dieses jene selbst ist. Denn der Weltkörper z. B. verfolgt seine bestimmte Bahn nach dem Gedanken und Willen Gottes, die in ihm verkörpert sind, und die ihm diese Größe, diese Dichtigkeit, diese Gestalt und diese Nähe anderer Weltkörper gaben, durch die nun sein Lauf, d. i. seine Bahn und Geschwindigkeit, bestimmt wird; aber der Weltkörper weiß von allem Dem nichts, es gehört zum Wesen des Weltkörpers, kein Bewußtsein zu haben, und dieses widerstreitet jenem ganz und gar. Während also in dem Weltkörper ein Bewußtsein, d. i. der Gedanke und Wille Gottes, also das göttliche Wesen waltet, so ist doch sein, des Weltkörpers Wesen gänzlich davon verschieden. Dadurch, daß der Gedanke und Wille Gottes in jeglichem Dinge sind, bleibt es auch immerfort der Fügung Gottes unterthan, und Gott leitet jedwedes Ding nach seinem Gedanken und Willen. Denn, wie wir schon mehrfach auseinandergesetzt, geschieht auch in der Natur Unzähliges nicht nach irgend einer Nothwendigkeit, sondern durch das Zusammentreffen, innerhalb dessen erst dann wieder das Naturgesetz sich vollführt. Wie nun Gott diese Fügung für alle Dinge vollführt, ist nur dadurch erklärlich, daß der Wille und Gedanke Gottes immerfort in den Dingen sind, ohne diese selbst zu sein.

Auch der Raum, wie die Zeit (s. §. 6.), ist an sich nichts, sondern nur das Nebeneinandersein der Stofftheile. Da nun aber die Dinge aus verschiedenen Stofftheilen bestehen, so ist der Raum jedes Dinges, wie weit die ihm angehörigen Stofftheile nebeneinander sind, und wo diese Stofftheile des Dinges aufhören, da sind die Gränzen des Raumes, den das Ding einnimmt, und welche die Gestalt desselben bilden. So lagern nun die Stofftheile eines Dinges neben denen des andern, und bilden so das für den Menschen unbegränzte Weltall[1], von dem er freilich nur einen höchst unbedeutenden Theil kennt. Indem aber Gott in allen Dingen ist, existirt für ihn kein Raum. Er ist allgegenwärtig, denn jedes Ding, in welchem er nicht wäre, würde eine Beschränkung, eine Begränzung Gottes sein, und eine solche widerspricht schon dem Begriff Gott. Die Allgegenwart ist demnach an sich nur eine dritte Manifestation der Einheit — die Einheit in dem Nebeneinander des Seins.

„Wohin soll ich vor deinem Geiste gehen, wohin vor deinem Antlitz fliehen? Stieg ich zum Himmel auf: da bist du, und nähm' ich mir die Unterwelt zum Lager: Du bist da! Schwäng' ich der Morgenröthe Flügel, wohnt' an des Meeres Ende, auch dort würd' deine Hand mich leiten, mich fassen deine Rechte. Spräch' ich: ja, Finsterniß wird mich umfangen, zur Nacht wird Licht um mich: auch Finsterniß verfinstert nicht vor Dir, Nacht leuchtet wie der Tag, Dunkel und Licht sind gleich." (Ps. 139, 7—12.)

---

[1] Die Kontinuität des Stoffes im Weltall, daß also eigentlich leerer Raum gar nicht vorhanden, geht schon daraus hervor, daß sonst die allgemeinen Gesetze der Körper nicht ausführbar wären. Daß der Raum zwischen den einzelnen Weltkörpern mit einem gewissen Aetherfluidum erfüllt sei, folgern die Naturforscher aus gewissen Erscheinungen des Lichtes.

„Bin ich es nicht, der Himmel und Erde füllet? spricht der Ewige." (Jirm. 23, 24.) „Seine Herrlichkeit füllet die ganze Erde." (4 Mos. 16, 14. Ps. 72, 19.) „Die ganze Erde ist erfüllt von seiner Herrlichkeit." (Jes. 6, 3.)

Wie wir schon an einer andern Stelle bemerkt, bezeichnet כבוד „Herrlichkeit", das Wesen Gottes selbst. „Die Erde" für die ganze Welt. ¹)

Hieraus geht hinreichend hervor, wie irrig ein neueres Religionsphilosophem, das sich Theismus nennt, zu Werke ging, als es sich dadurch von dem Deismus unterscheiden wollte, daß dieser Gott außerhalb der Welt und der Dinge und dadurch als ein beschränktes Wesen lehre, während er, der Theismus, Gott auch in den Dingen sein lasse, ohne, wie der Pantheismus, diese mit ihm zu indentifiziren. Weder den mosaischen und prophetischen noch den rabbinischen Deismus trifft dieser Einwand. (S. Beilage 2.)

---

¹) Auch die Rabbinen theilen die in den drei letzten Bibelsprüchen ausgesprochene Lehre. So heißt es Berach. 10, 1.: „Wie der Herr füllet die ganze Welt, so füllet die Seele den ganzen Körper." Es wurde daher schon in der Mischna sehr gewöhnlich, Gott durch das Wort מקום zu benennen, welches eigentlich „Raum, Ort", nun aber Allgegenwart bedeutet.

## II. Die Eigenschaften Gottes in seinem Verhältniss zur Welt.

### 8.

**Was ist die Welt?**
**Die Welt ist die Gesammtheit aller erschaffenen Dinge.**

Alles was existirt, außer Gott, gehört zur Welt, die deshalb auch „Weltall", „Universum", (nach biblisch עוֹלָם, הַכֹּל) genannt wird. Wir gewahren die Fülle der Einzelwesen rings um uns, wir sehen sie in ihrer Mannichfaltigkeit und Verschiedenheit, wir erblicken sie im Kampfe mit einander, ja in gegenseitiger Vernichtung; das Wasser löscht das Feuer, das Feuer verzehrt das Wasser, das Licht verschwindet in der Finsterniß, und diese vor dem Lichte, das Thier verzehrt die Pflanze, und eines das andere. Daher ursprünglich die große Schwierigkeit für den Menschen, die Dinge in ihrem Zusammenhange zu fassen, eine Schwierigkeit, aus der zunächst die Vielgötterei entsprang. Allmählig aber werden dem beobachtenden Menschen die gleichen Eigenschaften vieler Individuen einleuchtend, er beginnt diese in Arten, Klassen, Gattungen, Reiche zusammenzufassen, und so untere Kategorien in eine höhere aufgehen zu lassen, bis er die ganze Welt der Erscheinungen, der sichtbaren und unsichtbaren, der ihm bekannten und unbekannten als eine Gesammtheit, als ein Ganzes, als eine Einheit begreift[1]). Er ent-

---

[1]) Wie schwer es dem noch unentwickelten Geiste wird, Einzelheiten zu einer höhern Kategorie zu verbinden, kann Jeder an dem Kinde erkennen, das lange schon 5 Aepfel und 5 Birnen zusammenzählen kann, ehe es zur 10 die höhere

wirft sich von diesem Augenblicke an ein einheitliches Bild von der
Welt, so unvollkommen und irrig auch seine Kenntniß der Einzelheiten ist; vor seiner Einbildungskraft steht der Weltenraum mit
zahllosen Weltkörpern angefüllt, die, eine Anzahl lichtempfangender
(Erden), um je einen lichtgebenden (eine Sonne) kreisend, zu
Systemen vereinigt, und System zu System wiederum in Beziehung
und Einwirkung stehend, eine stetige Ordnung bilden, jeder Weltkörper nach seinen Verhältnissen und Bedingungen mit verschiedenartigen Wesen versehen, die zuerst nach den großen Gestaltungs-
epochen des betreffenden Weltkörpers Wesenreihen bilden, welche
nach einander existiren, innerhalb einer jeden solchen Wesenreihe in
Reiche, Gattungen, Klassen, Arten und endlich Individuen sich
theilen, so zwar, daß kein Individuum dem andern völlig gleicht,
so viele gleiche Eigenschaften sie auch wiederum haben. Alle diese
Wesen eines Weltkörpers bilden ebenfalls eine große Einheit, indem
ihre Existenz sich gegenseitig bedingt, eines dem andern nothwendig
ist, eines immer wieder in das andere aufgeht, innerhalb dieser
Einheit daher ein beständiger Wechsel des Stoffs, der Gestalt und
Organisation durch die Individuen hindurch stattfindet. Die Welt
stellt sich so vom Kleinsten bis zum Größten, vom Individuum bis
zur Gesammtheit, zugleich in der Einheit und in unbegränzter
Mannichfaltigkeit dar, diese am Individuellen, jene in der Verbindung alles Einzelnen zu je einem Ganzen und bis zum Allganzen.

## 9.
### Welches ist das Verhältniß Gottes zur Welt?
### Gott hat die Welt geschaffen.

Es ist die Grundanschauung der in der h. Schrift geoffenbarten Gotteslehre: daß Gott die Welt und die Wesen in ihr geschaffen; daß Alles, was existirt, das Werk Gottes, und daß demnach das Verhältniß zwischen Gott und Allem, was da ist, das

---

Kategorie „Stück Obst" zu finden vermag. Wenn Aristoteles der erste
war, der die Klassifizirung der Geschöpfe mit der Erkenntniß der Einheit in
der Schöpfung verband, so ist es um so höher anzuschlagen, wenn zwölf Jahrhunderte früher die erste Seite der h. Schrift diese Lehren aussprach.

Verhältniß zwischen dem Schöpfer und dem Geschöpfe ist. An die Spitze der h. Schrift ist daher der ausführliche Bericht über die Schöpfung der Welt und aller Wesen nach deren allgemeinen Bedingungen (Licht und Raum), nach ihren allgemeinen und speziellen Daseinsformen (Trennung des Festen und Flüssigen, Bildung der Erde und Weltkörper, Pflanzen, Thiere und Mensch) gestellt, sowie in allen Naturgemälden, welche die Schrift bringt (s. Th. I. S. 119.) die Wesen nach ihren Kategorien aufgezählt werden. Es wird daher in der Schrift Gott עושה שמים וארץ „Schöpfer des Himmels und der Erde" (Pf. 115, 15. 146, 6. und oft), oder קונה שמים וארץ (1 Mof. 14, 19, 22.) oder ברא (z. B. „aller Enden der Erde", Jes. 40, 28) benannt, wobei stets „Himmel und Erde" Ausdruck für die ganze Welt ist. Wie Gott demnach als Schöpfer des Alls erkannt wird, so hat er eben sowohl die Welt des Geistes wie die körperliche Welt geschaffen.

„So spricht Gott, der Ewige, der die Himmel geschaffen, und sie ausgespannt, der die Erde gebreitet mit ihren Sprossen, der Odem giebt dem Volk auf ihr, und Geist den auf ihr Wandelnden." (Jes. 42, 5. Vgl. Amos 4, 13.)

„Auf daß man erkenne vom Aufgang der Sonne und vom Niedergang, daß Nichts ist außer mir, ich bin der Ewige, Keiner noch, der das Licht bildet, und Finsterniß schafft, ich der Ewige thue alles Dies. Träufelt, ihr Himmel, von oben, Wolken rieseln Heil herab, die Erde thue sich auf; sie sollen fruchtbar sein an Hülfe, und Gerechtigkeit sprieße hervor zumal, ich der Ewige, schuf es. Ich habe die Erde gemacht, und den Menschen auf ihr geschaffen, meine Hände spannten den Himmel aus, und all' ihr Heer bestellte ich." (Jes. 45, 6. 7. 8. 12. Vgl. Pf. 89, 12. 13.)

Wie Gott die Welt geschaffen, so weit dies menschlicher Erkenntniß zugänglich, erfließt aus Folgendem: 1) Gott schuf die Welt als Geist, ohne damit aus seiner reingeistigen Natur herauszuschreiten und selbst Stoff zu werden. Darum wird schon im zweiten Verse der Schrift das schaffende Wirken lediglich dem „Geiste Gottes" zugeschrieben ¹)

„Der Geist Gottes webend über den Wassern." (1 Mos. 1. 2.)

רחף bezeichnet keine äußere, sondern eine innere Bewegung, wie Jirm. 23, 9, wo die Bewegung durch eine starke Seelenerschütterung, gleich trunkenem Zustande, hervorgebracht wird. Ganz analog 5 Mos. 32, 11. Es ist daher in diesen Worten weder an Wind, noch an Schweben, noch an etwas Materielles zu denken, sondern allein an die Schöpfungskraft Gottes, die auf die chaotische Masse Leben verbreitend wirkte.

„Der Geist Gottes hat mich geschaffen, und des Allmächtigen Odem mich belebt. (Hiob 33, 4.)

2) Daß er sie geschaffen durch seinen Willen, daß er sie durch diesen immerfort erhält, wie denn die Schöpfung nicht als eine abgeschlossene Thatsache, sondern in immerfortiger Veränderung, Umgestaltung und Erneuerung aufzufassen ist.

Die h. Schrift drückt dies dadurch aus, daß sie alle Dinge auf das Wort Gottes unmittelbar werden läßt, wie „Gott sprach: Es werde Licht: da ward Licht." (1 Mos. 1, 3.)

„Du birgst dein Antlitz: sie verschwinden; nimmst ihren Odem: sie verscheiden, zu ihrem Staube kehren sie. Du sendest deinen Odem: sie werden ge-

---

¹) Dieser Auffassung steht 1 Mos. 2, 2. 3. nicht entgegen, da שבת, abgesehen von dem Typischen für den später gebotenen Sabbath, nicht sowohl ein wirkliches Ruhen (wie נוח oder דמם), sondern aufhören, abstehen von irgend einem Thun (vgl. 1 Mos. 8. 22., Jirm. 31, 36., Ijob. 32, 1.) bedeutet und bezeichnet werden soll, daß, nachdem die Wesen ihre dauernde Gestalt angenommen, sie fürder nach den von Gott in sie gelegten Gesetzen existiren, ohne daß ein neues Schaffen aus dem Stoffe heraus nothwendig (s. hierüber unser Bibelwerk Th. 1. S. 9.). In diesem Sinne wird 2 Mos. 31, 17. zu שבת hinzugefügt וינפש, was, wie wir erwiesen haben, „zu sich selbst kommen", in die rein geistige Persönlichkeit sich zurückziehen bedeutet (s. unser Bibelw. Th. 1. S. 439. 502). Noch spezieller faßt Maimuni das שבת, nämlich „aufhören zu sprechen", weil in der ganzen Schöpfungsgeschichte „er sprach" für den Willen Gottes gesagt wird (Mor. Neb. Th. 1. Kap. 67). Ebendaselbst erklärt er וינפש, da נפש die Absicht und den Willen bedeute, die Absicht Gottes war erfüllt und sein ganzer Wille ausgeführt.

schaffen, und du erneuest der Erde Angesicht."
(Pf. 104, 29. 30.)

3) Daß er die Welt und die Wesen geschaffen, um ihrer selbst willen, nicht aus einem Bedürfniß und als eine Ergänzung seiner selbst, sondern um die unendliche Fülle des Daseins, wie es aus seinem Wesen quillt, zur Erscheinung und in dieser zum Genuß des Daseins jegliches nach seiner Weise, zu bringen.

Vergleiche das große Naturgemälde im Buche Ijob, Kapp. 38—41.

4) Daß er sie geschaffen nach seinem Plane zu einer einheitlichen Weltordnung, an Maß und Zeit gebunden. Es ist diese Lehre insonders, welche die Schöpfungsgeschichte im Beginne der Schrift zu ihrem wesentlichen Inhalt hat. Die Aufeinanderfolge der Schöpfungen, das Schaffen in einer bestimmten Zahl von Tagen, der Uebergang von den allgemeinen Daseinsbedingungen zu den speziellen Daseinsformen, und diese wiederum in aufsteigender Linie, alles dies lehrt in prägnantester Weise die Planmäßigkeit, die Einheitlichkeit, die an Maß und Zeit gebundene Ordnung in der göttlichen Schöpfung.

„**Er schuf die Erde durch seine Kraft, begründete die Welt durch seine Weisheit, und durch seine Einsicht spannte er den Himmel aus.**" (Jirm. 10, 12. 51, 15.)

In der Einleitung zu Schelomoh's Spruchsammlung wird dies so ausgedrückt, daß Gott zuerst die Weisheit schuf und dann erst die wirkliche Schöpfung begann, d. h. in Allweisheit den Plan der Weltschöpfung entwarf, die Gedanken, nach denen alle einzelnen Erscheinungen und Wesen werden sollten, bevor er sie ausführte.

„**Mich (die Weisheit) schuf der Ewige als Anfang seines Weges, vor seinen Werken längst. Als noch die Fluth nicht war, eh' Berge waren eingesenkt, ward geboren ich. Als er bereitete den Himmel, war ich dort, als er die Wolken droben festigte, als er dem Meere seine Grenze setzte, als er der Erde Vesten setzte ein: da war ich bei ihm.**" (Sprüche 8, 22. ff.)

5) Daß er daher zuerst den **Stoff** in seinen einfachen Elementen werden ließ, diesem dann seine Schöpfungsgedanken als allgemeine, unveränderliche Gesetze zu Scheidung und Zusammensetzung einsenkte, aus ihm die Sonnensysteme mit den großen Weltkörpern im Aether erfüllten Raume sich bilden ließ, und auf ihnen die einzelnen Wesenreihen in bestimmten Maßen, Einrichtungen und Gestalten hervorbrachte, alle diese je nach den Bedingungen und Verhältnissen jedes Weltkörpers, und nach den Veränderungen und Umgestaltungen desselben verändert und umgestaltet. Die Gotteslehre erkennt daher dem Stoffe durchaus nicht die Ewigkeit zu, da er, unerschaffen, sonst selbst Gott wäre; sie faßt die Naturgesetze als die Schöpfungsgedanken Gottes in Unveränderlichkeit, darum für die einzelnen Dinge und Erscheinungen als eine Nothwendigkeit, welche jedoch in ihrem Zusammentreffen, soweit sie von einander ihrer Natur gemäß unabhängig sind, der beständigen Fügung Gottes unterworfen sind.¹) Immer also, wenn auch die Wesenreihen oder Gattungen und selbst die Individuen an die Bedingungen und Verhältnisse des Weltkörpers und an die allgemeinen Gesetze gebunden sind, so entstanden und entstehen sie doch nach den freien Gedanken Gottes, da sie alle selbst innerhalb jener Bedingungen und Gesetze noch ganz anders sein und gedacht werden könnten, und erst, nachdem sie jenen göttlichen Gedanken gemäß so geworden, wie sie sind, walten diese Gedanken auch in ihnen als ihre Naturgesetze.²)

---

¹) Wir verweisen, um dies zu verstehen, auf unsere mehrfachen Auseinandersetzungen, daß in der Natur durchaus nicht die Nothwendigkeit überall herrscht. Daß der Löwe die ihm begegnende Gazelle zerreißt, ist eine Nothwendigkeit, daß er aber ihr begegnet, ist eine Fügung. Daß der losgesprengte Fels in das Thal stürzt, ist eine Nothwendigkeit, daß er aber auf keinen Widerstand stößt, in den Waldstrom fällt, denselben staut, ihn zu Ueberschwemmung und einem andern Bette zwingt, wodurch Menschenwohnungen zerstört und ihre Felder verwüstet werden, ist keine Nothwendigkeit, sondern eine Fügung.

²) Wenn man schon, wie einsichtsvolle Astronomen aufgestellt, unser Sonnensystem, selbst nach den Gesetzen der Schwere und des Lichtes, sich ganz anders denken kann, in einfacher Symmetrie, so ersieht man noch weniger, wie etwa eine Lilie, eine Primel, eine Lerche, oder ein Goldkäfer aus einer Nothwendigkeit hervorgegangen sein soll, und erkennt vielmehr bei vorurtheilsloser Beobachtung, daß all diesen Gebilden freie Schöpfungsgedanken zu Grunde liegen.

„Am Anfang schuf Gott den Himmel und die Erde. Und die Erde war wüst und wirre, und Finsterniß über dem Chaos." (1 Mos. 1, 1. 2.)

Man hat vielfach gestritten, ob in diesen Worten „Die Schöpfung aus Nichts" ausgesprochen sei. Allein wenn im zweiten Verse die Erde als in chaotischem Zustande befindlich geschildert wird, was nicht allein durch die Worte תהו ובהו, sondern auch durch תהום (vgl. Jirm. 4, 23.) bezeichnet wird, im ersten Verse aber die Erde geschaffen wird, so kann damit nur die Schöpfung des Chaos, d. i des chaotischen Stoffes, verstanden werden, wie denn auch „am Anfang" nichts anderes als am Anfang alles Daseins bedeuten kann.

„Lobet ihn, Himmel der Himmel, und die Wasser, die über den Himmeln. — Sie sollen loben des Ewigen Namen, denn er gebot, und sie wurden geschaffen. Und er stellte sie fest auf immer und ewig, gab ein Gesetz, das Keiner überschreitet. (Ps. 148, 4—6. Vgl. Jirm. 5, 22.)

6) Daß er die Welt vollkommen geschaffen, vollkommen die Gesammtheit in ihrer Einheit, in dem ordnungsmäßigen Ineinandergreifen aller Weltsysteme, Wesenreihen und Individuen zu einem Ganzen, vollkommen jedes Einzelwesen in seiner Art.

Die heilige Schrift drückt dies in der Schöpfungsgeschichte durch den Zusatz: „Und Gott sah..., daß es gut sei" bei jeder Wesenreihe (1 Mos. 1, 4. 10. 12. 18. 21. 25.), und nach Vollendung der Schöpfung: „Und Gott sah alles, was er gemacht, und siehe, es war sehr gut (V. 31.) aus. Was wir natürliche Uebel nennen, sind dies nicht objektiv, da sie vielmehr in der Gesammtheit der Schöpfung ihre nothwendige und segensreiche Stelle haben, sondern nur nach der Fügung Gottes subjektiv, d. h. für einzelne Individuen, für welche diese Uebel in einem höhern Zweck aufgehen. Der Sturm, der das Schiff an die Felsen schleudert und die darin befindlichen Menschen in die Tiefe stürzt, ist für das gesammte Leben der Wesen auf Erden unentbehrlich, der Tod dieser Menschen aber geht nach dem höhern Zwecke Gottes mit ihnen vor sich, und kann daher nur momentan für sie und die Ihrigen als ein Uebel betrachtet werden. Ueberhaupt aber dienen die ungünstigen Einwirkungen der Elemente und der Kampf mit ihnen für den Menschen zu außerordentlicher Entwickelung seiner geistigen Kräfte, theils um ihre Schädlichkeit für ihn abzuwehren, theils sie zu seinem Nutzen zu verwenden. Ohne sie würde der Mensch seinen großen Entwickelungsgang kaum haben antreten können, so daß aus diesem Gesichtspunkte, was uns individuell und momentan als ein Uebel in der Natur erscheinen könnte, zur Erfüllung unserer ganzen Bestimmung, zur Befriedigung unseres Wesens gereicht.

Hiermit tritt die Gotteslehre ihrem **fünften** Gegensatz und dem weithin bedeutendsten, dem **Pantheismus**, entgegen. Dieser lag in der Tiefe allen heidnischen Religionen, sowie den antiken Philosophemen zu Grunde, trat aber auch zu aller Zeit, so auch in der jetzigen, in philosophischen Systemen hervor. Allerdings wurde in den Mythologieen der pantheistische Begriff, da ihn das Volk nicht fassen und die Priester nicht benutzen konnten, zu Personifikationen und damit zu persönlichen Göttergestalten, ohne daß diese, da sie stets gewisse Naturkräfte repräsentirten, ihre pantheistische Natur wirklich verloren. Selbst der Buddhaismus als die Religion, in welcher der Pantheismus am unumwundensten und abstraktesten auftrat, bis er sich sogar in reinen Atheismus verlor, wurde nach kurzer Zeit durch die Braminen zu einer solchen pantheistischen Mythologie umgeknetet, welche dem Volke mundgerecht ward. — Der Pantheismus identifizirt Gott und die Welt. Er erkennt an, daß es eine Welteinheit und Naturgesetze gibt, welche nicht, wie der Materialismus lehrt, mit dem Stoffe identisch sind, die aber als das Wesen der Dinge in diesen vorhanden sind. Der wesentlichste Unterschied, der eigentliche Differenzpunkt zwischen dem Pantheismus und der Gotteslehre ist daher, daß jener die Ursache der Dinge, daß sie sind und wie sie sind, in ihnen selbst annimmt, während die Gotteslehre die höchste und erste Ursache alles Daseins als das höchste Wesen Gott begreift, dessen Werk also die Dinge sind. Genau genommen erkennt daher der Pantheismus gar keine Ursache an, sondern daß die Dinge selbst sich geschaffen haben. Und hierin liegt denn auch der Angelpunkt seiner Widerlegung. Der Pantheismus tritt hiermit dem ersten Grunde alles menschlichen Denkens und des menschlichen Bewußtseins, daß Alles eine Ursache haben müsse, entgegen. Wie sind die Dinge entstanden, wenn sie aus sich selbst entstanden sein sollten, da sie dann doch eher gewesen sein müßten, als sie waren? Ferner: wie sind die Wesenreihen entstanden, von denen wir doch auf Erden wissen, daß sie in früheren Erdepochen ganz andere gewesen. Wie sind die Sonnensysteme und die ganze Welteinheit geworden? Die Wissenschaft lehrt, daß Alles aus einfachen Atomen zusammengesetzt ist, aber es läßt sich weder eine Nothwendigkeit begreifen, daß die Atome gerade zu solchem Krystall, zu solcher Pflanze, zu solchem Thiere sich zusammensetzen, noch zu solchen Weltkörpern, die wiederum zu solchen Weltsystemen, und diese wieder zur gesammten Welteinheit sich vereinigen. Die Gesetze aber, nach welchen alles Dies geworden, so und nicht anders, jedes einzelnste Wesen, jeder Weltkörper, die ganze Welt, wenn sie keine Nothwendigkeit sind, können nur aus freien Schöpfungsgedanken hervorgegangen sein, die wiederum eher sein mußten, als die Dinge, die ihnen gemäß wurden. Noch weniger läßt sich nach dem Pantheismus die willkürliche Bewegung, die also in jedem Augenblicke sich selbst Impuls wird und in ihrem Zweck und ihrer Richtung kein Gesetz sein kann, begreifen; noch weniger ist ihm das Selbstbewußtsein und die sittliche Freiheit, welche letztere gerade das in dem Menschen waltende Naturgesetz zu überwinden hat und überwindet; am wenigsten die sittliche Weltordnung, durch welche die Entwicklung der Menschheit keine zufällige ist, also auch die göttliche Vorsehung begreifbar. — Begnügen wir uns hier mit diesen Andeutungen, da sowohl alles Vorhergehende wie Nachfolgende die Widerlegung des Pantheismus enthält. (S. Beilage 2.)

Um den Gegensatz der Gotteslehre zum Pantheismus scharf hervortreten zu lassen, hat man zwei Bezeichnungen gewählt, welche jedoch allein zur Charakterisirung des Gegensatzes dienen mögen, an sich aber schiefe Begriffe mit sich führen. Man bezeichnet den Gott der Gotteslehre als ein **außerweltliches und persönliches Wesen**. Mit dem ersteren will man ausdrücken, daß Gott mit der Welt nicht identisch sei, mit dem letzteren, daß Gott an sich sei, nicht die Dinge selbst. Allein indem man Gott außerweltlich nennt, geräth man leicht in einen gleichen Irrthum, wie der Pantheismus. Dieser macht Gott zu einem beschränkten Wesen, da er nur in der Welt und in den Dingen in ihr begriffen ist, das Beiwort „außerweltlich" aber beschränkt Gott, indem er Gott außerhalb der Welt sein läßt. Daß diese Vorstellung aber auch dem ausdrücklichen Worte der h. Schrift widerspricht, haben wir in dem Paragraphen über die Allgegenwart Gottes gezeigt. Wir wählten daher, um dies zu vermeiden, in unsren Vorlesungen über „die Entwicklung der religiösen Idee" den Ausdruck „überweltlich", also über die Welt hinausreichend. Aber auch dieser Ausdruck kann genau genommen, zu demselben Irrthum führen, da man in ihm Gott als blos über die Welt hinaus existirend verstehen könnte. Näher zum Ziele würde der Ausdruck „unweltlich" führen, um Gott so in seinem Wesen von der durch ihn geschaffenen Welt unterschieden zu bezeichnen. — Noch mehr kann das Epitheton „persönlich" bei Gott einen Irrthum herbeiführen, da der Begriff „Person" zwar im Gegensatz zu „Ding" ein selbstbewußtes Wesen bezeichnet, aber immerhin ein abgegrenztes, auf sich beschränktes. Wir können daher diese beiden Bezeichnungen Gottes nur unter der Voraussetzung adoptiren, daß damit die Identität Gottes mit der Welt und den Dingen nachdrücklich verneint werden soll, die ihnen inhärirende Irrung aber abweisen. —

Wollen wir aber nun an dieser Welt als dem Werke Gottes die Eigenschaften Gottes erkennen, welche er an seiner Schöpfung bethätigt hat, und die ihn als Schöpfer der Welt charakterisiren so erwägen wir, daß, um irgend ein Werk zu vollführen, es der **Befähigung**, des **Willens** und der **Kraft** dazu bedarf. Ohne eines dieser drei Momente ist die Ausführung des Kleinsten wie des Größten unmöglich; und wir werden uns daher auch bei dieser Betrachtung an die aufgeführten drei Momente zu halten haben.

### 10.

**Welche ist die erste Eigenschaft Gottes in seinem Verhältniß zur Welt?**

**Gott ist allweise.**

Weise heißt: einen guten angemessenen Zweck fassen und zu dessen Erreichung die guten, angemessenen Mittel wählen. Allweise ist daher: stets die besten Zwecke haben und zu deren Erreichen die besten Mittel verwenden. Die Allweisheit Gottes ist es demnach, welche in der Schöpfung stets zu den besten Zwecken die besten

Mittel verwandte und verwendet; Gott schuf, schafft und erhält Alles zu den besten Zwecken mit den besten Mitteln. Die Allweisheit Gottes ist daher an sich nichts Anders, als die Einheit in der Befähigung.

Wir haben in der Einleitung, in dem Kapitel über die Erkenntniß Gottes aus der Natur (Th. I. S. 95) insonders auch die in dieser durchaus waltenden Gesetzmäßigkeit und Zweckmäßigkeit hervorgehoben und durch Auseinandersetzung und Beispiele dargethan (s. S. 101 ff.); wir haben auch oben die Vollkommenheit der göttlichen Schöpfung, sowohl wie sie die h. Schrift lehrt, als auch die Wissenschaft und Vernunft erweisen, besprochen. Nichts ist in der Welt Gottes ohne Zweck, und dieser Zweck konnte überall kein anderer sein, als er sich darlegt, und jeder Zweck ist nur durch die verwendeten Mittel wirklich und ganz zu erreichen gewesen. Forschen wir nach dem Zwecke, den Gott in der Schöpfung sich gestellt hatte, so erscheint er als der: alle möglichen Formen, Stufen und Arten des Daseins zu schaffen, und, wie die Gesammtschöpfung eine Einheit bildet, die unbegrenzte Mannichfaltigkeit des Einzelseins und der Wesen hervorzubringen. Der Einheit des Universums steht daher die unerschöpfliche Vielartigkeit der Wesenreihen, Wesengattungen, Wesenarten und endlich Individuen gegenüber, und in der Vereinigung dieser beiden gegensätzlichen Momente hat der Schöpfer seine Allweisheit verwirklicht. Wir überschauen unsern Erdkreis; die Einheit des Weltalls spiegelt sich auch hier sowohl in den einfachen Grundtypen ab, welche der unendlich mannichfaltigen Formation zu Grunde liegen, so daß man früher nach einer Urpflanze und einem Urthier suchte, als auch in den einfachen Grundformen aus denen Alles wird, dem Krystall im Anorganischen, der Zelle im Organischen. Und nun diesen gegenüber dennoch welche Verschiedenheit im Reiche des Anorganischen und des Organischen, der Pflanzen- und Thierwelt, nach Zonen und Klimaten; jedes Reich wieder in die verschiedensten Stufen vertheilt, in die mannichfaltigsten Klassen, Gattungen, Arten zerfallen; dabei die Arten, Gattungen, Klassen, die Stufen und Reiche immer wieder vermischt, in Uebergangsformen, welche Besonderheiten aus den getrennten vereinigen, und endlich dennoch jedem der zahllosen Individuen jeder Art einige besondere

Gestaltung gewährt! Erwägen wir nun, daß nach den verschiedenen Perioden unsres Erdballs dieser ganz verschiedenartige Geschöpfe trug und tragen wird, daß jeder Weltkörper, wenigstens jeder Mond und Planet nach seiner Stellung, Bahn, Geschwindigkeit, Größe, Dichtigkeit ff. mit ganz anderen Geschöpfen, von deren Beschaffenheit wir selbstverständlich keine Vorstellung haben, besetzt sind — um eine Ahnung der unbegrenzten Mannichfaltigkeit in der Schöpfung Gottes zu erhalten. — Es kann nunmehr hierbei nicht darauf ankommen, ob wir uns innerhalb unsrer Erdschöpfung wenigstens, eine gewisse Stufenleiter der Wesen zum Bewußtsein bringen, indem die Entwickelung der Arten eine ansteigende Linie verfolgt, da diese doch nur im großen Ganzen erkennbar ist, als vielmehr daß es uns deutlich wird, wie jedes Wesen nach dem Gedanken seiner Schöpfung, nach den gegebenen Bedingungen und Verhältnissen seines Daseins und seiner Gestaltung, nach der eigenthümlichen Beschaffenheit, die er erhalten sollte, ganz „in seiner Art" (למינהו 1 Mos. 1.) ward, was es werden sollte, also vollkommen ist „in seiner Art", und alle Gebilde an ihm zu dem Zwecke seines Daseins zusammenwirken, und jedes Gebilde zu seinem Zwecke angemessen eingerichtet ist. — Wie sich dies nun Alles a posteriori bewährt, und in Licht und Luft, Wasser und Erde Alles, was da ist, seine Zwecke und seine Zweckmäßigkeit uns erweist, in jedem Kelchblättchen wie in den riesigen Cetaceen die Bewunderung des tiefen Gedankens, der außerordentlichen Weisheit, mit der sie entworfen und ausgeführt worden, erregt — so ergibt es sich uns auch schon a priori, denn eine Welt, die fehlerhaft, mangelhaft, zwecklos und zweckwidrig geschaffen wäre, könnte keinen Bestand haben, könnte, bei der unendlichen Komplikation des Daseienden, nicht fort und fort dasein, sondern müßte von einer Revolution in die andere verfallend, schnell in ein chaotisches Durcheinander zurückstürzen. — Bei der Betrachtung der Einzelwesen kommt überall ein zwiefaches Moment zur Erwägung, einen Theils, wie sein Dasein seinen Zweck in sich selbst trägt, also einen Selbstzweck hat, und anderntheils, wie es sich in das Ganze eingliedert, und hier einen Zweck zum Bestande anderer Wesen erfüllt. Auch in der Vereininigung dieser beiden Momente macht sich uns die höchste Weisheit des Schöpfers erkennbar.

„Wie viel sind deiner Werke, o Ewiger! alle hast Du sie mit Weisheit geschaffen." (Ps. 104, 24.)

„Wie groß sind Deine Werke, o Ewiger, sehr tief sind Deine Gedanken!" (Ps. 63, 6.)

„Durch Weisheit gründete der Ewige die Erde, festigte den Himmel mit Vorsicht; durch sein Wissen wurden die Fluthen getheilt, und die Wolken von Thau träufelnd gemacht." (Spr. Sal. 3, 19, 20.)

„Die Weisheit, woher kommt sie? und wo ist der Einsicht Stätte? Gott kennt ihren Weg, er weiß ihre Stätte! Denn zu den Säumen der Erde schaut er, siehet unter dem ganzen Himmel hin. Als er Gewicht dem Winde gab und die Wasser nach Maßen geordnet, da er Gesetz dem Regen gab, Bahn dem Wetterstrahl: Da sah er sie (die Weisheit) und maß sie ab, verwirklichte, erschöpfte sie." (Ijob. 28, 20. 23—27.)

Daß in der Schöpfung Gottes nichts zufällig, in allem Absicht, Maß und Ordnung ist, drückt der heilige Sänger dadurch treffend aus, daß er Dingen, welche der gewöhnlichen Beobachtung untergeordnet, wirre, zufällig, maßlos erscheinen, von Gott gerade das ertheilen läßt, was ihnen nach jener zu fehlen scheint, da hat der mit ungeheurer Schnelle dahinrasende Sturm ein bestimmtes Gewicht, der unermeßliche Wasserschwall ein geordnetes Maß, eine genaue Vertheilung über alle Theile des Erdballs, der Regen — man denke an die Laune der Witterung und den Flug der Wolken — folgt sicheren Gesetzen, und auch der Blitz hat seine bestimmte Bahn, so daß er nothwendig an dieser und keiner anderen Stelle einschlägt. Wenn alles dies in der Jetztzeit denen unzweifelhaft ist, welche sich naturgeschichtlich unterrichtet haben, wie hoch müssen wir die Einsicht anschlagen, welche in so grauer Vorzeit den von der Gotteslehre erfüllten Männern Israel's einwohnte, da sie alle diese Erkenntniß in so sicheren, klaren und dabei schwungreichen Worten auszudrücken verstanden!

Das große Naturgemälde im letzten Theile des Buches Ijob, wie es die Gesetzmäßigkeit, an welche Alles in der Natur gebunden ist, zum Bewußtsein bringt — „kennst du die Satzungen des Himmels?" (38, 33.) — hat insonders zum Inhalt, zu zeigen, daß Alles in der Natur seinen Selbstzweck hat, daß Alles um seiner selbst willen da ist, und daß nichts irriger als der in kindlichen Zeitaltern und bei noch ungebildeten Menschen verbreitete Gedanke sei, die ganze Erdenschöpfung sei um des Menschen willen da; weshalb mit besonderer Betonung hervorgehoben wird, wie Gott große Landstriche bewässert und bewachsen läßt, zu denen kein Mensch kommt, und wie gerade die bedeutendsten Erdgeschöpfe dem Menschen niemals unterthan werden. Die vielfach mißverstandenen Gedanken dieser Kapp. 38—41 des Buches Ijob, **die** gerade deshalb eine besondere Wichtigkeit haben, weil das Buch außerhalb der unmittelbaren Schriftenreihe vom Pentateuch an steht, haben wir in unserem Bibelwerke Th. III S. 599 folgendermaßen ausgedrückt und führen sie hier an, weil sie zur sorgfältigen Darstellung der Schriftanschauung zweckdienlich sind: „Die hauptsächlichsten Sätze, die hier ausgesprochen werden, **sind:** 1) Das ganze Weltall ist in wunderbarster **Weisheit und Zweckmäßigkeit** geschaffen und Alles **in bestimmter Weise** gegründet und abgegrenzt; 2) der Mensch vermag nicht allein Solches nicht selbst hervorzubringen und nicht zu beherrschen, sondern auch nicht ganz zu begreifen; alles innerste Wesen und aller Umfang des Geschaffenen bleibt ihm verborgen, denn **er ist an Kraft,** an Lebensdauer und Einsicht beschränkt; 3) Alles in **der Schöpfung** hat seinen Selbstzweck, da Vieles **ganz außerhalb des Menschenkreises** steht und demselben nicht dient (38, 26. 27. 39, 7—12.), da ja von Gott Größtes und Furchtbarstes, das der Mensch nicht zu überwältigen vermag, geschaffen **worden**, und das also seinen Zweck allein in sich trägt, zugleich aber auch die Uebel **verursacht,** die nach dieser ganzen Darstellung **als** für den Menschen **unentbehrlich** angesehen werden müssen (40, 25. 26 — 32.); 4) **Gottes Allmacht, Allweisheit und Allgüte** ist also unwiderlegbar aus der Natur erwiesen, und um so mehr muß **der Mensch auch** in seinen Geschicken dieselben Eigenschaften Gottes **waltend** anerkennen und Recht und Gerechtigkeit als von ihm geübt voraussetzen, auch da, wo er sie in ihren Motiven nicht zu erkennen glaubt" (40, 7—14.).

Hinsichtlich der Vereinigung der Einzelwesen **zu** gegenseitigem Dienste **hebt die Schrift öfter hervor, wie sich** selbst die gegensätzlichsten Dinge hierin mit einander berühren, **wie das Größte dem Kleinsten, das Stärkste dem Schwächsten, das Härteste dem Zartesten dient.** Z. B. Pf. 104, 18.: „Die hohen Berge sind für Geise, die Felsen Zuflucht für Bergmäuse." Der Zusatz die „hohen" zu „Berge" deutet darauf hin, wie die höchsten, bis in die Wolken sich thürmenden Berge bestimmt sind, zum Aufenthaltsorte für — Steinböcke, und von ihnen erklettert zu werden, die Felsen, aus dem härtesten Granit ansteigend, zu Schlupfwinkeln für — Bergmäuse, die sich dennoch in sie hineinwühlen. — So ist in der Schöpfung **Gottes** das Höchste mit dem Kleinsten, das Erhabenste mit dem Geringsten in unmittelbare Verbindung gesetzt.

Aber eine sehr bedeutsame, durch die ganze heilige Schrift reichende Anschauung ist: daß bei der Einheit des göttlichen Wesens auch eine vollkommene Einheit seiner natürlichen und moralischen Zwecke stattfindet, und daß er daher mit seiner Fügung innerhalb der Naturerscheinungen die Fügung in den menschlichen Angelegenheiten innigst verbindet, daß demnach eine jede größere Naturerscheinung außer ihrem natürlichen Zwecke auch einen providentiellen Zweck zur sittlichen Einwirkung auf die Menschen habe. Wenn die Schrift über die große noachidische Fluth berichtet, so deutet sie zwar an, daß durch diese die Schöpfung der Erde erst eigentlich vollendet, und die regelmäßige Gestaltung innerhalb derselben bewirkt werden sollte [1]), aber das Hauptgewicht ihrer Darstellung legt sie auf den moralischen Zweck, durch diese Fluth ein zur sittlichen Entwicklung unfähiges Menschengeschlecht zu beseitigen und dafür eine für die Offenbarung fähige und ihr zureifende Menschheit an die Stelle zu bringen. Der lokale Ausbruch, durch welchen das Siddimthal dem todten Meere Platz machte, dient dazu, die sündigen Bewohner Sedom's und Amorah's zu bestrafen. So werden denn auch Dürre, Ueberschwemmung, Unwetter, Seuchen, nicht als bloße Naturereignisse betrachtet, sondern auch als Werkzeuge Gottes, um die Menschen über ihre Abhängigkeit und Strafbarkeit zu belehren, die Uebermüthigen zu demüthigen, die Erkenntniß Gottes zu bewirken, die Guten zu befestigen, die Bösen zu warnen, die Menschen zu lohnen und zu strafen. Diese Anschauung ist den jetzigen Menschen fremd geworden. Gewohnt, die Naturerscheinungen als Konsequenzen der in der Natur waltenden Gesetze zu betrachten, wollen sie ihnen jeden moralischen Zweck fern gehalten haben. Sie fühlen sich hierzu um so eher gedrungen, als allerdings mit jener biblischen Anschauung von pfäffischer Seite der ärgste Mißbrauch getrieben worden ist. Ist es aber Zeit, zu einer objektiven Ueberzeugung zurückzukehren, so müssen wir die angeführte biblische Anschauung noch einmal prüfen, und können, da die heilige Schrift sie konsequent durchführt, sie nicht blos für einen modus narrandi (etwa als eine „naive Darstellungsart") erklären. Wir erinnern daran, worauf

---

[1]) S. 1 Mos. 8. 21. 22.

wir wiederholt aufmerksam gemacht, daß die Nothwendigkeit, mit welcher die Vorgänge in der Natur nach den Naturgesetzen geschehen, durchaus nicht auch innerhalb der Natur die göttliche Fügung entbehrlich macht, durch welche das Zusammentreffen der einzelnen Geschehnisse, die dann den Gesetzen gemäß vor sich gehen, herbeigeführt wird. Der Felsen stürzt herunter, wenn seine Unterlage durch Sprengen, Regen, Verwitterung oder Erdhebung naturgesetzlich so unterwühlt worden, daß sie ihn nicht mehr halten könnte, daß sich aber gerade der Hirt und seine Heerde an dem Orte befanden, wohin der Fels stürzen mußte, das ist kein Naturgesetz, das ist göttliche Fügung, und so durchgehends. Werden also auch die Naturerscheinungen, so gesetzlich sie geschehen, dennoch durch Zusammenfügung der einzelnen, nicht allein in nothwendigem Zusammenhange stehenden Vorgänge also durch göttliche Fügung bewirkt: so ist es ein Postulat der Einheit und Allweisheit Gottes, daß, so weit sie die Menschenwelt berühren, auch providentielle, also moralische Zwecke damit verbunden sind. Dies drängt uns denn auch die Geschichte in vielen Beispielen auf, und es wäre z. B. doch ein sehr flacher Glaube an die göttliche Vorsehung, wenn wir in dem außerordentlichen Winter von 1812 und 1813, durch welchen ganz eigentlich die Macht Napoleon's gebrochen wurde, nur eine zufällige Naturerscheinung sehen, und nicht eine Absicht Gottes, den Völkern die Bahn zur Erhebung gegen die übermüthige despotische Macht und zum Beginn einer neuen Entwickelung, wie sie jetzt in ihren ersten Resultaten zu Tage zu kommen anfängt, zu eröffnen. Freilich! muß hier in der Betrachtung einzelner Vorgänge große Vorsicht geübt werden, um nicht Gott einseitige und kleinliche Absichten unterzuschieben, und die Naturbeobachtung zu verdunkeln. Sicher aber erscheint uns die Allweisheit Gottes erst in ihrem wahren Lichte, wenn wir sie auf dem Grunde der biblischen Anschauung in allen ihren Zwecken als einheitlich und allseitig, und Natur und Menschenwelt in ihrem tiefen Zusammenhange erkennen. Doch hierüber an der geeigneten Stelle.

## 11.

**Welche ist die zweite Eigenschaft Gottes** in seinem Verhältniß zur Welt?

**Gott ist die Allliebe (Allgüte).**

Gut ist einfach das, was Anderen Nutzen schafft, schlecht, was Anderen Schaden thut, und gleichgültig, was dem Thäter nützlich ist, ohne Anderen Schaden zuzufügen. Allgütig ist Gott, weil all sein Thun niemals ihn selbst, sein Bedürfniß, seinen Nutzen zum Inhalt hat, sondern Gott das All und die Wesen um ihrer selbst willen geschaffen hat, schafft und erhält. Das Motiv des Schöpfers zu und in seiner Schöpfung war und ist daher die Allliebe. Die Liebe an sich ist keine Leidenschaft, wenn sie nicht durch eine besondere Neigung zu irgend einem Genuß, z. B. dem sinnlichen, dazu wird, die Liebe an sich ist die Befriedigung des reinen und totalen Wesens an sich; so weit daher ein Wesen liebt, ist es rein, und so weit es rein ist, liebt es. Das allreine Wesen, Gott, ist so die Allliebe; wie denn alle Liebe nur ein Ausfluß Gottes ist; während Haß der Ausfluß der potenzirten Selbstsucht des Einzelwesens ist. Die Allliebe oder Allgüte ist daher die Manifestation der Einheit Gottes im Willen.

Der Wille oder die Absicht Gottes in der Schöpfung der Wesen war und ist, daß sie ihr Dasein haben und genießen, sowie und soweit dieses ist. Es ist hierbei selbstverständlich, daß das Einzelwesen, wie die Gesammtheit es eingeordnet hat, so auch ihr untergeordnet ist, so daß es sein Dasein jener hingeben muß, sobald dies ihrem Bestande nothwendig ist. Es ergiebt sich auch, daß in der Oekonomie der Schöpfung immer nur das untergeordnetere Wesen in die höhere Ordnung aufgeht, und die Wesen höherer Ordnung dem Bestande der unteren nur durch ihre Ausscheidungen und im Zustande der Zersetzung dienlich und nothwendig sind. Wenn die organische Welt auf dem Grunde der anorganischen, die Thierwelt auf der Unterlage der Pflanzenwelt, die höher organisirten Thiergattungen auf der Basis der niedrigeren

animalischen Wesen bestehen ¹): so steigt in gleicher Weise von der
untersten Pflanzenstufe an die Empfindung des Daseins innerlich
und äußerlich in immer größerer und feinerer Entfaltung, bis es
im Menschen aus der Empfindung zum Bewußtsein wird. Ist es
auch dem Menschen nicht gegeben, geradezu in die Empfindungswelt selbst der ihm nächsten Wesengattungen, noch weniger der nie-
derern sich zu versenken, so zeugt doch der in allen thierischen und
wenn auch durch schwächere Anzeichen in einigen Pflanzenwesen sich
kundgebende Selbsterhaltungstrieb die willkürliche und unwillkür-
liche Abwehr alles Schädlichen, die eifrige Aneignung des Nützlichen und Angenehmen, sowie auch insonders der in allem Organischen waltende Fortpflanzungstrieb für die vorhandene Empfindung
des Daseins und den Genuß des Daseins, die, werden sie auch desto
dunkler, je weiter sie sich vom Bewußtsein entfernen, dafür an dem
Nichtwissen nahender Gefahr, an der Sorglosigkeit und Unmittelbarkeit des individuellen Daseins gewinnen. Wenn der Naturforscher über den Dichter lächelt, wenn derselbe die aufsteigende
Lerche ein Loblied des Schöpfers anstimmen läßt, der Pflanze die
Fröhlichkeit des Wachsthums und der Blüthe zuschreibt, so kann
er doch nicht leugnen, daß auch das Thier durch mannichfaltige
Anzeichen die Gefühle des Genusses und des Vergnügens, des
Wohlbefindens und der Behaglichkeit zu erkennen giebt, und daß
die Pflanze, die sich dem Lichte zuwendet und ihren Kelch dem
Strahle der Sonne entgegenhebt, dies aus der Empfindung des
Wohlgefühls heraus thun muß. Nicht zu übersehen ist hierbei, daß
Pflanzen und Thiere überall den Klimaten, denen sie angehören,
und der Lebensart, für die sie bestimmt sind, gemäß eingerichtet
und ausgerüstet worden, so daß sie von den Elementen wenig zu
leiden haben, und ihnen ohne Nachtheil und Kampf Trotz bieten.

Allerdings ist der durch die Natur selbst erwiesene Satz, daß

---

¹) Es ist dies so sehr der Fall, daß, während die Pflanzen nur anorganische
Stoffe in sich aufnehmen, die Thiere nur von Stoffen leben, welche bereits ein
organisches Leben durchgemacht, nämlich von vegetabilischen und animalischen,
und daß z. B. in den Polargegenden eine außerordentliche Fülle thierischen Lebens sich lediglich auf der das grönländische Meer als Gallerte erfüllenden
Masse Medusen aufbaut.

jedes Wesen geschaffen ist, um sein Dasein zu haben und zu genießen in seiner Art, hinsichtlich eines Geschöpfes nicht zutreffend. Der Mensch, der von seiner Kindheit an zu Arbeit und Mühe bestimmt ist, der seine Existenz nur durch tausendfältige Anstrengungen und Sorgen erhalten kann, der um dessentwillen den Kampf mit den Elementen auf sich nehmen, und zur Befriedigung seiner Bedürfnisse die Herrschaft über die anderen Geschöpfe der Erde sich mühselig durch die Waffen des Geistes und die Kräfte seines Körpers erringen muß; der Mensch, der im Schooße der entwickelten Gesellschaft die Jahre seiner Kindheit in den Schulstuben, die Zeit seiner Jugend zur Erlangung irgend einer Erwerbsfähigkeit, seine Manneskraft auf die Gewinnung und Behauptung irgend eines Platzes in der Gesellschaft verwenden muß, und dabei nicht einmal sicher ist, daß nicht noch schwerere Bürde sich ihm auf den gekrümmten Rücken des Alters legt; der Mensch, der dabei den Leidenschaften, ihren verderblichen Einflüssen und Folgen ausgesetzt, bei seinen vielfachen und innigen Beziehungen zu Anderen den mannichfaltigsten Schmerzen, Kränkungen, Verlusten immerfort zugänglich ist; der Mensch, der durch eine reiche Beobachtung und Erfahrung die tausendfachen Gefahren kennt, die ihm drohen, und durch dessen Herz daher Schrecken, Aengste und Besorgnisse aller Art gehen; der Mensch, dessen Geist von so vielem Verlangen, Streben, Sehnsucht, Zweifel und Täuschung erfüllt, und dessen Leib um so mehr dem verschiedenartigsten Siechthum unterworfen ist; der Mensch kann nicht als ein Wesen betrachtet werden, das zum Gefühl und Genuß seines Daseins bestimmt ist. Wenn auch viele dieser Uebelstände dadurch aufgewogen werden, daß dem Menschen durch seine höhere Begabung und sein ungleich reicheres Leben eine Menge von Freuden und Genüssen dargeboten ist, von denen selbst das höchst organisirte Thier keine Ahnung hat, so hält sich dies doch im günstigsten Falle mit jenen so im Gleichgewichte, daß der aufgestellte Satz auf den Menschen unanwendbar bleibt. Wir werden aber hiermit nur darauf hingewiesen, daß der Mensch einen andern, und zwar höheren Zweck haben müsse, welchem jener Zweck aller anderer uns bekannten Erdenwesen untergeordnet sei. So wie wir nun in der anorganischen Welt, und vielleicht auch noch in der unteren Pflanzenwelt, nur den Zweck dazusein erkennen können, die höhere Pflanzen- und die ganze Thierwelt in ihrem Zwecke sich darüber hinaus zur Empfindung und zum Genusse des Daseins erhebt: so besaßt der Mensch zwar auch diese beiden Stufen des Zwecklichen, steigt aber noch zu einem höheren hinan, nämlich zur Entfaltung und Vervollkommnung seiner geistigen Kräfte, um dadurch eines jenseitigen Lebens befähigt zu werden. Haben wir die Erörterung und Erweisung dieses höheren Zweckes des Menschen später zu geben, so bemerken wir schon hier, daß, sowie zu diesem Zwecke die aufgeführten Unbillen nothwendig waren und ohne sie jener gar nicht erreichbar wäre, diese höhere Bestimmung des Menschen der Allliebe Gottes völlig entspricht. Dem, was der Mensch im Erdenleben zu tragen hat, steht was ihm an Freude und Genuß geboten ist gegenüber, die ganze Fülle des Heils aber ist ihm für ein weiteres Dasein verheißen.

„Gütig ist der Ewige Allen, und sein Erbarmen reichet über alle seine Werke." (Pf. 145, 9.)

„Danket dem Ewigen, denn er ist gütig, ewig währet seine Gnade." (Pf. 106, 1.)

„Erhöre mich, Ewiger, denn deine Huld ist gütig, nach der Fülle deines Erbarmens wende dich zu mir." (Pf. 69, 17.)

„Fühlet und sehet, wie gütig der Ewige, Heil dem Manne, der ihm vertraut." (Pf. 34, 9.)

„Des Ewigen Gnade hört nie auf, sein Erbarmen endet nicht, neu ist es jeden Morgen." (Klagl. Jirm. 3, 22. 23.)

Erhebend ist es, diese Worte des Propheten und die darauf folgenden, mitten in den Schilderungen des unermeßlichen Jammers und Mißgeschickes, die über das zerstörte Jerusalem und sein zertrümmertes Heiligthum gekommen, zu lesen, und ein Loblied der göttlichen Barmherzigkeit mitten aus dem unsäglichen Weh des auf den Ruinen des Tempels sitzenden Sehers aufsteigen zu sehen.

„Ich liebe euch, spricht der Ewige." (Mal. 1, 2.)

„Mit ewiger Liebe liebe ich dich, und trage dir darum Huld nach." (Jirm. 31, 3.)

„In seiner Liebe und seiner Erbarmung erlöst er sie, erhebt und trägt sie alle Tage der Ewigkeit." (Jesch. 63, 9.)[1]

### 12.

Welche ist die dritte Eigenschaft Gottes in seinem Verhältniß zur Welt?

**Gott ist allmächtig.**

Die Welt, die Schöpfung Gottes, erscheint uns als unbegrenzt, unendlich (s. Th. I. S. 95): so muß auch die Macht Gottes, die Kraft, welche die Welt geschaffen hat, eine unbegrenzte, eine unendliche sein. Sie kennt keine Hindernisse, keine Schwierigkeit. Da Alles nur ihr Werk ist, muß Alles ihr unterthänig sein. Jede Beschränkung, jede Grenze, jede Sonderung ist für Gott nicht da, und ist vom Begriffe Gottes ausgeschlossen. Die Allmacht ist die Manifestation der Einheit in der Kraft, im Können und Vollbringen.

Man könnte sagen, die Allmacht Gottes findet darin ihre Schranke, daß sie erstens nichts Unweises und nichts Unrechtes thun, zweitens, daß sie Geschehenes nicht ungeschehen machen könne. Allein Beides ist keine Beschränkung der göttlichen Allmacht, weil Geschehenes ungeschehen machen einen Widerspruch seines spätern Willens mit seinem frühern Willen, weil Unweises und Unwahres einen Widerspruch mit seinem Wesen, das aus Allweisheit und Allgüte ist, voraussetzte, dieser Widerspruch aber undenkbar ist. Da jede Kraftäußerung aus dem Willen, dieser aus dem Wesen hervorgeht, so besteht die Allmacht Gottes darin, den aus dem göttlichen Wesen geflossenen göttlichen Willen sofort und ganz und gar zur Ausführung zu bringen, und da hierin keine Beschränkung möglich ist, so ist die Macht Gottes unendlich, die Allmacht.

Die Allmacht Gottes ist es also, welche das Weltall nach dem in seiner Allweisheit entworfenen Plan zu den Zwecken seiner Allliebe geschaffen und immerfort im Werden, Sein und Vergehen er-

---

[1] Auch in den Gebeten Israels, gerade in sehr alten Stücken, wird die Allliebe Gottes (אהבת רבה) wiederholt gefeiert.

hält. Sie schuf den unermeßlichen Stoff, senkte ihm die göttlichen Gedanken als Gesetze ein, bildete und bildet die Wesen fort und fort und vereinigt sie zu einem unbegrenzten, einheitlichen Ganzen.

„Siehe, Gott in seiner Allmacht ist hocherhaben." (Ijob 36, 22.)

„Siehe, du hast den Himmel und die Erde gemacht durch deine Allmacht und Allgewalt: nichts ist zu wunderbar für dich." (Jirm. 32, 17.)

„Der den Sternen Zahl bestimmt, sie alle nennt mit Namen, groß ist unser Herr, allmächtig, seine Einsicht unermeßlich." (Pf. 147, 5.)

„Durch des Ewigen Wort sind die Himmel geschaffen, durch seines Mundes Hauch all' ihr Heer. Denn er spricht, und es wird, er gebeut, es steht da." (Pf. 33, 6. 9.)

Schon ein alter Grieche, Longinus [1]) (um 250), fand das erhabenste Gemälde der göttlichen Allmacht in dem großen Worte Moscheh's: „Gott sprach: es werde Licht, und es ward Licht." Das sofortige Werden der unermeßlichen Fülle des Lichtes auf das Wort, d. h. den Gedanken Gottes zeichnet die Allmacht Gottes sicherer und majestätischer, als große Abhandlungen. Aehnlich der Psalmist an der zuletzt angeführten Stelle.

Hierher gehört denn die bei dem ersten Jeschajah, Jirmejah, Secharjah und Maleachi so überaus häufige, in der Thora und im Buche der Richter niemals vorkommende Bezeichnung Gottes ה' צבאות oder אלה צבאות, einige Male ה' אלהי צבאות, selten אלהים צבאות und ה' אלהים צבאות, „Gott der Heerschaaren", unter welcher der Schöpfer und Herr aller Wesen (vgl. 1 Mos. 2, 1), insonders aber der den Himmel erfüllenden Weltkörper zu verstehen ist, gewöhnlich übersetzt: „Gott der Heerscharen" (nämlich der Himmelsheere). —

---

[1]) Longinus περὶ ὕψους Kap. 9.

## III. Die Eigenschaften Gottes in seinem Verhältniss zum Menschen.

### 13.

**Was ist der Mensch?**

Das Wesen, welches in der Verbindung des vorzüglichst gebauten Körpers mit einem gottebenbildlichen, sich immerfort entwickelnden und unsterblichen Geiste besteht.

„Der Ewige Gott bildete den Menschen Staub vom Erdboden und blies in seine Nase Seele des Lebens." (1 Mos. 2, 7.)

„Gott schuf den Menschen in seinem Ebenbilde, im Ebenbilde Gottes schuf er ihn." (1 Mos. 1, 27.)

„Der Staub kehret zur Erde zurück, wie er diese gewesen, und der Geist kehrt zu Gott zurück, der ihn gegeben." (Koh. 12, 7.)

1. Unter den Geschöpfen der Erde nimmt der Mensch den höchsten Platz ein, nicht blos wegen seiner geistigen Fähigkeiten, sondern auch schon wegen der feineren und höheren Organisation seines Körpers und der Vorzüge, mit denen dieser begabt ist, und wodurch allein er befähigt erscheint, das geschickte und stets bereite Werkzeug des Geistes zu sein. Es ist hier nicht der Ort, diese höhere Organisation des Körpers ausführlich zu schildern, und findet diese auch zum Theil in Beziehungen und Regionen statt, welche sich chemisch und anatomisch nicht darthun lassen. So ist es in-

sonders das Nervensystem und Nervenleben, vorzugsweise auch das Gehirn, welches im Menschen weit entwickelter auftritt, als bei allen Thieren. So gewinnen die Hemisphären des großen Gehirns bei keinem Thiere eine so vollkommene Ausbildung wie bei dem Menschen; das kleine Gehirn tritt schon bei den Säugethieren zurück; die s. g. Brücke findet sich schon bei den letzteren nur im verjüngten Maßstabe. Weniger sichere Resultate sind hinsichtlich der Quantität des Gehirns und der Qualität seiner Substanz; bis jetzt gewonnen, doch ist das menschliche Gehirn bis auf wenige Ausnahmen das größte. Um aber Einiges mit Bestimmtheit bewußt zu machen, stellen wir hier die Vorzüge auf, welche den Menschen besonders auszeichnen.

a. Die aufrechte Stellung und der aufrechte Gang. Daß diese nicht etwa eine Angewöhnung, nur etwas Angelerntes bei dem Menschen, sondern daß vielmehr der ganze Bau des menschlichen Körpers darauf berechnet und eingerichtet ist, ergiebt sich leicht aus dessen Betrachtung. Schon die Wirbelsäule erhielt bei dem Menschen deshalb eine andere Bestimmung und Einrichtung als bei den Thieren, so daß bei ihm die Wirbelbeine gleich einzelnen Bausteinen auf einander geschichtet und aufgerichtet sind, wodurch die Wirbelsäule einem elastischen Stabe gleicht, oder einem Stativ, das zugleich Brust und Unterleib und selbst den Kopf trägt. Dann giebt das Becken, indem es den unteren Theil der Wirbelsäule zwischen sich faßt, dem Rumpfe des aufrecht stehenden Menschen eine breitere Grundlage und bildet gleichsam ein Piedestal, auf welchem die übrige Masse desto sicherer aufgeschichtet werden kann. Die beiden unteren Extremitäten stützen den Rumpf gleich zwei Säulen und halten ihn aufrecht. Da die beiden Hüftgelenke die ganze Last des aufgerichteten Oberkörpers zu tragen haben, so erweisen hier äußere Schutzmittel diese Bestimmung, die in einem so hohen Grade angebracht sind, wie bei keinem anderen Gelenke. Die Rolle des Piedestals tritt von Neuem am Fuße deutlich hervor. Die Knochen desselben bilden eine lange und breite Platte. Obgleich der Bau des Fußes in vieler Beziehung mit der Hand übereinstimmt, so unterscheiden sie sich beide doch so sehr von einander, daß die Verschiedenheit ihrer Grundbestimmungen vollständig klar wird; das unterste Piedestal unseres Körpers bietet eine feste Grundfläche dar, klammert sich an möglichst vielen Punkten am Boden an, verhütet die gleitende Reibung und ändert die Befestigungsstellen nach Bedürfniß; dahin zielt die Beschaffenheit aller einzelnen Theile des Fußes, während die Hand für eine freiere Beweglichkeit geschaffen ist.[1] — Aber auch einzelne Vorrichtungen des Körpers erweisen die Nothwendigkeit des aufrechten Ganges, wie z. B. die Augenhöhle so tief und die Stirn über das Auge so hervorragend ist, daß bei einem Vierfüßlergange der Gesichtskreis des Menschen der allerbeschränkteste wäre. — Diese aufrechte Stellung ist eine Bürgschaft seines Wesens und Gebahrens mehr; er ist dadurch wahrhaft als König der Erdenschöpfung, der Erde und dem Himmel zugleich angehörig, bezeichnet; sein Blick schweift dadurch nicht blos über die Erde und ihre Höhen hinweg, sondern umfaßt auch den Horizont, nimmt das Bild des Himmelsgewölbes in sich auf und beobachtet die Gestirne.

b. Die feine Bildung der Hände. Das Prinzip der freien Beweglichkeit tritt schon in den meisten Theilen der Arme hervor. Da sie nur ihr eignes Gewicht zu tragen haben, so gewann schon das Schultergelenk den ungehindertsten Spielraum und ist das freieste Gelenk unsres Körpers. Der ganze Oberarm ist schlanker und leichter als der Oberschenkel, und der Vorderarm besitzt nicht jene Stärke nnd pfeilerartige Gestalt wie das Schienbein. Die Handwurzelknochen bilden ein gegliedertes System kleiner Theile. Die schlanken Finger haben statt der zurücktretenden Zehen größere Länge, damit jeder ihrer Theile die verschiedenartigsten feinen Bewegungen mit eben so viel Zweckmäßigkeit als Schnelligkeit vollführen kann. Hierzu kommt nun eine ganz außerordentliche Verästelung des Tastnerven in die Fingerspitzen, dessen Enden bis dicht an die Oberhaut gehen und hier nur zur Hut in sehr kleine Drüschen eingesenkt sind. So ist der Arm für freie mechanische Kunstfertigkeiten bestimmt, und die Hand geschickt zur Vollstreckerin der mannichfaltigsten Befehle des Geistes zu werden. Wer nur einen kurzen vergleichenden Blick auf die Bildung der Vordertatzen der

---

[1] Vgl. Valentin, Physiologie des Menschen S. 257 ff.

entwickeltsten Thiere und der menschlichen Hand wirft, wird es inne werden, daß nur diese zur Vollbringung der außerordentlichen Geschicklichkeit, zur Handhabung der feinsten Instrumente und dabei zu ungewöhnlichster Ausdauer in Wiederholung einer und derselben mechanischen Verrichtung geeignet ist — und was wäre der Mensch ohne diese Kunstfertigkeiten und deren Möglichkeit?

c. Hieran schließt sich die **feine Oberfläche des menschlichen Körpers**. Während die übrigen thierischen Körper mehr oder weniger mit starken Häuten oder Fellen, ja Schilden überzogen, mit Haaren, Federn, Borsten, Schuppen und dergl. besetzt sind, zieht sich eine verhältnißmäßig sehr dünne Oberhaut (Epidermis) über den menschlichen Körper und gestattet ihm dadurch eine Uebung des Tastsinns, welche ihn zur Beurtheilung der Oberfläche der ihn berührenden Körper, ihrer Beschaffenheit und Temperatur, ihrer Entfernung und ihres Gewichtes befähigt. Falsch würde man urtheilen, wenn man den Menschen **dadurch** den Verletzungen und Beschädigungen leichter ausgesetzt glauben würde. Vielmehr ist diese größere Empfindlichkeit ein viel wirksameres Schutzmittel, um durch den leichter geweckten Schmerz zur Verhütung tiefer gehender Verletzung gebracht zu werden. Im Uebrigen ist der menschliche Körper allerdings darauf berechnet, durch den Geist und dessen Erfindungskraft vor Einflüssen wirksamer geschützt zu werden, als es durch blos äußerliche mechanische Mittel der Natur geschehen kann.

d. Allerdings besitzt so manches Thier **irgend einen Sinn in viel größerer Schärfe und Kraft, als der Mensch**; das Auge des Geiers, der Geruchsinn des Hundes u. s. w. lassen die gleichen Fähigkeiten des Menschen weit hinter sich. Was aber der Schöpfer so im Einzelnen reicher vertheilt hat, hat er seinem Liebling dadurch ersetzt und ihm einen besonderen Vorzug gegeben: daß die Sinne des Menschen in dem angemessensten Verhältniß zu einander stehen, keiner derselben bei ihm den anderen an Stärke unverhältnißmäßig überragt, wodurch der Mensch zu einer viel sicherern und umfassendern sinnlichen Wahrnehmung gelangt, als es ihm möglich wäre, wenn ein Sinn auf Kosten der andern entwickelt wäre, und dadurch nur eine einseitige Vorstellung, wenn auch diese in schärferen Umrissen, ihm verschaffen würde.

e. Je feiner die Organisation des menschlichen Körpers ist, je reizbarer sie dadurch, und, schon um zur Unterlage der geistigen Operationen dienen zu können, sein mußte, so daß sie Störungen und Schädlichkeiten mehr als irgend eine andere unterworfen ist: in desto bewunderungswürdigerem Grade hat ihr der Schöpfer dennoch zugleich eine außerordentliche Zähigkeit und Tragfähigkeit zu verleihen gewußt. Der Mensch erlangt (wahrscheinlich) das höchste Lebensalter unter den Thieren, wie er zu seiner vollständigen körperlichen Entwicklung die längste Dauer der Kindheit und Jugend in Anspruch nimmt. Ebenso vermag der Mensch, und zwar dasselbe Individuum alle Zonen und Klimate und selbst in dem kürzesten Zeitraume zu ertragen. Der Matrose fährt in wenigen Wochen vom Aequator bis in das Polarmeer und erträgt diese extremen Temperaturen ohne dauernden Nachtheil. Der Wanderer steigt aus dem sonnedurchglüheten Thale innerhalb weniger Stunden bis auf den hochragenden Gipfel über Gletscher und Firnen und gelangt in völliger Gesundheit wieder am Fuße der riesigen Höhe an. Während die Natur die Geschöpfe nach den Zonen vertheilt und die einzelnen je nach ihrem Wohnorte verschieden eingerichtet und bekleidet hat, ist der Mensch fähig, mit derselben Organisation in allen Zonen auszudauern. Besucht auch der Zugvogel selbst den hohen Norden, so geschieht dies nur für die kurzen Sommerwochen, und wird dazu jedes Mal eigens von der Natur hergerichtet.

f. Einer der bedeutendsten Vorzüge des menschlichen Körpers ist aber die Ausbildnng der Stimmorgane zum Sprechen. Wenn die Lungen die Luft ausstoßen und durch die Luftröhre hindurchstreichen lassen, der Kehlkopf in seinem Innern Bänder besitzt, die einer verschiedenen Spannung und daher auch mannichfacher Schwingungen fähig sind, diese wiederum die Stimmritze zwischen sich haben, und eine Menge Muskeln einen Wechsel der Größe der Stimmritze und der Anspannung der Stimmbänder bewirken, Mund und Nasenhöhle endlich der Stimme einen gewissen Klang verleihen, so sind hierin Thiere und Menschen nicht verschieden; der Kehlkopf der Säugethiere enthält sonst alle wesentlichen Theile des menschlichen Stimmapparates. Diesem ist aber durch das Nervensystem eine viel höhere Entwickelung gegeben, weßhalb er die Fähigkeit der gehörigen und raschen Einstellung der einzelnen Gebilde besitzt, die jenen mangelt, so daß er melodischen Gesang hervorbringt, und durch den Wechsel des Ausdrucks in der Stimme auch den schönsten Vogelgesang weit hinter sich läßt. Nun aber ist der Mensch durch diese Entwickelung der Stimmorgane und die außerordentliche Herrschaft über dieselben, mehr aber noch durch die von allen Thieren verschiedenen einzelnen Gebilde der Mundrachenhöhle und zum Theil der Nase befähigt, dem Laute einen gewissen Charakter zu ertheilen, daß er zum Vokale oder Konsonanten wird. Der weiche Gaumen, die Zunge, die Zähne, die Lippen und die andern hierbei in Betracht kommenden Theile wechseln ihre Stellungen auf passende Weise und machen daher das Stimmorgan zu einem in jedem Augenblicke anders gestalteten Instrumente. Hierdurch ist das menschliche Stimmorgan das stets bereite Werkzeug des Geistes geworden, so daß der Mensch allein die Fähigkeit besitzt, eine Mannichfaltigkeit von Tönen so zu kombiniren, daß sie zum wechselndsten Ausdrucke seiner innersten Seelenbewegungen werden.[1])

„Gott segnete sie und Gott sprach zu ihnen: Seid fruchtbar und mehret euch und füllet die Erde und unterwerfet sie und herrschet über die Fische des Meeres und über das Gevögel des Himmels und über alles Gethier, das sich reget auf der Erde." (1 Mos. 1, 28.)

„Du ließest ihn (den Menschen) der Gottheit um Wenig ermangeln, kröntest mit Ehre und Herrlichkeit ihn, setztest zum Herrn ihn über deiner Hände Werke, Alles legtest du unter seine Füße." (Ps. 8, 6. 7.)

Was in der bekannten Pentateuchstelle „im Ebenbilde Gottes" heißt, drückt hier der Psalmist negativ „du ließest ihn der Gottheit um Wenig ermangeln" aus. Die von der heiligen Schrift als eine Herrschaft über die ganze Erdenschöpfung bezeichnete Stellung des Menschen setzt natürlich Vorzüge voraus, durch welche er sich die Erdenwesen zu unterwerfen vermag. Bestehen diese zuletzt in seinen geistigen Fähigkeiten, so fordern diese doch, um sich bethätigen zu können, einen Körper, der durch

---

[1]) Vgl. Valentin, a. a. O. S. 279.

höhere Gesammtorganisation und durch besonders gestaltete und ausgebildete Organe dem Geiste die angemessenen Werkzeuge liefert.

2. Von jeher ist als ein Axiom der Gotteslehre der Lehrsatz verstanden worden: Der Mensch ist im Ebenbilde Gottes geschaffen. Mit Recht fand man in ihm einen Angelpunkt aller Anschauungen, ein bedeutungsvolles Differenzmoment zwischen der Gotteslehre und dem Heidenthum. Wenn dieses einerseits die Gottheit vermenschlichte, Gott mit menschlichen Leidenschaften und Schwächen zeichnete oder in Menschengestalt auftreten und erscheinen ließ, andrerseits ihn zur Materie herabzieht und damit identifizirt: so hat mit jenem Satze die Gotteslehre angefangen, vielmehr den Menschen zu Gott hinaufzuheben, ihm den Weg zu Gott hinauf zu eröffnen. Daß der Mensch in der Aehnlichkeit Gottes ist, belehrt uns nicht blos über die Natur jenes, sondern legt auch den Grund zu seinem sittlichen Wesen, gibt den Ausgangspunkt, von welchem, und das Endziel, wohin er zu streben hat. Das ganze Gebäude der religiösen Sittlichkeit baut sich daher auf diesen Lehrsatz auf. — Daß die Gottebenbildlichkeit nicht in der Körperlichkeit, sondern in dem Geiste des Menschen vorhanden sei, ergibt sich von selbst, da Gott keinen Körper hat.[1]) Worin besteht nun eigentlich die Gottebenbildlichkeit des menschlichen Geistes?

a. Wenn wir auch in den höher organisirten Thieren Spuren des geistigen Lebens, der Leidenschaften, der Einbildungskraft und selbst der Kombination finden, wie sie sich insonders durch die Willkürlichkeit der Bewegungen äußern: so ist, abgesehen von dem Höhengrade, von der Entschiedenheit und Intensivität der geistigen Befähigungen, soweit diese in Thieren sich verrathen, das wesentlichste Unterscheidungsmoment das dem Menschen einwohnende Selbstbewußtsein. Das Wissen seines Ichs, sowie das Wissen der Dinge als von seinem Ich getrennt und in bestimmten Verhältnissen und Beziehungen zu seinem Ich stehend, die hieraus fließende geistige Thätigkeit der Beobachtung und umfassenden Kombination, das hierdurch ermöglichte Erfassen der Kausalität, der Ur-

---

[1]) Hieraus folgt auch, daß jene Vergleichungen des Makrokosmus (des Universums) mit dem Mikrokosmus (dem Menschen), die bei den Mystikern des Mittelalters gang und gäbe waren, nur schwache Ausläufer unseres Lehrsatzes sind.

sachen und Wirkung, die hierdurch bewirkte Erfahrung und Voraussicht, dies ist es, was Bewußtsein und, sobald das Ich selbst vorwiegendes Objekt dieser geistigen Operationen ist, Selbstbewußtsein genannt wird. Das Bewußtsein des Menschen ist allerdings noch sehr begrenzt, indem es an sich sowohl nur ein momentanes ist, als auch immer nur einen Gegenstand auf einmal fassen kann, so daß es von Zeit zu Zeit in das Unbewußtsein zurückkehrt, und auch jeder Gegenstand für dasselbe immerfort wieder aus dem Bewußtsein in das Unbewußtsein fällt. Ersetzt ist ihm dies allerdings theilweise dadurch, daß die Unterbrechung durch das Unbewußtsein (z. B. Schlaf,) den stetigen Zusammenhang des Bewußtseins nicht stört, sondern das letztere bei seiner Rückkehr in seine volle Integrität wieder versetzt wird, und daß die ins Unbewußtsein gekommenen Vorstellungen dennoch Eigenthum des Geistes bleiben und durch die Erinnerung auf's Leichteste und Schnellste wieder durch das Bewußtsein geführt werden können. Das Bewußtsein, dessen vollständiger Mangel bei den Thieren durch das Fehlen der Sprache erwiesen ist, da, bei dem Vorhandensein aller materiellen Stimmmittel und dem auch den Thieren nicht fehlenden Triebe nach Aeußerung, die Sprache ihnen eben nur gebricht, weil ihnen das Bewußtsein fehlt — dieses Bewußtsein also macht die ungeheure Kluft zwischen dem Menschen und den Thieren aus. Erst durch dieses erlangt der Geist eine Wesenhaftigkeit, erst dieses verleiht ihm die Selbstständigkeit einer eigenen, gesonderten Existenz, oder vielmehr der Geist ist nur da und thätig, wo er seiner selbst bewußt und von hier aus seine Operationen vornimmt. Es wird uns dies am klarsten werden, wenn wir einen Blick auf den Zustand werfen, den man Schlaf nennt, und in welchem dem Geiste das Bewußtsein fehlt. Auch in diesem Zustande gehen unaufhörlich Vorstellungen und Affekte durch den Geist, denn diese sind ja das Leben des Geistes, und können ihm so wenig jemals fehlen, wie dem körperlichen Leben das Assimiliren und Zersetzen. Aber wir wissen sie nicht, und sie sind daher für uns eigentlich gar nicht da. Daß sie auch im Schlafe durch den Geist gehen, erfahren wir bei dem Uebergang aus dem Schlafe zum Wachen; die letzten der Vorstellungen und Affekte, die im Schlafe durch unsern Geist gingen, werden von dem Lichte des erwachenden Bewußtseins getroffen, sie bleiben uns eine kurze Zeit bewußt, und man nennt sie Träume. Je plötzlicher der Uebergang aus dem Schlafe zum Wachen war, desto schwerer gehen dergleichen Traumbilder in das Bewußtsein mit hinüber, je langsamer, desto weniger. Da wir stets, wenn wir geweckt werden, geträumt, d. h. Vorstellungen aus dem Schlafe mit herübergebracht haben, so ist erwiesen, daß wir während des ganzen Schlafes träumen, d. h. daß während jedes und allen Schlafes Vorstellungen und Affekte durch unseren Geist gehen. Dieselben treiben einander aber auf eine rein mechanische Weise aus Impulsen und Anknüpfungspunkten, die uns entgehen. Die Thätigkeit oder das Leben des Geistes ist während des Schlafes ohne das Wissen ihrer und ohne den Willen über sie. Einem solchen Zustande analog ist das geistige Leben, welches höher organisirten Thieren noch zugeschrieben werden kann, wenn man noch hinzu rechnet, daß bei ihnen die Summe der Vorstellungen und Affekte nur eine sehr geringe sein kann, weil in ihnen nicht wie bei dem Menschen dem unbewußten Zustande ein bewußter vorangegangen und eine Entfaltung und Entwickelung des Geistes nicht stattgefunden hat. Noch mehr wird dies erwiesen durch den Gegensatz des Bewußtseins, der in dem Thiere ist, nämlich den Instinkt. Eine instinktive Thätigkeit ist eine solche, die ohne Unterricht und Erfahrung vollzogen und nicht zu unmittelbarer Befriedigung des im Augenblicke vorhandenen Bedürfnisses, sondern zur Erreichung eines darüber hinausliegenden Zweckes vollbracht wird. Nicht die regelmäßigen und unwillkürlichen Bewegungen der leiblichen Organe, wie Herzschlag und Athemholen, und nicht was auf eine Berührung von außen oder ein unmittelbares Bedürfniß geschieht, darf als Instinkt bezeichnet werden. Wenn der Schmetterling den Saft aus einer Blume saugt, so befriedigt er damit ein augenblickliches physisches Bedürfniß; wenn er aber auf eine blüthenlose Staude fliegt, um auf die Blätter derselben seine Eier zu legen, weil jene die angemessenste Nahrung für seine noch ungeborene Nachkommenschaft sind, also um für ein künftiges Ding zu sorgen, zu dem er in der Gegenwart noch nicht die geringste Beziehung hat, so geschieht dies aus einem dunklen Antriebe, den man Instinkt nennt. Das schlagendste Merkmal des Instinktes ist, daß er vor aller Erfahrung oder Unterweisung da ist. Bei den Insekten sieht das Neugeborene seine Erzeuger niemals mit Augen, es kann also aus Unterricht und Nachahmung keinen Nutzen ziehen.¹) Das zweite Merkmal des Instinktes besteht darin, daß er weder ausgebildet noch vervollkommnet werden kann, und dies sowohl bei dem Individuum wie bei der ganzen Gattung. Die spätere Generation zeigt keinen Fortschritt gegen die frühere, und bleibt hinter der nachfolgenden nicht zurück.²) Endlich ist der Instinkt eine Macht, der sich das Thier nicht entziehen kann, die es in den engen, unüberschreitbaren Pfad zwingt. Verrichtet daher der Instinkt öfter Dinge, die der mensch-

---

¹) Die Biene, die eben aus ihrer wächsernen Wiege herauskommt, vollbringt am ersten Tage ihres Lebens die mannichfaltigsten und künstlichsten Verrichtungen ebenso geschickt wie die älteste Mitbewohnerin ihres Stockes. Sie schwärmt eben so sicher zu ihrem ersten Fluge nach den saftigsten Blumen aus und kehrt zu ihrem Stocke zurück, wie nach langer Zeit. — Noch ein Beispiel: Die Einsiedler-Wespe baut ein trichterförmiges Nest. Nachdem sie ihre Eier gelegt, schafft sie eine Anzahl lebendiger Raupen herbei und steckt sie in ein Loch, das sie in der Nähe eines jeden Eies angebracht hat. So sorgt sie für den jungen Wurm, daß er, sobald er aus dem Ei geschlüpft, hinlängliche Nahrung nahe bei der Hand finde, bis er groß genug, für sich selbst zu sorgen. Das Merkwürdigste aber ist, daß die Wespe den Raupen, bevor sie dieselben ins Nest schafft, eine Wunde beibringt, um sie für die Ruhe und das Leben des jungen Wurms unschädlich zu machen, ohne sie jedoch völlig zu tödten, da sie dann, in Verwesung übergehend, zur Aufbewahrung nicht tauglich wären. Die Wespe selbst aber nährt sich weder von Raupen, noch hat sie jemals eine Wespe gesehen, die für ihre Nachkommenschaft vorsorgt. Sie hat nie einen solchen Wurm gesehen, wie er aus ihrem Ei hervorkommt und kann nicht wissen, daß ihr Ei einen Wurm erzeugen wird; überdies ist sie längst todt, bevor der Wurm ins Dasein tritt. Sie wirkt demnach blindlings; ohne zu wissen, daß ihr Wirken einem nützlichen Zwecke diene, wirkt sie zu einem bestimmten und wichtigen Zwecke; ihre Handlungen stimmen mit denen aller Einsiedler-Wespen überein, die vor ihr gelebt haben und nach ihr leben werden; so daß wir genöthigt sind, diese nicht durch Unterricht erworbenen Fähigkeiten irgend einem steten Antrieb zuzuschreiben, der in der besondern Organisation der Wespe wurzelt.

²) Das Gewebe, das Euch die Spinne heute vor Eurem offenen Fenster aufhängt, indem sie jede Speiche ihres Rades und jede Masche des Kreisnetzes mit einem ihrer Beine sorgfältig abmißt, ist gerade ein solches Gewebe, wie es die Spinne seit uralter Zeit verfertigt hat, wo Athene in ihrer Eifersucht die Arachne in eine solche verwandelte.

lichen Vernunft unerreichbar sind, oder erst nach Jahrtausenden erreichbar wurden,¹) so bleibt er desto unbeholfener, wenn das Thier aus der für dasselbe berechneten Umgebung herausgerissen wird.²) Alles dies, sind Eigenschaften, welche den Instinkt als den Gegensatz zum Bewußtsein erweisen. Dies sind daher die beiden Pole der thierischen und menschlichen Natur: der Instinkt im Thiere und das Bewußtsein im Menschen; sie stehen sich diametral gegenüber; der Instinkt ist nicht im Menschen, das Bewußtsein nicht im Thiere vorhanden.³)

¹) Vielleicht hat der Mensch niemals einen Bau aufgeführt, der an Vollkommenheit einer Honigwabe gleichkommt, die in ihren wundervollen mathematischen Verhältnissen Alles übertrifft. Die Wasserspinne webt sich einen Kokon, macht ihn wasserdicht und befestigt ihn mittels lockerer Fäden an die Blätter der Pflanzen, die auf dem Grunde eines stillen Teiches wachsen. Durch einen zu dem Behufe verfertigten Schlauch leitet sie die Luft von oben herein, die das Wasser durch eine unterhalb angebrachte Oeffnung hinausdrängt. So lebte diese Spinne in ihrem völlig trockenen Luftzimmerchen unter dem Wasser Jahrhunderte, bevor die Taucherglocke erfunden worden.

²) Lasset das Ei eines Spechtes von einem Vogel ausbrüten, der auf den Baumzweigen ein offenes Nest baut, so wird das Junge, wenn es groß genug ist, um in dem Neste umher zu wackeln, in der instinktiven Voraussetzung, es befinde sich in dem mütterlichen Neste, das in den Baum eingebohrt und mit einem engen Eingang von oben versehen ist, sicherlich über Bord stürzen.

³) Es ist dem Menschen ganz unmöglich, die Natur des Instinktes klar zu begreifen, weil er ihn nur als äußere Thatsache fassen kann, in sich selbst aber keine Spur davon vorfindet. Wir, gewohnt, unsere Thätigkeiten in erlernter Weise, oder nach eigener Kombination, in freier Entschließung, mit bewußter Absicht und mit gewählten Mitteln zu bewirken, begreifen nicht, wie man Etwas anders machen kann, ohne daß physikalische und chemische Gesetze im Spiele sind. Wer nun nicht etwa die Thätigkeiten, die die Begierden und Verrichtungen des organischen Lebens betreffen, zu den instinktiven rechnet, oder gar habituelle und automatische Handlungen mißverständlich dahin zählt, der wird zugeben müssen, daß der Mensch keine Spur von Instinkt zeigt. So viel steht fest, daß von jener Wunderbegabung, welche die Biene befähigt, ihre Zelle nach strengsten mathematischen Gesetzen zu bauen, oder die Schwalbe auf ihrem langen Fluge nach der Winterheimat leitet, oder auch nur die Vögel lange vor einem Regen ihr Gefieder ölen und glätten, oder die Ameisen, als ob sie Kenntniß von der elektrischen Beschaffenheit der Atmosphäre hätten, früh am Sommermorgen frische Sandhaufen um ihre Löcher gegen das spät am Tage, aber sicher eintreffende Unwetter aufwerfen läßt, daß, sagen wir, von dieser Wundergabe des Instinktes

Unterscheidet sich demnach der Mensch von der gesammten übrigen und bekannten Natur durch das Bewußtsein, so tritt er damit zugleich als gottebenbildliches Wesen auf. Allerdings ist das Bewußtsein Gottes unendlich über das menschliche erhaben, indem jenes sowohl immer und vollkommenes Bewußtsein ist, als auch alles Vorhandene mit Einem Male zugleich umfaßt, dennoch aber ist es dieselbe geistige Kraft, dieselbe geistige Existenz, der göttlichen analog.

b. Durch das Bewußtsein wird der Mensch erst zu einer Persönlichkeit. Alles, was seiner nicht bewußt ist, was sich also nicht als ein für sich existirendes, von allen übrigen gesondertes Wesen weiß, ist ein unmittelbarer Theil der Natur, und gehört dieser vollständig an. Indem aber dem Menschen durch den Wegfall des Instinkts eine ungeheure Menge Thätigkeiten zu freiem Walten überlassen worden, und indem nun das Bewußtsein das Verhalten der Dinge zum Menschen klar macht, ihn Ursache und Wirkung erkennen läßt, zugleich aber durch die Geselligkeit und durch die Entwickelung eine unermeßliche Fülle der Verhältnisse, der Ursachen und Wirkungen mehr herbeigeführt wird, mußte der Geist des Menschen noch eine Stufe höher steigen, und der freie Wille in ihm werden. Während in den übrigen Naturwesen die physikalischen und chemischen Gesetze, hierzu in den Thieren die Gewalten des Instinktes herrschen, besitzt der Mensch Freiheit des Willens, indem er überall, wo physikalische und chemische Gesetze nicht in zwingender Weise thätig sind, thut oder läßt nach der freien Entschließung, die er aus seinem Bewußtsein erfließen läßt. Es ist keine Sekunde in seinem bewußten Leben, wo der Mensch nicht unter tausend Dingen, die er thun könnte, irgend ein Bestimmtes wählt, was er, wenn er anders wollte, nicht ebenso gut auch unterlassen könnte. Ich schreibe; unter den zahllosen Worten, die ich schreiben könnte, schreibe ich gerade diese; ich könnte aber auch lesen, oder spatziren

---

im Menschen nichts vorhanden. Nur wenn in krankhafter Weise, im sogenannten Somnambulismus, das Sensorium zurücktritt und das Sonnengeflecht in der Bauchhöhle zur Lebenssonne wird, werden mit dem Zurückweichen des Bewußtseins ähnliche instinktive Erscheinungen, wie ein Zurücktreten des Menschen auf eine, wenn auch immer noch erhöhte thierische Stufe, beobachtet.

gehen, oder musiziren, oder mich ausruhen, oder essen, oder was noch Alles. Es ist also mein freier Wille, daß ich schreibe, was, wo und wie ich schreibe, eine Thätigkeit, die ich mit freiem Willen aus tausenden, welche ich auch vornehmen könnte, für diesen Augenblick wähle. Der Mensch ist also in der ununterbrochenen Ausübung seines freien Willens, so lange er sein bewußt ist. Mit dem Bewußtsein tritt der freie Wille ein, mit dem Aufhören jenes hört auch dieser auf. Allerdings ist die Freiheit des menschlichen Willens begrenzt, zuerst weil sie vom Bewußtsein selbst begrenzt ist, und über das dem Individuum Bewußte nicht hinausgehen kann, also auch überhaupt nur immer auf **einen** Gegenstand auf einmal sich beschränken muß; alsdann weil sie durch die allgemeinen Naturgesetze und durch das Maß der individuellen Kräfte im Besondern abgegrenzt wird; dahingegen kann der s. g. moralische Zwang nicht als eine Beschränkung hierher gerechnet werden, da er uns immer noch die Freiheit läßt, auch das Gegentheil zu thun. Setzt mir Jemand die Pistole auf die Brust, kann ich immer noch mich lieber tödten lassen, als das Verlangte thun. Aber diese Grenzen nehmen der Freiheit des Willens ihre Wahrheit und Bedeutung nicht. Selbst im Gefängnisse, angefesselt an eine Säule habe ich noch Freiheit des Willens; ich kann, und das ist ein ungeheurer Kreis freier Thätigkeit, meinen Geist walten lassen, wie ich will, ich kann Nahrung zu mir nehmen, oder nicht, ich kann sprechen, oder nicht, ich kann meinen Kopf an der Wand zerschmettern, oder nicht ff. Was man daher über und gegen die Freiheit des menschlichen Willens gefabelt hat, sie ist eine unleugbare Thatsache, welche nicht hinwegdisputirt werden kann, sie ist der volle Gegensatz zu allen Naturgewalten, zu allem Thierischen. — Obschon daher der göttliche Wille eine unbegrenzte Freiheit hat, und weder extensiv, noch intensiv eine Schranke besitzt, also über den menschlichen Willen und dessen Freiheit unendlich erhaben: so meldet diese doch das zweite Moment der Analogie, und der menschliche Geist ist durch die Freiheit des Willens ein gottebenbildlicher. —

c. Das Wesen des freien Willens liegt in der bei der Wahl der Thätigkeit vorwaltenden Absicht. Erst dadurch, daß die Handlung nicht aus Zufall, nicht aus einer unwillkürlichen oder unbewußten Bewegung hervorgeht, sondern aus der Berechnung der ursächlichen und Wirkungsmomente und darum mit einer bestimmt gewollten Wirkung, erhält sie einen Inhalt und Werth. Indem nun aber der Mensch vermittelst des Bewußtseins in ein Verhältniß gestellt worden, zu Gott, zu sich selbst, zu seinen Mitmenschen und zu seinen Mitwesen, und die in seinen durch freien Willen vollführten Thätigkeiten enthaltene Absicht zu diesem Verhältniß in Beziehung steht, und auf dasselbe einwirkt, wird dieser Inhalt und Werth ein sittlicher. So wird das Bewußtsein des Menschen ein sittliches und sein Wille ein sittlicher. Je nachdem nämlich die Absicht in der frei gewollten Thätigkeit das Verhältniß zu Gott, sich selbst, seinen Nebenmenschen und Mitwesen befriedigt und fördert, oder stört und verletzt, ist Absicht und Thätigkeit sittlich gut oder sittlich schlecht (sittlich oder unsittlich). So wie mit dem Bewußtsein auch nothwendig der freie Wille, so ist mit diesem wiederum der sittliche Inhalt verbunden. Es erlangt jede aus freiem Willen hervorgehende That durch die darin liegende Absicht sofort einen sittlichen Inhalt, der aber mit dem Aufhören des freien Willens sofort aufhört. Hier ist es nun nicht allein die positive Handlung, welche einen sittlichen Inhalt hat, sondern eben so sehr die negative, in der Unthätigkeit, in der Unterlassung bestehend. Nicht die Absicht, Jemandem Schaden zuzufügen, allein ist unsittlich, sondern auch den Nutzen Anderer zu unterlassen, oder Hülfe, die ihnen zu leisten mir möglich ist, zu verweigern. Auch nicht davon hängt es ab, ob die Absicht zur That geworden, oder hieran verhindert worden, sondern die Absicht schon an sich hat ihren sittlichen Werth, ja oft selbst schon das Schwanken zwischen einer Absicht und ihrem Gegensatz, nur daß natürlich die sittliche Bedeutung wächst, je länger, bestimmter und energischer sie festgehalten wird. — Fehlt nun dem Thiere jedwede Absicht in seinen Thätigkeiten, weil es ihm an Freiheit des Willens und am Bewußtsein gebricht, so versteht es sich von selbst, daß es auch keinen sittlichen Inhalt und Werth haben kann, daß alle seine Thätigkeiten weder sittlich noch unsittlich sind, weil sie lediglich aus Unbewußtsein, aus Instinkt und unmittelbarem Bedürfniß hervorgehen. Das Thier hat gar kein eigentliches Verhältniß zu Gott und seinen Mitwesen, indem es jenen nicht kennt, zu diesen nur den Naturgesetzen gemäß in Beziehung steht, und sogar zu sich selbst ist ihm das Verhältniß ein völlig gegebenes und unverrückbares. Die Sittlichkeit des Bewußtseins und des Willens ist daher das dritte und höchste Moment der Analogie mit Gott, der Gottebenbildlichkeit des Menschen. Denn ist auch der sittliche Inhalt Gottes der vollkommene, die Allheiligkeit, und hat Gott sein Verhältniß zur Welt und zum Menschen aus eigenem, unbeschränkt freiem Willen erst selbst geschaffen, ist also auch in diesem Moment Gott unendlich über den Menschen erhaben, so hat doch der Mensch immerhin sittlichen Inhalt, und während bei dem Thiere nichts gut und nichts schlecht, nichts wahr und nichts unwahr ist, ist bei dem Menschen gut und wahr was auch bei Gott gut und wahr ist, und das Gegentheil. — So beruhet die Gottebenbildlichkeit des menschlichen Geistes in dem Bewußtsein, dem freien Willen und dem sittlichen Inhalte, also die ganze Wesenheit des menschlichen Geistes ist Gottebenbildlich.

„Da Gott Adam schuf, machte er ihn in Gottes Aehnlichkeit." (1 Mos. 5, 1. Vgl. 9, 6.)

„Und Gott sprach: Wir wollen Menschen machen in unserm Bilde nach unserer Aehnlichkeit." (1 Mos. 1, 26.)

In der Schöpfungsgeschichte ist zu beachten, daß, während bei den großen Daseinsformen und den Weltkörpern ein gewissermaßen indifferentes יהי (1 Mos. 1, 3. 6. 14.), oder analog יקו (V. 9.), ישרצו (V. 20.) gebraucht werden, um nur eine Veränderung der betreffenden Materie durch Gottes Wort anzudeuten, bei den Pflanzen und Thieren הדשא הארץ (11) תוציא (24) angewendet werden, welche eine productive Thätigkeit der Erde selbst bezeichnen, die Schöpfung des Menschen aber durch נעשה eingeführt wird, so daß Gott bei dem Menschen als unmittelbar selbst productiv erscheint. Wenn nämlich in jenen Ausdrücken eine Verarbeitung der Erde in die Pflanzen und Thiere offenbar bezeichnet ist, so liegt auch in dem נעשה eine Verarbeitung göttlichen Geistes in das Wesen des Menschen. Das נעשה bedeutet also, daß bei der Schöpfung des Menschen göttlicher Geist selbst eingeschaffen. (S. unser Bibelwerk Th. I. S 6.) — בצלמנו כדמותנו „in unserem Bilde nach unserer Aehnlichkeit." צלם ist in der gewöhnlichen Sprachweise eine Bildsäule, überhaupt ohne Wesenheit und Inhalt (Pf. 30, 7. 73, 20.), und bedeutet also die Ausprägung des Geistigen im körperlichen Umriß. דמות ist die Aehnlichkeit des Wesentlichen. Der Gebrauch beider Wörter hier deutet demnach auf den ganzen Menschen, auf seine Totalität. Gott will dem körperlichen Wesen einen gottähnlichen Geist einflößen, und deshalb muß auch dieser Körper eine besondere Ausprägung des göttlichen Geistes erhalten, um als Werkzeug und Hülle des gottähnlichen Geistes dienen zu können, und so die Harmonie zwischen Körper und Geist im Menschen vollständig zu machen. (S. das. S. 7.) —

Die talmudische Agada wußte die Gottebenbildlichkeit des menschlichen Geistes nur in äußerlichen Momenten zu fassen. Sie sagt Berachoth 10, 1.; „Wie Gott die ganze Welt füllet, so füllet die Seele den ganzen Körper, wie Gott sieht und nicht gesehen wird, so sieht die Seele und wird nicht gesehen; wie Gott die ganze Welt nährt, so nährt die Seele den ganzen Körper; wie Gott rein, so ist auch die Seele rein; wie Gott im Innersten wohnt, so wohnt die Seele im Innersten." —

3. Was den menschlichen Geist wesentlich charakterisirt, und was ihn faktisch von allem unterscheidet, das auf dem thierischen Gebiete zur Erscheinung kommt, ist die Entwickelungsfähigkeit, ist die Entwickelung im Individuum und in der Gattung. Während der menschliche Körper ganz wie der thierische in organischer Entwickelung abkreist, findet in dem menschlichen Geiste sowohl für das Individuum als für die Gattung eine fortschreitende Entwickelung statt. Es giebt kein hülfloseres Geschöpf als das menschliche Kind, wenn es geboren worden; seiner Glieder nicht mächtig, der Außenwelt noch ganz verschlossen, lediglich im Schlummerzustande befindlich, kaum verstehend, an die Mutterbrust gelegt, die Nahrung aus derselben zu ziehen, würde es elendiglich umkommen, wenn nicht mit Vernunft begabte Eltern mit außerordentlicher Vor- und Umsicht Alles für dasselbe vorbereiteten. Wie der Instinkt des Menschenkindes so schwach ist, daß er nicht ausreicht, es zu erhalten, so würde der weitestgehende Instinkt eines Mutterthieres nicht ausreichen, die Bedingungen zur Erhaltung eines solchen Kindes zu erfüllen, so daß also das Menschenkind in seiner natürlichen Beschaffenheit vernunftbegabte, erfahrene, entwickelte Eltern voraussetzt. Während ferner das junge Thier die Stadien der Entwickelung rasch durchläuft, und nach Stunden, Tagen, höchstens Wochen völlig fertig ist, der Mutter nicht mehr bedarf und Alles kann, was das Thier während seines ganzen Lebens an Fähigkeiten und Fertigkeiten erreicht: geht die Entwickelung des Menschenkindes sehr langsam vor sich, es erhält sich viele Jahre in der

Abhängigkeit von den Eltern und hat die Reise erst erlangt, wenn die meisten und größten Säugethiere bereits zum Lebensende neigen. So wird das Thier mit einer Menge von Können und Wissen geboren, indeß dem Menschenkinde davon Alles fehlt. Hingegen lernt das Thier von seinen Eltern Nichts[1]); eine Mittheilung von einer Generation zur andern findet nicht statt; das Thier lernt Nichts zu, macht keine Erfahrung und übergiebt sie nicht dem nachfolgenden Geschlechte. Das Gegentheil bei dem Menschen. Das menschliche Individuum entwickelt seine geistigen Kräfte durch sein ganzes Leben hindurch, und dies geschieht unter der Einwirkung und Mittheilung der vorhergehenden, ja aller vorhergehenden Generationen, wodurch es denn zugleich geschieht, daß die gesammte Gattung ebenso in fortschreitender Entwickelung begriffen ist. Wenn, wie oben gesagt, das menschliche Kind sich sehr langsam entwickelt, so ist dies doch nur der Zeit nach verhältnißmäßig zum Thiere zu verstehen. An sich und inhaltlich entwickelt sich der menschliche Geist in dem Kinde außerordentlich schnell, ja in den ersten Jahren mit viel größerer Energie als in seinem weiteren Leben. Rousseau meint, der größte Schritt, den der Mensch thue, sei, wenn das Kind seine Mutter oder seine Amme erkennen lernt, weil es damit die charakteristischen Merkmale dieser einen Person von denen der Millionen anderer Menschen zu unterscheiden versteht. Dies mag dahin gestellt bleiben; aber nehmen wir vielleicht ein dreijähriges, nur ganz gewöhnlich vorgeschrittenes Kind, welche ungeheure Menge von Vorstellungen und Begriffen aus der es umgebenden, ihm völlig unbekannten Welt hat es sich angeeignet, welch' einen umfassenden Schatz aus dem Wörterbuche seiner Muttersprache zur Bezeichnung zahlloser Gegenstände und Eigenschaften hat es bereits erworben, mit welcher Leichtigkeit handhabt es die Satzbildung und den Periodenbau, und wie beruht dies Alles auf schon sehr kräftiger Ausbildung aller seiner Geistesfähigkeiten. — In den verschiedenen Lebensaltern treten im menschlichen Geiste nach einander vorwiegend die einzelnen Geisteskräfte hervor, und beherrschen

---

[1]) Wenn die Vogeleltern ihre Jungen fliegen zu lehren scheinen, so ist dies Nichts, als daß sie ihnen Gelegenheit geben, zu fliegen und sich darin zu üben, und sie dabei vor dem Fallen schützen.

die anderen. Der kindliche Geist zeichnet sich bis zur Pubertät durch seine Auffassungskraft aus, vermittelst derer er vermag sich die vielfältigsten Kenntnisse und auf sehr verschiedenem Gebiete zu erwerben, sowie durch die Schmiegsamkeit seines Gedächtnisses das Erlernte festzuhalten. Mit dem Jünglingsalter tritt aber die Einbildungskraft in den Vordergrund, unter deren Herrschaft zugleich die Leidenschaften erwachen und prädominiren. Je weiter aber der Mensch im Leben vorschreitet, der Jüngling zum Mann wird, blaßt die Phantasie ab, und der Verstand nimmt ihre Stelle ein, wie ebenfalls die Leidenschaft durch Besonnenheit und Selbstbeherrschung gezügelt wird. Auch der Verstand entwickelt sich, und wird mehr oder weniger zum philosophischen Denken, bis im höheren Lebensalter die Anschaung der Wirklichkeit, die Erwägung derselben nach ihren verschiedenen Seiten und die Beurtheilung ihres Inhaltes und Werthes nach ihren verschiedenartigen Wirkungen Platz greifen. In gleicher Weise sind es auch verschiedene Leidenschaften, welche durch die Lebensalter des Menschen im Allgemeinen gehen; die Geschlechtsliebe, der Ehrgeiz und die Besitzsucht folgen nach einander als Beherrscherinnen des menschlichen Geistes. Auf diese Weise schwächt sich auf der folgenden Stufe immer Etwas ab, wofür ein Anderes eine größere Energie erlangt, als ob eben alle Kräfte des Geistes ihre Entwickelungszeit durchmachen, und eine gewisse Höhe und Intensivität erlangen sollen. — Hier ist es, wo die Frage aufgeworfen wird, warum, wenn der Geist jedes menschlichen Individuums sich während des Lebens auf Erden fortschreitend zu entwickeln bestimmt ist, im höheren Lebensalter eine rückgängige Bewegung stattfindet, und viel von dem wieder verliert, was er gewonnen hat? Wir können die Richtigkeit der dieser Frage zu Grunde liegenden Voraussetzungen nicht so zugeben; wir sahen vielmehr oben, daß auch im Greisenalter eine eigenthümliche geistige Entwicklung vorhanden ist, die ihrer hohen Bedeutung nicht ermangelt; Die Auffassungskraft, die Einbildungskraft, der logische Scharfsinn und mit ihnen die schöpferische Fähigkeit sind allerdings zurückgetreten; dafür aber die allseitige Beurtheilung, die erfahrungsmäßige Behandlung und die Beharrlichkeit vorherrschend geworden. So sagt die h. Schrift: „Noch treiben sie im Greisenalter, sind saftvoll und belaubt."¹) Ein Verschlummern der geistigen Kräfte tritt allerdings nur im höchsten Greisenalter ein. Damit sind aber die großen Resultate der geistigen Entwicklung durchaus nicht verloren. Wenn ein Wanderer am Morgen ausgegangen, den Tag über durch weite Länderstrecken, durch Dörfer und Städte, durch Fluren und Wälder gezogen, über Ströme gesetzt, Berge überstiegen, somit Vieles geschaut, Vieler Landschaften und Menschenwerke Bild in sich aufgenommen hat, und der Abend senkt sich, er ist körperlich und geistig ermüdet und schleppt sich matt und langsam zur Herberge hin; da kann sich das prächtigste Abendroth am Himmel zeigen, die herrlichste Landschaft sich um ihn breiten, und vor seinen Augen das Eigenthümlichste geschehen, es vermag ihm keine Bewunderung mehr abzugewinnen, er nimmt es nicht mehr in sich auf, kaum daß er darauf merkt, bis er die Lagerstätte und den Schlummer gefunden. Aber hat er damit auch nur Etwas von dem Gewinn des Tages verloren? Wenn er am anderen Morgen erwacht, besitzt er nicht die Erinnerungen alles dessen, was er am Tage zuvor gesehen, die Kenntniß dessen, was er erfahren, die Vorstellungen von dem, was er gewahrte, die Bildung und Entwicklung der Kräfte, welche die Erlebnisse des verflossenen Tages in ihm erwirkt hatten? Sein Geist ist so, wie er gewesen, bevor er von den Anstrengungen des Tages und der Fülle des Erlebten müde und abgespannt worden, ist unverändert durch den Schlummer gegangen und zum neuen Tage frisch erwacht. Also auch im Leben des Menschen. — Wenn auch bei den Gebresten des Alters,

---

¹) Allerdings läßt es sich in unserer Zeit nicht verkennen, daß seit einem Jahrhundert die Thatkraft vorherrschend und ein solcher Geist der Beweglichkeit im öffentlichen wie häuslichen Leben, in Wissenschaft und Industrie, in Handel und Besitz, kurz in allen Beziehungen und Richtungen des menschlichen Lebens eingetreten ist, daß der geistige Werth des höheren Alters davor zurückgewichen. Allein bei allen alten Völkern ward der höchste Rath und die Verwaltung des Staates mit Greisenalter identisch verstanden, bei den Israeliten hießen die Vorsteher des Volkes זקנים, der höchste Rath in Athen γερουσία, in Rom senatus ff., überall demnach den Namen vom höhern Lebensalter entlehnend. In der jüngern Zeit haben übrigens merkwürdig zahlreiche Beispiele die Thatkraft und Geistesfrische auch des Greisenalters erwiesen, wie Blücher, Metternich, Humboldt, Rauch, Dahlmann, Arndt, Palmerston, ff. ff.

der Abstumpfung der Sinnesorgane und des Nervensystems, so wie bei der durch die Anstrengungen, Affekte, Sorgen ff. hervorgebrachten Abspannung des Geistes dieser seine Spannkraft und Energie im hohen Alter verliert, so bleibt er doch unverändert im Besitze seiner erweiterten, geübten und entfalteten Kräfte, seiner Richtung, seines Charakters, seiner Anschauungen und Ueberzeugungen, die in ihrer ganzen Lebendigkeit wieder erscheinen, sobald jene Abspannung gewichen sein und keine abgenutzten Sinneswerkzeuge ihn länger beengen werden. — Vor Allem dürfen wir nicht unbemerkt lassen, daß es eigentlich nicht auf die Summe der erlangten Kenntnisse und Begriffe ankommt, als vielmehr auf das Erwecken, Ueben, Entfalten und Ausbilden der Geisteskräfte, auch nicht allein auf die intellektuellen, als vielmehr auch auf die ethischen, auf das Erwachen der Leidenschaften, deren Zügelung und Beherrschung, die Unterdrückung der niederen und gemeinen, die Bildung der edleren und höheren. Es ist daher die Entwicklung durchaus nicht an Stand, Beschäftigung und Besitz, an Gelehrsamkeit oder die sogenannte Bildung gebunden; unter allen möglichen Verhältnissen findet sie statt, jeder Kampf, jede Bedrängniß fördert sie, jede Schwierigkeit begünstigt sie, und sie erreicht daher in intellektueller wie ethischer Beziehung eine ausgezeichnete Höhe, oft unter äußerlichen Umständen, welche die ungünstigsten, hemmendsten scheinen könnten. — Endlich ist zu bemerken, daß auch eine Entwickelung in malam partem immer doch eine Entwickelung ist, so daß selbst ein Verbrecher den allgemeinen Zweck des menschlichen Lebens auf Erden insofern nicht verfehlt hat, als eine, wenn auch leider sündige Entfaltung seines Geistes, und zwar gerade bei ihm oft mit großer Intensität stattgefunden hat.

Diese Entwickelung jedes menschlichen Individuums wird aber vorzugsweise durch die Einwirkung der früheren Geschlechter auf die nachfolgenden gefördert. Von den ersten Liebkosungen der Mutter an beginnt die Erziehung des aufwachsenden Geschlechtes. Eltern, die anderen Verwandten, Geschwister, die umgebenden Personen und die Lehrer wirken wetteifernd auf den Geist des jungen Menschen, um seine intellektuellen und ethischen Kräfte zu wecken und nach einer bestimmten Richtung hin zu bilden, und auf ihn zu übertragen, was sie selbst erlernt und erfahren haben. Seit der Erfindung der Schrift und noch mehr der Buchdruckerkunst, so wie seit der Verallgemeinerung des Unterrichts, ist diese Einwirkung anderer Persönlichkeiten, nicht mehr auf die an Zeit und Raum nahen beschränkt, sondern durch das Lesen von Schriften werden wir von den entferntesten und durch Jahrtausende von uns getrennten Menschen belehrt, gebildet und beeinflußt. Wenn auch die ihrer bewußte Erziehung, so wie der in bestimmten Lehranstalten beabsichtigte Unterricht aufhört, so setzt sich doch der entwickelnde Einfluß anderer Menschen durch das ganze Leben hindurch fort. Mitten in die Gesellschaft versetzt, in unaufhörliche Berührungen mit den verschiedenartigsten Personen kommend, durch Wort und That von ihnen auf's Mannichfaltigste beeinflußt, tausendfache Erfahrungen machend, kann er aus sich selbst viel weniger entwickeln, als es durch Andere geschieht. — Ist somit der Einfluß des vorhergehenden auf das nachfolgende Geschlecht ein unmittelbarer, und wird schon dadurch der Fortschritt jeder späteren Generation als ein nothwendiger erkannt, indem die Söhne immer auf den Schultern der Väter stehen, und die Erfolge dieser auf jene übertragen werden, so wird dies, wie wir bereits angedeutet, dadurch vermehrt, daß der Mensch sowohl das Gedächtniß der vorzüglichsten Begebenheiten und Persönlichkeiten vermittelst der Geschichte zu bewahren, als auch die bedeutendsten Erzeugnisse des Geistes aller Völker und Jahrhunderte, zum Theil auch der Kunst und der Technik zu erhalten versteht, wodurch denn die Resultate aller Zeiten für die spätesten Geschlechter erhalten werden und für sie wirksam bleiben. — Wie sehr daher auch ältere und neuere Sophisten die Grenzlinien zwischen Menschen- und Thierwelt zu verwirren, ihre Marksteine zu verrücken gesucht haben: die unleugbare Thatsache, daß das Thierindividuum niemals weiter geht, als es in seiner ersten Entwickelungszeit gekommen, und daß die Thiergattungen in der ganzen geschichtlichen Zeit niemals einen Fortschritt gezeigt, so daß die Spinne vor Jahrtausenden ihr Gewebe, die Biene ihre Zelle auf's Genaueste so wie die jetzt lebende geformt hat, während sowohl das Menschenindividuum als auch die Menschengattung immer fort sich entwickelt und fortschreitet, daß bei den Thieren niemals eine Uebertragung der

Kenntnisse und Erfahrungen von einem früheren Geschlechte auf ein späteres stattfindet, wie dies bei jedem einzelnen Menschen der Fall ist, stößt alle ihre Sophismen um, zeigt die unendliche Verschiedenheit zwischen Thier und Mensch in Wesen und Bestimmung, erweist von Neuem die Selbstständigkeit des menschlichen Geistes, mit welchem die geistigen Rudimente des selbst bedeutendsten Thierlebens eine Vergleichung nicht zulassen. —

4. Beruht das Dasein des Menschen als solcher in der Verbindung dieses Körpers (1) mit diesem Geiste (2. 3.), so heißt Tod die Aufhebung dieser Verbindung, die Trennung des Körpers und des Geistes von einander. Es geschieht dies dadurch, daß der Körper das organische Leben verliert, und nur noch als physikalischer Körper existirt, daher den chemischen und physikalischen Gesetzen allein unterworfen bleibt, demnach nur unter ganz besonderen Umständen, wie ein hoher Grad von Kälte u. dgl. nicht der Zersetzung, der völligen Auflösung in seine Elemente und Urstoffe anheimfällt. Mit dem Aufhören des organischen Lebens hört eben der Körper in allen seinen Organen auf, Werkzeug des Geistes zu sein und sein zu können. Da nun, wie oben erwiesen worden, der Geist ein selbstständiges Wesen ist, eine substanzielle Existenz hat, so besteht er auch nach der Aufhebung der Verbindung mit dem Körper, also nach dem Tode fort: er ist unsterblich. So wie der Geist mit dem Erwachen aus dem Schlafe, oder aus einer Ohnmacht vollständig als derselbe erscheint, wie er zur Zeit des Einschlafens, oder des Beginns der Ohnmacht gewesen ist, also auch bei der äußersten Schwächung und Stockung des organischen Lebens, d. i. seiner Verbindung mit dem Körper fortexistirte, und während des Schlafes oder der Ohnmacht durch Traumbilder seine Thätigkeit erweist, so auch bei und nach dem gänzlichen Ende jener Verbindung. Unter Unsterblichkeit des Geistes muß aber die Fortexistenz desselben in seiner Individualität, in seiner Eigenthümlichkeit und Persönlichkeit verstanden werden. Wenn Einige von einem Aufgehen des Geistes in Gott, oder, wie sie sagen, der Seele in die Weltseele, nach dem Tode sprachen, so wäre dies nur scheinbar eine Unsterblichkeit, eine Täuschung, die auf den Mißbrauch des Wortes hinausläuft. Denn so wenig wie wir die Zersetzung unsres Leichnams, die übrig bleibenden, oder in andere

Körper übergegangenen Atome desselben eine Fortexistenz des menschlichen Körpers als solcher nennen können, da ja nur die Kombination dieser Atome zu unsrem Körper den menschlichen Körper ausmacht: ebenso wenig könnten wir den Geist als fortexistirend anerkennen, wenn er in ein allgemeines Dasein aufgegangen, in welchem sich Alles verloren hätte, was sein eigenthümliches und selbstständiges Wesen ausmacht. Die israelitische Religion lehrt also die Unsterblichkeit des menschlichen Geistes als eines eigenthümlichen und selbstständigen Wesens nach dem Tode. Es beginnt für den Geist mit dem Tode ein neues, wie man es nennt, jenseitiges Leben, das zwar für ihn mit der Beschaffenheit anhebt, mit der Ausbildung und Entwicklung, welche der Geist im diesseitigen Leben erreicht hatte, sofort aber dadurch eine ganz neue Gestaltung annimmt, als er nicht mehr an den Körper gebunden, von den Sinnesorganen bedingt und beschränkt ist, also eine Entfaltung und Entwicklung ganz neuer Art eintritt. Ist hiermit schon von selbst gegeben, daß durch den Wegfall der Sinnlichkeit und ihrer Bedürfnisse, sowie durch den Austritt aus der irdischen Gesellschaftlichkeit und ihren Bedingungen, und mit der Unabhängigkeit von den Sinnesorganen viele Irrungen und Irrthümer für den Geist verschwinden, so tritt mit dem Leben im Jenseits auch nothwendig eine sittliche Ausgleichung, Sühnung und Läuterung ein, welche von der Religion als Belohnung und Bestrafung, als göttliches Gericht bezüglich der Gesinnungen und Handlungen während des diesseitigen Lebens, soweit diese von dem Menschen als selbstbewußtem und mit freiem Willen begabten Wesen ausgegangen, bezeichnet und gelehrt wird. Hiermit schließt aber die israelitische Religionslehre ab; wie das Leben im Jenseits zu denken, wie insonders Belohnung und Bestrafung vorzustellen seien, darüber spricht sie sich nicht aus, und wenn auch während der verschiedenen Phasen des Judenthums verschiedene, zum Theil sehr sinnliche Vorstellungen und Ausmalereien darüber zum Vorschein kamen, so gehörten diese doch nur der Zeit, den Umgebungen und der Masse an, und wurden keinenfalls zu Lehrsätzen oder Glaubensdogmen.

Den Materialisten gegenüber, welche den Geist für wesenlos erklären und nur für eine Thätigkeit des Gehirns ausgeben, macht die Gotteslehre folgende Beweise für die Unsterblichkeit des Geistes geltend.

a. **Geschichtlich.** Die Unsterblichkeitslehre findet ihren ersten Beweisgrund in der Uebereinstimmung aller Völker und Zeiten, dem consensus omnium. Man fand diese Lehre als durchaus vorherrschend bei allen Völkern aller Zeiten und Zonen, höchstens mit Ausnahme einiger weniger der rohesten und stumpfsinnigsten. Jede fortschreitende Kultur machte diesen Glauben nur intensiver, wenn auch geläuterter, und nur die Zeit des Verfalls und der Zersetzung einer Nation und ihrer Kultur brachte den Zweifel an die Fortdauer des Geistes in einer größeren Zahl Individuen hervor. Es kommt nun darauf am wenigsten an, welche Vorstellung die Völkerstämme und die Religionen von der Art und Weise dieser Fortexistenz hatten und haben, ob sie dieselbe grobsinnlich oder feingeistig sich ausmalten, die Ueberzeugung von der Unsterblichkeit des Geistes war bei ihnen vorhanden. Ob die Inder und Egypter den Geist in immer neuen körperlichen Hüllen aufwärts oder abwärts wiedergeboren werden ließen (Metempsychose oder Palingenesie); ob die Griechen und Römer die Todten vor drei unterirdische Richter gelangen und nach ihren Thaten zu den verschiedenartigsten sinnlichen Strafen verurtheilt werden ließen; ob die alten Germanen die auf dem Schlachtfelde gefallenen Helden zur Walhalla emporgehoben glaubten, wo sie täglich den immer wieder auflebenden Eber jagten und Meth tranken, während die eines natürlichen Todes Gestorbenen in das Schattenreich der Hela wanderten, und die Indianer die Geschiedenen nach den Jagdgründen ihrer Väter versetzten, wo sie sich stets der glücklichsten Jagd erfreuen; ob die katholische Kirche ein Paradies der Gläubigen und ein Fegefeuer der Ungläubigen und Sündhaften lehrt, der Islam mit orientalischem Feuer das Wohlleben der Gläubigen von Houri's bedient, findet, während die Ungläubigen von zahllosen Teufeln in die Hölle geschleppt werden — alles Dies ist vom Gesichtspunkte unseres Argumentes gleichgültig, insofern sie dennoch Alle und Alle in dem Glauben an die Unsterblichkeit übereinstimmen. Wie demnach der Glaube an das Dasein einer Gottheit in der gesammten Menschheit existirt und so faktisch als eine vom Menschengeiste untrennbare Bedingung seines Lebens sich darthut: so auch der Glaube an die Fortdauer nach dem Tode. Die geschichtliche Uebereinstimmung aller Völker und Zeiten ist so der faktische Beweis für dieselbe.

b. Aus dem Wesen Gottes heraus, und zwar α) aus der Weisheit Gottes. Wenn der Mensch ein zur Entwickelung angelegtes und bestimmtes, darum zuerst aus dem unvollkommensten Zustande herausstrebendes Geschöpf ist, so bleibt er doch auf Erden in jeder Beziehung unvollendet, selbst bei höchster Lebensdauer ein genügendes Maß der Entwickelung nicht erreichend, um wie viel weniger, da der Tod oft in der Mitte, oft im Anfang seines Lebens über ihn kommt. Alle Geschöpfe, namentlich auch das Thier, sind ein jedes ein Ganzes, in sich abgeschlossen, ganz das, als was und wozu sie geschaffen sind; der Mensch hingegen bleibt in allen seinen geistigen Kräften und Richtungen, in intellektueller wie sittlicher Beziehung, im Können, Wollen und Thun ganz unvollendet, in Nichts abgerundet, überall mangel- und lückenhaft, immer zwischen Gut und Bös, zwischen Recht und Unrecht schwankend. Während demnach jede Entwickelung nothwendig ihr bestimmtes Ziel haben muß, wenn sie eine richtig angelegte und mit den angemessenen Mitteln versehene sein soll, erreicht der Mensch dieses Ziel niemals; während er zum Höchsten angelegt ist, eine höchste Natur, bleibt er mitten in das Gemeine hineingeworfen, mit dem er immerfort zu kämpfen hat, ohne es anders als auf Momente überwinden zu können. Demnach wäre der Mensch eine völlig verfehlte Schöpfung, bruchstückartig, ein Widerspruch in sich selbst, der Weisheit Gottes nach allen Seiten hin nirgends entsprechend, wenn mit dem Tode das Ende seines Daseins eintreten, wenn der menschliche Geist nicht aus dem Diesseits in ein weiteres, freieres Dasein übergehen würde, in welchem seine Entwickelung eine höhere, seinem Maße und Ziele zustrebende sein werde. — Nicht minder β) aus der Gerechtigkeit Gottes. Das Leben des Menschen ist von dem ersten Erwachen seines Selbstbewußtseins an voll Mühen, Gefahren, Sorgen, Schrecken, stürmischer Leidenschaften, Schmerzen und Leiden. Das Thier mit seinen geringen Bedürfnissen, ohne Erfahrung, daher auch ohne Besorgniß und Beängstigung für die Zukunft, selbst den Tod nicht ahnend, ohne

Pflichten, ohne alle geistige Arbeit, füllt daher seine Existenz ganz aus, hat mit jeder Minute sein Leben beendet, da es eben in jeder Minute sein Dasein vollendet hat. Ihm gegenüber steht der Mensch, mit jedem Grad einer höheren Begabung auch mit einer höherern Aufgabe und Mühewaltung belastet, mit jedem feineren Gefühl zu schwierigeren Kämpfen, zu stürmischeren Leidenschaften ausersehen, von seinen gesellschaftlichen Verhältnissen tausendfach mehr beschwert als erleichtert. Man sage nicht, daß der Mensch den größten Theil seiner Beschwerden sich selbst geschaffen, daß er, aus der Einfachheit der Natur herausgeschritten, bei Weitem mehr um das zu kämpfen hat, was ihm entbehrlich wäre, als um das, was ihm vom Schöpfer selbst als nothwendig gesetzt ist. Denn die göttliche Vorsehung selbst hat sowohl des Menschen Natur dahin angelegt und dazu eingerichtet, als auch ihn dahin geleitet, wohin er als Gattung gelangt ist, und so wird der einzelne Mensch in eine Komplikation hineingeboren, die er aufzulösen und umzugestalten weder berufen noch befähigt ist. Sehen wir nun vom Leben der Gattung ab und auf das des Einzelnen, so gewahren wir in zahllosen Beispielen, daß weder die dauernd glücklichen noch die dauernd unglücklichen Verhältnisse nach Verdienst und Schuld bemessen und vertheilt werden; wir gewahren sehr oft den Gerechten und Schuldlosen unter der drückendsten Bürde gebeugt, während die freundlichsten und angenehmsten Verhältnisse den Hartherzigen und Sündhaften umgeben und tragen. Aber selbst abgesehen hiervon, ist es den Menschen nur in seltenen Augenblicken seines Lebens gegeben, sich völlig befriedigt zu sehen; selbst in die glücklichsten Ereignisse, Zustände, Momente drängen sich störende Gefühle und Zufälle ein, und durch das ganze Leben des Menschen gehen Verlangen, Sehnsucht, Streben, die ihn niemals zu einem völlig befriedigten Wesen werden lassen. Es würde daher keineswegs mit der Gerechtigkeit Gottes übereinstimmen, wenn dieses ganze, chaotische Gewühl des menschlichen Wesens mit dem Tode plötzlich beendet wäre, wenn nicht in einem jenseitigen Leben die Ausgleichung aller dieser Uebel bevorstände, die Räthsel gelöst, die Sehnsucht befriedigt, das Weh in Harmonie, der Sturm in Frieden aufgelöst würde.

c. **Aus dem Wesen des Menschen selbst.** α) In der Schöpfung Gottes ist Nichts vergänglich. Die Stoffmasse im Ganzen wie in ihren Elementen oder Urstoffen und deren Atomen erleidet weder eine Vermehrung noch eine Verminderung. Es findet daher nur ein beständiger Wechsel in der Zusammen- und Zersetzung der Elemente und Atome zu individuellen Körpern statt. Das Aufhören eines Körpers besteht nur in dem Aufhören dieses individuellen Körpers als solchen, die Elemente und Atome, aus denen er bis dahin zusammengesetzt war, gehen aus einander und durch eine neue Zusammensetzung in andere Körper über. Muß demnach auch der menschliche Geist unvergänglich sein, so ist er im Gegensatz zum Körper, ein nicht zusammengesetztes Wesen, das weder aus Gliedern und Theilen, noch aus Elementen und Atomen besteht; er ist eine Einheit (s. § 3); er kann daher nicht in seine Theile zerfallen, sich nicht in seine Elemente und Atome zersetzen, er kann daher nicht aufhören zu sein, sondern muß als das bestehen bleiben, was er ist, als ein individuelles, geistiges Wesen auch nach der Trennung vom Körper, nach dem Tode. — β) Das Selbstbewußtsein des Menschen setzt sich als ein Ich; es besteht eben darin, sich als ein besonderes Wesen zu fühlen und zu begreifen, als ein Wesen, das ein anderes wie alle vorhandenen übrigen Wesen ist, von denen wohl viele zu ihnen in Beziehung stehen, immer aber von ihm verschieden und getrennt sind. Bei allem Wechsel der Gedanken und Gefühle, die durch den Geist gehen, bei allem Wandel der Beziehungen, Verhältnisse, Zustände, deren sich der Geist bewußt wird, bei allem Fortgang der eigenen Entwickelung, fühlt sich dieses Ich ununterbrochen, und als ein einiges für sich Bestehendes, Selbstständiges. Wird das Selbstbewußtsein durch Schlaf oder Ohnmacht unterbrochen so ersteht doch das Ich bei dem ersten Schimmer des Selbstbewußtseins wieder ganz als dasselbe; und selbst in der Traumwelt, wo eben das Selbstbewußtsein wieder Kenntniß von den Vorstellungen und Gefühlen des Geistes erhält, ohne schon wieder Herr darüber zu sein, ist das Ich wieder da. Dieses Ich kann daher sein Aufhören gar nicht begreifen, und selbst der Leugner der Unsterblichkeit wird das Aufhören seines Ich's nur als ein Faktum annehmen, zu dessen Anerkenntniß er sich zwingt, ohne daß seinem

Geiste ein Begriff dafür möglich ist. Es ist daher die ganze Natur des Ichs auf eine beständige Existenz desselben gegründet, und das Faktum, daß das Ich sein Aufhören nicht zu begreifen vermag, räumt das dem Leugner erscheinende Faktum seines Aufhörens hinweg. — Hierzu tritt γ) der ganze Inhalt des Menschengeistes, der durchaus auf die Unsterblichkeit angelegt ist. Der Menschengeist ist hienieden vielmehr geeignet, die Fragen aufzustellen, als ihre Beantwortung zu finden, die Dinge nach ihren verschiedenen Seiten kennen zu lernen und zu beobachten, als ihre Wesenheit zu erkennen, und nur in sehr bedingter Weise vermag er zwischen Licht und Dunkel, zwischen Glauben und Zweifel, zwischen richtigem und irrigem Erfassen hindurch die Wahrheit zu ergründen. Wie aber die Fülle der Fragen ohne sichere Antwort, so ist ihm auch die beständige Sehnsucht, das unaufhörliche Verlangen gegeben, ohne daß ihm die Befriedigung gewährt wäre. Die Richtung des Menschengeistes, selbst im rohesten und ungebildetsten Individuum, ist nach oben, während seine Flügel nur einen geringen Aufschwung zu nehmen vermögen, und auch hierbei von hundert loseren oder strafferen Fäden nach unten festgehalten werden. Für seinen ganzen wesentlichen Inhalt findet daher der Menschengeist eine Lösung nur in der Unsterblichkeit, die Beantwortung seiner Fragen, die Befriedigung seiner Sehnsucht, die ganze Erfüllung seines Wesens, wie aller seiner Hoffnungen. Dessen kann sich auch der materiell gesinnteste Zweifler nicht entschlagen, daß er mit der Unsterblichkeit sich selbst aufgibt, und da dies eben Niemand vermag, lebt wider seinen Willen in seinem Herzen diese Hoffnung fort, wacht, unterdrückt, immer wieder auf, und frägt sich, allem Zwange gegenüber: möchte es nicht dennoch so sein?! — Endlich δ) ist in die Tiefe des menschlichen Geistes Unendliches und Unergründliches gesenkt, welches ein unbegrenztes Dasein voraussetzt, wir nennen es die Liebe. Was auch der Gegenstand der Liebe sei, und wie sie sich hiernach modifizire, immer wird sie im Menschen ein Aufgeben seiner selbst, ein unerschöpflicher Quell der Selbstaufopferung, also ein Göttliches an Inhalt und Grenzenlosigkeit. Was im Thiere nur das Nothwendig-Sinnliche zur Fortpflanzung und zur Erhaltung der Jungen ist und sich hierauf nothdürftig beschränkt, das wird im Menschen zur großartigsten, lautersten und rein geistigen Erscheinung, über alles Sinnliche unendlich hinausreichend, ja, zuletzt es gänzlich abstreifend, ohne alle physische Anknüpfung, da die Liebe auch das ihr Nicht-Angehörige, und ebenso einen rein ideellen Inhalt mit derselben und mit noch größerer Energie er- und umfaßt. In der That, wie das Licht der Bote der fernsten Weltkörper an diese Erde ist, das Band, das sie auch an diese knüpft, so verbindet die Liebe das Göttliche, Himmlische, Unendliche, Jenseitige mit dem Menschen, ist in dem Menschen das zweifellos Göttliche und damit Zeugniß und Bürgschaft, daß der Menschengeist dem Ueberirdischen angehört, somit mit seinem irdischen Theile zugleich nicht endet, daß er Elemente in sich birgt, welche an sich unendlich und unbegrenzt, über die Marksteine der Erde hinausreichen und ein neues Leben ihm aufbauen, wenn der Körper längst in seine Atome zerfallen ist. Darum, wenn schon die Erkenntniß eine unabgegrenzte ist und für das Denkvermögen des Menschen eine Fortdauer nach dem Diesseits verlangt, und die gleiche Forderung von der Sittlichkeit für die Willenskraft wird: so thut dies auch die Liebe überhaupt für das Gefühlsvermögen, noch mehr aber an sich durch ihr Wesen, durch ihre göttliche Natur. Ist in allen dreien dem Menschengeiste eine unbegrenzte Entwickelung gegeben, welche nach ihren Anfängen im Erdenleben eine weitere Entfaltung nothwendig verbürgt, so liegt in der Liebe selbst ein Dauerndes, das nicht untergehen kann, und in seiner Unerschöpflichkeit eine beständige und eine immer unbedingtere Erfüllung und Befriedigung in sich trägt. So sagt auch die h. Schrift von der Liebe: „**Die Liebe, ihre Gluthen, Feuergluthen, sind Gottesflamme! Nicht vermögen die Liebe viele Wasser zu löschen, Ströme überfluthen sie nicht.**" (H. L. 8, 6. 7.) (Ueber die Unsterblichkeitslehre durch alle Perioden des Judenthums s. Beilage 3.)

5. Das Wesen des Menschen als solchen besteht also in der Verbindung des vorzüglichst gebauten Körpers mit der Gott ebenbildlichen, sich immerfort entwickelnden und unsterblichen Seele. Diese Verbindung ist die engste, so daß der Mensch die möglichste Einheit beider Naturen, beider Wesenarten darstellt, und in dieser höheren Einheit, in dieser Harmonie, in welche der Dualismus von

## Die Verbindung zwischen Geist und Körper.

Geist und Körper aufgeht, das Charakteristikum für die menschliche Gattung besteht, und auf diese Weise der Mensch die höchste Schöpferkraft Gottes erweist. Diese Verbindung zeigt sich 1) in der außerordentlichen Einheit innerhalb der Thätigkeiten, welche durch die Konkurrenz beider vor sich gehen.[1]) Das Gebiet dieser Thätigkeiten sind erstens die Sinnesorgane, wo der Körper das Vorwaltende ist, und zweitens die Willensthätigkeit, wo der Geist das Vorwaltende ist. Mit Blitzesschnelle bringen die körperlichen Sinnesorgane die Eindrücke, die sie von der Außenwelt empfangen zum Geiste, welcher diese als Vorstellungen in sich aufnimmt. Daß jene Eindrücke auf die Sinnesorgane an sich verschieden und getrennt von den Vorstellungen des Geistes sind, erkennt man daraus, daß, wenn z. B. der Geist präokkupirt, wie man sagt, abwesend ist, jene Eindrücke der Sinnesorgane nicht zu Vorstellungen des Geistes, von diesem gar nicht bemerkt werden, bis etwa die Stärke jener Eindrücke den Geist weckt, seine Aufmerksamkeit zurückruft, und die letzten Strahlen jener Eindrücke unvollkommene Vorstellungen bewirken, die der Geist durch nochmaliges Fragen, Hinblicken u. dgl. nun zu ergänzen sucht. Mit gleicher Blitzesschnelle wirkt die Willenskraft des Geistes auf die körperlichen Organe, und nöthigt diese zur Ausführung jenes Willens, wenigstens zum Versuche, wenn etwa die körperliche Kraft nicht ausreicht. Diese Einwirkung der Willenskraft auf unsern Körper ist sogar noch unbedingter, als die der Sinnesorgane auf den Geist, weil eben hierbei eine Abwesenheit des Geistes nicht vorhanden und der Körper sich nicht willkürlich dem Geiste entziehen kann. Nur ein krankhafter Zustand des Organs, eine Lähmung, hebt diese Unterwürfigkeit des Körpers auf. 2) Bethätigt sich diese Einheit in den Wirkungen, welche Geist und Körper wechselseitig auf ihre Beschaffenheit ausüben. Es ist Nichts sicherer, als daß gewisse Beschaffenheiten des Geistes und des Körpers im Allgemeinen immer nebeneinanderlaufen und einander entsprechen, und daß daher gewisse Charaktere oder Temperamente sich zugleich in Geist

---

[1]) Alle übrigen Thätigkeiten sind entweder rein körperliche, die dem Willen gänzlich entzogen sind, wie z. B. die Verdauung, oder rein geistige, auf welche der Körper keinen unmittelbaren Einfluß übt, wie das Denken.

Körper auf bestimmte Weise darstellen, wie z. B. mit der phlegmatischen Anlage des Geistes ein wohlgenährter, starker Körperbau immer verbunden sein wird. Das körperliche Leben wirkt auf das des Geistes, und das geistige Leben auf das des Körpers. Es geschieht dies langsam und allmälig, dann aber wiederum rasch und plötzlich. Die meisten leidenschaftlichen Erregungen des Geistes bringen in sichtbarster Weise körperliche Veränderungen und Vorgänge mit sich, oder wie Schreck, Aerger, Furcht, Angst augenblicklich einen innerlichen und äußerlichen Verfall des Körpers oder wenigstens momentane körperliche Unordnungen hervorbringen, ist Jedermann bekannt. Ebenso ist es unverborgen, daß eine fortgesetzte ausschweifende Lebensart den Geist in allen seinen Kräften und Vermögen abschwächt, wie auch eine einmalige Ausschweifung einen einmaligen Mangel an Geisteskraft bewirkt. Nicht minder übt eine fortgesetzte, übermäßige Geistesanstrengung einen aufreibenden und zerstörenden Einfluß auf den Körper aus. — Je sichtbarer aber diese außerordentliche Erscheinung einer Verbindung zweier an sich entgegengesetzter Naturen zu einer höheren Einheit ist, desto mehr ist uns die Art dieser Verbindung ein Geheimniß. Wir wissen, daß es das Nervensystem ist, welches Geist und Körper mit einander verbindet; die Nerven sind es, welche allen Funktionen des Körpers vorstehen, welche daher auch die Eindrücke der Sinnesorgane zum Geiste leiten, und wiederum den Willen des Geistes auf die Bewegungen des Körpers übertragen; in neuerer Zeit vergleicht man die Thätigkeit der Nerven mit der elektro-magnetischen Strömung — weiter aber ist man nicht gekommen und wird man nicht kommen; der eigentlichste Incidenzpunkt ist darum um Nichts klarer. Wieso der geistige Wille eine elektro-magnetische Batterie vermittelst der Nerven in Bewegung setzt, um dadurch die körperlichen Organe seinem des geistigen Willens Inhalt gemäß in Bewegung zu bringen, und wieso die Eindrücke der Außenwelt auf die körperlichen Sinnesorgane eine elektro-magnetische Batterie in Bewegung setzen, um vermittelst der Nerven im Geiste bestimmte, entsprechende Vorstellungen hervorzurufen — das ist die eigentliche Frage, die, weil unserer Beobachtung entzogen, ungelöst bleibt.

Eine Grundlehre der Gotteslehre ist: daß die menschliche Seele rein und schuldlos aus der Hand des Schöpfers hervorgeht. Sie weist daher das Dogma der Erbsünde, mit welcher die Seele im Menschen geboren werde, weit von sich, indem sie eine solche durch die erste Sünde des ersten Menschenpaares (den sogenannten Sündenfall) über alle Menschenseelen gekommen, nicht annehmen kann, da jedes Individuum allein für seinen eigenen Fehl eintreten kann, im andern Falle der Mensch gar nicht mehr zur Rechenschaft gezogen werden dürfte, die sittliche Freiheit des Menschen aufgehört hätte, noch dazu, da die größere Zahl der Menschen früher und auch jetzt noch von diesem Vorgange gar nichts erfahren hat. Wie die Erzählung vom Paradiese zu verstehen und nichts anderes bedeute als die Darstellung, wie der Mensch zur ersten Sünde kam und kommt, wird weiter unten besprochen werden. Schon Philo (de Aleg. f. 708.) spricht es aus, daß der Geist rein und gut ist, bevor er mit dem Körper verbunden worden, „die Seele ist ein Kind des himmlischen Palastes", heißt es Ber. rabb. 12. Wajikr. r. 9. R. Simlai sagte (Nidd. 30 c.): „Nicht eher verläßt der Mensch den Mutterleib, als bis man die Seele beschworen: Sei gerecht und wisse, daß Gott ein reines Wesen ist, daß seine Diener rein sind, und daß die Seele, die er dem Menschen giebt, rein ist." R. Saadja Gaon erklärt in Emun. wed. 6., daß die Seele rein ist wie das Wesen der Sphären, ja noch reiner. Daher in den täglichen Morgengebeten der Satz: „Mein Gott! die Seele, die du in mich gegeben, sie ist (an sich oder sie war) rein." Darum wird die Seele des Menschen „eine Leuchte des Ewigen" (Spr. Sal. 20, 24.) genannt (Sabb. 30, 2.).

Hingegen ist es keine biblische, sondern erst später in das Judenthum hereingekommene, aber innerhalb desselben viel verbreitete Ansicht, daß die Seele des Menschen schon existire, bevor sie im Körper lebe. Diese Ansicht, daß der menschliche Geist nicht erst mit dem Entstehen des Körpers geschaffen werde, fand bekanntlich im Alterthume ihren ersten beredten Verkündiger und Vertheidiger in Plato, obgleich er sie erst aus der pythagoräischen und einer älteren asiatischen Lehre entnommen hatte. Die Gründe, die er aufstellt, sind etwa folgende. Es sei unmöglich, zu begreifen, wie der menschliche Geist in den ersten Jahren seines Daseins auf Erden eine so außerordentliche Menge von Begriffen und Kenntnissen mit fast wunderbarer Schnelligkeit zu erfassen vermöge, da er später sich so langsam neuer Vorstellungen und Urtheile bemächtige, wenn nicht angenommen würde, daß das Lernen in der Jugend eben mehr ein Erinnern aus früherem Leben als ein ganz neues Kennenlernen und Begreifen sei. Noch unerklärlicher wäre es fast, daß bei manchen Menschen sich eine ganz außergewöhnliche Anlage und Befähigung für irgend eine Kunst, eine Wissenschaft, eine technische oder geistige Fertigkeit, wie Musik, Malerei, Rechnen, Mathematik überhaupt u. s. w., und zwar von Kindheit an zeigt, während derselbe Mensch in allen anderen Dingen nur mittelmäßig oder gar geringfügig sich erweist, wenn diese Seele diese Kunst, in der sie so Außerordentliches leistet, nicht schon vordem gekannt und geübt hätte. Endlich zieht Plato noch die Zu- und Abneigung hierher, welche oft plötzlich und ganz ohne Grund und Ursache beim Zusammentreffen mit Personen und Dingen in uns erwacht und fast unwiderstehlich sich unserer bemeistert, ohne daß wir uns selbst darüber Rechenschaft zu geben vermögen, Personen und Dinge, die uns deshalb bereits in einem früheren Leben begegnet und in einem besonderen Verhältniß zu uns gestanden sein müßten. Der Erste, der innerhalb des Judenthums diese Präexistenz der Seelen lehrte, war daher der platonisirende Philo, der z. B. de somn. 5, 62. sagt: „Der Raum zwischen der Erde und dem Monde ist mit Luft erfüllt, und dieser ist der Aufenthalt der Seelen, ehe sie in einen Körper eingeschlossen werden." Nach den Rabbinen wurden alle Seelen, die einen menschlichen Körper dereinst bewohnen sollten, am ersten Schöpfungstage erschaffen (Beresch. rabb. 8) und befinden sich an einem Orte, den sie גוף nennen, und der sehr verschieden definirt wird, z. B. im höchsten oder siebenten Himmel (Abod. sar. 65, 1, Nidd. 13, 2, Jebam. 63, 2, Chag. 12, 2). Man schrieb sogar der Seele des ungeborenen Menschen eine große Wissenskraft, wie auch das Erlernen der Thorah zu, sobald aber das Kind das Licht der Welt erblicke, schlage ein Engel es auf den Mund und mache es Alles vergessen (Nidd. 30, 2.). Es war daher sehr natürlich, daß die späteren Kabbalisten insgesammt die Präexistenz der Seelen, die ihnen so vielen Stoff zu mystischer Auffassung gab, begierig aufnahmen. Wir wollen von ihren vielen grotesken Aufstellungen, z. B. daß jede Seele eines Mannes zugleich die Seele eines Weibes enthalte, welche letztere von der ersteren sich trennt, wenn die Seele zur Erde herabgelangt, absehen und nur die eine Stelle aufführen (Sohar Abschn. Wajechi): Alle Seelen existirten bei Gott seit Erschaffung der Welt in eben derselben Form und Gestalt, die sie einst auf Erden haben sollen, und zur Zeit, wo die Seele bereit ist, herabzusteigen in einen Mutterleib, steht sie in derselben Gestalt vor Gott, die der Mensch auf Erden haben wird. Da ermahnt sie Gott, seine Gebote zu halten und seine Verbote nicht zu übertreten. Ebenso standen alle Seelen, die noch nicht auf Erden geboren waren, am Sinai in derselben Gestalt, die sie einst auf Erden annehmen werden, und ebenso sah sie Adam allesammt." — (Vgl. auch Gideon Brecher, die Unsterblichkeitslehre des israelitischen Volkes, Leipzig 1857.)

## 14.
**Welches ist das Verhältniß Gottes zum Menschen? Ein unmittelbares.**

Während alle Wesen, die wir kennen, lediglich den von Gott in sie gelegten Naturgesetzen, nach welchen sie wurden und sind, unterworfen sind, und ihnen gemäß von Gott geleitet werden, zugleich in der durch jene bestimmten und abgegrenzten Art und Gestaltung verbleiben, so daß also das Verhältniß Gottes zu allen diesen Wesen ein durch die Naturgesetze vermitteltes ist, das Verhältniß des Schöpfers zum Geschöpf, des Meisters zu seinem Werke: so ist das Verhältniß Gottes zum Menschen ein anderes. Denn jenen gegenüber ist dem Menschen Freiheit des Willens, Selbstbestimmung, freie Entschließung, hervorgehend aus seinem Selbstbewußtsein und dem Bewußtsein des Verhaltens der Dinge gegen ihn, gegeben, und zugleich die Fähigkeit der Entwicklung im Einzelnen, wie in der Gesammtheit verliehen. Deshalb reichen die Naturgesetze bezüglich des Menschen nur so weit aus, wie der Mensch in seiner körperlichen Existenz jenen ebenfalls unterthan ist, wohingegen da, wo sein Bewußtsein, die Freiheit seines Willens und seine Entwicklungsfähigkeit beginnen, die Naturgesetze nur noch einen sekundären oder indirekten Einfluß auf ihn üben können. Deswegen ist das Verhältniß Gottes zum Menschen ein ganz verschiedenes, und dies bezeichnen wir als ein **unmittelbares**, und sagen: während Gott zu den übrigen Geschöpfen mittelbar, d. h. vermittelst der Naturgesetze ist, ist er zum Menschen unmittelbar, sowie wir umgekehrt das Verhältniß des Menschen zu Gott als ein unmittelbares erkannten „indem der Begriff der Gottheit im Menschen vorhanden ist, und alle seine Beziehungen bestimmt und beherrscht." (S. Th. I., S. 7.)

Die Momente der Unmittelbarkeit Gottes zum Menschen sind: die Vorsehung, das göttliche Gericht und die Offenbarung. Dem freien Willen des Menschen gegenüber bedarf es einer planmäßigen Leitung, um seine Entwicklungsfähigkeit zu einem bestimmten höheren Ziele zu führen. Es handelt sich nicht bei ihm, wie bei den übrigen Wesen um die bloße Existenz, sondern um die Erfüllung einer höheren Bestimmung, die auf dem Wege der freien Entwicklung erfüllt werden soll. Diese Leitung des Menschen durch Gott läßt daher die Naturgesetze weit hinter sich und muß so als eine unmittelbare bezeichnet werden. Aus dem Selbstbewußtsein und freien Willen des Menschen geht ferner sein sittlicher Werth, sein sittliches Dasein hervor, ganz verschieden von den anderen Wesen, die weil sie nur den Naturgesetzen folgen, nicht sittlich, weil auch nicht unsittlich, sein können. Die Sittlichkeit des Menschen aber vor der Allheiligkeit Gottes und vor dem Willen Gottes mit dem Menschen bedingt nothwendig ein göttliches Gericht, d. h. einentheils bestimmte Folgen, welche mit den sittlich guten und bösen Handlungen des Menschen verbunden sind, anderen Theils das bewußte Verhältniß des individuellen Menschen zu Gott und die dem ersteren daraus resultirenden Empfindungen der Zufriedenheit oder der Unruhe in deren verschiedenen Graden (das Gewissen.) Wenn demnach von einem göttlichen Gericht über die anderen Wesen gar nicht die Rede sein kann, so enthält es für den Menschen sicher eine ganz unmittelbare Beziehung Gottes zu ihm. Um dieser für den Menschen entscheidenden Momente willen aber war es nothwendig, daß dem Menschen und seiner sittlichen Entwicklung durch eine bestimmte Erkenntniß Gottes und der sittlichen Grundgesetze zu Hülfe gekommen werde, nemlich durch die Offenbarung, welche als unmittelbare göttliche Einwirkung (s. Th. I., S. 39) die Unmittelbarkeit Gottes zum Menschen schon in ihrer Definition trägt. Diese drei Momente zusammen genommen füllen das Verhältniß Gottes zum Menschen aus. Die israelitische Religion, wie sie das über diese Momente in den heidnischen Religionen stattfindende Schwanken[1] beseitigte, und durch klare und fixirte Be-

---

[1] Nichts ist verworrener als der Begriff der Vorsehung in sämmtlichen heidnischen Religionen. Denn wenn sie einerseits ein geheimnißvolles Fatum, eine Ἀνάγκη, Nothwendigkeit, erkennen, die selbst die Götter beherrscht, wenn sie ferner z. B. Leben und Tod in der Gewalt besonderer Gottheiten (Mören, Parzen, Walkyren) glauben, so haben andererseits die einzelnen Götter vermittelst ihrer besondern Macht großen Einfluß auf die Schicksale der Menschen, die

griffe ersetzte, sie also eigentlich der Menschheit zuerst verkündete, führte auch die Unmittelbarkeit Gottes konsequent durch, während z. B. das Christenthum in mehreren der wichtigsten Punkte, wie in der Sündenvergebung, von ihr abwich, und damit das göttliche Wesen selbst beschränkte. (S. weiter unten.)

### 15.

**Wie bezeichnet die heilige Schrift das unmittelbare Verhältniß Gottes zum Menschen?**

**Als das des Vaters zum Kinde.**

Das Verhältniß zwischen „Vater" und „Kind" schließt die Beziehung des Schöpfers zum Geschöpf, des Urhebers des Lebens zu dem, der dieses empfangen, ein, bildet es aber zugleich zum innigsten und unmittelbarsten aus, zu einem solchen, wo Nichts dazwischen liegt, Nichts sich dazwischen drängt, sondern beide in die engste Nähe versetzt sind, ja knüpft ganz persönliche Beziehungen an. Indem wir also Gott als unsern Vater ansehen, durchtränken wir den mit dem Verstande erfaßten Begriff der Unmittelbarkeit mit den wärmsten Empfindungen; wir fühlen uns aus der unend-

---

sie oft nach den Eingebungen ihrer augenblicklichen Leidenschaften bestimmen und verändern. In den asiatischen Religionen, wo die großen Prinzipiengötter des Guten und Bösen mit ihrem gesammten Anhang von guten und bösen Geistern immerfort im Kampfe mit einander sind, kommt es auf den Sieg der einen oder der andern Partei an, um Segen oder Fluch über die Menschen auszustreuen. Der Gedanke, durch Opfer aller Art die Götter zu bestechen, ihre Gunst zu erwerben, ihren Zorn abzuwenden, ist ein vorherrschender. — Was das göttliche Gericht betrifft, so dachten die Alten es sich als ein Gericht nach dem Tode. So die Aegypter. Nach dem Tode steigt die Seele in die Unterwelt, in deren Vorhof Osiris mit 42 Todtenrichtern, die über die 42 Todsünden wachen, Gericht hält; das Herz des Todten wird gewogen und nach dem Ergebniß wird er entweder in das Reich der Finsterniß oder in das Gefilde des Sonnengottes gesandt. (S. Duncker Th. I. S. 70 ff.) Die Griechen glaubten bekanntlich an ein ähnliches Todtengericht in der Unterwelt, aus drei Richtern bestehend. — Auch von göttlichen Offenbarungen und Eingebungen finden sich mannichfache Spuren in den Mythologieen der Alten, ohne jedoch als Grundlage und Kundmachung der Religion selbst geltend gemacht zu werden.

lichen Tiefe, in der wir uns unter Gott begreifen, auf den Schwingen der Liebe zu ihm hinaufgetragen und zu unbeschränkter Hingebung uns beseligt; wir fühlen uns Gott nahe, um ihm getrost all unser Sein und Heil zu überantworten.

„Ihr seid Kinder dem Ewigen, eurem Gotte." (5 Mos. 14, 1.)

„So erkenne mit deinem Herzen, daß, wie ein Mann seinen Sohn ziehet, dich der Ewige, dein Gott, ziehet." (5 Mos. 8, 5.)

„Denn du bist der Ewige unser Vater, unser Erlöser ist dein Name von Ewigkeit her." Jes. 13, 16.)

„Nun aber, Ewiger, unser Vater bist du, wir der Thon, du unser Bildner, und deiner Hände Werk wir Alle." (Jes. 64, 7.)

„Haben wir nicht Alle Einen Vater, hat uns nicht Ein Gott geschaffen?" (Mal. 2, 10.)

„Wie ein Vater der Söhne sich erbarmt, erbarmet sich der Ewige derer, die ihn fürchten." (Ps. 103, 13.)

„Nahe bist du, Ewiger, und alle deine Gebote sind Wahrheit." (Ps. 109, 151.)

„Nahe ist der Ewige Allen, die ihn anrufen, Allen, die ihn anrufen in Wahrheit." (Ps. 145, 18.)

„Die Nähe Gottes thut mir wohl, ich stelle auf den Herrn, den Ewigen, meine Zuversicht." Ps. 73, 28.)

„Du bist mir nahe zur Zeit, da ich dich anrufe." (Klgl. 3, 5. 7.)

Auch in dem israelitischen Gebetbuche wird Gott als „Vater" aller Orten gefeiert; „unser Vater", „allbarmherziger Vater" ist eine Anrede, die in den täglichen Gebeten wiederholt vorkommt, wie denn auch das am Neujahrs- und Versöhnungsfeste und in den Bußtagen rezitirte Gebet (אבינו מלכנו) alle seine Sätze mit „unser Vater" beginnt. Wir heben dies den oft gehörten Behauptungen unwissender Theologen und Lehrer nicht jüdischer Religion gegenüber, daß „die Juden Gott nicht als Vater kennen und ihre Gebete nicht an den Vater richten", hervor

### 16.

Welches ist demnach die nächste Eigenschaft Gottes, die sich uns hier ergiebt?

**Gott ist allwissend.**

Da Gott allgegenwärtig ist (s. §. 7), ferner da Alles in ihm seine Ursache hat, und Alles nach seinem Willen geschieht, da endlich für Gott Vergangenheit, Gegenwart und Zukunft identisch sind (s. §. 6), so muß Alles in seinem Bewußtsein vorhanden sein, d. h. er muß wissen, was je geschah, geschieht und geschehen wird. Dieses Wissen und Vorauswissen findet auch hinsichtlich des menschlichen Geistes statt, und steht mit dem freien Willen, mit der aus sich selbst geschöpften Entschließung desselben durchaus nicht in Widerspruch. Wenn ich einen Menschen, seinen Charakter, seine Gesinnungs- und Handlungsweise, so wie seine Verhältnisse genau kenne: so kann ich recht gut und mit ziemlicher Gewißheit voraussehen, was er in gegebenen Fällen thun werde, ohne daß ich damit die Freiheit seiner Gedankenentwickelung und seiner Entschließung irgendwie beschränkt hätte. Alle Vorausberechnungen der Staats- und Lebensklugheit gründen sich hierauf, und wenn auch der Mensch wegen der Mangelhaftigkeit seiner Kenntniß der Menschen und Verhältnisse vielfachen Irrungen ausgesetzt ist, so erlangt er dennoch auch sehr bedeutende Erfolge auf diesem Gebiete, und die menschliche Welt könnte ohne dergleichen Wissen und Berechnen nur einen sehr beschränkten und bedingten Fortgang im Kleinen und Großen haben. Ein ausgezeichneter Schachspieler, der die Spielweise seines Gegners kennt, wird hierdurch, so wie durch seine eigenen Züge, vermittelst welcher er den Gegner in eine bestimmte Lage bringt, im Stande sein, die Züge des Gegners lange im Voraus zu berechnen und vorauszuwissen, in wie vielen Zügen und durch welche dieser matt werden wird, ohne daß er hiermit der Freiheit seines Mitspielers, zu ziehen wie es ihm beliebt, zu nahe tritt. Je unvollkommener alles Dies bei dem Menschen stattfindet, desto leichter kann er irren und fehlgreifen: immerhin ist aber dadurch erwiesen, daß das Vorauswissen dessen, wozu sich ein

Mensch entschließen werde, mit der Freiheit desselben nicht in Widerspruch stehe. Erwägen wir nun, daß Gott einerseits die Verhältnisse jedes Menschen, in die er von Geburt an eintritt und durch die von Gott gefügte Verkettung seiner Lebensereignisse geräth, selbst anordnet, andererseits die allgemeinen Gesetze des menschlichen Denkens, Fühlens und Wollens vollständig weiß, da er selbst sie so angelegt, und nun die Geistesbeschaffenheit jedes einzelnen Menschen vollkommen kennt: so kann es uns nicht zweifelhaft sein, daß er auch alle Entschließungen des Menschen im Voraus kennt, daher auch Alles im Voraus weiß, was in der menschlichen Welt geschehen wird, ohne daß damit die Selbstbestimmung des Menschen aufgehoben würde. Wenn also jede Begrenzung der göttlichen Voraussicht oder Allwissenheit eine Beschränkung und Verendlichung des göttlichen Wesens wäre, so ist aus obiger Darstellung auch klar, daß die Freiheit des menschlichen Willens nicht mit ihr in Widerspruch sich befindet, daß vielmehr beide mit einander bestehen. Ohne jene Allwissenheit würden aber Vorsehung und Vergeltung unmöglich sein.

„Der das Ohr gepflanzt, sollte der nicht hören? der das Auge gebildet, sollte der nicht sehen? der dem Menschen Erkenntniß lehrt, der Ewige, kennt der Menschen Gedanken." (Ps. 94, 9—11.)

„Ewiger du erforschest mich und weißt, du kennst mein Sitzen und mein Aufstehen, verstehst mein Denken schon von ferne. Mein Wandeln und mein Lagern schaust du und bist vertraut mit allen meinen Wegen. Ist doch kein Wort auf meiner Zunge, sieh, Ewiger, du kennst es ganz. Zu wundersam ist solch Erkennen mir, erhaben, ich erreich' es nicht. Du schufst ja meine Nieren, wobst mich in meiner Mutter Schooß. Nicht war mein Wesen dir verhohlen, da ich gebildet im Verborgenen ward, gewirket in des Ird'schen Tiefen. Mich unentwickelt sahen deine Augen schon, und alle waren in dein Buch verzeichnet, die Tage, die gebildet wurden, bevor von ihnen einer war." (Ps. 139, 1—4. 6. 13. 15. 16.)

Beide Psalmstellen heben als Beweisgrund für die Allwissenheit Gottes, namentlich aller Gedanken und Empfindungen des Menschengeistes, hervor, daß Gott diesem sowohl die Erkenntnißkraft gegeben, als auch die Sinnesorgane anerschaffen hat, somit ebenso die sinnlichen Wahrnehmungen des Menschen und ihre Eindrücke auf den Geist, wie auch die Entwickelung der Gedanken und Gefühle innerhalb desselben kennen muß. Maimuni (Mor. Neb. III. 17.) findet daher diejenigen Philosophen widerlegt, welche annehmen, daß, da Gott keine Sinne habe und nur durch die Vernunft auffasse, er die einzelnen Wesen nicht kenne, „denn", sagt Maimuni, „kein Werkmeister kann ein Gefäß hervorbringen, wenn er keine Vorstellung hat von dem, wozu das Gefäß gebraucht werden soll." Hat Gott also das Ohr und das Auge gebildet, das menschliche Hören und Sehen demnach hervorgebracht, so ist er auch völlig dessen kundig und gewiß, was das Hören und Sehen auf den menschlichen Geist einwirkt, welche Vorstellungen sie hervorrufen und welche Urtheile und Schlüsse sich daran knüpfen. — Der Psalm 139 ziebt ferner noch einen Beweis für die Allwissenheit aus der Allgegenwart durch die bereits zu Paragraph 7 zitirten, hier darum ausgelassenen Verse 7—12.

Die Verse des 139. Psalms legen zuerst dar, wie Gott alles Denken (V. 2.), alles Sprechen (V. 4.) und alles Thun (V. 3.) des Menschen wisse. V. 1. „und weißt", ידע sinnig ohne Suff., also allgemein gehalten. V. 2. „Sitzen und Aufstehen" nicht als Handlungen, sondern als Wirkungen eines Gedankens „von ferne", d. h. ehe der Gedanke gedacht worden. — Von V. 13 ab als Beweis für die Allwissenheit die Schöpfung des Menschen durch Gott, das geheimnißvolle Werden des Menschen im Mutterschooße sowohl hinsichtlich seines geistigen („Nieren" als Sitz der Empfindungen) als auch des leiblichen Wesens (עצמי). Gott sah und kannte den Menschen schon im unentwickelten Zustande (גלם Embryo), legte da die Keime seiner späteren Entwickelung — wie sollte er diese nicht im Voraus schon überschauen? (Die letzten Worte des V. 16. s. zum folg. §). — So ist es eine in der heiligen Schrift überall hervortretende Anschauung, daß Gott die innersten Gedanken des Menschen kennt, daß sein Blick in die geheimste Werkstätte des menschlichen Geistes fällt, und all das Wollen, all die Triebfedern und Absichten des Menschen ihm niemals verborgen sind. Die große Einwirkung, welche diese Lehre auf den Menschen haben müsse, wenn sie ihm stets gegenwärtig wäre, wissen unsere Weisen wohl zu schätzen, und Rabbi spricht sie mit den Worten Pirk. Ab. II. 1 aus: „Erwäge drei Dinge, und Du wirst nicht zur Sünde kommen: wisse, was über Dir ist, ein allsehendes Auge, ein allhörendes Ohr, und daß alle Deine Thaten in ein Buch aufgeschrieben werden", d. h. die Allwissenheit Gottes, in dessen Bewußtsein Alles steht, was geschieht, und verbleibt, was geschehen ist. [1])

---

[1]) Die Frage, ob die Allwissenheit Gottes mit der Freiheit des menschlichen

## 17.

**Welches ist das erste Moment der Unmittelbarkeit Gottes zum Menschen?**

**Gott ist die Vorsehung, d. h. er bestimmt die Schicksale der Menschen nach seinem Plane, um die Gesammtheit wie die Einzelnen zur Vervollkommnung zu führen.**

Wir haben in der Einleitung (Th. I. S. 125—140) ausführlich dargestellt und erwiesen, daß in der gesammten Menschheit planmäßig der göttliche Gedanke sich verwirklicht: die Menschheit in fortschreitender Entwickelung zur Vervollkommnung

---

Willens in Widerspruch stehe? beantwortet auch Saadja in Emunoth we-Deoth IV. 12, indem er die Frage formulirt: „Wenn Gott in seiner Allwissenheit des Menschen Thun und Lassen, noch ehe er ein Sein ist, weiß, so muß er doch auch folgerichtig davon ein Wissen haben, daß der Mensch ihm widerstreben wird, nun muß aber der Mensch nothwendig widerstreben, da sonst das Wissen Gottes ein unvollständiges wäre, folglich ist der Mensch nicht frei." Er widerlegt dies aber, indem er zeigt, daß das Wissen Gottes von den Dingen nicht zugleich die Ursache ihres Seins ist, sondern daß Gott die Dinge nur in der Wahrheit ihres Seins weiß, und zu dieser Wahrheit gehört auch das Sichändern der Dinge, und wenn der Mensch aus innerer Freiheit etwas wählt, so weiß es Gott, weil er das Sein in Wahrheit weiß. Wir dürfen nicht sagen: wenn Gott z. B. weiß, daß dieser Mensch sprechen wird, wie kann dieser denn aus Freiheit schweigen? sondern wir müssen sagen, wenn der Mensch, anstatt zu sprechen, aus Freiheit schweigt, so weiß Gott des Menschen Schweigen im Voraus. Denn Gottes Allwissenheit ist das Wissen von dem Werden des menschlichen Thuns durch den Gedanken, der die Freiheit bestimmt, ohne von dem Maß der Zeit abhängig zu sein. — Nicht so Maimuni, der sowohl in Hilch. Thesch. V. 4—5, als auch in Mor. Neb. III. 20 die Vereinbarung der göttlichen Allwissenheit mit der menschlichen Freiheit für uns unbegreiflich hält, sie aber darum für dennoch richtig erklärt, weil beide Thatsachen sind, Gottes Kenntniß aber von uns eben so wenig wie das Wesen Gottes begriffen werden könnte. Er sagt: Der Stein des Anstoßes sei die Voraussetzung, es finde zwischen unserem und dem göttlichen Wissen ein Verhältniß statt. Es sei aber ebenso wenig Gemeinschaftliches zwischen unserer Kenntniß und der seinigen, wie zwischen unserer und seiner Wesenheit. Das Wissen Gottes hebe die Möglichkeit zweier Fälle nicht auf, obwohl er genau weiß, welcher von beiden wirklich werden wird. Sowie wir trotz der Unkenntniß, in welcher wir uns über Gottes wahre Wesen-

zu führen. Mögen in früheren Jahrhunderten hieran Zweifel bestanden haben, entweder weil eine geschichtliche Entwickelung wirk-

---

heit befinden, dennoch überzeugt sind, daß er das vollkommenste Wesen ist, an welchem weder Mangel, noch Veränderung, noch Leiden haftet: ebenso haben wir, wiewohl uns die Einsicht in die Beschaffenheit seiner Kenntniß, da sie mit seiner Wesenheit zusammenfällt, abgeht, nichts desto weniger die Ueberzeugung, daß seine Kenntniß nicht in Grenzen eingeschlossen ist, daß keines von allen Wesen ihm verborgen bleibt und endlich, daß seine Vorauskenntniß des Geschehenden die Natur der Dinge nicht aufhebt, vielmehr das Mögliche in seiner Natur beharrt. Dieser Ansicht schließt sich auch Albo Sevh. Ikkar IV. 3 an. Mit Recht aber wird sie von Rabd getadelt. Sie konstatirt nichts, als daß die Allwissenheit Gottes eine nothwendige Prämisse und die Willensfreiheit des Menschen eine Thatsache sei, deren Vereinbarung uns unbegreiflich, weil das Wissen Gottes vom Wissen des Menschen verschieden und daher für uns unbegreiflich sei. Maimani ist hiermit im Widerspruche mit der von der Schrift gelehrten Ebenbildlichkeit des menschlichen Geistes mit Gott. Es muß nach dieser allerdings eine Analogie zwischen dem menschlichen Geiste und Gott stattfinden, wie ja auch eine solche zwischen dem Kleinsten und Größten möglich ist. Wir haben nun im Texte nachgewiesen, daß auch der Mensch Handlungen von Menschen, deren Verhältnisse, Charakter und Ansichten er genau kennt, wohl voraus wissen kann, ohne daß hiermit diesen Menschen die Freiheit ihrer Handlungen beschränkt ist. Hieraus ist es uns völlig begreiflich, daß das vollkommene Wissen Gottes die freien Entschließungen der Menschen vollständig voraus wisse, ohne daß sie aufhören, freie Entschließungen zu sein. Unser innerstes Gefühl lehrt uns dies auch vollständig. Wir legen z. B. einem theuren Wesen, einer Gattin, einem Kinde, ein schweres Opfer auf; wir wissen voraus, daß dieses in der Liebe zu uns gebracht wird. Mindert dies etwa die Dankbarkeit, die wir dafür hegen, da doch diese Dankbarkeit gar nicht stattfinden würde, wenn jenes Opfer nicht als aus freier Entschließung nach schmerzlichem Kampfe hervorgegangen, von uns betrachtet würde? Hiermit stimmt auch Mendelsohn, der sehr richtig sagt: „Das Vorhersehen Gottes ändert nichts in den freien Entschließungen vernünftiger Geschöpfe, ob es gleich mit der vollkommensten Gewißheit von Ewigkeit her Alles umfaßt, wozu sich diese in aller Zukunft entschließen und nicht entschließen werden." Auch Mendelsohn zieht den Beweis dafür aus dem Vorauswissen der Menschen, ohne daß mit diesem irgend eine zwingende Gewalt für den Thäter erfolge, nur daß das von ihm angezogene Beispiel nicht gar richtig ist. Er sagt: „Wenn Jemand ein Schiff im vollen Laufe betrachtet und mit aller möglichen Gewißheit voraussieht, daß, so wie der Steuermann den Lauf desselben richtet, es nothwendig auf der nächsten Sandbank scheitern und zu Grunde gehen muß, so hat sein Vorherwissen nicht den mindesten Einfluß auf die Unwissenheit oder Unbesonnenheit des Steuermanns." Das Beispiel

lich noch nicht stattgefunden hatte, wie zur Zeit Koheleth's (1, 9—11)¹), oder weil der Einblick in den Zusammenhang der geschichtlichen Ereignisse noch nicht gewonnen war, wie es Mendelssohn erging (Jerusalem)²). wir können und müssen diese Erkenntniß jetzt als eine unbestreitbare Thatsache betrachten. Allerdings ist auch uns das Ziel dieser Entwickelung noch nicht erkennbar. Denn wir müssen niemals vergessen, daß wir die ganze Natur des Menschen-

---

trifft darum weniger zu, weil der Zuschauer erst aus dem Laufe des Schiffes das Schicksal desselben voraussieht, dies also ein Schluß ist, während, um es voraus zu wissen, das Schicksal des Schiffes aus der Kenntniß der Unwissenheit des Steuermanns hätte erfolgen müssen. Das hauptsächlichste Moment liegt in dem richtig von Saadja angegebenen Argumente, daß das Vorauswissen nicht die Ursache des Geschehenen ist und beide in gar keinem Kausalkonnex stehen. So heißt es auch Pir. Ab. III. 19: „Alles wird geschaut, aber der freie Wille ist gegeben", d. h. nichts geschieht ohne das Vorauswissen Gottes, aber dieses hebt die Freiheit des menschlichen Willens nicht auf. —

¹) Das Buch Koheleth hat seine Wurzel in der Läugnung des geschichtlichen Bewußtseins, die, dem nationalen Bewußtsein des Mosaismus und dem menschengeschlechtlichen des Prophetismus gegenüber, in der trübseligen Zeit der persischen Herrschaft, wo der Druck und die Leere des asiatischen Despotismus, die Gesunkenheit und Armuth des nationalen Lebens in der israelitischen Kolonie zu Jerusalem und die Täuschung der Hoffnungen, die bei der Wiedergründung derselben so lebhaft gewesen, den Mangel jedes geschichtlichen Bewußtseins hervorrufen mußten, sich geltend machte. Die seitdem verflossenen fast drittehalb Jahrtausende mit ihrem unermeßlichen Reichthum an Geschehenem haben über diese Läugnung hinweggeholfen. S. unsere Erklärung des ersten Kapitels Koheleths (III. S. 703 ff.) und die Einleitung zum B. Koheleth (das. S. 746 ff.) in unserem Bibelwerke.

²) Jerusalem II. S. 317 ff. (Ausg. bei Brockhaus 1843). Mendelssohn erkennt daselbst nur die Erziehung des einzelnen Menschen, „um sich der Vollkommenheit so viel zu nähern, als einem Jeden beschieden und zugetheilt worden", an, aber von „einer Erziehung des Menschengeschlechts hat er keinen Begriff." Vielmehr glaubt M., daß „das Menschengeschlecht im Ganzen nur kleine Schwingungen mache, und nie einige Schritte vorwärts that, ohne bald nachher mit gedoppelter Geschwindigkeit in seinen vorigen Stand zurückzugleiten." Daß dies schon mit einem rechten Begriff von der göttlichen Vorsehung nicht übereinstimmt, sondern dieselbe in einem so großen Dasein, wie das der Menschengattung, ganz ohne Zweck und Absicht läßt, ist ersichtlich. Es ist bekannt, daß es unserm herrlichen Mendelssohn an allem Sinn für Geschichte gebrach, so daß er sich in einem Briefe einmal dahin ausließ, daß er ein Geschichtswerk nur lesen könne, wenn die Form schön ist, sonst mache es ihm nur Langeweile.

geschlechtes, alle Phasen, die in ihr möglich und vorhanden sind, ihre gesammte Entwicklungsfähigkeit durchaus nicht vollständig zu überschauen vermögen, und daher auch außer Stande sind, schon jetzt alle die vielen großen Streitelemente, die noch in ihr verborgen liegen, und in der Zukunft noch zu überwinden sein werden, zu ermessen ¹).

Wir müssen uns daher noch heute mit den großartigen Bildern begnügen, welche die Propheten von dem Ziele der Völkerentwicklung entwerfen (s. Th. I. S. 173 ff.), ohne genaue und scharfgezeichnete Umrisse bereits zu fordern: aber wir sind doch schon so weit gelangt, dieses von den Propheten verkündete Endziel nicht mehr bloß als Glauben hinnehmen zu müssen, sondern als ein Wissen, als eine auf Thatsachen beruhende Ueberzeugung zu besitzen. Wir wissen, daß die Menschheit in fortschreitender Entwickelung begriffen ist, wir haben auch erkannt, daß die Richtung dieser Entwicklung mit den von den Propheten verkündeten Zielen übereinstimmt, und es kommt daher nicht darauf an, ob wir von der Gegenwart an bis zu jenen Zielen die Pfade noch nicht überschauen. Die Hauptsache ist nun, daß aus dieser geschichtlichen Erkenntniß die Ueberzeugung von der planmäßigen Leitung des Menschengeschlechtes, d. i. von der göttlichen Vorsehung unerschütterlich geworden. Denn wenn schon an sich die Entwicklung ein Gedanke ist, der sein ursächliches Moment schon in der ersten Anlage des Menschengeschlechts, in der Schöpfung der Gattung, also von Gott haben mußte: so ist, um die zahllosen einzelnen Glieder des Menschengeschlechtes in höherer Harmonie nach Einer Richtung hin zu vereinigen, Glieder, deren divergirende Wege zu so vielen, an sich verschiedenen Endpunkten führen, eine immerfort

---

¹) Wir erinnern nur daran, wie vor anderthalb Jahrzehenten die Proletariatsfrage mit ihren communistischen und socialistischen Theorieen energisch auftauchte, und einstweilen wieder, ohne gelöst zu sein, in den Hintergrund getreten ist; wie aber gegenwärtig in bedrohlichster Weise der Racenkampf die Nationen in den Streit führt, und, sofern er entarten würde, die ganze Civilisation auf's Aeußerste gefährden könnte. Wie vor der ersteren Frage die gesellschaftliche Freiheit, so weicht vor der zweiten der Kosmopolitismus zurück, und wir werden so fort und fort gemahnt, daß troß alles Fortschrittes die bedeutendsten menschengeschlechtlichen Fragen noch keine Lösung erhalten haben.

fortige Leitung nothwendig, welche durch die Zusammenfügung vermittelst des Zusammentreffens so vieler einzelnen, aus freiem Willen der Thäter entsprungenen Ereignisse, das große Ganze erwirkt. Dies haben wir uns also zu denken. Das erste Moment ist, daß das Gesetz der Entwickelung in der Gesammtheit gewisse Gesetze, nach welchen die Entwickelung in Völkerfamilien, Völkern und Zeiträumen vor sich gehe, voraussetzen muß, wie das Gesetz der Aktion und Reaktion, des Vorwärts- und des Rückwärts- oder Stillstandstriebes und der gegenseitigen Einwirkung dieser beiden Triebe auf einander; das Gesetz des Organismus in den Nationen, wonach Entfaltung, Blüthe, Manneskraft, Absterben und Tod wie auch in den mannichfaltigsten Nuancen auseinanderfolgen, dennoch hier auch mit der Möglichkeit von Verjüngungs- und Wiederbelebungsprozessen bereichert. Das zweite Moment ist dann die verschiedene Anlage und damit Aufgabe oder Mission, welche den Nationen durch ihre Abstammung, so wie durch ihre geographische und klimatische Lage gegeben wird, die daher den eigentlichen Grund und Boden darbieten, auf welchem nach jenen Gesetzen der Entwickelung diese, also die Ausbildung jener Anlage und die Erfüllung jener Aufgabe, vor sich gehe. Hierzu kommt nun als drittes Moment der geschichtliche Verlauf, bestehend theils in den Zuständen, die sich von innen heraus entwickeln, theils in den Impuls gebenden Individuen, welche in der Nation geboren und gebildet werden, theils in den Verhältnissen zu den benachbarten und anderen Nationen und Staaten und insonders in all den mannichfaltigen Ereignissen, die sich durch den Zusammenstoß, durch die Komplikation aller dieser Momente ergeben. Man erkennt leicht, daß man hier von einer Nothwendigkeit nur in sehr sekundären und mittelbarem Maße sprechen könnte, das Gesetz der Entwickelung ist als Schöpfungsgedanke der ganzen Gattung gegeben, die Anlage und Aufgabe sind als Schöpfungsgedanken der Nationalität gegeben, der geschichtliche Verlauf die Verhältnisse zu den Nachbaren, die Individuen, die Ereignisse sind Fügungen, die zwar zum Theil Ergebnisse aus Vorhergegangenem sind, zum größten Theil aber von der providentiellen Leitung abhängen und nur aus ihr erklärlich sind, da sie zuletzt in ihrer Planmäßigkeit begriffen werden.

„Thörichtes, unweises Volk! Ist's nicht dein Vater, der dich geschaffen, dein Schöpfer, der dich begründet? Gedenke der Tage der Vorzeit, erwäget die Jahre Geschlechts auf Geschlecht: Sitze gab der Höchste den Nationen, schied voneinander die Menschensöhne." (5 Mos. 32, 6—7.)

Daß das Werden der Völker, ihre genetische Anlage, ihre geographische Stellung und ihr geschichtliches Verhältniß zu den anderen Nationen von Gottes Bestimmung ausgehen und als Wurzel zu allen ihren Geschicken dienen, wird hier auf's Lebhafteste ausgedrückt. ברהנב in V. 8. bedeutet localiter „Sitz geben", insofern es aber überhaupt das bezeichnet, was einer Nation innerlich und äußerlich erb- und eigenthümlich ist, deutet es ebenso auf die genetische Anlage und die geschichtliche Mission des Volkes hin. Deutlicher noch sagt dies Jesch. 41, 4. aus: „Wer hat dies gewirkt und gethan? Der die Menschengeschlechter berufen von Anbeginn, ich, der Ewige."

„Wird ein Land an einem Tage geboren? oder ein Volk mit einem Male zur Welt gebracht? (Jes. 66, 8).

Der Pr. spricht es aus, daß was ein Volk wird, der Erfolg einer langen Entwickelung und Vorbereitung, der Ausfluß einer großen Verkettung der Umstände und Ereignisse ist.

Die Lehre, daß die Geschicke der Völker von Gott geleitet werden, daß sie von seiner Vorsehung ausgehen, von ihm bestimmt werden, ist so durch und durch Lehre der Schrift, daß es überflüssig wäre, sie durch Stellen zu erweisen. Daher stellt die Schrift diejenigen Männer, welche Großes in der Welt vollbringen, als „von Gott berufen, erweckt, erkoren" dar, und was sie vollbringen, thun sie „im Dienste Gottes." So Nebuchadnezzar, da er Tyrus lange Zeit belagert hatte und nun gegen Aegypten zog: „Als seinen Sold, um den er gedient, hab' ich ihm das Land Mizrajim ertheilt, da sie für mich gearbeitet." So Kyros von Persien, von dem es heißt: (Jes. 41, 2.): Wer hat vom Aufgang der den erweckt, dem Sieg begegnet auf dem Fuß, der Völker vor sich niederwirft, Könige stürzt, zu Staube macht ihr Schwerdt, zu verfliegender Spreu ihre Bogen?" (Vgl. 45, 1—3.)

Auch selbst von den bei den Völkern mit mächtiger Lebenskraft bisweilen vorkommenden, durch große Krisen herbeigeführten Verjüngungen wissen uns die Propheten zu lehren. Nicht an Israel allein — denn bei der seinem Zwecke gemäß ihm zugesprochenen Ewigkeit versteht es sich von selbst, und die Propheten verkünden „einen neuen Bund Gottes" mit ihm, wo das ganze Herz Israels der Gotteslehre angehören werde (Jirm. 31, 31 ff.), wo ein „neuer Geist und ein neues Herz" Israel gegeben sein werde (Jech. 11, 19. 18, 31.), sondern auch von der Wiedergeburt anderer Völker, die durch das über sie gekommene Strafgericht Gottes bewirkt werde. So von Aegypten (Jirm. 46, 26. Jech. 29, 13.).

Das Leben der Menschheit besteht aus dem Leben der Völker, und dieses aus dem Leben der Individuen. Hat aber schon in der Natur jedes einzelne Wesen nicht bloß als Glied der Gesammtheit, sondern als Einzelwesen den Selbstzweck des Daseins: so tritt der Mensch als Individuum vollberechtigt für sich selbst auf, da er mit Selbstbewußtsein und freiem Willen begabt, dadurch ein sittliches Wesen, in seiner Individualität einen vollen Selbstzweck hat, und zwar, da der Mensch die Anlage und Fähigkeit der Entwickelung hat, nicht mehr den Selbstzweck des bloßen Daseins, sondern der Entwickelung. Die fortschreitende Entwickelung ist nicht bloß der gesammten Menschheit, sondern jedes einzelnen Menschen Zweck, und zwar wiederum nicht bloß um der Gesammtheit willen, die nur durch den Fortschritt aller Individuen fortschreitet, sondern um seiner selbst willen, um das Gesetz der Entwickelung, welches die Idee des Menschendaseins ist, (s. § 13.), zu erfüllen. Ueberschauen wir das Leben aller Individuen, so tritt uns diese Entwickelung zu geistiger Vervollkommnung als Thatsache entgegen, und zwar in intellektueller wie sittlicher Beziehung als Entfaltung der geistigen Kräfte, so daß, mag die Entwickelung zum sittlich Guten oder Bösen, zum intellektuell Wahren oder Irrigen sich wenden, immer eine Entfaltung, Förderung, Stärkung der geistigen Kraft stattfindet. Mit der Erkenntniß dieses Zweckes, der das Leben des menschlichen Individuums ausfüllt, ist aber auch zugleich die göttliche Vorsehung in ihrer Waltung über die Geschicke aller Individuen gesetzt. Denn wie dieser Zweck nothwendig den Gedanken des Schöpfers voraussetzt, und daß dieser jedes Individuum dazu befähigt geschaffen, so macht auch die Erreichung dieses Zieles, die Erfüllung dieser Aufgabe die höhere Leitung nothwendig, weil Zweck und Zufall sich geradezu ausschließen. Unter der göttlichen Vorsehung ist daher die planmäßige Vorausbestimmung der Schicksale aller menschlichen Individuen zu verstehen, um ihnen die für ihre

Individualität am meisten passende Bahn zu eröffnen, den zur Entfaltung ihrer Kräfte angemessensten Spielraum zu bereiten.

Wenn also die Bestimmung des Menschen als Individuum schon von vorn herein die göttliche Vorsehung als nothwendig erweist, so fragen wir, auf welche Weise thatsächlich Gott im Dasein des Einzelmenschen waltet. Es geschieht dies wiederum durch drei Momente: 1) durch die körperliche und geistige Anlage, mit welcher jeder Mensch in die Welt eintritt, und die von vorn herein seine Individualität begründet; 2) die Verhältnisse, in welche er mit der Geburt eintritt, die auf ihn in seiner ganzen ersten Entwickelungszeit wesentlich einwirken, und sich äußerlich und innerlich wie ein rother Faden durch sein ganzes Leben ziehen; endlich 3) durch die Fügung der Umstände und Ereignisse, so weit sie von der Absicht und dem Willen des Menschen unabhängig eintreten. Ob die körperlichen und geistigen Eigenthümlichkeiten, welche am und im Menschenkind schon ausgeprägt oder im Keime vorhanden sind, schwächeren oder stärkeren Maßes, ganz besonderer oder mehr gewöhnlicher Art, und in geistiger Beziehung mehr dem Verstande, dem Gefühle oder der Einbildungskraft angehören, kann uns hier gleichgültig sein, genug, daß kein Mensch ohne solche geboren wird, daß sie ihm als eine Mitgabe für das Leben zugetheilt sind, die nicht in seiner Wahl steht, von der er sich niemals ganz losmachen kann, und welche vielfach bestimmend oft von großer Tragweite, ja entscheidend für ihn sind. Ebenso sind Zeit, Vaterland, Geburtsort, Eltern, deren Bildungslage, Stands- und Vermögensverhältnisse, Geschwister, Verwandte überhaupt, Jugendgenossen, Erzieher und Lehrer sowie alle auf seine kindliche und jugendliche Entwickelung einwirkenden Momente ihm von der göttlichen Vorsehung bereitet und völlig unabhängig von ihm, auch unveränderlich durch Absicht und Plan. Hierzu kommt nun der zu aller Zeit des Lebens eintretende Zusammenstoß der größeren und kleineren Ereignisse, das Zusammentreffen mehr oder minder bestimmender Verhältnisse, die ganze Kette mehr oder minder wichtiger Erlebnisse, soweit sie von dem Menschen weder beabsichtigt noch berechnet sind. Dies Alles ist das Werk der Vorsehung und, wer genau nachsieht, dem kommt es zum Bewußtsein, wie erstaunlich groß die Menge der Thatsachen im menschlichen Leben ist, welche von einer, außerhalb des Individuums liegenden Macht herrühren. Demungeachtet ist auch die Uebung des freien Willens, der Selbstbestimmung groß genug. Innerhalb aller jener aus der Vorsehung erflossenen Verhältnisse hat der Mensch fort und fort zwischen verschiedenenen entgegengesetzten Bethätigungen seines freien Willens zu wählen, und kann thun oder lassen nach seinem eignen Rathschluß. Es ist ihm gleichsam ohne seinen Willen der Boden gegeben, auf dem er sich zu bewegen hat, wie aber, und wohin er sich auf demselben bewege, steht ihm frei. Hundertmal üben wir an jedem Tage diese Selbstbestimmung unwillkürlich, ohne genauere Erwägung; häufig lassen wir uns von den Impulsen unserer Neigungen oder Leidenschaften leiten, oft aber auch unterziehen wir unser Thun in einem gegebenen Falle einer genauen Abwägung des Für und Wider, einer sorgfältigen Bedachtnahme, aus welcher ein bestimmter Entschluß resultirt. Sobald ein Entschluß gefaßt und mehr oder weniger zur That geworden, fällt diese wieder der göttlichen Vorsehung anheim, und diese ist es, welche durch ihre Fügungen, durch das, was sie mit unserer That zusammen treffen läßt, die Folgen der letzteren bestimmt. An diese knüpfen sich nun wieder mannichfaltige Momente für die Thätigkeit unseres Willens. Die beiden Faktoren für das Leben jedes Individuums sind also die göttliche Vorsehung und die Selbstbestimmung des Menschen. Sie beide, immerfort in einandergreifend und sich verkettend, bringen das mannichfaltige Gewebe hervor, welches wir unser irdisches Leben nennen, und das in seinen Einzelheiten für einen Jeden ebenso unendlich verschieden ist, wie die Einzelmenschen selbst. Wohl können wir vielfach die Fäden unterscheiden, welche die Vorsehung als Einschlag von denen, welche unser eigner Wille als Durchzug zu diesem Gewebe hergegeben hat, aber ungleich öfter vermögen wir dies nicht, da uns eben vorzugsweise nur diejenigen unserer Entschlüsse in der Erinnerung bleiben, welche uns einen größeren inneren Kampf gekostet, oder die bedeutsamere Folgen nach sich gezogen. Es ist daher natürlich, daß wir bald der Vorsehung Alles zuschreiben, was uns betrifft, namentlich, wenn es ungünstiger Art ist, bald unserer eigenen Willens- und Thatkraft, besonders wenn die Erfolge rühmlich oder nützlich sind. Wir beurtheilen in der Regel unsere augenblickliche Lage, je nachdem sie angenehm oder unangenehm, Vortheil oder Nachtheil versprechend, scheint; von allgemeinen Grundsätzen und von der Tragweite in die Ferne gehen wir dabei selten aus, weshalb das Planmäßige in unserem Leben uns wenig klar wird und zum Bewußtsein kommt. Bleibt es uns nämlich deshalb schon meist verborgen, was eigentlich aus uns, vom höheren Standpunkt aus beurtheilt, geworden ist, sind uns die eigentlich wirksamen Ursachen, durch welche wir dies geworden, undeutlich: um so weniger wissen wir uns die Frage zu beantworten, wozu dies aus uns geworden? Hier ist es, wo, mit dem Psalmisten zu sprechen, erst nach längerem Zeiträume und bei bedeutenderen Abschlüssen uns Licht aufgeht über die Zweckmäßigkeit und Absichtlichkeit in unserer Wanderung durch das Leben. Hierbei müssen wir nur im Auge behalten, daß die Vorsehung weder ein System, noch eine konsequente Anlage, einen in geraden Linien abgezeichneten Plan aus dem Leben des Individuums machen will, sondern eben nichts Anderes zur Absicht hat, als uns durch die mannichfaltigsten Komplikationen, durch die verschiedentlichsten Wirren und Verwickelungen die Entfaltung und Stärkung aller unserer geistigen Kräfte zu ermöglichen und uns so zu einem bestimmten Ziele unserer Entwickelung zu führen. Wer von diesem Gesichtspunkte aus sein vergangenes Leben überschaut, wird die leitende Hand Gottes nicht verkennen, dem wird auch die Zweckmäßigkeit in dem Verlaufe seiner Geschicke deutlich werden. Allerdings vermögen wir oft erst in später Zeit die eigentliche Wichtigkeit oder Unwichtigkeit eines Ereignisses einzusehen, in wie weit dasselbe auf die fernere Gestaltung unseres Lebens materiell oder sittlich eine nachhaltige Einwirkung geübt; aber nimmer wird es uns entgehen, daß solche stattgefunden, und daß sie so recht aus der Verkettung der Vorsehung und der Selbstbestimmung hervorgegangen. Alles dies liegt auch, abgesehen von dem Bewußtsein schon in der unbewußten Anschauung unserer Seele. Wenn die Erwartung auf der berechnenden Thätigkeit des Menschen beruht, so ist es die Hoffnung, welche auf das Werk der Vorsehung zählt; wenn die Furcht mehr dem Bewußtsein dessen, was aus dem Vorausgegangenen folgen werde, angehört, so entspringt hinwiederum

Sicherheit und Sorglosigkeit zumeist aus der Zuversicht auf die Vorsehung. Welche große sittliche Bedeutung die feste Ueberzeugung von der göttlichen Vorsehung hat, und wie tief eine solche selbstgestaltend in unsere Schicksale eingreift, werden wir im folgenden Abschnitte erörtern. Soviel geht hieraus hervor, daß die Vorsehung zugleich Vorausbestimmung ist, indem nicht angenommen werden kann, daß die Entschließung Gottes für das Weitere sich erst jedesmal an die Entschließung des Menschen nach der von ihm getroffenen Wahl knüpfe, weil dies Gott vom Menschen abhängig machen würde, und weil dann an eine Planmäßigkeit und Zweckmäßigkeit des ganzen Lebens nicht zu denken wäre, und endlich thatsächlich oft schon längst vorbereitet ist, was eintritt; der Zweifel aber, der hieraus über den freien Willen des Menschen entspringt, ist bereits im vorhergehenden Paragraphen gelöst, indem das Vorausbestimmen durch das Vorauswissen der menschlichen Entschließung, unbeschadet der freien Selbstbestimmung vor sich geht.

Es giebt Leute, welche die Vorsehung leugnen, indem sie meinen, daß Gott, in dessen Händen das ganze Weltall ruht mit allen den zahllosen Weltkörpern und den Geschöpfen auf ihnen, viel zu groß sei, um sich um das kleinliche Treiben der kleinen Menschen auf diesem Sandkorne im Universum, Erdball genannt, zu kümmern. Er lasse es gehen, wie es gehen will, da es doch auf die Existenz des Weltalls keinen Einfluß übe. Diese sehen nicht ein, daß sie Gott, anstatt groß, kleiner machen, daß sie ihn beschränken und seine Unendlichkeit nicht begreifen, die eben so sehr in der Wirksamkeit im Kleinen wie im Großen besteht, und welcher daher ebenso wenig das Kleinste wie das Größte entgehen darf. Und dann vergessen sie auch, daß ein Unterschied zwischen Großem und Kleinem vor Gott gar nicht bestehen kann, am wenigsten die räumliche Größe irgend eine Bedeutung vor ihm hat, und daß ein Gedanke oder eine sittliche That eines freien Wesens höhern Werth besitzt, als die größte blos materielle Existenz.

Dieser Meinung gegenüber läßt der Fatalismus, wie er aus der altsabbäischen Anbetung der Gestirne in den Islam übergegangen, alles Geschehende allein aus der göttlichen Vorausbestimmung dermaßen hervorgehen, daß das Thun der Menschen selbst wirkungslos auf den Gang der Ereignisse bleibe, es daher ganz gleichgültig sei, ob und was er thue, also die freie Wahl und Selbstbestimmung des Menschen nur scheinbar sei und eigentlich gar nicht existire. Es sei daher ganz gleichgültig, ob man die Feuersbrunst zu löschen suche oder nicht, sie wüthe in beiden Fällen gleich weit, je nach dem es von Gott bestimmt worden; ob man im Kampfe sich zur Wehr setze oder fliehe, das Schwert oder die Kugel des Feindes schlage da ein, wo Gott es im Voraus bestimmt habe [1]). Die Widerlegung dieser Ansicht ist nach der obigen Auseinandersetzung nicht nöthig. Die fatalistische Lehre muß die völlige Indolenz des Menschen bewirken, und steht somit mit der Anlage und Bestimmung des menschlichen Wesens in völligem Widerspruch. Auch verleugnet der Fatalist im wirklichen Leben seine eigne Meinung, sonst würde er z. B. weder pflügen noch säen, sondern sich mit dem begnügen, was Gott von selbst wachsen lasse, nach ihm wäre jede menschliche Thätigkeit eine Verletzung des göttlichen Waltens, das allein berechtigt und wirksam sei.

Die heilige Schrift lehrt die göttliche Vorsehung in sehr zahlreichen Kernsprüchen, und entwirft außerdem sehr faßbare und eindringliche Gemälde; welche uns das Ineinandergreifen der Providenz und der Selbstbestimmung, sowie das allmälige und lang vorbereitete Eintreten der Ereignisse, das große Gespinnst der göttlichen Vorsehung anschaulich machen. Zeigt sich dies am merkwürdigsten in der ganzen Geschichte Israels [1]), so ist uns in der Geschichte Josephs ein besonders treffendes Bild in kleinem Rahmen gegeben. Es handelt sich darum, die Familie Jakobs nach dem fremden gehässigen Aegypten zu versetzen, um dort isolirt und ungestört zu einer Volksmenge heranzuwachsen. In den ersten Schritten Josephs zeigen sich sowohl die Anlage und die bei der Geburt gegebenen Verhältnisse, als auch die freie Handhabungsweise des Knaben, an deren Vereinigung sich der Haß der Brüder und deren daraus entspringende That, als ihnen die Vorsehung den Joseph in die Hände liefert, knüpft.

---

[1]) Der strenge konsequente Fatalismus wurde insonders von der einen großen Sekte des Islam's, den Sunniten, festgehalten. Sie stützen sich dabei auf Aussprüche des Koran's, wie (Sure 17); „So haben wir jedem Dinge seine klare und deutliche Bestimmung gegeben. Einem jeden Menschen haben wir sein Geschick bestimmt. —" (Sure 37): „Gott hat erschaffen sowohl euch wie Alles, was ihr thut." (Vergl. Tornau, Moslemisches Recht, S. 21.)

[2]) S. Th. I. S.

That der letzteren ist es wieder, daß die ismaelitische Karawane eintrifft, daß diese den an sie verkauften Jüngling nach Aegypten führt und an Potiphar verkauft. Durch die Handlungsweise Josephs erhebt er sich im Hause seines Herrn, widersteht den Verlockungen der Herrin und kommt so in das Gefängniß. Aber Sache der Vorsehung ist es wieder, daß er da mit dem Obermundschenk zusammentrifft, ihm den Traum deutet, und so fort. So spielen hier göttliche Vorsehung und menschliches freies Thun immer in einander, um die Verpflanzung der Israeliten nach Aegypten zum Resultat zu haben, woraus dann wieder die völlig planmäßige Verknüpfung aller dieser Einzelheiten zu dem bezeichneten Zwecke sonnenklar erscheint. Da heißt es denn auch zum Schlusse (1 Mos. 50, 20): „Ihr zwar dachtet Böses wider mich, Gott aber gedachte es zum Guten, damit geschehe, wie's ward an diesem Tage, am Leben zu erhalten ein großes Volk." — So betont die h. Schrift überall den Zweck, den Gott in den verschiedenen Ereignissen zu Tage treten lasse; wo aber Zweck vorhanden ist, muß eine absichtliche Leitung bestehen.

„In dein Buch waren sie alle verzeichnet, die Tage, die bestimmt waren, bevor einer von ihnen ward." (Psalm 139, 16). Die göttliche Vorsehung wird unter dem Bilde eines Buches (Vgl. 2 Mos. 32, 33) ausgedrückt, in welchem alle „Tage", das sind Schicksale im voraus verzeichnet sind, noch ehe irgend eines derselben zur Ausführung kommt.

Ein anderes Bild, welches in der Schrift für die göttliche Vorsehung gebraucht wird, ist das des Hirten, der den Menschen aus Mangel, Gefahren und Kämpfen zu Ruhe, Ueberfluß und Heil auf den Wegen der Gerechtigkeit, also den Gerechten Gott vertrauenden, Gott anhangenden führet. Nirgend ist der Ausdruck hierfür so innig und schön bis auf das geringste Detail voll Sinnes und Erhebung wie in Pf. 23: „Der Ewige ist mein Hirt, mir mangelt's nicht. Auf grüne Auen lagert er mich, zu Wassern der Ruhe leitet er mich. Meine Seele labt er; er führt mich in des Rechts Geleisen, um seines Namens willen. — Auch wenn ich geh' im Thal des Todesschattens, fürcht' ich kein Leid, denn du bist bei mir: dein Stecken und dein Stab, sie trösten mich. Du rüstest vor mir einen Tisch, im Angesichte meiner Dränger, salbst mit Oel mein Haupt, mein Becher fließet über. Nur Glück und Liebe folgen mir all' meine Lebenstage, ich wohne in des Ewigen Hause lange Zeiten." — Dieser Psalm ist der prägnanteste Ausdruck für die echt-israelitische Anschauung von der göttlichen Vorsehung. Die Hut Gottes sichert vor allem Mangel, führt die Wege der Gerechtigkeit, schützt in Gefahren, bringt Fülle und schafft Heil durch das ganze Leben. Dies spricht der Psalmist aus. Aber

er spricht es aus im Bewußtsein, daß auch der Gottbehütete Feinde und
Gefahren des Todes zu bestehen hat. Er spricht es aus im Bilde Gottes
als Hirten, der den Gerechten weidet und den rechten Weg führt. Die
Deutung des Einzelnen s. unser Bibelw. B. III. S. 63.

## 18.

**Welches ist das zweite Moment der Unmittelbarkeit Gottes zum Menschen?**

**Gott ist der allgerechte und allbarmherzige Vergelter.**

Dies heißt: 1) Gott richtet das Thun des Menschen, und
zwar 2) in Gerechtigkeit, indem er das Gute belohnt und das
Böse bestraft, aber 3) dem Sünder, wenn er aufrichtig bereuet,
vergiebt und dessen Schuldhaftigkeit auslöscht.

„Denn jede That bringt Gott in das Gericht
über alles Verborgene, sie sei gut oder böse."
(Koh. 12, 14.)

„Gott vergilt dem Menschen nach seinem Thun
und trifft einen jeglichen nach seinem Wandel;
sonder Zweifel Gott verdammt Niemand mit Unrecht, und der Allmächtige beuget das Recht nicht."
(Ijob 34, 11. 12.)

Die Wahl der Bezeichnung „der Allmächtige" in den Schlußworten
deutet an, daß Gott zwar vermöge seiner Allmacht auch das Recht beugen, also Unrecht zulassen, ja thun könnte, aber vermöge seiner Gerechtigkeit in vollkommenster Weise das Recht wahrt und übt.

„Der Ewige, der Ewige, Gott, barmherzig und
gnädig, langmüthig und voller Huld und Wahrheit; bewahrend Huld den Tausenden, vergebend
Sünd' und Missethat und Schuld, läßt aber Nichts
unbestraft, ahnend Sünde der Väter an Kindern
und Kindeskindern, am dritten und vierten Geschlecht." (2 Mos. 34, 6. 7.)

„Denn ich der Ewige, dein Gott, bin ein eifriger
Gott, ahnend die Schuld der Väter an Kindern am

dritten und vierten Geschlecht, denen, die mich hassen, aber Gnade übend am tausendsten Geschlechte, denen, die mich lieben, und meine Gebote beobachten." (2 Mof. 20, 5. 6.)

Diese große Verkündigung (2 Mof. 34, 6. 7.) wurde von der Schrift in einer wundersamen Erscheinung nach der Versündigung Israels durch das goldene Kalb am Fuße des Sinai feierlich eingeführt, daß sie es zu einem Bekenntnißworte (vgl. §. 5.) stempelt. Wir werden die ausführliche Erklärung weiter unten geben.

1. Das Gericht Gottes ist eine Forderung, die aus dem Begriff Gottes und des Menschen nothwendig hervorgeht. Indem Gott dem Menschen eine sittliche Welt geschaffen, und ihn zu einem sittlichen Wesen gemacht, das bei freier Selbstbestimmung Gutes und Böses thun und lassen kann, so darf Gott das Thun des Menschen nicht unberücksichtigt und ohne eine Ausgleichung des Bösen durch das Gute lassen. Ferner, da Gott dem Menschen die Bestimmung verliehen, sich zum Guten zu entwickeln und dasselbe fortschreitend zu vollführen, sind, wie die guten Handlungen dieser Bestimmung entsprechend so die bösen ihr entgegenlaufend und im Widerspruch mit Gottes Willen und That. Das Zweckwidrige kann aber Gott in seiner Welt nicht dulden, und wenn er es um der Freiheit des Menschen willen zuläßt, so muß er doch eine, das thätige Individuum selbst betreffende Ausgleichung herbeiführen. Endlich liegt es im Wesen Gottes, das Gute im Menschen zu fördern, und das Böse durch ihn abwehren zu lassen.

2. Dieses Gericht Gottes kann nur in allgerechter Weise vollzogen werden. Eine jede Handlung des Menschen, gute oder böse, umfaßt die Absicht, den Willen und die Anstrengung; die Absicht, aus welcher sie hervorgeht, der Wille, der sich aus dieser bestimmt bildet, und die Anstrengung, welche die Ausführung kostet; denn, je größer die letzte sein muß, desto kräftiger muß der Wille sein, und die Stärke des Willens bedingt wieder eine intensivere Absicht, durch welche jener motivirt wird. Hieran erst schließen sich die Wirkungen oder Folgen der Handlungen. Es ist nun offenbar, daß der Mensch die Handlungen seines Mitmenschen zunächst nach deren Wirkungen, alsdann nach den darauf verwendeten Anstren-

gungen oder Opfern zu beurtheilen im Stande ist. Von hier aus folgert er auf Wille und Absicht, kann selbstverständlich nur schwache Blicke in die Tiefen des menschlichen Geistes werfen und ist dabei tausendfachen Irrungen ausgesetzt, so daß Wille nud Absicht nur in oberflächlichem Maße eruirt werden können. Es kommt hinzu, daß wir unsern eigenen Willen und unsere eigenen Absichten in vielen Fällen nicht einmal kennen, oder nicht in ihrem ganzen Umfange, und besonders nicht, wie sie in uns entstanden, woraus sie sich in uns entwickelten. Der Flug der Gedanken und Gefühle ist zu rasch, die Erregtheit des Augenblicks verdunkelt unser Selbstbewußtsein und endlich ist die Selbstbeobachtung und die freie Selbstbeurtheilung nur weniger Menschen Sache. Das Urtheil der Menschen, selbst vorausgesetzt, daß völlige Unparteilichkeit und das Streben nach Gerechtigkeit vorhanden ist, kann daher nicht anders, als oft durchaus falsch, oder theilweise irrig oder einseitig sein, und der menschliche Gerichtshof wird Lohn und Strafe immer durch die hervorgebrachten Wirkungen und Folgen modifiziren lassen; er unterscheidet zwischen vollbrachter That, vollendetem Versuch und begonnenem Versuch, und kann den bloßen Willen oder gar die Absicht allein nicht zu seiner Kognition ziehen. So kann es der Mensch beim besten Streben nur zu einer sehr unvollkommenen Gerechtigkeit bringen. Anders bei Gott. Vor ihm bedeuten die Folgen und Wirkungen der Handlungen gar nichts, weil diese doch nur nach seiner Fügung sich an die eigentlichen seelischen Momente knüpfen, vielmehr bilden die Absicht, der Wille und die Anstrengung, letztere, weil in ihr zugleich Wille und Absicht sich verstärken, die eigentlichen Elemente der Beurtheilung. Bei der Allwissenheit Gottes, welche Gegenwart und Vergangenheit in gleichem Maße durchschaut, und vor der alle Tiefen der Seele offen liegen, ist es nicht einmal die augenblickliche Absicht, welche das Urtheil begründet, sondern die Art ihres Entstehens, nicht bloß der momentane seelische Zustand, aus welchem die Absicht hervorgeht, sondern, wie dieser Zustand kam, also die ganze Vergangenheit dieses Menschen, seine Anlage, Erziehung und Lebensgeschichte, alle diese werden Elemente des Urtheils über Verdienst oder Strafbarkeit. Ebenso unterliegt der Wille einer besonderen Beurtheilung, indem es auf die Kraft und Gewöhnung des Individuums, ankommt, den Willen schnell oder langsam an die Absicht zu knüpfen, ihn schwach oder energisch, veränderlich oder ausdauernd zu machen, und so auf sehr verschiedenen Wegen zur That werden zu lassen. Die Gerechtigkeit wird endlich die That nicht aus dem Zusammenhange der gesammten Lebensthätigkeit des Individuums reißen, sie also nicht isolirt betrachten, sondern wie sie mehr oder weniger sich in die Richtung und Handlungsweise des ganzen Lebens eingliedert. Vermögen wir uns auch hiermit nur ein schwaches Bild von der göttlichen Gerechtigkeit zu entwerfen, so genügt es doch, uns mit Zuversicht zu füllen, wenn wir uns guter Motive bewußt sind, und uns Furcht einzuflößen, so uns das Böse in uns zu überwältigen droht.

3. Wir haben schon Th. I. S. 140. ausführlich dargestellt, wie die Weltgeschichte uns durch zahllose Erweise bekundet, daß eine gerechte Vergeltung durch das Leben der Staaten, Völker und der in diesen hervorragenden, sie beherrschenden und leitenden Persönlichkeiten geht, daß auch in dem Leben der Nationen die großen Gesetze der Sittlichkeit den Bestand derselben begründen und, daß die Verletzung oder gar Vernichtung jener die Mißgeschicke, das Verderben, ja den Untergang der Staaten und Völker herbeiführt. Nicht minder wird es Jedem, der offenen Auges sich im Leben der Einzelnen umschaut, klar, daß das Gute immer sich lohnt, das Böse sich straft; es ist zuletzt immer doch Wahrheit und Tugend, welche selbst im verweltlichten Leben siegen, und Trug und Sünde, die mit Schmach und Unheil begraben. Demungeachtet lehrt die Erfahrung, daß vielfach die guten Handlungen unbelohnt, die Vergehen und das Unrecht unbestraft bleiben. Noch mehr. Wir sehen nicht selten den Gerechten und Schuldlosen großen Leiden unterworfen, während das Leben dessen, der in schnöder Selbstsucht seine Tage verbringt, oder gar mit Sünde und Frevel befleckt ist, eine Kette von freudigen Erlebnissen, von glücklichen Um- und Zuständen zu sein scheint. Es ist daher schon eine uralte Frage: wie dies mit der Gerechtigkeit Gottes übereinstimme? was nun wieder überhaupt die Frage einschließt: wie geschieht das Gericht Gottes? Die Religion beantwortet sie in folgender Weise.

a. Das Gericht Gottes ist an keine besondere Zeit gebunden.

Müssen wir überhaupt alle die kindlichen Vorstellungen, welche die früheren Zeiten vom Gerichte Gottes hatten und phantastisch ausmalten, nach welchen dieses wie vor einem menschlichen Gerichtshofe mit Ankläger, Vertheidiger und Richter geschieht,[1]) von uns weisen, so ist es unzukömmlich irgend einen besondern Tag oder Zeitabschnitt, oder ein besonderes Ereigniß als den Anknüpfungspunkt des göttlichen Gerichts zu betrachten. Wenn das talmudische Judenthum Rosch-Haschanah als den Gerichtstag יום הדין, und die darauffolgende Zeit für die Gerichtszeit angiebt, so bedeutet es nichts Anderes, als daß wir uns in dieser, der Buße bestimmten Zeit ganz besonders das göttliche Gericht zum Bewußtsein bringen, uns von den Gedanken daran erfüllen lassen sollen.[2]) Vielmehr zieht sich das Gericht Gottes durch das ganze menschliche Leben hindurch, wirkt sowohl in unserer Seele, als auch in den Fügungen Gottes immerfort, und tritt nur von Zeit zu Zeit durch irgend ein folgenschweres Ereigniß bestimmter und für uns faßbarer hervor.

b. Lohn und Strafe treten nicht alsbald nach der That ein, sondern nach dem Rathschlusse Gottes früher oder später. Hat Gott dem Menschen sittliche Freiheit gegeben, so darf dieselbe in keinerlei Weise beschränkt werden. Unmittelbare Belohnung und Bestrafung würde die sittliche Freiheit nur scheinbar bestehen lassen, wie etwa das Kind während der Erziehung durch Eltern und Lehrer nur einen geringen Grad von Freiheit besitzt, sondern durch die zu hof-

---

[1]) Wie es oft geschehen, wurden auch hier visionär-allegorische Darstellungen, wie bei Secharjah, oder selbst nur dichterische Einkleidung, wie bei Ijob, von den späteren buchstäblich genommen und als konkrete Wirklichkeit geglaubt. Es findet dies namentlich vom השטן Statt, der bei Secharjah und Ijob nur die allegorische Personifikation der Anklage der Menschen vor Gott gleichsam der himmlische Staatsanwalt ist. Eine wirkliche Existenz als Princip des Bösen und abgefallener Engel ist durchaus unbiblisch. Siehe unseren Kommentar zu 1 Chron. 21, 1 (Th. III. S. 1036.)

[2]) Das mosaische und prophetische Judenthum weiß hiervon nichts. Wenn die Mischnah Rosch. Hasch. I, 2 sagt: בראש השנה כל באי העולם עוברין לפני בבני מרון "am Rosch. Hasch. gehen Alle, die in die Welt gekommen, vor dem Throne Gottes vorüber, um gerichtet zu werden," so liegt darin der Widerspruch, daß an diesem Tage alle Menschen gerichtet werden sollen, während das Fest mit seinem ganzen Inhalte nur den Israeliten geboten worden, und nur für sie besteht.

fende Belohnung und die zu befürchtende Bestrafung so lange geleitet wird, bis es durch das erwachte Selbstbewußtsein und die Gewöhnung zur Selbstständigkeit berufen ist. Um daher dem Menschen die sittliche Freiheit zu sichern, muß ihm auch in seiner freien Thätigkeit von Gott ein größerer Spielraum gelassen und die Triebfedern des Lohnes und der Strafe dadurch abgeschwächt werden, daß sie nicht in sichtlicher Weise unmittelbar an die That sich reihen.

„**Daß nicht schnell erfolgt die Strafe böser That, darum füllt sich der Menschen Herz in ihnen, Böses zu thun: aber mag ein Sünder hundertmal Böses thun, und Er sieht ihm nach, dennoch weiß ich, daß es gut ergehen wird den Gottesfürchtigen, da sie vor ihm sich fürchten, und gut ergehen wird es nicht dem Frevler, und wie der Schatten nicht lange dieser leben, da er vor Gott sich nicht fürchtet.**" (Kohel. 8, 11—13).

Indem hier die Thatsache, daß Lohn und Strafe nicht unmittelbar erfolgen, hervorgehoben und damit betont wird, daß dadurch die Bösen vor der Sünde nicht zurückgeschreckt werden, d. h. der Mensch eine größere Freiheit behält, soll doch zugleich gewarnt werden, darum das Gericht Gottes nicht wegzuleugnen, sondern die Ueberzeugung von Lohn und Strafe durch die einzelnen Erscheinungen im Leben nicht erschüttern zu lassen. — Sehr oft hebt der Psalmist hervor, daß die Frevler, weil sie eine Zeitlang unbestraft bleiben, über das Gericht Gottes spotten und es höhnend über sich heraufrufen — ja in seiner augenblicklichen Erregtheit wird der Psalmist bisweilen ungeduldig über das Ausbleiben des göttlichen Gerichtes — aber immer sieht er es wieder siegreich eintreten und die Vergeltung der Missethaten erfolgen. (Vgl. Ps. 10.)

c. Das Gericht Gottes ist daher auch nicht auf das Leben des Menschen auf Erden abgegrenzt, sondern geht mit der geistigen Persönlichkeit des Menschen in das Jenseits über, und beginnt da erst recht. Die Ausgleichung zwischen unsern Handlungen und der darauf folgenden Belohnung und Bestrafung ist niemals mit dem Erdenleben abgeschlossen, und konnte dies nicht sein. Sowie die ganze Persönlichkeit mit dem Tode in das Jenseits hinüber tritt, und dort eine neue Bahn der Fortbildung beginnt, so muß jene die Verantwortlichkeit und ihr Anspruch auf Lohn und Strafe begleiten und dort erst in den eigentlichen Vordergrund treten.

Aus diesen drei, hier aufgezählten Momenten beantwortet sich denn auch die Frage: warum ergeht es dem Guten und Gerechten oft so übel, während dem Sünder und Schuldhaftigen so glücklich im Leben? Denn die nächste Folgerung ist, daß ein jedes Glück des Menschen hienieden durchaus nicht als Lohn seiner guten, und ein jedes Unglück nicht als Strafe seiner bösen Handlungen betrachtet werden darf. Es würde sich auch sonst jeder Unglückliche als Frevler gebrandmarkt, jeder Glückliche als Tugendheld ausgezeichnet sehen. Ein Umstand, dem jede Erfahrung auf's Nachdrücklichste widerspricht. Vielmehr muß vorausgesetzt werden, daß Glück und Unglück nicht in menschlicher Einseitigkeit von Gott ausgetheilt werden, sondern daß sie zwar im Einzelnen oft den Lohn und die Strafe des Guten und Bösen enthalten, im Allgemeinen aber noch einen ganz andern Zweck für den Menschen haben. Denn wenn einerseits das Leiden des Frommen und Gerechten durch das Bewußtsein, frei von Schuld zu sein, erleichtert, das Glück des Sünders und Verbrechers aber durch den Druck des Schuldbewußtseins sehr vermindert wird: so dient andererseits das Mißgeschick des Tugendhaften zur Entwickelung und Kräftigung des Guten in ihm, während dem Frevler in seinen glücklichen Verhältnissen der Spielraum gegeben ist, vom bösen Wege umzukehren, oder sich auf ihm zu bestärken. Wenn schon im Leiblichen, so noch mehr auf geistigem Gebiete stärkt und erweitert jede Arbeit, jede Anstrengung, jede Mühsal, jeder Kampf die vorhandene Kraft und Befähigung, und es wäre sehr irrig anzunehmen, daß dieselbe Kraft und Fähigkeit vorher wie nachher dagewesen wäre. Aber diese Anstrengung und dieser Kampf müssen, um eine dauernde Stärkung und Erweiterung der Kraft und Befähigung hervorzubringen, sich öfter wiederholen, um endlich in einer großen That, sei sie activer oder passiver Art, sich gewissermaßen zu vollenden und abzuschließen. Im Gegensatz gewährt dem Frevler das Glück einen weiteren Spielraum zu seiner Entwickelung; mit seinem Glücke dauert und vergrößert sich seine Unabhängigkeit; er hat die Veranlassung und Gelegenheit, sein sündiges Wesen von sich abzuwerfen oder weiter zu treiben; jedes neue glückliche Ereigniß kann ihm eine Mahnung sein, für all das Gute dankbar zu werden und Gutes zu thun, oder auch eine Bestärkung in seinem Uebermuth, in seiner Selbstsucht und Verachtung alles Göttlichen. Glück und Unglück haben also den höheren Zweck für den Menschen, ihm zur Erziehung, zur Bildung und Entwickelung zu dienen. In diesem Sinne ist das menschliche Leben auf Erden als eine höhere Erziehungsanstalt zu betrachten, in welche Gott den Menschen versetzt hat, um innerhalb des sich wandelnden Geschickes die Kräfte seines Geistes, insbesondere die sittlichen, zu entfalten, zu stärken und zu erweitern. Hierzu tritt nun andererseits, daß das Dasein des Menschen von der Erde in das Jenseits hinüber reicht, der wahre Lohn des Gerechten und die volle Strafe des Frevlers erst im Jenseits zur Ausgleichung, zum höheren Abschluß kommt. Vor diesen Erkenntnissen können die angeregten Zweifel nicht bestehen, und enthalten jene in der That die volle Lösung der aufgeworfenen Frage.

Wir haben schon Th. I. S. 65. auseinandergesetzt, wie die obige Frage im Buch Ijob aufgestellt und beantwortet wird. Im ersten Theil des genannten Buches wird die alte Lehre von der strengen Gerechtigkeit durch die Freunde Ijobs behauptet und vertheidigt, von Ijob aber durch sein eignes Beispiel und die Erfahrung des Lebens widerlegt und beseitigt, indem er zu dem Schlusse kommt, daß der Mensch überhaupt keine Einsicht in das Uebersinnliche habe (Kap. 28.) Diesem entgegen trägt im zweiten Theile Elihu als die neue Lehre vor, daß die Schicksale des Menschen den Selbstzweck, ihn „zum Lichte des Lebens" zu erziehen haben, welche dann durch die Hinweisung auf die Natur, in der jedes Geschöpf seine Bestimmung für sich ohne Beziehung auf den Menschen besitze, bekräftigt wird. —

Die Zusendung von Leiden, schweren Kämpfen in der Kollision verschiedener Pflichten, die zur Entwickelung der sittlichen Kraft im Menschen dienen soll — also durchaus nicht als Strafe für vollbrachtes Unrecht anzusehen sind, drückt die heilige Schrift mit dem Worte נסה aus „Gott versuchte", worin das Beispiel Abraham's, da ihm die Opferung seines einzigen Sohnes geboten worden, als leuchtendes Beispiel vorangestellt wird, 1 Mos. 22, 1. (S. unser Bibelw. Th. I. S. 100.) Wir haben dabei die Ausdrücke „prüfen", „Gott will sehen" u. dgl. nicht als eine Beschränkung der göttlichen Allwissenheit zu betrachten, sondern nur als anthropomorphistische Ausdrücke für den Gedanken, daß Gott die schweren Drangsale dem gerechten und frommen Menschen zuschickt, um ihm Gelegenheit zu geben, seine Hingebung an das Gute und Göttliche durch die That zu erweisen, hierin seine eigene Kraft zu steigern und zu stärken und Anderen zum Vorbild zu dienen.

d. Es bleibt daher hier noch die Frage übrig: worin besteht das Gericht Gottes? Eine jede Handlung besteht, wie wir oben gezeigt, in ihrem geistigen Unterbau, der Absicht und dem Willen, und in der konkreten That, d. i. der Anstrengung und Ausführung. Lohn und Strafe müssen daher auch zwiefacher Art sein, theils die Befriedigung oder Beunruhigung der Seele, theils die guten und bösen Folgen der Handlung, wie in naher oder ferner Zeit jene sich bald nothwendig an diese knüpfen, bald durch die göttliche Fügung sich daran schließen, was im speziellen das „Strafgericht Gottes" genannt wird. Es liegt nun in der Natur der Sache, daß jene Befriedigung oder Beunruhigung unserer Seele bei den verschiedenen Menschen in sehr verschiedenem Grade eintreten, indem es auf die oberflächlichere oder tiefere Empfindungsfähigkeit, Gefühlsstärke und Erkenntniß ankömmt, ob ein klares Bewußtsein und eine tiefere Herzensbewegung über die von uns vollbrachte That in uns erwache. Dann aber kann jene Befriedigung zu einem Gefühle wahrhafter Beglückung, so wie jene Beunruhigung zur höchsten Gewissensqual, zur bittersten Folter der Seele sich steigern. Ebenso oft kann aber auch das sittliche Gefühl des Menschen so versteckt sein, daß selbst das größte Verbrechen, wenn es verübt ist, noch keine dauernde Erregung der Seele hervorbringt. Wie aber in den einzelnen Menschen verschieden, so ist die Gemüthsbeschaffenheit desselben Menschen auch in der Zeit verschieden, und hierin tritt nun die Waltung Gottes wieder ein, indem durch Eindrücke und Ereignisse, die oft ganz außerhalb der Berechnung liegen, bisweilen selbst schon durch eine, nach Gottes Willen geweckte Ideeenverbindung die Festigkeit selbst des Verstecktesten, plötzlich gebrochen wird, und die Fluth des Schuldbewußtseins durch das geöffnete Herz hereinströmt. Was nämlich nach vollbrachter That die ihr entsprechende Unruhe des Gewissens verhindert, ist theils die Verbildung des sittlichen Gefühls und Bewußtseins, so daß wirklich dem Thäter ein richtiges Urtheil über die sittliche Bedeutung seiner Handlung gar nicht einwohnt, theils der unermüdliche Trieb des Menschen sich zu entschuldigen und zu rechtfertigen eben so sehr vor sich selbst wie vor Andern. Dieser bringt, so lange es ihm nur möglich ist, Gründe für die That herbei, welche sie ganz oder theilweise rechtfertigen oder doch entschuldigen. Es ist dies gewissermaßen der Selbsterhaltungstrieb der Seele, der diese vor geistiger Vernichtung, ja schon vor jedem heftigen Leide bewahren will. Man weiß, wie künstlich oft das Schutzdach bereitet und aufgeführt ist, unter welches sich die Seele des Thäters vor dem sengenden Strahle des Schuldbewußtseins rettet. Und wie naiv demungeachtet, selbst der klarste Geist sich dies gefallen läßt. Da treffen denn ungeahnte Schläge des Geschickes ein, welche jene Unwissenheit durchlichten oder dieses künstliche Gebäude zertrümmern, und die That, die vielleicht schon lange Zeit hinter ihm liegt, in ihrem ganzen Werthe, in ihrer vollen Bedeutung bewußt machen, dann aber die Gewissensqual um so erdrückender hereinbrechen lassen, je mehr und je länger sie zurückgehalten worden war. Stellen wir uns nun vor, daß mit dem Tode alle weltlichen Verhältnisse und Rücksichten, alle Befangenheit, welche die körperlichen Bedürfnisse und Schmerzen mit sich führen, all' die Verblendung der Selbstsucht und der aus ihr stammenden Selbstvertheidigung, und endlich all' die Verstocktheit des sittlichen Gefühls niederfallen von der Seele, diese sich nunmehr in dem klarsten Spiegel ganz und gar und nach voller Wahrheit erblickt: so sieht man, daß im Jenseits mit der vollen Selbsterkenntniß auch die ganze Gewissensqual über das verlorene, ja geschändete und verdorbene Leben, über die selbstgemordete Schuldlosigkeit, über die wider die göttliche Bestimmung und den heiligen Willen Gottes verübten Thaten erwachen und sich immerfort verstärken muß, so daß es durchaus keiner sinnlichen Bilder von Fegefeuer und Höllenmartern bedarf, um eine Vorstellung von der Bestrafung der sündhaften und verbrecherischen Seele zu gewinnen. Wenn nun im Gegensatz die menschliche Seele während des Erdenlebens von allen Handlungen der Gerechtigkeit, von aller Hingebung und Selbstaufopferung mit den Gefühlen des Glückes, der Erhebung, der süßesten Aufwallung erfüllt wird, Empfindungen, die hienieden nur durch den steten Wechsel der Wahrnehmungen und darum der Gedanken und Gefühle, durch die auf den Menschen immerfort anstürmenden Sorgen und Arbeiten und durch den Mangel an jener Dauerhaftigkeit der Verhältnisse und Stimmungen so sehr geschwächt und verkürzt werden: um wie viel mehr müssen sie zur hohen und höchsten

Glückseligkeit aufflammen im Jenseits, wo alle hier aufgezählten hindernden und durchkreuzenden Momente aufhören, und die lichteste Erkenntniß, die reinste Liebe und die lauterste Lust in unsere Seele kommen. — Hier ist aber nun wohl zu beachten, daß ebenso sehr jedes Glück wahrhafter Liebe und Gerechtigkeit auf die Menschenseele zugleich eine heiligende Kraft ausübt, so daß sie aus demselben reiner, edler, geheiligter hervorgeht, als sie vorher war, wie hinwiederum jede einschneidende Gewissensunruhe zugleich läutert, und indem sie einen Sieg des Guten über das Böse im Menschengeiste bedeutet, jenem eine nachhaltige Kraft verleiht. Die Bestrafung der Seele durch die Qualen des Gewissens ist demnach zugleich ein Läuterungs= wie jedes beglückende Selbstbewußtsein zugleich ein Heiligungsprozeß ist, ein Satz, der schon auf das Diesseits, wo doch noch so viel Störendes eintritt, um wie viel mehr auf das Jenseits anwendbar ist, und uns die eigentliche Perspektive in die fortschreitende Vervollkommnung der individuellen Seele eröffnet.

Die heilige Schrift, die uns in der Geschichte Kajins und Hebels die erste Entwickelung der menschlichen Gesellschaft, der in ihr entspringenden Leidenschaften und daraus entfließenden Verbrechen schildert, zeichnet auch in tiefsinnigster Weise die Seelenbewegung, welche in Kajin nach vollbrachtem Brudermorde vor sich ging, und damit ein zutreffendes Bild aller solcher Vorgänge. Zuerst nach der That noch der Nachhall der Leidenschaft, darum Unklarheit über die Bedeutung des Geschehenen, Abwehr aller Anklage, Selbstentschuldigung, Leugnung, alles dies in Vers 9. angedeutet. Nicht blos von Anderen mußte Hebel vermißt werden, sondern auf Kajin selbst drang das Gefühl, daß sein Bruder nicht mehr da sei, ein. Dies bezeichnen die Worte: „Wo ist Hebel, dein Bruder?" Selbst der an sich unnöthige Zusatz „dein Bruder" deutet auf die lang unterdrückte, nach dem Tode um so mehr wieder aufwachende Bruderliebe, welche schmerzlich empfand, daß Hebel nicht mehr da sei. Hiergegen aber bäumt sich der Selbsterhaltungstrieb des Verbrechers, und vor sich selbst wie vor Anderen spricht er in Herzenshärtigkeit die Leugnung der That aus, indem er von dem Dasein oder Verschwinden Hebels nichts zu wissen vorgiebt, wie er sich darum auch nicht kümmere und sich zu kümmern auch nicht die Pflicht habe. Dies mit den Worten. „Nicht weiß ich es. Bin ich denn der Hüter meines Bruders?" Aber der schuldbewußte Verbrecher thut eben mehr, wenn er die That leugnen will, als er sollte, und verräth sich dadurch selbst. Würde er einfach („Nicht weiß ich es") die That leugnen, so erwartete man immer noch ein wahrhaftes

Erschrecken, ein Besorgtsein um das Schicksal seines Bruders, das sich in Wort und That kund gebe. Anstatt dessen zeigt er sich nicht allein unbesorgt darum, sondern daß er es übel nehme, die Frage an sich gerichtet zu sehen, die er unwillig mit der Wegleugnung aller Beziehung und Pflicht hinsichtlich seines Bruders beantwortet. Wie gesagt, hiermit hat er sich selbst verrathen, und wie jeder Uebertreibung eines Gefühls um so rascher und vollständiger das entgegengesetzte folgt, so strömt nun auch das ganze Bewußtsein seiner That auf den Verbrecher ein. („Was hast du gethan?" V. 11.) Es bedarf kaum anderer Zeugen, schon die Stätte der That ruft in ihm die ganze Bedeutung dieser in ihm wach, und mit diesem Bewußtsein beginnt zugleich die Strafe derselben. Wir müssen wohl bemerken, daß, der außerordentlichen Kürze des Ausdrucks in V 9. gegenüber, in der Schilderung des Schuldbewußtwerdens und der Strafe V. 10—12. das h. Wort sehr ausführlich wird. Diese Stätte der That, wenn auch die geliebte Heimath, muß den Verbrecher in zwiefacher Hinsicht von sich stoßen, einerseits, indem er nicht mehr in Arbeit, Erwerb und Genuß mit ihr verbunden sein kann, andererseits, verfolgt von der Erinnerung seiner That, von dem blutigen Schatten seines Bruders, überhaupt nicht mehr auf ihr zu weilen vermag. Je verstockter aber das Gemüth des Verbrechers vor der Aufdeckung seiner That war, je energischer es sich gegen diese auflehnte und verwehrte, desto niedergebeugter fühlt es sich nach ihr, desto willenloser gibt es sich dem Drucke des Schuldbewußtseins und der Strafaussicht hin. Daher spricht Kajin nunmehr V. 13: „Zu groß ist meine Schuld, um sie zu ertragen," (wobei zu bemerken, daß עון zugleich die Bedeutung „Strafe" einschließt,); und je lauter die Stimme des Gewissens, jemehr diese ihn verurtheilt, desto lebhafter malt ihm die verdüsterte Einbildungskraft seine ganze Zukunft aus und vergrößert ihm die ihn erwartende Strafe, Momente, in welchen allen diese Strafe am meisten verwirklicht wird.

„Die Frevler sind wie das aufgeregte Meer; denn nicht zu ruhen vermag es, und seine Gewässer regen Koth und Schlamm herauf. Kein Friede, spricht mein Gott, den Frevlern. (Jesch. 57, 20.)

Bewegt sich dies im Innern des Seelenlebens, so haben wir nun die That in ihrem konkreten Theile in Betracht zu ziehen. Wir erkannten hier einerseits die an dieselbe nothwendig sich schließenden Folgen, andererseits die durch die Fügung Gottes herbeigeführten. Im Allgemeinen werden die Folgen der guten Handlung gute und segensreiche, die Wirkungen der bösen nachtheilige und verderbliche sein. Gott greift hier niemals willkürlich ein, hält den Lauf der Ergebnisse nicht auf, sondern läßt Ursache und Wirkung in ihrem natürlichen Zusammenhang. Aber allerdings kann dies insofern nicht in einseitiger Konsequenz erfließen, als eine That vorzugsweise durch ihre Absicht sittlich gestempelt wird, diese Absicht aber mit einem Irrthum über die Wirklichkeit verbunden sein kann, folglich eine gute Absicht eine That mit schlimmen Folgen, eine böse Absicht eine That mit guten Folgen verüben kann. Wie oft irren wir uns und beschädigen bei der besten Absicht diejenigen am meisten, welchen wir die innigste Liebe gewidmet haben, und oft genug wählt der verbrecherische Plan des Bösewichts gerade ein Mittel, durch welches er das Opfer seines Entwurfs zum Glücke führt. Weiterhin tritt aber hier die allwaltende Vorsehung Gottes ein, und knüpft selbst an die größte Schandthat früher oder später die segensreichste Wendung. Wenn die Brüder Josephs diesen zum Sklaven verkauften, so haben sie ihm allerdings die größten Leiden und Mühsale, in denen er seine schönste Jugendzeit vertrauern mußte, zugefügt, aber zuletzt entsprang daraus durch die Fügung Gottes das größte Heil für ihn und für „ganze Völker". — Aber abgesehen von diesen Selbstwirkungen der That, erkennen wir aus der Erfahrung, daß die göttliche Vergeltung, indem sie sonst auseinanderliegende Ereignisse zusammentreffen läßt, über den Gerechten und Gottesfürchtigen, ihm zum Lohne, beglückende Geschehnisse, über den Sünder und Verbrecher aber unglückliche und vernichtende herbeiführt. Hierbei müssen wir allerdings nicht außer Acht lassen, daß es auf die subjektive Auffassung nicht wenig ankommt. Denn Geschicke, die anderweitig eben nur als solche betrachtet und ertragen werden, erscheinen und zwar in richtigem, subjektivem Verständniß als Lohn für den Guten und Strafe für den Bösen, und werden dies in der That schon dadurch, daß sie so aufgefaßt, empfunden und gedacht werden. Es ist z. B. ersichtlich, daß ein sittlich entartetes Volk, das durch Ueppigkeit, Ausschweifung, Gewaltthätigkeit nach außen und innen seine Kraft vergeudet, sein Lebensprinzip verloren, die Feindschaft der Völker und die innere Zerrüttung sich zugezogen hat, nicht immer existiren kann. Aber wie lange könnte es sein Dasein in vegetirender Weise noch fristen, wenn nicht die göttliche Vergeltung, welche den Schauplatz auf Erden nicht auf lange Zeit von entnerten, verkommenen und verbrecherischen Geschlechtern einnehmen lassen will, andere, kräftigere, ihre Mission erfüllende Völker heranbringt, welche das Zusammenbrechen der ersteren bewirken. Ist es schwieriger, daß in einer entarteten Nation große Geister und feste Charaktere auftreten, welche den nahenden Untergang ihres Volkes noch aufzuhalten vermögen, so kann dies doch geschehen; aber der Herr läßt die dem Verderben geweihete Nation gerade an ihren verkehrten Führern und Herrschern untergehen. Gleiches spiegelt sich in dem Leben Einzelner ab, und wo die natürlichen Folgen der guten Handlungen nicht ausreichen, den gerechten Mann zu schützen, läßt Gott ihm aus dem Zusammentreffen der Verhältnisse Rettung erstehen; und wo die Wirkungen der bösen Thaten nicht genügen, den Frevler zu entwurzeln und in die Wüste zu schleudern, da ist es wiederum die Fügung Gottes, welche das Unheil über sein Haupt heraufführt, und in der Regel gerade durch das Laster, welches den Sünder in die Höhe gebracht, ihn stürzen läßt. Vieles kommt hierbei selbstverständlich auf die subjektive Auffassung an, da die dem Gerechten zustoßenden Glücksfälle ihm und Andern als Lohn von Gott, die den Frevler treffenden Mißgeschicke als Strafe von Gott erscheinen. — Wie aber schon in der blos geistigen Sphäre, so hat auch in der Welt der Erscheinung und Erfahrung die göttliche Strafe, und wenn sie noch so konkret ist, nicht den Zweck, daß das Böse an seinem Thäter gerächt werde, sondern daß sie ihm zur Warnung, zur Demüthigung, zur Erkenntniß, zur Läuterung diene, so daß auch in der Züchtigung, die von Gott ausgeht, nur das Heil des Bestraften lieget, und, wenn er von derselben zur wahrhaftigen Umkehr sich bestimmen und anleiten läßt, ihm der reichste Segen daraus erwächst.

Schon auf den ersten Seiten der heil. Schrift erscheint uns Gott als Richter der menschlichen Handlungen, sowohl dem Vergehen des ersten Menschenpaares als dem Verbrechen Kajins und der Entartung des ganzen vorsintflutlichen Menschengeschlechts gegenüber. Schon Abraham benennet Gott „Richter der ganzen Erde," (1 Mos. 18, 25.) als dieser das Strafgericht über Sodom und Amorha vollstrecken wollte, wie er solche auch an Pharao und den Aegyptern vollzieht (םיטפש). Daher ist an unzähligen Stellen ein Beiwort Gottes צדיק „gerecht." — Alle Strafgerichte Gottes aber sollen entweder den Gerechten aus der Mitte der

Frevler retten und hervorheben, oder diese zur Besserung und Läuterung führen. Insonders sind es daher die durch den Abfall und die Entsittlichung Israels unumgänglich gewordenen, über dieses hereinbrechenden Strafgerichte, welche den Fall Jerusalems, den Untergang des Königthums, das Verderben vieler Israeliten und die Wegführung der Uebriggebliebenen in die Gefangenschaft befassen, welche die Läuterung, die Umkehr, und nunmehrige Glaubenstreue und Heiligung Israels zum eigentlichen Zweck und Ziel haben. Dies sprechen die Propheten immerfort aus, und endigen die Verkündigungen über das immer mehr nahende Verderben immer wieder durch die Voraussage der zukünftigen Wiederherstellung. Mit der Zeit z. B., wo der Fall Zions vor Nebukadnezzar unzweifelhaft ist, läßt Jirmejah die Strafreden fallen und spricht von dem dereinstigen Sturze Babels und der Rückkehr Israels. — Eine Andeutung, daß jede göttliche Strafe doch nur den höchsten Segen enthält, wird uns schon in der Geschichte des Paradieses gegeben. Das h. Wort weiß die großen Segnungen der Arbeit, ja des Fleißes hoch zu schätzen, wie eine Menge von Aussprüchen darüber vorliegen. Kaum war die Erde geschaffen, so wird als die Bestimmung des Menschen ausgesprochen, „die Erde zu bearbeiten." (1 Mos. 2, 5.) Wenn also das. 3, 18. 19. die Bearbeitung der Erde dem Menschen als eine Strafe auferlegt wird, so geschieht dies eben nur aus dem Momente heraus, und in der Tiefe lieget für uns um so mehr die Zusicherung, daß jede göttliche Strafe für den Menschen von den beglückendsten Folgen ist, und in ihr die höchsten Zwecke verfolgt werden. —

Die h. Schrift ist das Buch der Wirklichkeit, wie diese beschaffen, aber auf ein ideales Ziel gerichtet ist — nicht aber das Buch einer idealisirten, nebulirenden Welt. Darum spricht sie es nachdrülich aus, daß Gott als Richter seiner Menschenwelt die Folgen der Handlungen, die Wirkungen der guten wie der bösen Thaten eintreten läßt, und darum die Segnungen eines gerechten Lebens, sowie der Fluch eines verbrecherischen Wandels auf viele folgende Geschlechter sich erstrecken. Dies ist der Sinn des vielfach angefochtenen und mißverstandenen Ausspruches (1 Mos. 20, 5. 6.): „ahndend die Schuld der Väter an Kindern am dritten und am vierten Geschlechte, denen, die mich hassen, aber Gnade übend am tausendsten Geschlechte, denen, die mich lieben und meine Gebote beobachten." Die tägliche Erfahrung zeigt, daß dem also ist und nicht anders sein kann, und müssen daher diese Worte der Schrift eine lautsprechende Warnungstafel für alle Eltern sein, um nicht durch frevelndes Beginnen Unheil über noch ungeborene Geschlechter zu breiten. Wenn der Sparsame, Fleißige, Schätze für seine Kinder sammelt, so werden im Gegentheil den Nachkommen des Verschwenders die Güter nicht zurückgegeben, die er vergeudet hat, und die Armuth wird ihren Druck desto mehr auf sie üben, je weniger sie für diese erzogen worden. Der ausschweifende Mensch vergiftet das Geschlecht, das er erzeugt, daß es ein Leben der Schwachheit und des Leidens erbt. Während die Kinder des Mannes, der sich Verdienste oder den Ruhm der Ehrenhaftigkeit, der Redlichkeit, der Wohlthätigkeit, der guten Sitte und Gastfreundschaft erworben hat, überall offene Herzen und Thüren, viel Vertrauen und Erleichterung auf ihrer Lebensbahn finden: verfolgt die Nachkommen des Ehrlosen, des wegen Unredlichkeit, Betrugs u. dgl. Gebrandmarkten der Ruf ihrer Eltern und verschließt ihnen den Zutritt zu Umgang und Erwerb. Das gute Beispiel im elterlichen Hause wirkt mehr als alle Belehrungen, und so schafft der würdige Vater, die tüchtige Hausfrau bis auf Enkel und Urenkel die Erneuerung ihrer Tugenden; wie nicht minder durch das schlechte Vorbild ruchloser Eltern das Laster immer wieder das Laster, die Sünde wieder die Sünde gebiert. So im gewöhnlichen Leben, nicht minder in dem der Fürsten und Völker. Ludwig XVI, an sich ein ehrlicher, das Glück seines Volkes anstrebender, wenn auch wohl charakterschwacher Mann, mußte um der Sünden seiner Vorfahren willen das Haupt auf das Schaffot legen, und sein Sohn verkam unter den Mißhandlungen eines Schuhmachers. Erst die späteren Geschlechter eines, der Unsittlichkeit und Gewaltthätigkeit sich ergebenden Volkes haben die ganzen vernichtenden Folgen, die traurige Erbschaft ihrer Väter zu tragen. Dies Alles ist unvermeidlich und entspricht der göttlichen Gerechtigkeit im höhern Sinne, welche nicht willkürlich in die Entwickelung der irdischen und menschlichen Dinge eingreifen, sondern ihren Verlauf nach den von der Vorsehung selbst bestimmten Gesetzen hemmen will; uns aber muß es abermals zum Danke stimmen, daß uns die Schrift die Wahrheit verkündet, die Wirklichkeit in scharfen Umrissen zeichnet, nicht aber mit weichlichen Farben überpinselt. — Demungeachtet dürfen wir nicht übersehen, daß die Schrift in bestimmtester Weise uns darauf hinweist, daß es allerdings den Kindern möglich ist, die bösen Folgen der Handlungen ihrer Eltern von sich abzuwälzen und durch fortgesetzten tugendhaften Wandel die von ihnen so tief empfundenen Schäden zu heilen; wie im Gegentheil auch die besten Früchte vom Stamme der Eltern durch entartete Kinder verdorben und vernichtet werden. Darum fügt sie hinzu, daß die Ahndung der Schuld der Väter insonders bei den Kindern eintritt, „die Gott hassen," d. h. gottlos, in Abfall und Untreue handeln; während die göttliche Gnade, welche die Väter verdienten, an den spätesten Enkeln sich bethätigt, wenn sie „Gott lieben und seine Gebote beobachten." Auch das wollen wir nicht übersehen, daß jene Ahndung für das dritte und vierte Geschlecht, die Segnung der Guthaten aber bis ins tausendste Geschlecht verkündigt wird.

4. Gott ist aber auch nicht allein der gerechte, sondern auch der allbarmherzige Richter des Menschen. Wenn der Sünder zum

Gefühle und zur Erkenntniß seiner Vergehungen kommt, die ganze
Qual des Schuldbewußtseins seine Seele durchdringt, sie mit auf=
richtiger Reue erfüllt und in dieser alles Andere, selbst Begierde und
Leidenschaft überwindenden Empfindung zu dem festen Vorsatze der
Besserung und dann zur wirklichen That der Besserung schreitet,
indem er sowohl möglichst die von ihm angerichteten Schäden heilt
und ersetzt, als auch dem Laster zu fröhnen aufhört, und die Tugend
zu üben kräftigst versucht: so vergiebt ihm Gott seine Schuld. Diese
Barmherzigkeit Gottes ist ebenso unendlich wie alle seine Eigen=
schaften, und es giebt daher eben so wenig einen Fehl, den sie
nicht vergeben, wie einen noch so tief gesunkenen Menschen, den sie
nicht erreichen, und von seiner Schuldhaftigkeit erlösen könnte.
Auch hierin muß die Unmittelbarkeit Gottes zum Menschen von
uns streng anerkannt werden, und es giebt weder ein höheres
Wesen, noch einen Menschen, die irgend eine Art Vermittelung
zwischen Gott und dem Menschen übten, sondern unmittelbar
muß der reuige Mensch sein gebessertes und sich läuterndes
Herz vor Gott ausschütten, und unmittelbar erfolgt dann gött=
liche Vergebung und Versöhnung. Nicht ein drittes Wesen
vermag durch sein Thun oder Leiden, durch seine Reue oder Gebete
dem unbußfertigen Sünder eine Erlösung von seiner Schuldhaftigkeit
zu bereiten, sondern hier kann nur jeder Mensch für sich allein ein=
treten, und muß die Bedingung der Reue, Buße und Besserung
selbst erfüllen. Man könnte hier die Frage aufwerfen: wie sich die
Gerechtigkeit und die Barmherzigkeit Gottes übereinstimmend zu
einander verhalten, da jener die Bestrafung Dessen, der gesündigt
hat, diese die Vergebung Dessen, der bereut, verlangt. Dieser
Widerspruch, der in anderen Religionen die Aushülfe einer Ver=
mittelung hervorgebracht hat, ist doch nur scheinbar, und wird von
unserer Religion folgendermaßen gelöst. Vom allgemeinen Gesichts=
punkte erfordert gerade die Gerechtigkeit die Erwägung, daß, indem
der Mensch als sittlich freies Wesen die Neigung zum Bösen wie
zum Guten in sich tragen mußte, durch die Sinnlichkeit aber, an
die er gefesselt, durch die Natürlichkeit seiner sinnlichen Begierden,
durch die Leidenschaften, welche die gesellschaftliche Welt, für die er
bestimmt war, wecken mußte, der Antriebe zum Bösen viele und

heftige hatte, welche zu beherrschen und zu überwinden große Kraft, Anstrengung und Festigkeit erforderte, es Gottes ist, langmüthig und huldreich auf ihn zu schauen, jede Umkehr zu fördern, und aufrichtige Reue durch die Vergebung der Sünde zu lohnen. In allem Besonderen aber ist es die Gerechtigkeit Gottes, welche die Folgen der bösen Handlungen unaufhaltsam eintreten läßt, die göttliche Barmherzigkeit aber, welche die Schuldhaftigkeit der Seele vergiebt und auslöscht. Dem tieferen Blick wird es nämlich nicht entgehen, daß bei jeder Sünde, außer der Verletzung des eigenen Ichs und außer der Wirkung auf unsre Mitmenschen und Mitwelt auch eine Verletzung Gottes selbst, ein Bruch in dem Verhältnisse Gottes zum Menschen stattfindet. Diese letztere kann durch irgend welche Bestrafung, durch das Erleiden noch so schwerer und bitterer Folgen nicht behoben werden. Wie das Kind, welches seine Eltern gekränkt und verletzt hat, auch bei erlittener Strafe, sich von seinen Eltern durch seinen Fehl immer noch geschieden fühlt, immer noch empfindet, daß Etwas zwischen seinen Eltern und ihm stehe, daß es ihre Liebe, ihre Befriedigung, ihr Wohlgefallen noch immer nicht wieder habe: so auch zwischen Gott und dem sündigen Menschen. Dies ist die Schuldhaftigkeit der Seele. Wie aber dann ein reumüthiges Kind durch ein aufrichtiges Schuldbekenntniß, durch eine innige Bitte, durch ein ungeheucheltes Gelöbniß der Besserung die Vergebung der Eltern gewinnt, daß Alles wieder schwindet, was sie von ihm trennte, daß die ganze elterliche und kindliche Liebe die Herzen wieder durchwallt, und erst hiermit auch die Wunde im Herzen den Kindes geheilt ist: so löschet Gott die Schuldhaftigkeit des reuigen Sünders aus, und läßt seine geläuterte Seele sich wieder nahe kommen, daß also auch die innerste Verletzung des eigenen Ichs im Sünder wieder heilet.

"Wie ein Vater der Söhne sich erbarmt, erbarmt sich der Ewige derer, die ihn fürchten. Denn er kennt unser Leiden, eingedenk, daß Staub wir sind." (Pf. 103, 13.)

"Er aber ist barmherzig, vergiebet Schuld, und tilget nicht, oft wendet seinen Zorn er ab, und weckt nicht seinen ganzen Grimm. Denn er gedenkt, daß sie Fleisch, ein Hauch, der geht, und nimmer wiederkehrt." (Pf. 78, 38. 39.)

„Nehmt Worte mit euch, und kehret zum Ewigen, sprechet zu ihm, vergieb alle Schuld, und nimm es gut an, daß wir die Farren (der Schuld) mit unsern Lippen entrichten." (Hosch. 14, 3.)

„Die sündige Seele, diese wird sterben; der Sohn soll nicht tragen an der Schuld des Vaters, und der Vater nicht an der Schuld des Sohnes; des Gerechten Gerechtigkeit wird an ihm sein und des Freylers Frevel wird an ihm sein. So der Frevler zurückkehrt von all' seinen Sünden, die er vollführte, und all' meine Satzungen wahret und Recht und Gerechtigkeit übet, so wird er leben, nicht sterben. All' seiner Missethat, die er vollführte, wird ihm nicht gedacht, durch seine Gerechtigkeit, die er übte, wird er leben. Sollt' ich denn Wohlgefallen am Tode des Freylers haben? spricht der Herr, der Ewige; nicht daß er zurückkehrte von seinem Wandel und lebe?" (Jecheskel, 14, 20—23.)

Vgl. das ganze 18. Kap. — Dieser bestimmt formulirte Ausspruch des Pr. steht nicht im Widerspruch mit der oben erklärten Stelle über die Ahndung der Sünden der Väter an den Kindern, da es sich bei jenen nicht um die Folgen im materiellen Leben, sondern um das Seelenheil handelt, welches der Prophet mit „leben" bezeichnet, wohingegen „sterben" den Verlust des Seelenheiles, die Bestrafung, soweit sie die Seele selbst betrifft, bedeutet. Die bösen Wirkungen des Unrechts und der Gottlosigkeit erben auch die nachfolgenden Geschlechter, aber hinsichtlich des Seelenheils steht jeder Mensch für sich ein, und selbst der größte Bösewicht kann es durch aufrichtige und thatkräftige Umkehr wiedererlangen.

„Meine Sünde that ich Dir kund, meine Schuld verdeckt' ich nicht, ich sprach: auf meine Missethat will ich dem Ewigen bekennen — da vergabst Du meine Sündenschuld." (Pf. 32, 5). Vgl. Pf. 51.

„In kurzer Erregung verließ ich dich, aber in großem Erbarmen nehm' ich dich auf. In der Wuth-Fluth verbarg ich mein Antlitz vor dir einen Augenblick, aber in ewiger Gnade erbarm' ich mich dein, spricht der Ewige." (Jesch. 54, 8. 9.)

„Der Frevler verlasse seinen Weg, der Mann der Sünde seine Gedanken; er kehre zum Ewigen, der wird sein sich erbarmen, zu unserm Gotte, denn der ist reich im Vergeben." (Jesch. 55, 7.)

Ueber alle diese und viele andere Aussprüche gleichen Inhalts erhebt sich die schon oben angeführte Verkündigung 2 Mos. 34, 6. 7. Wir haben sie als ein Bekenntnißwort aufgestellt, und dazu sind wir durch den Umstand berechtigt, daß sich ihre Worte wie ein rother Faden durch die ganze heil. Schrift ziehen, vgl. 5 Mos. 4, 31. Joel 2, 13. Jonah 4, 2. Pf. 86, 15. 103, 8. 111, 4. 112, 4. 116, 5. 145, 8. Nech. 9, 17. 9, 31. 2 Chron. 30, 9; sowie auch daß die Synagoge selbst sie als solches gewürdigt, sie in jedem einzelnen Worte ausgedeutet und an die Spitze aller Bußgebete gestellt hat. Allerdings schnitt sie mit dem Worte נקה ab, den des Nachdrucks wegen vorangestellten Infinitiv vom Verbum finitum (לא ינקה) trennend, wodurch freilich der entgegengesetzte Sinn (er läßt ungeahndet statt er läßt nicht ungeahndet) hervorgebracht wird. Diesen Theil der Verkündigung nun benennt sie die 13 מדות, oder Gnadentitel nämlich . 1) ה' 2) ה' 3) אל 4) רחום 5) חנון 6) ארך אפים 7) ורב חסד 8) ואמת 9) נצר חסד לאלפים 10) נשא עון 11) ופשע 12) וחטאה 13) ונקה. — Die Verkündigung verläuft in zwei Theilen, indem sie im ersten (Vers 6) die Eigenschaften Gottes im Allgemeinen ausspricht, im zweiten (Vers 7) sie auf die Menschenwelt anwendet. Voran der Begriff Gottes als ewiges, unveränderliches Sein ה', wiederholt, um diesen als die Grundlage der wahren Gotteserkenntniß nachdrücklich zu betonen, alsdann Gott in seiner Allmacht gedacht אל; Gott in seiner Allliebe zuerst bei seiner Vollkommenheit, die Unvollkommenheiten und Schwächen der Geschöpfe ausfüllend רחום, dann aus seiner unendlichen Fülle den Mangelnden Befriedigung schaffend חנן, ferner fehllos und in ewiger Ruhe die Fehler und Fehltritte der Wesen ohne Leidenschaft ertragend ארך אפים, endlich in seiner Gnadenfülle die Wesen führend zu Beglückung רב חסד und zu den Zielen der Vervollkommnung ואמת. Dieser ewige, allmächtige und allliebende Gott läßt das Gute, das er allein will, von Geschlecht zu Geschlecht wachsen, daß es immer wieder als Ursache eine neue Wirkung, als Frucht einen neuen Stamm hervorbringt zu Erweiterung und Beglückung נוצר חסד לאלפ'; zugleich die durch Sünde, Missethat und Frevel bewirkte Verschuldung der Seele vergiebt und aufhebt, und diese zur Reinheit und Schuldlosigkeit zurückführt וחטאה נשא עון ופשע; aber in seiner Gerechtigkeit die verderblichen Wirkungen der bösen Thaten eintreten und auf Geschlechter hin fortwirken läßt

נקה לא ינקה וגו'. Diese Verkündigung rückt also die Bethätigung der Barmherzigkeit und der Gerechtigkeit Gottes dicht aneinander, beide in die höhere Einheit der göttlichen Allliebe aufgehen lassend. Sie läßt also zwischen beiden weder einen Widerspruch zu, noch zu irgend einer Vermittelung Raum. Vgl. unser Bibelw. Th. I, S. 512 f.

Aus den angeführten Schriftstellen, die noch vielfach vermehrt werden können, ersieht man, wie falsch die immer wiederholte und absichtlich hervorgehobene Insinuation der Gegner des Judenthum's ist, wenn sie behaupten, daß unsere h. Schrift einen Gott des Zornes und der Rache lehre, während ihr die Allliebe und Barmherzigkeit fern sei. Sorgfältig erwogen, können wir den Vorwurf gerade umkehren, denn eine Lehre, welche die Barmherzigkeit Gottes an einen bestimmten Glaubenssatz bindet, und alle Andersgläubigen im Jenseits ausschließt, begreift sicher den Gott der Liebe als einen sehr beschränkten, ausschließenden und zugleich ungerechten. Wenn in der Schrift für den Begriff der göttlichen Vergeltung starke und schroffe Ausdrücke vorkommen, wie „verzehrendes Feuer," „Gott der Rache" u. dgl. so sind sie rhetorische Formeln, die aus der Erregtheit des Augenblicks hervorgehen, oder Ergüsse des bedrängten Sänger's, immer bezweckend, auf den Hörer einen warnenden Eindruck zu üben, des objektiven Lehrcharakter's entbehrend. Als eine Ausnahme hiervon könnte אל קנא „eifriger Gott" angesehen werden, da dies im zweiten der zehn Worte, also an objektiver Stelle gebraucht wird. Es ist aber zu bemerken, daß dieser Ausdruck nur an Stellen vorkommt, wo, der Anbetung des einzigen unkörperlichen Gottes gegenüber, die Israeliten vor Götzendienst verwarnt werden, (nämlich: 2 Mos. 20, 5. 34, 14. 5 Mos. 4, 24. 5, 9. 6, 15.) Er soll daher aussagen, daß Gott gegen solchen Abfall, der in seinem Gefolge die Beseitigung aller göttlichen Gebote, Sittenlosigkeit und Frevel hat, nicht gleichgültig sei, sondern ihn im strengen Gericht verfolge. Man darf nicht außer Acht lassen, daß an diesen Stellen nicht vom Götzendienst überhaupt, sondern von den sich ihm ergebenden Israeliten die Rede ist.

Nach diesen Auseinandersetzungen brauchen wir nur anzudeuten, daß Lehren, wie von der Erbsünde, welche ebensosehr eine Ungerechtigkeit Gottes wie den Wegfall der Verantwortlichkeit der Menschen involvirt, von einer Vermittelung zwischen Gott und dem Sünder, die jedenfalls eine Beschränkung der göttlichen Barmherzigkeit enthält, von der Sündenvergebung durch den Tod eines Dritten, durch die Macht der Kirche, durch Priester und Ablaß, von der israelitischen Religion abgewiesen werden, und allen Grundlehren derselben widersprechen [1])

---

[1]) Die von der h. Schrift immer und immer wieder gepredigte Vergeltungslehre mußte darum in allen Phasen des Judenthums als ein wesentliches Glaubensmoment erscheinen, wie denn auch sowohl Maimuni, als auch Albo

## 19.

**Welches ist das dritte Moment der Unmittelbarkeit Gottes zum Menschen.**

**Gott ist der Offenbarer der Wahrheit und des Rechts durch das Gewissen, die Geschichte und das geoffenbarte Wort.**

Der Mensch ist nur dadurch ein sittliches Wesen, daß er das Bewußtsein seines Wollens und Thuns hat und die sittliche Bedeutung desselben kennt. Er mußte also die Fähigkeit, das Rechte vom Unrechten, das Gute vom Bösen zu unterscheiden, besitzen und diese Fähigkeit immer fort entwickeln können. Da aber Recht

---

sie als עוברי מצותיו ומעניש מצותיו לשומרי טוב גומל „Belohnung und Bestrafung unter die Grundlehrsätze (Ikkarin) aufnahm. Selbstverständlich wurde aber die Vergeltung in den verschiedenen Zeitaltern im Speziellen nach den vorherrschenden, mehr oder weniger beschränkten Ansichten modifizirt gedacht. So wurde insonders die Vergeltung Maß um Maß betont (מדה כנגד מדה) nach dem Spruche Hillels (P. A. II. 7.) „Derselbe sah einst auch einen Schädel auf dem Wasser schwimmen, er redete ihn so an: Weil du ertränkt hast, haben sie dich wieder ertränkt, und die dich ertränkten, werden am Ende wieder ertrinken;" wobei dann gewöhnlich auf den Untergang Pharaos im rothen Meere, nachdem er die israelitischen Knaben im Nil hatte ertränken lassen, auf Ahab, dessen Blut auf derselben Stelle, wo das Blut des unschuldigen Naboth geflossen war, von den Hunden geleckt ward und dergleichen hingewiesen ward (Ikkar IV, 9). Um dem Leser ein klares Bild von den, auch bei den Denkern verbreitetsten Ansichten zu geben, skizziren wir hier, wie Albo die Frage über das Glück des Gottlosen und die Leiden des Frommen beantwortet (das. IV, 12.) Er stellt dafür vier Ursachen auf: 1) wenn die Vorsehung über die ganze Nation, welcher der Ruchlose angehört, Gutes bestimmt hat, so daß auch dem Letzteren daraus Segensreiches erfließt, oder wenn der Bösewicht unter einer guten Konstellation der Gestirne*) geboren ist, „wenn nämlich die Verderbtheit desselben nicht so groß ist, daß sein Verhängniß sich vom Guten zum Bösen umgestaltet. Es entsteht nämlich durch die allgemeine Ordnung, welche bestimmt, daß, wer unter jenem Sternbilde geboren wird, glücklich sein soll." 2) entsteht das Wohlergehen des Freulers daraus, daß er irgend etwas Gutes gethan hat, wofür er nun hienieden belohnt wird, um für seine Frevelthaten desto mehr im Jenseits bestraft zu werden, „so

---

*) Von den spanisch-jüdischen Philosophen huldigten Viele dem damals allgemeinen astrologischen Aberglauben, so z. B. Aben-Esra.

und Unrecht, Gutes und Böses in den Verhältnissen und dem Verhalten des Menschen zu Gott, zu sich selbst, zu seinen Mitmenschen und Mitwesen beruht, so mußte der Mensch auch alle diese mehr oder weniger zu erkennen befähigt sein, weil ohne eine solche Erkenntniß, wie diese auch geartet sei, eine sittliche Beziehung nicht möglich und gar nicht vorhanden wäre. In der Natur einer solchen Befähigung mußte es aber eben liegen, daß sie noch keinen bestimmten, zwingenden Inhalt habe, weil sie sonst keine Freiheit, also auch keine sittliche Bedeutung gehabt hätte. Je genauer wir dies erwägen, je klarer wir uns daher den Menschen als ein mit der bloßen Fähigkeit des Erkennens und des sittlichen Handelns versehenes, darum immerwährend dem Irrthum und der Versündigung unterworfenes Wesen vorstellen: desto einleuchtender wird es uns, daß Gott diesem Wesen, um es im Einzelnen wie

---

daß er auf die Seeligkeit im Himmel keinen Anspruch habe." 3) versagt die Vorsehung Gutes über den Ruchlosen um Anderer willen, theils um Guter willen, um diesen durch jenen Segen zu erweisen, wie oft Kindern, um der tugendhaften Eltern willen und umgekehrt, theils um Böser willen, um als Werkzeug zur Bestrafung dieser zu dienen, wie vom Sanherib, Nebuchadnezzar und u. A. gesagt wird. 4) die Vorsehung läßt endlich dem Ruchlosen Angenehmes und Glückliches widerfahren um ihrer selbst und der Frommen willen, entweder um ihr Gemüth zu verstocken, damit sie sich nicht bekehren, wenn sie widerspenstig waren, oder umgekehrt, um sie durch seine Nachsicht und Langmuth zur Buße aufzufordern." Um der Frommen willen: indem durch das Wohlergehen der Frevler bei ihrer steten Ruchlosigkeit der Lohn der gleichzeitigen Frommen, die das mit ansehen, und dennoch in ihrer Unschuld verharren, um so größer wird. Würde nämlich der Frevler nach begangener Sünde alsbald bestraft werden, so wäre das Verdienst der Frommen, die Gott aus Liebe dienen, nicht so groß, denn man könnte ja ihre Tugend nicht der Liebe, sondern der Furcht vor der Strafe, welche augenscheinlich den Frevler trifft, zuschreiben; nun aber die Ruchlosigkeit der Frevler nicht so schnell bestraft wird, giebt man sich leicht dem Wahne hin, es würde sie in Ewigkeit keine Strafe treffen, und deshalb thut Jeder, was ihm gut dünkt." —

In gleicher Weise erklärt Albo die Leiden des Frommen und Gerechten aus vier Gründen, die denen gleich oder ähnlich sind, welche wir soeben als Erklärungsgründe für das Glück des Frevlers aufgeführt haben. Im Speziellen werden dabei noch Ansichten geäußert, wie: der Fromme wird dahin gerafft, wenn er unterließ für das Heil einer Nation zu beten; oder: das Mißgeschick eines Gerechten ist bisweilen die Sühne für ein ganzes Volk u. dgl. m.

im Ganzen seiner Bestimmung gemäß zur Vervollkommnung zu führen, sowohl gewisse Anleitung, um zur Wahrheit und zum Recht zu gelangen geben, als überhaupt die Wahrheit und das Recht so fest stellen mußte, daß es in seiner Entwicklung diesen immer näher kommen konnte, ohne an seiner Freiheit zu verlieren. Wie der Schöpfer den geschaffenen Pflanzenkeim, sollte dieser zu einer vollständigen Pflanze sich entwickeln, nicht ohne Licht und Luft lassen durfte, also mit dem bloßen Schaffen des Keims und dessen Keimkraft sich nicht begnügen konnte: so durfte er den Menschen nicht ohne die Offenbarung der Wahrheit und des Rechts lassen, wenn dieser nicht schon im Beginn seiner sittlichen Entwicklung, wie die Pflanze ohne Licht und Luft, verkommen sollte.

Diese Offenbarung der Wahrheit und des Rechts geschah nun zunächst durch das dem Menschengeiste von Gott eingeschaffene Gefühl des Guten und Bösen, das wir Gewissen nennen. (S. Th. I., S. 164.) Die oben bezeichnete Fähigkeit nämlich wird mit dem ersten Erwachen des Selbstbewußtseins, unter den ersten Eindrücken der Verhältnisse und bei den ersten Aeußerungen des sittlichen Willens zu dem Gefühle des Unterschiedes von Recht und Unrecht, von Gutem und Bösem, welches Gefühl sich von da ab unter allen geistigen Einwirkungen und Lebensbeziehungen immerfort entwickelt. Gerade darum ist das Gewissen außer einer allgemeinen Anerkennung von Gut und Böse schlechthin, nur subjektiv, in jedem Individuum individuell geartet, und seine Kraft sowohl zu guten Handlungen anzutreiben, und von Bösen zurückzuhalten, als auch nach dem Vollzug mit Selbstzufriedenheit oder Gewissensunruhe zu erfüllen, in jedem Einzelmenschen durchaus verschieden. Die mannichfaltigen Eindrücke von Außen, die Begriffe, zu denen der Einzelne gelangt, die herrschende Volkssitte und Zeitströmung, vor Allem aber die mehr oder weniger überwuchernde Selbstsucht machen das Gewissen zu einem an Inhalt und Herrschaft überaus schwankenden Gefühle, so daß, wenn auch die ursprüngliche Reinheit durch alle sittlichen Um- und Mißgestaltungen hindurch spielt, das Gewissen allein ein sehr schwacher Träger der sittlichen Vervollkommnung wäre.

Die heilige Schrift stellt dies in großartigen Umrissen innerhalb der vorsluthlichen Geschichte (1 Mos. 2—6) dar. Denn nachdem in der Geschichte des Paradieses sowie Kajin's und Hebel's gezeigt worden, wie der Mensch aus der Sinnlichkeit und aus den gesellschaftlichen Beziehungen heraus zur ersten Sünde kam, wird berichtet, wie das Geschlecht der Menschen in der vorsluthlichen Zeit allein den Regungen und der Entwickelung des Gewissens überlassen, völlig entartete, und in Wollust, Tücke und Gewaltthätigkeit gänzlich versank. Dies ist der Sinn der Worte (8, 21): „denn das Bilden des Menschenherzens ist böse von seiner Jugend an," sowie (6, 5): „und alles Bilden der Gedanken seines Herzens nur böse allezeit." nämlich: sobald der Mensch den Gefühlen seines Herzens allein überlassen, ohne jedweden anderen Regulator ist, erlangen seine Leidenschaften die Herrschaft über ihn, und, wie Böses das Böse, Unrecht das Unrecht gebiert, ist die Entwickelung zu Entartung und Versunkenheit vorhanden, und es tritt ein, was die Schrift sagt: „Und Gott sah die Erde, und siehe! sie war verderbt, denn verderbt hatte alles Fleisch seinen Wandel auf der Erde." (1 Mos. 6, 12.), worauf dann das vorhandene Geschlecht mit seiner ganzen Kultur untergeht, wie dies am Ende des Alterthums auch geschah. Die Schrift hatte hiermit die Nothwendigkeit der Offenbarung nachgewiesen.

Wie dem aber auch sei, immer ist und bleibt das Gewissen eine Offenbarung Gottes im Menschen, die durch die Anerkennung, daß es für die Natur des Menschen ein Gutes und Böses giebt, Zeugenschaft ablegt. Jedes Beispiel, daß in einem verstockten Sünder, wenn auch noch so spät die Anklage des Gewissens zum Durchbruch kommt, und ihn vor sich und Anderen zur Selbstverurtheilung antreibt, ist ein unwiderlegbares Zeugniß für die Anlage der Menschennatur zu Wahrheit und Recht, und für die Anleitung Gottes, zu ihnen zu gelangen.[1] — Hieran schließt sich, was man das öffentliche Gewissen nennen kann, daß nämlich zu aller Zeit in der Gesammtheit der Menschen ein gewisses Urtheil über den Charakter der menschlichen Handlungen, über das Gute und Schlechte in

---

[1] Dies ist der Sinn des Ausspruches P. Ab. IV, 22: „Schöner ist eine Stunde in Buße und Besserung, als das ganze Leben der zukünftigen Welt," nämlich die aus eigenem Antriebe hienieden vollbrachte Buße und Besserung hat eine viel tiefere Bedeutung und höheren Werth, als alle im Jenseits nach Abstreifung alles Körperlichen und Sinnlichen, sei es durch das göttliche Strafgericht, sei es durch die eigene Erkenntniß geschehende Läuterung.

ihnen vorhanden ist, ein Urtheil, das sich zwar zeit- und theilweise
verderben läßt und gewaltthätig zurückgehalten werden kann, zuletzt
aber die künstlichen Schranken wieder durchbricht, und schließlich die
Weltgeschichte zum Weltgericht macht. Daß dieses öffentliche Gewissen seine fortschreitende Entwicklung hat, seinem Inhalte nach
immer bestimmter und in seiner Anerkennung und Geltung immer
kräftiger wird, erweist sich durch die mannichfaltigsten Thatsachen.
Vor ihm muß sich zuletzt der hartnäckigste Despot beugen, und
das eingewurzeltste Uebel Heilung zulassen und erstreben.

Die zweite Offenbarung Gottes gehet in der Geschichte vor
sich. Wie in derselben die göttliche Vorsehung und Vergeltung sich
kundthut, und diese in fortschreitender Entwicklung die Menschheit
zu Wahrheit und Recht führen, haben wir bereits nachgewiesen
(Th. I., S. 144.). Aber auch eine Menge anderer Wahrheiten
bringt die Geschichte, jemehr ihr Inhalt durch die anwachsende Vergangenheit reicher, ihre Lehre durchsichtiger, ihr ungeheures Material geordneter wird, zum Bewußtsein. Die Vergänglichkeit und
Abhängigkeit alles Irdischen führt sie uns in zahllosen Beispielen
vorüber; sie stellt dem schärferen Beobachter den fortwährenden
Kampf des Geistes mit dem Materiellen und den immer sicherern
Sieg des ersteren über das letztere in klaren Umrissen dar; sie erkennt, daß durch die Jahrtausende hindurch der Irrthum und das
Unrecht, so oft sie sich auch wiedergebären und so mächtig sie auch
zeitweise die Herrschaft üben, vor der Wahrheit und dem Rechte
immer wieder unterliegen, und daß zwar nach jedem Siege der
Kampf äußerlich und innerlich mit nachhaltigerer und tieferer Kraft
wieder beginnt, nur aber um nach erbittertem Streite den Triumph
der Wahrheit und des Rechts desto sicherer zu machen. Alle diese
Erkenntnisse sind zwar erst spät die Ausflüsse der Thatsachen, aber
das Gefühl und die Wirksamkeit derselben geht ihnen und ihrem
Bewußtsein lange voran, und dienen der Menschheit zu Führern
und Wegweisern.

„Hast du nicht gehört, daß vor ferner Zeit ich
dies bereitet, seit der Vorwelt Tagen es veranstaltet habe? Jetzt hab' ich's kommen lassen, daß
zu verwüsten sei'n in öde Trümmer feste Städte;

und ihre Bewohner, ohnmächtig, verzagten und wurden zu Schanden, sie wurden wie Pflanze des Feldes und grünes Kraut, Gras der Dächer, Brandkorn vor dem Halm." (Jesch. 37, V. 26. 27.)

Je schwankender aber das Gewissen, hingegeben der Beeinflussung der Selbstsucht und den wechselnden Strömungen der Anschauung und Gesinnung, und je langsamer die Ergebnisse der Geschichte zu allgemeinerer Erkenntniß gelangen, je unsicherer daher für die Menschheit der Pfad zu Wahrheit und Recht war: desto mehr leuchtet uns auch die Unentbehrlichkeit des geoffenbarten Wortes, also der eigentlichen Offenbarung durch eine unmittelbare Einwirkung des Gottgeistes auf dazu erwählte Menschengeister ein. Den Begriff, das Wesen und die Nothwendigkeit dieser Offenbarung haben wir (Th. I., S. 39) ausführlich besprochen. Ihre Resultate unterscheiden sich von der Wirksamkeit des Gewissens und von den Ergebnissen der Geschichte dadurch, daß sie in bestimmt formulirten Aussprüchen, in fixirten Lehrsätzen und Vorschriften zum Ausdruck kommen, und so, unverändert im Wort, von Geschlecht zu Geschlecht überliefert werden. Sind sie also an sich unwandelbar, so unterliegen doch auch sie der Entwicklung in zwiefacher Beziehung, erstens was ihr Verständniß, zweitens was die Ausbreitung ihrer Herrschaft über die Menschen betrifft. In menschlicher Sprache, in einer bestimmten, jetzt sogar todten Sprache gegeben, mußten die Lehren und Vorschriften der Offenbarung sehr verschiedentlicher Auffassung unterliegen, von dem wechselnden Geiste der Zeiten ergriffen, durch menschliche Zusätze und Auslegungen verunstaltet, den mannichfaltigsten Erscheinungen in der Menschenwelt angepaßt und zu Triebfedern und Motiven für die irrthümlichsten und verbrecherischsten Handlungen gemißbraucht werden. Dafür finden sich in der Geschichte Israels schon, noch mehr in der Geschichte der anderen Völker die vielfachsten Belege. Hier aber mußte der Segen des fixirten Wortes und die Siegeskraft der Wahrheit sich um so mehr bethätigen. Das Licht des geoffenbarten Wortes, weil es an sich nicht getrübt und nicht gemindert werden konnte, durchdrang immer wieder die darum gelagerten Nebel, und mit dem Wachsthum der lauteren Forschung und Wissenschaft erhellte sich und schwindet immer mehr das Gewölk, das man darum gehäuft. Nicht minder dehnt in allmäligem Anwachs äußerlich und innerlich die Herrschaft des göttlichen Wortes sich immer mehr aus, trotz den Hindernissen und selbst dem Mißwillen der Menschen; äußerlich, indem die heilige Schrift Israels immer weiter verbreitet und immer mehreren Völkern zugängig gemacht wird, innerlich, indem die Ideen des geoffenbarten Wortes die Geister und die gesellschaftlichen Einrichtungen in der Menschenwelt immer mehr durchdringen und beherrschen, zugleich aber auch nicht blos seinen Gegensatz in heidnischen Philosophemen, sondern auch die heidnischen Elemente, die ihnen außerhalb des reinen Judenthums bei den Völkern beigemischt worden, immer mehr überwinden und beseitigen. Es geschieht dies vielfach in einer den Menschen unbewußten Weise, ja in Zeiten, wo eher das Gegentheil stattzufinden scheint. Indem man nämlich das kultuelle und kirchliche Leben mit den Ideen des Gotteswortes, ihrer Wirksamkeit und Herrschaft verwechselt, wähnt man die letztere vermindert, wenn jenes im Entwickelungskampfe des Geistes schwächer geworden. Beides ein Irrthum, denn da das kultuelle und kirchliche Wesen die Ideen der Offenbarung durch konkrete Gestaltung zu binden sucht, wird es mit der Zeit zu einer Fessel, welche der fortschreitende Geist zu sprengen ringt, worin er zuletzt immer obsiegt, so jedoch, daß sich aus dem gewonnenen Resultate allmälig eine neue kultuelle Gestaltung immer wieder entwickelt, da die Religion der konkreten Erscheinung nicht entbehren kann. Es ist also nur eine Täuschung, wenn mit der Abschwächung des kirchlichen Lebens eine Verdrängung der Offenbarungsideen eingetreten geglaubt wird, während das gerade Gegentheil stattfindet, und die letzteren, nachdem sie die kirchlichen Fesseln gebrochen haben, neue und tiefere Bahnen im Leben der Geister und der Gesellschaft sich eröffnen.[1] Die Offenbarung

---

[1] Wenn der Monotheismus, die Gottebenbildlichkeit des menschlichen Geistes, die Heiligung, die Nächstenliebe, die Zehnworte, der Sabbath u. s. w. weltbeherrschende Ideeen der Offenbarung geworden, wenn die h. Schrift das Erziehbuch der Menschen in der Gesammtheit und für den Einzelnen, ein unerschöpflicher Born für Katheder und Kanzel, für die Jugendbelehrung, für das Alter Stärkung, für das Unglück Tröstung geworden: so wollen wir hier nur noch das

hat daher sowohl ihrer inneren Wurzelung als auch ihrer äußeren Verbreitung nach auch ihre große Geschichte, die mit dem Augenblicke begann, wo sie zum Worte ward. Aber diese Geschichte geht vorzugsweise auf dem Pfade durch die Verdunkelung zum Lichte, zum immer weiter verbreitetem und lauterem Lichte. Die Offenbarung, „das Erbtheil für die Gemeinde Jakobs" (5 M. 33, 4), wird immer mehr das Eigenthum der Menschheit, der sichere Führer zu Wahrheit und Recht, dem Einzelnen wie dem gesammten Menschengeschlechte.

„Die Lehre des Ewigen ist vollkommen, erquickt das Gemüth; das Zeugniß des Ewigen wahrhaft, macht weise die Einfältigen. Die Befehle des Ewigen, gerade, erfreuen das Herz; das Gebot des Ewigen, lauter, erleuchtet die Augen. Die Furcht des Ewigen, rein, bestehet ewig, die Rechte des Ewigen, Wahrheit, gerecht allzumal." (Psalm 19, 8—10.)

Die Offenbarung ist hier in dreien Sätzen immer zuerst in ihrem Wesen und dann in ihrer Wirksamkeit bezeichnet, zugleich aber in jedem Satze vom Allgemeinen in der ersten Vershälfte in das Besondere in der zweiten hinübergeführt. Zuerst תורה, der ganze Lehrinhalt, im Besonderen als עדות Zeugniß zwischen Gott und Menschen gefaßt. Daher auch in ihrer allgemeinen Wirksamkeit in der Befriedigung, die sie dem menschlichen Gemüthe, und in der Weisheit, die sie dem Geiste, und zwar einem jeden nach Anlage und Fähigkeit verschafft. Aus diesem Lehrinhalt werden die den Lebenswandel des Menschen betreffenden allgemeinen Vorschriften פקודים hervorgehoben, welche im Besondern zu bestimmten Pflichtgeboten מצוה werden; auch hier ist es zuerst die allgemeine Freudigkeit, welche die Erfüllung der göttlichen Vorschriften durch das menschliche Herz ausstreut, im Besonderen aber die Erleuchtung über Zweck und Bestimmung alles menschlichen Handeln's, welche die Beobachtung der speziellen Gebote mit sich führt, die der Sänger um so mehr betont, als zu aller Zeit die blinde und gedankenlose Ausübung der Gebote nach ihrem Buchstaben von Dunkelmännern gefordert worden. Aus diesem praktischen Theile der Religion wird nun schließlich das Verhalten zu den Mitmenschen hervorgehoben, das zuerst in seiner Allgemeinheit auf der Gottesfurcht beruhen muß, welche den Menschen in dem Gedanken an die Allgegenwart und

---

Eine hervorheben, daß in der jüngsten Zeit der mosaische Rechtssatz: „Ein Gesetz und ein Recht für Alle" zum Eckstein der modernen Gesellschaft sich immer mehr gestaltet.

Allwissenheit Gottes vor allem Bösen wahrt und daher dauernden Bestand bringt, im Besonderen aber sich als die bestimmten Rechtssätze darstellt, die, aus der wahrhaften Erkenntniß aller menschlichen Beziehungen erflossen, die gegenseitigen Rechte und Pflichten Aller in gerechtester Weise feststellt.

Wenn schon die göttliche Vorsehung und Vergeltung in der Geschichte der Menschheit und im Leben der Einzelnen ein unmittelbares Verhältniß Gottes zum Menschen, motivirt durch die sittliche Natur des letzteren, wie diese namentlich als Gewissen hervortritt, konstatiren: so ist die Offenbarung diese Unmittelbarkeit Gottes zum Menschen in höchster Potenz, da jene durch eine unmittelbare Einwirkung des Gottgeistes auf Menschengeister geschehen und das besonderste Interesse der Gottheit an der sittlichen Vervollkommnung des Menschengeschlechtes ideell und thatsächlich bekundet.

In der h. Schrift wird die Unmittelbarkeit durch das Wort „Nähe (קרבה), nahe" (קרוב) bezeichnet. So die Nähe Gottes in der Vorsehung und Vergeltung: „Nah' ist mein Heil, meine Hülfe gehet auf, meine Arme richten die Völker, meiner werden die Länder harren und hoffen auf meinen Arm" (Jesch. 51, 5.), ruft der Herr Israel zu, insbesondere im Gerichte: „Nah' ist, der mir Recht schafft." (Jesch. 50, 8.) Die Nähe Gottes in den Regungen des Gewissens: „Gebrochenen Herzen ist der Ewige nahe, gebeugten Geistern hilft er." (Psalm 34, 19.) Die Nähe Gottes in der Offenbarung: „Nahe bist Du Ewiger, und Wahrheit alle Deine Gebote." (Psalm 119, 151.) Darum zusammenfassend: „Doch ich, die Nähe Gottes ist mir gut, ich stellte auf den Herrn, den Ewigen, meine Zuversicht, alle Deine Werke zu verkünden." (Psalm 73, 28).

## 20.

**Mit welchem Worte faßt die h. Schrift alle Eigenschaften des göttlichen Wesens zusammen?**

**Mit dem Worte „קדוש" heilig: Gott ist heilig.**

Alle Eigenschaften Gottes sind Vollkommenheiten, also unendlich, darum für den Menschen denkbar, aber nicht zu erfassen. Jede Vollkommenheit, wie jede Unendlichkeit ist dem Menschengeiste als eine Vorstellung möglich, aber sie zu begreifen, ihr Wesen vollständig zu fassen, vermag er in seiner Begrenztheit nicht. Ist demnach schon die einzelne Eigenschaft Gottes für den Menschen unfaßbar, so bleibt bei der angestrengtesten Forschung der Vernunft und bei dem lebhaftesten und gehobensten Gefühle im Wesen Gottes eine unendliche Tiefe übrig, in die sich der Menschengeist nicht versenken, die er nicht zu ergründen vermag. Diese Erkenntniß, die sich allen denkenden Menschen zu aller Zeit aufdrängen mußte, veranlaßte in den übrigen Religionen, den alten heidnischen, wie den neueren, und in vielen Philosophemen, zu welchen wir auch die jüdische Kabbalah zählen müssen, die verschiedenartigsten „Mysterien", das sind Geheimnisse oder Geheimlehren, zu erfinden und einzusetzen, in welchen man die Sehnsucht des Geistes nach einem vollständigen Begreifen des göttlichen Wesens durch Phantasiegebilde, phantastische Aussprüche und Ceremonien zu befriedigen suchte, die aber stets noch mehr Verdunkelung als Aufklärung bewirkten, und zuletzt in Aberglauben ausarteten. Das h. Wort weiß Nichts von diesem, sondern bezeichnet sich selbst, wie wir schon öfter angeführt, als dem menschlichen Geiste „nahe", selbst dem Einfältigen verständlich, und allem Geheimnißvollen und Entlegenen fern. (5 Mos. 29, 28. 30, 11.) Indem es aber uns lehren will, daß das Wesen Gottes weit hinausragt über das menschliche Fassungsvermögen, daß wir bei den klaren Vorstellungen, die es uns von den Eigenschaften Gottes verschafft, nicht vergessen dürfen, wie wenig wir dabei von dem Wesen der Gottheit begriffen haben; indem uns das h. Wort zu verstehen geben will, daß, wenn wir in Gebet und Andachtsübung uns noch so sehr erheben, dennoch noch weit ab vom göttlichen Wesen sind, indem es ferner uns verwarnen will, bei allem Streben nach Tugendhaftigkeit die Gebrechen und die Schuldhaftigkeit unseres Wesens, die zwischen uns und Gott stehen, nicht zu vergessen, und schließlich uns immer in die Erinnerung rufen will, daß wir endliche begrenzte Wesen vor dem Unendlichen, Unbegrenzten, Vollkommensten sind: lehrt es uns, daß Gott heilig ist, in dieses Wort Alles fassend, was von der Gottheit uns unfaßbar, unerreichbar, von unendlicher Größe und Tiefe ist. Das h. Wort hat uns dies mit diesem Worte wiederum als eine Vorstellung hingegeben, die wir mit unsrer Vernunft durchdenken und mit unserm Herzen durchfühlen sollen, ohne uns damit zu phantastischer Geheimdeuterei und Mystizismus verleiten zu lassen.

„Heilig, heilig, heilig ist der Ewige der Heerschaaren, voll ist die ganze Erde seiner Herrlichkeit!" (Jesch. 6, 3.)

Dieser Ausspruch, der in der Berufungsvision Jeschajah's den Seraphim in den Mund gelegt wird, ist für uns zu einem dritten Bekenntnißworte (s. § 5. 18.) geworden. Indem nämlich ein Sterblicher zum Sendling Gottes, des Allheiligsten an die entarteten, entheiligten Israeliten berufen werden soll, tritt die Frage ein, wie ein sündiger Mensch dies werden könne? worauf denn Jeschajah zu diesem Berufe durch Entsühnung geheiligt wird. Um diesen Gegensatz nachdrücklich hervorzuheben, verkünden beim Beginn der Vision die Seraphim die Allheiligkeit Gottes mit den Worten unseres Textes. Derselbe enthält aber außerdem den Hinweis, daß die materielle Welt, „Erde" bezeichnet, insofern keinen Gegensatz zur Heiligkeit Gottes bildet, daß sie etwa als unheilig anzusehen wäre, indem sie vielmehr „der Herrlichkeit Gottes voll" ist, d h an ihr die Allmacht, Allweisheit und Allgüte Gottes sich bethätigt und verwirklicht hat, eine Lehre, die ganz im Charakter der israelitischen Religion liegt, im Widerstreit zur buddhaisten, sabbäischen u. a. Religionen. Vielmehr besteht ein Gegensatz zur göttlichen Heiligkeit nur in der Sündhaftigkeit des Menschen; „ein Mann unrein an Lippen bin ich, und inmitten eines Volkes unrein an Lippen wohne ich." (V. 5,) Das dreimalige „heilig", um die Heiligkeit Gottes als unendlich, unbegrenzt zu bezeichnen. (Dreimalige Wiederholung desselben Wortes, um einen starken Nachdruck hervorzubringen, kommt öfter in der Schrift vor, wie Jirm. 7, 4. 22, 29. Jech. 21, 32, und widerlegt so die Auslegung älterer Christologen, welche die Trinität darin finden wollten, einfach und schlagend.) Die Synagoge hat diesen Ausspruch zu einem der wesentlichsten Mittelpunkte der Liturgie gemacht, und benennt dies die קדושה. — Die Heiligkeit

Gottes ist aber bereits Lehre und Verkündigung der Torah, wo sie aber nicht geradezu als Gegensatz zum Menschen erscheint, als vielmehr als Ideal des Menschen, welchem er sich durch Heiligung, Reinigkeit und Reinigung moralisch und symbolisch immer mehr anzunähern streben soll: „Ihr solt euch heiligen, denn ich, der Ewige, bin heilig" — so daß die Heiligkeit Gottes die Wurzel aller Heiligung des Menschen, also auch seiner ganzen Sittlichkeit wird, wie wir gehörigen Ortes auseinandersetzen werden. Immer wiederholt kommt daher bei Mosheh der Ausspruch כי קדוש אני ה׳ „denn ich der Ewige bin heilig" vor. Bei Jeschajah, sowohl dem ersten als dem zweiten, ist קדוש ישראל ein sehr häufiges Beiwort Gottes, womit er den von Israel als das allerheiligste Wesen erkannten und angebeteten Gott bezeichnet, der aber hinwiederum Israel als Volk der Erkenntniß und Anbetung heiligt. Auch die Psalmisten bedienen sich dieser Benennung, sowie Jirmejah an einigen Stellen. —

---

# Dritte Abtheilung.

## Die Gottesverehrung.

# Die Gottesverehrung.

### 21.

In welchem Ausspruch bestimmt die h. Schrift den Inhalt der Gottesverehrung?

In dem Worte 5 Mos. 10, 12: „Und nun, Israel, was fordert der Ewige von dir, als daß du Ehrfurcht habest vor dem Ewigen, deinem Gotte, in seinen Wegen wandelst, ihn liebest und ihm dienest von deinem ganzen Herzen und deiner ganzen Seele."

Die Verehrung Gottes (vgl. Th. I., S. 193) umfaßt das ganze Verhältniß der einzelnen Menschenseele zu Gott; sie ist vorzugsweise die subjektive Seite der Religion, und mündet erst da in ein Allgemeines, wo durch die Theilnahme am öffentlichen Gottesdienste das Individuum sich wieder als Glied einer religiösen Gemeinsamkeit fühlt und bewußt wird. Sie enthält alle die Beziehungen und die Stellung, in welche sich jede einzelne Menschenseele als Individuum zu Gott gebracht hat, all' die Höhe oder Tiefe, in die sie sich versenkte, all' die religiös-sittliche Bildung, die sie sich gewann. Die Gottesverehrung beruht auf der Gefühls- und Empfindungswelt des Menschen, wenn sie auch der Reflex der Erkenntniß Gottes ist, von den Gedanken der Vernunft vielfach geweckt und genährt wird, und wiederum ihre Einwirkung auf jene übt, indem sie Zweifel und Unglauben von vornherein abwehrt und die Ueberzeugung schützt und festigt. Mit dem ersten Begriffe, den das Menschenkind von der Größe und den Wohlthaten Gottes empfängt, erwacht auch das Gefühl der Bewunderung und der Dankbarkeit in der Kindesseele, der dunkle Drang nach Höherem und das Dasein von etwas Höherem anzuerkennen, als sie wahrnehmbar um sich hat. Diese Gefühle wachsen mit dem Kinde, insbesondere unter sorgfältiger Pflege der Eltern und Erzieher, und vermögen im jugendlichen Herzen die tiefste Innigkeit zu gewinnen, welche heiligend das ganze Wesen des jungen Menschen trägt und emporhebt. Jemehr aber die Aufmerksamkeit des Kindes auf die sinnlichen und weltlichen Dinge sich richtet, je früher und nachhaltiger die vorwiegende Entwickelung seines Verstandes eintritt und gefördert wird, je mehr seine ganze Jugend auf das Erlernen materiellen Wissens und das Erwerben technischer Fertigkeiten verwendet wird, je mehr zugleich Genuß, Begierde, Leidenschaft in ihm erwachen und in seiner Seele Platz greifen, je weniger endlich im Hause der Eltern ein frommer Sinn vorwaltet und böses Beispiel ihm fern bleibt, im Gegentheil sogar antireligiöse Schriften und Umgebungen ätzend einwirken — desto mehr erkalten die Gefühle der Gottesverehrung in dem jungen Menschen, seine Seele wendet sich ab und zerstreut sich. Allerdings sind die Geister im Jüngling und in der Jungfrau noch sehr empfänglich für Alles, was sie über das Gewöhnliche hinauszuheben, was in ihnen eine höhere Flamme der Begeisterung zu zünden, einen Aufschwung nach oben hervorzubringen vermag, und freudig lüften sich die Schwingen ihrer Einbildungskraft, auf welchen sie sich in das „Herz des Himmels" erheben, in das Unendliche versenken. Dahingegen treten an Beide gar zu bald die Arbeit und Sorgen des bürgerlichen Lebens, sowie die Genüsse und Zerstreuungen der sinnlichen und weltlichen Vergnügungen; jene ziehen den Geist nur allzusehr, nur allzu gebieterisch in die materiellen Beschäftigungen und spinnen ihn dahinein, diese bedrohen den Jüngling mit Leidenschaft und Ausschweifung, die Jungfrau mit der ganzen Leerheit derer, die sich ihnen gefangen geben. Hier ist es, wo man unserer Zeit bedeutende Nachtheile nicht absprechen kann und darf. Die außerordentliche Entwickelung der Industrie und des Lebensgenusses, die gesteigerte Mannichfaltigkeit und Verwirrung der Verhältnisse, die große Wandelbarkeit des Besitzstandes, die vorwiegende Richtung auch in der Wissenschaft auf das Reale, selbst das allgemein gewordene Bewußtsein der Gleichheit vor dem Gesetze und die desfalsige Theilnahme am politischen Leben, alle diese und noch mehrere Momente wirken in unserer Zeit darauf hin, den Geist vom Höhern, Uebersinnlichen, Göttlichen abzuziehen, und ihn lediglich in die Betrachtung und Verfolgung der weltlichen Beziehungen und sinnlichen Genüsse zu versenken, und man thut daher unserer Zeit nicht Unrecht, wenn man ihr mehr als früheren Zeitperioden eine Religionslosigkeit, d. h. den Mangel an aufrichtiger und umfassender Gottesverehrung zuschreibt. Hiervon können aber auch die Kreise nicht ausgenommen werden, in welchen die strenge Uebung der religiösen Formen noch heimisch ist, da, unter dem Einflusse des modernen Lebens, auch ihnen die rechte religiöse Gefühlsinnigkeit abhanden gekommen. Es ist dies die Schattenseite des neueren Lebens, welches im großen Entwickelungsgange der Menschheit vorzugsweise für die Durcharbeitung des Realen bestimmt ist, damit aber eine spätere Entfaltung zu richtigerem Maße in den beiden großen Geistesrichtungen nicht abspricht. Daß derartige Einflüsse auch auf das ganze übrige Leben einwirken, und das religiöse Bedürfniß auf ein geringes Maß beschränken, ist selbstverständlich. Aber in dem Uebel liegt doch wiederum ein Heilmittel. Die vielfachen Sorgen, das ununterbrochene Streben und Ringen auf dem Gebiete des Erwerbes, die vielfachen Bedrängnisse und Verluste, der ganze lebhafte Wechsel des Geschicks mit seinen Täuschungen und Kränkungen, dann die mit dem Anwachs der Familie stets verbundenen Leiden, Siechthum, Sterbefälle, Anfeindungen, Unfriede — alles dies führet den Geist des Mannes und des Weibes nach und nach wieder von dem blos Weltlichen ab, wecket mehr als je in ihren Herzen die Gefühle der Abhängigkeit, der Hinfälligkeit und Hülflosigkeit, wendet ihren Blick öfter in die Höhe, „von wannen allein die Rettung kommt und der Beistand", und läßt sie wieder Aufrichtung, Trost und Stärkung in dem Gedanken an Gott, in dem Gefühle seiner Nähe, in der Gottesverehrung suchen. Hierzu kommt, daß selbst unbewußt in den Herzen der Eltern das Gefühl wohnt, ihren Kindern den großen Schatz der religiösen Bildung, der Gotteserkenntniß und Gottesverehrung nicht vorenthalten zu dürfen, ein Gefühl, daß sie selbst wieder zur Religion zurückführt, und im Angesichte der Kinder das Religiöse zu ehren und zu üben antreibt. Daraus fließt denn auch die eigenthümliche Erscheinung, daß, je weiter der Mensch in seinem Leben vorschreitet, je mehr er sich dem Greisenalter nährt, die religiösen Gefühle in ihm wieder mächtiger werden, und der Greis, sowohl Mann als Weib, zur Stärke und Natürlichkeit der kindlichen Gefühle in der Beziehung zu Gott zurückkehrt. Gern macht der Greis die Uebung der Gottesverehrung wieder zu einer umfassenden Beschäftigung seines Lebens, die aus dem Quell wieder erwachter religiöser Gefühle entspringt und ihm die köstlichste Befriedigung schafft. Mag er auch noch mit starken Fäden am Irdischen und Weltlichen hangen, die Vergänglichkeit alles Irdischen, die er durch eine so große Menge an ihm vorübergegangener Erscheinungen erkannt hat, die Abschwächung der Leidenschaften, die ihm mögliche geringere materielle Beschäftigung, der ihm immer wiederkehrende Rückblick auf seine eigne Vergangenheit, wie diese auch geartet gewesen, das Gefühl der Schwäche und endlich die Nähe des Todes, der „seine Schatten vor sich herwirft:" alles dieses zusammen genommen bewirkt in dem Greise allmälig eine Umkehr und leitet ihn zur Gottesverehrung zurück. Geschieht es ja dadurch nicht selten, daß Greise selbst zum Aberglauben ihrer Kindheit wieder zurückkommen und das alleinige Heil im äußeren Formenwesen suchen. — So erkennen wir, daß in der Seele jedes einzelnen Menschen die Gottesverehrung mit ihren theils natürlichen, theils anerzogenen Forderungen einen Kampf zu bestehen hat mit der Religionslosigkeit, die aus dem sinnlichen und weltlichen Leben nothwendig sich Eingang schafft in die innere Geisteswelt und jene durch Abschwächung der Erkenntniß und Gefühle zu verdrängen sucht. In diesem unumgänglichen Erfolge des Lebens liegt aber zugleich die Nothwendigkeit der Gottesverehrung, die unendliche Wichtigkeit der ihr zu Grunde liegenden Gedanken und Gefühle, und die Unentbehrlichkeit alles dessen, wodurch sie in uns gepflegt, gefestigt und zum wahren Bedürfniß erhoben wird. Niemand, der vorurtheilslos und aufrichtig prüft, wird leugnen, daß die Gottesverehrung theoretisch und praktisch der wahre feste Grund und Unterbau des ganzen menschlichen Wesens und Lebens, sowohl des Einzelnen, als auch der Familie und der Gesellschaft ist, daß von ihr allein die rechte Wärme des Herzens und die schaffende Kraft des Geistes ausstrahlt, daß sie am kräftigsten zur aufopfernden Erfüllung aller unserer Pflichten begeistert, daß sie darum die Mutter aller wahrhaft großen Thaten und Werke im Kleinen wie im Großen, daß sie die Gärtnerin alles Schönen und Edlen in der Menschheit ist, daß sie das ödeste und vereinsamteste Leben noch mit Blüthen und Früchten zu versehen vermag und daß, wer sie ganz verloren, auch die Kraft zu schaffen und zu wirken, verloren und ohne Festigkeit, im Guten zu beharren, bleibt. —

Der Ausspruch der heiligen Schrift, den wir an die Spitze unseres Paragraphen gestellt, giebt den Inhalt der Gottesverehrung als einen vierfachen an: 1) die Ehrfurcht vor Gott, 2) in seinen Wegen zu wandeln, 3) die Liebe zu Gott, und 4) den Gottesdienst.

## 22.

### Was heißt Ehrfurcht vor Gott?

**Von der Bewunderung seiner Vollkommenheiten, Thaten und Werke und von der Gewißheit seiner unendlichen Liebe erfüllt sein und diese Gefühle im Leben bethätigen.**

Furcht heißt die Anerkennung größerer Macht und Eigenschaften, als wir besitzen, die aber unserer Meinung nach zu unserem Schaden angewendet werden. Ehrfurcht heißt die Anerkennung größerer Macht und Eigenschaften, als wir besitzen, die aber nach unserer Meinung zu unserem Nutzen angewendet werden. Wir fürchten den Tyrannen, der seine Herrschergewalt anwendet, uns zu unterdrücken, uns an Freiheit, Eigenthum und Leben zu schädigen; wir ehrfürchten aber den weisen und gerechten König, von dem wir überzeugt sind, daß er die ihm verliehene Macht zum Heile aller seiner Unterthanen, zur Abwehr alles Unrechts, zur treuen Uebung der Gerechtigkeit gebraucht. So ist Alles, von dem wir einen Nachtheil vermuthen, Gegenstand unserer Furcht, wenn wir diesen Schaden nicht vollständig abzuwehren die Kraft uns zutrauen, und es kommt nicht darauf an, ob dieser Gegenstand eben nur in einem einzigen Punkte diese unser Vermögen überwiegende Kraft besitzt, in allen anderen Eigenschaften weit hinter uns zurücksteht, z. B. der tolle Hund, der Schierling und dgl. Ebenso haben wir Respekt, Hochachtung, Ehrfurcht vor Allem, was durch irgend eine höhere Eigenschaft, die wir uns nicht zuschreiben, heilsam auf uns wirkt. Wenn nun zwar gleicher Weise Furcht und Ehrfurcht sich steigern, je größer der Schaden oder der Nutzen ist, der uns erfließt, so findet doch der Unterschied statt, daß die Furcht sich lediglich an die schädliche Eigenschaft hält, während die Ehrfurcht sich vergrößert, jemehr höhere Eigenschaften wir in dem Gegenstande erkennen, selbst wenn diese auf uns eine Einwirkung nicht haben. Wir sehen also, daß Furcht und Ehrfurcht ein zweifaches Moment enthalten, nämlich die Anerkennung einer höheren Macht, als wir besitzen, und hierin sind sich beide gleich, und die Erwartung von Schaden oder Nutzen, und hierin stehen beide sich gegenüber. Die Ehrfurcht vor Gott ist daher eine unbegrenzte, sowohl weil wir Gott als das höchste und vollkommenste Wesen erkennen, als auch weil wir von ihm nur das Beste, das höchste Heil für uns erwarten. Jemehr wir uns daher in die Forschung und Erkenntniß des göttlichen Wesens und seiner Vollkommenheit versenken, jemehr wir uns der Beobachtung all' der herrlichen Werke, die er in seiner Natur geschaffen, und aus denen uns im Großen wie im Kleinen die ganze Majestät seiner Weisheit und Liebe entgegenströmt, hingeben, und jemehr Aufmerksamkeit wir auf die Thaten Gottes im Leben der Menschheit und der Völker, wie in unserem eignen als Vorsehung und Vergeltung, verwenden: desto größer wird die Ehrfurcht, desto erfüllender die Bewunderung sein, die wir vor ihm empfinden; und jemehr wir dann die Wohlthaten anerkennen, die er aus dem unerschöpflichen Borne seiner Gnade von unserem ersten bis zu unserem letzten Athemzuge uns spendet, desto mehr werden wir uns hingerissen fühlen vom Anstaunen seiner Größe, desto mehr wird unser ganzes Denken, Sprechen und Thun hiervon beherrscht und geleitet werden.

„So habet doch ja Ehrfurcht vor dem Ewigen und dienet ihm in Wahrheit mit eurem ganzen Herzen, denn ihr sehet ja, welche große Dinge er für euch gethan." (1 Schem. 12, 24.)

Das Wort Schemuels hebt als Motiv der Ehrfurcht richtig sowohl die Größe der göttlichen Thaten, als auch daß Gott sie zum Heile des ganzen Volkes vollbracht, hervor.

Die Gottesfurcht (יראה ה׳, יראת אלהים) ist daher nach der heiligen Schrift das wesentlichste Erforderniß, die ganze Bedingung eines religiös-sittlichen Lebens. Wie aber schon aus dem angeführten Spruche Schemuel's, wie aus dem an die Spitze dieses Abschnittes gestellten Ausspruche Mosche'h's hervorgeht, wo die Ehrfurcht vor Gott mit der Liebe zu Gott auf's engste verbunden wird, wie überhaupt auch daraus erhellt, daß die Gotteslehre, die Liebe zu Gott mit noch nachdrücklicheren Worten als die Ehrfurcht ihren Bekennern empfiehlt (s. §. 26), die Liebe aber zu einem Gegenstand der Furcht nicht möglich ist, enthält die Gottesfurcht Nichts von einer knechtischen Furcht, Nichts von einer Anbetung aus der Beängstigung um Schaden und Verderben. Die Gottesfurcht besteht vielmehr in dem beständigen Gedanken und steten Gefühle, daß wir immerfort vor Gott wandeln, daß sein „allsehendes Auge" in die geheimsten Triebfedern, in die verborgene Werkstätte unseres Willens hineinblickt, daß er unser Thun beachtet und richtet, und daß dieser Gott die unendliche Liebe und Barmherzigkeit, aber auch der gerechte Vergelter ist. Von hier aus erklärt daher die heilige Schrift die Gottesfurcht für „den Anfang der Weisheit (חכמה) und der Erkenntniß (דעת)" Ps. 111, 10. Spr. 1, 7. 2, 5. 9, 10., die „Weisheit" als praktische Lebensklugheit, die „Erkenntniß" als theoretische Einsicht und Auffassung verstanden. Die Gottesfurcht ist also hiernach die Basis aller menschlichen Bestrebungen und Erfolge; jeder, der praktische oder theoretische Richtung und Zwecke verfolgt, muß von ihr ausgehen, in ihr beharren, um zu einem gedeihlichen und richtigen Ziele zu gelangen. Denn wer sie in seinem Herzen trägt, wird, wenn auch nicht vor Irrthum sicher, im Leben stets im rechten Pfade sich erhalten, den Fehltritt bald erkennen und die Kraft finden, sich von ihm abzuwenden und zum Guten zurückzukehren, wird bei seinen Forschungen den Zweifel zu überwinden und den Weg des Unglaubens

zu vermeiden im Stande sein. „Des Ew'gen Furcht ist
Böses hassen, Hoffahrt und Hochmuth und bösen
Wandel." (Spr. 10, 27), wo „Böses" und „Hoffahrt" eben so
auf die Sebstüberschätzung des Denkers wie auf die Sittenlosigkeit
in den Handlungen zielt. Darum wird die Gottesfurcht als die
„Quelle des Lebens" bezeichnet; — „des Ewigen Furcht
ist Quell des Lebens, des Todes Schlingen fern zu
bleiben." (Spr. 14, 27. Vgl. 19, 23.) — sowie als die „Zucht
zur Weisheit" (Spr. 15, 33.), d. h. als die Erzieherin und
Führerin zur wahren Lebensweisheit. Darum sichert die Gottesfurcht den Bestand des Menschen, verlängert seine Tage und erwirbt ihm auch die äußern Glücksgüter des Reichthums und der
Ehre, indem sie ihn überall zu dem anleitet, was Gott und Menschen wohlgefällig ist. „Die Furcht des Ewigen ist lauter,
bestehet ewig." (Ps. 19. 10.); „die Gottesfurcht vermehrt die Tage (Spr. 10, 24.); „der Lohn der Demuth,
Gottesfurcht ist Reichthum, Ehr' und Leben" (Spr. 22,
4.); „in des Ewigen Furcht ist mächtige Zuversicht, den
Kindern wird sie noch Zuflucht sein (Spr. 14, 26.). —
Bei dieser Bedeutung der Gottesfurcht für das ganze menschliche
Leben ergeht daher immer wiederholt schon von Moscheh, namentlich in seinen großen Reden vor seinem Tode (5 Mos.) die Aufforderung „den Ewigen zu ehrfürchten", und noch die letzten
Skribenten der heiligen Schrift, wie der Chronist, richten die Mahnung zur Gottesfurcht ernstlich an das Volk. So schließt auch der
Prediger: „Das Ende der Sache, das Ganze lasset uns
hören: Gott fürchte und seine Gebote wahre, denn dies
ist der ganze Mensch." (12, 13.) In gleicher Weise spricht
sich Sirach über die Gottesfurcht aus, insonders I., 18—19:
„Die Furcht des Herrn ist ein gottseliges Wissen. Die Gottseligkeit behütet und rechtfertigt das Herz; giebt Wonne und Freude.
Wer den Herrn fürchtet, dem wird es wohl gehen, und am Tage
seiner Vollendung wird er gesegnet sein." (Vgl. II., 7 ff.) Nicht
minder schreiben die Talmudisten die Gottesfurcht (מורא שמים) als
eine der wesentlichsten Lebensregeln vor, und zu aller Zeit wurde
sie, die יִרְאָה, bei den Juden als die Wurzel und der Maßstab

der Religiosität angesehen. „Die Gottesfurcht sei auf euch." (P. Ab. I., 3.)

## 23.

**Welche Empfindung fließt aus der Ehrfurcht vor Gott?**

**Die Demuth, d. h. das Gefühl, daß wir schwache Geschöpfe aus und in der Hand Gottes sind.**

Je mehr wir unsern Geist von der Ehrfurcht vor Gott durchdringen lassen, je höher, je heiliger uns sein Wesen erscheint, je mehr wir seine Eigenschaften in ihrer Vollkommenheit, seine Werke und Thaten in ihrer Weisheit und Größe erkennen: desto mehr gehet die Demuth durch unsere Seele, d. h. desto geringer erscheinen uns unsere eigenen Fähigkeiten, desto schwächer unsere Erfolge, desto mangelhafter unsere Werke und Thaten. Schon alles Menschlichen Schwäche und Geringfügigkeit wird uns bewußt, wenn wir es mit der Unendlichkeit Gottes vergleichen; und mitten in der großen Gesammtheit sehen wir uns, unser Wollen und Vollbringen nur als ein kleines, flüchtiges an, das mit dem Tage gekommen und mit dem Tage geht. Dennoch ist die Demuth nach dem Sinne der Schrift und der israelitischen Religion nur der Gegensatz aller Selbstüberschätzung des Menschen im Allgemeinen und der Hoffahrt im Einzelnen, nicht aber die Selbstvernichtung und Selbstverachtung welche in anderen Religionen als Demuth ausgegeben wird, der menschlichen Natur widerspricht und zuletzt doch nur zu einer falschen Demuth, ja zur Heuchelei führt. Die heilige Schrift stellt den Menschen als solchen sehr hoch (Vgl. Ps. 8, 6 ff.), weist aber andererseits nachdrücklich auf seine Schwächen hin (z. B. in den Reden Ijob's), und führt oft genug aus, wie jeder Hochmuth zur Sünde und zum Sturze führt, wie daher die Demuth die wahrhaftige Führerin zu Recht und Sittlichkeit ist. Die Demuth soll uns daher nicht die Achtung vor unseren Mitmenschen und vor uns selbst nehmen, nicht die Kraft zum Handeln entziehen, indem sie uns dasselbe als nichtig betrachten lehrt, sondern sie giebt uns das rechte Maß, das Menschliche zu würdigen und in seinem bedingten Werth zu erkennen. Vor Allem lehrt sie daher, daß wir und Alles, was wir haben und können, nicht durch uns selbst geworden, sondern durch Gott verliehen, und daß wir desselben nicht bleibend mächtig sind, sondern es von Gott abhängt, wie dauernd der Besitz sein solle.

„Dem Ewigen Gräuel ist jeder Uebermüthige, die Hand darauf! es bleibt nicht ungestraft" (Spr. 16, 5.)

„Demüthige leitet er im Rechte und lehrt Demüthigen seinen Weg" (Pf. 25, 9).

Mit der Demuth ist die Uebung des Rechts, sowie überhaupt der gottgefällige Wandel innigst verbunden, sowohl weil die Demuth den Blick stets auf Gott gewendet hält, als auch die richtige Lebensanschauung, die maßvolle Würdigung des Irdischen enthält.

Suchet den Ewigen, all ihr Demüthigen des Landes, die ihr sein Recht geübt, suchet Gerechtigkeit, suchet Demuth, vielleicht daß ihr geborgen werdet am Zorntage des Ewigen (Zeph. 2, 3).

Fassen wir den „Zorntag" als die Zeit, wo nach dem Verhängniß Gottes Gefahr und Mißgeschick über uns kommen, so ist es die Demuth, welche den Menschen, statt seine Zuversicht allein auf seine eigenen Kräfte, über die er so oft verblendet ist, zu setzen, seine Rettung bei Gott, und daher in dem eifrigen Streben, gerecht zu werden, Unrecht aus seinen Händen zu entfernen und so auf die Hülfe Gottes Anspruch zu haben, suchen läßt. Während der Hochmuth durch irdische Mittel die Gefahr zu überwinden glaubt, weiß der Demüthige, daß jene nur sehr unzulänglich und allein durch die Fügung Gottes zu Rettung und Sieg führen können. Darum heißt es: „Gott verleihet Gunst den Demüthigen" (Spr. 3, 34. Nach Keri).

„Vor der Ehre gehet Demuth her" (Spr. 15, 33. 18, 12.). D. h. die Demuth ist der Weg zur Ehre. Dies ist der Triumph der Demuth wie aller Tugenden, daß sie, ohne es zu beabsichtigen, auch in der Menschenwelt gerade zur Erlangung dessen führen, was der gegensätzliche Fehler vergebens zu erstreben sucht. Während die Hoffahrt, von den Menschen gemißbilligt und angefeindet, in Schmach endet, wird der Demüthige mit Anerkennung und Ehre gekrönt.

## 24.

**Wer sündigt gegen die Ehrfurcht vor Gott?**

1) Wer eine Sünde im Geheimen thut, 2) wer von Gott, seinen Einrichtungen, seinen Anstalten und Geboten leichtsinnig oder gar verächtlich spricht und 3) wer unnützlich oder gar falsch schwört.

1. Wer eine Sünde im Geheimen begeht, also vor den Augen der Menschen verborgen, der bezeugt hiermit, daß er sich vor den Menschen mehr fürchtet, als vor Gott; denn er scheuet die Verantwortlichkeit vor den Menschen und deren Strafe, während er die Verantwortlichkeit vor Gott und dessen Gericht nicht scheut. Eine jede geheime Sünde ist also, abgesehen von ihrem thatsächlichen Inhalte, noch besonders eine Sünde gegen die Ehrfurcht vor Gott, die uns lehren sollte, das Urtheil der Menschen zwar nicht zu verachten, aber doch dem Urtheile Gottes weit nachzusetzen. Es ist daher ein sündhaftes Gefühl der Sicherheit, wenn der Mensch, vor dem Späherauge seiner Mitmenschen geschützt, sich unbesorgt dem Laster ergiebt oder ein Verbrechen begeht. Vielmehr soll uns die Gewißheit, daß das Auge Gottes überall uns erschauet, von allen Fehlen zurückhalten. Hierzu kommt noch ein zweites, das ist: die Heilighaltung unserer inneren Geisteswelt. Es giebt viele Menschen, welche vor einer bösen That sich scheuen, ohne jedoch vor bösen Gedanken zurückzuschrecken; die ihre Einbildungskraft willig sich mit Dingen beschäftigen lassen, welche sie zur That zu machen niemals unternehmen würden. Auch dies ist Sünde; denn abgesehen, daß sie den sittlichen Zustand ihrer Seele untergraben und die Scheu vor dem Laster in sich schwächen, verletzen sie die Heiligkeit des Allwissenden, der auch in den stillen Kammern des Geistes weilt, und auch die Seele des Menschengeistes heilig gehalten haben will.

„Der Ewige ist mit mir, ich fürchte nichts, was kann ein Mensch mir thun." (Ps. 118, 6.)

„Fürchtet nicht die Schmähungen der Menschen, vor ihren Lästerungen bebet nicht." (Jes. 51, 7.)

In der h. Schrift, namentlich im 5. Mos. und Jesch. wird daher immer wiederholt zur Gottesfurcht aufgefordert, die Menschenfurcht aber fahren zu lassen. Nicht vor mächtigen Nationen, nicht vor viel zahlreicheren feindlichen Völkern soll Israel sich fürchten, denn „Gott ist mit ihm." (Z. B. 5 Mos. 7, 18. 20, 1. Jesch. 43, 5. und a. v. O.) Ebenso sagen die Talmudisten: „Immerdar fürchte der Mensch Gott im Geheimen (בסתר)", und kundig der Schwäche der Menschen, rufen sie ihnen zu: „Eure Furcht vor Gott sei so groß wie die Furcht vor den Menschen."

2. Von dem großen Naturforscher Isak Newton wird erzählt, daß er, sobald er auch im gewöhnlichsten Gespräche das Wort „Gott" auszusprechen hatte, immer vorher eine kleine Weile innehielt. Um den Grund befragt, antwortete er: er könne niemals den Namen dieses allerheiligsten Wesens aussprechen, ohne wenigstens einige Augenblicke vorher zu bedenken, was unendlich Großes er da über die Lippen zu bringen habe, und welchen tiefgefühlten Dank wir in unsrem Herzen dafür zu hegen hätten, daß Gott uns gewürdigt hat, ihn zu kennen, und mit Namen zu belegen. Dieses Beispiel eines der größten Geister, eines der erfolgreichsten Forscher, der das Grundgesetz des gotterschaffenen Weltalls erkundet hat, bestärke uns in der Ehrfurcht, mit welcher wir stets von Gott, und über Alles, was von ihm ausgehet, sprechen mögen. Dies ist eine der Schwächen und Uebel der neueren Zeit, daß die Scheu vor dem Göttlichen und Heiligen aus der Seele geschwunden, während freilich in früheren Zeiten diese Scheu vor Gott und seinen Werken allzusehr auf Satzungen und Einrichtungen von Menschen bis zum Götzendienst übertragen worden. Gegen die Ehrfurcht vor Gott sündigt daher Jeder, der von ihm, seinen Werken, Einrichtungen und Geboten leichtfertig, oder gar verächtlich spricht, um so mehr, als er damit nicht nur selbst die Ehrfurcht vor Gott außer Augen setzt, sondern auch Andere, die noch einen frommen Sinn sich bewahrt haben, in diesen lauteren Gefühlen schwächt, und sie zu gleicher Sünde verleitet. Vor Allem müssen sich daher Diejenigen hiervor hüten, welche irgend ein Ansehn bei Anderen haben, und darum durch ihr Gebahren und Sprechen um so mehr Einwirkung besitzen, Eltern, ältere Geschwister, Lehrer, ältere Personen überhaupt. Mögen sie wohl bedenken, daß sie leicht in den Herzen der Jüngeren oder Untergebenen ein Heiligthum zerstören können, das sie

nicht wieder aufzubauen vermögen, und dessen Verfall für die betheiligten Personen von dem größten Nachtheil sein muß. Sie selbst haben vielleicht Kraft und Mittel, um sich aus ihrer Leichtfertigkeit wieder herauszuarbeiten, um die Verletzung der göttlichen Majestät wieder zu sühnen, Mittel und Kräfte, die den Anderen vielleicht abgehen, jedenfalls aber erst nach schweren Kämpfen die Oberhand gewinnen werden. Sind Zweifel in Deinen Geist eingezogen, schwankst Du zwischen Glauben und Leugnen, zwischen Erkennen und Verneinen, so sei Dir der überlieferte Glaubensschatz, die von so vielen Individuen und Menschengeschlechtern getragenen Erkenntnisse immerhin heilig, da Du selbst mit Gottes Hülfe wieder dahin zurückkehren wirst, den Kampf selbst als einen tief ernsten vor jeder Befleckung durch Leichtfertigkeit zu schützen hast, jedenfalls aber ihn Anderen ersparen mußt. Gott, göttliche Schöpfung, Vergeltung, Gotteslehre, Gottesgesetz müssen daher, wo wir davon sprechen, wie und wann wir auf dieselben kommen, immer mit Ehrfurcht, mit rücksichtsvollster Besonnenheit, mit Ernst und Würde behandelt werden. Handelt es sich um Kampf und Streitigkeiten über religiöse Ansichten oder religiöse Formen und Einrichtungen, so müssen diese, selbst wo es gegnerische Meinungen zu befehden gilt, niemals in den Staub gezogen und mit Koth beworfen werden; wir müssen kühn und männlich Gotteslehre und Menschensatzung, Ewiges und Zeitliches, Bleibendes und Veränderliches unterscheiden und unsere Ueberzeugung vor Gott und Menschen bekennen, aber alle Persönlichkeiten, fanatische Verketzerungen, niedrigen Spott und gemeine Schmähsucht nachdrücklich vermeiden. — Die Leichtfertigkeit in religiösen Dingen äußert sich zumeist in Spott, der die Ueberzeugung Anderer mit Verachtung zu überschütten sucht; leicht ist aber dann ein weiterer Schritt, der zur Lästerung führt, und hiermit zum Abgrunde des Unheils und des sittlichen Verderbens. Die Gotteslästerung wurde daher zu aller Zeit als ein Verbrechen angesehen, dessen Wirkung sich nicht auf den Thäter selbst beschränke, sondern eine Verletzung der ganzen Menschheit enthalte.

„Bereitet sind den Spöttern Strafgerichte, Schläge dem Rücken der Thoren." (Spr. 19, 29).

In den Psalmen, Sprüchen und bei den Propheten wird öfter der Religionsspötter gedacht, derer, welche die Lehren von der göttlichen Vorsehung und Vergeltung verhöhnen, ihrer, heißt es dort, „**spottet der Ewige**" (z. B. Spr. 3. 34.), aber dieser Spott heißt nichts Anderes, als daß sie bald zu Schanden werden und gerade an ihnen sich die Vergeltung am ehesten bethätigt. Darum heißt es schon Psalm 1, 1.: „**Heil dem Manne, der nicht sitzet auf dem Sitze der Spötter**", wo dem religiösen Forscher und Verehrer der Gotteslehre (V. 2) gegenüber die „Spötter" insonders die Religionsspötter bedeuten.

„**Gott lästere nicht!**" (2 Mos. 22, 29.)

אלהים wird an dieser Stelle wie immer als „Gott" verstanden von Midrasch, Raschi, Abarbanel u. A., während Andere es hier als „Richter" erklären. Die inneren Gründe für die erstere Auffassung s. in unserm Bibelw. Th. I, S. 437.

„**Jedweder, so er seinem Gotte flucht, trägt er seine Schuld. Und wer den Namen des Ewigen lästernd ausspricht, getödtet soll er werden, steinigen soll ihn die ganze Gemeinde, sei's Fremdling, sei's Einheimischer, so er lästernd den Gottesnamen ausspricht, soll er getödtet werden.**" (3 Mos. 24, 15.16.)

Dieses Gesetz wurde bei Gelegenheit einer in der Wüste vorgekommenen groben Gotteslästerung gegeben. Es ist charakteristisch, daß, nachdem der Vorgang erzählt und die Steinigung des Verbrechers verordnet worden, das obige Gesetz ertheilt und damit der Ausspruch über die Todesstrafe des Mörders, die Strafe des Ersatzes für die Tödtung eines Vieh's und die angemessene körperliche Bestrafung dessen, der einen Anderen körperlich verletzt hat, verbunden und dann erst über die Ausführung der Steinigung an dem Gotteslästerer erzählt wird. Offenbar sollte hiermit die Gotteslästerung nicht blos als ein Kapitalverbrechen bezeichnet, sondern auch als Seelentödtung dem Morde gleichgestellt werden. Der Gotteslästerer führt gleichsam einen Todtschlag an der Seele derer aus, an die er die Gotteslästerung richtet. Man erwäge hierbei wohl, daß, bei der Geistesbeschaffenheit des israelitischen Volkes in der Wüste, wo die Gotteslehre nur erst noch so schwache Wurzeln gefaßt, die Gotteslästerung einer wahren Erschütterung der ganzen Lehre und Gottesverehrung gleich kam, die im Keime erstickt werden mußte, wenn sie nicht die gefährlichsten Folgen haben sollte. Die strengen Gesetze gegen Alles, was zum Götzendienste Aberglauben und Abfall vom einigen Gotte führen konnte, müssen von diesem Gesichtspunkte aus beurtheilt werden. Die traditionelle Auffassung milderte diese Straf-

bestimmung dadurch, daß sie, indem sie das an obiger Stelle gebrauchte
שם ה׳, es von אלהים unterscheidend, betonte, sie nur den mit dem Tode
bestrafen ließ, der den vierbuchstabigen Namen Gottes selbst bei der Lästerung aussprāche, nicht aber den, der einen Beinamen Gottes lästerte
(Sanhedr. 56, 1 f.). Einen inneren Grund könnte man hierfür darin
finden, daß in den damit verbundenen Vorschriften über den Todtschlag
zwischen diesem, einer Körperverletzung und der Tödtung eines Viehes
hinsichtlich der Strafe unterschieden wird. Jedenfalls wurde hierdurch die
Bestrafung des Gotteslästerers eine sehr seltene.

3. Wenn schon der Name Gottes nur mit Ehrfurcht über
unsere Lippen kommen soll, um wie viel vorsichtiger müssen wir
bei einem Schwure sein. Der Allerheilige hat es uns nachgegeben
zur Versicherung der Wahrhaftigkeit da, wo kein anderes Mittel
vorhanden ist, seinen Namen zu gebrauchen, bei seinem Namen zu
schwören (5 Mos. 13, 10, 21.). Um so gewissenhafter und rücksichtsvoller müssen wir in und bei dem Gebrauche des Gottesnamens zu diesem Zwecke sein. Wir haben hier den Eid bei dem
Gelöbniß einer zukünftigen Handlung und bei der Versicherung der
Wahrheit einer Aussage zu unterscheiden. In beiderlei Eiden liegt
demnach ein zwiefaches Moment, indem der Eid einerseits das Dasein Gottes selbst anruft: so wahr Gott ist, so wahr soll sein, was
wir geloben, oder so wahr ist, was wir aussagen; andererseits die
Allwissenheit und das Gericht Gottes, insofern Gott die Wahrhaftigkeit oder ihr Gegentheil kennt und darüber richtet. Der Eidbruch und der falsche Eid enthalten demnach eine Leugnung des
Dasein's Gottes, sowie zugleich seiner Allwissenheit und seines Gerichtes. Die Heiligkeit des Eides verbietet uns also zuerst jeden
leichtfertigen Gebrauch. Wir dürfen ihn nur in zwei Fällen
uns gestatten, 1) auf das Verlangen der Obrigkeit und 2) wenn
wir ohne denselben in Gefahr stünden, einen unersetzlichen Verlust
zu erleiden, indem wir z. B. bei einem Gelöbniß kein Vertrauen
fänden, daß wir ein uns anvertrautes Gut nicht zurückerstatten
könnten oder ein einem Sterbenden zu thuendes Versprechen
nicht ausführen würden; oder im Falle einer Aussage keinen Glauben bei uns höchst interessirenden Personen und in einer für uns
und für Andere höchst wichtigen Angelegenheit erlangen würden. —
Durch Nichts sind wir verpflichtet, ein freiwilliges Gelübde zu thun.

Es wird von uns auf keinerlei Weise verlangt; desto heiliger soll uns die Ausführung derselben sein. Ein bei Gott gethanes Gelübde, ein Eidschwur auf ein künftiges Verhalten muß für uns die strengste Richtschnur sein, für deren Einhaltung wir die größten Opfer zu bringen bereit sind. Ein gebrochenes Gelübde ist einestheils ein Treubruch, eine Veruntreuung nach dem materiellen Inhalte des Gelöbnisses, andererseits aber eine schwere Verletzung der Ehrfurcht vor Gott. Denn da die Anrufung Gottes bei einem Gelübde nur geschieht, um die höchste und unbedingteste Zusicherung zu geben, weil eine solche Anrufung als das unverletzlichste Moment betrachtet wird, so ist der Bruch des Eides nichts Anderes, als eine entgegengesetzte Erklärung.

„**Fallstrick dem Menschen ist, Heiligung voreilig auszusprechen, erst nach Gelöbnissen zu untersuchen.**" (Spr. 20, 25.)

„**Uebereile nicht deinen Mund und dein Herz sei nicht vorschnell, ein Wort auszusprechen vor Gott.**" (Kol. 5, 1.)

„**So du ein Gelübde gelobest dem Ewigen, deinem Gotte, zögere nicht es zu erfüllen, denn fordern wird es der Ewige, Dein Gott, von dir, und es wird an dir Sünde sein. Und so du unterlässest zu geloben, wird an dir nicht Sünde sein. Den Ausspruch deiner Lippen wahre und vollziehe, so wie du gelobt dem Ewigen, deinem Gotte.**" (5 Mos. 23, 22—24. vgl. 4 Mos. 30, 3).

„**Wenn du ein Gelübde Gott gelobest, zögere nicht, es zu erfüllen: was du gelobest, erfülle. Besser ist, daß du nicht gelobest, als daß du gelobest und nicht erfüllest.**" (Koh. 5, 3, 4.)

Es werden in der h. Schrift Gelübde für das Heiligthum (קדש), an andere Personen und solche unterschieden, durch die wir uns den Gebrauch und den Genuß einer Sache absagen. Was die ersteren betrifft, wenn sie einen Menschen, ein Vieh, Haus oder Feld dem Heiligthume zusprechen, so werden sie nach gewissen Normen, die im 3 Mos. Kap. 27 festgestellt werden, durch Geld losgekauft. (S. unser Bibelw. Th. I, S. 819), wohingegen die beiden anderen Arten durchaus erfüllt werden müssen. Solange eine Tochter im Hause ihres Vaters lebt, und dieser, wenn er früher oder später zum ersten Male vom Gelübde seiner Tochter hört, dasselbe für ungültig erklärt, ist sie schuldlos; hat er aber dazu geschwiegen, so ist das Gelübde gültig, und er kann es später nicht aufheben. Gleiches gilt bei dem Verhalten eines Mannes hinsichtlich der Gelübde seiner Ehefrau; das Gelöbniß einer Wittwe oder einer Geschiedenen muß jedenfalls erfüllt werden (4 Mos 30.)." — Auch von den Rabbinen wird das leichtfertige Geloben, betreffs gleichgültiger Dinge als sündhaft bezeichnet und nachdrücklich davor gewarnt, wohingegen die Erfüllung eines gethanen Gelübdes, insonders wenn der Name Gottes dabei angerufen wurde, als heilige Pflicht betrachtet wird. Gelübde aber, die uns selbst betreffen, können aufgehoben werden, wenn hierdurch nicht irgend ein Gebot verletzt wird, doch darf dies, falls bei dem Geloben Gott angerufen worden, nur in der äußersten Noth geschehen. Die Aufhebung findet statt, indem der Gelobende vor drei Männern seine Reue über das Gelübde bekennt, oder ein stichhaltiger Grund für die Aufhebung des Gelübdes gefunden wird. Die drei Männer sprechen dann zu Jenem dreimal: מותר לך, und hiermit ist die Aufhebung gültig (S. Jor. Deah §§ 203 ff.). Es ist diese Einrichtung sicherlich getroffen worden, um der Kollision der Pflichten zu Hülfe zu kommen, worüber wir in der vierten Abtheilung ausführlich handeln werden.¹)

Wir stellen daher für die Gelübde folgende Vorschriften auf:

1) Thue ein Gelöbniß nur auf obrigkeitliches Verlangen oder aus einem unwiderstehlichem Drange deines Innern;

2) gehe ein Gelöbniß nur mit dem festesten Vorsatze treuester Ausführung ein;

3) vollführe dein Gelöbniß nach allen seinen Theilen auf's Gewissenhafteste;

---

¹) Aus demselben Motive ist das in außerjüdischen Kreisen vielfach mißgedeutete und selbst zu Verfolgungen als Vorwand benutzte Eingangsgebet zum Vorabend des Versöhnungstages כל נדרי entstanden. Es versteht sich von selbst, daß durch dasselbe weder Eidbruch noch Meineid nachgesehen, beschönigt oder vergeben werden sollte. Damit würden sich ja die Juden untereinander selbst dem größten Schaden ausgesetzt haben. Vielmehr liegt ihm die schöne Idee zu Grunde, an den Versöhnungstag nicht eher heranzutreten, als bis man sich von der Sünde aller leichtfertigen Betheuerungen, Gelöbnisse ꝛc. gereinigt habe. Die Schwäche der menschlichen Natur läßt auch den Gewissenhaftesten das Jahr hindurch zu dergleichen kommen. Diese Idee würde uns bestimmen, die Beibehaltung des gedachten כל נדרי, welches in neuerer Zeit von vielen Gemeinden jenes Mißverständnisses halber abgeschafft worden, zu befürworten, wenn ihm eine klarere und bestimmtere Fassung gegeben würde.

4) halte dich eines Gelübdes nur enthoben, wenn es einen Anderen betraf, mit dessen Zustimmung, wenn es dich allein anging, falls es dir einen außerordentlichen Schaden brächte. —

Wenn die Wahrhaftigkeit an sich eine unserer bedeutendsten Pflichten ist, und wir sie zur Richtschnur in unserm Thun und Sprechen machen sollen, so noch in höherem Grade, sobald es sich um einen Schwur handelt. Ob Zeuge oder Partei, wir dürfen einen Eid nur unter den Bedingungen leisten, wenn ein obrigkeitliches Verlangen oder ein überaus wichtiger Gegenstand, der ohne Beeidigung nicht zum Ziele geführt werden könnte, zu Grunde liegt, und wenn wir die Wahrheit wissentlich auch nicht im Entferntesten verletzen. Das Wesen des Meineides liegt in der Versicherung des wissentlich Falschen. Ein Irrthum, den wir weder leichtfertig noch absichtlich begehen, kann hierbei nicht entscheiden, wenn wir uns bemüht haben, jeden Irrthum zu vermeiden, weshalb auch die Jurisprudenz nur einen fahrlässigen und einen geflissentlichen Meineid kennt, den letzteren für bedeutend straffälliger, den ersteren für durchaus nicht straflos erklärend. Durch den Meineid wird außer dem faktischen Unrecht, das am Nebenmenschen begangen wird, das allgemeine Vertrauen, die allgemeine Uebereinkunft der Menschen, den Eid als die unbedingte Versicherung der Wahrheit zu betrachten, getäuscht, somit der menschlichen Gesellschaft ein unberechenbarer Nachtheil zugefügt, zugleich die Majestät Gottes zum Werkzeug des Betrugs gemißbraucht, und eine Leugnung des Daseins, der Allwissenheit und Allgerechtigkeit Gottes ausgesprochen. Der Meineid ist somit eines der gröbsten Verbrechen, insbesondere gegen die Ehrfurcht vor Gott.

„Und ihr sollt nicht schwören bei meinem Namen zur Lüge, daß du entweihest den Namen deines Gottes: Ich bin der Ewige." (3 Mos. 19, 12.)

„Du sollst nicht aussprechen den Namen des Ewigen, deines Gottes, zum Falschen, denn nicht ungestraft wird lassen der Ewige, den, der ausspricht seinen Namen zum Falschen." (2 Mos. 20, 7.)

Es fällt bei diesem dritten der Zehnworte auf, daß eine Strafandrohung hinzugefügt ist. Außerdem aber, daß durch dieselbe dem Verbote ein besonderer Nachdruck im Allgemeinen gegeben werden soll, war wohl das Motiv, eine kräftige Verwarnung da eintreten zu lassen, wo, weil es sich um den „Namen" Gottes handelt, man sich des Vorwandes bedienen konnte, es fände eine Verletzung des „Wesens" Gottes nicht statt. Zugleich bewegt sich das Verbot in weitgehaltenen Ausdrücken, um sowohl den vergeblichen als auch den falschen Eid zu treffen, denn in beidem Sinne wird das שוא gebraucht, wie auch daß bei dem Eide in keinerlei Weise entheiligende Umstände stattfinden dürfen.

Aus den oben angeführten Stellen (5 Mos. 6. 13. 10, 20. 21.), daß man bei Gott und keinem Anderen schwören solle, hat man gefolgert, daß in dem Schwure bei Gott zugleich eine Anerkenntniß und ein Bekenntniß desselben liege. Auch stellt die h. Schrift mehrere Rechtsfälle auf, in welchen der Eid gefordert werden soll, und wurde außerdem der Zeuge wegen seiner Aussage beschworen, d. h. der Richter sprach eine Schwurformel, und der Zeuge ein Amen dazu (3 Mos. 5, 1. vgl. 4 Mos. 5, 19 ff.) Die h. Schrift setzt jedoch keine bestimmte Strafe für den Meineidigen fest, sondern sie bleibt nach dem Ausspruch im dritten der Zehnworte, dem Gerichte Gottes überlassen. Kam ein Meineidiger, der das Eigenthum eines Andern durch einen falschen Eid benachtheiligt hatte, zur Erkenntniß seines Vergehens, so hatte er Ersatz nebst einem Fünftel des Werthes mehr zu leisten und ein Schuldopfer zu bringen (3 Mos. 5, 22 ff.) Die entwickelteren Zustände späterer Zeit, welche den Eid immer mehr zu einem wichtigen, juridischen Momente machten, nöthigten auch zu einer äußeren Strafe für den Meineid, nämlich Geißelung (Scheb. 29, 2.) In der traditionellen Juristik wird der Schwur ganz nach den in der h. Schrift vorkommenden Stellen in vier Klassen unterschieden: 1) שבועת ביטוי womit man sich etwas verschwört, 2) שב׳ שוא womit man entweder etwas beschwört, was als nicht so bekannt ist, oder was ohne des Menschen Schwur konstatirt ist (z. B. daß der Himmel Himmel ist), oder ein Gebot nicht zu thun, oder etwas zu thun, wozu man die Kraft nicht hat; 3) שב׳ הפקדון der eigentliche Belastungseid in allen Fragen des Eigenthums; 4) שב׳ העדות der Zeugeneid (Ramb. M. Th. Hilch. Scheb. Abschn. 1. vgl. unser Bibelw. Th. I. S. 414 f.)

Sowohl auf biblischem als rabbinisch talmudischem Standpunkte bedarf der Eid zur vollen Heiligkeit und Gültigkeit keinerlei Förmlichkeiten. Doch führten die späteren jüdischen Rechtslehrer den Gebrauch ein, bei Leistung eines juristischen Eides die Hand an einen geheiligten Gegenstand, wie eine Bibel, zu legen. (נקיטת חפץ), ohne daß jedoch die Heiligkeit des Eides davon bedingt wäre. Auch ist es gleichgültig, welcher Religion, welchen Geschlechts derjenige sei, der den Israeliten beschwört, und in welcher Sprache dies geschehe; sobald dieser Amen gesprochen, ist der Eid gültig (S. Maimonides Hilch. Scheb. II. 1. Jore Dea 237, 2. Choschen Mischpat 87, 15 Anmerk.). Es war daher nur eine der Bedrückungen seitens der mittelalterlichen Christenheit mehr, wenn, theils um sich vor vermeintlicher Benachtheiligung durch die Juden vermittels heimlicher Vorbehalte (reservatio mentalis) zu schützen, theils um die Juden zu kränken und zu demüthigen, sowohl in die Eidesformel die entehrendsten Ausdrücke gebracht, als auch die Eidesleistung mit schmachvollen Formen umgeben ward, was man einen Eid more judaico nannte, und von denen die neueste Gesetzgebung der meisten Staaten gegenwärtig die Juden befreit hat. Im Gegentheil kann man im Ganzen der jüdischen Masse anerkannter Weise eine strenge Gewissenhaftigkeit bei Eidesleistungen nicht absprechen, die sogar bisweilen in eine nicht zu billigende Peinlichkeit und Furcht ausartet, während doch ein wahrhaftiger Eid (שבועי אמת) uns gestattet ist, wenn man ihn auch jedenfalls ungern leistet.

Es fließen hieraus für den Eid folgende Vorschriften:

1) Leiste einen Eid nur auf obrigkeitliches Verlangen oder bei dringendster Nothwendigkeit;

2) prüfe die Sachlage auf's Genaueste, und mache dich mit Allem, was darauf Bezug hat, möglichst bekannt;

3) sage als gewiß nur aus, was du als gewiß weißt; was dir ungewiß erscheint, bezeichne als ungewiß;

4) du darfst nichts verschweigen, was die Sache betrifft;

5) verbanne bei deiner zu beschwörenden Aussage Gunst und Ungunst, Freundschaft und Feindschaft, Vorurtheil für oder gegen eine bezügliche Person aus deinem Herzen, sondern halte dich streng an die Wahrheit;

6) Betrifft die Sache deinen eigenen Vor- oder Nachtheil, so lasse dich in keiner Weise hiervon bestimmen, und übernimm lieber jedmöglichen Schaden, als daß du der Wahrheit zu nahe tretest.

Im Psalm 14 wird die Frage beantwortet: Wer ein wahrer Gottesverehrer sei? Unter anderm heißt es Vers 4: „er schwört zum Schaden sich und ändert nicht den Eid," d. h. er beeidigt die strengste Wahrheit, selbst wenn diese ihm zum Schaden gereicht.

## 25.
### Was heißt in den Wegen Gottes wandeln?

**Wir sollen in den Wegen Gottes** wandeln, d. h. ihm nachahmen, nacheifern oder **auch in den Wegen, die Gott uns zu wandeln vorgeschrieben hat**, d. h. ihm gehorsam sein.

Der Ehrfurcht schließt sich unmittelbar, ja unbewußt die Nachahmung, die Nacheiferung an. Wen wir bewundern, verehren, dessen Eigenschaften eignen wir uns wie von selbst an, soweit wir vermögen, weil es diese sind, die uns an dem Gegenstande unserer Ehrfurcht groß und bedeutend erscheinen. Kommt es doch vor, daß die Schüler selbst die äußere Erscheinung des Lehrers annehmen, um wie viel mehr auf dem Gebiete der Sittlichkeit. Gott lebt in dem Herzen des frommgesinnten Menschen als das Ideal alles Guten und Edlen, und das Gedenken an ihn wirkt schon von selbst läuternd auf unsere Triebfedern, auf die Bezähmung unserer Leidenschaften, auf die Reinheit unserer Urtheile, auf die Erhebung und den Adel unseres ganzen Wesens. Machen wir aber nun erst die Nacheiferung Gottes uns zum bewußten Gedanken, streben wir nach Gerechtigkeit, weil und wie Gott gerecht ist, nach Güte und Barmherzigkeit, weil Gott gütig und barmherzig ist, suchen wir unserem ganzen Wandel, unserem Sprechen und Thun den Charakter der Weisheit aufzuprägen, immer die besten Zwecke und Ziele uns zu setzen, und diese durch die angemessensten Mittel zu erreichen: so wird dies zu einer praktischen Gottesverehrung, die uns und unserer ganzen Umgebung zum höchsten Heile gereicht. Die Nacheiferung Gottes ist darum die lauterste, weil sie gänzlich jene Eifersucht ausschließt, welcher der Mensch gegen den Menschen, und wenn er ihm noch so ergeben ist, sich nicht ganz entziehen kann. Je weniger aber der Mensch Gott zu erreichen denken kann, je ferner jener diesem immer noch bleibt, jemehr hier das Verhältniß des Kindes zum Vater in seinen reinsten Beziehungen obwaltet: desto weniger mischt sich irgend eine andere Empfindung in diese innere Welt ein. Wie demnach die Nachahmung Gottes den Menschen im Geiste ihm nahe rückt und das engste Verhältniß zu ihm andeutet, so ist sie auch die höchste Aufgabe, welche die Religion dem Menschen stellt, und deren Gedanke, wenn er auch im Einzelnen nicht weiter formulirt wird, doch wahrhaft befruchtend auf ihn einwirkt.

Nicht minder natürlich ist es, daß die wahrhafte Ehrfurcht sich unmittelbar im Gehorsam bethätigt. Wen wir bewundern, dessen Vorschriften werden wir völlig ausführen. Das Wohlgefallen dessen zu erringen, den wir verehren, werden wir willig seine Gebote befolgen. Die Anbetung Gottes schließt einfach die Heilighaltung seines Willens ein, und so ist der Gehorsam gegen Gott ebenfalls die praktische Seite der Gottesverehrung. Es versteht sich von selbst, daß dieser Gehorsam gegen Gott für uns oft ein schweres Werk ist und eine mühevolle Anstrengung erfordert, daß wir ihm das Begehren unseres Herzens, die Triebe unserer Natur, ja die realen Güter des irdischen Daseins opfern müssen, und stellt darum die heilige Schrift die jedenfalls mit großem, innerem Kampfe, mit gewaltiger Selbstüberwindung verbundene Willigkeit Abrahams, seinen einzigen Sohn dem Verlangen Gottes hinzugeben, uns zum Vorbilde auf. Würde der Gehorsam gegen Gottes Willen und Gesetz nicht solche Opfer, die Bezwingung unserer liebsten Wünsche, das Aufgeben theurer Hoffnungen erfordern, so würde er auch nicht die läuternde und erhebende Kraft und Einwirkung auf uns üben, so würden wir uns dadurch nicht über uns selbst und alles Niedrige in uns und unser Haupt aus dem Staube der Erde in den reinen Aether des Himmels erheben. Es ist daher eine arge Täuschung, wenn gewisse Männer den Gehorsam gegen Gott als eine Art Knechtschaft, die des Menschen unwürdig sei, wenigstens als eine kindische Befangenheit, die nur auf einer niederen Stufe der Geistesentwickelung stattfinden könne, auszugeben suchen. Gerade im Gegentheil die höchste Freiheit des Menschen bewährt sich in der Selbstüberwindung, in der eigenwilligen Unterordnung seiner Leidenschaften unter die höhere Vernunft der uns von Gott gegebenen Bestimmung des göttlichen Willens und Gesetzes. Eine niedere Stufe ist es vielmehr, wenn der Mensch seiner selbstischen und sinn-

lichen Natur freien Lauf laſſen will, und die Forderungen eines
idealeren Daſeins zurückweiſt. Selbſtverſtändlich iſt hier nicht von
dem Gehorſam gegen das Gebot Gottes aus der Erwartung eines
Lohnes oder aus der Befürchtung einer Strafe heraus die Rede.
Obſchon auch dieſe Motive in dem Menſchen niemals fehlen werden
und können, ſo ſollen doch die eigentlichen Triebfedern ſeines Handelns in dem höhern ſittlichen Verhältniß zu Gott beruhen, und
der idealen Auffaſſung entfließen. Das Gebot Gottes, wie es
theils durch die Gotteslehre in beſtimmter Faſſung formulirt iſt,
theils aus dem Geiſte derſelben entſpringt, und in der Gewiſſens-
anlage des Menſchen ſeinen Wiederhall und ſeine Uebereinſtimmung
findet, ſpiegelt die Eigenſchaften Gottes nach der Natur und den
Verhältniſſen des Menſchen und für dieſe ab, und ſomit fallen die
Nacheiferung Gottes und der Gehorſam gegen Gott, tiefer aufge-
faßt, zuſammen, und vereinigen ſich die beiden Auslegungen des
„Wandelns in den Wegen Gottes" als faktiſch gleich bedeutend.
Die Gebote, welche gerecht zu ſein uns auferlegen, laſſen in ihrer
Uebung uns die Gerechtigkeit erlangen, welche wir in Gott als
Vollkommenheit ſchauen; die Vorſchriften der Liebe erfüllen in ihrer
Verwirklichung unſer Herz immer mehr mit den Empfindungen der
Liebe, welche in Gott ihre unerſchöpfliche Quelle findet. So prägt
ſich die Nachahmung Gottes als Gehorſam gegen ſein Gebot aus,
und dieſer iſt ſeinerſeits der eigentliche Träger jener.

Wir finden für das „Wandeln in den Wegen Gottes" in der Schrift
einen dreifachen ſpezielleren Ausdruck. Bei Noach heißt es (1 Moſ. 6, 9.):
„**Mit Gott wandelte Noach;**" bei Abraham (1 Moſ 17, 1.);
„**Wandele vor mir;**" den Iſraeliten aber wird befohlen (5 Moſ.
13, 5): „**Dem Ewigen, eurem Gotte, wandelt nach.**" Der
Midraſch erklärt dieſe Verſchiedenheit in einem ſchönen Gleichniß: Während ein Vater ſein noch zartes Kind an der Hand faſſet und es mit ſich
führet, läßt er das ältere Kind **vor** ſich hergehen, um, über ſeinen Wandel
genau wachend, ihm ſtets die unmittelbare Weiſung über den einzuſchla-
genden Weg zu geben und es bei jeder Abweichung vom rechten Pfade,
bald drohend, bald verheißend im rechten Geleiſe feſtzuhalten; dem er-
wachſenen Sohne aber befiehlt er nur, ihm auf ſeinem Wege **nach** zu
folgen, und überläßt es demſelben, dies zu thun oder nicht. Der Midraſch will hiermit die drei religiöſen Entwickelungsſtufen in Noach,
Abraham und dem Volke Iſrael angedeutet finden. In der Tiefe der

Ausdrucksweise aber können wir den Blick noch erweitern, alle Drei treffen in der Vorschrift zusammen, „in den Wegen Gottes zu wandeln," und es kommt nun auf die mehr oder weniger freie Auffassung an, die hiermit verbunden wird. Entweder man fasset das **Gebot** Gottes in seinem buchstäblichen Sinne und befolgt es hiernach ohne weiteres Motiv, als weil es eben Gebot ist — die unterste, die kindliche Stufe; oder man übt dasselbe aus der Erwartung des Lohnes und der Befürchtung der Strafe heraus, und kehrt aus diesen Triebfedern immer wieder zu ihm zurück — die mittlere noch unfreie Stufe; oder aber man befolgt die Vorschriften der Gotteslehre aus der idealen Auffassung, um Gottes Willen in der Bestimmung des Menschen zu erfüllen, um die höhere Entfaltung des Geistes und das Ziel zu erlangen, um die Befriedigung des höheren menschlichen Wesens zu gewinnen — die höhere Stufe der wahren religiösen Freiheit. Diese letztere ist es denn auch, welche die Gotteslehre ihren Bekennern als die zu erstrebende hinstellt; darum ruft Moscheh zum Schlusse der Offenbarung das Wort der Freiheit zu: „Siehe ich lege dir vor das Gute und das Böse, das Leben und den Tod, wähle das Leben!" —

Wie verschieden auch die Erklärer das 22. Kap. des 1 Mos. im Einzelnen auslegen (s. unser Bibelw. Th. I. S. 99 ff.), darin stimmen Alle überein, und darauf legte die Synagoge von jeher das größte Gewicht, daß die Opferung Jizchak's, wenn sie auch vor der Ausführung unterbleiben sollte, Abraham das höchste Vorbild der **Hingebung an den göttlichen Willen** für alle Zeiten, zunächst für das israelitische Volk in seiner Gesammtheit und in seinen Individuen aufstellte. Weit mehr als durch die etwaige Aufopferung seines eigenen Lebens übte und bewährte er jene durch die, wenn auch mit tiefstem Vaterschmerz verbundene, dennoch von Abraham nicht beanstandete Hingabe seines Sohnes. Die h. Schrift betont dies, indem sie in V. 2 so schlicht wie nachdrücklich sagt: „**Nimm doch deinen Sohn, deinen einzigen, den du liebst, den Jizchak ff.**" Vergegenwärtigt man sich, daß Abraham schon die Hoffnung aufgegeben, einen Sohn und Erben zu erhalten, daß dieser ihm wiederholt verheißen, aber bis im hohen Alter erwartet worden, und nun er ihm gegeben war und vor seinen Augen aufwuchs, sollte er selbst ihn zum Tode führen! Erinnert man sich aber, wie Abraham von der Zeit an, da ihm geboten wurde, sich von seinem Vaterlande loszureißen — (auch da eine solche nachdrückliche Aufzählung 1 Mos. 12, 1) — von Kampf zu Kampf bis hierher seine Frömmigkeit zu bethätigen und in dieser Bethätigung zu entwickeln hatte, so bezeichnet die Opferung Jizchak's den Höhepunkt seines Lebens, mit welchem dieses auch abschloß, da er von hier ab nur noch sein Haus zu bestellen hatte durch die Erwerbung eines Erbbegräbnisses und die Verheirathung seines Sohnes, worauf er starb. Als der wahrhafte Inhalt der Hingebung an den Willen Gottes erscheint also hiermit die schmerzensreiche und dennoch willige Aufopferung des höchsten irdischen Gutes, ohne Aussicht auf einen Ersatz.

## 26.
### Was heißt Gott lieben?

**Wir sollen Gott lieben über Alles, ihm uns immerfort nahe fühlen, sein Wohlgefallen als unser höchstes Gut schätzen, und für seine Lehre und unsere Ueberzeugung selbst das Leben zu opfern im Stande sein.**

„Liebe den Ewigen, deinen Gott, mit deinem ganzen Herzen, mit deiner ganzen Seele und mit deinem ganzen Vermögen." (5 Mos. 6, 5.)

Wir haben diesen Spruch als das vierte Bekenntnißwort (s. §. 5, §. 18, §. 20) der israelitischen Religionslehre zu betrachten, wozu ihn schon der große Nachdruck berechtigt, der in den Zusatzworten enthalten ist (vgl. 2 Kön. 23, 25). „Mit deinem ganzen Herzen, mit deiner ganzen Seele und mit deinem ganzen Vermögen" soll die unbegrenzte Hingebung, Erfüllung unseres ganzen Wesens durch die Liebe zu Gott ausdrücken. „Mit deinem ganzen Herzen" heißet mit allen Gefühlen und mit aller Innigkeit dieser Gefühle; „mit deiner ganzen Seele", mit allem übrigen Geistesvermögen, insonders dem Erkenntnißvermögen; und „mit deinem ganzen Vermögen", mit allen unseren übrigen Kräften, mit unserem Willen, unserem Wort, unserer That, in allen Beziehungen unseres Lebens, in all' unserer Wirksamkeit auf die Welt außer uns. Denn wenn auch die Liebe vorzugsweise Gefühl und zwar das innigste, tiefste Gefühl ist, so kann es doch durch Bedenken und Erwägen aller der Motive, aus denen wir Gott mit aller Liebe, derer wir fähig sind, zu umfassen haben, geweckt, genährt und verstärkt werden, also auch durch das Erkenntniß- und Denkvermögen. Diese Liebe soll dann nicht blos innerhalb unseres inneren Seelenlebens bleiben, sondern durch Alles, wodurch wir mit der Außenwelt in Verbindung und Wirksamkeit stehen, zur Aeußerung, zur Bethätigung, und hiermit auch zur höchsten Steigerung kommen, dies ist „mit unserem ganzen Vermögen". — Der Talmud Berach. 84, 1.) erklärt „mit deinem ganzen Herzen" mit den beiden Neigungen deines Herzens, zum Guten und zum Bösen; „mit deiner ganzen Seele" auch in Lebensgefahr, mit „deinem ganzen Vermögen" in Glück und Unglück". (Noch andere Erkl. s. uns. Bibelw. Th 1., S. 880).

Wenn die Bewunderung der göttlichen Vollkommenheiten und Werke unsere Seele mit tiefster Ehrfurcht erfüllt, unser Haupt und unser Knie in Demuth vor dem Allheiligen beugt, uns zur Nacheiferung entflammt, uns zum hingebenden Gehorsam gegen seinen Willen antreibt: so ist es seine Allgüte, seine unendliche Liebe, welche, uns zu Gefühl und Bewußtsein kommend, unser Herz mit unbegrenzter Liebe zu ihm durchströmt. Da er den Quell der Liebe als das wahrhaft Göttliche in uns (s. S. 8.) gelegt hat, so bedarf es nur des Wissens von Gott, seiner Vatergüte, seinen unzähligen Wohlthaten, seiner gnädigen Leitung für uns, um sofort seinen Quell nach ihm hin zu öffnen, und unsere ganze Seele mit den Empfindungen der Liebe für ihn zu durchtränken. Wie er uns ins Dasein rief, körperlich mit allen Vorzügen unserer Gattung ausrüstet, eine gottebenbildliche, unsterbliche Seele mit diesem Leibe in hoher Harmonie verband, wie er uns zu einem individuellen Leben mit gewissen geistigen und körperlichen Anlagen versah, vor unserer Geburt schon liebende Eltern, Verwandte oder deren Stellvertreter zu unserem Empfange antrieb; unsere Kindheit, die gefährdetste Zeit des menschlichen Lebens, schützte, für unsere Entwickelung die vielfältigsten Mittel bereitete, unseren Lebensweg innerhalb gewisser Verhältnisse ordnete und durch wechselnde Geschicke vermannichfaltigte, uns stärkte, aufrichtete, rettete, und, wenn wir fehlgegangen, aber die Erkenntniß dessen in uns erwachte, uns immer wieder zu sich berief und uns vergab — wie sollte dies Alles, mehr oder minder klar gedacht, tiefer oder oberflächlicher erwogen, nicht unser Herz mit Liebe erfüllen? So erhebt schon das Kind, sobald ihm nur mit wenigen herzlichen Worten angedeutet worden, daß all' das Gute, was es genießt, von Gott, dem Vater im Himmel, herrühre, mit tiefer Innigkeit Auge und Hand zum Himmel empor, die Kammern des kindlichen Herzens von unsäglicher Liebe durchwallt. Und wenn auch den späteren Menschen die Verstandeskühle und das zerstreuende Leben seltener zu diesen Empfindungen kommen lassen, der Odem jedes Frühlings, der Hauch jeder Freude, der Sonnenblick jedes Glückes, selbst schon das Vollgefühl des Lebens selbst, seiner Tüchtigkeit, seiner Wirksamkeit öffnen die verschlossenen Pforten unseres Herzens, daß die

Gefühle der Liebe in reicher Fülle zu Gott emporströmen. Und mag auch der Mensch auf der Höhe dieser Empfindungen sich nicht lange zu erhalten vermögen, und führt der Wellenschlag des Herzens und des Lebens ihn bald wieder wo anders hin: solche Momente der Erhebung kehren immer wieder und erlangen mit jeder Wiederkehr eine größere Herrschaft über den Menschen. — Die Liebe an sich ist, weil in der Gefühlswelt beruhend und von nicht zu ermessender Tiefe, nicht zu definiren. Sie besteht insonders in dem Gefühle der Gleichartigkeit oder Aehnlichkeit, wodurch eine mehr oder minder starke Anziehungskraft entspringt, welche bis zur Leidenschaftlichkeit anschwellen kann. Hierbei kommt es nicht darauf an, daß trotz dieser Aehnlichkeit auch viele Ungleichheiten und Verschiedenheiten stattfinden, wenn nur der Grundtypus des Wesens und Charakters ein ebenbildlicher ist, auf welchem dann die Liebe beruht. Jemehr aber die Aehnlichkeit wächst, durch An- und Nachstreben in starken Zügen gesteigert wird, desto mehr wächst auch die Liebe, so daß durch die größere Verähnlichung die Liebe, und durch die stärkere Liebe die Aehnlichkeit vermehrt wird. So unendlich daher auch die Verschiedenheit zwischen dem Menschen und Gott, so weit es vom Menschen zu Gott ist, nach dem Worte der heiligen Schrift, „wie der Himmel hoch über der Erde:" so ist doch der Menschengeist Gott ebenbildlich (s. §. 13), und Gott immer ähnlicher zu werden, soll die Aufgabe sein, die der Mensch sich stelle (§. 24). Ist hiermit die der Liebe zu Grunde liegende Gleichartigkeit zwischen dem Menschen und Gott gegeben, so muß die Anziehungskraft, welche Gott auf den Menschen übt um so größer sein, jemehr dieser dem Menschen in seiner Vollkommenheit erscheint und in seiner Allliebe ihm offenbar wird; desto näher wird der Mensch sich Gott fühlen, eine Nähe, welche durch Sünde und Vergehen unterbrochen und vermindert, durch Tugend und gute Werke immermehr gestärkt und durch Reue und Besserung wieder hergestellt wird. — Die Liebe bethätigt sich endlich dadurch, daß das Wohlgefallen, die Befriedigung des Wesens, das die Liebe umfaßt, uns theuer und schätzbar, um so theurer und schätzbarer, je größer unsere Liebe, ist, und daß wir für den Gegenstand unserer Liebe Opfer, wiederum nach dem Maße derselben immer höhere Opfer zu bringen im Stande sind, ja, in diesen unsere eigene, wahrhafte Befriedigung finden. Die Liebe zu Gott wird uns daher sein Wohlgefallen, d. h. die immer größere Uebereinstimmung unseres Denkens, Sprechens und Thuns mit dem Willen Gottes als das theuerste und unschätzbarste Gut ansehen lassen; und wenn es uns nicht möglich ist, für ihn selbst irgend Etwas zu thun, so wird es seine Lehre, sein Bekenntniß, das was uns über ihn, sein Wesen und seinen Willen zur Ueberzeugung geworden, sein, wofür wir die größten Opfer zu bringen, selbst das Leben hinzugeben, die Liebe uns befähigen wird. Wenn daher im Allgemeinen schon der tugendhafte und fromme Lebenswandel, so wie die innige Anbetung und Verherrlichung Gottes eine Bethätigung der Liebe zu Gott ist, so findet diese doch im eigentlichsten Sinne in der unerschütterlichen Glaubenstreue statt, die einerseits im wärmsten Eifer für die reine Gotteslehre, für das innere und äußere Wachsthum ihrer Würdigung und Anerkennung, andererseits in der Aufopferung aller irdischen Güter und Hoffnungen, ja des Lebens selbst, um von dem Bekenntniß Gottes nicht zu weichen und abzufallen, besteht. Hatte schon die Geburt als Akt der göttlichen Vorsehung, dann das Vorbild unserer Väter, ferner der Inhalt unserer Erkenntniß und die Wahrhaftigkeit, die wir dieser schuldig sind, so wie die Ehrfurcht vor Gott, die jeden Mißbrauch des göttlichen Namens als Verbrechen stempelt, uns die strengste Verpflichtung zur Glaubenstreue auferlegt, so erhebt die Liebe zu Gott dieselbe zu einem unwiderstehlichen Gesetz unseres Lebens, welchem wir ohne zu fragen und ohne zu deuteln auch bei den schwersten Entsagungen und in den schwierigsten Verhältnissen Folge leisten. Die Liebe zu Gott besteht eben in der innigsten und festesten Anhänglichkeit an Gott; jede Verletzung der Glaubenstreue ist aber insonders ein Abfall von Gott, eine weite Trennung, die unter Umständen wenigstens im Erdenleben nicht wieder aufgehoben, eine Kluft, die nicht wieder ausgefüllt werden kann. Wenn auch die Zeit der blutigen Verfolgungen um unseres Glaubens willen vorüber ist, und sich nur hier und da bisweilen noch Gewaltthätigkeiten, an Israeliten aus religiösem Fanatismus verübt, wiederholen: so lastet doch noch mannichfacher Druck auf uns, und sind wir immer noch berufen, die Liebe zu Gott, Religion und Wahrheit durch besondere Opfer zu bethätigen. Denn es ist immer erst noch ein kleiner Theil der civilisirten Welt, in welchen die Vorurtheilslosigkeit den Glauben und die Abstammung ganz ohne Berücksichtigung läßt; in den meisten Ländern sind die Juden noch mancherlei Beschränkungen unterworfen; vielfache Laufbahnen ihnen verschlossen, und gerade, wo sie an Zahl in größter Menge vorhanden, sind die meisten Ausnahmegesetze noch über sie verhängt. Ueberall aber warten gesellschaftliche Ausschließungen, Hintenansetzungen, Spott und dgl. immer noch ihrer. All Dies müssen wir aus Liebe zu Gott und in der Treue am Glauben willig ertragen; ohne zu schwanken, und höher das Gut schätzen, welches wir um solchen Preis uns wahren. Die Liebe zu Gott, also auch die Glaubenstreue muß uns eben höher stehen, als alle irdischen Güter, und es giebt daher von diesen keines, welches auch nur eine Entschuldigung für den Abfall darböte. —

Die israelitische Religionslehre will also eine innige Verschmelzung der Ehrfurcht vor und der Liebe zu Gott. Vor dieser Vereinigung der beiden erhebendsten Gefühle des Menschen kann weder eine knechtische Furcht bestehen, noch andererseits eine zu vertrauliche und nach Menschenart gefaßte Liebe die Ehrerbietung vor Gott abschwächen. Wir dürfen ebensowenig Gott als einen gestrengen Gebieter und Rächer ansehen, wie als einen schwächlichen, stets nachgiebigen Vater, welcher die Verirrungen des Kindes ohne Nachfolge und Strafe läßt.

Aus diesem Grunde verbindet Sirach in seinen Sprüchen die Gottesfurcht und die Liebe Gottes mit einander (2, 18—20.: „Die den Herrn fürchten, mißtrauen seinen Worten nicht, und die ihn lieben, bewahren seine Wege. Die den Herrn fürchten, suchen sein Wohlgefallen, und die ihn lieben, sind vom Gesetz erfüllt."

## 27.
## Worauf gründet sich die Liebe zu Gott?
## Auf die Dankbarkeit gegen Gott.

Die Dankbarkeit gegen Gott besteht in der freudigen Anerkennung alles Guten, das er uns ertheilt, und daß wir dies Alles als ein unverdientes Geschenk seiner Güte ansehen.

Danket dem Ewigen, denn er ist gütig, denn ewig währet seine Liebe." (Pf. 118, 1.)

„Viel zu gering bin ich für alle Wohlthaten und alle Treue, die du deinem Knecht erwiesen hast." (1 Mos. 32, 11.)

Wie die Liebe zu Gott ihr frühestes und bedeutsamstes Motiv aus der Dankbarkeit für die unerschöpfliche Fülle der Wohlthaten, die er uns spendet, hat, haben wir in dem vorhergehenden Paragraphen schon ausgeführt. Die Dankbarkeit gegen Gott hat aber nun zwei besondere Momente. Denn erstens, ist es die Freudigkeit, mit der wir diese göttliche Gnadenfülle anerkennen, welche jene charakterisirt. Wo wir Wohlthaten und Geschenke, Hülfsleistung und Rettung aus der Hand von Menschen, und seien sie unsere Eltern und Geschwister, entgegen zu nehmen haben, da sind sie von einem drückenden Gefühle begleitet, das um so stärker ist, je weniger wir sie zu vergelten vermöchten, das geradezu unerträglich wird, wenn der Geber hoffärtig sich gegen uns benimmt, oder unser Feind war. Gott aber ist so hoch über uns erhaben, jede Gleicherachtung liegt hier so fern, jede Vergeltung ist so unmöglich, und endlich wissen wir, daß Gott mit allen seinen Gaben sich selbst Nichts entzieht, daß das Gefühl der Dankbarkeit gegen ihn ein reines, unbedingtes, und darum freudiges ist. Mögen wir daher unser Dankgefühl still in unser Herz verschließen oder es laut ausjubeln in Wort und Gesang, es ist selbst eine Beglückung, welche uns um so beseligender erfüllt, als es zugleich die Bürgschaft für die Zukunft, Zuversicht und Sicherung umschließt. Zuzweit aber ist ein wesentliches Moment der Dankbarkeit gegen Gott das Gefühl, daß Alles, was er uns verleihet, eine unverdiente Gabe seiner Liebe ist. Das Höchste, welches er uns ertheilt, das Leben selbst, kommt uns zu, wenn wir noch gar keinen Anspruch darauf, wenn wir es weder verdient noch dessen uns unwürdig gemacht haben konnten; und ebenso gewährt er uns unzählige Wohlthaten selbst dann noch, wenn wir durch frevelhaftes Beginnen derselben unwerth geworden. Verdienen wir also eine Wohlthat, wenn wir entweder durch unsere Lage und Verhältnisse, sowie durch unser Betragen einen Anspruch uns erworben haben, oder im Stande sind, dieselbe thatsächlich zurückzuerstatten oder zu vergelten, so fällt Beides hinsichtlich der Wohlthaten, die wir von Gott empfangen, hinweg, und es gehört deshalb zur wahren Dankbarkeit gegen Gott, uns dies klar und bewußt zu machen.

## 28.

### Welche sind die Wirkungen der Liebe zu Gott?

**Erstens die Freude an Gott, dessen Werken und Wirken.**

„Freut des Ewigen euch und jauchzet, Gerechte, jubelt Alle, die ihr geraden Herzens seid!" (Ps. 32, 11.)

Die Liebe ist die Mutter der Freude an Allem, was ihren Gegenstand verherrlicht. Je bedeutender die Eigenschaften, je vorzüglicher die Thaten und Werke, je segensreicher das Wirken dessen erscheinen, den unser Herz mit Liebe umfaßt, desto innigere Freude an ihm erfüllt unseren Geist. Wie sollte nicht die Freude an dem Gotte, den wir als den Schöpfer des Weltalls, als den Leiter der Menschheit und als unseren liebevollen Vater im Himmel erkennen, unsere Seele durchzucken, unser Herz erfüllen! Wenn die Morgenröthe am östlichen Himmel aufflammt, oder die tausend Leuchten durch die Schleier der Nacht glänzen, wenn der Frühling die Flur mit Blüthen überschüttet, oder um Mittag die Lavinen donnernd von den Eistirnen der Bergriesen stürzen; oder wenn mitten durch das Völkergewühl der Weltgeschichte das Richterschwert Gottes leuchtet, und unterdrückte Nationen zu Freiheit und Selbstständigkeit auferstehen macht; oder wenn in unserem eigenen und derer Leben, die uns umgeben, so recht erkennbar das Recht zu seinem Rechte, die Noth zu ihrer Hülfe, die Unschuld zu ihrer Ehre durch die Fügung des göttlichen Geschickes kommt; oder wenn ein Wort der geoffenbarten Lehre, ein Wort der Wahrheit und der Weisheit uns aus Schwäche und Zweifeln ruft, in der Stunde der Versuchung unser schwankendes Herz trifft, am Tage der Prüfung das Dunkel um uns durchlichtet — wie sollte die Herrlichkeit und der Sieg unseres Gottes da nicht unsere Seele aus dem Staube erheben und den Strom der lautersten Freude durch unser Herz ziehen lassen! — Doch macht das angeführte Psalmwort nachdrücklich darauf aufmerksam, daß es eben nur die „Gerechten", die Menschen „geraden Herzens" sind, welche diese Freude an Gott, an dessen Werken und Wirken zu empfinden vermögen. Denn vor nichts muß diese Freude eher entfliehen, ja in ihren Gegensatz sich wandeln, als vor dem Bewußtsein der Schuld, als vor der Furcht, die Vergeltung Gottes über sich hereinbrechen zu sehen. Die Freude an Gott ist das Loos und der Vorzug der Unschuld, alsdann der Schuldlosigkeit; und darum kann sie uns den besten Prüfstein für unseren eigenen Seelenzustand abgeben: sie wird sich nur einstellen bei uns, wenn und so lange wir der Gerechtigkeit theilhaftig sind und alle krummen Wege vermeiden.

### 29.
**Welche ist die zweite Wirkung der Liebe zu Gott?**

**Das Vertrauen auf Gott, das sich zur Ergebung in den Willen Gottes steigert.**

„Gesegnet der Mann, der vertraut auf den Ewigen, und deß Vertrauen der Ewige ist. Er ist wie ein Baum, am Wasser gepflanzt, zum Strome streckt er seine Wurzeln, der nimmer sieht, daß Gluth kommt, sein Laub bleibt grün, im Jahr der Dürre bangt er nicht, und hört nicht Frucht zu bringen auf." (Jer. 17, 7. 8.)

Der Prophet drückt den Segen des Gottvertrauens aus, indem er den von ihm beseelten Menschen einem am reichen Wasserquell gepflanzten Baume vergleicht, dessen Wurzel immerfort von der Feuchtigkeit genährt wird, so daß der frische Saft durch alle Theile des Stammes bis in das Laub dringt; kommt dann die Zeit des Verhängnisses und Mißgeschickes, so verdorret der Baum nicht, sondern treibt und reift seine Früchte wie vorher.

„Wälz' auf den Ewigen deinen Weg und trau auf ihn, er wird's vollbringen." (Pf. 37, 5.)

„Wälz' auf den Ewigen deine Werke, und deine Pläne werden fest." (Spr. 16, 5.)

Während der „Weg" das Geschick bedeutet, so daß also der Mensch hinsichtlich desselben auf Gott vertraue, der es zu einem gedeihlichen Ziele führen werde („*er wird's vollbringen*"), bezeichnet „*deine Werke*" die menschlichen Handlungen, die wir nach Pflicht und Gewissen unternehmen, deren Ausgang und Erfolg aber Gott überantworten sollen, in solcher Zuversicht werden wir in unseren Entschlüssen nicht schwanken.

Mehr als die Bewunderung großer Eigenschaften und die daraus hervorgehende Ehrfurcht ist es die Liebe, die unmittelbar in ihrem Gefolge das Vertrauen hat. Wo die Liebe waltet und vorausgesetzt wird, da haben wir weder Zweifel noch Bedenken, sondern vertrauen uns und unser Geschick unbedingt an. Darum muß die Ueberzeugung von der göttlichen Vorsehung, von der Leitung, die Gott jedwedem Menschen, um ihn zur Entfaltung, zur Vervollkommnung und dadurch immer mehr zur Glückseligkeit zu führen, angedeihen läßt, wie diese Vorsehung wiederum nichts anderes als die unendliche Liebe ist, aus und mit welcher Gott jeden Menschen geboren, herangebildet und zu einem gewissen Ziele gebracht werden läßt, ein festes, ja ein unerschütterliches Gottvertrauen in uns hervorrufen. Freilich genügt hier nicht ein bloßes Wissen, oder ein flüchtiges Gedenken, vielmehr muß das Gottvertrauen unser ganzes geistiges Leben durchdrungen haben, muß wie von selbst überall und zu aller Zeit aus den Schatten unserer Gedanken und Gefühle hervortreten, um die Stimmung unseres Geistes mit seiner Kraft und seinem Balsam zu durchtränken; dieses Gottvertrauen muß gleichsam als Hebamme bei der Geburt aller unserer Pläne und Entschlüsse zugegen sein und sie großziehen helfen; muß alles was uns begegnet, aufnehmen und beherbergen helfen, so daß keine Stunde unseres Lebens dessen baar sei. Das Wesen des Gottvertrauens besteht in der Erkenntniß, daß Gott Alles zu unserem Guten leitet, daß selbst die Uebel und Leiden, die Mühsale und Schmerzen, die über uns kommen, auch wenn wir sie in keinerlei Weise herbeigeführt und verschuldet haben, uns nur zum Heile gereichen, so daß sie nach zeitlicher und vergänglicher Bedrängniß dauerndes Glück und Wohlsein, ja ewiges Heil uns bereiten. Von diesem Gesichtspunkte aus existirt für den Menschen eigentlich Böses und Unglück nur für einige Zeit; ist es aus der Schuld des

Menschen selbst entsprungen, so muß er diese durch Reue und Besserung beseitigen, und dies ist dann schon Heil genug; hat es die Fügung Gottes über ihn verhängt, so muß es in der Ueberzeugung, daß es nur seinem kurzsichtigen Blicke als Trübsal erscheint, ihm aber von Gott zur Erziehung, Entwickelung und Stärkung zugeschickt worden, dann aber zu seinem Wohle ausgeführt werde, geduldig ertragen, der Hülfe des Herrn harren und des besten Ausgangs gewiß sein. So wird das Gottvertrauen zu einer höheren Lebensanschauung, in welcher alles Irdische auf der Grundlage des Göttlichen ruhet, die scheinbaren Zufälligkeiten und Einzelfälle des Lebens zu einem geordneten, zusammenhängenden Ganzen mit Absicht, Zweck und Ziel werden, und was während einer kurzen Zeit unklar und verworren, zweckwidrig und bedeutungslos erscheint, nach einem längeren Zeitraum als eine planvolle Fügung und Verkettung erkannt wird. — Leicht erkennen wir aus dieser Ausführung die außerordentlichen Wirkungen, welche das Gottvertrauen für und auf uns hat, und die uns dasselbe zum höchsten unentbehrlichsten Gute machen. Hier ist es, wo die theoretische Lehre der Religion am gewichtigsten in das praktische Leben eingreift. Denn das Gottvertrauen wird uns nicht allein jedes Schicksal erträglich machen, jeden Verlust, jedes Mühsal uns erleichtern, und noch in den trübsten Stunden des Lebens der tiefgebeugten Seele einige Tröstungen zuflüstern, einige Sterne in der dunkelsten Nacht uns anzünden, einige Hoffnungen in uns wecken — sondern sie wird uns auch den Muth einflößen, um mit Festigkeit unsere Entwürfe auszuführen, und die Kraft verleihen, die Hindernisse hinwegzuräumen und vor den Schwierigkeiten nicht zurückzuweichen. Vom Gottvertrauen können wir daher vorzugsweise sagen, daß es der rechte Stab ist in unserer Hand, der nicht bricht, und die rechte Leuchte vor unseren Augen, die nicht erlöscht.

Neben der יִרְאָה, der Gottesfurcht, ist es vorzugsweise das בִּטָּחוֹן das Gottvertrauen, welches im Judenthum als Charakteristikum des wahrhaft frommen Sinnes gilt und vor Allem von der Religion gepflegt ward. גם זו לטובה „Auch dies gereicht zum Guten" ist darum ein alter Wahrspruch geworden, der im Munde des Volkes unendlich viel Gutes wirkte, und mit zu den Triebfedern ward, durch welche es den einzelnen

Juden möglich wurde, den furchtbaren Druck, an welchem sie als Glieder ihrer Nation theilzunehmen hatten, in echt religiösem Sinne zu ertragen.

Und dennoch ist es an diesem nicht genug. Die alten Stoiker haben das Unglück geleugnet und behauptet, daß der Gleichmuth des rechten Mannes alle Vorkommnisse und Schmerzen so zu tragen vermöge, daß sie durchaus den Charakter des Uebels verlören. In der That kommt es auch hierbei sehr viel auf die Vorstellung des Menschen an, daß sie ihm so wirklich erscheinen, wie er sie ansieht. Aber es giebt dennoch der Gefahren, der Bedrängnisse, der schmerzlichen Leiden und furchtbaren Zustände nicht wenige, in welchen die Wucht des Wehes die Standhaftigkeit des Menschen auf die schwerste Probe stellt. Langes und schweres Siechthum, drückende Armuth, in welcher man die theuersten Wesen hinschmachten sieht, Verlust der Seinen, daß das vereinsamte Herz an der Gruft der geliebtesten Wesen in die ödeste Zukunft schaut, unverdienter Verlust der Ehre und daraus erfolgende Schmach für alle die, welche uns werth sind, Untergang dessen, worauf man alle Kräfte und Hoffnungen seines Lebens gesetzt, und dann vor Allem die Schuldhaftigkeit, welche den Frieden unseres Bewußtseins verscheucht und uns alle Qualen des aufgeregten Gewissens fühlen läßt. Diese und noch andere sind wahrhafte Leiden, die von keiner bloßen Vorstellung oder Täuschung beseitigt werden können, und unter denen die Herzen der Menschen gar leicht erliegen. Wer könnte und wollte sie hinwegleugnen, hat sie doch Gott in tiefweisen Absichten in das menschliche Erdenleben eingewoben, daß sie ihre Fäden dichter oder schwächer durch die Tage jedes Menschen hindurchziehen. Da ist es nun, wo das Gottvertrauen sich zur Ergebung in den Willen Gottes steigern muß. Was heißt das? Wenn du mit all' deiner Kraft gegen die Gefahr, die Schrecken und die Drangsale, die dich überkommen haben, angekämpft hast, und sie nicht beseitigen kannst, und, falls sich dir selbst ein Ausweg in ungerechten und sündhaften Mitteln darbietet, du diese von dir wiesest und der Versuchung widerstandest, daß du dann, so dir selbst keine Aussicht auf Aenderung, auf Abwendung des furchtbarsten Geschickes bleibt, nicht murrest, nicht verzweifelst, sondern, geduldig harrest, in die Hand deines himmlischen Vaters selbst, seiner Hülfe gewärtig, dich und die Deinen seinem Rathe überlassend — dies heißt Ergebung in den Willen Gottes." Bemerken wir wohl, zu keinem sündhaften Auswege greifen und mit Gelassenheit das Schwerste tragen, sind die charakteristischen Merkmale dieser Ergebung. Allerdings soll die Hoffnung auf Gottes Hülfe niemals in unserem Herzen ersterben. Wie wenn wir in einen Felspaß uns verirrten, rechts hebt sich die himmelshohe Klippenwand, links fällt der jähe Absturz bis zur bodenlosen Tiefe hinab, so daß kein Pfad unserem Fuße sich darbietet, der uns wieder zu den Wohnungen der Menschen führe, wir stehen, und wissen nirgends uns wohin zu wenden, und der Schwindel ergreift uns und droht, uns in die Tiefe zu stürzen — dies ist der Moment, wo, wenn unsere Seele wahrhaft von Gottesfurcht und Gottesliebe durchdrungen ist, unbewußt die Zuversicht auf den treuen Gott, die fester ist und unerschütterlicher als jene Felsen, in uns hervortritt und unseren Fuß stählt und unser Auge stärkt, wir schreiten vorwärts, wenige Augenblicke und die Gefahr ist überwunden, und der sichere Steg, den wir vorher nicht erblickt, führt uns zur lachenden Ebene hinab. Denn das ist der unschätzbare Werth der Ergebung wie des Gottvertrauens überhaupt. Der Muth verläßt uns nicht, die ruhige Besonnenheit, darum die Fähigkeit, jedes auch das geringste Hülfsmittel, das sich darbietet, zu ergreifen und zu benutzen, sich niemals verloren zu geben, sich niemals aufzugeben.

„Ob Jünglinge ermatten, ermüden, junge Männer straucheln: die des Ewigen harren, erneuen die Kraft, sie heben die Schwingen wie Adler, sie laufen und werden nicht müde, sie wandeln und werden nicht matt." (Jesch. 40, 30. 31.)

Der Prophet spricht nachdrücklich zwei Momente aus: 1) daß auch die bedeutendste, frischeste Kraft des Menschen für das Leben nicht ausreicht, sondern im Kampfe mit den Hindernissen ermüdet und endlich ganz ermattet, daß aber Gottvertrauen und Ergebung die Kraft erneuern, erfrischen, beleben, zu neuem Anlauf, zur stärkeren Anstrengung begeistern, bis das Ziel erreicht wird. Beispiele dessen können wir im Leben alle Tage haben; wo wir verlassenen, halbvollbrachten Werken begegnen, da waren es nur äußerliche Kräfte, die verwendet wurden, und sie ermatteten und ließen ab; alle großartigen und dauernden Unternehmungen, welche gediehen, waren mit Gottvertrauen begonnen, von Zuversicht auf Gott getragen, mit Ergebung in seinen Willen immer wieder ins Auge gefaßt und in Angriff genommen. 2) Daß Gottvertrauen und die Ergebung wahrhaft nicht darin bestehen, daß wir die Hände müßig in den Schoß legen, und Unterstützung, Rettung, Hülfe vom Himmel erwarten, sondern immer bereit zu thatkräftigem Handeln, uns hierzu von der Zuversicht zu Gott leiten und beseelen lassen.

„Harr' auf den Ewigen! Sei stark, dein Herz erkräft'ge sich, und harre auf den Ewigen." (Pf. 27, 14,)

„Harr' auf den Ewigen, und wahre seinen Weg, so wird er dich erhöh'n, das Land zu besitzen, du siehst der Frevler Untergang mit an." (Pf. 37, 34.)

Der Psalmist schärft ein, daß die wahrhafte Ergebung alle ungerechten und sündhaften Mittel von sich abweist, und den Weg, den Gott uns zu wandeln vorgeschrieben, getreulich einhält, dann aber auch zu glücklichem Ziele gelangt, während die Frevler untergehen. Darum ruft uns die h. Schrift wiederholt zu: „Die auf den Ewigen harren, werden niemals zu Schanden." (Jes. 49, 32. 1 Mos. 49, 18), und als ein Vermächtniß unseres Urahns Jakob können wir es ansehen, wenn er in seiner Todesstunde, als er seinen Söhnen die Zukunft verkündete, inne hielt und ausrief: „Auf deine Hülfe harre ich, o Ewiger!" (1 Mos. 49, 18).

### 30.

**Wer sündigt gegen das Vertrauen auf Gott und die Ergebung in seinen Willen?**

**Wer mit seinem Loose unzufrieden ist; wer im Unglücke verzagt oder gar verzweifelt.**

Abgesehen von den Schicksalen, welche der Mensch durch sein eigenes Handeln sich bereitet, und die, falls sie ungünstig sind, er freilich zumeist auch auf Rechnung der göttlichen Vorsehung schreibt, ist es allerdings Vieles, was uns zuertheilt wird von Geburt an, und das wir nicht zu ändern vermögen. Das Gottvertrauen lehrt uns nun, daß uns Gott nur zuschickt, was zu unserem Besten gereicht, der Gottvertrauende wird daher mit dem ihm von Gott beschiedenen Loose zufrieden sein und aus ihm Alles machen, was er in Gerechtigkeit vermag. Es ist dabei nicht von etwaigen einzelnen Momenten und Gefühlen die Rede, sondern von der gesammten Gestaltung unseres Lebens und seiner Verhältnisse. Eine Verletzung des Gottvertrauens ist es darum, dauernd unzufrieden mit seinem Geschicke zu sein. Hierbei gilt die Erwägung: daß Gott einem jeden Menschen, ohne Ausnahme, wessen Standes und Geschlechts er sei, eine bestimmte Bürde, ein gewisses Maß von Mühsalen zuertheilt, weil ohne dieses der Mensch seine Aufgabe nicht lösen, seine Bestimmung nicht erfüllen kann; daß Gott aber einem Jeden nur zuertheilt, was er zu tragen und zu leisten vermag, wozu er seiner Anlage und Entwickelung nach am meisten geschickt ist — denn auch da, wo irgend Jemand seinen Fähigkeiten gemäß eine andere Stellung, eine höhere oder niedere, ausgedehntere oder beschränktere, einnehmen zu können scheinen möchte, walten sicherlich andere, auf die Allgemeinheit sowohl als auch auf die Persönlichkeit bezügliche Rücksichten bei der Vorsehung vor. Man erinnere sich an die sinnreiche Fabel, wie Gott einst einen unzufrieden Klagenden in den Saal der Vorsehung habe führen lassen, um sich daselbst, wo die Geschicke aller Menschen in Form von großen und kleinen Säcken sich befinden, beliebig einen Sack auszuwählen, er prüfte und prüfte, die Bürden der Könige, Großen und Reichen, bis er endlich eine gefunden, die ihm leicht genug erschien, sie auf den Schultern zu tragen, geh hin, sagte der Bote des Herrn zu ihm, denn das ist der Sack, den du von Kindheit an getragen. Wie der Unzufriedene sich auch die Freuden und Vortheile verbittert, welche mit seinem Schicksale verbunden sind, welche Fülle von Genüssen, selbst bei hartem Loose dem Zufriedenen noch vorbehalten sind, werden wir an einer andern Stelle besprechen, hier wollten wir nur nachdrücklich hervorheben, wie die Unzufriedenheit eine Sünde gegen das Gottvertrauen ist und Zeugniß ablegt, daß die Liebe zu Gott und die Dankbarkeit gegen Gott nicht in unserem Herzen wohnen.

Noch schwerer ist die Versündigung hiergegen bei dem, der im Unglücke verzagt oder gar verzweifelt. Diejenigen, welche im Glücke oder bei günstigen Verhältnissen am meisten auf ihre eigenen Kräfte pochen und am ehesten des Hinblicks auf eine höhere Macht entrathen zu können glauben, sind es in der Regel, die bei hereinbrechendem Mißgeschick am schnellsten verzagen, den Muth verlieren, die Hoffnung aufgeben. Daß sie dadurch die rechte Kraft verlieren, um die sich aufthürmenden Schwierigkeiten zu bekämpfen und wo möglich zu überwinden, ist einsichtlich. Erstarkt aber der Gegner doppelt, wenn wir schwach sind, steigen daher die Gewitterwolken um desto dunkler herauf, jemehr uns die Sonne des Gottvertrauens und das Licht der aus ihm erfließenden Kräftigung untergegangen: so pflegt auf die Verzagtheit um so schneller die Verzweifelung zu folgen, auf die Niedergeschlagenheit die dumpfe Hoffnungslosigkeit, die jede Zukunft aufgiebt, jede günstige Wendung für verschwunden hält. Dann bemächtigt sich des Gemüths der Menschen das vernichtende Gefühl des Verlorenseins, niemals wieder empor kommen, niemals wieder herstellen und die Schmach und das Elend, die nun kommen werden, nicht ertragen zu können. Lassen wir uns warnen zu rechter Zeit. Dies ist der unendliche Werth des Gottvertrauens, so daß wer dies verscherzt, nicht weiß, welchen unsäglichen Schaden er sich selbst bereitet. Denn wo es einmal entflohen, kann es nicht zu gelegener Stunde wieder zurückgerufen werden. Das echte Gottvertrauen ist eine zur Gewöhnung gewordene Anschauung, wie ein Auge der Seele, durch das sie alle Dinge des Lebens anschaut, und so dies zerstört ist, kann es in der Stunde der Noth nicht wieder hergestellt werden. Vor Verzagtheit und Verzweifelung kann es aber allein nur schützen, und, so wir in unbewachten Stunden in dieselben verfallen, uns retten. Da klärt es die Aussicht vor uns, erhellt und schärft den Blick, daß man den feindlichen Elementen muthig ins Angesicht schaut, wodurch sie die Hälfte ihrer Schrecken verlieren, stärkt den Geist, um nach irgend einem Rettungsmittel sich umzuschauen, und erfüllt das Herz mit Zuversicht, um alle Bitterkeit der Empfindungen zu unterdrücken, und so es nicht anders geht, wieder von vorne anzufangen.

> Ein Bild der Unzufriedenheit, und zwar der ungerechtfertigten zeigt uns die h. Schrift in Jonah, der, als die Bewohner von Niniveh durch Buße und Besserung das Strafgericht des Untergangs von sich entfernt hatten, unzufrieden war mit seinem Berufe, jenen dieses vorher verkündigt

zu haben, ohne zu erwägen, daß sie sich der Rettung würdig gemacht und daß es ein höherer Beruf ist, sündhafte Menschen zur Umkehr zu bringen, als die Verwirklichung seiner Strafverkündigung zu erleben. Da spricht er (4, 3.): „Und jetzt, Ewiger, nimm doch meine Seele von mir, denn besser ist's, ich sterbe, denn ich lebe." Und die Antwort warnte ihn (V. 4.): „Ist es recht, daß es dich verdrießet?"

Ein Bild der Verzweifelung rollt uns die h. Schrift in den Klagen Ijob's über seine unsäglichen Schmerzen, denen sich die Erinnerung an den Verlust aller seiner Kinder und Güter zugesellt, auf, besonders in Kap. 3, wo Ijob den Tag seiner Geburt verflucht und die Frage an Gott richtet, warum er ihn habe geboren werden lassen? Und wenn dies, warum nicht als Fehlgeburt, und wenn er leben sollte, warum er nicht vor dem Tage seines Unglücks gestorben, oder doch jetzt, da er nach dem Tode rufe, als der einzig möglichen Rettung? Ihm wird Belehrung, er demüthigt sich, bekennt seinen Fehl, und in späterer Zeit verleiht ihm Gott an Kindern und Gütern mehr, als er früher besessen.

### 31.

#### Was heißt Gott dienen?

**Die Ehrfurcht vor Gott und die Liebe zu Gott durch bestimmte Handlungen bethätigen.**

### 32.

#### Worin bestehen diese Handlungen des Gottesdienstes?

**1) In solchen Thaten, welche die Erhaltung, Befestigung und Verbreitung der Lehre Gottes, der Liebe und Gerechtigkeit unter den Menschen bezwecken, 2) in häuslichen und öffentlichen Gebeten und der Beobachtung der Ceremonialgesetze.**

„Darum befahl uns der Ewige, alle diese Gebote zu üben, indem wir stets Ehrfurcht haben mögen vor dem Ewigen, unserm Gotte, und uns zum Heile alle Tage, uns am Leben zu erhalten, wie es jetzt ist; auch wird es uns dabei zur Gottseligkeit angerechnet, wenn wir alle Gebote halten, wie er sie uns vorgeschrieben hat." (5 Mos. 6, 24. 25.)

In diesen Worten, welche sich auf „alle Gebote" beziehen, wird zunächst die Quelle angegeben, aus der ihre getreue Befolgung fließen soll, die Ehrfurcht vor Gott, durch welche alle unsere Handlungen einen gottesdienstlichen Charakter erhalten. Alsdann wird der Erfolg angedeutet, indem durch einen solchen Lebenswandel unser Seelenheil immerfort gefördert, und Verderben und Untergang von uns abgewendet werden. Zuletzt wird die Ausübung der Gebote ganz so, wie sie vorgeschrieben sind, als צדקה bezeichnet. Dies erklärt Maim. (Mor. Neb. III., 58), wenn wir um unser Seelenheil zu fördern mehr thun, als das strenge Recht von uns fordert, nämlich was die Tugend erheischt. Nach unserer Stelle, sowie nach 1 Mos. 15, 6, 5 Mos. 24, 13. bezeichnet es, was man sonst „religiöses Verdienst" nennt, wenn wir in Erhebung zu Gott, um des Dienstes vor Gott willen mehr thun, als in der gewöhnlichen Art des Menschen liegt. Von vielen Geboten, seien sie ethischer oder kultueller Natur, können die Individuen oft Grund und Wirkung nicht erkennen, würden sie also nach der Gewohnheit der Menschen nicht thun. Es wird demnach als „religiöses Verdienst" bezeichnet, wenn wir ein Gebot auch ohne jene Einsicht in vorgeschriebener Weise vollführen.

1. Wenn die Gottesverehrung in den Gefühlen der Ehrfurcht und Demuth, der Liebe und Dankbarkeit, der Freude und des Vertrauens vor Gott besteht, so muß natürlich jede Handlung, in welcher diese Gefühle zum Ausdruck und zur Bethätigung kommen, eine Handlung der Gottesverehrung, speziell eine gottesdienstliche sein. Wie wir insonders die Ehrfurcht vor Gott zur Nacheiferung und zum Gehorsam werden sahen, so schließt sich an die Liebe zu, die Freude an und das Vertrauen auf Gott unmittelbar der Gottesdienst als Ausdruck und Ausfluß jener an. Wir kommen hier aus dem Allgemeinsten zum Besonderen und Besondersten. Denn allerdings ist schon eine jede Handlung, die wir mit dem Gedanken an Gott, mit dem Aufblick zu ihm, mit der bewußten Absicht thun, hierin seinen Willen auszuführen, seinen Zwecken nachzukommen, seinem Gebote zu genügen, eine gottesdienstliche. Es kann dies auf dem ganzen Gebiete, auf welchem wir uns befinden, nicht verwundern. Die Fäden schlingen sich hier überall in einander; Gedanken und Gefühle sind hier durchaus nicht nach einem Schema gesondert; daher wird jede religiöse und sittliche That, die mit einem Herzen voll Ehrfurcht und Liebe geschieht, zugleich zu einer gottesdienstlichen. In engerem Sinne werden aber diesen Charakter alle

diejenigen unserer Werke und Thaten besitzen, welche das bestimmte Ziel vor sich tragen, zur Erhaltung, Befestigung und Verbreitung der wahren Lehre Gottes, sowie der Liebe und Gerechtigkeit unter den Menschen zu dienen, und damit die Anerkennung, Anbetung und Verherrlichung Gottes, sowie die Herrschaft des Friedens auf Erden zu fördern. Wie dies in der Sendung des gesammten Israels liegt, so ist es auch die Aufgabe jedes einzelnen Israeliten. Vor Allem wird daher das offenmüthige Bekenntniß seiner Religion, die Vermeidung jeder Art von Verleugnung, sowie die energische Abwehr jeder Verläumdung und Begeiferung seiner Religion, die Pflicht des Israeliten sein. Der Jude soll sich weder zudringlich noch herausfordernd benehmen; er soll den Kampf mit Andersgläubigen nicht geradezu suchen, oder sich in einen öffentlichen Streit unnöthiger Weise einmischen; denn dies führt eher zur Verdunkelung und Beeinträchtigung des göttlichen Namens durch die Wirkung von Haß und Leidenschaft. Aber er soll sich auch nicht feiger Weise verbergen, er soll nicht scheu entfliehen oder gar kriechend verleugnen, sondern überall offen seinen Glauben bekennen, besonnen verkünden und muthig vertheidigen.

„Von deinen Zeugnissen will ich laut reden; Königen gegenüber, und mich nicht scheuen." (Ps. 119. 46.)

„Und er sprach zu ihnen: Ein Ibri bin ich, und den Ewigen, den Gott des Himmels, fürchte ich, der das Meer und Trockene geschaffen." (Jon. 1, 9.)

Wie wir in der Einleitung ausführlich erkannt haben, wurden die Lehre und das Gesetz Israel übergeben, um diese zuerst in seinem eigenen Schooße fest wurzeln zu lassen, dann sie alle Zeiten hindurch zu haben, zu bewahren und zu bezeugen, bis die übrige Menschheit zunächst zur Annahme eines Theiles, alsdann im weiten Laufe der Entwickelung zur Annahme ihres ganzen Inhalts herangereift wäre. Ja, zu diesem Zwecke wurden anderthalb Jahrtausende später die Juden aus ihrem Vaterlande unter alle Nationen der Erde geschleudert, um inmitten derselben als die lebendigen Träger und Zeugen der ganzen Wahrheit und des ganzen Rechts zu wirken. Gerade von diesem Gesichtspunkte aus mußte es weder dem Geiste noch dem Zwecke des Judenthums wichtig erscheinen, einzelne Personen aus anderen Völkern und Bekenntnissen zum Judenthume in dessen spezieller und konkreter Gestalt herüber zu führen. Die Ziele Israels gingen auf das Große und Ganze, hatten die Verkündigung der Wahrheit und des Rechts für die ganze Menschheit zum Inhalte, aber es erkannte keine Ausschließung aus der Gnade und Barmherzigkeit Gottes um des Glaubens willen an, es schrieb den Gerechten aller Völker auch bei dem Beharren in ihrer Religion die Seligkeit zu, und so konnte ihm niemals an der Gewinnung einzelner Neophyten gelegen sein. Die **Proselytenmacherei** war daher zu keiner Zeit Sache des Judenthums. Zwar gestattete schon das mosaische Gesetz Jedwedem den Eintritt in die „Gemeinde des Ewigen" (5 Mos. 23, 2.), und somit stand es auch allen, von Israel nicht Abstammenden zu allen Zeiten frei, sich zum Judenthume zu bekennen, wie dies denn auch in gewissen Perioden, z. B. in Rom zur Zeit des Heidenthums, so zahlreich geschah, daß römische Schriftsteller sich heftig dagegen aussprachen[1]), aber es war niemals das Geschäft der jüdischen Lehrer, zum Uebertritt zu bewegen, es mußte jeder äußere Impuls zum Uebertritt gänzlich fehlen, wenn dieser gestattet werden sollte, und bei der eigenthümlichen Stellung der Juden unter den Völkern erklärte der Talmud jeden Proselyten sogar für eine „Last." Nicht Mangel also an Menschenliebe und an Eifer für die Wahrheit verursachten den Wegfall der Bekehrungslust, sondern die Richtung, Wahrheit und Recht nicht zum bevorzugten Eigenthume Einzelner, sondern zum Besitze der ganzen Menschheit gemacht zu sehen, die Ueberzeugung, daß dies nicht durch den Uebertritt Einzelner, sondern durch die Verkündigung an die ganze Menschheit

---

[1]) Zu Schelomoh's Zeit befanden sich 153,600 Fremde im heiligen Lande (2 Chron. 2, 16.), und Jecheskel befiehlt, den Fremden Eigenthum an Grund und Boden zu geben (47, 22. 23.). Juvenal geißelt in seinen Satyren die dem Judenthum zugeneigten Römer in beißender Weise. Domitian übte Bedrückung und Gewaltthätigkeit schonungslosester Art gegen jüdische Proselyten. Schon die christlich gewordenen römischen und griechischen Kaiser, noch mehr während der ersten Zeit des Mittelalters erließen die Concilien, Päpste und viele Bischöfe die strengsten Gesetze gegen den Uebertritt zum Judenthum, wobei sie häufig auf vielfach vorkommende **Fälle der Art** hinweisen.

und durch die allmälige Heranreifung dieser geschehen werde, und daß es vielmehr die Bestimmung der zum israelitischen Bekenntniß Gehörigen sei, einen konzentrirten Mittel-, Schwer- und Hebelpunkt dafür zu bilden. So wenig daher die Israeliten das Eroberungsschwert zur Verbreitung ihres Glaubens jemals ziehen durften, so wenig sollten sie auch Drohungen, Belohnungen und selbst Ueberredungskünste anwenden, um den Uebertritt zu ihrer Religion zu erwirken, sondern Wahrheit und Recht, unumwunden immer wiederholt, sollten durch sich selbst die Welt überwinden. Wie aber die Israeliten noch bis auf den heutigen Tag die Vertretung des absoluten Monotheismus und aller der Lehr- und Grundsätze, welche in der Offenbarung an Israel mit jenem verkündet wurden, also der Gottebenbildlichkeit des Menschengeistes, der Unmittelbarkeit Gottes zum Menschen, der Heiligung, der Nächstenliebe und der Rechtsgleichheit aller Menschen übernommen haben, so sind sie auch die Träger der Glaubens- und Gewissensfreiheit in deren langem Kampfe mit Fanatismus und Intoleranz, in welchem sie stets Prüfstein und Opfer gewesen, Träger der werkthätigen Liebe, deren erste Verkünder und Förderer sie waren, so daß ihrem Berufe und ihrer Stellung in der Völkergeschichte nach das Reich des allgemeinen Friedens zu repräsentiren und dessen Herstellung anzubahnen sie vorzugsweise bestimmt erscheinen. —

„Siehe, mein Knecht, den ich stütze, mein Erkorener, an dem Gefallen meine Seele hat: meinen Geist legt' ich auf ihn, das Recht soll er den Völkern bringen. Nicht schreiet er, nicht ruft er laut, läßt draußen seine Stimme nicht vernehmen. Geknicktes Rohr zerbricht er nicht, glimmenden Docht verlöscht er nicht: mit Wahrheit soll das Recht er bringen. Nicht müde wird er, nicht entrüstet, bis daß auf Erden er das Recht gegründet, und seiner Lehre die Länder harren." (Jes. 44, 1—4.)

Daß unter „Knecht Gottes" durchaus Niemand anders als das Volk Israel zu verstehen sei, haben wir in dem Kommentar zu dieser Stelle (s. unser Bibelw. Th. II. S. 849.) erwiesen. Mit trefflich zeichnenden Worten wird nun sowohl die Bestimmung Israels, den Völkern die Wahrheit und das Recht zu lehren, als auch die Art und Weise geschildert, auf welche dies geschehen soll, nicht durch Lärmen und Geschrei, nicht durch Gewalt und Unterdrückung, sondern durch die Kraft der Wahrheit und des Rechts allein, die von jenem unermüdlich gelehrt und bezeugt werden, und deren Sieg in der Entwickelung der Völker langsam, aber sicher ist.

Wenn der Fremdling (גר) vollständig in die israelitische Religion („Bund Gottes") eintreten wollte, so war es Bedingung, daß er mit allen Männlichen seiner Familie sich der Beschneidung unterzog (2 Mos. 12, 48.), dann hatte er die Pflichten und Rechte eines „Eingeborenen", wie bei einzelnen Vorkommnissen in der Thorah häufig noch besonders hervorgehoben wird. — Die Tradition arbeitete das Gesetz der Aufnahme von Proselyten sorgfältig durch (S. Jor. Deah §§ 268—270). Die Hauptvorschriften ziehen wir folgendermaßen zusammen: 1) es darf kein äußerliches Motiv zum Uebertritt bekannt sein, wie, Geld zu empfangen, eine Heirath einzugehen (hinsichtlich des letztern Motiv's ist man in neuerer Zeit nachsichtig geworden); 2) Der sich zum Uebertritt Meldende muß nachdrücklich abgemahnt werden, wie durch die Vorstellung von der gedrückten und schmachvollen Lage der Juden, von der Schwere der zu übernehmenden Ver- und Gebote, und der Bestrafung ihrer Uebertretung, doch sollen ihm auch die Vorzüge und Belohnungen des frommen Israeliten nicht verschwiegen werden; 3) Er muß genau mit der Lehre und dem Gesetze bekannt gemacht werden, und zwar in allmäligen Stufengange; 4) ist es ein männlicher Proselyt, so muß er beschnitten werden; und 5) Proselyt und Proselytin müssen in dem gesetzmäßigen Bade untertauchen.

2. Um nun sowohl der Religion als Gemeinsamkeit eine bestimmte konkrete Erscheinung und einen Verband aller ihrer einzelnen Bekenner zu verschaffen, als auch jedem Einzelnen die Gottesverehrung in thatsächlicher Weise zu formuliren, ihn zu ihr hinzuleiten, und in ihr zu befestigen, seine Verbindung mit Gott zu erhalten und zu stärken, ist ein bestimmter Gottesdienst oder Kultus eingerichtet und nach allen seinen Theilen und Aufgaben geordnet. Dieser besteht hiernach einentheils im öffentlichen Gottesdienste, andererseits im häuslichen und persönlichen Gottesdienste. Wie der jüdische Kultus von seinem ersten Beginne an durch alle seine bisherigen Phasen hindurch bis auf den heutigen Tag sich gestaltete und umgestaltete, werden wir in der umfänglichen Beilage zu dieser Abtheilung: „Die Geschichte und Darstellung des jüdischen Kultus" ausführlich behandeln. — Wie uns die heilige Schrift mittheilt, entstand der Kultus mit den

ersten Regungen des gewerblichen und gesellschaftlichen Lebens, und so hat man auch kaum einen Volksstamm, selbst auf der untersten Stufe der Entwickelung gefunden, der nicht einen irgendwie gearteten Kultus der Gottheit schon besessen hätte, und es überrascht, sogar bisweilen bei den noch naivsten Völkern schon einen weithin durchgearbeiteten Kultus zu finden. Aber in tiefsinniger Weise deutet die heilige Schrift an, daß bereits mit den ersten Anfängen des Kultus auch der Kampf zwischen dem, von reinen Gefühlen der Andacht durchdrungenen, aus der Ehrfurcht und Dankbarkeit entspringenden und dem, aus ganz äußerlichen Momenten, z. B. der Eitelkeit fließenden und zu bloßem Formenwesen entartendem Gottesdienste anhob, und wie aus dem gemißbrauchten Kultus der Bruderkampf der Menschen erst recht hervorging. Dies lehrt sie uns in der Geschichte Kajins und Hebels (1 Mos. 4, 3—5.). Im Verlaufe wird nun ein ziemlich weitläufiger Kultus in der heiligen Schrift verordnet, im Gegensatze aber von Propheten, Psalmisten u. s. f. gegen das bloße kultuelle Formenwesen, gegen die verbrecherische Heuchelei, welche Bosheit und Laster durch strenge Uebung gottesdienstlicher Formen decken und den Schein und das Verdienst der Gottesfurcht aus dieser ziehen will, protestirt und diese als Mißbrauch der Religion und als Schmähung Gottes gebrandmarkt, und zwar so sehr, daß Jirmejah selbst die Verpflichtung zum Opferdienste zu verneinen scheint (7, 21 ff.), jedenfalls sie als untergeordnet der reinen Anbetung Gottes und der Befolgung seines Willens erklärt (vgl. Th. I., S. 158). In gleicher Weise verwirft schon Jeschajah das „Nahen mit den Lippen", während „das Herz fern ist", (Jes. 29, 13. 14.), also das leere und viele Gebetsprechen, wovor auch Koheleth warnt (5, 1.). Allerdings darf man hierin nicht zu weit gehen, denn das wahrhaft kindliche Gemüth findet in der Mehrung der Gebete und Ceremonien eine tiefe Befriedigung, eine Nahrung und Bethätigung seiner Gottesfurcht, die es mit Erhebung und Heiligung durchdringt, selbst wo ihm das Verständniß des frommen Gebrauches und der Sinn des vorgeschriebenen Gebetes abgeht; und da im Gegentheil nur wenige Menschen befähigt sind, sich dauernd auf der Höhe der Erkenntnisse und der erhabeneren Gefühlsbewegungen zu erhalten, auch ohne daß sie durch äußere, immer wiederholte Impulse vermittelst der religiösen Uebung wieder dahin erhoben werden, so geschieht es nur zu leicht, daß mit der Vernachlässigung der gottesdienstlichen Formen der Menge der Menschen auch die innere Religiosität verloren geht. Es ist leicht, gegen die kultuellen Formen zu eifern, wenn sie ohne Herz und Sinn geübt würden, und ein sehr ausgedehntes religiöses Formwesen als zur Verdumpfung führend und zur Heuchelei veranlassend zu erklären; aber sehr schwer ist es, der Mehrzahl der Menschen den Verlust an religiösen Gefühlen, der durch die Beseitigung der gottesdienstlichen Formen herbeigeführt wird, zu ersetzen. Die Propheten und Psalmisten ermahnen daher bei all' ihrer Verurtheilung der Heuchelei und der herzlosen Uebung dennoch immer wieder zu Opfer, Gesang und Gebet, durch welche wir, „wenn sie in Wahrheit geschehen, uns Gott nähern". Hierdurch ist uns der rechte Weg vorgezeichnet. Ueberladung der gottesdienstlichen Formen und Gebräuche zu vermeiden, Heuchelei und leere Formübung zu verurtheilen, in uns und Anderen die religiöse Weihe zu entzünden und diese durch die konkreten kultuellen Gebote, Gebräuche, Gebete und Ceremonien zum Ausdruck zu bringen, zu bethätigen und zu stärken, und hierdurch unser eigenes Seelenheil anzustreben und der israelitischen Gemeinsamkeit ein lebendiges Glied zu sein. —

Aus diesen Gesichtspunkten gehört der Gottesdienst, im weiteren wie im engeren Sinne, zu den höchsten Attributen und Thätigkeiten des Menschen. Er ist es, der das höhere Verhältniß des Menschen ausprägt, und seine Erhebung über die materiellen Beziehungen in das rein Geistige, Uebersinnliche enthält. In ihm bringt der Mensch seine Freiheit zur vollsten Bethätigung, indem er sich frei macht von allen materiellen Bedürfnissen und Genüssen und diese seinem höheren Wollen und Streben unterordnet. Der wahrhaftige Gottesdienst ist für den Menschen gleichsam die aufrechte Stellung und der aufrechte Gang des Geistes, daß er, auf der Erde stehend, den Blick aber in den Himmel gerichtet, die in ihm vorhandene Verbindung der irdischen und himmlischen Natur verwirklicht. Es ist daher eine arge Täuschung, wenn man in dem Worte „dienen" eine Beschränkung der Freiheit, eine Herabsetzung der menschlichen Würde finden wollte, während der Gottesdienst den Menschen von seinen materiellen Verhältnissen frei macht und darüber hinaushebt. Erkennen wir vielmehr in ihm die Thatsache unserer höheren Bestimmung, unserer unmittelbaren Verbindung mit Gott, also mit dem Höchsten, Vollkommensten, Heiligsten an, daß unser Herz voll Dankes wird dafür, daß wir anzubeten, zu lobpreisen, zu bitten und zu danken vermögen, zu unserer eigenen Verherrlichung Dem zu dienen, der alles Daseins Urquell, Schöpfer und Vater ist!

עבד ה׳ ist der Ehrenname, mit welchem zuerst Abraham (1 Mos. 26, 24), dann, und zwar durch die ganze heilige Schrift vorzugsweise, Moscheh, ferner auch Jehoschuah nach seinem Tode (Jeh. 24, 29.), sowie David und einige Propheten, endlich kollektiv ganz Israel (im zweiten Theile Jeschajah's) benannt werden. Es ist damit sowohl die höhere Berufung, den religiösen Zwecken in der Menschheit nachdrücklich zu dienen, als auch die Hingebung an den Willen Gottes behufs dieser erhabensten Zwecke ausgesprochen.

# Beilagen
## zur zweiten Abtheilung.

# Beilage I.
(Zu § 3. S. 8.)

## Die göttliche Fügung in der Natur.

Der alte griechische Philosoph Empedokles behauptete: Alles in der Welt sei geworden und werde durch Zufall; die natürlichen Dinge seien durch Zufall oft anders geworden, bis sie zufällig so wurden, wie sie bestehen können; es habe erst Menschen mit zwei Köpfen, drei Füßen und dgl. gegeben, bis endlich zufällig solche wurden, wie sie jetzt sind und bleiben. Jedermann hat diese Lehre verlacht, Niemand sich die Mühe genommen, sie zu widerlegen.

Ist aber nicht die entgegengesetzte Lehre von der unbedingten Nothwendigkeit, daß Alles unbedingt nach der in ihm liegenden Nothwendigkeit wird, ebenso lächerlich; ... Ich stehe hier auf einem der höchsten Gipfel des schönsten Gebirgszuges; eine große Mannichfaltigkeit von Bergkuppen überschaue ich, ihre Anmuth reizt, ihre Menge erstaunt die Seele; nach den verschiedensten Richtungen streifen die Bergzüge; dazwischen die mannichfaltigsten Vertiefungen, breite und schmale Thäler, Risse, Schluchten; dort treffen sie zusammen, und die Vorposten von drei, vier Bergwänden berühren sich fast nachbarlich; welche Windungen, Winkel, Ecken ... sie alle überragt dann der hochrückige Brocken mit seinen glänzenden Schneefeldern noch jetzt im Juni ... wie kann hier eine unbedingte Nothwendigkeit gewaltet haben, um einen solchen Wirrwarr an Form und Stoff hervorzubringen? .. Ein Stein wird von dem Haupte eines Felsen losgetrennt, theils durch sein eigenes Gewicht, theils durch aufthauendes Eis, er stürzt nieder, dies ist sein Gesetz, also nothwendig; daß er, wenn er auf Widerstand trifft, den er nicht überwinden kann, liegen bleibt, ist auch sein Gesetz, also nothwendig; daß er aber nun wirklich auf solchen Widerstand in einer wenig schiefen Fläche trifft, das ist keine Nothwendigkeit, sondern „Fügung" (Ihr sagt „Zufall!"), und Alles, was sich hieran knüpft, geschieht zwar einzeln nach Gesetzen, also nothwendig, aber im Zusammenhang nur durch die „Fügung." Es reißen sich andere Steine los und bleiben an diesem ersten liegen, so daß sich ein Haufe bildet; durch einen dadurch entstandenen Riß kommt eine Quelle zu Tage, sie trifft auf jenen Felshaufen, unterwühlt dessen Grund, und eines Tages stürzt der ganze Felshaufen die Fläche hinunter in das Thal und begräbt Alles, was er auf dem Wege findet, Menschen, Thiere, Häuser; oder füllt auch das Thal an dieser Stelle, der Weg des Flusses ist versperrt, das Wasser staut sich, trifft auf eine niedere Höhe und überschwemmt das nahe liegende Land, wühlt sich ein anderes Bett mit ganz anderem Laufe .... Nun, Gestein und Wasser stürzen und wirken einzeln lediglich nach ihrem Gesetze, also nothwendig; aber das Zusammentreffen in den Ursachen dieser Wirkungen ist lediglich „Fügung", durchaus nicht nothwendig, es könnte anders, es könnte tausendmal anders sein. Der Spielraum dieser „Fügung" ist aber unendlich groß; die ganze Oberfläche der Erde erscheint als Wirkung solcher Fügungsursachen; ja, wir erkennen alsbald: daß, wo bestimmte Gesetze in unbedingter Nothwendigkeit walten, Alles völlig gleichmäßig vor sich gehen muß, daß aber überall, wo Unregelmäßigkeit und Ungleichförmigkeit vorhanden, Fügungsursachen thätig gewesen sein müssen. Sobald ein Krystall eine unregelmäßige Gestalt zeigt, ist die Abweichung zwar nach Naturgesetzen, aber durch die Einwirkung von anderen Fügungsursachen geschehen, z. B. einer Ursache schnellerer Abkühlung an dieser Stelle. Die Bahn der Kometen läßt sich nie ganz genau berechnen, weil sie durch die größere Nähe eines bedeutenden Planeten, in die sie gerade gerathen, von der eigentlichen Bahn etwas abgezogen werden, woran sich nun eine ganze Reihe zukünftiger Abweichungen knüpft, und

diese müssen auf die allmälige Verdichtung dieses Gaskörpers, denn
das ist der Komet, also auf die Stoffmasse und Gestalt dieser zukünftigen Erde einen großen Einfluß üben. Man denke also, was
Alles aus dieser **einen** Fügung, daß der Zeit nach der Komet in
größerer Nähe bei einem gerade in diesem Theile seiner Bahn sich
befindenden Planeten vorüberging, **unabsehbar erfließt**. Mit vollem
Rechte müssen wir daher, was wir von der Oberfläche der Erde
sagten, auch auf unser ganzes Sonnensystem anwenden. Alles
läuft und geschieht in ihm nach dem Naturgesetz, also nothwendig;
daß aber die Beschaffenheit der Sonne diese und keine andere ist,
ging aus dem Zusammentreffen vieler Umstände hervor, welche an
sich durchaus nicht nothwendig waren, sondern auch ganz anders
hätten sein können.

Glücklicherweise haben wir für alles dieses einen bestimmten
Anhaltpunkt. Man hat sich im Alterthum viel über die Ewigkeit
der „Welt", wie sie ist, gestritten. Wir streiten darüber nicht mehr.
Die „Welt" ist in beständiger Veränderung im Kleinen und Großen
begriffen; es werden und vergehen immerfort Weltkörper; nichts
Geschaffenes ist dauernd. Für unsere Erde giebt es hierfür besondere Data. Jedermann weiß, daß sowohl aus der Pflanzen- wie
aus der Thierwelt Reste früherer Zeiten in großer Masse vorhanden sind. Obgleich die früheren Pflanzen und Thiere den jetzigen
ähnlich (analog) waren, dasselbe Prinzip der Organisation damals
wie jetzt vorwaltete, so sind sie doch an Massen und Gestalt ungeheuer verschieden, an Gestalt ganz anders. Die vorfluthlichen
Thiere und Pflanzen haben Größenverhältnisse, welche jetzt gar
nicht mehr existiren könnten, ohne die ganze Oekonomie der Erde
zu gefährden; unsere Elephanten waren damals Schooßhündchen,
unsere Cedern Grashalme. Da wir aber diese Thierreste noch jetzt
in Menge haben, solche sogar mit Weichtheilen aus dem gefrorenen Boden Sibiriens zu Tage kommen, und die Pflanzenwelt jener Zeiten
versteint im Schooße der Erde ruht; so ist nicht an einen allmäligen Uebergang von damals zu jetzt zu denken — sondern die
damalige nahm ein plötzliches Ende, und die jetzige entstand. Es
fand also nothwendig ein Schöpfungsakt der jetzigen Pflanzen- und
Thierwelt statt. Wir haben hier keine Schöpfung nach Belieben

ad infinitum zurück zu datiren, sondern ein ganz bestimmtes Datum einer Schöpfung, wobei es natürlich auf die Jahreszahl und die Zahl der Jahre nicht ankommt. Nun — wer will diese neue, jetzige Pflanzen- und Thierwelt als eine Schöpfung der unbedingten Nothwendigkeit ausgeben? ... Hier im Sande kriechen zu meinen Füßen ein Käfer mit braunen Flügeldecken und Schilden, ein Käfer mit goldgrünen, und daneben einer mit ganz schwarzen ... natürlich alle drei mit noch vielen anderen Verschiedenheiten. Es konnte bei der Schöpfung der drei Käfer keine unbedingte „Nothwendigkeit" sie so und nicht anders schaffen, sondern es war eine „Fügung", daß die Säfte in dem einen Käfer sich so mischten, daß die braune, in dem andern die goldgrüne, in dem dritten die schwarze Farbe sichtbar ward; das Naturgesetz, also Nothwendige, liegt nur darin, daß eine gewisse Mischung auch eine gewisse Farbe hervorbringt. Kein komplizirter Mechanismus kann durch bloße Nothwendigkeit zusammen geeignet sein, gerade weil er zuletzt doch nur aus denselben Grundstoffen besteht, wie die nur formell aneinander lagernden Theile des Anorganischen — sondern hier sind dieselben Grundstoffe so zusammen gefügt, daß sie ineinandergreifende Organe, befähigt zu höheren Lebensprozessen, werden.

Ueberhaupt ist es falsch, sich einzubilden, die Welt könnte nicht anders sein, als sie ist, als wir sie wahrnehmen. Wir können sie uns ganz anders denken, wir können sie uns viel einfacher, viel regelmäßiger denken. Dieser unendlich mannichfaltige Organismus unseres Sonnensystems, wo die verschiedenartigsten Bahnen bis zu den extravaganten der Kometen, die verschiedenartigsten Stoffvertheilungen, Größen, Dichtigkeiten, und hieraus wieder die unabsehbar verschiedenartigen Schöpfungsverhältnisse stattfinden — er könnte nach regelmäßigen, einförmigen, symmetrischen Verhältnissen angelegt sein. Das warum es nicht so ist, können wir uns leicht erklären: von der Mannichfaltigkeit der Weltkörper und ihrer Verhältnisse hängt die Mannichfaltigkeit der Geschöpfe ab, und Mannichfaltigkeit ist ein unendlich höherer Grad als Einförmigkeit. Genug, daß die Beschaffenheit der Welt und der Geschöpfe ganz anders möglich war, daß selbst wir Menschen mit unserer beschränkten Erfahrung und unserer an diese Erfahrung gebundenen Phantasie uns jene mannichfach anders denken und konstruiren können, so daß hieraus hervorgeht: daß die Welt nicht durch eine unbedingte Nothwendigkeit, sondern da sie zugleich überall Zweck und Einheit ausweiset, nach freier Wahl und Bestimmung eines überlegenden, schaffenden Wesens wurde und ist. Es giebt nur drei Fälle: entweder Zufälligkeit, oder Nothwendigkeit, oder freie Wahl und Bestimmung eines überlegenden Wesens. Da nun die Welt weder durch die erste werden konnte, noch durch die zweite thatsächlich geworden, ist nur der dritte Fall möglich und wirklich. . . .

Wenn dir dies einmal nicht genügend einleuchten solle, Bewohner der weiten Ebene, die sich in unübersehbarer Ferne dahin erstreckt, so zieh' in die Berge hinein, und sieh' dir dort die bunte Welt der Formen und Stoffe an, welche das Gesetz der Civilisation nicht zu gleichmäßigen, einförmigen, mathematischen Figuren zerschneiden konnte. . . .

# Beilage II.
### (Zu § 7. 9. S. 35. 44.)

## Skizzen über Atheismus, Pantheismus, Dogmatismus und Deismus.

### I.

Wir haben über den Atheismus lange nichts so Treffendes gefunden, als in einem Berichte über den Nordamerikaner Parker in der A. A. Z., welchem wir daher an der Spitze der Reihe von Skizzen, die wir über die obigen Rubriken geben werden, folgende Stellen entnehmen.

„Es giebt gegenwärtig", sagt Parker, „manche Philosophen, und zwar ganz ausgezeichnete Männer, die sich selbst in bestimmten Worten Atheisten nennen, und die Wahrheit irgend einer nur möglichen Vorstellung von Gott leugnen. Sie sagen, der Gottesbegriff sei nur ein Einfall der Menschen, und Gott sei nicht eine Thatsache des Weltalls. Der Mensch habe eine Vorstellung von Gott wie von einem Geist oder von einem Teufel; aber es sei eine reine Grille, Etwas, was er aus seinem Gehirn herausgesponnen, und es sei Nichts in der Welt, was derselben entspricht. Diese Männer wollen Andere nicht kränken. Sie tragen ihre Lehren mit der Ruhe und Bestimmtheit der Philosophie vor und stellen den Atheismus als ihre Weltanschauung auf. Es ist eine Schlußfolgerung, zu der sie mit Ueberlegung gekommen sind; sie schämen sich derselben nicht, sie verbergen sie nicht; sie prahlen nicht damit. Ich thue diesen

Männern kein Unrecht, wenn ich ihnen diesen Namen gebe, denn
sie nehmen den Titel Atheisten für sich in Anspruch, und lehren
offenkundig den Atheismus. Es sind nicht immer bigotte, sondern
philosophische Atheisten. Manche von ihnen sind Männer von
hohen Fähigkeiten, Männer von sehr großer geistiger Bildung; sie
scheinen wahrheitsliebend und aufrichtig, gewissenhaft, gerecht, menschenfreundlich und bescheiden zu sein; es sind Männer, die ihrer
Natur, und zwar ihrer ganzen Natur treu zu sein streben. Ich
kenne Einige derselben; sie stehen gewöhnlich auf Seiten des Menschen im Gegensatz zu den Feinden des Menschen; auf Seiten des
Volks im Gegensatz zu seinen Tyrannen; sie stehen, oder meinen
es wenigstens, auf Seiten der Wahrheit, der Gerechtigkeit und der
Liebe. Ich werde keinen Stein auf diese Männer werfen; ich werde
keine Schmähungen gegen sie ausstoßen; sie werden geschmäht genug, ohne daß ich dazu zu thun brauche. Ich fühle große Liebe
und sehr großes Mitleid für sie, wofür sie mir nicht danken werden,
wie ich glaube. Einige derselben kenne ich persönlich, Andere ihrem
Rufe nach, Einzelne aus ihren Schriften. Ich bin der Ansicht, daß sie in ihrem sittlichen und religiösen Wachsthum über
sehr vielen Männern stehen, die immer zu Gott sagen: „Ich gehe,
Herr", und doch nicht vom Fleck kommen. Es sind Männer, die
selbst Opfer gebracht haben, um sich treu zu sein; und ohne es zu
zu wissen, haben sie viel praktische Religiosität, sowohl in der subjektiven Form der Frömmigkeit, als in der objektiven Form persönlicher und socialer Sittlichkeit." Man sieht, die Atheisten dürfen
sich ihm gegenüber nicht über Härte, Verketzerungssucht, persönliche
Verfolgungssucht ec. beschweren. Er bringt keine unehrlichen Waffen
gegen sie in Anwendung, aber er windet hiermit zugleich auch ihnen derartige Waffen aus der Hand; sie werden sich seinen An-
griffen gegenüber nicht mit dem Nimbus unschuldig Verfolgter umgeben dürfen. Eher werden sie in die eigenthümliche Lage kommen,
sich gegen seine Gerechtigkeit zu wehren. Denn er ist in der That
gerechter gegen sie, als sie gegen sich selbst sind. Er erklärt ausdrücklich: er glaube nicht, daß solche Männer wirkliche Atheisten
seien, obschon sie sich selbst dafür halten. Wenn Thoren sprechen,
es sei kein Gott, so müsse man glauben, daß sie auch so denken;

wenn aber ein Philosoph dasselbe sage, so sei anzunehmen, daß er es nicht wirklich denke, sondern nur denke, daß er es denke. Ein philosophischer und konsequenter Atheist sei nach seiner Ansicht eine eben so große Unmöglichkeit, als ein Mathematiker, der nicht Zwei zählen könne, oder als ein rundes Viereck, oder als ein dreieckiger Kreis.

Parker betrachtet also den philosophischen Atheismus von vorn herein als einen unhaltbaren Irrthum, als eine Selbsttäuschung. Indem er die Bekenner desselben gegen ihr eigenes Bekenntniß vertheidigt, erklärt er den Inhalt ihres Bekenntnisses für einen Unsinn, für ein Hirngespinnst. Was sie vom Gottesbegriff behaupten, behauptet er von ihrer Gottesleugnung. Der angebliche Atheismus ist für Parker theils ein blos formeller, theils ein wesentlicher. Sage Jemand, es sei kein Gott, betrachte aber als die Gesammtsumme alles Seins die Natur, erkenne diese als mächtig, weise und gut, als die Urquelle ihrer selbst und aller Ordnung und Schönheit, aller Harmonie und Zweckmäßigkeit in ihr, so sei die Verneinung Gottes nur eine formelle, keine wesentliche. Alle Eigenschaften Gottes würden zugestanden, nur der Träger derselben nicht Gott, sondern Natur genannt. Das sei ein bloßer Namenwechsel, und ein solcher sei es auch blos, wenn Jemand den Inbegriff der göttlichen Eigenschaften Himmel, Weltall, Materie, Geist, Allah, natura naturans, oder sonst wie nenne. Er könne eine solche Konfusion der Begriffe nicht billigen, denn es sei nothwendig, jedes Ding beim rechten Namen zu nennen; gleichwohl stehe er davon ab, mit Gottesleugnern dieser Art wegen des bloßen Namens zu streiten. Seine Polemik richtet sich daher nur gegen den wesentlichen Atheismus. Als solcher gilt ihm die Verleugnung irgend eines Gottes, eine Verleugnung des dem Gottesbegriff Entsprechenden, wie dasselbe auch immer heißen möge, eine Verneinung der Wahrheit aller möglichen Ideen von Gott. Auch dieser wesentliche Atheismus gilt ihm als ein Widerspruch in sich, als keiner konsequenten Ausbildung fähig. Derselbe leugne, daß es überhaupt ein Wesen gebe, welches die Ursache und Vorsehung der Welt sei, und mit Absicht die Ordnung, die Schönheit und die Harmonie derselben mit ihren regelmäßigen Thätigkeitsformen hervorbringe. Wolle aber derselbe konsequent sein, so müsse er noch einen Schritt weiter gehen und leugnen, daß es überhaupt ein Gesetz, eine Ordnung, eine Harmonie und regelmäßige Thätigkeitsform in der Welt gebe. Wer diese Konsequenzen nicht ziehe, sei kein wahrer, kein wirklicher Atheist; wer sie aber ziehe, für den gebe es kein Unendliches, sondern nur endliche Dinge; das Weltall, die sinnliche wie die geistige Welt, sei ihm nur ein endliches Ganzes, das aus endlichen Theilen bestehe; jeder einzelne Theil sei unvollkommen, das Ganze sei unvollständig; das Ganze wie jeder einzelne Theil sei ohne Zweck, ohne Plan, ohne einheitlichen Zusammenhang. Gegen diesen konsequent ausgebildeten Atheismus, dem die extremen Richtungen des modernen Materialismus am nächsten kommen, richtet der Autor seine Polemik, indem er ihn einerseits in seiner wissenschaftlichen Unhaltbarkeit und Trostlosigkeit, andererseits in seiner Verderblichkeit für die Moral nachweist.

Er zeichnet ihn zunächst von Seiten der Art und Weise, wie er die Sinnenwelt auffaßt. Der wirkliche Atheist, sagt er, muß erklären, daß die Materie von Ewigkeit vorhanden, aber ohne Gedanken, ohne Willen ist; er muß von sämmtlichen Daseinsformen behaupten, daß sie rein „zufällig", d. h. durch den zufälligen Zusammenstoß der Materie, die keinen Gedanken oder Willen hat, also ohne Plan, ohne Endzweck, ohne Vorsehung entstanden sind. Wie aber, fragt er nun weiter, entspricht dieser Vorstellung die wirkliche Welt? Sie stehe damit geradezu im Widerspruch. Blicken wir zunächst auf die Welt im Großen, namentlich auf das Sonnensystem, so finden wir hier umgekehrt die entschiedenste Ordnung, Planmäßigkeit, Gesetzmäßigkeit. Die Gesetze, die hier herrschen, sind so bestimmt, daß „ein Astronom, der die Störungen eines entfernten Planeten untersucht, dessen Erscheinungen sich durch die Attraction der als vorhanden gekannten Körper nicht erklären lassen, auf das Vorhandensein eines andern Planeten schließt, der die unerklärlichen Erscheinungen veranlaßt. Ja, durch Berechnung bestimmt er seine Stelle und seine Größe, und schließt auf die Thatsache des neuen Planeten, der sich außerhalb des äußersten Ringes des Sonnensystems befindet: in einer bestimmten Stunde wendet er sein Teleskop der berechneten Stelle zu, und zum erstenmal zeigt sich der

Stern Leverriers dem Auge des selbstbewußten Menschen."¹) Zu welcher Annahme ist nun der Atheist dem gegenüber genöthigt? Er muß behaupten, daß „diese Gesammtordnung des Sonnensystems durch einen zufälligen Zusammenstoß der Materie hervorgebracht wurde, und von keiner Weltseele, keinem Plan und keinem Endzweck im Weltall zeugt. Das ist thöricht. Man könnte eben so gut das thatsächlich vorhandene Gesetz des Sonnnensystems oder das Vorhandensein der Sonne oder seiner selbst in Abrede stellen, als leugnen, daß die Thatsachen, die eine solche Ordnung bekunden, nicht von einem Geist Zeugniß ablegen, einen Plan verkünden, und einem im Voraus berechneten Zweck dienen." Ganz in derselben Lage befindet sich der Atheist allen übrigen gesetzmäßigen Naturerscheinungen, z. B. den Thätigkeitsäußerungen der Luft gegenüber, deren Zusammensetzung genau den Zwecken entspricht, denen wir sie dienen sehen; denn ändert man diese Zusammensetzung, so ändert man auch ihr Vermögen als Mittel der Ausdünstung, der Vegetation, der Reinigung, des Athemholens, der Verbindung durch Licht und Schall, und der Verbrennung. Der Atheist muß auch Dies, wie Alles, für einen bloßen Zufall, für die Folge eines zufälligen Zusammenstoßes der Materie erklären. „Wenn ich sagen wollte," fährt Parker fort, „daß dieser Vortrag durch den Zusammenstoß der Materie entstanden wäre, daß ich letzten Montag Tinte, Feder und Papier in einen Schreibtisch geschlossen, und heute den Vortrag gefunden hätte, der durch den zufälligen Zusammenstoß von Tinte, Feder und Papier entstanden wäre, so würde Jedermann denken, ich sei sehr thöricht. Und dennoch würde ich nicht eine so große Thorheit begehen, als wenn ich sagen wollte, die Zusammensetzung der Luft käme von dem zufälligen Zusammenstoß von Atomen her; denn es erfordert einen größern Geist, um die Luft zusammenzusetzen, welche in einen Fingerhut geht, als alle Vorträge und die ganze Literatur der Welt hervorzubringen. Wenn aber etwa der Atheist sagt, in der Materie befinde sich der denkende Geist, welcher die Planeten ordnet, ihre Entfernungen, ihre Umdrehungen, ihre

---

¹) S. hierüber Ausführlicheres in unsern: „Reden wider den Unglauben.

beständigen Thätigkeitsformen regelt; und dieser denkende Geist in der Materie ordne auch die Elemente in der Luft, so daß sie alle die genannten Funktionen und noch viele andere verrichten — dann ist er seinem Atheismus untreu, denn er leugnet nicht mehr die Eigenschaften Gottes, sondern nennt sie nur mit anderm Namen." Nach dem Atheismus müßte die Welt ein bloßer Mischmasch von einzelnen Theilen ohne Zusammenhang sein. Ein solcher ist sie aber thatsächlich nicht. Mithin ist die ganze Welt und jeder Theil des Weltalls ein Beweis gegen den Atheismus als Weltanschauung.

Der Redner entwirft nun ein Bild davon, wie sich im Auge des Atheisten das menschliche Leben ausnehmen muß. Für ihn gebe es in der Welt keinen selbstbewußten Geist als Menschengeist, und der sei ziemlich klein und unklar. Der Mensch treibe in dem Weltall dahin, und wisse wenig von sich selbst, nicht, wohin er gekommen, noch wohin er fahre. Es gebe keinen Geist, keine Vorsehung, keine Macht, die es besser wisse; es gebe Nichts, was den Menschen leite, während er ziellos dahintreibe, Nichts, was die Welt lenke, indem sie sich in der kreisenden Zeit umherwälze. Das ganze Leben habe keinen Zweck. Man sei fröhlich, die Freude sei recht hübsch, aber sie führe zu Nichts. Man sei traurig und leide, das sei schlimm, aber es stehe mit keinem Plan in Verbindung, der zu etwas Weiterm führen solle. Wenn das Menschenthum aufhöre, und der Leib sich auflöse, so führe dies Alles zu nichts Besserem. Es diene Jemand der Menschheit, und ernte dafür im Leben nur Haß und Verachtung; dagegen sei keine Abhülfe im Tode. Aus dem lebendigen Menschen werde ein todter Leichnam — das sei Alles, was Jemand von seiner Tugend habe. Ein Anderer sei ein tapferer Mann, er gehe in die Schlacht, sterbe den Tod für das Vaterland. Damit sei es mit ihm vorbei. Er sei ein Haufen Staub, den bald anderer Staub bedecken werde, sein Heldenmuth sei dahin, sei Nichts. Zu derselben Zeit sei ein Dritter ein Feigling gewesen; als die Kriegstrompete erklang, sei er hinter den Ofen gekrochen. Nun Alles vorüber, komme er mit heiler Haut wieder hervor, schreite zufrieden und freudig über des Andern unbegrabene Gebeine, und sage: „Ein rechter Thor, sein Leben für mich zu opfern und Nichts dafür zu haben!" Und der Atheist sage, er habe Recht.

Nenne man dem Atheisten die Seele, so antworte er: „Sprich mir nicht von Deiner Seele! Ich habe den Menschen mit dem Secirmesser in der Hand und mit dem Mikroskop untersucht, und habe keine Seele gefunden. Der Mensch besteht aus Knochen, Blut, Eingeweiden und Gehirn. Der Geist ist Materie. Zweifelst du daran? Hier ist Arnold's vollständige Gehirnkarte: da ist keine Seele angegeben, nichts als Nerven!"

Nachdem der Redner dieses Bild in die einzelsten Züge mit den lebendigsten Farben in seiner ganzen Trostlosigkeit ausgemalt hat, wirft er die Frage auf: ob eine solche Weltanschauung befriedigen könne? Darin, daß sie dies nicht kann, sieht er den Hauptbeweis ihrer Unwahrheit, ihrer Unhaltbarkeit; eine anderweitige, in wissenschaftlicher Form geführte Widerlegung hält er hier nicht für nothwendig. Dagegen werden freilich die Materialisten verächtlich die Achsel zucken, und es nicht als einen Beweis gelten lassen. Aber gleichwohl werden sie die Wirkung einer solchen Beweisführung schwer empfinden; denn in der That ist nichts so geeignet, den Atheismus in seiner Nichtigkeit zum Bewußtsein zu bringen, als in ähnlicher Weise, wie es von Parker geschehen, einen Blick in seine innere Oede und Leere zu eröffnen. Es giebt für den Atheismus keinen gefährlichern Gegner als ihn selbst. Er ist die absolute Negation, die sich selbst negirt.

In nicht minder treffenden Zügen malt der Redner den praktischen Atheismus. Wie es theoretische, spekulative Atheisten giebt, die in ihrem praktischen Leben keine sind, die religiöser, sittlicher, gottgemäßer handeln, als sie es eigentlich ihren atheistischen Maximen nach müßten, so giebt es umgekehrt auch praktische Atheisten, welche sich zwar vielleicht nicht offen zur Theorie des Atheismus bekennen, aber wenn nicht durchaus, doch größtentheils so handeln, wie wenn sie Atheisten wären. Diese praktischen Atheisten gelten dem Redner als die verwerflichsten, als die gefährlichsten. Für sie wird die Gottesleugnung mit allen ihren Konsequenzen zum Grundsatz ihrer Handlungsweise. Der praktische Atheist muß nothwendiger Weise glauben, daß der Mensch keine natürliche und absolute

Verpflichtung hat, wahr zu denken, recht zu handeln, menschenfreundlich zu fühlen und heilig zu leben. Er muß in Abrede stellen, daß es eine solche Pflicht gegen Gott giebt, weil er das Dasein Gottes leugnet, oder weil er das Dasein der Eigenschaften Gottes leugnet; und er muß leugnen, daß er diese Verpflichtung gegen sich selbst hat; denn da der Mensch sein eigener Geist, seine eigene Ursache, seine eigene Vorsehung, sein eigener Gesetzgeber und Führer ist, so ist auch jede Neigung des Menschen gleichfalls ihre eigene Ursache, ihr eigener Geist, ihr eigener Gesetzgeber und Führer. Deswegen ist die Leidenschaft der Vernunft und dem Gewissen eben so wenig verantwortlich, als die Vernunft und das Gewissen der Leidenschaft verantwortlich sind. Die Theile sind dem Ganzen eben so wenig verantwortlich, als das ganze einem Theil. Der Mensch ist endlich, und es giebt kein höheres Wesen über dem Menschen; eben so giebt es kein höheres Gesetz, als die Laune irgend einer Leidenschaft oder irgend einer Berechnung. Der Mensch kann Alles wollen, was er will, und es wird sein Gesetz sein. Es giebt also für den praktischen Atheisten keine Rechtsidee, kein Sittengesetz, keine Religion, keine Ehrfurcht und keine Liebe. Er kennt nichts Höheres, als die Sinnenwelt, nichts Höheres, als die Befriedigung seiner Launen und Begierden. Die vollendete Selbstsucht ist sein Lebensprincip.

Nach dieser Schilderung des praktischen Atheismus in seinen allgemeinen Zügen zeichnet ihn der Redner, wie er sich in den verschiedenen Formen des persönlichen, häuslichen, gesellschaftlichen, nationalen und des allgemein menschlichen Lebens offenbart, und zeigt, daß die vollendete Selbstsucht, zum Prinzip erhoben, in allen Sphären nur zerstörend wirken könne. Er vergleicht dieselbe mit einer Kreuzspinne. „Die französischen Philosophen im letzten Jahrhundert", erzählt er, „dachten, daß die Spinne noch nicht ihre ganze Aufgabe erfüllt habe, sondern daß man sie zu Zwecken der Fabrikation und Manufaktur unter den Menschen brauchen könne. Sie dachten, sie können vom Mund der Spinne den Faden eines Gewebes gesponnen bekommen, der noch feiner wäre, als der des Seidenwurms. Die Spinne lebt nicht heerdenweise; die Philosophen sammelten eine zahllose Schaar der Insekten und schlossen sie in einem Zimmer ein, und ließen sie anfangen zu weben, indem sie sie mit Fliegen und anderer Nahrung fütterten, wonach die Spinnen verlangten. Nach einigen Tagen war nur noch eine einzige Spinne übrig; sie kämpften mit einander, bis die Königsspinne die einzige übrige war, und die Selbstsucht sich **aufgefressen** hatte."

## II.

Herr Parker hat es sich leicht gemacht, indem er seine Polemik nur gegen die beiden äußersten Extreme, **den Atheismus und den Kirchenglauben,** welchen letzteren er **Dogmatismus** nennt, richtet, was allerdings viel leichter ist, als dem Pantheismus und Deismus zu Leibe zu rücken, um so mehr, als sein Theismus doch nur ein Gemisch von Pantheismus und Deismus ist, so daß er seine eigenen besten Argumente hätte hingeben müssen, wenn er jene hätte bekämpfen wollen. Allerdings nennt er den Kirchenglauben mit nicht vollem Rechte Dogmatismus. Dieser Name gebührt eigentlich jeder Lehre, welche positive Sätze aufstellt, weshalb die alten Skeptiker alle philosophischen Schulen außer der ihrigen so benannten. Sie sahen nicht, daß sie selbst doch auch Dogmen aufstellten; denn indem sie dem menschlichen Geiste die Erkenntnißfähigkeit absprachen und die Wahrnehmungen der Sinne für Trug erklärten, hatten sie hiermit erst zu erweisende Lehrsätze aufgestellt. Konsequenter Weise mußten sie diese ihre eigenen Lehrsätze und ihre Beweisführung bezweifeln, und wenn sie den Satz aussprachen: „es ist nichts wahr", so durfte auch dieser Satz ihnen nicht als wahr gelten. Der Geist der Verneinung endet stets mit der Selbstvernichtung und der konsequente Skeptizismus **kann nur in dem Aufhören alles Wahrnehmens und Denkens seinen Schluß finden.** Doch kehren wir zu Parker zurück. Er will den Namen Dogmatismus auf die Lehre anwenden, welche eine vernunftgemäße Begründung und Beweisführung ihrer Sätze nicht gestattet will, deren Dogmen als Mysterien dem unbedingten Glauben übergeben werden, auf den Kirchenglauben. Man ersieht hieraus schon, daß die Polemik Parker's nicht gegen das Judenthum, sondern allein gegen das Christenthum gerichtet sein kann. Denn wenn auch das Judenthum seine bestimmten Dogmen wie jede positive Religion und jede Philosophie hat, so gestattet es nicht nur, sondern verlangt auch eine vernunftgemäße Erkenntniß derselben; ja die heilige Schrift, indem sie Gott als den allweisen und allgütigen Schöpfer aller Dinge lehrt, fordert uns oft genug auf, diese Wesen zu „befragen", zu diesen Himmelskörpern aufzuschauen: „wer erkennet nicht an allen diesen, daß des Ewigen Hand sie geschaffen?" Mögen die Philosophen immerhin behaupten, daß es dem Menschen nicht möglich sei, eine vollkommene Beweisführung für diese Lehren zu Stande zu bringen, so geben sie doch Alle zu, daß diese Lehren der Vernunft nicht widersprechen, daß wir also eine vernünftige Begründung nicht abzuwehren und den unbedingten Glauben nicht zu Hülfe zu rufen haben. Die Lehre des Judenthums ist der aus der Offenbarung geflossene und durch die Geschichte getragene Deismus und hat demnach mit dem von Parker bekämpften Dogmatismus oder Kirchenglauben nichts zu thun. Wir heben dies um so mehr hervor, als die Redaktion der Augsb. Allg. Ztg. einen Theil der Parker'schen Polemik von der christlichen Kirchenlehre ab- und auf die Schultern des Judenthums wälzen will. Parker will nämlich durch die Dogmen der christlichen Kirche hindurch, wie durch die Erbsünde, die Mittlerschaft u. s. w. den Gott der Kirche als einen begrenzten, nicht unendlichen, als einen grausamen Gott nachweisen. Die Augsb. Allg. Ztg. bemerkt hierzu, daß Parker den Gott des alten Testaments mit dem des neuen konfundire. Es ist dies die alte Illusion, die so oft widerlegt, doch immer wieder vorgetragen wird, weil — sie eben so bequem ist. Aber sie ist unwahr durch und durch. Der Gott, der Israel als das höchste Gebot: „Liebe den Ewigen deinen Gott von deinem ganzen Herzen und von deiner ganzen Seele und von deinem ganzen Vermögen" auferlegte, wie sollte der ein grausamer, ein zorniger Gott sein? welcher Grausame kann und will geliebt sein? Eine Religion, die unter ihren Bekenntnißformeln als eine der ersten obenan stellt: „Der Ewige, der Ewige, gnädig und barmherzig, voll unendlicher Wahrheit und Liebe, der Missethat, Sünde und Schuld vergiebt u. s. w.", lehrt diese einen grausamen und begrenzten Gott? Eine Religion, welche auf der ersten Seite ihrer heiligen Schrift die Vollkommenheit der von Gott geschaffenen Welt ausspricht, muß doch wohl einen vollkommenen Gott lehren, welche die Existenz des Bösen in der Welt Gottes vom objektiven Standpunkt aus leugnet, kann doch wohl in Gott selbst nichts Böses und Leidenschaftliches zugeben; eine Religion, welche die Versöhnung Gottes allein von der Reue des Menschen abhängig macht, welche jedem Sünder durch reuige Umkehr die Tilgung seiner Schuldhaftigkeit verheißt, welche allen Menschen durch einen gerechten Lebenswandel ihren „Antheil am ewigen Leben" zuspricht, und nicht Milliarden Menschenseelen von der Seligkeit ausschließt, weil sie gewisse Dogmen nicht annehmen, die sie entweder gar nicht kennen, oder sich von ihnen nicht überzeugen können — diese Religion sollte einen grausamen Gott lehren?... Fürwahr, es ist bei Erwägung alles Dessen oft sehr schwer, unsere Gegner nicht der absichtlichsten Herzenshärtigkeit zu beschuldigen, welche sie noch dazu so gern uns in die Schuhe schieben. Allein da halten sie sich gern an einzelne Phrasen, die bei Moscheh und den Propheten vorkommen, und welche die, die Sünder treffende Strafe in scharfen, sogar schroffen Worten ausdrücken. Allein es ist doch wohl ein ganz Anderes um die eigentlichen, konkret hingestellten und systematisch durchgeführten Lehren, die sich als die wirklichen Lehrsätze kund geben und welche alle Institutionen durchdringen, als um einige rhetorische Floskeln in einem das Leben schildernden Buche, in Momenten, wo der entflammte Redner das entartete, abtrünnige Volk in Schrecken setzen will, ein Volk, welches noch zu kindlich roh und ungebildet, um abstrakte Lehren verstehen zu können, sondern das fest gepackt sein wollte, um der Führung zum Rechten und Guten sich hinzugeben. Möge man daher endlich diese, immer noch so geläufige, aber eben so oberflächliche wie trügerische Bezüchtigung fahren lassen und sie zu dem Altenweibergeschwätz werfen, zu dem sie gehört. Allerdings lehrt das Judenthum auch die Vergeltung des Bösen durch Gott, und daß die sittliche Welt durch die göttliche Vergeltung immerfort zur höheren Ausgleichung geführt wird. Darin liegt aber eben die Nichteinseitigkeit der jüdischen Lehre, und daß diese das Verhältniß Gottes zum Menschen als ein vollkommenes aufzufassen versteht.

## III.

Der Pantheismus hält Gott und die Welt für identisch, für Ein und Dasselbe, der Deismus lehrt Gott und die Welt verschieden, der Theismus, wie er von deutschen Philosophen zuerst ausgesprochen, jetzt in Nordamerika verarbeitet wird, will aus beiden eine Mischung bereiten, eine Mitte ziehen. Doch wenden wir uns zunächst zum Pantheismus.

Gott und die Welt ist Eines und Dasselbe. Aber, fragen wir zuerst, was wissen wir von der Welt? Die Welt ist die Gesammtheit der Wesen, der wahrnehmbaren Dinge. Aber kennen wir diese Gesammtheit? ihre Ausdehnung und Grenzen? ihre Organisation, ihren Zusammenhang? Man sagt, sie sei unbegrenzt, unendlich — aber alle Wesen, die wir kennen, haben dennoch ihre bestimmte Zahl, so groß diese auch sei. Es giebt so und so viele Löwen, so und so viele Pferde, und eben so und so viele Mollusken. Was wahrnehmbar ist, hat Grenzen. Die Summe des Wahrnehmbaren muß demnach auch Grenzen haben. Für uns ist sie unbegrenzt. Aber was will das heißen? Wir kennen von dieser Welt nichts weiter als einen Theil unserer Erdoberfläche, eine geringe Tiefe der Erdkruste, einen großen Theil der darauf lebenden Wesen; wir kennen dann den Lauf und die Größe einer Anzahl solcher Erden, wissen, wie diese mit unserer Sonne, deren Beschaffenheit wir aber heute noch so wenig kennen, wie vor Jahrtausenden, ein Sonnensystem bilden, zählen eine Menge sogenannter Fixsterne, die wir für ähnliche Sonnen ähnlicher Systeme halten — dies ist Alles, was wir von der Welt wissen. Ueber die Welt als Ganzes haben wir also weder Kenntniß noch Urtheil, und Alles, was wir von ihr sagen, gilt demnach nur von dem unendlich kleinen Bruchtheil, der unserer Beobachtung unterliegt, gilt nur von den Wesen, die wir kennen. Es ist daher reine Illusion von uns, von der Gesammtheit Etwas auszusagen, und der aufrichtige Pantheist muß zugestehen, daß seine Phrase: „Gott und die Welt sind identisch", eigentlich nichts Anderes heißt: Gott und die Anzahl Wesen, der Haufen wahrnehmbarer Dinge, die wir kennen, sind identisch — eine Assertion, die ihn doch selbst stutzig machen muß.

Die Wesen, die wir kennen, sind sämmtlich gewordene und vergängliche. Aber noch mehr. Auch die Wesenreihen und Gattungen sind gewordene und vergängliche. Den Beweis dafür liefern die Ueberreste der einer früheren Erdformation angehörenden Geschöpfe. Bei aller Analogie waren sie doch gänzlich von den gegenwärtigen Pflanzen und Thieren verschieden; ihr Untergang war, wie sie uns selbst bezeugen, ein plötzlicher. Sie setzen völlig andere klimatische Verhältnisse der Erde voraus. Die Formation der Gesteine gehört verschiedenen Perioden unserer Erdbildung an. Die Vertheilung des Wassers und des Festlandes auf der Erde war eine sehr verschiedene. Die Beschaffenheit unserer Erdoberfläche zeigt, daß auch hierin die Veränderungen mit plötzlichen Revolutionen und Eruptionen verbunden und deren Folgen waren. Die Kometen werden mit Recht als die Anfänge neuer planetarischer Körper betrachtet, deren Zusammenhang und Verdichtung entweder durch eine ungeheure Reihe von Jahren oder durch Einwirkungen uns unbekannter Art vor sich geht. Dem Pantheisten ist also Gott mit der Anzahl gewordener und vergänglicher Wesen, ja plötzlich vergangener und gewordener Wesenreihen identisch, eine Folgerung, die ihm selbst den vollsten Widerspruch seines Philosophems aufdecken muß.

Aber der Pantheist sagt: Das Göttliche in den Wesen ist nicht das Wesen und der Stoff, aus dem es besteht, an sich, sondern das Gesetz, nach welchem das Wesen wird, ist und vergeht. Diese Gesetze, wie sie in allen Wesen sich manifestiren, und wie sie ineinandergreifend die Welt in ihrer Ordnung erhalten, sind das Göttliche, Gott. Aber kann dem Pantheisten dieses Gesetz ein vom Wesen getrenntes, den Wesen imprägnirtes, gegebenes sein? Nimmermehr. Damit hätte er das Dasein eines Transscendentalen zugestanden, und um dieses zu leugnen, ist sein ganzes Philosophem aufgestellt. Dieses Gesetz kann ihm vielmehr nur die dem Stoffe einwohnende Nothwendigkeit sein, die an und in dem Stoffe selbst ist, und den Stoff aus ihm selbst heraus zu allen seinen Gestaltungen und Prozessen bringt. Denn sonst müßte der Pantheist selbst fragen: wer hat dem Stoffe dieses Gesetz gegeben, wer mit ihm verbunden, so es nicht des Stoffes selbst ist? Hiermit ist aber die Klippe des Pantheismus aufs Schärfste gezeichnet. Wir wollen hier nicht die Wunder der Generation überhaupt hervorheben. Das Geheimniß des Werdens widerstrebt aller Forschung der Naturwissenschaft. Allein der Pantheist kann hier immer noch den Impuls des Lebens aus einem schon bestehenden Leben hervorleiten. Aber wie sind die Wesenreihen, die Gattungen geworden? Wie die neuen, nachdem die alten, gänzlich verschiedenen plötzlich untergegangen waren? Die Wissenschaft, welche der Pantheismus lange Zeit gern zu seinem Vortheile ausbeutete, schlägt in ihren Fortschritten denselben geradezu ins Angesicht. Sie zeigt, daß alle Wesen, anorganische und organische, aus denselben Grundelementen bestehen. Wie soll nun in diesen selbigen Elementen die Nothwendigkeit bestehen, hier zu Granit, Syenit, Porphyr oder Krystall, dort zur Lilie oder Rose, zur Ceder oder Eiche, da zum Menschen, Pferde, zur Schlange, zum Adler oder Haifisch zu werden? Wie kann denselben Grundelementen die Nothwendigkeit einwohnen, zu Nerv oder Knochen, zur Arterie oder Sehne mit dieser Gestalt und diesem Verlaufe zu werden? Dieselbe Wissenschaft lehrt uns, alle Vorgänge, auch in den organischen Wesen, auf chemische und physikalische Prozesse zurückzuführen, nur mit Ausnahme der willkürlichen Bewegung und der Fortpflanzung. Dem Pantheisten bleibt es aber unmöglich, wie die willkürliche Bewegung und die Fortpflanzung als dem Stoffe inhärirende Nothwendigkeit zu erklären sei, da beide geradezu das Gegentheil der letzteren sind. Hierzu kommen noch Gattungsgesetze, wie z. B. das Verhältniß der männlichen und weiblichen Geburten zu einander, die durch ein den Individuen einwohnendes Gesetz durchaus nicht erklärt werden können. So ist es dem Pantheismus völlig unmöglich, irgend einen Schöpfungsakt zu erklären; dieser tritt ihm als ein völliger Widerspruch entgegen. Der Pantheismus unterscheidet sich daher von dem Atheismus nur durch das Zugeständniß eines Gesetzes und einer Ordnung in der Natur, die er nicht leugnen kann und will, die er nun Gott nennt, deren Dasein als eine dem Stoffe einwohnende Nothwendigkeit ihn zur Leugnung aller Freiheit und zum vollen Widerspruch mit sich selbst bringt. Im Fortgange muß der Pantheist aber dennoch vor der Frage stehen bleiben. woher der Stoff? und woher das dem Stoffe einwohnende Gesetz, sich so und so zu bilden, zu gestalten, zu sein und zu vergehen? Ueber diese Frage kann er in keiner Weise hinaus; und erwägen wir hierzu, daß er das Gesetz des individuellen Daseins in den Grundelementen als früher vorhanden voraussetzen muß, als dieses Dasein selbst wird, da jenes Gesetz es erst hervorrufen muß, so häufen sich der unüberwindlichen Schwierigkeiten immer mehrere. Endlich: wie einigen sich die sämmtlichen individuellen Wesen zum großen Ganzen? wie ist es gekommen, daß, wenn auch in den Grundelementen das in ihnen vorhandene Gesetz zur Bildung der individuellen Wesen ausgereicht, daß die verschiedenen Wesenreihen und Gattungen so ineinandergreifen, daß sie sich gegenseitig ergänzen, daß Pflanzen und Thiere und deren verschiedene Arten zur gegenseitigen Erhaltung dienen, daß es leuchtende und erleuchtete Weltkörper in geeignetem Verhältniß zu einander giebt u. s. f.? Denn da das All nur aus einzelnen Wesen besteht, wodurch ist diese Weltordnung hervorgebracht, da der Pantheist ja doch kein transcendentales allgemeines Gesetz, das an keinem besonderen Wesen ist, annehmen darf?

Wir haben aber der pantheistischen Anschauung noch einen besonderen Einwand zu stellen. Wie will sie denn beweisen, daß in der Natur wirklich eine unbedingte Nothwendigkeit vorhanden ist? im Gegentheil können wir uns selbst nach den vorhandenen Gesetzen viele Dinge ganz anders denken, als sie sind, so daß ein zwischen den Möglichkeiten wählender Schöpfungsgedanke gar nicht zu verkennen ist. Unser Sonnensystem hat durchaus keine regelmäßige Einrichtung. Wir können uns ein solches System mit viel größerer Regelmäßigkeit der Vertheilung der Planeten, ihrer Größen, ihrer Entfernungen und Bahnen denken, und die Gesetze der Anziehung hätten nach genauer Berechnung eine solche regelmäßigere Beschaffenheit vollständig zugelassen. Aber es sollte in der Schöpfung bei der größten Einfachheit der Gesetze die größte Mannichfaltigkeit des Daseins und Lebens vorhanden sein, und zu diesem Zwecke wurde die Regelmäßigkeit in dem Sonnensystem nicht bethätigt. So können wir uns auch denken, daß, so gut wie bei der großen Mehrheit der Pflanzen auch bei den Thieren die beiden Geschlechter in den Individuen nicht getrennt zu sein brauchten; aber welche Mannichfaltigkeit der Lebensformen und Lebensverhältnisse würden damit in Wegfall gekommen sein? So treten uns aus jeder vernünftigen Naturanschauung unwiderlegbar die Schöpfergedanken als Thatsachen entgegen, welche eine unbedingte Nothwendigkeit nicht konstatiren, sondern die freie Waltung eines Schöpfergeistes.

Wir haben schon oben gesehen, daß dem Pantheisten die Freiheit der willkürlichen Bewegung unerklärbar bleibt. Alle physikalische Deutung vermittelst elektrischer und magnetischer Strömungen bringt über den Differenzpunkt nicht hinaus, wo der Gedanke die elektrische Batterie im Nerven- und Muskelapparat in Bewegung setzt. Noch weniger kann er daher das Selbstbewußtsein und die sittliche Freiheit begreifen. Alle Versuche der **Pantheisten**, hierüber sich klar zu machen, ergaben entweder **eine grobe Leugnung**, oder gestanden zuletzt ihre Nichtigkeit selbst ein. Jene Leugnung des Selbstbewußtseins und der sittlichen Freiheit läuft aber der stündlichen, ja minütlichen Erfahrung so schnurstracks zuwider, daß sie nur stets als Frechheit oder hartnäckige Selbstverblendung aufgenommen werden konnte. Darüber nur ein Wort zu verlieren, wäre sich gleicher Lächerlichkeit schuldig machen. Noch weniger kann der Pantheist eine sittliche Weltordnung, eine göttliche Vorsehung zugeben, und hierin tritt er offener und unumwundener auf, weil hier die Widerlegung tiefer liegt. Hiermit stellt sich aber der Pantheist auf diesem Gebiete dem Atheisten völlig gleich. Aus der Natur folgt ihm das Gesetz, das er Gott nennt, nicht mit auf das sittliche Gebiet, und jenen wie diesen empfängt hier dieselbe Trostlosigkeit. Wie Beide hiermit aber der ganzen inneren Menschennatur widersprechen, wie hierin gegen sie nicht blos die Voraussetzungen und Folgerungen des Verstandes, sondern alle unsere Gefühle und Empfindungen, alle unsere Erfahrungen und Erlebnisse sich auflehnen, ist Jedem klar.

In der That ist es nur aus den eigenthümlichen Komplikationen der Neuzeit erklärlich, daß dieses moderne Heidenthum des Pantheismus noch seine tieferen und oberflächlichen Anhänger finden kann. Von der einen Seite die Uebertreibungen des kirchlichen Dogmatismus, von der anderen Seite die Oberflächlichkeit des ra-

tionalistischen Deismus könnten allein dahin treiben. Dennoch ist
nicht zu fürchten, daß der Pantheismus eine allgemeine Verbreitung
finden könnte, wenn immer und immer wieder eine unparteiische,
ruhige und klare Widerlegung gegeben wird. Denn was dem Pantheismus einigen Vorschub leistet, ist allein, daß oberflächliche und
seichte Geister so gern den Worten Solcher folgen, welche ihnen
den Schein und falschen Ruhm einer freieren Geistesrichtung, der
Befreiung von Vorurtheilen und altem Glauben versprechen.
Schieben wir vielmehr den Vorwurf des Vorurtheils dem Pantheisten zurück, und zeigen, daß sein Philosophem nur aus Vorurtheilen gegen Das entspringt, was Wissenschaft und Geschichte,
Vernunft und Herz in ihrer Klarheit schauen und lehren.

### IV.

Nein! Der Atheismus und Pantheismus widersprechen der
ganzen Menschennatur! Sie, die mit allen ihren Fibern und
Fasern, mit allen ihren Kräften und Thätigkeiten, aus allen ihren
Höhen und Tiefen von dem lebendigen Gotte zeugt, sie wird jenen
beiden Philosophemen niemals das Recht wahrhafter Ueberzeugung
einräumen; sie wird sie immer nur als schiffbrüchige Theorieen ansehen, als Ausläufe von Voraussetzungen, welche im Widerspruch
mit ihr aufgestellt sind, als Wege, die wohl des philosophischen
Denkens wegen begangen werden müssen, aber nur, um zu erkennen, in welche Trümmeröde sie führen. Der Atheismus setzt statt
des lebendigen Gottes die todte Wüste der Materie, der Pantheismus das starre Gesetz, das seiner selbst nicht bewußt wird, keiner
Freiheit, also auch keines Lebens befähigt ist. Aber nicht minder
trägt auch der Dogmatismus, d. i. der Kirchenglaube, wie ihn
Parker benennt, den Widerspruch mit der Totalität der Menschennatur in sich, und macht aus dem lebendigen Gotte einen Buch-
stabengott, einen beschränkten, dem Menschen entrückten und leidenschaftlichen Gott, der die größere Hälfte der Menschheit um der
kleineren willen opfert, und wenn es dennoch dem Dogmatismus
gelang, viele Geister zu erfüllen und zu enthusiasmiren, so vermochte er dies nur durch zwei Agentien, indem er verstand die
Phantasie anzuregen und die Dogmen mit ihren Bildern zu um-

kleiden, andererseits die Verzweiflung des Menschenherzens zu benutzen, ihm den vermeintlichen Pfad des alleinigen Heils zu eröffnen.

Ich stieg jüngst aus einem lieblichen Alpenthale über blumenreiche Matten eine steile, hohe Felswand hinauf. Stundenlang mußte der Fuß über Geröll und Klippen einen Weg suchen, der ihn über den Rand des ungeheuren Abhanges bringe. Oben angelangt, **in einer Höhe von fast 6000 Fuß**, trat ich in eine neue, abgeschlossene Welt. Riesige Kuppen wölbten sich immer höher und höher, gewaltige Gletscher und stundenweite Schneefelder tragend; neue Felswände stiegen in den Himmel hinauf; ringsum zahllose Blöcke von allen Dimensionen; zwischen ihnen ein kleiner, dunkler See, der „Trübsee" genannt. Es war eine wahre Trümmerwelt mit Steinruinen in den vielfachsten und wunderbarsten Gestalten. Man mußte sagen: das ist kein Anfang einer Schöpfung, das ist das Ende einer solchen; hier haben furchtbare Gewalten die ursprüngliche Formation zersprengt, zerrissen, explodirt und die Trümmer nach allen Richtungen hin geschleudert. Es war eine Gewalt, die hier zerstörend wirkte, welche man den Tod des Gesteins nennen könnte. Und diese Gewalt, wenn auch in außerordentlich kleinerem Maße, aber überall, ist noch heute wirksam, sie zersprengt, zertrümmert und zerstört noch heute. Da stehen schmale Felswände, hinter denen Klüfte gähnen, und wenn diese sich mit Schnee und Wasser füllen, so sprengen sie im nächsten Frühjahr die schmale Basis der Wand ab, welche ihr Haupt in tausend Splittern in die Tiefe senkt. — Aber mitten in dieser Trümmerwelt, **mitten in diesem Todtenfelde der steinernen Erdriesen haben sich schwellende Hügel erhoben**, lieblich geschwungene Höhen, von Dammerde bedeckt, und eine unendliche Fülle des Lebens hat sich darüber gebreitet. Kaum daß das zertrümmerte Gestein wieder einen Ruheplatz gefunden, so haben die Flechten sich darüber gesponnen, die Moose, die Gräser, und jetzt sind es üppige Matten geworden; dein Fuß tritt mit Wohllust den schwellenden Rasen, die Ufer des dunkeln Trübsees sind von blumenreichen Auen umschlossen, eine Flora erblüht hier, wie du sie nicht im Thale, nicht auf der Ebene so mannichfaltig an Formen, so glänzend an Farben findest: zahllose Büsche von Alpenrosen, Genzianen mit den saftigst blauen Glocken, Primeln, Anemonen, Ranunkeln, Veronikas, Edelweiß, Achillien u. s. f. Da ist ein lustiges Schwirren der Käfer, ein Flattern der Schmetterlinge, da erhebt sich mancher Vogel und pfeift sein fröhliches Lied; aus dem ewigen Gletscher aber, dem krystallblauen, starren, rauscht der Gletscherbach hervor und tränkt die blühenden Matten und speist den dunkeln See, und bricht aus ihm hervor, und stürzt in tausend Wasserfällen über die Matten und durch die Forsten hinunter, und die Lawinen rollen donnernd in sein Bett, und der schmelzende Schnee fließt ihm in tausend Runsen zu. Und wenn nun der Juli zu Ende, da steigen die Sennen mit ihren Heerden auf die hohen Alpen hinauf, da ist es hier lebendig; die mächtigen Schweizerkühe, die stolzen Stiere voran, schreiten gravitätisch über die Almen, zahlreiche Pferde mit ihren Füllen tummeln sich umher, die zierlichen Ziegen klettern an den Felswänden hinan, wo ihnen außer dem Menschen keines Thieres Fuß folgt; das Läuten der Glöcklein am Halse aller dieser Thiere füllet das hohe, abgeschlossene Thal und der fröhliche Senne läßt dazwischen sein Jodeln hören. Sehet, das ist der lebendige Gott, der, wenn es Zeit ist, die Gestaltung zerschlägt, um auf ihre Trümmer eine neue Schöpfung zu bauen, nicht so kolossal, nicht so regelmäßig, nicht so einfach, aber mannichfaltiger, freier, edler, geistiger. Das ist kein Walten einer todten Materie, vom Zufall zusammengewürfelt; das ist kein Treiben eines starren Gesetzes, das nimmermehr Leben zu schaffen vermochte, das ist die immer erneuete Schöpfung des lebendigen Gottes, der seine Schöpfungsgedanken entworfen und sie ausführt in der Freiheit seiner Macht und seines Willens.

Ich wurde vor einiger Zeit nach einem benachbarten Hause gerufen, darin viele Jahre die Armuth und Entbehrung gewohnt und wo jetzt die Freude und das Glück eingezogen. Es waren alte, ehrliche Leute, deren Gewerbe aber in Stocken gerathen, und wo Verlust und Krankheit nach und nach Alles aufgezehrt hatten, was frühere Wohlhabenheit irgend zurückgelassen. Ihre Kinder waren früh heimgegangen, bis auf einen Jüngling, der vergebens gestrebt, im Vaterlande ein wohlverdientes Glück zu erringen. Er war vor Jahren über das Meer gegangen und siehe, jetzt war er heimgekehrt. In dem fernen Welttheil hatte er unendliche Schwierigkeiten zu überwinden, viele Jahre Knechtesdienste zu leisten, aber immer mit dem Gedanken im Herzen: Du mußt deiner Eltern verfallene Hütte aufbauen, bevor sie in ihr letztes Haus gegangen, darbte und arbeitete er und rang sich empor und machte das Erworbene zur ferneren Stufe in die Höhe, und nun war es ihm geglückt, und er konnte es sich nicht versagen, seine ersten Ersparnisse selbst nach der Heimath zu bringen, und so lag er in den Armen seiner alten Eltern, und konnte ihre ganze Zukunft sichern, und mit diesem beglückten Herzen zu seinem Berufe jenseit des Meeres zurückkehren. Zu dieser Freude wurde ich gerufen, dem es von Zeit zu Zeit gegönnt gewesen, die braven Alten zu unterstützen. Und einen solchen Moment zu erleben wünsche ich Jedem, der ein Herz hat, ihn zu empfinden. Dieser starke, junge Mann, der nicht blos mit seinem Geiste so viele Leiden und Mühen ertragen, und um dieser Stunde willen so viele Entbehrungen gelitten, sondern dessen Körper auch sich in der Schule so vieler Mühseligkeiten kräftig entwickelt hatte, und dessen Haltung durch das bewegte Leben und in dem freien Amerika so männlich geworden, dieser starke junge Mann schluchzte und weinte wie ein Kind in den Armen der zitternden Eltern, die vor Uebermaß der Freude sich kaum aufrecht erhalten konnten. Ja, das war der lebendige Gott, der in dem Herzen des Menschen die unerschöpflichen Quellen der Liebe geöffnet, die nun ihren himmlischen Thau fort und fort durch die Seelen rieseln lassen, solcher Liebe, welche den Jüngling über das Meer trieb, und über den Rücken des Oceans zurückführte, welche ihn Jahre lang arbeiten und darben ließ, nur um die letzten Tage der Eltern mit dem Rosenschimmer ungeahnten Glückes zu beleuchten. Erkläre dies, Mann der Materie, aus welchem Stoffe diese Stunde sich zusammengefunden. Erkläre dies, Mann der Nothwendigkeit, welches das Gesetz, nach welchem der Jüngling all diese Jahre so thun mußte und gar nicht anders konnte — du vermagst es nicht, denn es sind die Spuren des lebendigen Gottes, es ist sein Odem, den er dem Menschen „in die Nase gehaucht!"

Vor einiger Zeit erhielt ich einen Brief aus Paris, der mir

den Tod eines Mannes anzeigte, den ich seit früher Kindheit gekannt. Er war von kleiner, unansehnlicher Gestalt, aber mit einem höchst geistreichen Gesicht und den lebhaftesten dunklen Augen. Er war der Sohn einer armen Wittwe, welche sich und ihr Kind mit dem Gewerbe einer Köchin ernährte, bis — sie es eben nicht mehr vermochte. Aber in die Seele des Knaben war eine unüberwindliche Liebe zur Wissenschaft gekommen, es war ein Stück jener großen menschlichen Geisteswelt in seine Seele gefallen, welches den Leib verzehrt, der es zu tragen bestimmt ist. Sein ganzes Leben war dem Sterne gefolgt, der ihm am Morgen aufgegangen. Und welch ein Leben! Ohne Mittel, ohne Freunde hatte er immer und immer zu kämpfen um die nächsten und unentbehrlichsten Bedürfnisse, und auf welch geringes Maß hatte er diese zurückgeführt! Niemals habe ich ihn bedauert, daß er die Freuden des Lebens so wenig genossen, denn dafür hatte er Freuden, lautere, innigere, dauerndere aus dem Borne der Wissenschaft geschöpft. Aber wenn ihm die wichtigsten wissenschaftlichen Mittel zur Fortführung seiner Studien, zur Ausführung seiner Pläne fehlten, wenn er selbst das Geringe kaum zu erschwingen vermochte, was er brauchte, weil er es nicht über das Herz bringen konnte, seine Zeit auf Brotarbeiten zu verwenden, weil er dies für einen Diebstahl am Heiligthum seiner Wissenschaft hielt: dann empfand ich das tiefe Weh seines Geistes. Er speicherte ein enormes Wissen auf, aber die Vorsehung hate ihm doch die rechte Kraft und den rechten Trieb zum Schaffen versagt; er war nur wie Einer, der eine Höhe erklimmt, und von jeder erreichten Staffel nur eine höhere über sich gewahrt, und nimmer rastet, und immer weiter zu eilen sich getrieben fühlt. Jeder Schritt auf der Bahn des Wissens eröffnet ihm die Aussicht auf neue Pfade, und keinen derselben wollte er unbeschritten lassen. Das war sein ganzer Lebenslauf. Vergebens wurden ihm wiederholt Stellen und Aemter an Schulen, Lyceen, ja Akademieen angeboten, er wies sie immer ab, weil er nicht lehren, nur lernen wollte. Wie gesagt, sein Wissen war unermeßlich, aber eben so seine Herzensgüte, seine Humanität. Legte man ihm auch die schwersten Fragen vor, bat man ihn um die Lösung der schwierigsten Aufgaben, er opferte seine Tage und Nächte, um dem wissenschaftlichen Zwecke zu dienen. Er veröffentlichte, oder vielmehr er gab auf vieles Dringen seiner Freunde zu, von Zeit zu Zeit einige Bruchstücke seiner gelehrten Arbeiten zu veröffentlichen, welche das Erstaunen der gelehrten Welt erregten, aber nicht ihre Bewunderung, weil sie eben nur Bruchstücke blieben. Auf Umwegen gelang es, ihm ein kleines Jahrgeld, das die Hand einer edlen Dame ihm bestimmte, zufließen zu lassen. Mit der Geschichte der Astronomie bei den Arabern beschäftigt, auf deren Forschung er bereits ein Jahrzehnt verwendet hatte, starb er in einem der vielen Dachstübchen der zahllosen großen Häuser von Paris an der Auszehrung; sein Tod wurde erst 24 Stunden später bemerkt, als er eingetreten. Die Hand eines gelehrten Freundes ist jetzt beschäftigt, aus dem großen Schatze seiner hinterlassenen Arbeiten und Studien das Wichtigste und Abgerundetste herauszuschaffen. Wir stehen an dem einfachen Grabe dieses Märtyrers der Wissenschaft und des Geisteslebens. Woher kam in die Seele dieses unscheinbaren Menschen die unendliche Sehnsucht nach Erkenntniß, der unerschöpfliche Trieb zum Schauen und Forschen, die nie befriedigte Lust am Suchen und Finden, vor der alle Stimmen der Erde und des Lebens verstummten, und die mitten in Entbehrung und Siechthum, als der zarte Körper schon zerfiel, gleich mächtig aufgerichtet stand und in die Himmel hineinschaute? Woher sie gekommen? Fürwahr, nicht von Eurem todten Stoffe oder von Eurem unmotivirten Gesetze, Ihr Jünger des Atheismus und Pantheismus, sondern allein von dem lebendigen Gotte, der von seinem Geiste in den Menschen gethan, von seinem Geiste, der ihn nun über die Erde und die Sonne und die Sterne hinweg in die Tiefen des Himmels, das ist des göttlichen Geistes, hineinschauen läßt, daß vor dem Verlangen nach diesem Lichte alle anderen kleineren Lichter des Lebens und der Erde verlöschen. Ja, diesen Geist vom Geiste des lebendigen Gottes, wenn Ihr, Jünger des Atheismus und Pantheismus, ihn nicht erklären könnet, solltet Ihr ihn auch nicht leugnen... Ihr verleugnet damit auch Euch selbst.

### V.

Der Theismus sagt: Der Pantheismus macht Gott zu einem beschränkten, endlichen Wesen, indem er lehrt, daß die Welt Gott sei, so daß er also Gott innerhalb der Welt beschränkt; der Deismus mache Gott zu einem beschränkten, endlichen Wesen, indem er lehrt, Gott und die Welt sind verschieden, Gott ist ein außerweltliches Wesen, so daß er Gott durch die Welt beschränkt. Er, der Theismus, suche sich zur Idee eines die ganze Welt durchdringenden, zugleich aber durch Selbstbewußtsein und Selbstbestimmung sich von ihr unterscheidenden Gottes zu erheben.

Es ist schon oft geschehen, daß, wer irgend glaubt, eine neue Idee zu haben, eine neue Anschauung aufzustellen, für diejenigen Meinungen, die der seinen nahe zu stehen scheinen, falsche Voraussetzungen macht, um die seinige um so leichter von ihnen zu unterscheiden und sie desto eher bekämpfen zu können. Nach dieser Operation wird dann ein neuer Name erfunden, und die Sache ist fertig. So ergeht es auch dem Theismus dem Deismus gegenüber, wenigstens dem Deismus des Judenthums, wie dieser aus der israelitischen Bibel hervorgegangen und sich auf sie gründet. Der Theismus giebt also zu, daß Gott auch noch außerhalb der Welt existirt, daß er mit den Grenzen der Welt nicht zu Ende ist. Denn sonst könnte er dem Pantheismus nicht jenen Vorwurf machen, Gott innerhalb der Welt zu beschränken. Er giebt aber auch dadurch schon zu, daß Gott mit der Welt nicht identisch ist, eben so wie dadurch, daß er Gott, selbst wie er die Welt durchdringt, sich von dieser durch Selbstbewußtsein und Selbstbestimmung unterscheiden läßt. In diesen beiden Fundamentalsätzen ist er also nichts als ein Abklatsch des Deismus. Er will sich aber von diesem darin unterscheiden, daß der Deismus Gott ganz außerhalb der Welt sein lasse, einen „außerweltlichen Gott" lehre, während er, der Theismus, Gott auch die Welt durchdringen lasse. In dieser Voraussetzung, dem eigentlichen Angelpunkte des Theismus, ist er aber ganz falsch beschlagen, und geht völlig willkürlich, wenigstens dem biblischen Deismus gegenüber, zu Werke. Wir haben schon in unseren „Vorlesungen über die Entwickelung der religiösen Idee" den Ausdruck „außerweltlich" zurückgewiesen, und dafür lieber „überweltlich" gesagt, indem durch diesen Ausdruck nicht angegeben sein soll, daß Gott gleichsam örtlich, außerhalb der Welt, sondern nur, daß sein Wesen von der Welt verschieden sei. Haben die Lehrer des Theismus niemals gehört, daß der biblische Deismus an unzähligen Stellen in den zahlreichsten Wendungen und Ausdrücken die Allgegenwart Gottes lehrt? Und was verstünde man denn unter Allgegenwart, wenn Gott nicht in der Welt, nicht in allen Wesen gegenwärtig wäre? Wenn Gott nicht „die ganze Welt durchdränge"? Jeschajah sagt: „Heilig, heilig, heilig ist der Ewige Zebaoth, seine Herrlichkeit füllet die ganze Erde." Jirmejah sagt: „Bin ich es nicht, der Himmel und Erde erfüllet? spricht der Allerheiligste" Der Talmudismus erkannte dieses so sehr an, daß er sogar bisweilen Gott mit dem Namen מקום „der Raum," d. i. der alle Räume füllet, bezeichnet. In einer Erklärung der Gottebenbildlichkeit des menschlichen Geistes in Berachoth heißt es: „Wie Gott die ganze Welt erfüllet, so erfüllet die menschliche Seele den Körper." Diese wenigen Anführungen genügen schon, zu erweisen, daß der Theismus rein ins Blaue schlägt, wenn er, wir reden hier immer vom israelitisch-biblischen Deismus, diesen beschuldigt, Gott ganz außerhalb der Welt sein zu lassen und ihn dadurch in seiner Unendlichkeit zu beschränken, daß der Theismus von einer ganz unwillkürlichen und falschen Annahme ausgeht, wenn er den Deismus Gott nicht gegenwärtig in der Welt lehren läßt. Vielmehr lehrt auch die heilige Schrift, daß Gott die ganze Welt durchdringe. Sie sagt, Gott macht Feuer und Wind zu seinen Boten; will der Theismus uns glauben machen, die Schrift meine, daß Gott Feuer und Wind haranguirt, oder ihnen schriftliche Befehle zukommen lasse? oder daß auch sie nur damit ausdrücken will, das Selbstbewußtsein und die Selbstbestimmung des göttlichen Wesens sei auch im Feuer und Winde gegenwärtig, daß sie vollführen, wozu Gott sie geschaffen und bestimmt hat?

Die Schwierigkeit liegt hier in der Erklärung: wie der allgegenwärtige Gott in den Dingen und Wesen sei, ohne diese selbst zu sein? Aber diese Frage besteht für den Deismus eben so gut, wie für den Theismus. Dieser hat diese Frage eben so gut zu beantworten, wenn er sagt, daß Gott die ganze Welt durchdringe, unterscheide sich aber von ihr durch Selbstbewußtsein und Selbstbestimmung, als der Deismus, wenn er sagt, Gott ist allgegenwärtig und erfüllt die Welt und die Dinge. Wir lösen, so weit sie gelöst werden kann, diese Frage auf dem Boden des Deismus, indem wir sagen: der Gedanke und der Wille Gottes sind in allen Dingen, durch sie wurden sie, bestehen sie, und vergehen sie. Wenn ein menschlicher Künstler irgend ein Werk vollbringt, so hat er es zwar nach seinem Gedanken gemacht, aber wir können nicht sagen, daß sein Gedanke und Wille in dem Werke sind, weil er zu seinem Kunstwerke sich nur Stoffe aus der göttlichen Schöpfung bedienen und sie nach den Gesetzen behandeln kann, welche Gott in sie hineingelegt, d. h. nach dem Gedanken und Willen Gottes, die in ihnen sind. Der menschliche Künstler bleibt also stets außerhalb seines Werkes, weil er den Dingen nur eine gewisse Form und Zusammensetzung zur Erreichung seines Zweckes zu geben vermag, in keinerlei Weise aber ihr Wesen, ihre Existenz, ihr ganzes Dasein irgendwie antasten und modifiziren kann. Anders ist es aber mit dem göttlichen Schöpfer, dessen Gedanke und Wille unmittelbar in den Dingen und Wesen sein müssen, wenn diese überhaupt werden und bestehen sollen. Dieser Gedanke und Wille Gottes in den Dingen sind, wie leicht einsichtlich, nicht die Dinge selbst, sie sind das Selbstbewußtsein und die Selbstbestimmung Gottes, sie sind das Gesetz der Dinge, nicht aber das todte, unbedingte, man weiß nicht woher gekommene Gesetz des Pantheismus, sondern das lebendige, göttliche des Deismus: sie sind auch die Ordnung der ganzen Welt, welche dem Pantheismus unerklärlich bleibt; sie sind aber auch die Fügung, welche in dem Zusammentreffen der Erscheinungen und Vorgänge innerhalb der Natur waltet, das nicht durch das unbedingte Gesetz erklärt werden kann und der Pantheismus daher Zufall nennen muß.

Somit ficht der Theismus in der That nur gegen Windmühlen und lehrt nur, was der Deismus Mosche'hs, Davids und der Propheten längst gelehrt. Auch hier haben wir nur wieder ein Beispiel der modernen Selbstüberschätzung, welche stets bereit ist, zu ihren Gunsten die historische Wahrheit zu verletzen. Andererseits können wir auch in ihm eine kräftige Kundthuung und Vertheidigung der Lehre des Judenthums erblicken, wenn auch unbewußt, zu dessen Diensten.

## VI.

Der wesentlichste Einwand, den Atheismus und Pantheismus gegen den Deismus erheben, ist, daß dieser um etwas Unbegreifliches, das ist den Ursprung der Dinge zu erklären, zu einem anderen Unbegreiflichen, das ist Gott, greife. Allein dieser Einwand ist erstens unberechtigt, zweitens falsch. Unberechtigt, denn der Atheismus leugnet jenes Unbegreifliche ganz und gar; für ihn wurden die Dinge eben so, wie sie sind, er verneint, daß die Dinge aus einer Idee entsprungen, durch eine Schöpferkraft geworden, er begnügt sich mit der Thatsache, daß sie sind. Der Pantheismus dagegen konstatirt zwar das Dasein jenes Unbegreiflichen, beschränkt sich aber hierauf, und giebt in der That gar keine Erklärung. Denn zu sagen, daß die Dinge das Gesetz ihres Ursprungs in sich selbst tragen, heißt im Grunde nichts Anderes, als zugestehen, daß die Dinge aus einer Idee und Schöpferkraft geworden, das Wie? aber unbegreiflich sei. Aber auch falsch ist dieser Einwand. Denn es ist allein dem Menschengeiste gemäß, anzuerkennen, daß die Dinge, welche weder Selbstbewußtsein noch Selbstbestimmung in sich haben — denn auch der Mensch wird ohne diese, und entwickeln sie sich erst in ihm — die Ursache ihres Werdens nicht in sich tragen können, daß der Gedanke, nach welchem sie, und die Kraft, durch welche sie werden, außerhalb ihres Wesens vorhanden sein müssen, daß also ein höheres Wesen sein muß, in welchem die Ursache alles Vorhandenen zu suchen. Dies ist das Einzige, was der Menschengeist wirklich begreifen kann; und so ist es nicht ein Unbegreifliches, Gott, wodurch der Deismus das Unbegreifliche, den Ursprung der Dinge erklären will, sondern vielmehr das einzig Begreifliche für den Menschen. Atheismus und Pantheismus thun dem Menschengeiste geradezu Gewalt an, und wollen ihn zwingen, aus aufgenöthigten Motiven seine ganze Denkweise zu verleugnen, aufzugeben, seine ganze Möglichkeit vorauszusetzen, zu folgern und zu schließen.

Der schönste Sieg des Deismus besteht daher darin, daß, sobald wir den Irrgarten der Dialektik verlassen, Alles für seine Lehre spricht, Verstand, Herz und Entwickelung der Menschheit allein seine Rede predigen. Beginnen wir mit der Letzteren. Selbst in den ältesten Religionen und Mythologieen, deren Grundlage ihrer Ursprungsweise gemäß pantheistisch war, that sich überall das Streben kund, aus der Identifizirung Gottes mit den Naturdingen herauszukommen, und die Trinität der Inder, der Dualismus der Parsen und die Göttergestalten der Griechen und Römer waren zu Persönlichkeiten geworden, welche mit den Wesen und Erscheinungen in der Natur nichts mehr gemein hatten. Israel war es, welches die Menschheit ganz davon befreite, Gott nicht aus den Dingen, sondern die Dinge aus Gott erklärte, Gott nicht in der Welt, sondern die Welt in Gott lehrte, kurz die Welt als das Werk des göttlichen Schöpfers, von seinem Gedanken und seinem Willen erfüllt, verkündete. So war die Lehre Israels allerdings die Erfüllung dessen, wonach die Völker in ihren Religionen und Philosophemen getastet und gesucht hatten. Und mag nun der Dogmatismus immer wieder diese Lehre mit Symbolen und Mysterien umgeben haben, so macht sie sich dennoch mitten in diesen und durch sie hindurch sieghaft, und alle Entwickelung der Menschheit strebt nach ihrer vollständigen Herrschaft hin. Der Atheismus konnte niemals, der Pantheismus nur auf der untersten Stufe die Basis einer menschlichen Gesellschaft sein, nur der Deismus giebt eine feste sittliche und intellektuelle Grundlage, auf welcher sich eine entwickelte Gesellschaft erheben, auf welcher Kultur und Civilisation gedeihen können.

Wo und wie irgend das menschliche Herz seine Tiefen erschließt, seine Quellen öffnet, seine Fühlfäden ausstreckt, da ist es allein der lebendige, über die Wesen erhabene, unendliche und heilige Gott, welchen es fühlt, von welchem es erfüllt, in welchem es befriedigt wird. Vor dem eisigen Hauche des Atheismus und Pantheismus gefrieren all die rieselnden Quellen des Herzens, all die Strömungen seiner Gefühle. Ob unser Auge in den Sternenhimmel der Nacht, über grüne Matten und Wälder zu den schneebedeckten Höhen, über die schäumende Brandung auf dem grünen Rücken des Oceans schaut, oder ob es sich in die Tiefen eines liebeerfüllten Menschenherzens, in die Gefühle der Freude oder Trauer, der Hingebung und Aufopferung, oder Entsagung und Resignation versenkt, überall begreift unser Herz nur Eines: den schaffenden, ordnenden, waltenden Gott, nur zu diesem erhebt es sich, nur in diesem fühlt es, durch was es gehoben und beseligt wird.

Und so ist es auch der gesunde Menschenverstand, die durch keine Künste der Dialektik, durch keine Lockung der Sophistik verleitete Vernunft, welche die Lehre des Deismus allein begreift, auf sie allein sich aufbaut, in ihr allein ihrer selbst bewußt wird, auf ihr sich sicher fühlt, und alle Urtheile und Schlüsse in ihr zu einer Einheit kommen sieht, welche ihre Fragen und Räthsel zu einer befriedigenden Lösung bringt.

Aber von welcher Bedeutung auch die Stimme des Herzens, von welcher Wichtigkeit die Sprache des Menschenverstandes ist, sie waren nicht im Stande, den Deismus zu schaffen, und vermögen allein nicht, ihn zu stützen. Wenn die Mythologieen des Alterthums aus dem Pantheismus herausstrebten, so führten seine Philosopheme sie geradezu wieder dahin zurück. Der Versuch, den Sokrates zu einem Deismus machte, wurde unter den Fingern seiner nächsten Schüler schon zerrieben und vom Aristoteles zerdrückt. Höchstens lebte er noch ein schwaches Dasein bei einigen Eklektikern. Eben so hat der Rationalismus der neueren Zeit, als er von seiner historischen Grundlage sich emanzipiren und auf seine eigenen Füße stellen wollte, seine vollständige Unzulänglichkeit erwiesen. Vor Kants „Kritik der reinen Vernunft" verblaßten die „Morgenstunden" Mendelssohns schnell und Herders Opposition erlahmte, eben so wie der ganz jüngste populäre Rationalismus vor dem Andrang der Zeit verflatterte. Der wahrhafte Deismus ward der Menschheit von der Religion Israels gebracht, und hat in ihr fort und fort seine ewige Grundlage. Dieser Deismus, der eigentliche Inhalt der menschengeschlechtlichen Entwickelung, findet seine Bewahrheitung in der Uebereinstimmung mit der Menschenvernunft und dem Menschenherzen; sie sind seine Prüfsteine und seine Bürgschaften; aber weder seine Quellen, noch seine dauernden Grundlagen. Dies ist das Resultat der Kämpfe, Erfahrungen und Arbeiten, insbesondere der letzten fünfundzwanzig Jahre. Vergebens suchten Atheismus und Pantheismus auf der einen und der Dogmatismus auf der anderen Seite das Wanken und den Sturz des sogenannten Rationalismus sich zu Nutze zu machen. Jene, um den Deismus zu beseitigen, dieser, um ihn zu gleicher Zeit auszubeuten und zu erdrücken: die Religion Israels bietet dem Deismus einen dauernden Schutz und Trutz, und, indem sie selbst sich seit zwei Decennien immer mehr ermannte und ihrer selbst bewußter ward, baut sie auch für das Allgemeine den Deismus von Neuem und sicherer auf.

## Beilage III.

(Zu § 13. S. 86.)

## Die Unsterblichkeitslehre im Judenthume.

Einer vorurtheilslosen Forschung kann es nicht zweifelhaft sein, weder daß die Unsterblichkeit des menschlichen Geistes in den biblischen Schriften mit klaren genau formulirten Worten **nicht** ausgesprochen ist, noch daß sie demungeachtet der ganzen biblischen Anschauung zu Grunde liegt und in vielfachen Andeutungen, je später, desto sichtlicher hervortritt. Daß überhaupt Moscheh und das israelitische Volk als mit der Unsterblichkeitslehre vertraut, vorausgesetzt werden müssen, ist schon daraus einsichtlich, daß sie aus Egypten kamen, einem Lande, wo jene Lehre sehr ausgesprochen war, vielfältig, z. B. auf jedem Mumienkasten, dargestellt ward, und selbst ins wirkliche Leben, wie durch die Todtengerichte, eingriff.[1]) Es ist in der That sehr zu verwundern, wie die Kritiker

---

[1]) „Die Egypter," sagt Herodot, „waren die ersten, welche behaupteten, daß die Seele des Menschen unsterblich sei." (Herodot II, 123.) Sie glaubten nicht blos an die Fortdauer des Lebens nach dem Tode, sondern auch an die Bestrafung der Bösen und die Belohnung der Guten im Reiche des Jenseits. Nach dem Tode steigt die Seele im Westen mit der sinkenden Sonne hinab unter die Erde in die Unterwelt, den Amentes. Im Vorhof der Unterwelt, im Saal der „doppelten Gerechtigkeit", d. h. der belohnenden und strafenden wird das Gericht über die Todten gehalten, von Osiris und 42 Todtenrichtern über die 42 Todsünden. Wird der Todte für schuldig befunden, so wird er in das Reich der Finsterniß, in die Hölle gesandt, wo er auf die mannichfaltigste Art

einerseits Moscheh zum Nachahmer und Nachbildner des egyptischen Wesens zu stempeln sich allseits bemühen, ihn aber, um die Unsterblichkeitslehre dem Christenthume zu vindiziren, jeder Kenntniß dieses Dogma's, welches die Egypter so sehr beherrschte, baar erklären wollen. Oder lag es etwa im Systeme Moschehs, die gedachte Lehre zu leugnen und darum zu ignoriren? Gerade das Gegentheil. Schon das dualistische Prinzip von Körper und Geist, und deren Verbindung im Menschen, welches von der ersten Seite der heiligen Schrift an bis zu ihrer letzten ausgesprochen wird, setzt durch sich selbst die Fortdauer des Geistes nach der Trennung vom Körper, so daß der Zweifel daran erst mit dem Zweifel am Geiste selbst erstehen konnte. Eben so sehr enthält die biblische Lehre von Gott, von der unmittelbaren Verbindung Gottes mit dem Menschen, von der Offenbarung, vom Gesetze, so wie andererseits von der Gottebenbildlichkeit des menschlichen Geistes implicite die Anschauung von einem nach dem Tode fortdauernden Geiste, da man eben so wenig das Verhältniß dieses Gottes zum Menschen, wie den Zweck seines Offenbarens und Gesetzgebens, noch worin diese Ebenbildlichkeit bestehen könne, von einem auf das Erdenleben beschränktem Menschenwesen begreifen könnte. Ist es also jedenfalls eine Kurzsichtigkeit, wenn man die Unsterblichkeitslehre nicht der ganzen biblischen Anschauungsweise zu Grunde liegend erkennen will, so bleibt es doch eine Frage, warum jene nicht mit bestimmten Worten ausgesprochen und gelehrt worden? Wir haben

---

gemartert wird. Die Gerechten kommen nach Osten zu den Gefilden des Sonnengottes Ra, wo sie mit den lieblichsten Genüssen und Arbeiten beschäftigt, sich des Anblicks des höchsten Gottes erfreuen. (Duncker, Gesch. des Alterth. I, S. 70. ff.) Wer die Schilderungen der Egypter von den Qualen der Bösewichter und den Belohnungen der Guten liest, sieht, daß die Unsterblichkeitslehre weder durch die christlichen Kirchen, noch durch den Islam weiter gefördert worden, sondern bei jenen wie diesem auf derselben Stufe stehen geblieben. Später allerdings wurde bei den Egyptern mit den Höllenstrafen auch noch die Seelenwanderung durch Thierleiber bis wieder in einen Menschenleib verbunden. Wenn Duncker diese Verbindung nicht zu erklären weiß, so scheint es uns klar, daß diese Wanderung darum gedacht ward, um den verurtheilten Seelen doch noch Gelegenheit zu geben, sich zu bessern und der Seligkeit dereinst theilhaftig zu werden.

wiederholt nachgewiesen, daß der Mosaismus zu seiner wesentlichen Tendenz hat: Lehre und Leben zu identifiziren, so sehr, daß beide gar nicht von einander getrennt verstanden werden. Unter diesem Leben ist selbstverständlich eben nur das Leben des Menschen, also das Erdenleben begriffen. Eine Lehre, die auf dieses Leben keinen gestaltenden Einfluß hätte, die über das Leben hinausginge, ja den Schwerpunkt des Daseins für den Menschen darüber hinausverlegte, lag daher weder im Begriffe, noch im Zwecke des Mosaismus. Dies ist der Charakter und zugleich die Größe des letzteren, und hat ihm die über die Jahrtausende hinausreichende Wirksamkeit auf das Leben nicht blos des israelitischen Volkes, sondern der ganzen Menschheit gesichert, so daß selbst die Religionen, welche aus seiner Wurzel hervorgegangen, ihren wesentlichsten und bleibendsten Einfluß vermittelst der Elemente üben, welche sie dem Mosaismus entnahmen. Alle Lehre als solche ist daher im Mosaismus knapp zugeschnitten, und über das Uebersinnliche im Wesen Gottes und des Menschen findet sich gerade nur so viel Andeutung, als nöthig war, um für das Leben eine entschiedene Basis zu haben, und der späteren Entwickelung die nöthige Grundlage zu geben. Man erwäge hierbei, daß die Thorah durchaus keine systematische Darstellung giebt, daß sie sich vielmehr rein an einem geschichtlichen Faden fortbewegt, daß es die Zehnworte allein sind, welche als ein von vorn herein beabsichtigter Akt der Offenbarung erscheinen, während alle anderen und höchst wichtigen Offenbarungen in Folge geschichtlicher Veranlassungen gegeben werden, und man wird leicht einsehen, daß die Unsterblichkeitslehre eigentlich gar keinen Platz zur Aussprache im Pentateuch finden konnte, ohne daß sie damit dem Volke irgend wie genommen werden sollte. Das israelitische Volk sollte ein durchaus praktisches und hierin geheiligtes Leben führen; dieses praktische Leben sollte nach allen Richtungen hin ein von Gottglauben und dessen Konsequenzen in Nächstenliebe und Gerechtigkeit durchdrungenes sein; es galt, im israelitischen Volke eine von wahrhafter, praktischer Religiosität erfüllte und gestaltete Gesellschaft zu begründen und zu verwirklichen; das bloße beschauliche Wesen, jedes Verlangen und Streben über dieses Leben hinaus war ihm daher eher entgegengesetzt als günstig und mußte deshalb fern gehalten werden; die Folgen eines solchen Lebens oder seiner Verletzung mußten sich dem Volke als unmittelbare Wirkung, als Segen und Fluch innerhalb des Erdenlebens selbst darstellen, nicht aber auf ein zukünftiges, ihm niemals vor Augen tretendes Leben sich hinausschieben. Es ist daher genug, nirgends etwa einen Widerspruch gegen die Unsterblichkeitslehre zu finden, wohl aber volksthümlichen Ausdrücken, die auf dieser Lehre beruhen, zu begegnen. Vielleicht endlich sprach Moscheh sich über die Unsterblichkeit nicht geradezu aus, um die bildlichen, figürlichen Vorstellungen zu vermeiden, zu welchen jene den kindlichen Geist der alten Völker nothwendig leitete, und die immer wieder zu bildlichen, figürlichen Vorstellungen von Gott führten, also zu dem Götzenthume, das er mit unbegrenzter Energie und Konsequenz bekämpfte. — Nicht minder war die Aufgabe des Prophetismus eine solche, daß sie mit dem besprochenen Dogma außer aller Verbindung stand. Da das Heidenthum im israelitischen Volke noch zu mächtig war, um dem Mosaismus freien Spielraum zu vergönnen, und dadurch ein tausendjähriger Kampf zwischen beiden entstand, so handelte es sich bei den Propheten vor Allem darum, das israelitische Volk dem Heidenthume zu entreißen, und in ihm die Grundlage des Mosaismus, wie diese in der Lehre vom einzigen, unkörperlichen Gotte besteht, wurzeln zu machen. Es mußte gezeigt werden, daß es sich dabei um die Existenz des israelitischen Volkes handele, daß es, wenn es sich dem Heidenthume dauernd überlasse, vor den großen Dynastieen in Staub zerfallen müsse; es mußte ihm das Gericht Gottes in seinem wenigstens zeitweiligen Untergange, in Zerstörung und Gefangenschaft, sowie in der durch diese bewirkten Läuterung und hierauf erfolgenden Wiederherstellung gezeigt werden. Auch hier hatte die Unsterblichkeitslehre keinen Platz, um so weniger, als diese dem Heidenthum ebensogut angehörte, und keinen wesentlichen Unterschied zwischem diesem und der Gotteslehre enthielt; es galt die Fortdauer des israelitischen Volkes, inmitten des großen Völkergewühls und Völkerkampfes, nicht aber des einzelnen Individuums nach dessen Tode. — Ganz anders aber, als mit den Chethubim (Hagiographen) das religiöse Leben des Individuums in den Vordergrund trat, als, mit Ausnahme einiger weniger Psalmen, es sich nicht mehr um das israelitische Volk, dessen Staat und Gesellschaft und die religiöse Durchdringung derselben handelte, sondern um das religiöse Verhalten des einzelnen Menschen, um dessen Leben mit und in Gott, um die Lagen und Zustände, um die Kämpfe, Leiden und Mühen des individuellen Lebens. Hier war es, wo das Ahnen, Anschauen und Wissen eines höheren und jenseitigen Lebens, in welchem die Räthsel und Wirren des diesseitigen gelöst würden, immer klarer und bestimmter aus der Seele sowohl des kämpfenden, als des forschenden und beschaulichen Menschen hervortreten mußte. Hier war es denn auch, wo die Unsterblichkeitslehre in immer häufigeren Andeutungen sich zeigen, dann ein wesentlicher Anhaltspunkt der Ueberzeugung werden, und endlich dem Zweifel begegnen und ihn überwinden mußte. Alles Dies findet sich denn auch in den Psalmen, Ijob und Prediger, und bezeugt so, daß die Unsterblichkeitslehre auch in der biblischen Zeit dem israelitischen Volke, seiner Lehre und seinem Leben angehörte. Sehr schön sagt Ewald zu Psalm 16: „Wo solche Ahnung und Vorstellung vom wahren Leben emporkeimt, da wird in der That schon der Schleier aller Zukunft des Einzelnen so weit gelüftet, die echte Hoffnung so klar gespendet, als es ohne neue Bilder zu gebrauchen möglich ist; Dogma ist's hier bei Weitem noch nicht, und von der Unsterblichkeit des Geistes tritt hier zwar die echte Ahnung und Nothwendigkeit, aber noch nicht ein so fertiger, fester Begriff und so schwelgerische, schwärmerische Bilder hervor wie später. Aber das ist gerade das Herrliche, daß wir so in einigen Liedern die höhere Ahnung in ihrer durch sich selbst nothwendigen Bildung und Entstehung zum ersten Male hervorkeimen sehen." —

Führen wir nun die hauptsächlichsten Andeutungen hier an. — Im 5. Kap. des 1. B. M., in der genealogischen Tabelle von Adam bis Noah wird Chanoch aufgeführt, und V. 22 gesagt: „Und Chanoch wandelte mit Gott. V. 23: Aber alle Tage Chanochs waren 365 Jahre. 24: Und Chanoch wandelte mit Gott, da war er nicht mehr, denn Gott hatte ihn hinweg genommen." Chanoch hatte also gegen die übrigen, in dieser Tabelle Aufgeführten, ein geringes Lebensalter erreicht, und es wird nun angedeutet, daß ihn Gott seiner Frömmigkeit wegen der Erde entrückt habe, und, wenn wir die Worte dieser Stelle mit den bei Chanoch's Vorgängern und Nachfolgern konstant gebrauchten vergleichen, kann es nicht zweifelhaft sein, daß ויאנו כי קח אלה ein Hinwegnehmen zu einem anderen, Gott nahen Leben bezeichnet. (S. unser Bibelw. I., S. 27). — 1 Mos. 15, 15. heißt es von Abraham: „Du aber wirst kommen zu deinen Vätern in Frieden, du wirst begraben werden in gutem Greisenalter." Der Ausdruck „zu seinen Vätern kommen", wie er in diesem B. vom „begraben werden" getrennt und unterschieden wird, kann nichts Anderes als das Abscheiden der Seele von der Erde zu der Versammlung der Geister der Väter bedeuten, noch dazu, da ja Abraham in großer Entfernung von seiner Familie in fremdem Lande sein Grab fand. In ähnlicher Weise heißt es 4 Mos. 20, 24.: „Ahron soll gesammelt werden zu seinem Volke, denn nicht soll er kommen in das Land, welches ich den Söhnen Israels gegeben." Da nun Ahron einsam auf der Spitze des Hor begraben wurde, kann der Ausdruck „gesammelt werden zu seinem Volke" (eigentlich „zu seinen Völkern" אל עמיו) nicht das Begräbniß des Leichnams, sondern das Gesellen seines fortdauernden Geistes zu den Geistern seiner Ahnen bedeuten. Der volksthümliche Gebrauch dieser Ausdrücke bezeugt daher unwiderleglich, wie allgemein und fest die Anschauung von der Fortdauer des Geistes bereits im Volke wurzelte.¹) — Als, wie 1 Schem. 28, 7. erzählt wird, König Schaul durch das Weib zu Endor sich den Geist Schemuels heraufbeschwören ließ, sprach dieser zum Könige: „Morgen bist du und deine Söhne bei mir." Als (2 Schem. 12, 23.) David das Kind der Bathscheba durch den Tod verloren hatte, und seine Diener sich verwunderten, daß der König, während er vor dem Absterben des Kindes gefastet und getrauert hatte, nach dem Tode desselben dies nicht mehr that, son-

---

¹) Aus dem mosaischen Verbote, sich an die Todtenbeschwörer zu wenden (3 Mos. 19, 51, 20. 6), ein Verbot, welches Jeschajah (8, 19) wiederholte, und gegen welches von Königen und dem Volke oftmals gehandelt wurde, wollte man den Glauben des Volkes an die Fortdauer nach dem Tode ziehen. Allein es ist dies ein zu dunkles Gebiet des Aberglaubens, als daß man mit Bestimmtheit auf eine ihm zu Grunde liegende positive Anschauung schließen dürfte.

dern Speise verlangte und aß, antwortete er: „Kann ich es wieder zurückbringen? Ich gehe zu ihm, aber es wird nicht zu mir zurückkehren." Die Worte Schemuels, sowie das Benehmen und der Ausspruch Davids bezeugen in unbefangenster Weise den Glauben an die Fortdauer und an die Wiedervereinigung mit unseren Lieben nach dem Tode. — Aus den Psalmen heben wir insonders Psalm 16, 9—11 hervor: „Darum freut sich mein Herz, frohlockt mein Gemüth, ja sicher wohnt mein Leib. Denn nicht überläßt du meine Seele der Gruft, läßt nicht deine Frommen schauen die Grube. Den Pfad des Lebens wirst du mir kund thun; Fülle der Freuden ist vor deinem Antlitz, Wonn' in deiner Rechten immerdar." Wenn die neuen christlichen Erklärer, mit Ausnahme Ewald's, in diesen Versen nur den Schutz vor Gefahren erblicken wollten, so ist dies nur Befangenheit. Der letztere ist in V. 9 ausgesprochen, während V. 10 und 11 die Zukunft des Geistes und die darauf gestellten Hoffnungen des Sängers ausdrücken. Dem בשׂר in V. 9 steht נפשׁ V. 10 zu scharf gegenüber, als daß es wieder dasselbe bedeuten könnte, und die Ausdrücke עזב לשׁאול, ראה שׁחת sind zu stark, als daß sie den bloßen Tod bezeichneten, vor dem Gott ihn schützen solle, noch dazu, da der Sänger wohl wußte, daß er doch einmal sterben müsse. Daß also die Seele der Gruft nicht anheimfalle, kann nichts anders als die Unsterblichkeit bedeuten, ebenso, daß die Frommen nicht die Grube schauen. Der Pfad des Lebens ist der zum Leben in seiner Totalität, des irdischen und des darüber hinausgehenden; dieses Leben ist nach dem Sänger nicht ein bloßes Dasein, sondern mit dem Inhalt vollkommener und ewiger Seligkeit vor Gott.[1]) — Hieran rückt sich nahe Pf. 17, 15: „Ich aber werde schauen in Gerechtigkeit dein Antlitz, der Wonne Fülle haben, wenn ich erwacht, an deinem Bilde", wo בהקיץ von den Meisten das Erwachen aus dem Schlummer des Todes erklärt wird. Im 49. Psalm wird in bestimmtester Weise die Lehre vorgetragen, daß die Sünder in der Unterwelt eine Scheinexistenz und Scheinwohnung finden, während die Seelen der

---

[1]) Die jüdischen Ausleger waren hierüber niemals in Zweifel, die älteren christlichen Ausleger deuteten die Auferstehung Christi daraus.

Gerechten von Gott der Unterwelt entzogen und zu sich genommen werden. „Aber meine (des Gerechten) Seele wird Gott lösen aus der Unterwelt Macht, denn er nimmt mich hinweg.¹) (V. 16 S. Ausführliches in unf. Bibelw. III., S. 133.) ²) — Wenn im Buche Ijob (vgl. Th. I., S. 85) die Frage nach der Uebereinstimmung der göttlichen Gerechtigkeit mit den Leiden des Gerechten und dem Glück des Ungerechten im wirklichen Leben im ersten Theile durch die Beseitigung der alten Volkslehre von der unbedingten Gerechtigkeit in allen Schicksalen des Menschen und die menschliche Unfähigkeit, das Uebersinnliche zu erkennen, im zweiten Theile durch die Lehre von der, durch die Geschicke bewirkten Erziehung des Menschen, um ihn „zum Lichte des Lebens zu führen", beantwortet wird, so konnte, sobald die Untersuchung auf dem Boden des irdischen Lebens verbleiben sollte, die Unsterblichkeitslehre im Ganzen kein wesentliches Moment werden, sondern im ersten Theile nur als eine Ahnung zukünftiger Ausgleichung erscheinen, im zweiten Theile als Hintergrund für dieses „Licht des Lebens" angedeutet werden. Der alte Dichter wäre sofort von seinem realistischen Boden entrückt worden, wenn er die Unsterblichkeit als bestimmtes Theorem gegen das Gerechtigkeitsaxiom ins Feld hätte führen wollen, wobei denn doch immer die Frage geblieben wäre: wozu der Gerechte hienieden leide, wenn er auch im Jenseits dafür belohnt werde? Wohingegen die Lehre von der Erziehung des Menschen durch seine Schicksale der natürliche Uebergang zur Unsterblichkeitslehre ist. Wir finden daher im ersten Theile 14, 14: „Oder, stirbt der Mann, lebt er dann? Alle Tage meines Dienstes würde ich harren, bis erschiene meine Ablösung!" Ijob hatte vorher die Frage aufgeworfen: wie anders wäre es, wenn der Mensch in das Leben noch einmal zurückkehrte, wenn er

---

¹) לקח wie bei Chanoch und Elijahu.

²) Wir übergehen hierbei eine Menge Stellen der h. Schrift, welche späterhin auf die Unsterblichkeit ausgelegt wurden, wie z. B. Psalm 31, 20. 61, 5. u. s. w. Ferner wenn es 5 Mos. 22, 7 heißt: „Damit es dir wohlergehe und du lange lebest" oder Pf. 128, 2: „Heil dir, dir geht es gut", wo die Talmudisten die erste Hälfte auf das irdische, die zweite Hälfte auf das jenseitige Leben beziehen (Kiddusch. 39, 2 P. Aboth, 4. 1.).

im Grabe nur so lange läge, bis der Zorn Gottes sich gelegt, und Gott dann nach bestimmter Zeit wieder sein gedächte, um ihn ins Leben wieder zurückkehren zu lassen? Von dieser Wiederkehr des irdischen Lebens macht er sich frei, und erhebt sich zu dem klaren Gedanken der Unsterblichkeit: wenn der Mensch stirbt, lebt er dann noch? Dann würde er sich niemals beklagen, er würde ruhig ausharren in seinem Kriegsdienst, bis die Ablösung käme und ihn zum Frieden eingehen ließe. Aber der schwerleidende Ijob hat dessen keine Gewißheit, schnell tritt er daher in den verworrenen Knäuel der streitenden Gedanken wieder zurück. Mit größerer Bestimmtheit schließt Ijob seine Gegenrede wider Bildad's zweite Anklage 19, 25—27: „Doch ich weiß, es lebet mein Erlöser, und später über meinem Staub ersteht er; nach meinem Leib — zerschlagen ist er schon — und ohne Körper werde ich Gott schauen, zum Heile mir, ihn werden meine Augen sehen, und nicht als Gegner — es verzehren meine Nieren sich in meinem Schooße." Der Dulder sieht also Gott als Erlöser für ihn erstehen, wenn er schon im Staube ruht. Er werde „Gott schauen", also über alle die Räthsel, die ihm an Gottes Verfahren jetzt erscheinen, Aufklärung erhalten. Wann dies? Nachdem sein schon zerschlagener Leib ganz zerfallen sein wird. Ist aber dieses zukünftige Schauen Gottes genügender Ersatz für sein Leiden, und somit selbst schon die Lösung? Keineswegs. Seine Eingeweide verzehren sich in ihm; dieses Leiden steht für sich, und muß für sich gerechtfertigt sein. Man muß gestehen, daß noch jetzt Niemand mehr von der Unsterblichkeit zu sagen weiß, als: „Nach der Auflösung werde ich Gott schauen." (S. Bibelw. III. S. 536.) — Das Buch Koheleth hat (s. Th. I., S. 86) die Tendenz, bei Leugnung der geschichtlichen Entwickelung und des geschichtlichen Bewußtseins die Nichtigkeit alles Menschlichen zu behaupten, dann aber zu erweisen, daß diese Anerkenntniß mit Gottglauben und Gottesfurcht sich wohl vereinige und mit der Gottesleugnung nicht identisch sei. Auch den Zweifel über die Unsterblichkeit (3, 21.) weist der Verf. zurück und behandelt ihn nur als einen Einwand seiner Gegner; hingegen spricht er den Todten Hoffnung und Wissen, Haß und Liebe, allen Lohn und Antheil „an Allem, was unter der

Sonne geschieht," ab, „denn nicht ist Thun und Erfahrung und Wissen und Erkenntniß in der Gruft, wohin du gehst" (9. 4—6. 10). Der Tod ist ihm daher nur der Akt der Trennung von Geist und Körper, von denen jeder dahin zurückkehrt, woher er gekommen (12, 7): „zurückkehrt der Staub zur Erde, wie er diese gewesen, und zurückkehrt der Geist zu Gott, der ihn gegeben." Ersieht man hieraus, daß der Verf. ganz auf dem Boden der mosaischen Lehre vom Dualismus des Geistes und des Körpers steht, sowie daß er die Fortdauer des menschlichen Geistes anerkennt, indem er den Geist zu Gott zurückkehren läßt, wie den Körper zur Erde, so spricht er doch einerseits dem todten Körper in der Gruft alles Wesenhafte ab — was, wie wir gleich sehen werden, von Bedeutung ist — und hat andererseits von dem Zustande des Geistes nach dem Tode, von dem Wie der Unsterblichkeit gar keine Ansicht; mit dieser Rückkehr zu Gott ist für ihn alles Wissen des Menschen vom Geiste zu Ende, und er deutet weder eine Sonderexistenz, eine Fortdauer als individuelles Wesen, noch ein Aufgehen des Geistes in Gott an [1]).

Wenn demnach der Glaube an die Fortdauer der Seele nach dem Tode der ganzen biblischen Anschauung und Lehre zu Grunde lag, so fragt es sich, wie das israelitische Volk und seine geistigen Träger sich dieselbe dachten? Eine vorurtheilslose Forschung wird bald bemerken, daß da eine doppelte Vorstellung bestand. Während die höhere, daß die Seele nach dem Tode zur Anschauung Gottes und zur Seligkeit komme, sich vielfach ausspricht, war bei dem Volke die gröbere verbreitet, daß es eine Art Unterwelt gebe, in welcher die Todten als Schatten in Unthätigkeit, ohne Zusammenhang mit dem Leben zubrächten, eine Vorstellung, welche bei allen alten Völkern gefunden wird. In der Thorah findet sich hieran auch nicht der geringste Anklang, und eben so sahen wir, daß in der angeführten Stelle Koheleth's nichts davon mehr übrig war. Der Dichter aber benutzt solche Volksvorstellungen zu poetischen Bildern,

---

[1]) Dennoch dürfen wir die Verschiedenheit von „die er gewesen" hinsichtlich des Staubes und „der ihn gegeben" nicht außer Acht lassen. Denn der erste Ausdruck identifizirt den „Staub" d. i. den Leib mit der Erde, während der zweite Ausdruck den menschlichen Geist von Gott jedenfalls unterscheidet, so daß die Rückkehr desselben zu Gott immer noch eine Sonderexistenz enthält.

und läßt von beiden Meinungen, wenn sie einmal neben einander bestehen, jedes Mal die gelten, welche zur augenblicklichen Seelenstimmung paßt. Wir können daher einen Gegensatz oder Widerspruch hieraus nicht ziehen, weil nur gelegentlich die alte Volksanschauung zum Ausdruck kommt, ohne irgend einen dogmatischen Werth zu beanspruchen. Das Wort שאול=שעול heißt eigentlich „Höhle"; darum Grab, Gruft, und in dieser einfachsten Bedeutung kommt es am öftersten vor [1]). Darauf hat es auch die Bedeutung von unterster Tiefe, den inneren Höhlungen der Erde (שאול תחתית) wie 5 Mos. 32, 22. im Gegensatz zur Höhe des Himmels, Jon. 2, 3. Amos 9, 2. Ijob. 24, 19. So wird denn „Scheol" vielfach zu poetischen Bildern gebraucht; die Pforten der Unterwelt, die Bande der Unterwelt für Todesgefahr Ps. 18, 5. 116, 3., in die Unterwelt hinabfahren für Sterben z. B. Jes. 38, 10., auch als poetische Personifikation der Strafe Gottes Jes. 28, 15. 18; hingegen wird die Rettung von der Pest Ps. 30, 4. poetisch ausgedrückt: „Du führtest meine Seele aus der Unterwelt, belebtest mich aus denen, die in die Grube sanken," wie im Gegentheil die „Unterwelt, die ihren Schlund aufreißt, um zu verschlingen", als das Bild des Unterganges von Menschen und ihren Besitzthümern gebraucht wird Jes. 5, 14. Dennoch tritt die „Unterwelt" auch in bestimmter Weise als Aufenthaltsort der ungeborenen oder abgestorbenen Seelen auf, wie 1 Schem. 2, 6. Sie befindet sich unterhalb der Wasser, die unter der Erde gedacht werden, also in der untersten Region der Welt. (Ijob 26, 5; sie ist „ein Land der Finsterniß und Todesschatten, des Grauens wie ein Dämmerungsdunkel" Ijob 10, 21. 22.), also wo eine Dunkelheit herrscht, die durch ein geringes Licht um so fühlbarer wird, wo die Gestalten noch etwas, aber in düsterer Weise sichtbar werden. Diese Unterwelt ist eine „Scheinwohnung" (Ps. 49, 15.), „die Grube des Nichts" (Jes. 38, 17.), ihre Bewohner sind „Bewohner der Nichtigkeit" (Jes. 38, 11.). Diese Bewohner der Unterwelt werden רפאים „Schatten" genannt, von denen Jes. 14, 9. sagt, daß sie beim Sturze des Kö-

---

[1]) S. 1 Mos. 37, 35. 42. 38. 44, 29. 31. 4 Mos. 16, 30. 33. 1 Kön. 2, 6. 9. Ps. 89, 49. Ijob 7, 9.

nigs von Babel „sich aufregten", die Könige unter ihnen, die einst auf der Erde geherrscht, „stehen von ihren Thronen auf" und stimmen ein Hohnlied an: „Auch du bist gewelkt wie wir, wardst uns gleich." Es ist also ein Scheindasein, der letzte Rest von Wesenhaftem, noch etwas dem Leben auf Erden ähnelnd, aber ohne Wirklichkeit, daher sie des Herrn nicht harren, Gott nicht loben (Ps. 6, 6. u. ö.), sie feiern von aller Arbeit, sind frei von jedem Drucke, und aller Unterschied zwischen ihnen hat aufgehört (Ijob 3, 17 f.) Wie gesagt, diese Anschauung kann uns nicht auffallen, da sie nur als Volksmeinung und in dichterischen Bildern auftritt und bei Aegyptern, Griechen, Römern u. s. w. allgemein herrschend war. — Darum hinderte sie auch nicht den Tod als einen Schlaf anzusehen (Ps. 13, 4. 76, 6.) und zwar als einen ewigen, aus welchem kein Erwachen, wie es Jirm. 51, 39. 57. heißt: „dann werden sie schlafen den ewigen Schlaf, und nimmer erwachen," und Ijob 14, 12: „Es liegt der Mensch und steht nicht wieder auf; bis die Himmel vergehen, erwachen sie nicht wieder, und regen sich aus ihrem Schlummer nicht." (Vgl. Ijob 3, 13.) So wird Spr. Schel. 21, 16. geradezu in Verbindung mit jenen „Schatten" gesagt: „in der Schattenversammlung wird er ruhen."

Die eben angeführten Stellen erweisen aber auch, daß die Lehre von der Auferstehung der Todten nicht biblisch ist, d. h. daß das bestimmte Dogma, es werden dereinst die Körper der Todten wieder erstehen, mit den Geistern, die früher in ihnen wohnten, wieder verbunden, und so ein neues und zwar ewiges Leben beginnen, in der h. Schrift keine Wurzel hat, sondern erst einer späteren Zeit angehört. Die Stellen, auf welche man sich zu berufen pflegt, sind folgende: Jesch. 26, 14—19: „Todte leben nicht, Schatten erstehen nicht wieder; darum ahndest du, und vertilgtest sie, und vernichtest ihnen jedes Gedächtniß. Du Ewiger, mehrtest das Volk, verherrlichtest dich, erweitertest alle Grenzen des Landes. Ewiger, dich suchten sie in der Bedrängniß, ergossen sich in Beschwörung, als du sie züchtigtest. Wie eine Schwangere sich nährt dem Gebähren, kreist, schreit in ihren Wehen: so waren wir vor dir, Ewiger. Wir waren schwanger, wir kreisten: da wir gebaren, war's Wind; nicht wir vollbringen Rettung dem Land, und nicht sinken die Bewohner der Welt. So mögen aufleben die Todten, meine Leichen wieder erstehen: erwachet und jubelt, Bewohner des Staubes! denn Thau auf Pflanzen ist dein Thau, aber die Erde wirft Schatten nieder." Der erste Blick jedoch zeigt, daß hier von einer Auferstehung aller Todten nicht im Entferntesten die Rede ist, ja daß die Anfangsworte des V. 14 das gerade Gegentheil aussagen; der Zusammenhang lehrt aber, daß auch in V. 19 die Auferstehung der israelitischen Leichen nur figürlich gemeint ist. Die früheren Herren Israels sind gefallen, todt und erstehen nicht wieder, das israelitische Volk aber will Gott vermehren, so sehr aber die Israeliten Gott um Rettung anrufen und wie Kreisende schreien (16. 17.), so vermögen sie doch nichts zur Rettung und Wiederherstellung beizutragen, was in Fortsetzung des begonnenen Bildes mit Kreisenden, die Wind gebären, ausgedrückt wird (18); es muß ihnen daher Gott auf wunderbare Weise zu Hülfe kommen, was bildlich ausgedrückt wird: während die Feinde Israels todt bleiben, mögen die Todten Israels wieder belebt werden, d. h. Israel seine Verluste wieder ersetzt erhalten, daß sein Bestand und seine Macht ganz wieder hergestellt werde. So wenig wie das Windgebähren eine Wirklichkeit hat, eben so wenig das Wiederbeleben der Todten, das Erstehen der Leichen; es handelt sich nicht um eine Wiederbelebung der wirklich todten Israeliten, sondern um die Wiederherstellung der Macht Israels. Als man diese Verse richtig zu verstehen begann, wollten die Kommentatoren schließen, daß, weil der Prophet ein solches Bild braucht, die Lehre von der Auferstehung der Todten damals dem Volke bekannt und gewöhnlich sein mußte. Aber das gerade Gegentheil ist das Richtigere. Wenn ein Dogma in bestimmter Fassung erst vorhanden und anerkannt ist, so kann es nicht mehr zu einem theilweisen Bilde verbraucht werden, weil die Anschauung dann weit über ein solches schon hinausreicht. Dies wird durch die zweite Stelle, das 37. Kap. Jecheskel bestätigt. Begriffen in einer Reihe von Reden über die Wiederherstellung des vernichteten und verbannten Israel's, sieht sich der Prophet im Geiste hinausgeführt in ein Thal, das voll verdorrter Gebeine war. „Und der Herr sprach: Menschensohn, werden diese Gebeine wieder belebt? Da sprach der Prophet: Herr, Du weißt es." (3.) Der Herr befiehlt dem Pr. den Gebeinen zu sagen, aufzuerstehen und Fleisch und Sehnen anzuziehen, und dem Geiste zu heißen, die Erschlagenen wieder zu beleben. Und so geschah es, und sie standen auf ihren Füßen, eine sehr große Schaar. Und der Herr sprach zum Propheten: „Menschensohn, diese Gebeine, das ganze Haus Israel sind sie. Siehe, sie sprachen: unsere Gebeine verdorrten, unsere Hoffnung verschwand, verloren sind wir! Darum weissage und sprich zu ihnen: Siehe, ich öffne eure Gräber, und schaffe aus euren Gräbern euch, mein Volk, und bring' euch in das Land Israel, und ihr sollt erkennen, daß ich der Ewige, wenn ich eure Gräber öffne, und aus euren Gräbern schaffe euch, mein Volk. Und ich lege meinen Geist in euch, daß ihr belebet werdet, und führe euch auf euren Boden, und ihr sollt erkennen, daß ich, der Ewige, es geredet und gethan!" (11—14.) Schon in alter Zeit erkannte man, daß von einem Dogma der Wiedererweckung der Todten hier keine Spur vorhanden. Im Talmud (Sanhedr. 92, 2) erklärte der Eine, die Rede des Propheten sei nur ein Gleichniß, während Andere die Frage, wessen Gebeine hier wiederbelebt worden seien, verschieden beantworten, ein Dritter die Wiederbelebten ziehen, sich verheirathen und Geschlechter erzeugen läßt, von denen er auch ein Abkömmling sei. In beiden Fällen, als Gleichniß oder als Faktum angesehen, hat es mit dem Auferstehungsdogma nichts zu thun. Auch Hieronymus und spätere jüdische Kommentatoren legten die Rede des Propheten als ein Gleichniß aus, verwahrten sich aber dagegen, daß man sie hiermit der Leugnung des Auferstehungsdogma's beschuldige.¹) Daß es sich aber hier nur um ein Gleichniß handelt, ersieht man klar 1) aus V. 11. wo die Deutung vor sich geht, und die im Thale zerstreuten Gebeine als das ganze Haus Israel ausgelegt werden, und zwar nicht die früheren Geschlechter desselben, sondern die gegenwärtigen, in der Gefangenschaft befindlichen; 2) daß das tertium comparationis (der Vergleichspunkt) von den Israeliten selbst und zwar vor dem, im Gleichniß

---

¹) Z. B. R. Albo Ikkar. IV, 35, wohingegen Menasseh ben Israel de resurrect. mortuor. II, 4. noch die Auferstehungslehre in dem angeführten Kapitel des Propheten finden wollte.

erzählten Vorgang ausgesprochen wird: „unsere Gebeine verdorrten, unsere Hoffnung verschwand, verloren sind wir;" 3) daß in V. 12—14 das als zukünftig von Gott geschehend verkündet wird, was in dem Gleichniß als schon geschehen berichtet wird; 4) wird es durch die Umgebung erwiesen; das Gleichniß bildet die fünfte von sieben Reden, welche als die dritte Abtheilung des Buches Jecheskels die Verheißungen an Israel nach der Zerstörung Jerusalems aussprechen; die sechste Rede enthält das Gleichniß über die Wiedervereinigung der beiden Reiche Israel und Juda, dargestellt durch die Vereinigung zweier, mit den Namen dieser beschriebenen Hölzer zu einem einzigen. Gegen die Auferstehungslehre verstößt auch, daß V. 14 Gott **seinen Geist** in das wiedererstandene Volk legen will, und Vers 9. der Geist, der in die Erschlagenen komme, von den vier Winden berufen wird (בֹּאִי הָרוּחַ מֵאַרְבַּע), während bei der Auferstehung die Geister selbst mit ihren früheren Körpern verbunden werden sollen.

Wir haben es also hier mit einem trefflichen und mit dramatischem Effekt ausgeführten Gleichnisse zu thun. Die ihrer Selbstständigkeit beraubten, ihrer Freiheit und ihres Besitzthums verlustig gegangenen, verbannten und zerstreuten Israeliten sahen sich wie Todte an, wie in Gräber verschlossene, verdorrte Gebeine, ihre **Hoffnungen waren geschwunden, sie glaubten sich verloren.** Da will der Prophet neue Hoffnung ihnen einflößen, die Zuversicht in ihnen wecken, daß sie dennoch wieder zu Freiheit und Selbstständigkeit, zu einem großen nationalen Leben kommen würden. Er sagt zu ihnen: ja, ihr seid ein todtes, verdorrtes Volk, aber Gott wird euer Grab, d. ist eure Gefangenschaft, öffnen und euch als israelitisches Volk wieder beleben. Es lag in der ganzen Weise unseres Propheten, diesen Gedanken der Wiedererweckung der todten israelitischen Nationalität weder mit dürren Worten, noch in schwungreichen Phrasen, sondern in einem anschaulichen Bilde auszudrücken, was ihm auch in wirksamster Weise gelungen ist. Aber auch hier wäre es ein Fehlschluß, aus der Anwendung dieses Gleichnisses das Vorhandensein des Auferstehungsglaubens im Volke zu folgern. Dann würde dem Gleichnisse alles Ueberraschende und Nachdrückliche gefehlt haben; der **Prophet** hätte vielmehr sagen müssen: wie? ihr glaubet, daß nicht alle Todten, oder wenigstens die Todten Israels wieder aus ihren Gräbern hervorgehen und leben werden auf den Ruf Gottes und wollet nicht glauben, daß unser **Volk noch** einmal wieder hergestellt und leben werde? Nicht minder spricht V. 3. dagegen, wo Gott den Propheten fragt, ob die Gebeine im Thale jemals wieder leben würden? Wäre der Auferstehungsglaube vorhanden gewesen, so hätte der Prophet antworten müssen: gewiß, nur die Zeit kenne ich nicht. Der von dieser Frage überraschte Prophet antwortete aber nur: „Herr, nur Du weißt es" (אתה ידעת, trotz dem ה — noch אתה des Nachdrucks wegen). Endlich zeugt die ausführliche Durcharbeitung des Gleichnisses für die Neuheit des angewandten Gedankens. — Als die Hauptstelle wird aber nun Daniel 12, 1—4 angeführt: „Und in selbiger Zeit wird auferstehen Michael, der große Fürst, der für die Söhne seines Volkes einstehet, und es wird eine Zeit der Noth sein, die nicht gewesen ist, seitdem Völker sind, bis zu selbiger Zeit, und in selbiger Zeit wird dein Volk gerettet werden, Jedweder, der aufgeschrieben im Buche gefunden wird. Und viele von den im Erdenstaube Schlafenden werden erwachen, diese zum ewigen Leben, und diese zu Schanden, zu ewigem Abscheu. Und die Weisen werden glänzen, wie der Glanz der Himmelsveste, und die Viele zur Gerechtigkeit gebracht, wie Sterne, immer und ewig. Du aber, Daniel, berge die Worte und besiegele das Buch bis zur Zeit des Endes: Viele werden umherschweifen, doch sich mehren wird die Erkenntniß." Einer sorgfältigen Prüfung stellt sich aber das gerade Gegentheil heraus, daß nämlich diese Stelle noch viel weniger eine Grundlage für die Auferstehungstheorie bietet, als die früher angeführten. Es wird nämlich ausgesagt: es tritt eine Zeit der höchsten Noth und Bedrängniß ein, d. i. die syrische Drangzeit, und in dieser wird unter der Anführung des Schutzengels des jüdischen Volkes, Michael, „dein Volk gerettet werden". Und auf welche Weise? Jeder aus deinem Volke, „der aufgeschrieben im Buche, d. i. des Lebens, gefunden wird", also Jeder, der diese Zeit der Noth überlebt, ist gerettet, von denen deines Volkes aber, die „im Erdenstaube schlafen, werden Viele erwachen, diese zum ewigen Leben, **und diese zu Schanden, zu ewigem Abscheu**", insbesondere werden „die Weisen wie die Sterne glänzen immer und ewig". Wenn nämlich die Uebrigbleibenden gerettet werden, so frug es sich, welches der Lohn derer, die im Kampfe unsäglich gelitten und ihre Treue gegen Gott mit dem Märtyrertode besiegelt hatten, und welche die Strafe der Abtrünnigen in Israel, die statt am Herrn zu hängen, selbst zur Verfolgung der Ihrigen in Abfall und Untreue die Hand geboten, wenn sie unterdeß gestorben? Diese beiden Arten von Israeliten sollen aus ihrem Schlafe erwachen, die einen zu ewigem Leben und Seligkeit, die anderen zu ewigem Abscheu und Verdammniß. Diese zusammen werden „Viele sein", die weiter Schlafenden können also nur die sein, welche weder zu der einen noch zu der anderen Art gehörten, die unthätigen, die im Strome mitschwammen, also weder das eine noch das andere Loos verdienten. Man sieht hieraus, daß es sich weder um eine Auferstehung aller Menschen, noch aller Israeliten, sondern nur um das zukünftige Loos der in diesem großen syro-makkabäischen Kampfe gefallenen Juden handelt. Aber es ist auch nicht einmal von einer Auferstehung die Rede, sondern nur von einem Erwachen aus dem Todesschlafe, also von einem Wiederbewußtwerden der **geistigen Persönlichkeit**, während von einem Wiedererstehen und Wiederbelebtwerden der Körper, diesem wesentlichsten Momente des Auferstehungsglaubens, nicht die geringste Spur gegeben ist. Der Verfasser geht von der alten, oben aus mehrfachen Stellen der Schrift angeführten Ansicht aus, daß der Tod „ein ewiger Schlaf, aus dem kein Erwachen", sei, daß aber „in dieser Zeit" eine Ausnahme für **die** gefallenen Juden eintrete, welche in dem großen national-religiösen Kampfe gegen die Syrer in Treue oder in Untreue gefallen.[1]

Die Resultate der obigen Untersuchung fassen wir in folgende Sätze zusammen: 1) Der ganzen biblischen Anschauung liegt die Unsterblichkeitslehre zu Grunde, ohne jedoch dogmatisch formulirt zu werden, sondern indem sie nur in einzelnen Andeutungen und in den Chetubim in immer deutlicheren Aussprüchen sich zu erken-

---

[1] S. über diese Stelle das Ausführliche in unsrem Bibelwerke. Th. III S. 872.

nen giebt; 2) es bestanden neben einander zwei verschiedene Vorstellungen, die eine, den Denkenden und Höherfühlenden zu eigen, daß die Seele nach dem Tode ein ewiges Leben im Anschauen Gottes, fortschreitend „im Lichte des Lebens" führe, und die Volksanschauung, daß die Abgeschiedenen noch eine Art Wesenhaftigkeit in der Unterwelt besäßen, aber unthätig und ohne Zusammenhang mit dem wirklichen Leben, welche Volksanschauung zu dichterischen Bildern benutzt ward, aber sich später gänzlich verlor; 3) der Glaube an eine Auferstehung und Wiederbelebung der Todten bestand in der biblischen Zeit nicht, und kann nur rückwärts eine Anknüpfung an mehrere in der Schrift vorkommenden Gleichnisse finden, die aber an sich jenen Glauben durchaus nicht aussprechen. Sehen wir nun zu, wie auf dieser Grundlage die Weiterentwickelung vor sich ging. —

Wie wir B. I. S. 87. ff. auseinandergesetzt haben, knüpfte sich an das schriftliche Gesetz die traditionelle Auslegung, die sich mündlich von Geschlecht zu Geschlecht fortpflanzte. Aber erst nach Esra tritt sie in lebendigem Flusse hervor, macht ihre Autorität als eine unbedingte geltend und stellt sich so an die Stelle des schriftlichen Gesetzes, indem sie die allein richtige Auslegung des schriftlichen Gesetzes zu sein behauptet. Dies konnte aber nicht geschehen, ohne daß sich auch der Gegensatz kund gab, der die mündliche Ueberlieferung verwarf und sich allein an den planen Wortsinn der Schrift hielt. Hieraus entstanden zwei Richtungen während der zweiten Hälfte des Bestandes des zweiten Tempels; die **Pharisäer und Sadduzäer**. Die Ausbildung und Geltendmachung des mündlichen Gesetzes, die in dem Streben, das ganze äußere Leben immer mehr mit den Fäden des Gesetzes zu umspinnen, ihren Boden fand, und die daraus erfließende Uebertreibung des formalen Moments der Religion hatte in den Pharisäern ihre Verkörperung, während die Sadduzäer die Autorität des mündlichen Gesetzes verwarfen und den Wortsinn der Schrift als das Israel verbindliche Gesetz anerkannten, während die wachsende Verwirrung, der steigende Parteikampf und die überhandnehmende Entsittlichung eine besondere Art von Orden hervorbrachten, die Essäer, der vorzugsweise den allgemeinen sittlichen Inhalt der Religion pflegte, und sich darin durch eine eigenthümliche Lebensart (z. B. Gütergemeinschaft) und besondere Ceremonien zu befestigen suchte. Die Pharisäer nun hielten den allmälig durch das Volk sich verbreitenden Glauben an eine dereinstige Auferstehung der todten Leiber und deren Wiedervereinigung mit ihren Seelen zu einem dauernden glückseligen Leben auf der verjüngten Erde fest, und erhoben ihn zu einem unbedingten Dogma, das sich seitdem bis zu dem Umschwunge der Anschauung in der neueren Zeit durch alle Zeiten des Judenthums genau formulirt erhielt. Die Sadduzäer hingegen leugneten die Auferstehung der Todten als blos traditionell begründete Lehrmeinung; ob sie jedoch die Fortdauer nach dem Tode leugneten, ist aus der Aussage des Josephus, der sich als Parteigänger der Pharisäer gerirt, noch nicht als erwiesen anzunehmen, da die Gegner die Leugnung der Unsterblichkeit den Sadduzäern leicht insinuiren konnten als Konsequenzmacherei, weil jene Lehre in der Thorah nicht ausdrücklich ausgesprochen sei. Indeß zeigt uns das Beispiel Sirachs (s. unten), daß dennoch ein jüdisches Religionssystem ohne die Unsterblichkeitslehre möglich und vorhanden war.[1]) Ueber die Unsterblichkeitslehre der Essäer theilt uns Josephus (B. Jud. II., 8, 11.) folgendes mit: „Bei ihnen steht der Glaube fest, nur der Leib sei vergänglich und sein Stoff der Zerstörung unterworfen, die Seele aber daure ewig fort, durch einen kreatürlichen Reiz sei dieselbe aus der Höhe des reinsten Aethers herabgestiegen, um im Leibe wie in einem Kerker eingeschlossen zu werden, sobald aber die Bande des Fleisches gefallen seien, freue sie sich der Erlösung aus langer Knechtschaft und steige

---

[1]) Josephus sagt (Antiqu. XVIII, 1.) hierüber: „die Pharisäer glauben, daß die Seelen eine unsterbliche Dauer haben, und daß dieselben, je nachdem der Mensch tugendhaft oder lasterhaft gewesen, unter der Erde Lohn oder Strafe erhalten; die Lasterhaften werden nach ihrer Lehre in immerwährender Gefangenschaft gehalten, während die Tugendhaften die Freiheit behalten, ins Leben zurückzukehren." — „Die Lehre der Sadduzäer läßt die Seelen mit den Körpern sterben." — Ferner (B. Jud. II, 8, 14.): „die Pharisäer erklären jede Seele für unvergänglich, lassen jedoch nur die Seelen guter Menschen in ihre Leiber zurückkehren, während die Seelen der Bösen zur ewigen Strafe verdammt seien. — Die Sadduzäer dagegen verwerfen Unsterblichkeit, Strafe und Belohnung in der Unterwelt."

empor. Die guten Seelen, lehren sie, leben an einem Orte jenseits des Oceans, der weder von Regen, noch Schnee, noch Sonnenbrand belästigt, stets von einem sanften kühlenden Zephir angeweht sei; der Bösen harre eine finstere, kalte Höhle voll unaufhörlicher Qualen. Damit erklären sie die Seelen für unvergänglich und benützen diese Lehre, um die Tugend zu fördern und vor dem Laster zu schrecken. Diese Lehre der Essener von der Seele ist es, welche Alle, die einmal von der Weisheit des Ordens gekostet haben, mit der Macht eines Zaubers ergreift und festhält." —

Die Geisteselemente, welche aber damals im Judenthume lebendig waren und zu vielfachem Streite und Widerstreite veranlaßten, entwickelten sich nicht blos von Innen heraus, sondern auch von Außen fand mannichfaltige Einwirkung statt, namentlich von Seiten der griechischen Kultur, die sich auch unter den Juden nicht nur in Syrien und Aegypten, sondern auch in Jerusalem selbst geltend machte. Es entstand daher eine nachbiblische Literatur in griechischer Sprache, die so zwingend war, daß selbst in hebräischer Sprache geschriebene Werke, wie die Sprüche Sirachs, ins Griechische übersetzt werden mußten. Wir haben es hier zunächst mit den Apokryphen zu thun. Das Buch „die Weisheit Salomonis", welches ganz auf biblischem Grunde den Dualismus des Körpers und Geistes, die Hindernisse, welche der „vieldenkenden Seele" durch den Körper bereitet werden,[1]) die Reinheit der Seele, wie sie aus der Hand Gottes kommt,[2]) den Kampf des Guten und Bösen, die gerechte Vergeltung, das Ringen nach Erkenntniß Gottes als die Wurzel alles höheren Lebens lehrt, erkennt daher auch die Unsterblichkeit der Seele als die Krönung des menschlichen Daseins an. Den ruchlosen Leugnern gegenüber ruft es aus (2, 22. 23.): „Und sie erkennen nicht Gottes Geheimnisse, noch hoffen sie auf Lohn der Frömmigkeit, noch anerkennen sie Vergeltung schuldloser Seelen. Denn Gott hat den Menschen ge-

---

[1]) S. K. 9. V. 15. 16: „Denn der sterbliche Körper beschweret die Seele, und die irdische Hülle belastet den vieldenkenden Geist. Kaum errathen wir das, was auf Erden ist, und was uns vor den Händen liegt, finden wir mit Mühe, wer aber hat erforschet, was im Himmel ist?"

[2]) S. K. 8. V. 19. 20.

schaffen zur Unvergänglichkeit, und ihn gemacht zum Bilde seines eigenen Wesens." (3, 2—5.): „Sie scheinen in den Augen der Unverständigen zu sterben, und ihr Abschied wird für ein Unglück gerechnet, und ihr Hinscheiden für Untergang, sie aber sind im Frieden. Und wenn sie auch vor den Augen der Menschen viel Leiden haben, so ist doch ihre Hoffnung auf Unsterblichkeit voll. Nach kurzer Züchtigung empfangen sie großen Lohn; denn Gott prüfet sie und findet, sie seien werth." — Das „Buch Tobiä" schließt sich dem vorhergehenden völlig an. Es läßt den Tobit beten (3, 6.): „Und nun thue mit mir nach deinem Wohlgefallen! Gebiete, daß mein Geist hinaufgenommen werde, daß ich abscheide und zur Erde werde, dieweil es besser ist für mich zu sterben, als zu leben; denn ich habe unverdiente Vorwürfe gehört, und große Betrübniß ist in mir. Gebiete, daß ich nun abscheide aus der Noth an den ewigen Ort! Wende dein Angesicht nicht ab von mir!" — Im zweiten Buche der Makkabäer aber finden wir sowohl die Unsterblichkeit nach dem Tode, als auch die Auferstehung der Todten ausgesprochen. In ersterer Beziehung heißt es (7, 29.): „Fürchte dich nicht vor diesem Henker, sondern zeige dich der Brüder würdig, und leide den Tod, damit ich dich durch die Gnade Gottes mit deinen Brüdern wiederfinde." V. 36: „Meine Brüder haben nun eine kurze Qual ausgestanden und sind dem Bunde Gottes zum ewigen Leben anheimgefallen; du aber wirst nach Gottes Gericht den gerechten Lohn für deinen Uebermuth empfangen." Die Auferstehung der Todten für die Gerechten aber wird gelehrt 7, 14: „Und als er sterben wollte, sprach er also: Es ist schön, durch Menschen sterbend, die Hoffnung von Gott zu erwarten, wieder von ihm auferweckt zu werden. Du freilich hast keine Auferstehung zum Leben zu erwarten." (12, 43. 47): „Hierauf brachte er durch eine Sammlung eine Summe von zweitausend Drachmen Silbers zusammen, und sandte sie nach Jerusalem, daß davon ein Sündopfer gebracht würde: womit er sehr schön und löblich that, indem er auf die Auferstehung bedacht war; denn hätte er nicht erwartet, daß die Gefallenen auferstehen würden, so wäre es überflüssig und thöricht gewesen, für die Todten zu beten." — Eine eigenthümliche Stellung nehmen aber betreffs unseres Gegenstandes, wie kein zweites jüdisches Schriftwerk, die Sprüche Sirachs ein. Obschon sich innerhalb der lautersten Sittlichkeit bewegend, Weisheit und Gottesfurcht, sowie alle Tugenden als die höchsten Ziele des Menschen anerkennend, daher dem Menschen die Pflicht der Vervollkommnung auferlegend, hält Sirach die strenge Gerechtigkeit Gottes für schon im Leben auf Erden sich verwirklichend, und leugnet die Unsterblichkeit des Geistes, indem mit dem Tode alle weitere Entwickelung aufhöre. Er sagt einfach und nackt (17, 30.): „Denn nicht alles kann im Menschen sein, weil der Menschen-Sohn nicht unsterblich ist." V. 32: „Die Menschen aber sind alle Erde und Asche."[1]) Es ist offenbar, daß die nüchterne Verstandesauffassung, welche in dem ganzen Buche Sirachs herrscht, diese Ansicht aus dem mißverstandenen Koheleth gezogen hat. Bei der Achtung aber, in welcher Sirach selbst bei den Talmudisten noch stand, ersieht man, daß zu seiner Zeit die Unsterblichkeitslehre noch nicht zu den unbedingten Glaubenssätzen im Judenthume gehörte. —

Als den populärsten Ausdruck der Glaubensmeinung, welche vor und nach der Zerstörung Jerusalems in der jüdischen Masse verbreitet war, können wir das ansehen, was Flavius Josephus in einer Rede an die Soldaten, die er vom Selbstmorde zurückhalten will, ausspricht. (B. Jud.. III., 8, 5.): „Unsere Leiber zwar sind sterblich und aus vergänglichem Stoffe gebildet, aber ein Theil der Gottheit, eine unsterbliche Seele wohnt in dem sterblichen Körper." „Ihr wisset doch, daß wer nach der Ordnung der Natur das Leben verläßt, und die von Gott geliehene Schuld heimzahlt, wenn der Darleiher sie fordert, ewigen Ruhm, ein bleibendes Haus und Geschlecht haben wird, daß seine Seele wegen ihres Gehorsams, den heiligsten Ort im Himmel erlangt, von wo aus sie wieder nach dem Ablauf der Zeiten in einen reinen Leib wandern soll. Die Seelen derer hingegen, deren Hände gegen sich selbst gewüthet haben, nimmt die finstere Unterwelt auf, und Gott, ihr Vater, wird an ihren Nachkommen den Frevel gegen Leib und Seele heimsuchen." — Die im damaligen Judenthume heimische Lehre bestand also darin, daß 1) die Seelen nach dem Tode fortdauern, die Gerechten mit Glück-

---

[1]) V. 30: Οὐ γὰρ δύναται πάντα εἶναι ἐν ἀνθρώποις, ὅτι οὐκ ἀθάνατος υἱὸς ἀνθρώπου. — V. 32: Καὶ οἱ ἄνθρωποι πάντες γῆ καὶ σποδός.

seligkeit belohnt, die Sünder von ewiger Strafe heimgesucht, 2) daß dereinst die Seelen der Gerechten in ihre wiedererstandenen und geläuterten Leiber zurückkehren und ein unbegrenztes, glückliches Leben führen. — Der eigentliche Philosoph dieser Epoche, Philo der Alexandriner, hat sich in seinen Schriften über die Unsterblichkeit der Seele nicht klar und bestimmt ausgesprochen. Bekanntlich bilden diese zumeist eine Art fortlaufenden Kommentars zu der Thora,[1]) der allegorisirend selbst aus den Personen und Geschehnissen einen höhern metaphysischen und ethischen Gedankeninhalt herzuleiten, und mystisch hineinzutragen sucht. Fand er vielleicht hierbei keinen Platz, um über die Fortexistenz der Seele zu handeln, so kommt hinzu, daß Philo Glück und Unglück, Lohn und Strafe ganz unabhängig vom irdischen und jenseitigen Leben hält. Wenn der Weise alle Leidenschaften und Begierden völlig überwindet, sich zur innersten Beschaulichkeit zurückzieht, so nur in Gott lebt und von göttlichem Geiste heimgesucht wird, so ist er glückselig schon hienieden, und kann eine Steigerung seiner Seligkeit durch den Tod kaum stattfinden, während der Sünder umhergeworfen durch seine Leidenschaften, von der Unruhe, ja dem Sturme der Begierden hin- und hergeschleudert, unselig ist so lange er lebt; im Sinne Philo's ist die Tugend das wahre Leben. (S. die kleine Schrift: de praemiis et poenis). Philo nennt daher den Körper der Sündigen, den Leidenschaften ergebener Menschen, das Gefängniß, den Sarg oder das Grab der Seele (de migratione Abrahami p. 390 ed Hoeschel). So sagt er auch: (de profugis p. 458): „Die Bösen, wenn sie auch das höchste Greisenalter erreichen, sind todt, weil sie nicht der Tugend leben, die Gerechten aber, wenn sie auch aus dem Körper scheiden, haben doch die Unsterblichkeit erwählt, und leben in Ewigkeit." Hieraus wie überhaupt aus den Ansichten Philo's über die scharfe Gegensätzlichkeit des Köpers und der Seele, über das höhere Seelenleben und dessen Bestimmung ist es unzweifelhaft, daß die Unsterblichkeitslehre von dem Philosophem Philo's gar nicht zu trennen sei, wie dies von dem Schüler Plato's vorauszusetzen ist. —

---

[1]) S. unser Predigt- und Schulmagazin, 2. Auflage S. 414—421.

In der ganzen talmudischen Zeit und Literatur hat die Unsterblichkeitslehre einen unbedingten und vorwiegenden Charakter angenommen und behauptet. Wenn wir schon bei dem Mosaismus einsahen, daß die Idee des geoffenbarten Gesetzes schon an sich selbst den Gedanken der Unsterblichkeit voraussetze, so erweist sich dies erst recht am Talmudismus. Jemehr dieser das Gesetz ins äußerste Detail verarbeitete und zu einem das ganze Leben umspannenden machte, desto nothwendiger war es ihm, dem Volke auf die Frage zu antworten: Was die Folge der Beobachtung oder der Uebertretung dieses Gesetzes sei? desto strenger mußte die Lehre von der Vergeltung aufgestellt werden, und, da die Verfolgung und Unterdrückung immer mehr wuchs, das Martyrium immer zahlreicher ward, konnte die Vergeltung nicht anders als ihre Ausgleichung in ein Jenseits hinübertragen. Die Talmudisten unterscheiden תחית המתים und ימות המשיח, עולם הזה, עולם הבא. Unter עולם הבא wird aber in der Regel das jenseitige Leben, bisweilen aber auch die Welt der Auferstandenen verstanden, und man könnte sagen, daß ימות המשיח die Messiaszeit, sich ebenso als Zukunft an das irdische Dasein, wie die Auferstehung an das jenseitige Leben schließt. Man sieht, wie verheißungsdürstig das Volk sein mußte, da ihm für das irdische Dasein national die Messiaszeit, individuell das jenseitige Leben und hierauf noch die Auferstehung zugesagt wurde. Die talmudische Lehre stellt also sowohl die Unsterblichkeit als auch die Auferstehung als unbedingte Glaubenssätze auf, und wer die letztere leugne, verlöre auch seinen Antheil an der ersteren.[1] Das Verhältniß des diesseitigen zum jenseitigen Leben wird durch den schönen Ausspruch charakterisirt P. Aboth. 4, 16 (21): „das diesseitige Leben ist wie eine Vorhalle: betrage dich in derselben so, daß du in den Pallast aufgenommen werdest. Oder: „Diese Welt gleicht einer Herberge auf der Reise, jene Welt ist das eigentliche Wohnhaus." (Moëd Katon 9, 2). Aber auch das jenseitige Leben ist kein bloßer Zustand der Ruhe, sondern des Fortschreitens ins Unbegrenzte, nach dem Ausspruche: „Die Frommen haben auch jenseits

---

[1] Sanhedr. 90, 2.

keine Rast, sie gehen von Streben zu Streben."¹) Des Menschen Geist geht mit dem Tode mit seiner ganzen Persönlichkeit in das Jenseits hinüber und setzt seine Entwickelung da fort, wo er vor dem Tode gestanden. Nach dem Tode tritt die Seele vor das göttliche Gericht, wo ihre Thaten sorgfältig abgewogen und das gerechte Urtheil in Lohn und Strafe gefällt wird.²) Durch die Strafe geht die Läuterung vor sich, und so kann auch der größte Sünder, wenn während der Strafe die Erkenntniß und Reue in ihm erwachen, der ewigen Seligkeit im Anschauen Gottes theilhaftig werden. Die Rabbinen nehmen keine Ewigkeit der Höllenstrafen an, auch die größten Sünder werden nur „Generationen hindurch" bestraft. Allegorisch drücken sie dies auch so aus, daß zwischen der Hölle und dem Paradiese nur ein zwei Finger breiter Zwischenraum sei, so daß es also dem reuigen Sünder sehr leicht wird, aus der ersteren in das letztere zu gelangen. (Midr. zu Koh.) Kein Mensch, welcher Nation und Religion er auch angehört, ist von dem Jenseits und, wenn er ein Gerechter war, von der Seligkeit ausgeschlossen.³) Die Belohnung ward im גן עדן, sowie die Bestrafung im גהנם als deren Oerter verkörpert. Von hier ab wird nun die orientalische Phantasie thätig, malt die Strafe und den Lohn, die Genüsse der Seligen, die Qualen der Gottlosen u. s. w. in mannichfaltigster Art aus, wo denn das Grobmaterielle und selbst das Abgeschmackte nicht ganz ausbleibt. Wir können dies hier übergehen, indem die oben aufgestellten Sätze doch das Wesentliche und Charakteristische geben. Die Talmudisten waren sogar schon so weit gelangt, daß sie das jenseitige Leben für das wahre Leben erklärten.⁴) — Nach den Talmudisten werden die Grundelemente der menschlichen Körper ebenfalls aufbewahrt, und zu einer, freilich unbekannten, aber stets eintreten könnenden Zeit werden die Leiber aus jenen wieder geschaffen und mit ihren See-

---

¹) Moëd. Kat 29, 1.
²) Taanith 11, 1.
³) Die Rabbinen nehmen an, daß ungefähr der dritte Theil aller Menschen die Seligkeit erwirbt Sanhedr. 111, 1. Vgl. Abod. Sar. 3, 1. 10, 2.
⁴) Berachoth 18, 2.

len zu einem neuen Leben vereinigt. Sobald die Auferstehung geschehen, hält Gott das Gericht über die Auferstandenen, welches „der große Tag des Gerichtes" genannt wird. Welches das Schicksal der Ruchlosen sei — die die früheren Lehrer überhaupt nicht auferstehen ließen — darüber sind die Aussprüche nicht gleichlautend. Die Frommen aber leben auf ewig ein so wonnereiches Dasein, wie selbst die Propheten nicht beschreiben konnten.[1]) Daß in deren Ausmalung wieder zum orientalischen Pinsel gegriffen wurde, läßt sich voraussetzen. —

Wir sehen demnach die Unsterblichkeitslehre in der mosaischen Schrift wie Keime in fruchtbarer Erde liegen, in der Zeit der Propheten und Hagiographen hervorbrechen und sich entfalten, während des Bestandes des zweiten Tempels zu einem kräftigen Baume erwachsen, der von der Mischna aus durch die ganze talmudische Literatur seine starken Aeste über das ganze Religionsgebäude treibt. Sicher ist es also, daß mehrere Jahrhunderte vor dem Falle Jerusalems der Unsterblichkeitsglaube das Judenthum gänzlich durchdrungen hatte, daß dieser demnach nicht ein Erzeugniß des Christenthums ist, wie viele christliche Theologen immer von Neuem behaupten wollen, vielmehr hat das letztere auch diese Lehre, und zwar in Begleitung der Auferstehung und des jüngsten Gerichtes aus dem Judenthume mit herübergenommen. —

Die ganze Folgezeit bis zu der unsrigen herab, beinahe anderthalb Jahrtausende, beruhete fest auf dem talmudischen Systeme, und es versteht sich daher von selbst, daß mit äußerst wenigen Ausnahmen auch nicht einmal ein Zweifel innerhalb dieses Systems lautbar wurde. Als man daher die charakteristischen Glaubenslehren des Judenthums aufzustellen versuchte, gehörte die Unsterblichkeit immer zu ihnen. So spricht unter den dreizehn Glaubensartikeln des Maimonides der elfte die Belohnung und Bestrafung, der dreizehnte die Auferstehung aus, sowie unter den drei Glaubensartikeln des Albo der dritte die Belohnung und Bestrafung, d. h. die Unsterblichkeit. Nicht minder wird die ursprüngliche Reinheit, die Unsterblichkeit und die dereinstige Wiedervereinigung der Seele

---

[1]) Sanhedr. 90, 1. 92, 2. 99, 1.

mit dem todten Körper in dem sehr alten Morgengebete אלהי
נשמה :יח ausgesprochen. Wenn hier ein Kampf einige Male eintrat, so war es, ob die Lehrsätze des Talmuds einfach und buchstäblich anzunehmen seien, und man sich lediglich auf dieselben zu beschränken habe, oder ob es zulässig sei, die Philosophie zu studiren, über die religiösen Erkenntnisse zu philosophiren und die Ausgleichung der religiösen Lehren mit der Philosophie zu erstreben, also eine Religionsphilosophie aufzustellen. In der Regel endigte ein solcher Kampf, wie er z. B. am heftigsten unter den Zeitgenossen des Salomon ben Adereth (gest. 1310) geführt ward, unerledigt, indem große politische Ereignisse und die düstersten Verfolgungen die Kämpfenden zum Schweigen brachten und die Streitfrage beseitigten. Die jüdischen Religionsphilosophen, welche zumeist Aristoteliker waren, sprechen daher niemals einen Zweifel an der Unsterblichkeit aus, und es gilt ihnen nur zu beantworten, was eigentlich von dem persönlichen Geiste fortexistire? Indem sie nämlich in verschiedener Weise die menschliche Seele definiren, und hierbei, dem Stagyriten folgend, das ganze Leben des körperlichen Organismus, selbst die vegetative Sphäre desselben von der Seele ausgehen lassen, Thätigkeiten, die doch mit dem Tode aufhören, so stellte sich ihnen die Frage so, wie wir sie eben bezeichneten. Die Verschiedenheit, in welche sie hierbei geriethen, war wesentlich die, daß die Einen vorzugsweise das Denken und die Erkenntniß im Auge hatten, und daher der erkennenden Seele, der Intelligenz, die Unsterblichkeit zuschrieben, die Anderen, mehr das praktische Leben betrachtend, die moralischen Kräfte der Seele voranstellten, und von diesen die Unsterblichkeit abhängen ließen, so daß in der That die Ersteren mit der großen Menge der wenig denkenden Geister nicht viel anzufangen wußten, während die Letzteren bequem und angemessen das religiös=sittliche Leben mit dem Denken und Forschen verbinden konnten. Heben wir einige hierher gehörende Aussprüche der hervorragendsten Religionsphilosophen heraus.

Saadjah Hagaon (geb. 892) spricht sich über das Wesen der Seele (Emunoth wedeoth II., 9.) aus: „Das Wesen der Seele, obgleich geschaffen, ist jedoch ungetrübter und lauterer als die Wesenklarheit der Sphären; es nimmt zwar wie die Sphäre das Licht in sich auf und läßt es in sich leuchten, aber es ist noch makelloser und daher denk- und sprachbegabt." Der Körper ist nach ihm ohne die Seele ganz todt, das Sprach- und Denkvermögen aber beweist ihm, daß, da diese den Sphären fehlen, die Seele lauterer und ätherischer ist, als jene. Deshalb könne man auch die Seele beim Ausscheiden aus dem Körper nicht wahrnehmen oder gar sehen (das. 24). Nach dem Tode wird die Seele für die Vergeltung bewahrt, und zwar die reinere mehr oben, die trübere mehr unten (das. 25). Die eigentliche Vergeltung kommt nach Saadjah aber erst mit der Auferstehung, welche dann eintritt, wenn die Zahl der Seelen geschaffen worden, und auf Erden gelebt hat, welche der Schöpfer beim Weltanfang zu schaffen bestimmt hat (das. 26). Saadjah kommt daher zu dem Schlusse (IX., 1.): „Darum hat Gott der Seele gewisse Gebote und Pflichten als nothwendig für ein zu erlangendes ewiges Leben gegeben, indem durch dieses Leben der Seeligkeit erst der Endzweck des Menschen erfüllt ist, zu welchem die Allweisheit ihn bestimmt, und erst dort die Vergeltung der Thaten stattfindet." Im Folgenden bringt er nun die gewöhnlichen Gründe für die Vergeltung in dem jenseitigen Leben in sehr faßlicher Weise bei, und fügt die Schriftstellen und die traditionellen Anschauungen hinzu.[1] — Wir glauben

---

[1] „Schon nach der Vernunft muß es uns als nothwendig erscheinen, daß der Schöpfer des Weltganzen, vermöge seiner Allweisheit, Allmacht und Allgüte gegen seine geschaffenen Wesen, unmöglich in dem beschränkten Guten und dem vergänglichen Wohle, das er in der diesseitigen Welt der Seele zugewendet, dasjenige Maß finden kann, das er der Seele zuzutheilen gedenkt. Denn bekanntlich ist mit jedem Guten in der diesseitigen Welt auch zugleich ein Uebel, mit jedem Glücke ein Mühsal, mit jedem Hochgenusse ein Schmerz, mit jeder Freude eine Trauer verbunden, ja die Vertheilung ist fast zugleich Glück und Unglück, zum Theil sogar überwiegt das den Schmerz und das Leid Verursachende. Da dieser Zustand aber klar und unzweifelhaft ist, so kann es unmöglich wahr sein, daß der Allweise das Gut dieser Welt, das oft zum Gegensatze wird, als das Ziel zum Nutzen der Seele gesetzt, sondern, wie es passend, ihr gewiß eine Wohnstätte bestimmt, wo sie ein wahres Leben und ein ausgezeichnetes Glück findet. Wir finden auch ferner, daß alle Seelen wie bekannt, in der diesseitigen Welt nie glücklich und zufrieden sind, und wenn sie auch das Höchste auf Erden erreicht, die höchste Stufe erklimmt haben; denn diese Unbehaglichkeit scheint in ihrer Natur zu liegen, weil sie das Bewußtsein hat, daß für sie eine Wohnstätte noch

manchem unserer Leser einen Dienst zu erweisen, wenn wir die betreffende Stelle hier anführen.

Höher steht bereits in der begriffsmäßigen Feststellung des Wesens der Seele Jehuda Halevi (geb. 1086), der Verfasser des Kusari. Er erkennt die Seele für ein selbstständiges, dem Körper in allen seinen Eigenschaften gegensätzliches, insonders untheilbares Wesen. Für die Gegensätzlichkeit der Seele zum Körper führt er folgende Beweise an (V. 12): „Ein Beweis, daß die Seele vom

vorhanden, die vorzüglicher als auf Erden, und dahin ist ihr Sehnen und das Ausschauen ihrer Blicke gerichtet, und ohne ein solches Bewußtsein wäre sie hienieden glücklich. Ferner erkennt die Vernunft schon daraus, daß es eine jenseitige Welt der Vergeltung giebt, weil sie die Dinge, wonach die menschliche Natur einen Hang hat, wie Buhlerei, Diebstahl, Frechheit, Rache und dergleichen als verächtlich und schändend erkennt, so sehr wir auch durch deren Unterlassung Kummer und Schmerz, Sorge und Herzleid empfinden, und gewiß wäre dies nicht der Fall, wenn für diese Selbstbezähmung nicht ein jenseitiger Lohn wäre. Ebenso umgekehrt zeigt uns die Vernunft die Gerechtigkeit und Geradheit in schöner Gestalt, heißt sie uns das Gute und mahnt uns vom Bösen ab, bei deren Ausführung, wenn wir die Gerechtigkeit anwenden und darnach strafen wollen, oder wenn wir versuchen, von Lüsten abzumahnen, wir uns den Haß der Menschen, ihre Lästerungen und Züchtigungen zuziehen und sogar manchmal in Lebensgefahr kommen, und gewiß würde die Vernunft nicht diese Obmacht über unsern fleischlichen Willen haben, wenn nicht der Gedanke an eine einstige große Vergeltung vorhanden wäre. Wir sehen ferner, daß ein Theil der Menschen den andern beraubt und Unthaten gegen ihn übt, beide Theile befinden sich bald in Glück, bald in Unglück und sie sterben, ohne die That aufzuklären, und da wir nun den Hochgelobten für einen gerechten Richter halten, so haben wir ein Recht anzunehmen, daß er gewiß für die Menschen eine andere Wohnstätte habe, wo zwischen beiden in Gerechtigkeit Gericht gehalten wird, so daß der eine Theil für seine diesseitigen Leiden den Lohn, der andere die Strafe erhalte. Wir sehen ferner, daß oft Ungläubige und Gottesleugner in dieser Welt glücklich leben, während die Gläubigen in Leid ihr Leben hinbringen, und unmöglich läßt sich in diesem Falle vernünftig denken, daß für beide keine andere Welt der Vergeltung sein soll. Wir finden ferner, daß hier, selbst wo gestraft wird, es nicht nach Maß der That geschieht. Der einmal gemordet stirbt, wie derjenige, der es zehnmal gethan, und in dieser Weise immer. —

Manche freilich werfen die Frage auf: Warum hat der Schöpfer des Weltganzen nicht gleich den Menschen in eine andere Welt gesetzt, und der Mensch wäre aller irdischen Leiden überhoben? Darauf müssen wir aber entgegnen, damit die Menschen für ihre Seligkeit sich bethätigen mögen."

Körper gesondert ist und seiner nicht bedarf, liegt darin, daß die körperlichen Kräfte durch Aufnahme starker Eindrücke geschwächt werden, wie das Auge in Beziehung auf die Sonne, das Ohr auf einen starken Schall, in Folge dessen sogar ihre Organe zerstört werden können; nicht so aber die vernünftige Seele; sie stärkt sich in dem Maße, als sie eine Erkenntniß aufnimmt, die stärker ist, als sie. Dahin gehört, daß das Alter den Körper, nicht aber die Seele angreift; diese nimmt vielmehr nach dem funfzigsten Jahre an Stärke zu, während der Körper sich in der Abnahme befindet; ferner, daß die Thätigkeiten des Körpers endlich, die der Seele unendlich sind; denn geometrische, arithmetische, logische Formen (Ideen) sind unendlich." Der Verfasser sieht daher den Körper als hindernd für die Seele in ihren Thätigkeiten an und sagt: „Die Vorstellung der Seele von den Formen führt sie zur Vollendung und dadurch hat sie den Zusammenhang mit dem göttlichen Wesen, aber da sie die körperlichen Mühen diesem Zusammenhange entziehen, so ist ein wahrhaft vollständiger Zusammenhang nur bei Verachtung und Niederhaltung aller körperlichen Kräfte denkbar. Denn an jenem Zusammenhange hindert nur der Körper, und wie sie sich von ihm trennt, so ist sie frei, ledig des Verlustes, den sie möglicherweise erleiden konnte, im festen Zusammenhange mit diesem erhabenen Sein, das die obere Welt genannt wird." Ueber das Verhältniß des diesseitigen zum jenseitigen Leben läßt er sich an folgender Stelle aus (III., 1): Die Lebensweise eines Gottesdieners nach unserm Glauben ist die, daß er sich nicht von der Welt lossagt, als wäre sie ihm zur Last, und er verachtete das Leben, das doch zu den Wohlthaten Gottes gehört, und das ihm Gott als eine Wohlthat anrechnet, wie es heißt: „Deiner Tage Zahl will ich füllen" (2 Mos. 23, 26.); „auf daß du lange lebest" (5 Mos. 22, 7.). Er liebt vielmehr die Welt und das lange Leben, weil es ihm zum Erwerb des künftigen Lebens verhilft, indem er, je mehr Gutes er ausübt, eine Stufe höher zum künftigen Leben steigt." —

Das Philosophem des Maimonides (geb. 1171) über die Seele, aus welchem auch seine Ansicht über die Unsterblichkeit fließen mußte, mit Sicherheit und darum ausführlich darzustellen, ist

hier nicht der Ort, und wir verweisen deshalb auf die gründliche
Untersuchung: Das psychologische System des Maimonides; von
Dr. Simon B. Scheyer. Frankfurt a. M. 1845. Wir bemerken
nur im Allgemeinen. Nach Maimonides ist der Körper nur der
ihn bildende Stoff, alle Funktionen und Thätigkeiten in demselben
sind die Seele in ihrer vegetativen und thierischen Kraft, wozu in
dem Menschen noch das intellektuelle Vermögen kommt, welches
letztere an sich aber auch nur Anlage ist, und erst durch wirkliches
Erkennen substantiell wird. Die Seele ist ihm innerlich zwar eine
Einheit, die aber fünf Vermögen umfaßt: das ernährende, das empfindende (die fünf Sinne), das vorstellende (welches Vorstellungen
aufnimmt, behält und zusammensetzt), das begehrende und das er-
kennende Vermögen. Nur das letztere ist dem Menschen eigenthümlich, macht aber auch seinen ganzen Vorzug aus.[1]) Die Seele
schlechthin ist daher mit dem Körper verbunden und mit demselben
sterblich. Die aber durch Erkenntniß substantiell gewordene Intelligenz (שכל בקנה), welche nun zugleich die eigentliche Individualität jedes Menschen ausmacht, ist unsterblich, wobei wir hervorheben, daß M. unter dieser Intelligenz sowohl die theoretische als die
praktische Vernunft begreift, welche letztere wiederum theils sittlich,
theils produktiv ist, sittlich insofern sie Handlungen, produktiv insofern sie das Hervorbringen von Werken zum Inhalt hat. Der
eigentliche Zweck, die wahrhafte Bestimmung des Menschen ist daher
dem M. die Erkenntniß und zwar die Erkenntniß Gottes, durch
welche der Menschengeist unsterblich wird.[2])

---

[1]) Schemone Perakim I. Maimonides widerspricht energisch denen, welche
die verschiedenen Thätigkeiten oder Wirkungen der Seele als eine Mehrheit oder
als Theile der Seele ansehen, während diese doch ein einfaches, untheilbares
Wesen sei. In der Aufzählung der Seelenvermögen unterscheidet sich M. von
Aristoteles hinsichtlich des dritten, indem der Letztere kein besonderes Vorstel-
lungs- oder Einbildungsvermögen annimmt und dafür das Bewegende hat, vermittelst dessen die Seele alle Bewegungen des Körpers hervorbringt.

[2]) Um den Lesern eine deutliche Vorstellung über die letzt angedeuteten
Meinungen des Maimonides zu geben, führen wir hier folgende Stelle aus dem
Schlußkapitel seines More an (III, 54): „Die älteren sowohl als die neueren
Philosophen lehren, daß die Vollkommenheiten, welche wir an den Menschen

Dem starren aristotelischen Philosophem des Maimonides gegenüber, welches diesen zu einer so scharfen Dialektik zwingt, und ihn dennoch in der Tiefe den traditionellen Lehrmeinungen zu Gunsten,

---

wahrnehmen, von vier Arten sind. Die erste, die den geringsten Werth hat, welcher aber die weltlich gesinnten Menschen ihr ganzes Leben widmen, ist die Vollkommenheit des Besitzes, d. h. was der Mensch besitzt, als Geld, Kleider, Gefäße, Sklaven, Grundstücke und dergleichen; selbst der Besitz einer königlichen Würde gehört zu dieser Klasse.

Diese Vollkommenheit ist durchaus nicht verbunden mit ihrem Besitzer, und nur in Rücksicht des Nutzens, den er aus ihr zieht, legt er sich dieselbe bei, gemäß einer rein subjektiven Vorstellungsweise. Sagt er nämlich, das ist mein Haus, das ist mein Sklave, mein Geld, diese sind meine Heerschaaren, meine Armeen, und betrachtet man ihn selbst, so zeigt sich, daß alle diese Gegenstände sich außerhalb seiner Person befinden, und jeder derselben ein selbstständiges Dasein hat, weshalb auch der Verlust solchen Besitzes den Unterschied zwischen einem mächtigen König und dem ärmsten der Menschen aufhebt, ohne daß die Gegenstände, welche jener besaß, die geringste Veränderung erleiden. Daher lehren die Philosophen, daß derjenige, dessen Streben nur auf die Erlangung einer solchen Vollkommenheit gerichtet ist, sich um ein eingebildetes und dabei unbeständiges Gut bemühe, und daß auch aus einem während des ganzen Lebens fortdauernden Besitz desselben seinem Wesen selbst keine Vollkommenheit entspringe. Die zweite, mit dem Menschen selbst inniger verbundene als die erste ist die Vollkommenheit des Körpers, seiner Bildung, Gestalt und Form nach, wenn z. B. die Mischung der Säfte im genauesten Ebenmaße steht, die Glieder ein richtiges Verhältniß und eine angemessene Stärke besitzen. Auch diese Vollkommenheit darf man nicht zum Ziel des Strebens machen, eben weil sie nur eine körperliche ist und dem Menschen zukommt, nicht insofern er Mensch, sondern insofern er ein lebendiges Geschöpf ist. Denn die Körperlichkeit hat er gemein mit dem geringsten der Thiere, ja keines Menschen Stärke, wenn diese auch den höchsten Grad erreicht, wird der Stärke eines kräftigen Maulthieres gleichkommen, weit weniger eines Löwen oder eines Elephanten. Die vollkommenste Stärke eines Menschen wird sich, wie wir schon anderswo bemerkten, darauf beschränken, daß er eine schwere Last tragen und einen harten Knochen zerbrechen kann und Aehnliches, eine Fähigkeit, welche nicht einmal einen großen körperlichen Nutzen bietet und des geistigen Nutzens gänzlich entbehrt. Die dritte Art der Vollkommenheit, welche noch mehr als die zweite an dem Menschen selbst haftet, ist die sittliche Vollkommenheit, bei welcher die Sitten des Menschen den höchsten Grad ihrer Vorzüglichkeit erlangt haben. Die meisten Gebote des Gesetzes zielen zwar dahin, daß der Mensch zu dieser Vollkommenheit gelange; dennoch ist diese nur als die Vorbereitung zu der folgenden anzusehen und nicht selbst der höchste Zweck des Menschen. Denn die Sitten betreffen blos das Verhältniß des Menschen zum

z. B. über die Auferstehung, in viel **Widersprüche bringt**, kehrte R. Joseph Albo um 1400 wieder zu **einem mehr praktischen Rationalismus** zurück. Bekanntlich hatte dieser sich die Aufgabe

Mitmenschen, so daß der sittlich vollkommene durch seine Vollkommenheit nur gleichsam dem Nutzen der Menschen dient und deren Werkzeug wird. Denke dir einen Menschen, der einsam, außer Verbindung mit Menschen lebt, so findest du, daß alle seine guten Eigenschaften müßig ruhen, ohne Nutzen bleiben und ihn nicht im mindesten vervollkommen; unentbehrlich und nützlich aber sind sie, sobald er in Verbindung mit Anderen lebt. Die vierte Art, die wahre menschliche Vollkommenheit, tritt dann ein, wenn der Mensch sich die geistigen Tugenden, d. h. die Einsicht in die metaphysischen Wahrheiten erwirbt und hierdurch zu richtigen Kenntnissen in den göttlichen Dingen gelangt. Das ist der höchste Zweck und dasjenige, welches den Menschen wahrhaft vollkommen macht, ihm allein angehört, die Unsterblichkeit sichert, und wodurch der Mensch zum Menschen wird. Betrachtest du die drei ersten Vollkommenheiten, so findest du, daß dieselben nicht für dich, sondern für Andere oder doch wenigstens, wenn du, auf die Erfahrung dich stützend, sie dir durchaus nicht absprechen lassen willst, für dich und Andere vorhanden sind. Die letztgenannte Vollkommenheit aber gehört dir allein an, und keiner „außer dir hat Antheil an derselben." — M. zieht nun die bekannte Stelle des Jirm. 9, 22. 23., aus welcher er diese vier Arten Vollkommenheit deutet, an: „Also spricht der Ewige: Nicht rühme sich der Kluge seiner Klugheit, und nicht rühme sich der Starke seiner Stärke, nicht rühme sich der Reiche seines Reichthums: sondern solches rühm' sich, wer sich rühmen will: mich zu verstehen und zu erkennen, daß ich der Ewige bin, der Liebe übt, Recht und Gerechtigkeit auf Erden, daß ich an diesen Wohlgefallen habe, spricht der Ewige." — Daran fügt er den Schluß hinzu: „Der Prophet will in diesem Verse keineswegs behaupten, daß die bloße Erkenntniß Gottes die höchste Vollkommenheit verleihe. Wäre dies seine Meinung, so genügten schon die Worte „sondern damit rühme sich, wer sich rühmen will, daß er verstehen und erkennen mich gelernt." Er hätte dann entweder seine Rede schließen, oder etwa noch hinzufügen können: „daß ich einzig bin" oder „daß ich keine Gestalt habe" oder „daß keiner ist wie ich", oder einen ähnlichen Ausdruck. Er will vielmehr sagen, daß man sich nur rühmen dürfe der Erkenntniß Gottes, welche verbunden ist mit der Einsicht in dessen Wege und Eigenschaften, d. h. in dessen Handlungen, wie wir den Vers (Ex. 33, 13) „So laß mich doch wissen deine Wege" erklärt haben, und lehrt uns daher, die Handlungen, die wir wissen und nachahmen sollen, seien „Liebe, Gerechtigkeit und Wohlwollen." Endlich sagt er am Schluß der Rede: „daß ich an diesen Wohlgefallen habe, spricht der Ewige." nämlich an Liebe, Gerechtigkeit und Wohlwollen, d. h. es ist mein Wille, daß auch ihr **ausübt Liebe, Gerechtigkeit und Wohlwollen** auf Erden, wie wir bei den dreizehn Midot Gottes gleichfalls erklärt haben, daß sie uns zur Nachgestellt, die 13 Glaubensartikel des Maimonides zu vereinfachen und nachzuweisen, daß sie in drei von ihm aufgestellten Artikeln enthalten seien, von denen der letzte die „Belohnung und Bestrafung" ausspricht, und im vierten Abschnitt des Sepher Ikkarim behandelt wird. Albo streitet daher zunächst gegen diejenigen, welche die Seele als eine Anlage ansehen, welche erst durch erlangte Ideen zur Wirklichkeit komme, aber auch gegen diejenigen, welche der Seele ein substanzielles Dasein zuschreiben, jedoch Fortdauer und Seligkeit von dem Maße der erlangten Ideen abhängig machen. Er sagt (IV., 29): „Mehrere Gelehrte (R. Chisdai Kreskas in Or Adonai Maamar I. Klal VI. c. 1) haben deshalb behauptet, die Seele sei ein geistiges, an sich selbstständiges, darum unvergängliches und für Ideen empfängliches Wesen, dem desto mehr Seligkeit zu Theil werde, je weiter es in der Erkenntniß fortgeschritten. Aber auch mit dieser Definition können wir uns nicht zufrieden geben, da die Anlage zur Ideenbildung sich bei den wenigsten Menschen realisirt, folglich unter 1000 Menschen oft nur Einer, vielleicht auch Keiner die Vollkommenheit der Seele erreichen würde. Man müßte dieselbe denn von der bloßen Auffassung der Axiome abhängig machen — was gewiß kein Vernünftiger je billigen wird, denn diese Aufgabe könnte der Ruchlose ebenso wie der Gerechte lösen." Als die richtige Meinung führt er nun aus: „daß die Seele ein geistiges Wesen sei, bestimmt zu der Erkenntniß, dem Herrn

---

ahmung Gottes und zur Aneignung derselben aufgestellt sind. Demnach ist der Inbegriff der Lehren dieses Verses, daß die Vollkommenheit des Menschen, welche er sich zum wahren Ruhm anrechnen kann, besteht in der höchst möglichen Erkenntniß Gottes, in der Erkenntniß der Beschaffenheit der göttlichen Vorsehung, vermöge deren er seine Geschöpfe ins Dasein ruft und für dieselben Sorge trägt, und in einem dieser Erkenntniß entsprechenden Lebenswandel, bei welchem der Mensch stets von dem Streben durchdrungen ist, Liebe, Gerechtigkeit und Wohlwollen zu üben und der Gottheit in ihren Handlungen nachzuahmen." — Man ersieht hieraus, daß Maimonides die Erkenntniß Gottes, aus welcher dann die sittliche Vollkommenheit mit vollem religiösen Bewußtsein floß, als die wahre Bestimmung und das höchste Ziel des Menschen erkannte, während er das sittliche Handeln, das nicht auf der Gotteserkenntniß beruht, sondern aus anderen Motiven sich ergibt, für untergeordneter Art hielt.

zu dienen, aber nicht zum Erkennen allgemeinhin. Sobald daher der Mensch in Folge seiner größeren oder geringeren Gotteserkenntniß seinem Geiste die Richtung giebt, dem Herrn zu dienen, so ist ihm schon dadurch eine verhältnißmäßige Stufe des Jenseits gesichert." — Hinsichtlich des Lohnes und der Strafe hält nun Albo dafür, daß sie theils auf Erden während der Verbindung der Seele mit dem Körper, theils im Jenseits stattfinden, also die Seele allein betreffen. Er bekennt sich aber zu der Meinung des Maimonides, daß die Seelen der Gerechten in der Auferstehung sich mit den Körpern wieder vereinigen, eine längere Zeit der reinsten irdischen Seligkeit sich erfreuen, und sich überaus vervollkommnen, dann aber wieder sterben und ewig fortleben werden. (K. 30)[1] Das Menschengeschlecht sei daher dadurch ausgezeichnet, daß es sowohl eine Fortdauer der Gattung als auch eine solche des Individuums habe, jene seitens des Körpers, diese seitens der Seele. Er schließt daher: „Es steht demnach fest, daß die menschliche Seele, deren Prinzip ein selbstständiges ist, mit dem Untergange des Kör-

---

[1] Kapitel 31. sagt er: „Nach allem, was wir vorausgeschickt, lassen sich vier verschiedene Zeiten für die Vergeltung angeben: 1) diese Welt; 2) die Welt nach dem Tode, entweder vor oder nach der Auferstehung, 3) die Zeit des Messias und 4) die Epoche der Auferstehung. Die ganz Frommen werden in allen vier Welten belohnt. Die Frevler werden für das wenige Gute, das sie gestiftet, hienieden belohnt, um dort ihre Strafe zu empfangen; mancher Fromme erhält hienieden keinen Lohn, empfängt ihn aber alsbald nach dem Tode, ohne jedoch zur Auferstehung zugelassen zu werden, mancher gelangt auch zur Auferstehung und mancher selbst zu den Zeiten des Messias.

Auf diese vier Arten des Lohnes scheinen die vier verschiedenen Ausdrücke, die im Jozergebete für Sabbath vorkommen, anzuspielen: „Niemand ist Dir gleich, Niemand ist außer Dir, Nichts ist ohne Dich, und wer ist Dir ähnlich?" Denn unmitelbar darauf heißt es daselbst: „Niemand ist Dir gleich, Ewiger, unser Gott, in dieser Welt, und Niemand ist außer Dir, unser König, im Leben der künftigen Welt. Dieses sind nämlich die beiden allgemeinen Zeiten der Vergeltung. Vom höchsten Lohne hienieden heißt es weiter daselbst: „Nichts ist ohne Dich, unser Erlöser, zur Zeit des Messias;" und vom höchsten Lohn jenseits: „wer ist Dir ähnlich, unser Erretter, bei der Auferstehung der Todten?" (Vgl. Dr. Adonai des R. Chisdai Kreskas, wo Abschn. III. Klal 4. c. 4 dieselbe Stelle urgirt wird.) Die künftige Welt wird gleich nach dieser Welt erwähnt, weil sie in der That gleich nach dem Tode erfolgt, also der Zeit nach vor dem Messias und vor der Auferstehung." —

pers und der physischen Kräfte nicht aufhöre, sondern daß sie mittelst der Kenntnisse, die sie erlangt, und dadurch, daß sie dem göttlichen Willen nachgelebt, zu der Stufe der Engel sich erhebe, deren eigentliche Vollkommenheit in der Erfüllung des göttlichen Willens besteht."

Neben der insonders an Aristoteles sich lehnenden, philosophischen Schule, bestand auch die **kabbalistische**, welche Bibel und Talmud im Geiste der Neuplatoniker und Gnostiker behandelte. Ihre Unterlage besteht stets in den Lehrmeinungen und Aussprüchen der Tradition, auf welche sie aber nun ein phantastisches Gebäude errichtet, in dem selbst die materialistischste Auffassung ihren Platz fand. Es findet hier der umgekehrte Fall wie in der philosophischen Schule statt. Die Lehrsätze der h. Schrift werden in dieser dialektisch zerfasert, bis sie zur dürresten Abstraktion geworden, und nur erst wieder Leben gewinnen, wenn der gute jüdische Sinn zuletzt (wie dies auch bei Maimonides geschieht) die Dialektik bei Seite liegen läßt, und das zersetzte in praktisch religiös-sittlicher Weise wieder zusammenfaßt. Die kabbalistische Schule hingegen macht die einfachen Lehren der Schrift und Tradition zum Gegenstande phantastischer Ausmalung ins Ungeheuerliche, wobei das kleinste Detail zu einem besonderen grotesken Bilde wird. Nachträglich sucht man dann in diesen Gemälden wieder durch allegorische Deutung den einfachen Sinn nachzuweisen, der in der Schrift und Tradition klar vorhanden gewesen. Auch die Phantasie kann systematisch sein, wie selbst der Irrsinn. Da aber jeder Kabbalist auf den Stamm wieder einen neuen Zweig seiner eigenen Einbildung pfropfte, so wird das System bei jedem einzelnen Kabbalisten eine Veränderung in seiner Weise erleiden. Es finden sich daher über alle metaphysischen Gebiete die mannichfaltigsten Auslassungen bei ihnen, aus welchen nur schwer eine Grundanschauung gezogen werden kann. Hieraus läßt sich von selbst voraussetzen, daß die Kabbalisten die Selbstständigkeit der Seele mit Präexistenz und Fortdauer, die Unsterblichkeit, das göttliche Gericht, die Vergeltung, die Läuterung, die Auferstehung als Grundlagen ihrer phantastischen Malereien festhalten, und Seelenwanderung und jüngstes Gericht hinzufügen. Die Art, wie sie sich diese Momente vorstellten und schilderten, ein Jeder in seiner Weise, können wir daher hier umgehen, da in der That die Erkenntniß durch sie nicht nur nicht gewonnen, sondern auch die vernünftige Auffassung selbst bei dem Volke sehr gelitten hat, wie denn mancher durch die Kabbalisten im Volke verbreitete Aberglaube ¹) auch praktisch eine nachtheilige Folge hatte, z. B. auf die frühe Beerdigung der Todten bei den Juden ²). Unter den Späteren, welche unsern Gegenstand behandelten, ragt insonders **Menasse ben Israel** (geb. 1604) hervor, den wir als einen Eklektiker bezeichnen können, da er die traditionellen Ansichten mit voller Gläubigkeit festhält, den mystischen Phantastereien der Kabbalisten volle Rechnung trägt, und dennoch wiederum auch die rationalistischen Erweise der Philosophen sammelt und zusammenstellt, ohne daß er diese als origineller Denker zu erweitern vermag. Er behandelte das Dasein und Fortleben der Seele ausführlich in seinem Werke (Amsterdam 1651) נשמת חיים, sowie insonders die Auferstehung in der Schrift De resurrectione mortuorum (Groningen 1676). Da er auch von dem älteren Aberglauben Nichts fallen ließ, sondern durch vermeintliche Argumente zu stützen suchte, hat er auf die Volksansichten nicht vortheilhaft eingewirkt ³).

Desto höher leuchtet uns auch hier **Moses Mendelssohn** (geb. 1729) entgegen. Wenn wir Menasse ben Israel als den Abschluß der talmudischen, durch die Religionsphilosophen und die Kabbalisten fortgeführten Ansichten über die Unsterblichkeit betrachten können, so erscheint Mendelssohn als der Abschluß der rationellen Lehre über die Fortdauer der Seele. Er lehnt sich zu diesem

---

¹) Wir erinnern z. B. an den Chibbut hakeber, oder das Gericht, welches an jeder Leiche ohne Unterschied, sobald sie in das Grab gelegt worden, geübt wird und in den schmerzhaftesten Schlägen besteht, die der Todesengel der Leiche versetzt, u. dgl.

²) Wir verweisen auf die schon angeführte Schrift des Dr. Gideon Brecher, S. 98 ff. wo freilich nicht zu vergessen, daß die dort angeführten Aussprüche eine außerordentliche Vermehrung zulassen und ihr scheinbares Ineinandergreifen mehr dem sinnigen Verfasser als der wirklichen Beschaffenheit bei den Kabbalisten zu verdanken haben.

³) Vgl. Dr. M. Kayserling „Menasse Ben Israel" im „Jahrbuch für die Geschichte der Juden und des Judenthums," Bd. II. S. 85 ff.

Zwecke an Plato an, der im Phädon seinem Sokrates die populärphilosophischen Beweise für die Unsterblichkeit in den letzten Stunden seines Lebens in den Mund legte. M. reproduzirte in seiner mit der allgemeinsten Bewunderung aufgenommenen, in alle Sprachen der civilisirten Völker übersetzten Schrift gleichen Titels die Ansichten des griechischen Philosophen, und erweiterte diese, indem er namentlich den ontologischen Beweis (aus der Einheit der Seele, die daher einer Zersetzung, also des Aufhörens nicht fähig sei,) auf scharfsinnige Weise ausführte. M. stand zu fest auf jüdischem Boden, als daß wir ihn hiermit von demselben herabgestiegen ansehen dürfen. Vielmehr müssen wir betonen, daß M., indem er die in der traditionellen Sphäre aufgekommenen, und erweiterten Dogmen über Eden und Gehinom und Auferstehung fallen ließ, die aus der h. Schrift herübergekommene einfache und lautere Lehre von der rein geistigen Fortdauer der Seele nach dem Tode hervorhob, und damit, auch von der christlich-kirchlichen und der islamitischen Darstellung entfernt, die allgemeine menschengeschlechtliche Lehre, die in den verschiedenen Unsterblichkeitsdogmen aller Religionen eingehüllt liegt, zum Ausdruck brachte. Darum, sagen wir, hat M. dieser Lehre einen festen Abschluß gewährt, an welchen sich nunmehr die Lehre des modernen Judenthums fortschreitend anlehnt. M. setzt seinen „Phädon" aus drei Gesprächen zusammen, deren erstes die eigentliche Gründung und Beweisführung der Unsterblichkeit giebt. Die Seele ist unsterblich, weil der Uebergang vom Sein zum Nichtsein, also überhaupt die Vernichtung eines Daseienden unmöglich ist. Da aber die Seele ein einfaches, nicht aus Theilen zusammengesetztes Wesen ist, sich also mit dem Tode nicht in ursprüngliche Elemente auflösen kann, muß sie so fortdauern, wie sie ist. Die Seele wird auch nach dem Tode denken, empfinden und wollen, auch ohne Werkzeuge zu sinnlichen Wahrnehmungen, und in diesem Zustande im Anschauen der Gottheit glückselig sein. Das zweite und dritte Gespräch erheben und beseitigen nun die zwei vorzüglichsten Einwände. Im zweiten nämlich wird die Ansicht widerlegt: die Seele sei kein selbstständiges, für sich bestehendes Wesen, sondern nur eine Eigenschaft und Thätigkeit des Körpers, die mit diesem aufhört. M. erwidert nun: Entweder beständen sie dann in dem

Zusammenhange des Körperlichen, wie die Harmonie in der Zusammensetzung der Töne, die Symmetrie in der Zusammensetzung der Bausteine und Hölzer; ein solcher Zusammenhang existirt aber gar nicht an sich, sondern bloß für den denkenden Geist, setzt also gerade das voraus, dessen Existenz man leugnen will; oder sie wäre schon in den einzelnen Bestandtheilen des Körpers; dann müßten aber alle diese Bestandtheile in ihrer immerfortigen Theilbarkeit dieselbe geistige Kraft haben und das Denken und Empfinden in lauter einzelnen, getrennten Vorstellungen bestehen, was bei der stetigen Verbindung der Ideen nicht möglich ist. Der zweite Einwand ging dahin, daß, wenn auch die Seele fortdauert, sie doch einem ewigen, schlafähnlichen Zustand anheim fallen würde. Das dritte Gespräch beseitigt diesen nun, indem es zu dem bis dahin geführten ontologischen Beweis die Argumente aus den Eigenschaften Gottes, wie aus der Allweisheit und Allgerechtigkeit, und dann aus der Anlage, der Bestimmung und der Thätigkeit des Menschengeistes fügt, denn die Entwickelung, welche der menschliche Geist hinieden erreicht, ist Bürgschaft für die Fortentwickelung im Jenseits; das Fortschreiten zur Vervollkommnung in dem vernünftigen Menschen, in moralischer und intellektueller Beziehung, ist der Endzweck der Schöpfung und unendlich; das Aufhören widerstreitet dem Bewußtsein und allen Trieben der menschlichen Natur; Sittlichkeit und Gerechtigkeit haben keine Grundlage, wenn das irdische Leben, weil ohne Unsterblichkeit, das höchste Gut wäre, weshalb die Leugnung der Unsterblichkeit mit einer unbegrenzten Trostlosigkeit verbunden ist.

Wir können daher diese Abhandlung nicht besser beschließen, als mit dem Resumé Mendelssohn's am Schlusse seines „Phädons:" „Aus allen diesen Beweisgründen zusammengenommen, meine Freunde! erwächst die zuverlässige Versicherung von einem zukünftigen Leben, die unser Gemüth vollkommen befriedigen kann. Das Vermögen zu empfinden ist keine Beschaffenheit des Körpers und seines feinen Baues, sondern hat seine Bestandheit für sich. Das Wesen dieser Bestandheit ist einfach, und folglich unvergänglich. Auch die Vollkommenheit, die diese einfache Substanz erworben, muß in Absicht auf sie selbst von unaufhörlichen Folgen sein, und sie immer tüchtiger machen, die Absichten Gottes in der Natur zu erfüllen. Insbesondere gehört unsere Seele, als ein vernünftiges und nach der Vollkommenheit strebendes Wesen, zu dem Geschlechte der Geister, die den Endzweck der Schöpfung enthalten, und niemals aufhören, Beobachter und Bewunderer der göttlichen Werke zu sein. Der Anfang ihres Daseins ist, wie wir sehen, ein Bestreben und Fortgehen von einem Grade der Vollkommenheit zum andern; ihr Wesen ist des unaufhörlichen Wachsthums fähig; ihr Trieb hat die augenscheinlichste Anlage zur Unendlichkeit, und die Natur beut ihrem nie zu löschenden Durste eine unerschöpfliche Quelle an. Ferner haben sie als moralische Wesen ein System von Pflichten und Rechten, das voller Ungereimtheiten und Widersprüche sein würde, wenn sie auf dem Wege der Vollkommenheit gehemmt und zurückgestoßen werden sollten. Und endlich verweiset uns die anscheinende Unordnung und Ungerechtigkeit in dem Schicksale der Menschen auf eine lange Reihe von Folgen, in welcher sich Alles auflöset, was hier verschlungen scheint. Wer hier mit Standhaftigkeit, und gleichsam dem Unglück zum Trotz, seine Pflicht erfüllet, und die Widerwärtigkeiten mit Ergebung in den göttlichen Willen erduldet, muß den Lohn seiner Tugenden endlich genießen, und der Lasterhafte kann nicht dahinfahren, ohne auf die eine oder die andere Weise zur Erkenntniß gebracht zu sein, daß die Uebelthaten nicht der Weg zur Glückseligkeit sind. Mit einem Worte, allen Eigenschaften Gottes, seiner Weisheit, seiner Güte, seiner Gerechtigkeit, würde es widersprechen, wenn er die vernünftigen und nach der Vollkommenheit strebenden Wesen nur zu einer zeitlichen Dauer geschaffen hätte."

## Bemerkung.

Zur dritten Abtheilung gehört die umfängliche Beilage:

„Geschichte und Darstellung des jüdischen Kultus,"

mit welcher die dritte Lieferung dieses Werkes beginnen wird.

Der Verfasser.

www.ingramcontent.com/pod-product-compliance
Lightning Source LLC
Chambersburg PA
CBHW031937290426
44108CB00011B/584